〈2015년 개역판〉

자 본 론

－정치경제학 비판－

제 I 권 자본의 생산과정 (하)

카를 마르크스 지음

김수행 옮김

비봉출판사

Das Kapital.

Kritik der politischen Oekonomie.

Von

Karl Marx.

Erster Band.

Buch I: Der Produktionsprocess des Kapitals.

Hamburg

Verlag von Otto Meissner.

1867.

New-York: L. W. Schmidt, 24 Barclay-Street.

『자본론』 제1권 제1독어판 속표지

CAPITAL:

A CRITICAL ANALYSIS OF CAPITALIST PRODUCTION

By KARL MARX

TRANSLATED FROM THE THIRD GERMAN EDITION, BY
SAMUEL MOORE AND EDWARD AVELING

AND EDITED BY

FREDERICK ENGELS

VOL. I.

LONDON:
SWAN SONNENSCHEIN, LOWREY, & CO.,
PATERNOSTER SQUARE.
1887.

『자본론』 제1권 영어판 속표지

마르크스의 생애와 저작

1818. 5. 5	독일 모젤 강변의 트리어에서 출생.
1841	예나대학에서 철학박사.
	학위논문: "데모크리토스와 에피쿠로스의
	자연철학의 차이"
1844	『정치경제학과 철학의 초고』
1845~46	『독일 이데올로기』(엥겔스와 공저)
1846~47	『철학의 빈곤』
1847	「임금노동과 자본」
1848	「공산당 선언」(엥겔스와 공저)
1850	「프랑스의 계급투쟁, 1848~1850」
1857~58	『정치경제학 비판 요강』
1859	『정치경제학 비판을 위하여』
1861~63	『자본론』 1차 초고(23권의 노트.
	『잉여가치학설사』 포함)
1864~65	『자본론』 2차 초고(『자본론』 제3권의
	'주요원고')
1865	「임금, 가격, 이윤」
1867	『자본론』 제1권
1871	「프랑스의 내전」(파리코뮌)
1875	「고타강령 비판」
1883. 3. 14	영국 런던에서 사망
1885	『자본론』 제2권(엥겔스 편집)
1894	『자본론』 제3권(엥겔스 편집)

v

제 I 권 자본의 생산과정(하)
차 례

제15장 기계와 대공업 / 503

제1절 기계의 발달 / 503

제2절 기계에서 생산물로 이전되는 가치 / 522

제3절 기계제 생산이 노동자에게 미치는 가장 직접적 영향 / 533

　　A. 자본이 추가 노동력을 취득. 여성과 아동의 고용 / 533

　　B. 노동일의 연장 / 545

　　C. 노동의 강화 / 552

제4절 공 장 / 566

제5절 노동자와 기계 사이의 투쟁 / 577

제6절 기계가 쫓아내는 노동자들에 대한 보상이론 / 592

제7절 기계제 생산의 발전에 따른 노동자의 축출과 흡수.
　　　면공업의 공황 / 604

제8절 대공업이 매뉴팩처·수공업·가내공업에 미친
　　　혁명적 영향 / 619

　　A. 수공업과 분업에 바탕을 둔 협업의 타도 / 619

　　B. 매뉴팩처와 가내공업에 대한 공장제도의 영향 / 621

　　C. 근대적 매뉴팩처 / 623

　　D. 근대적 가내공업 / 628

　　F. 근대적 매뉴팩처와 근대적 가내공업이 대공업으로 이행.
　　　공장법의 적용이 이 이행을 촉진 / 633

제9절 공장법의 보건·교육조항. 영국에서 공장법의
　　　일반적 확대 적용 / 647

제10절 대공업과 농업 / 681

제5편 절대적 · 상대적 잉여가치의 생산

제16장 절대적 · 상대적 잉여가치 / 687
제17장 노동력의 가격과 잉여가치의 양적 변동 / 702
　　제1절　노동일의 길이와 노동강도는 변하지 않는데,
　　　　　노동생산성이 변하는 경우 / 703
　　제2절　노동일의 길이와 노동생산성은 변하지 않는데,
　　　　　노동강도가 변하는 경우 / 708
　　제3절　노동생산성과 노동강도는 변하지 않는데, 노동일의
　　　　　길이가 변하는 경우 / 710
　　제4절　노동의 지속시간, 생산성, 강도가 동시에 변하는 경우 / 713
　　　A. 노동생산성이 저하하는 동시에 노동일이 연장되는 경우 / 713
　　　B. 노동의 강도와 생산성이 상승하는 동시에 노동일이
　　　　　단축되는 경우 / 715
제18장 잉여가치율을 표시하는 여러 가지 공식 / 718

제6편 임　금

제19장 노동력의 가치(또는 가격)가 임금으로 전환 / 727
제20장 시간급 / 738
제21장 성과급 / 749
제22장 임금의 국민적 차이 / 761

제7편 자본의 축적과정

제23장 단순재생산 / 772
제24장 잉여가치가 자본으로 전환 / 790
　　제1절　점점 확대되는 규모의 자본주의적 생산과정. 상품생산의

소유법칙이 자본주의적 취득법칙으로 바뀜 / 790

제2절 점점 확대되는 규모의 재생산에 관한 정치경제학의
잘못된 견해 / 802

제3절 잉여가치가 자본과 수입으로 분할. 절욕설 / 807

제4절 잉여가치가 자본과 수입으로 분할되는 비율과는 관계없이
축적의 규모를 결정하는 사정들. 즉 노동력의 착취도,
노동생산성, 사용되는 자본과 소비되는 자본 사이의
차액 증대, 투하자본의 크기 / 817

제5절 이른바 노동기금 / 831

제25장 자본주의적 축적의 일반법칙 / 836

제1절 자본의 구성이 변하지 않으면, 축적에 따라 노동력에 대한
수요가 증가 / 836

제2절 축적과 이에 따른 집적의 진행과정에서 가변자본 부분이
상대적으로 감소 / 848

제3절 상대적 과잉인구 또는 산업예비군이 점점 더 생김 / 857

제4절 상대적 과잉인구의 상이한 존재형태. 자본주의적 축적의
일반법칙 / 873

제5절 자본주의적 축적의 일반법칙을 증명하는 예들 / 883

A. 1846~1866년의 잉글랜드 / 883

B. 영국 공업노동자계급 중 낮은 임금을 받는 계층 / 892

C. 유랑민 / 905

D. 노동자계급 중 최고의 임금을 받는 계층에 대한
공황의 영향 / 911

E. 영국의 농업프롤레타리아트 / 919

F. 아일랜드 / 953

제8편 이른바 시초축적

제26장 시초축적의 비밀 / 977

제27장 농민들로부터 토지를 빼앗음 / 982
제28장 15세기 말 이후 토지를 빼앗긴 사람들에 대해 잔인한 법률을
　　　　제정. 임금을 인하하는 법령들 / 1006
제29장 자본주의적 차지농업가의 탄생 / 1017
제30장 공업에 대한 농업혁명의 영향. 산업자본을 위한
　　　　국내시장의 형성 / 1021
제31장 산업자본가의 탄생 / 1027
제32장 자본주의적 축적의 역사적 경향 / 1043
제33장 근대적 식민이론 / 1048

－이상 제Ⅰ권 (하)－

자 본 론

─정치경제학 비판─

제 I 권 자본의 생산과정 (하)

제4편
상대적 잉여가치의 생산(계속)

제 12 장 상대적 잉여가치의 개념 – I (상)

제 13 장 협 업 – I (상)

제 14 장 분업과 매뉴팩처 – I (상)

제 15 장 기계와 대공업

제15장
기계와 대공업

제1절 기계의 발달

존 스튜어트 밀은 자기의 『정치경제학 원리』에서 다음과 같이 말하고 있다.

"지금까지 기계의 발명으로 말미암아 어느 누가 그날그날의 수고를 덜게 되었는지는 알 수 없다."[1]

그런데 그 누구의 수고를 덜어 준다는 것은 자본주의적으로 사용되는 기계의 목적이 결코 아니다. 기계는 노동생산성을 발전시키는 다른 모든 수단과 마찬가지로 상품의 값을 싸게 하며, 노동일 중 노동자가 자기 자신을 위하여 필요로 하는 부분을 단축시키며, 노동일 중 자본가에게 공짜로 제공하는 다른 부분을 연장시키기 위한 것이다. 기계는 잉여가치를 생

---

1) J. S. 밀. 제2권: 312. 밀은 '다른 사람의 노동으로 살아가지 않는 어느 누가'라고 말했어야 했다. 왜냐하면 기계는 팔자 좋은 게으름뱅이[자본가]의 수를 의심할 바 없이 대단히 증가시켰기 때문이다.

산하기 위한 수단이다.

생산방식의 변혁은 매뉴팩처에서는 노동력에서 시작하고, 대공업에서
는 노동수단에서 시작한다. 그러므로 먼저 노동수단은 어떻게 도구에서
기계로 전환되는가, 또는 기계와 수공업 도구 사이의 차이는 무엇인가를
연구할 필요가 있다. 여기에서 문제가 되는 것은 큰 일반적 특징뿐인데,
왜냐하면 사회의 역사 시대는 지질연대와 같이 절대적으로 엄밀한 경계
선에 의해 서로 구분되지는 않기 때문이다.

수학자와 기계학자는—일부 영국 경제학자들도 그런 말을 모방하고
있지만—도구는 단순한 기계이고 기계는 복잡한 도구라고 설명하고 있
다. 그들은 그것들 사이에 아무런 본질적인 차이도 없다고 보고 있으며,
심지어 지렛대·경사면·나사·쐐기 따위의 간단한 역학적 수단들도 기
계라고 부르고 있다.[2] 모든 기계가 그런 간단한 역학적 수단들로 구성되
어 있다는 점과, 그것들의 결합형태 때문에 겉으로는 그렇게 보이지 않
는다는 점은 사실이다. 그러나 경제학의 관점에서는 이런 설명은 아무
소용도 없다. 왜냐하면 이 설명에는 역사적 요소가 빠져 있기 때문이다.
다른 한편으로 도구에서는 인간이 동력이며 기계에서는 동물·물·바람
따위의 인간력과는 다른 자연력이 동력이라는 점에서 도구와 기계의 차
이를 찾으려고 한다.[3] 이에 따르면, 매우 상이한 여러 시대에 사용된 [소
가 끄는] 쟁기는 기계일 것이고, 반면에 노동자 한 사람의 손으로 1분간
에 96,000개의 코를 짜내는 클라우센식 회전기계는 단순한 도구가 될 것

---

2) 예컨대 허튼의 『수학강의』를 보라.

3) "이런 관점에서 본다면, 도구와 기계 사이에 명확한 경계선을 그을 수 있다.
   즉 호미·망치·끌, 그리고 지레·나사의 결합들은 아무리 복잡하게 되어 있다
   하더라도 인간이 동력이다…이런 것들은 모두 도구라는 개념에 속한다. 이와
   는 반대로 동물이 동력으로 되는 쟁기와 바람의 힘으로 돌아가는 풍차는 기계
   의 부류에 넣어야 할 것이다."(슐츠, 『생산의 운동』: 38) 많은 점에서 추천할
   만한 책이다.

이다. 또한 동일한 직기라도 손으로 운전되면 도구일 것이고 증기로 운전되면 기계일 것이다. 더욱이 동물의 힘을 이용하는 것은 인류의 가장 오랜 발명의 하나이므로, 기계적 생산이 수공업적 생산보다 앞선 것으로 될 것이다. 와이어트가 1735년에 자기의 방적기계를 세상에 내놓고 그것으로 18세기의 산업혁명을 알렸을 때, 그는 인간 대신 나귀가 이 기계에 동력을 준다고는 한 마디도 말하지 않았는데, 사실상 동력은 나귀의 몫이었다. 그는 그것을 '손가락을 사용하지 않고 방적하는' 기계라고 불렀다.[4)

완전히 발달한 기계는 어느 것이나 본질적으로 서로 다른 세 부분, 즉 동력기, 전동장치, 도구 또는 작업기로 이루어진다. 동력기는 전체 기계장치의 동력으로 작용한다. 그 중에는 증기기관·열기관·전자기電磁氣

---

4) 이미 와이어트 이전에도 매우 불완전한 것일지언정 방적기가, 아마도 최초로 이탈리아에서 사용되고 있었다. 비판적인 기술학 역사는 18세기의 발명 중 한 개인의 업적으로 된 것은 거의 없다는 것을 증명할 것이다. 그러나 현재까지는 그와 같은 저술은 아직 없다. 다윈은 자연의 기술학 역사 [생명의 유지를 위해 생산도구의 기능을 하는 동식물 기관들organs의 형성]에 관심을 돌리고 있었다. 인간의 생산적 기관 형성사 [모든 사회조직의 물질적 기초가 되고 있는 기관의 형성사]에도 그와 동일한 주의를 돌릴 만한 가치가 있지 않은가? 그리고 그것은 더 쉽게 쓸 수 있지 않겠는가? 왜냐하면 비코가 말하는 바와 같이 인간의 역사는 우리가 만들었지만 자연의 역사는 그렇지 않다는 점에서 차이가 있기 때문이다. 기술학은 인간이 자연을 다루는 방식, 인간이 자신의 생명을 유지하는 생산과정을 밝혀 주는 동시에, 인간생활의 사회적 관계들과 이로부터 발생하는 정신적 관념들의 형성과정을 밝혀 준다. 이런 물질적 기초를 빼버리는 모든 종교사는 무비판적이다. 안개처럼 몽롱한 종교적 환상의 현세적 핵심을 분석에 의해 찾아내는 것은, 현실의 생활관계들로부터 그것들의 천국형태를 전개하는 것보다 훨씬 더 쉬운 일이다. 후자의 방법이 유일하게 유물론적인, 따라서 유일하게 과학적인 방법이다. 자연과학의 추상적 유물론 [역사와 역사적 과정을 배제하는 유물론]의 결함은, 그 대변자들이 일단 자기 전문영역 밖으로 나왔을 때 발표하는 추상적이며 관념론적인 견해에서 곧 드러난다.

기관과 같이 자기 자신이 동력을 만들어 내는 것도 있으며, 어떤 외부의 기존 자연력[예컨대 물레방아가 떨어지는 물, 풍차가 바람]으로부터 충격을 받는 것도 있다. 전동장치는 속도조절바퀴·축shafting·톱니바퀴·도르래·피대strap·로프·벨트·작은 톱니바퀴 및 각양각색의 전동장치로 이루어진 것인데, 그것은 운동을 조절하고, 필요한 경우에는 운동의 형태를 변경시키고[예컨대 수직운동을 원운동으로 전환시키고], 운동을 작업기에 분배하고 전달한다. 기계장치 중 이 두 부분 [동력기와 전동장치] 은 오직 작업기를 운동시킴으로써 작업기로 하여금 노동대상을 꼭 붙잡아 그것을 원하는 형태로 변화시킬 수 있게 하기 위한 것이다. 기계장치의 이 마지막 부분, 즉 작업기는 18세기 산업혁명의 출발점이다. 현재에도 수공업적 생산 또는 매뉴팩처적 생산이 기계제 생산으로 옮겨갈 때는 언제나 이 작업기가 출발점이 된다.

우리가 진정한 작업기를 좀 더 꼼꼼히 살펴보면, 그것은 형태는 매우 달라졌지만 대체로 수공업자와 매뉴팩처 노동자가 사용하던 것과 똑같은 장치와 도구가 흔하다. 그러나 그것은 이제 인간의 도구가 아니고 기계장치의 도구, 즉 기계적 도구다. 역직기와 같이[5] 기계 전체는 이전의 수공업적 도구의 약간 변경된 기계적 재판에 불과하거나, [방적기의 북, 양말 직조기의 바늘, 제재기의 톱, 절삭기의 칼 따위와 같이] 작업기의 몸통에 붙어 있는 구성부분들은 이미 이전부터 잘 알려진 것들이다. 이 도구들과 기계 몸통은 이미 그것들의 출생 당초부터 구별된다. 즉 도구들은 그 대부분이 계속 수공업적 방식 또는 매뉴팩처적 방식으로 생산되며, 그 뒤 [기계의 생산물인] 작업기의 몸통에 알맞게 붙은 것이다.[6] 그

---

5) 특히 역직기의 최초 형태에서 우리는 그것이 얼핏 보아도 구식 직기임을 알아차릴 수 있다. 물론 그 근대적 형태의 역직기는 본질적인 변화를 겪었다.

6) 약 1850년 이래 비로소 영국에서는 작업기용 도구의 더욱더 많은 부분이 [기계 그 자체를 제작하는 공장주에 의해서는 아닐지라도] 기계적 방식으로 제작

러므로 작업기는, 일단 움직이기 시작하면 자체의 도구들을 가지고 [종전에 노동자가 그와 비슷한 도구들을 가지고 행한 것과] 동일한 작업을 행하는 기계장치다. 동력이 인간에게서 나오는가 기계에서 나오는가는 사태의 본질을 조금도 바꾸지 않는다. 진정한 도구가 인간의 손을 떠나 기계장치로 옮아간 뒤에는 기계가 단순한 도구를 대신한다. 기계와 도구의 차이는 인간 자신이 아직도 여전히 원동력인 경우에도 곧 눈에 띈다. 인간이 한꺼번에 동시에 사용할 수 있는 도구의 수는 자기 자신의 자연적 생산도구[즉 팔다리 등 인간 자신의 육체적 기관]의 수에 의해 제한된다. 독일에서는 처음에 한 명의 방적공에게 두 대의 물레를 동시에 돌리게 하려고, 즉 두 손과 두 발로 동시에 작업하게 하려고 애썼다. 그러나 그것은 너무 어려웠다. 그 뒤에 발로 움직이는 두 개의 북[방추]을 가진 물레가 발명되었으나, 두 올의 실을 동시에 뽑을 수 있는 능숙한 방적공은 머리를 둘 가진 사람만큼이나 드물었다. 이와는 달리, 제니Jenny라는 다수의 북을 가진 방적기는 처음부터 12~18개의 북으로 방적하며, 양말 직조기는 단번에 수천 개의 바늘을 가지고 뜬다. 이와 같이 하나의 작업기가 동시에 움직이는 도구의 수는 처음부터 [수공업자의 도구 수가 벗어날 수 없는] 생리기관에 의한 제한성에서 해방된다.

많은 손도구들에서는 단순한 동력으로서 인간과, 진정한 노동자로서 인간은 매우 분명하게 구별된다. 예컨대 물레에서 발은 동력으로서만 작용하는데, 북에 붙어 작업하는 손은 실을 잡아뽑든가 꼬든가 하는 실제의 방적작업을 한다. 산업혁명은 먼저 수공업적 도구의 바로 이 후자 부분[이 경우 북]에 주목하고, 동력이라는 순전히 기계적인 기능은 [눈으로 기계를 감시하고 손으로 기계의 착오를 시정하는 새로운 노동과 아울러]

되었다. 이런 기계용 도구의 제작을 위한 기계는, 예컨대 자동 실패 제작기, 양모 처리 솔 제작기, 방추 제작기, 뮬 방추와 스로슬throstle 방추 제작기 등이다.

아직 인간에게 맡긴다. 이와는 반대로, 예컨대 연자방아를 돌리든가[7] 펌프질·풀무질·절구질을 하는 경우와 같이 인간이 항상 단순한 동력으로서만 작용하는 경우에는, 동물과 물과 바람[8]을 동력으로 사용하게 된다. 이런 도구들은 부분적으로는 매뉴팩처시기에 그리고 이곳저곳에서는 벌써 그보다 훨씬 이전에 기계로 발전하고 있었으나, 생산방식을 변혁시키지는 못했다. 대공업 시기에 와서는 그런 것들은 손도구의 형태에서도 벌써 기계라는 것이 명백하게 된다. 예컨대 네덜란드사람들이 1836~1837년에 할렘 호수의 물을 퍼내기 위해 사용한 펌프는 보통의 펌프 원리에 의해 제작한 것이지만, 다른 점은 그 피스톤을 움직이는 것이 인간 손이 아니고 거대한 증기기관이었다. 대장장이가 보통 사용하는 매우 불완전한 풀무를 영국에서는 때때로 단순히 그 손잡이를 증기기관에 결부시킴으로써 송풍기로 전환시켰다. 17세기 말엽 매뉴팩처 시기에 발명되어 1780년까지 존속한 것과 같은 증기기관[9]은 아무런 산업혁명도

---

7) 모세는 "타작 마당의 소 입에 부리망을 씌우지 말라."고 했다. 이와는 반대로 독일의 기독교적 박애주의자들은 밀을 빻는 동력으로 사용하는 자기 농노의 목에 커다란 나무 원판을 채워 그가 손으로 가루를 집어 입에 가져가지 못하게 했다.

8) 부분적으로는 힘차게 내려가는 물이 부족하고, 부분적으로는 다른 형태로 남아도는 물과의 투쟁이 네덜란드사람들로 하여금 바람을 동력으로 사용하지 않을 수 없게 했다. 풍차 그 자체는 네덜란드사람이 독일에서 가져온 것이다. 독일에서는 풍차가 발명되자 귀족·사제·황제 사이에 바람은 누구의 것인가를 두고 맹렬한 싸움이 벌어졌다. 독일에서는 "공기가 사람을 노예로 만든다." ⎜독일의 황제가 풍차에 과세하자 "도시의 공기가 사람을 자유롭게 한다."는 중세이야기를 거꾸로 한 것⎜고 했지만, 바로 그 바람이 네덜란드사람들을 자유롭게 했다. 네덜란드에서 바람의 노예가 된 것은 네덜란드사람들이 아니고 네덜란드사람들을 위한 토지였다. 1836년에도 아직 네덜란드에서는 국토의 $\frac{2}{3}$가 다시 습지로 돌아가는 것을 방지하기 위해 6,000마력을 가지는 12,000개의 풍차가 사용되고 있었다.

9) 사실 이것은 이른바 단동식單動式 single-acting 증기기관이라는 와트의 최초 증기

일으키지 못했다. 오히려 그와는 반대로 바로 작업기의 발명이 증기기관의 혁명을 필연적인 것으로 만들었다. 인간이, 도구를 가지고 노동대상에 작용하지 않고 작업기의 단순한 동력으로 되는 그 순간부터, 동력의 담당자가 인간의 근육이라는 사실은 벌써 우연적인 것으로 되며 바람·물·증기 따위가 인간을 대신하였다. 물론 이것 때문에 원래 인간의 힘만으로 작동할 것이라고 생각해 만든 기계장치에 커다란 기술적 변화가 일어날 수도 있다. 재봉기, 빵 제조기 등과 같이 지금부터 자기의 진로를 개척해 나가지 않으면 안 되는 모든 기계는, 그들이 성질상 소규모로 사용되는 것을 물리치지 않는다면, 인간의 동력과 순수한 기계적 동력 모두에 맞도록 현재 제작되고 있다.

산업혁명의 출발점인 기계는 단 하나의 도구만을 취급하는 노동자를 기계장치로 대체하는데, 기계장치는 다수의 같은 도구 또는 같은 종류의 도구를 한꺼번에 사용하여 작업하며, 단 한 개의 동력[그 형태가 어떻든]에 의해 가동된다.[10] 이것은 기계이기는 하지만 아직은 기계제 생산의 단순한 요소로서 기계다.

작업기의 규모 확대와 작업도구의 수 증대는 이것들을 가동시킬 더 큰 기계장치를 요구하며, 이 기계장치는 그 자체의 저항력을 극복하기 위해 인간의 동력보다 [균일하고 연속적인 운동을 만들어내는 데에는 인간은 매우 불완전한 도구라는 점을 도외시하더라도] 더 강력한 동력을 요구한다. 인간이 이미 단순한 동력으로서만 작용하며 그리고 작업기가 도구의 자리를 대신 차지했다고 가정하면, 이제는 자연력이 동력으로서 인간을 대신할 수 있다는 것은 분명하다. 매뉴팩처 시기로부터 전해 내려온 모든

기관에 의해 크게 개선되었으나, 이 형태에서는 여전히 물과 소금물을 빨아올리는 단순한 양수기에 지나지 않았다.

10) "단 하나의 동력에 의해 움직이는 이런 모든 간단한 도구들의 결합체가 기계를 이룬다."(배비지 『기계와 매뉴팩처 경제론』: 136)

동력 중에서 마력馬力horse power 이 가장 나쁜 것인데, 그 이유는 말이 자기 자신의 두뇌를 가지고 있기 때문이고, 말은 비용이 많이 들며 오직 일정한 한계 안에서만 공장에서 사용할 수 있기 때문이다.[11] 그럼에도 말은 대공업의 유년기에 매우 광범히 사용되었는데, 이것은 당시의 농학자들의 불평에 의해서뿐 아니라 오늘날까지도 기계적 힘을 마력으로 표현하는 방법이 그대로 남아 있다는 사실에 의해서도 알 수 있다.

  바람은 너무나 변화가 심하고 통제할 수도 없었다. 더욱이 대공업의 발생지인 영국에서는 수력의 사용이 매뉴팩처 시기에도 우세했다. 이미 17세기에 두 개의 맷돌을 한 개의 물레방아로 돌리려는 시도가 있었다. 그러나 전동장치의 규모가 수력에 비해 너무 커짐으로써 이제는 수력이 만족스럽지 않게 되었는데, 이것이 마찰의 법칙을 더욱 정밀하게 연구하

---

11) 1861년 1월 모턴은 기예협회 석상에서 「농업에 사용되는 힘들」이라는 제목으로 보고했다. 이 보고에서 그는 특히 다음과 같이 말했다. "토지의 균일성을 높이는 온갖 개선으로 말미암아 증기기관은 순전히 기계적인 힘을 제공하는 데 더욱더 사용하게 된다 … 꾸불꾸불한 울타리와 기타 장애물들이 균일한 동작을 불가능하게 하는 곳에서는 말의 힘이 요구된다. 이런 장애물들은 날이 갈수록 없어지고 있다. 현실의 힘보다는 의지의 행사를 더욱 요구하는 작업들에서는 [매 순간마다 인간 정신이 통제하는 힘인] 인간력만이 사용될 수 있다." 그 다음 모턴은 증기력과 마력과 인간력을 증기기관에서 일반적으로 사용되고 있는 측정단위[1증기마력, 즉 1분에 33,000파운드의 무게를 1피트 끌어올리는 힘]로 환산해, 1증기마력의 비용을 매 시간당 증기기관의 경우에는 3펜스, 말의 경우에는 $5\frac{1}{2}$ 펜스로 계산하고 있다. 또 말은 건강을 충분히 유지하기 위해서는 하루에 8시간 이상 부릴 수 없다. 토지의 경작에 증기력을 사용하면 1년을 통해 7마리 말 중 적어도 3마리는 절약할 수 있는데, 증기기관에 대한 1년간의 비용은 절약된 말 3마리에 대한 3~4개월간—말은 실제로는 이 기간만 이용된다—의 비용보다 크지 않다. 끝으로 증기력이 사용될 수 있는 농경작업에서 증기력은 마력에 비해 작업의 질을 개선시킨다. 증기기관이 하는 일과 동일한 일을 하려면, 1시간당 합계 15실링의 임금으로 66명의 노동자를 고용해야 할 것이며, 말이 하는 일을 하려면 1시간당 합계 8실링의 임금으로 32명의 노동자를 고용해야 할 것이다.

도록 만든 하나의 이유였다. 또 마찬가지로 지렛대를 밀었다 당겼다 해서
가동하던 제분기에서 동력인 수력의 작용이 불규칙적이어서, 그 뒤 대공
업에서 거대한 구실을 하게 된 관성바퀴fly-wheel[12]의 이론과 응용이 나타
났다. 이와 같이 대공업의 최초의 과학적·기술적 요소들은 매뉴팩처 시
기에 발전했다. 아크라이트의 스로슬 방적기는 처음부터 물로 운전되었
다. 그러나 수력을 주된 동력으로 사용하는 데에는 여러 가지 곤란한 사
정이 있었다. 물의 흐름은 마음대로 증가시킬 수도 없고, 일년 중 어떤
계절에는 고갈되기도 하며, 또 무엇보다 기본적으로 지역적 성격을 띠고
있었다.[13] 와트의 제2의 이른바 복동식複動式double-acting 증기기관의 발
명에 의해 비로소 다음과 같은 원동기가 나타난 것이다. 즉 이 원동기는
석탄과 물을 소비해 스스로 동력을 생산하며, 그 힘을 인간이 완전히 통
제할 수 있으며, 이동이 가능할 뿐 아니라 그 자체가 이동의 수단이며,
물레방아와 같이 농촌적이 아니고 도시적이며, 생산을 [물레방아의 경우
처럼] 농촌에 분산시키지 않고 도시에 집중시킬 수 있으며,[14] 그 기술의
적용이 보편적이고, 그 설치장소의 선정에서 지역적 사정들의 제약을 받
는 일이 거의 없다. 와트의 위대한 천재성은 그가 1784년 4월에 얻은 특

---

12) 파울하버 1625; 쿠 1688.

13) 근대적 터빈의 발명으로 수력의 공업적 이용은 종래의 수많은 제한에서 해방
되었다.

14) "직물 매뉴팩처의 초기에 공장의 위치는 물레방아를 돌리는 데 충분한 낙차
가 있는 강이 있는가 없는가에 따라 결정되었다. 그리고 비록 물레방아식 공
장의 설치가 가내공업제도 해체의 단서가 되었다 하더라도, 이 물레방아식
공장들은 필연적으로 강가에, 그리고 흔히 서로 상당한 거리를 두고 자리 잡
게 되었으므로, 그것은 도시체계의 일부라기보다는 오히려 농촌체계의 일부
를 이루고 있었다. 수력 대신 증기력이 도입되고 나서야 비로소 공장들은 증
기의 생산에 필요한 석탄과 물을 충분히 얻을 수 있는 도시와 지방에 집중되
었다. 증기기관은 공업도시의 어머니다."(『공장감독관 보고서. 1860년 4월
30일』: 36에 있는 레드그레이브의 글)

허권 명세서에 나타나 있는데, 거기에는 그의 증기기관이 어떤 특수한 목적을 위한 발명이 아니라 대공업의 보편적 동력기로 서술되어 있다. 그가 이 명세서에서 지적하고 있는 사용처들은 예컨대 증기망치와 같이 반세기 이상을 지나서야 도입된 것도 적지 않다. 그렇지만 그는 증기기관을 항해에 적용할 수 있겠는가에 대해서는 의심을 품고 있었다. 그러나 그의 계승자들인 볼튼-와트회사는 1851년의 런던 산업박람회에 대양 기선용의 거대한 증기기관을 내놓았다.

도구가 인간 유기체의 도구로부터 기계장치의 도구, 즉 작업기의 도구로 전환된 뒤에야 동력장치도 비로소 인간력의 제한성에서 완전히 해방되어 독립적인 형태를 취하게 되었다. 이렇게 됨으로써 우리가 이상에서 본 개개의 작업기는 기계제 생산의 단순한 하나의 요소로 격하된다. 이제는 한 개의 동력기가 많은 작업기를 동시에 가동시킬 수 있게 되었다. 동시적으로 운동하는 작업기의 수가 증대함에 따라 동력장치도 커지고 이와 아울러 전동장치도 하나의 방대한 장치가 된다.

이제는 같은 종류의 수많은 기계의 협업과 복합적인 기계체계를 구별하지 않으면 안 된다.

전자의 경우 제품은 전적으로 동일한 작업기에 의해 만들어진다. 즉 이 작업기가 각종의 작업을 모두 수행하는데, 이 각종의 작업들은 이전에는 한 사람의 수공업자가 자기의 도구를 가지고 [예컨대 한 사람의 직조공이 자기의 직조기를 가지고] 수행했거나, 또는 여러 수공업자가 [독립적으로 하건 또는 동일한 매뉴팩처의 구성원으로서 하건] 각종 도구들을 가지고 순차적으로 수행했던 것이다.[15] 예컨대 근대의 편지봉투제조

---

15) 매뉴팩처적 분업의 관점에서 본다면, 직조는 단순하기는커녕 오히려 복잡한 수공업적 노동이었으며, 따라서 역직기는 매우 복잡한 작업을 수행하는 기계다. 근대적 기계가 최초에 정복한 것은 매뉴팩처적 분업에 의해 단순해진 작업들이라고 생각하는 것은 전적으로 잘못이다. 방적과 직조는 매뉴팩처 시기

매뉴팩처에서는 한 노동자는 접지 칼을 가지고 종이를 접고, 다른 한 노동자는 풀칠을 하며, 제3의 노동자는 봉투의 뚜껑을 접고, 제4의 노동자는 꽃 모양을 찍는 따위의 일을 했으며, 이와 같은 각각의 부분작업을 할 때마다 각각의 봉투는 이 사람에게서 저 사람으로 옮아가지 않으면 안 되었다. 그러나 이제는 단 한 대의 봉투제조기가 한 번에 이 모든 작업들을 하여 1시간에 3,000매 이상의 봉투를 만든다. 1862년의 런던 산업박람회에 출품된 한 대의 미국제 종이봉지 제조기는 종이를 자르고 풀칠을 하며 접어서 1분에 300개를 완성했다. 매뉴팩처 내부에서는 일련의 작업들로 분할되어 순차적으로 수행되었던 전체 과정이 이제는 결합된 각종 도구를 작동시키는 한 개의 작업기에 의해 완수된다. 이와 같은 작업기가 복잡한 수공업적 도구의 기계적 재생에 지나지 않든 또는 매뉴팩처에 의해 전문화된 간단한 각종 도구의 결합이든 그것과는 관계없이, 두 경우 모두 공장[기계제 생산에 기반을 두는 작업장]에서는 단순협업이 다시 나타난다. 당분간 노동자를 도외시한다면, 이 협업은 먼저 동시적으로 함께 운동하는 같은 종류의 작업기가 한 곳에 집합한 것으로 나타난다. 예를 들면 방직공장은 같은 건물에 나란히 놓여 있는 많은 역직기로 구성되며, 재봉공장은 나란히 놓여 있는 많은 재봉기로 구성된다. 그러나 여기에는 기술상의 통일성이 있는데, 그것은 많은 같은 종류의 작업기가 공동의 원동기의 심장 고동으로부터 전동장치를 통해 동시에 또 균등하게 박동을 받기 때문이다. 그런데 전동장치도 어느 정도까지는 작업기들에 공동으로 작용한다. 왜냐하면 전동장치의 특수한 곁가지가 각 작업기로 갈라져 나가기 때문이다. 많은 도구가 한 개의 작업기의 기관들을 형성하고 있는 것과 마찬가지로, 많은 작업기는 동일한 동력기구

에 새로운 종류들로 분할되었으며 그것들의 도구는 개량되었고 또 변경되었으나, 노동과정 그 자체는 조금도 분할되지 않고 여전히 수공업적이었다. 기계의 출발점으로 되는 것은 노동이 아니라 노동수단이다.

의 기관들을 형성하고 있다.

[노동대상이 일련의 상호보완적인 각종 작업기에 의해 수행되는 서로 관련된 한 계열의 부분과정들을 통과할 때 비로소] 진정한 기계체계가 개개의 독립적인 기계 대신 등장하게 된다. 여기에서 우리는 매뉴팩처를 특징짓는 분업에 의한 협업을 다시 보게 되는데, 이제는 이 협업이 특수한 기능을 가진 작업기들의 결합으로 나타난다. 각종 부분노동자들[예컨대 양모 매뉴팩처의 털을 빗질하는 사람, 털을 깎는 사람, 털로 직조하는 사람 등]의 특수한 도구들은 이제 전문화된 작업기의 도구로 전환되는데, 각 작업기는 결합된 기계장치에서 특수한 기능을 수행하는 한 개의 특수한 기관을 형성한다. 기계체계가 처음으로 도입되는 부문들에서는 대체로 매뉴팩처 그 자체가 생산과정의 분할[따라서 또 조직]의 자연적 기초를 기계체계에 제공한다.[16) 그러나 곧 매뉴팩처적 생산과 기계제 생산 사이에는 하나의 본질적인 차이가 나타난다. 전자에서는 노동자들이 개별적으로든 집단적으로든 그들의 손도구를 가지고 각각의 특수한 부분

---

16) 대공업 시기 이전에는 양모 매뉴팩처가 영국의 지배적 매뉴팩처이었다. 그러므로 18세기 전반에는 양모 매뉴팩처에서 수많은 실험들이 실시되었다. 양모에서 얻은 경험은 면화[이것의 기계적 가공에는 덜 세심한 준비과정이 필요하다]에 이용될 수 있었다. 그리고 그 뒤에는 오히려 기계제 양모공업이 기계제 면방적업과 직조업에 기반을 두고 발전한다. 양모 매뉴팩처의 개별적 요소들, 예컨대 털을 빗질하는 것(소모comb)이 공장체계에 도입된 것은 겨우 1867년 이전의 십 년 동안에 불과하다. "소모과정에 대한 기계력의 적용은…특히 리스터Lister식 소모기가 도입된 뒤에 광범히 보급되었으며…그 결과 매우 많은 사람들이 실직하게 된 것은 의심할 바 없다. 양모는 이전에는 대개 손으로 소모업자의 집에서 빗질되었던 것이다. 현재 양모는 대체로 공장에서 빗질되며, 아직도 손으로 빗질한 양모를 좋게 여기는 일부 특수한 종류의 작업을 제외하고는 손노동은 폐지되었다. 손소모공의 다수는 공장에서 일자리를 얻었으나, 손소모공의 생산물은 기계의 생산물에 비해 매우 적기 때문에, 대다수의 손소모공 직종은 사라졌다."(『공장감독관 보고서. 1856년 10월 31일』: 16)

과정을 수행하지 않으면 안 된다. 노동자가 각 부분과정에 적응한다고
하지만, 과정 그 자체가 미리부터 노동자에게 적합하게 되어 있다. 이런
주체적인 분업원칙은 기계제 생산에서는 없어진다. 여기에서 총과정은
객체적으로 그 자체로 고찰되며, [그것이 인간의 손에 의해 어떻게 수행
되느냐는 문제와는 관계없이] 그것을 구성하고 있는 여러 단계들로 분할
된다. 각각의 부분과정을 어떻게 수행하고, 상이한 부분과정을 어떻게
통합하는가의 문제는 기계학·화학 등의 응용에 의해 해결된다.[17] 이 경
우에도 물론 이론적 구상은 실제로 축적된 대규모 경험에 의해 보완되지
않으면 안 된다. 각각의 부분기계는 바로 그 다음 기계에게 원료를 공급
하는데, 그것들은 모두 동시에 작용하므로 생산물은 항상 그 형성과정의
상이한 단계에 있을 뿐 아니라 끊임없이 한 생산단계에서 다른 단계로
이행하고 있다. 매뉴팩처에서는 부분노동자들의 직접적 협업이 부분노
동자 집단들 사이에 일정한 수적 비율을 확립하는 것과 마찬가지로, 편
성된 기계체계에서도 한 부분기계는 다른 부분기계와 끊임없이 서로 관
련되어 움직이고 있으므로 그것들 사이에도 수·규모·속도의 일정한 비
율이 확립된다. 집단적으로 작용하는 작업기[즉 각종 개별 작업기들, 그
리고 개별 작업기 그룹들로 조직된 체계]는, 총과정이 연속적이면 연속
적일수록, 즉 원료가 첫 단계로부터 마지막 단계로 이행하는 과정에서
중단되는 일이 적으면 적을수록, 따라서 원료가 인간의 손에 의해서가
아니라 기계장치 그 자체에 의해 생산의 한 단계로부터 다른 단계로 추
진되면 될수록, 더욱 완전한 것으로 된다. 매뉴팩처에서는 각 부분과정
들의 분리가 분업의 성질이 요구하는 조건이라면, 이와는 반대로 발달된
공장에서는 각 부분과정들의 연속이 지배한다.

---

17) "따라서 공장제도의 원칙은…수공인들 사이에 노동을 분할 또는 분해하는 대
   신 하나의 과정을 기계의 기본 구성요소들로 분할하는 데 있다."(유어, 『공장
   철학』: 20)

기계체계는, 직조업에서와 같이 같은 종류의 작업기들의 협업에 기반을 두거나 방적업에서와 같이 다른 종류의 작업기들의 결합에 기반을 두든, 한 개의 자동 원동기에 의해 운전되자마자 그 자체가 하나의 큰 자동장치로 된다. 그러나 체계 전체는 예컨대 증기기관에 의해 운전된다 하더라도, 개별 작업기는 그것의 어떤 운동에는 아직도 노동자의 협력을 필요로 한다.(예컨대 자동식 뮬 방적기가 도입되기 전 뮬 캐리지를 삽입할 때도 노동자의 협력이 필요했고, 아직도 세사방적fine-spinning에서는 필요하다). 또한 선반활대가 자동식으로 전환되기 전의 기계제작에서와 같이, 기계의 일정한 부분은 노동자가 손도구를 사용하듯 조종하지 않으면 안 되는 경우도 있다. 작업기가 원료의 가공에 필요한 모든 운동을 인간의 협력 없이 수행하고 오직 노동자의 통제만을 필요로 하게 되면, 기계의 자동체계가 이루어진 것이며 그 세부는 끊임없이 개량될 수 있다. 예컨대 실이 단 한 올만 끊어져도 방적기를 자동적으로 정지시키는 장치와, 방추 속에 있는 실타래에서 씨실이 없어지자마자 동력직기를 정지시키는 자동정지기와 같은 것은 최근에 발명된 것이다. 생산의 연속성과 아울러 자동식 원리가 도입된 실례로 근대적 제지공장을 들 수 있다. 일반적으로 제지업은 상이한 생산수단에 바탕을 둔 상이한 생산방식들의 차이와, 이 생산방식들과 사회적 생산관계 사이의 관련을 매우 상세하게 연구할 수 있게 해 준다. 고대 독일의 제지업은 수공업적 생산의 표본을, 17세기의 네덜란드와 18세기의 프랑스는 진정한 매뉴팩처의 표본을, 근대의 영국은 자동적 생산의 표본을 보여주며, 이 밖에도 중국과 인도에는 아직도 제지업의 두 개의 상이한 고대 아시아적 형태가 존재하고 있기 때문이다.

한 개의 중앙 자동장치로부터 전동장치를 통해서만 자기의 운동을 받는 작업기들의 편성체계는 기계제 생산의 가장 발달한 형태다. 여기에서는 개별적인 기계 대신 한 개의 기계적 괴물이 등장하는데, 그 몸통은 공장건물 전체를 차지하며, 그 마술 같은 힘은 처음에는 그 거대한 팔다리들의 느릿느릿하고 절도 있는 운동에 의해 은폐되지만 드디어 그 무수한 본래의 작업기관들의 열광적 난무로 폭발한다.

뮬 방적기, 증기기관 따위는 그것들의 생산을 전업으로 하는 노동자가 있기 전에 이미 있었는데, 그것은 마치 인간들이 재봉사가 있기 전에도 옷을 입고 있었던 것과 마찬가지다. 그러나 보캉송, 아크라이트, 와트 등에 의한 발명들은 [이 발명가들이 마음대로 이용할 수 있는] 상당한 수의 숙련된 기계노동자를 매뉴팩처 시기에 이미 발견했기 때문에 비로소 실용화될 수 있었다. 이런 노동자의 일부는 각종 직업의 독립적 수공업자였고, 다른 일부는 [분업이 특히 엄격하게 지배하고 있던] 매뉴팩처에서 집단으로 존재하고 있었다. 발명의 수가 증가하고 또 새로 발명된 기계에 대한 수요가 증대함에 따라, 기계 제작업이 다양한 독립부문으로 분화되었고, 기계제작 매뉴팩처 안의 분업이 더욱더 발전했다. 그러므로 우리는 이 매뉴팩처에서 대공업의 직접적인 기술적 토대를 본다. 이 매뉴팩처는 기계를 생산했는데, 그 기계의 도움에 의해 대공업은 [그것이 처음으로 손에 넣은 생산부문들에서] 수공업 생산과 매뉴팩처 생산을 없앤 것이다. 이와 같이 기계를 생산하는 체계는 자기에 적합하지 않은 물질적 토대 위에서 자연발생적으로 생긴 것이다. 그 체계가 일정한 발전단계에 도달했을 때, [그동안 종래의 형태로 더욱 발전한] 이 빌려온 토대를 타도하고 자신의 생산방식에 알맞은 새로운 토대를 창조하지 않으면 안 되었다. 각각의 기계는 인간의 힘에 의해서만 운전되는 동안은 여전히 작았고, 또 기계체계는 증기기관이 종전의 동력[동물 · 바람 · 심지어는 물]을 대체하기 전에는 자유롭게 발전할 수 없었다. 이와 꼭 마찬가지로 대공업도 그것에 특징적인 생산수단인 기계 그 자체가 개인의 힘과 개인의 숙련에 의존하고 있던 동안은 [다시 말해 매뉴팩처의 부분노동자 또는 그밖의 수공업자가 자기의 작은 도구를 사용하는 데 필요했던 발달

한 근육과 예민한 시력과 능란한 솜씨에 의존하고 있던 동안은], 그 발전
이 불완전했다. 이렇게 만든 기계가 비싸다는 사정[이 사정이 자본가의
기계사용을 막은 지배적 요인이었다]을 도외시하더라도, 기계를 사용하
여 생산하는 공업이 확대하고 새로운 생산부문에 기계가 침투하는 것은,
이런 부류의 노동자들[그 직업의 반半장인적 성격 때문에 그들의 숫자는
비약적으로가 아니라 점차적으로만 증가할 수 있었다]의 성장에 의존하
고 있었다. 그러나 일정한 발전단계에 이르러서는 대공업은 수공업과 매
뉴팩처가 제공한 기술적 토대와 양립할 수 없게 되었다. 다수의 기술적
문제가 발전과정에서 자연발생적으로 생겼다. 동력기와 전동장치와 작
업기의 규모가 확대되며, 작업기의 구성부분들이 더욱 복잡 다양하게 되
고 더욱 엄격한 규칙성에 의해 운전되어야 함에 따라, 작업기는 [그것의
제작을 처음 지배하고 있었던] 수공업적 모형과 점점 더 괴리되고 [그것
의 기계적 과업에 의해서만 규정되는] 자유로운 형태를 취하게 되었다.
동시에 자동체계가 완성되고, 처리하기 어려운 자재[예컨대 목재 대신
철]를 사용하는 것이 더욱 불가피하게 되었다.18) 이 과업의 해결에는 어
느 경우에나 인간능력의 제한성[이 제한성은 매뉴팩처의 집단적 노동자
들에 의해 어느 정도까지는 타파되었지만 본질적으로는 타파되지 못했던
것이다]이 장애물로 되었다. 근대적 수압기hydraulic press와 근대적 동력

---

18) 역직기는 최초에는 주로 목재로 만들었으나 개량된 근대적인 것은 철로 되어
　　있다. 생산수단의 종래 형태가 새로운 형태에 얼마나 큰 영향을 미치는가는
　　무엇보다도 현재의 역직기와 구식 직기를, 용광로의 현대적인 송풍장치와 보
　　통 풀무의 초기 비능률적인 기계적 재생들을 매우 피상적으로 비교해 보아도
　　알 수 있다. 또한 현재의 기관차가 발명되기 전에 두 개의 발을 가진 기관차
　　[말처럼 두 발을 번갈아 올렸다 내렸다 한다]를 만들려고 시도했다는 사실에
　　서 가장 뚜렷하게 나타난다. 기계학이 한층 더 발전하고 실제의 경험이 쌓인
　　뒤에야 비로소 기계의 형태는 완전히 기계학적 원리에 의해 결정되며, 따라
　　서 도구[기계의 선구자]의 종래 모습에서 완전히 해방되었다.

직기와 근대적 소모기carding machine와 같은 기계들은 매뉴팩처에 의해서는 결코 공급될 수 없었던 것이다.

공업의 한 분야에서 일어난 생산방식의 변혁은 다른 분야에서도 생산방식의 변혁을 일으킨다. 이것은 먼저 다음과 같은 공업—이 공업의 각각의 분야들은 사회적 분업으로 말미암아 분리되어 독립적인 상품을 생산하기는 하지만, 한 과정의 각각 단계로 서로 연결되어 있는 공업—에서 나타난다. 예를 들어 기계방적업은 기계직조업을 필요로 했으며, 또 이 둘은 표백업·날염업·염색업에서 역학적·화학적 혁명을 필요로 했다. 면방적업의 혁명은 면섬유를 목화씨와 분리하는 조면기繰綿機 gin의 발명을 불러왔으며, 현재와 같은 대규모 목화생산은 이로써 비로소 가능하게 되었다.19) 그러나 바로 공업과 농업의 생산방식 혁명은 사회적 생산과정의 일반적 조건들[즉 통신수단과 운송수단]의 혁명을 필요로 했다. 부업적 가내공업을 가진 소규모 농업과 도시 수공업을 축pivot(이것은 푸리에의 표현이다)으로 한 사회의 통신수단과 운송수단은 [확대된 사회적 분업, 노동수단·노동자의 집중과 식민지 시장을 가진] 매뉴팩처 시기의 생산 상 필요를 더 이상 충족시킬 수 없었으므로, 그들은 변혁되지 않을 수 없었다. 이와 마찬가지로, 매뉴팩처 시기로부터 물려받은 운송수단과 통신수단은 [열광적인 생산속도, 생산의 방대한 규모, 한 생산분야로부터 다른 생산분야로 대량의 자본이동과 끊임없는 노동자 이동, 새로 창조된 세계시장적 관련을 가진] 대공업에게는 참을 수 없는 장애로 되었다. 그러므로 돛배 건조의 거대한 변혁과는 별도로, 통신·운송수단은 하천기선·철도·해양기선·전신 등의 창설에 의해 점차 대공업의 생

---

19) 일라이 위트니가 발명한 조면기는 최근에 이르기까지 18세기의 다른 어떤 기계보다 본질적 변화가 거의 없었다. 최근 십 년(1856년 이래) 사이에 비로소 다른 미국사람인 뉴욕 주 알바니의 에머리가 간단하고 효과적인 개량을 가함으로써 위트니식 기계를 구식으로 만들었다.

산방식에 적용하게 되었다. 그리고 [단조 · 용접 · 절단되고 구멍이 뚫리며 성형되어야 할] 엄청나게 많은 양의 철은 [매뉴팩처 시기의 방법으로는 도저히 만들어낼 수 없는] 거대한 기계들을 요구했다.

그리하여 대공업은 그 특징적 생산수단인 기계 그 자체를 떠맡아서, 기계로 기계를 생산하지 않으면 안 되었다. 이때부터 비로소 대공업은 자기에게 적합한 기술적 토대를 창조했으며 자기 자신의 두 발로 서게 되었다. 19세기의 첫 수십 년 동안 기계의 생산이 증대함과 동시에, 기계제 생산이 점차로 작업기의 제작을 담당하게 되었다. 그렇지만 대규모의 철도부설과 해양기선의 건조로 말미암아, 원동기 제작에서 오늘날 사용되는 것과 같은 거대한 기계들이 나타나게 된 것은 오직 1866년 이전 10년 동안의 일이다.

기계에 의한 기계의 생산에 가장 필수적인 생산조건은 [어떤 출력도 낼 수 있으며 또 이와 동시에 인간이 완전히 통제할 수 있는] 원동기였다. 이 조건은 증기기관에 의해 이미 충족되고 있었다. 그러나 이와 동시에 기계의 개별적인 부분들에 필요한 엄밀한 기하학적인 직선 · 평면 · 원 · 원통 · 원주 · 공을 기계로 생산하는 것이 필요했다. 이 문제는 1810년대에 헨리 모즐레가 선반활대slide rest를 발명함으로써 해결되었는데, 이것은 곧 자동화되었으며, 그리고 그 뒤 변경된 형태로 선반용 이외에 다른 공작기계들에도 적용되었다. 이 기계장치는 어떤 특수한 도구를 대체한 것이 아니라 사람의 손을 대체했으며, 이 절삭공구로 철이나 다른 노동재료로부터 일정한 형태를 만들어 내었다. 이리하여 기계의 개별적 부분들의 기하학적 형태를 "가장 능숙한 노동자가 아무리 경험을 쌓았다 하더라도 손으로는 도저히 따를 수 없을 정도로 쉽고 정확하며 신속하게"20) 생산할 수 있게 되었다.

---

20) [『국민의 산업』]: 239. 같은 쪽에는 또 다음과 같은 말이 있다. "이 선반 부속물은 간단해 얼핏 보아서는 중요하지 않은 것처럼 보일지 모르나, 기계의 개

이제 만약 우리가 기계류 중에서 기계제작에 사용되는 실질적인 작업기 부분을 보면, 그것은 다만 규모가 대단히 커진 수공업적 도구에 불과하다는 것을 알 수 있다. 예컨대 착공기의 작업기 부분은 증기기관이 움직이는 거대한 송곳인데, 이것이 없다면 대형 증기기관과 수압기의 원통은 생산하지 못할 것이다. 기계선반은 발로 움직이는 보통 선반의 거대한 재현이고, 평삭기平削機 planing machine는 [목수가 목재를 가공하는 데 쓰는 것과 동일한 도구를 가지고] 철을 가공하는 철제목수며, 런던의 조선소에서 합판을 베는 도구는 거대한 면도칼이고, 재봉가위가 천을 베듯이 철을 베는 기계가위는 거대한 가위며, 그리고 증기망치는 보통의 망치[그러나 토르Thor도 휘두를 수 없을 무게를 가진 망치]를 가지고 작업한다.21) 예컨대 네즈미스가 발명한 증기망치의 하나는 그 무게가 6톤이 넘으며, 7피트의 높이에서 중량 36톤의 모루 위에 수직으로 떨어진다. 화강암을 가루로 만드는 것쯤은 이 망치에게는 어린애 장난 같은 일이며, 또 연속적으로 가볍게 두드림으로써 연한 목재에 못을 박는 것도 그에 못지않게 쉬운 일이다.22)

기계의 형태를 취한 노동수단은 인간력을 자연력으로 대체하도록 하며, 경험적 숙련을 자연과학의 의식적 응용으로 대체하게 한다. 매뉴팩처에서는 사회적 노동과정의 조직은 순전히 주체적이며 또 부분노동자들의 결합인데, 기계체계에서는 대공업은 전적으로 객체적인 생산조직이

량과 보급에 미친 그 영향은 와트가 증기기관 그 자체에 가한 개량의 영향과 마찬가지로 거대했다고 말해도 결코 과언이 아니라고 나는 생각한다. 그것의 도입은 곧 모든 기계를 완전하게 했고 값싸게 했으며 발명과 개량을 자극했다."

21) 런던에서 기선의 외륜 축을 단조하는 데 사용하는 이런 기계의 하나는 '토르'라는 이름을 가지고 있다. 그것은 $16\frac{1}{2}$톤의 무게를 가진 축을 대장장이가 말의 편자를 가열한 금속으로 만들 듯이 쉽게 만들어낸다.

22) 소규모로도 사용할 수 있는 목재 가공기들은 대부분 미국사람의 발명품이다.

고 여기에서 노동자는 이미 존재하는 물질적 생산조건의 단순한 부속물에 불과하다. 단순협업, 그리고 분업에 의해 전문화된 협업에서조차, 결합된 노동자가 고립된 노동자를 몰아내는 것은 아직도 어느 정도 우연적 현상이다. 그런데 기계는 [나중에 말하게 될 약간의 예외를 제외하고는] 오직 결합노동 또는 공동노동에 의해서만 기능을 수행한다. 따라서 여기에서는 노동과정의 협업적 성격은 노동수단 자체가 강요하는 기술적 필연성이다.

제2절　기계에서 생산물로 이전되는 가치

우리는 협업과 분업으로부터 생기는 생산력은 자본가에게 아무런 비용도 드는 것이 아니라는 것을 알았다. 그것은 사회적 노동이 만들어내는 자연력이다. 생산과정에 적용되는 증기·물 등과 같은 자연력도 역시 아무런 비용이 들지 않는다. 그러나 호흡하기 위해서는 폐가 필요하듯이, 자연력을 생산적으로 소비하기 위해서는 인간의 손이 만든 물건이 필요하다. 물의 힘을 이용하기 위해서는 물레방아가 필요하며, 증기의 탄력을 이용하기 위해서는 증기기관이 필요하다. 전류의 작용범위 안에서는 자석이 한쪽으로 치우친다든가, 주위에 전류가 돌고 있으면 철에서 자기가 발생한다는 법칙 등은 일단 발견한 뒤에는 한 푼의 비용도 들지 않는다.[23] 그러나 이 법칙들을 전신 등에 이용하기 위해서는 대단히 많

---

23) 일반적으로 자본가는 아무런 비용도 들이지 않고 과학을 이용한다. 자본은 '타인의' 노동을 사유私有appropriate하는 것과 마찬가지로 '타인의' 과학을 사유한다. 그러나 과학이든 물질적 부든 '자본주의적' 사유와 '개인적' 사유는 전혀 별개의 것이다. 예를 들어, 유어는 기계를 이용하는 자기의 친애하는

은 비용이 들며 복잡한 장치가 필요하다. 도구는 우리가 이미 본 바와 같이 기계에 의해 쫓겨나지 않는다. 도구는 인간유기체의 작은 도구로부터 인간이 창조한 기계장치의 도구로 전환되면서 그 규모도 커지고 그 수도 증가한다. 자본은 이제 노동자로 하여금 손도구를 가지고 일하게 하는 것이 아니라 도구를 조종하는 기계를 가지고 일하게 한다. 대공업이 거대한 자연력과 자연과학의 결과를 생산과정에 도입함으로써 노동생산성을 크게 상승시키는 것은 언뜻 보아도 분명하다. 그러나 다른 한편으로 이런 생산력의 상승은 노동지출의 증대에 의해 얻어지는 것이 아니라는 것은 결코 그처럼 분명하지는 않다. 불변자본의 다른 모든 구성부분과 마찬가지로, 기계는 아무런 가치도 창조하지 않으나 그것으로 생산되는 생산물에 자기 자신의 가치를 옮긴다. 기계가 가치를 가지며 따라서 생산물에 가치를 이전하는 한, 기계는 생산물 가치의 한 구성부분을 이룬다. 기계는 생산물의 가치를 싸게 하는 것이 아니라 그 자신의 가치에 비례해 생산물의 가치를 비싸게 한다. 그리고 대공업의 특징적 노동수단인 기계와 기계체계는 수공업적 생산과 매뉴팩처적 생산의 노동수단에 비해 비교도 되지 않을 만큼 더 큰 가치를 가진다는 것은 명백하다.

먼저 말해 두어야 할 것은, 기계는 노동과정에는 언제나 전체로 참가하지만 가치증식과정에는 언제나 일부씩만 참가한다는 사실이다. 기계는 마멸에 의해 평균적으로 상실하는 가치 이상으로는 결코 생산물에 가치를 첨가하지 않는다. 그러므로 기계의 가치와, 일정한 기간에 기계에서 생산물로 이전되는 가치부분 사이에는 커다란 차이가 있다. 생산물 형성요소로서 기계와 가치형성요소로서 기계 사이에는 커다란 차이가 있다. 동일한 기계가 동일한 노동과정에서 반복해서 쓰이는 시간이 길면

공장주들이 기계학을 놀랄 정도로 모른다는 것 ‖ '개인적으로' 사유하지 않는 것 ‖ 을 탄식했으며, 또 리비히는 영국의 화학공장주들이 화학분야에서 놀랄 만큼 무식하다는 것을 이야기하고 있다.

길수록 이 차이는 더욱 크다. 이미 본 바와 같이, 어떤 노동수단이라도 노동과정에는 언제나 전체로 참가하고 가치증식과정에는 항상 그것의 매일의 평균적 마멸에 비례해 일부만 참가한다는 것은 사실이다. 그러나 이용과 마멸 사이의 이런 차이는 도구의 경우보다 기계의 경우에 훨씬 더 크다. 왜냐하면 기계는 더 오래 견딜 수 있는 재료로 제작되므로 수명이 더 길고, 또 기계의 이용은 엄격한 과학적 법칙에 의해 규제되므로 부품의 교체와 보조원료의 소비를 통해 기계를 더욱 경제적으로 이용할 수 있으며, 끝으로 기계의 생산적 활동범위는 도구의 그것과는 비교도 안 될 만큼 넓기 때문이다. 기계와 도구는 매일의 평균적 비용[즉 그것들의 매일의 평균적 마멸과 예컨대 기름·석탄 등과 같은 보조원료의 소비에 의해 생산물에 첨가되는 가치구성부분] 이외에는 인간노동의 협력 없이 존재하는 자연력과 마찬가지로 공짜로 일한다. 기계의 생산적 효율성이 도구의 그것에 비해 크면 클수록, 기계의 무상봉사의 크기도 그만큼 더 크다. 대공업에서 비로소 인간은 자기의 과거노동의 생산물(이미 대상화된 노동)을 자연력과 같이 대규모로 공짜로 이용하게 되었다.[24]

협업과 매뉴팩처를 고찰할 때 본 바와 같이, 어떤 일반적 생산조건들

---

24) 리카도는 기계의 이런 작용에 너무나 큰 주의를 돌린 결과, 기계가 생산물에 이전하는 가치부분을 때로는 망각하고 기계를 자연력과 완전히 혼동하고 있다. [물론 그는 다른 곳에서는 이런 작용에 주목하지 않았는데, 왜냐하면 그는 노동과정과 가치증식과정 사이의 일반적 차이를 알지 못했기 때문이다]. 그리하여 예컨대 그는 다음과 같이 말하고 있다. "애덤 스미스는 어디서도 이들 자연력과 기계가 우리를 위해 수행하는 봉사를 과소평가하지 않으며, 그것들이 상품에 추가하는 가치[사용가치]의 성질을 아주 정당하게 구별하고 있다…그것들은 그 일을 무상으로 수행하기 때문에…그것들이 우리에게 제공하는 지원은 교환가치에 아무것도 추가하지 않는다."(리카도, 『정치경제학 및 과세의 원리』: 366~367) 리카도의 이 지적은, 기계가 '이윤'의 일부를 이루는 가치를 창조하는 '봉사'를 한다고 지껄이는 세에 대해서는 물론 정당하다.

[예: 건물]은 고립된 수공업자들의 분산된 생산조건들에 비하면 공동의 소비 때문에 절약되며, 따라서 생산물의 가치를 더 싸게 한다. 기계체계에서는 작업기의 몸통은 거기에 딸린 많은 도구에 의해 공동으로 소비될 뿐 아니라, 동일한 동력기는 전동장치의 일부와 함께 많은 작업기에 의해 공동으로 소비된다.

기계의 가치와 기계가 매일 자기 생산물에 이전하는 가치 사이의 차이가 일정하다면, 이 후자의 가치가 생산물을 비싸게 하는 정도는 먼저 총생산물의 규모, 말하자면 생산물의 겉넓이에 의존한다. 블랙번의 베인즈는 1857년의 어느 강의에서 다음과 같은 계산을 했다.

"실제의 1기계마력25)은 준비장치가 달려 있는 자동식 뮬 방추 450

---

25) {엥겔스: 1마력은 1분당 33,000피트-파운드의 힘, 다시 말해 1분에 33,000 파운드〔약 15톤〕의 물건을 1피트〔30.48센티미터〕의 높이로 올리는 힘, 또는 1파운드〔약 453.6그램〕의 물건을 33,000피트〔약 10킬로미터〕의 높이로 올리는 힘과 같다. 본문에서 말한 마력은 이것을 의미한다. 그러나 일상적인 상업상의 용어에서는, 그리고 이 저서의 인용문 중 이곳저곳에서는, 동일한 기계의 '공칭'마력과, '상업'마력 또는 '지시'마력이 구별되어 있다. '옛날'마력 또는 '공칭'마력은 전적으로 피스톤의 길이와 실린더(원통)의 직경에 의해 계산하고, 증기압력과 피스톤의 속도는 전혀 고려하지 않는다. 이것은 사실상 어떤 증기기관이 볼튼과 와트의 시대처럼 미약한 증기압력과 낮은 피스톤 속도로 운전된다면, 그것은 예컨대 50마력을 가진다는 것을 의미한다. 그러나 이 마지막 두 요인은 그 뒤에 매우 강화되었다. 증기기관이 현재 현실적으로 제공하는 기계력을 측정하기 위해 실린더의 증기압력을 표시하는 지시계기가 발명되었다. 피스톤의 속도를 확정하는 것은 쉽다. 그리하여 '지시'마력 또는 '상업'마력이라는 측정단위는, 실린더의 직경과 피스톤이 오르내리는 높이와 피스톤 속도와 증기압력을 동시에 고려하며 또한 그 기계가 1분간에 33,000 피트-파운드의 몇 배나 되는 힘을 현실적으로 제공하는가를 보여 주는 하나의 수학적 공식이다. 그러므로 1 '공칭'마력은 현실에서는 3배, 4배, 심지어는 5배의 '지시'마력 또는 '현실적'마력을 제공할 수 있다. 이것은 이 뒤의 각종 인용문을 설명하기 위한 것이다.}

개, 또는 스로슬 방추 200개, 또는 날실을 고르게 하고 거기에 풀물을
먹이는 등의 장치가 달려 있는 40인치의 직물용 직조기 15대를 움직이
게 한다."

1기계마력의 하루 비용과 이 마력에 의해 운전되는 기계의 마멸은, 첫
째 경우에는 450개의 뮬 방추의 하루 생산물에 분배되고, 둘째 경우에는
200개의 스로슬 방추의 하루 생산물에 분배되며, 셋째 경우에는 15대 직
조기의 하루 생산물에 분배되므로, 1파운드의 실 또는 1야드의 천에 이
전되는 가치부분은 매우 보잘 것 없는 것에 지나지 않는다. 위에서 예로
든 증기망치의 경우도 이와 마찬가지다. 증기망치의 하루 마멸, 석탄 소
비 등은 증기망치가 매일 두드리는 엄청나게 많은 양의 철에 분배되므
로, 100파운드의 철에는 매우 적은 가치부분만이 배당될 것이다. 그러나
만약 이 거인 같은 도구를 가지고 작은 못을 박는다면 이전되는 가치부
분은 대단히 커질 것이다.

작업기의 작업능력[그것에 달린 도구의 수, 또는 힘이 문제라면 도구
의 크기]이 주어져 있을 때, 생산물의 양은 작업기의 작업속도[예컨대 방
추가 회전하는 속도 또는 1분간에 망치가 내려치는 횟수]에 의존할 것이
다. 위에서 말한 거대한 망치 중 1분에 70번을 내려치는 것도 많으며,
소규모의 증기망치로 방추를 단조하는 라이더Ryder의 특허 단조기는 1분
에 700번을 내려친다.

기계의 가치가 생산물로 이전되는 비율이 일정하다면, 이전되는 가치
부분의 크기는 기계 자체의 가치 크기에 달려있다.[26] 기계 자체에 체현

---

26) 자본주의적 관념에 사로잡힌 독자는 기계가 자기의 자본가치에 비례해 생산
물에 첨가하는 '이자'에 관해서는 여기서 아무런 설명도 하지 않고 있다고 말
할 것이다. 그러나 기계는 불변자본의 다른 모든 구성부분들과 마찬가지로
새로운 가치를 창조하지 않기 때문에, '이자'라는 명칭으로 어떤 새로운 가치

되어 있는 노동이 적으면 적을수록 기계가 생산물에 첨가하는 가치는 적다. 기계가 생산물에 이전하는 가치가 적으면 적을수록 기계는 더욱 생산적이며, 기계의 봉사는 더욱 자연력의 봉사에 가까운 것으로 된다. 그런데 기계에 의한 기계의 생산은 기계의 규모와 작용에 비해 기계의 가치를 감소시킨다.

수공업적으로 또는 매뉴팩처적으로 생산된 상품의 [단위] 가격과, 기계에 의해 생산된 같은 상품의 [단위] 가격을 비교분석해 본다면, 일반적으로 기계생산물의 경우 노동수단에서 이전되는 가치부분이 절대적으로는 감소하지만 상대적으로는 증가한다. 다시 말해, 이 가치부분의 절대액은 감소하지만, 이 절대액이 예컨대 1파운드의 실이라는 생산물의 총가치에서 차지하는 비중은 증가한다.[27]

를 첨가할 수 없다는 것은 쉽게 이해할 것이다. 더 나아가, 잉여가치의 생산이 문제로 되고 있는 여기에서는, 이자라는 이름의 잉여가치부분이 존재한다는 것을 미리 전제할 수 없는 것도 명백하다. 얼핏 보면 불합리하며 가치형성의 법칙들과 모순되는 듯이 보이는 자본주의적 계산방식에 관해서는 이 책의 제3권에서 설명할 것이다.

27) 기계가 첨가하는 이 가치구성부분은, 기계가 말과 기타의 동물[즉 물질의 변형을 위한 기계로서가 아니라 동력으로서만 이용하는 역축]을 몰아내는 경우에는 절대적으로나 상대적으로나 감소한다. 동물을 단순한 기계라고 정의한 데카르트의 견해는 매뉴팩처 시기의 견해인데, 중세에는 동물을 인간의 조수로 여겼으며 인간의 조수인 동물은 나중에 할러의『국가학의 부흥』에서도 나타난다. 데카르트는 베이컨과 마찬가지로 생산방식의 변화와 인간이 자연을 실용적으로 지배하는 것을 생각방법이 변한 결과로 보았다. 이것은 그의 저서『방법서설』에 있는 다음 문장에서 잘 나타나고 있다. (그가 철학에 도입한 방법을 이용해) "생활상 대단히 유용한 지식을 얻을 수 있으며, 그리고 학교에서 가르치는 사변철학 대신 실용적 철학을 발견할 수 있는데, 이 철학의 도움으로 우리는 불·물·공기·별과 기타 우리를 둘러싸고 있는 모든 물체의 힘과 작용을 (우리가 수공업자들의 각종 직업을 아는 것과 같이) 정확히 잘 앎으로써, 그것들을 모두 적합한 용도에 이용하며, 그렇게 함으로써 자연의 주인과 지배자로 될 수 있을 것이고…인간생활의 완성에 기여할 수 있을 것

분명한 사실은 다음과 같은 것이다. 즉 기계의 생산에 드는 노동과 그 기계의 사용으로 절약되는 노동이 같은 크기라면 노동의 대체 밖에 일어나지 않을 것이며, 그 결과 상품의 생산에 드는 노동의 총량은 감소하지 않으며 그리하여 노동생산성은 증가하지 않는다는 점이다. 또한 분명한 것은, 기계의 생산에 드는 노동과 기계의 사용으로 절약되는 노동 사이의 차이[즉 기계의 생산력의 정도]는 기계 자체의 가치와 기계가 대체하는 도구의 가치 사이의 차이에 의존하지 않는다는 점이다. 기계의 생산에 드는 노동[기계의 가치] 중 생산물로 이전되는 부분이 노동자가 도구를 사용해 생산물에 첨가하는 가치 [새로운 가치 v+s를 의미한다] 보다 적은 한, 기계는 노동을 절약한다고 말할 수 있다. 그러므로 기계의 생산력은 기계가 대체하는 인간 노동력의 크기에 의해 측정된다. 베인즈의 계산에 의하면, 1증기마력으로 운전되는 [준비장치가 붙은] 450개의 뮬 방추는 $2\frac{1}{2}$ 명의 노동자를 필요로 하며,[28] 각각의 자동식 뮬 방추는 10시간 노동일의 1주간에 13온스 [$\frac{13}{16}$ 파운드] 의 실(평균굵기)을 생산하므로, $2\frac{1}{2}$ 명의 노동자는 1주간에 $365\frac{5}{8}$ 파운드의 실을 생산하게 된다. 따라서 [논의를 간단히 하기 위해 솜찌꺼기를 무시한다면] 약 366파운드의 면화가 면사로 전환되는 데 불과 150노동시간[10시간 × 6일 × 2.5명] 또는

이다." 노스의 『상업론』(1691) 서문에는 경제학에 적용된 데카르트의 방법은 화폐·상품 등에 관한 옛이야기들과 미신적 관념들로부터 경제학을 해방시키기 시작했다고 쓰여 있다. 대체로 초기의 영국 경제학자들은 베이컨과 홉스의 철학에 찬동했는데, 그 뒤에는 로크가 주로 영국, 프랑스, 이탈리아 경제학의 '철학자'로 되었다.

28) 에센 상업회의소의 연차보고(1863년 10월)에 따르면, 크룹 제철공장은 161기의 각종 용광로, 32대의 증기기관(이 숫자는 1800년에 맨체스터에서 사용되던 증기기관의 총수와 거의 비슷하다), 14대의 증기망치(합계 1,236마력에 해당), 49기의 단조로, 203대의 도구기계와 약 2,400명의 노동자에 의해, 1862년에 1,300만 파운드의 주강鑄鋼 cast steel을 생산했다. 이 경우 1마력당 노동자는 2명도 되지 않는다.

15개의 10시간 노동일을 흡수한다. 물레로는 [손방적공이 13온스의 면사를 60시간에 생산한다면] 동일한 양의 면화는 2,700개의 10시간 노동일 또는 27,000노동시간을 흡수하게 될 것이다.[29] 종래의 목판 날염법(손에 의한 날염법)을 기계에 의한 날염이 쫓아낸 곳에서는, 단 한 대의 기계가 1명의 성인노동자[또는 소년공]의 협조로 1시간에 이전에는 200명의 성인노동자가 하던 것과 같은 양의 4색 날염직을 날염한다.[30] 위트니가 1793년에 조면기를 발명하기 전에는 1파운드의 면화에서 씨를 뽑는 데 평균 1노동일이 걸렸다. 그의 발명 덕택으로 흑인여자 1명이 하루에 100파운드의 면화를 처리할 수 있게 되었으며, 그 뒤 조면기의 생산능률은 더 현저하게 증대되었다. 1파운드의 원면은 이전에는 그 생산비가 50센트였는데 그 뒤에는 더 많은 이윤을 내면서도[즉 더 많은 불불노동을 포함하고도] 10센트로 판매되었다. 인도에서는 면화에서 씨를 제거하기 위해 반+기계적인 츄르카라는 도구를 사용하고 있는데, 이것으로 1명의 남자와 1명의 여자가 하루에 28파운드를 처리한다. 수 년 전에 포브즈가 발명한 츄르카로는 1명의 성인과 1명의 소년이 하루에 250파운드를 처리한다. 동력으로 소·증기·물을 이용하는 경우에는 기계에 원료를 넣는 사람으로 몇 명의 소년과 소녀가 필요할 뿐이다. 소가 움직이는 기계 16대는 이전에 하루 평균 750명이 하던 작업을 한다.[31]

이미 언급한 바와 같이, 증기쟁기는 1시간에 3펜스[$\frac{1}{4}$실링]의 비용으로, 66명이 15실링의 비용으로 수행하던 작업량과 같은 작업을 수행한

---

29) 배비지의 계산에 따르면, 자바에서는 방적노동에 의해서만 117%가 면화의 가치에 첨가되었다. 당시(1832년) 영국에서는 세사방적업에서 기계와 노동에 의해 면화에 첨가되는 총가치는 원료가치의 약 33%에 달했다.(『기계와 매뉴팩처 경제론』: 165, 166)

30) 그밖에 기계날염에서는 염료가 절약된다.

31) 생산물에 관해 인도 총독부에 보고한 왓슨이 1861년 4월 17일 기예협회에서 발표한 논문 참조.

다. 오해를 피하기 위해 나는 이 실례를 다시 설명하려 한다. 이 15실링은 결코 66명의 노동자가 한 시간 동안 행하는 노동의 화폐적 표현이 아니다. 잉여노동의 필요노동에 대한 비율이 100%라면, 이 66명의 노동자들은 매시간에 30실링의 가치—그들의 임금 15실링은 그것의 반에 불과하다—를 생산 [창조] 한다. 그리하여 만약 어떤 기계가, 그것이 대체하는 노동자 150명의 연간 임금, 예컨대 3,000원과 같은 금액의 비용이 든다고 가정한다면, 이 3,000원은 결코 이 150명의 노동자에 의해 수행되어 노동대상에 첨가된 전체 노동의 화폐적 표현이 아니라, 그들의 연간 노동 중 그들 자신을 위해 행하고 임금으로 대표되는 부분 [필요노동] 의 화폐적 표현에 지나지 않는다. 이와는 반대로 3,000원이라는 기계의 화폐가치는 기계의 생산에 소비된 전체 노동[이 노동이 어떤 비율로 노동자의 임금과 자본가의 잉여가치로 분할되든]을 표현한다. 따라서 기계가 비록 그것이 대신하는 노동력과 같은 금액의 비용이 들더라도, 기계에 대상화된 노동은 언제나 기계가 대신하는 살아있는 노동보다 훨씬 적다.[32]

만약 기계를 생산물을 싸게 하는 수단으로만 본다면, 기계를 사용하는 한계는 기계 자체의 생산에 드는 노동이 기계의 사용에 의해 대체되는 노동보다 적어야 한다는 데 있다. 그러나 자본가가 기계를 사용하는 데에는 그 이상의 한계가 있다. 자본가는 노동에 대해 지급하는 것이 아니라 고용하는 노동력의 가치만을 지급하므로, 자본가에 의한 기계사용의 한계는 기계의 가치와 [기계가 대체하는] 노동력의 가치 사이의 차이에 의해 설정된다. 필요노동과 잉여노동으로 노동일이 분할되는 비율은 나라에 따라 다르며, 또 같은 나라에서도 시기에 따라 다르든가 같은 시기

---

[32] "이 말없는 대행자들은 그것들이 동일한 화폐가치를 가진 때일지라도 언제나 그것들이 대신하는 것보다 훨씬 적은 노동의 산물인 것이다."(리카도, 앞의 책: 104)

에도 생산부문에 따라 다르며, 또한 노동자의 실제임금은 때로는 자기
노동력의 가치 이하로 떨어지기도 하고 때로는 그 이상으로 올라가기도
하므로, 기계의 가격과 [기계가 대체하는] 노동력의 가격 사이의 차이는
─기계의 생산에 필요한 노동량과 기계가 대신하는 노동 총량 사이의 차
이에는 변동이 없다 하더라도─크게 변동할 수 있다.33) 그러나 자본가
자신에게 상품의 생산비[비용가격]를 규정하며 경쟁이 자신에게 강제하
는 것은 오직 기계의 가격과 [기계가 대체하는] 노동력의 가격 사이의 차
이뿐이다. 따라서 오늘날 영국에서 발명되는 기계는[임금수준이 높은] 미
국에서만 사용되고, 16세기와 17세기에 독일에서 발명된 기계는 네덜란
드에서만 사용되었으며, 또 18세기의 프랑스의 많은 발명은 영국에서만
이용된 것이다. 오래 전부터 발전한 나라들에서는, [일부 생산부문들에
서 사용된] 기계 그 자체가 다른 부문들에 노동의 과잉[리카도가 말하는
'과잉인원']을 야기하고, 그 결과 후자의 부문들에서는 임금이 노동력의
가치 이하로 하락하게 되어 기계의 사용이 방해되며, 또 자본가의 처지
에서 보면 자기의 이윤은 고용되는 노동력의 감소가 아니라 지불노동의
감소로부터 생기기 때문에, 기계의 사용은 불필요하고 흔히는 불가능하
게 된다. 영국 양모공업의 일부 부문들에서는 아동노동이 최근 수년 동
안 급격히 감소했으며, 곳에 따라서는 거의 사라졌다. 그 이유는 무엇인
가? 공장법으로 말미암아 아동들의 2교대제가 도입되어, 한 팀은 6시간
작업하고 다른 팀은 4시간 작업하거나 두 팀이 각각 5시간만 작업할 수
밖에 없었는데도, 부모들은 반일공을 이전의 전일공보다 더 싸게는 팔려
고 하지 않았기 때문이다. 이 때문에 반일공들은 기계로 대체된 것이
다.34) 광산에서 여성과 아동[10세 미만]의 노동이 금지되기 전까지는,

---

33) 그러므로 공산주의 사회에서는 기계가 부르주아 사회에서와는 전혀 다른 사
　　용범위를 가질 것이다.
34) "고용주들은 쓸데없이 13세 미만 아동들의 2교대제를 유지하려고 하지는 않

자본은 탄광과 기타 광산들에서 벌거벗은 부인들과 소녀들을 때때로 남자들과 함께 일시키는 것을 전혀 도덕률에 어긋난다고 생각하지 않았으며, 특히 이윤 획득에는 도움이 된다고까지 생각했다. 따라서 자본은 이것이 금지된 이후에야 비로소 기계를 사용하게 된 것이다. 양키[미국의 북부사람]들은 돌 부수는 기계를 발명했지만, 영국사람들은 그것을 사용하지 않고 있는데, 그 이유는 이 작업을 하는 '불쌍한 사람들'35)은 그들 노동의 매우 적은 부분에 대해서만 보수를 받으므로, 그 기계는 자본가들의 생산비를 증가시킬 것이기 때문이다.36) 영국에서는 운하에서 배를 끄는 일에 때때로 말 대신 아직도 여성들을 사용하는데,37) 그것은 말과 기계를 생산하는 데 필요한 노동 [그것들의 가치]은 정확히 알려진 크기지만, 과잉인구 중 여성들을 부양하는 데 필요한 노동 [임금수준]은 계산할 수 없을 정도로 적기 때문이다. 바로 이 때문에 기계의 나라인 영국에서 다른 어느 나라보다도 파렴치하게 인력을 천한 일에 낭비하고 있다.

을 것이다 … 사실 어떤 부류의 공장주들, 예컨대 털실 방적업자들은 지금 13세 미만의 아동, 즉 반일공을 별로 사용하지 않는다. 그들은 아동들(13세 미만)의 노동을 대체하는 각종 개량된 새 기계들을 도입했다. 아동들 수의 이런 감소의 한 예로 한 개의 노동과정을 이야기하겠다. 거기에서는 현존하는 기계에 실을 잇는 기계를 붙인 결과, (각 기계의 특성에 따라) 6명 또는 4명의 반일공이 수행하던 작업이 1명의 소년(13세 이상)에 의해 수행될 수 있었다…반일공 제도는 실을 잇는 기계의 발명을 '자극'했다."(『공장감독관 보고서. 1858년 10월 31일』)

35) '불쌍한 사람들'은 영국의 경제학에서 농업노동자를 가리키는 용어다.

36) "기계는…흔히 노동"(임금을 의미하고 있다)"이 등귀하기 전에는 사용될 수 없다."(리카도, 앞의 책: 478)

37) 「에든버러 7차 총회보고서」 National Association for the Promotion of Social Science(1863년 10월)를 보라.

제3절 기계제 생산이 노동자에게 미치는 가장 직접적 영향

이미 본 바와 같이, 대공업의 출발점은 노동수단의 혁명이며, 그리고 이 혁명은 공장의 편성된 기계체계 안에서 가장 발달한 형태를 얻는다. 이 객체적 유기체에 인간재료가 어떻게 합쳐지는가를 고찰하기 전에, 이 혁명이 노동자 자신에게 미치는 약간의 일반적 영향을 고찰해 보자.

A. 자본이 추가 노동력을 취득. 여성과 아동의 고용

기계는, 근육의 힘을 요구하지 않는 한, 근육의 힘이 약하거나 또는 육체적 발달은 미숙하지만 팔과 다리는 더욱 유연한 노동자를 사용하는 수단이 된다. 그러므로 여성노동과 아동노동은 자본가에 의한 기계사용의 첫 번째 결과였다! 노동과 노동자를 대신하는 이 강력한 수단, 즉 기계는 즉시로 남녀노소의 구별 없이 노동자 가족의 구성원 모두를 자본의 직접적 지배 아래 편입함으로써 임금노동자의 수를 증가시키는 수단이 되었다. 자본가를 위한 강제노동은 아동의 유희시간뿐 아니라 가정 안에서 가족을 위한 최소한의 자유노동까지도 빼앗았다.[38]

---

38) 미국 남북전쟁이 일으킨 면화공황 때, 에드워드 스미스는 면업노동자들의 건강상태를 조사하기 위해 영국 정부에 의해 랭커셔, 체셔 등으로 파견되었다. 그의 보고에는 특히 다음과 같은 구절이 있다. 이 공황은, 위생상으로 볼 때, 노동자들을 공장의 무서운 환경으로부터 몰아냈다는 사실 이외에도 여러 가지 이익을 주었다. 노동여성들은 이제 자기 어린이들을 '곳프리Godfrey 강장제'(일종의 마취제)로 마취시키는 대신 젖을 먹이는 데 필요한 여가를 가지게 되었다. 그들은 요리법을 배울 시간도 가지게 되었다. 불행하게도 요리할 것이 아무것도 없을 때 요리법을 배우게 되었기는 하지만. 그러나 이런 사실에

노동력의 가치는 개별 성인노동자들을 유지하는 데 필요한 노동시간 뿐 아니라 노동자 가족을 유지하는 데 필요한 노동시간에 의해서도 규정된다. 기계는 노동자 가족의 전체 구성원들을 노동시장에 내던짐으로써 가장의 노동력 가치를 자기 가족의 전체 구성원들로 나눈다. 그러므로 기계는 가장의 노동력 가치를 저하시킨다. 예컨대 4명의 노동자들로 구성된 가족의 노동력을 구입하려면 종전에 가장의 노동력만을 구입할 때 보다 아마도 비용이 더 들 것이다. 그러나 그 대신 4노동일이 1노동일을 대체하므로 4노동일의 잉여노동이 1노동일의 잉여노동을 초과하는 것에 비례해 그들 가족의 노동력 가격은 하락한다. 한 가족이 생활하기 위해 이제는 4명이 자본가를 위해 노동뿐 아니라 잉여노동을 제공하지 않으면 안 된다. 이와 같이 기계는 처음부터 자본의 가장 특징적 착취대상인 인간적 착취재료[39]를 추가할 뿐 아니라 착취의 정도도 증가시킨다.

기계는 또 노동자와 자본가의 상호관계를 형식적으로 규정하는 그들

서 우리는 자본이 가치증식을 위해 가정에 필요한 노동을 얼마나 빼앗았는가를 알 수 있다. 또한 공황으로 말미암아 노동자의 딸들은 재봉학교에서 재봉을 배울 수 있었다. 세계 전체를 위해 방적하는 노동소녀들에게 재봉을 가르치기 위해 미국 전쟁과 일반적 공황이 필요했던 것이다!

39) "남성노동을 여성노동으로, 또 특히 성인노동을 아동노동으로 교체하는 것이 강화됨에 따라 노동자의 수가 대단히 증가했다. 1주일에 6~8실링의 임금을 받는 13세의 소녀 3명은 18~45실링의 임금을 받는 성인 1명을 대신했다." (드 퀸시, 『정치경제학의 논리』: 147, 주) 가족 기능의 어떤 것(예컨대 어린이를 돌보며 그들에게 젖을 먹이는 일)은 전혀 없애버릴 수는 없으므로, 자본이 징발한 어머니는 어떤 대체물을 구하지 않을 수 없다. 재봉, 수선 따위의 가사노동은 기성품의 구입으로 대체하지 않을 수 없다. 그리하여 가사노동의 지출 감소에 따라 화폐지출이 증가한다. 따라서 노동자 가족의 생계비는 증가하는데 이것이 소득의 증가를 상쇄한다. 더욱이 생활수단의 소비와 준비에서 절약과 판단이 불가능하게 된다. 공인된 경제학이 숨기고 있는 이런 사실들에 관한 풍부한 자료는 『공장감독관들의 보고서』, 『아동노동 조사위원회의 보고서』, 또 특히 『공중보건에 관한 보고서』 등에 있다.

사이의 계약을 근본적으로 변혁시킨다. 상품교환의 바탕 위에서는 자본가와 노동자가 자유로운 인격으로, 독립적 상품소유자로, 즉 한 쪽은 화폐와 생산수단의 소유자로, 다른 쪽은 노동력의 소유자로 상대한다는 것이 우리의 첫 전제였다. 그러나 현재 자본은 아동들과 미성년자들‖의 노동력‖을 산다. 종전에는 노동자는 형식상 자유로운 인격으로서 처분할 수 있는 자기 자신의 노동력을 판 것인데, 이제 그는 처자를 판다. 그는 노예상인이 된 것이다.[40] 아동노동에 대한 구인 광고는 형식상으로도 [미국의 신문광고에 잘 나오는 바와 같은] 흑인노예에 대한 구인광고와 비슷하다. 예컨대 영국의 한 공장감독관은 다음과 같이 말하고 있다.

"내 지역의 가장 중요한 한 공업도시에서 발행되는 지방신문 지상의 광고, '13세로 인정할 수 있는 연령 이상의 소년 12~20명을 구함. 임금은 주당 4실링. 지원하라. 운운.'이 내 주의를 끌었다."[41]

---

40) 영국 공장들에서 여성과 아동에 대한 노동시간의 단축은 성인 남성노동자들이 자본으로부터 쟁취한 것이라는 위대한 사실과는 대조적으로, 아동노동 조사위원회의 최근 보고들에는 아동의 매매에서 부모인 노동자들이 참으로 수치스러우며 그야말로 노예상인적 성향을 가지고 있었다는 점을 볼 수 있다. 그 보고들에서 볼 수 있는 바와 같이, 위선적인 자본가들은 [그들 자신이 창조하고 영구화하며 이용하고 있는, 그리고 '노동의 자유'라고 부르는] 이 야만적인 행위를 다음과 같이 비난하고 있다. "아동노동은…심지어 성인들 자신의 그날그날의 빵을 벌기 위해서도 행해졌다. 아동들은 이런 지나치게 고된 일을 견뎌낼 힘도 없고, 그들의 장래생활을 지도해 줄 교육도 받지 않았으므로, 육체적으로나 정신적으로나 더럽혀진 상태에 빠졌다. 유태의 역사가는 로마 황제 티투스가 예루살렘을 멸망시킨 것에 관해 지적하기를, 무정한 한 어미가 억제할 수 없는 굶주림을 면하기 위해 자기 자신의 자식을 희생시켰으니, 이 도시가 그렇게 무참히 파괴된 것도 이상할 것이 하나도 없다고…"(『공공경제 요론』: 66)

41) 레드그레이브, 『공장감독관 보고서. 1858년 10월 31일』: 41.

'13세로 인정할 수 있는'이라는 문구는, 13세 미만의 아동은 6시간만 노동할 수 있다는 공장법과 관련이 있다. 나이는 공식적으로 지명된 의사의 증명을 받아야 한다. 그러므로 공장주는 13세가 된 것 같이 보이는 그런 소년들을 구하는 것이다. 최근 20년의 영국통계에서 공장주들이 고용한 13세 미만 아동들의 수가 급격히 또 놀라운 속도로 가끔 감소한 것은, 공장감독관 자신의 진술에 따르면, 의사들이 자본가들의 착취 욕심과 부모들의 아동판매 요구에 맞추어 아동들의 나이를 더 높게 고친 것이 그 대부분의 이유였다. 베스날 그린이라는 런던의 악명 높은 지역에서는 매주 월요일과 화요일 아침에 공개시장이 열리는데, 거기에는 9세 이상의 남녀 아동들이 런던의 견직공장주들에게 자신을 임대한다. "보통의 조건은 주 1실링 8펜스(이것은 부모들의 것이 된다)와 '나 자신을 위한 2펜스와 차tea'다. 계약은 오직 1주일을 기한으로 체결된다. 이 시장이 열릴 때의 광경과 그곳의 말씨는 참으로 창피스럽다."[42] 여성들이 "구빈원에서 아동들을 데리고 나와 그들을 아무 구매자에게나 주 2실링 6펜스로 임대하는" 일이 지금도 영국에서 일어나고 있다.[43] 법으로 금지되어 있는데도, 영국에서는 적어도 2,000명에 달하는 소년들이 아직도 자기 부모들에 의해 살아있는 굴뚝소제기로 (그들을 대신할 기계가 있는데도) 판매되고 있다.[44] 기계가 노동력의 구매자와 판매자 사이의 법률적 관계에 일으킨 혁명은, 전체 거래로 하여금 자유로운 인격들 사이의 계약이라는 겉모양조차 잃게 함으로써, 그 뒤에 영국 의회가 국가로 하여금 공장문제에 개입하게 하는 법적 구실을 주었다. 공장법이 종래에는 그 구속을 받지 않던 공업부문들에서 아동노동을 6시간으로 제한할 때마

---

42) 『아동노동 조사위원회. 제5차 보고서』. 1866: 81, 제31호. {엥겔스: 베스날 그린의 견직업은 현재 거의 사라졌다.}

43) 『아동노동 조사위원회. 제3차 보고서』. 1864: 53, 제15호.

44) 『아동노동 조사위원회. 제5차 보고서』. 부록: 22, 제137호.

다 공장주들은, 일부 부모들은 이제는 법적 단속을 받는 공업부문에서 아동들을 빼내어 '노동의 자유'가 아직 지배하고 있는 [즉 13세 미만의 아동들이 성인처럼 노동하지 않을 수 없는, 그리하여 그들을 더 비싸게 팔 수 있는] 공업부문에 판매한다고 불평했다. 그러나 자본은 본래 자기들끼리는 평등주의자이므로, 다시 말해 자본은 모든 생산분야에서 노동착취 조건의 평등을 자기가 태어날 때부터 권리로 요구하므로, 한 공업부문에서 아동노동을 법적으로 제한하면 다른 공업부문에서도 아동노동을 제한하지 않을 수 없다.

[처음에는 기계를 토대로 발생하는 공장들에서 직접적으로, 그리고 그 다음으로는 나머지 모든 공업부문에서 간접적으로] 기계가 자본의 착취에 종속시킨 아동들, 소년소녀들, 부인들의 육체적 파멸에 대해서는 우리는 이미 [제10장 노동일] 지적했다. 그러므로 여기에서는 노동자계급 가정의 유아사망률이 대단히 높다는 점만을 말하려 한다. 영국의 호적관리구역들 중 16개 구역에서는 1세 미만의 유아 100,000명에 대해 연평균 사망자수가 9,085명(어떤 구역에서는 불과 7,047명)에 불과한데, 24개 구역에서는 10,000~11,000명이며, 39개 구역에서는 11,000~12,000명, 48개 구역에서는 12,000~13,000명, 22개 구역에서는 20,000명 이상, 25개 구역에서는 21,000명 이상, 17개 구역에서는 22,000명 이상, 11개 구역에서는 23,000명 이상이다. 후, 울버햄프턴, 애쉬톤-언더-라인, 프레스톤에서는 24,000명 이상, 노팅엄, 스톡포트, 브래드퍼드에서는 25,000명 이상, 위스비치에서는 26,000명, 맨체스터에서는 26,125명이다.[45] 1861년의 정부 의료조사에서 증명된 바와 같이, 이처럼 사망률이 높은 원인은, 지방적 조건을 도외시하면, 주로 어머니의 가정 밖 취업과 이로부터 생기는 유아에 대한 무관심과 학대, 예컨대 부적당한 음식, 영양부족,

45) 『공중보건에 관한 제6차 보고서』, 1864년: 34.

마취제의 사용 따위인데, 이밖에도 어머니와 유아 사이의 부자연스러운 반목, 그 결과 고의적으로 굶기는 것, 독 있는 음식을 주는 것 등이 그 원인으로 되고 있다.[46] 이와는 반대로, '여성 취업이 가장 적은' 농업구역들에서는 "사망률이 가장 낮다."[47] 그런데 1861년의 조사위원회는 북해 연안의 일부 순수한 농업구역들에서 1세 미만 유아의 사망률이 가장 악명 높은 공장구역들의 사망률과 거의 같다는 예상치 못한 결과를 발표했다. 그리하여 줄리안 헌터에게 이 현상에 대한 현장조사를 위임했다. 그의 보고는 『공중보건에 관한 제6차 보고서』에 수록되어 있다.[48] 당시까지는 말라리아와 기타 낮고 습한 땅에 특유한 질병들이 유아들의 생명을 빼앗아 간다고 추측했다. 그러나 조사의 결과는 정반대였다. 말라리아를 없애버린 바로 그 사정, 다시 말해 겨울에는 습지였으며 여름에는 보잘 것 없는 목장이었던 토지를 비옥한 밀밭으로 전환시킨 것이 매우 높은 유아사망률을 낳게 한 것이었다.[49] 헌터가 심문한 그 구역들에 있는 70명 의사의 의견은 이 점에 대해 '놀랄 만큼 일치'했다. 토지경작의 혁명으로 공장식의 노동제도가 도입되었던 것이다.

"소년소녀들과 함께 노동부대에서 노동하는 기혼 여성들은 '대장' (부대 전체를 대신하여 계약한다)을 통해 일정한 금액을 받고 차지농

---

46) "그것"(1861년의 조사)"은…또 다음과 같은 사실을 보여 주었다. 즉 앞에서 말한 사정 아래 유아들은 어머니의 취업에서 오는 무관심과 학대 때문에 죽게 되는데, 어머니는 보통 자식들이 죽어도 슬퍼하지 않을 뿐 아니라 때로는 심지어 자식들을 죽이려고 직접적인 수단을 취할 정도로, 자식들에 대한 모성애를 잃고 있다."(같은 보고서)

47) 같은 보고서: 454.

48) 같은 보고서: 454~463. 「영국의 일부 농촌지구의 과도한 유아사망에 관한 헨리 줄리안 헌터의 보고」.

49) 같은 보고서: 35, 455~456.

업가의 처분에 맡겨진다. 이 노동부대는 때때로 그들의 촌락에서 몇 마일이나 떨어진 지방까지 여행하는 수가 있다. 그러므로 아침저녁으로 길거리에서 그들을 만날 수 있는데, 여성들은 짧은 스커트와 거기에 맞는 저고리를 입고, 장화를 신고, 때로는 바지를 입고 있으며, 보기에는 대단히 힘세고 건강한 듯하나 버릇이 된 부도덕한 행동들로 말미암아 타락해 있고, 또 이런 바쁘고 독립적인 생활방식에 대한 그들의 애착이 집에서 시들고 있는 자식들에 미치는 치명적 결과에 대해서는 전혀 개의하지 않고 있다."50)

공장구역들의 모든 현상이 여기에서 재생산되고 있으며, 숨기고 있는 유아살해와 아동들에 대한 아편마취의 정도는 더욱 심한 형편이다.51) 영국 추밀원의 의무관이며『공중보건에 관한 보고서』의 책임편집자인 사이먼은 다음과 같이 말하고 있다.

"나는 그런 폐해들을 잘 알고 있으므로 성인 여성들이 산업에 광범히 고용되는 사실에 대해 심심한 우려를 품게 되는 것은 어쩔 수 없다."52)

공장감독관 베이커는 공식보고에서 다음과 같이 부르짖고 있다.

---

50) 같은 보고서: 456.
51) 영국에서는 공장지구와 마찬가지로 농업지구에서도 성인 남녀 노동자들의 아편소비가 날마다 증가하고 있다. "아편 판매를 촉진하는 것은…기업심 있는 일부 도매상의 큰 목적이다. 약국에서는 아편을 가장 잘 팔리는 상품으로 여기고 있다."(같은 보고서: 459) 아편을 쓰고 있는 유아들은 "주름살이 잡혀 꼬마 노인이 되거나 그렇지 않으면 작은 원숭이 같이 보인다."(같은 보고서: 460) 우리는 여기에서 인도와 중국이 어떻게 영국에 복수하고 있는가를 본다.
52) 같은 보고서: 37.

"만약 가족을 가진 모든 기혼여성들에게 어떤 섬유공장에서든 노동
하는 것을 금지한다면, 이는 사실상 영국의 공업지구들을 위해 매우
다행한 일일 것이다."53)

여성노동과 아동노동에 대한 자본주의적 착취에서 생기는 정신적 타
락은 엥겔스의 저작 『영국 노동자계급의 상태』와 기타 저술가들에 의해
남김없이 서술되었으므로, 나는 여기에서 다만 그것을 상기시키는 데 그
치려고 한다. 미성년자를 잉여가치를 생산하는 단순한 기계로 전환시킴
으로써 인위적으로 만든 지적 황폐[이것은 정신이 자기의 발전능력과 자
연적 풍요성을 잃지 않으면서 쉬고 있기 때문에 생기는 자연적 무지와는
완전히 구별된다]는, 결국 영국 의회로 하여금 초등교육을 [공장법의 적
용을 받는 공업부문들에서] 14세 미만 아동들의 '생산적' 고용을 위한 법
적 조건으로 선포하지 않을 수 없게 했다. 그러나 여기에서도 자본주의
적 생산의 정신은 분명히 드러나고 있다. 예를 들면 공장법의 이른바 교
육조항에 있는 우스꽝스러운 문구에서도, 담당할 행정기구가 없다는 점
[행정기구가 없으므로 이 의무교육은 대부분 허구적인 것으로 된다]에서
도, 이 교육조항에 대한 공장주들의 반대에서도, 그리고 이 교육조항을
회피하기 위해 공장주들이 쓰고 있는 온갖 술책에서도 그 정신은 분명히
드러나고 있다.

"비난은 오직 입법부 혼자 받아야 한다. 왜냐하면 입법부는 공장에
고용되는 아동들은 교육받아야 한다고 규정하면서도 이 목적을 달성
할 수 있는 단 하나의 규정도 포함하지 않은 기만적 법률을 통과시켰
기 때문이다. 이 법률은 아동들을 주 중의 어느 날들에, 그리고 매일

---

53) 『공장감독관 보고서. 1862년 10월 31일』: 59. 이 공장감독관은 이전에는 의
사였다.

일정한 시간(3시간) 동안 학교라고 부르는 네 면이 벽으로 둘러싸인 곳에 가두어 두어야 할 것과, 아동들의 고용인은 그렇게 했다는 증명서를 매주 교사로부터 받지 않으면 안 된다는 것 이외에는 아무것도 규정하지 않고 있다."[54]

1844년의 개정 공장법이 통과되기 전까지는 교사가 X자로 서명한 취학증명서가 드물지 않았는데, 그것은 교사 자신이 글을 쓸 줄 몰랐기 때문이다.

"이런 취학증명서를 발행하는 학교라고 부르는 한 곳을 방문했을 때, 나는 교사의 무지에 놀란 나머지 그에게, '여보시오, 당신은 글을 읽을 줄이나 아십니까?'라고 물었더니, 그는 '네, 조금은.'이라고 대답했다. 그는 증명서를 발행할 만하다는 것을 변명하려는 듯이 이렇게 덧붙여 말했다. '어쨌든 나는 내 학생들보다는 낫습니다.' 1844년의 공장법을 준비하는 동안 공장감독관들은 이른바 학교라는 곳들—여기에서 발행하는 출석증명서를 그들은 법률상 완전히 유효한 것으로 인정하지 않을 수 없었다—의 수치스러운 상태를 고발했다. 그러나 그들이 달성한 것은, 1844년 이후는 취학증명서의 숫자를 교사가 손수 기입해야 한다는 것과, 또한 교사는 자기의 완전한 성명으로 서명해야 한다는 것뿐이었다."[55]

스코틀랜드의 공장감독관 킨케이드는 위와 비슷한 공무상의 경험을 이렇게 말하고 있다.

---

54) 레너드 호너, 『공장감독관 보고서. 1857년 4월 30일』: 17.
55) 레너드 호너, 『공장감독관 보고서. 1855년 10월 31일』: 18~19.

"우리가 방문한 최초의 학교는 앤 킬린이라는 부인이 경영하고 있었다. 내가 그에게 이름을 써보라고 했을 때 그는 당장 실수를 했다. 그는 철자를 C로 시작했으나 곧 정정하면서 자기 이름은 K로 시작된다고 말했다. 그런데 취학증명서의 그의 서명을 보고 나는 그가 여러 가지로 철자를 다르게 쓰고 있다는 것을 알았으며, 그의 필적으로 보아 그가 가르칠 능력이 없다는 것은 조금도 의심할 여지가 없었다. 그 자신도 자기가 출석부를 작성할 줄 모른다는 것을 인정했다……또 다른 한 학교에는 길이 15피트, 폭 10피트의 교실에 75명의 아동이 있었는데, 그들은 무엇인지 알 수도 없는 말을 지껄이고 있었다."[56] "그러나 아동들이 취학증명서는 받지만 어떤 값어치 있는 교육도 받지 못하는 것은 위에서 말한 참담한 곳에서만 있는 일은 아니다. 유능한 교사가 있는 많은 학교에서도 그의 노력이 거의 수포로 돌아가는데, 그것은 세 살 난 어린애부터 각 나이의 아동들이 소란스럽게 꽉 차 있기 때문이다. 교사의 생계는 매우 비참한데, 한 장소에 최대한의 아동들을 집어넣고 그들로부터 받는 푼돈으로 살아가고 있다. 더욱이 학교 비품들은 매우 빈약하며, 책과 기타 교재들은 부족하고, 숨 막힐 듯한 구역질 나는 공기는 불쌍한 아동들 자신의 기운을 떨어뜨리고 있다. 내가 가서 본 많은 학교들에서는 전체 아동들이 아무것도 하지 않았다. 그러고도 이것을 취학이라고 증명하고 있으며, 통계보고에는 이런 아동들이 교육을 받고 있는 것으로 되어 있다."[57]

스코틀랜드에서는 공장주들이 교육의무가 있는 아동들을 가능한 한 받지 않으려 한다.

---

56) 존 킨케이드, 『공장감독관 보고서. 1858년 10월 31일』: 31~32.
57) 레너드 호너, 『공장감독관 보고서. 1857년 10월 31일』: 17~18.

"공장법의 교육조항은 공장주들에게 전혀 인기가 없기 때문에, 취학 의무가 있는 아동들은 취업하지 못할 뿐 아니라 [이 법이 목적으로 한] 교육의 이익도 누릴 수 없게 되는 경향이 강화되고 있다는 것을 증명 하기는 쉽다."[58]

이런 상황은 특별법 [1845년의 날염공장법]의 규제를 받는 날염공장에 서는 이상야릇하고 무서운 형태로 나타나고 있다. 이 법의 규정에 따르 면,

"모든 아동들은 날염공장에 고용되기 전, 고용 첫날 이전의 6개월 동안 적어도 30일간, 그리고 150시간 이상 학교에 다녔어야 한다. 그 리고 날염공장에서 일하는 동안 그는 6개월마다 역시 30일간, 그리고 150 시간 학교에 다녀야만 한다……수업은 아침 8시와 오후 6시 사이에 하 지 않으면 안 된다. 하루에 $2\frac{1}{2}$ 시간 이하의, 또는 5시간 이상의 수업 은 150시간의 일부로 계산되지 않는다. 보통의 경우 아동들은 30일간 오전과 오후 매일 적어도 5시간씩 수업 받고 그 30일이 경과하여 150 시간이라는 법정 수업기간에 달하면, 즉 그들 자신의 말대로 출석부를 다 채웠을 때, 그들은 날염공장에 돌아와 새 취학기간이 시작될 때까 지 6개월간 머물며, 그리고 다시 학교를 찾아가 출석부가 또다시 다 채워질 때까지 거기에 머문다……규정된 150시간의 수업을 받은 다수 의 아동들은 6개월간 날염공장의 일을 마치고 학교에 다시 돌아오면 처음에 수업을 받기 시작하던 때와 똑같은 상태가 된다. 그들이 이전 의 수업에서 습득한 것을 모두 잊어버린 것이다……다른 날염공장들 에서는 취학은 공장의 사업 사정에 전적으로 의존하고 있다. 법정 시

58) 존 킨케이드, 『공장감독관 보고서. 1856년 10월 31일』: 66.

간 수는 한 번에 3시간 내지 5시간씩 아마도 6개월에 걸쳐 틈틈이 취
학시킴으로써 채워진다……예를 들면 수업시간이 하루는 아침 8시부
터 11시까지고, 다음 날은 오후 1시부터 4시까지며, 그리고 그 다음에
는 아동은 며칠 동안 보이지 않다가 다시 오후 3시부터 6시까지 나타
난다. 그리고 3, 4일간 계속해서 또는 1주일 출석하다가 그 다음에는
다시 3주일간 또는 1개월간 자취를 감추며, 그 다음에는 그의 고용주
가 마침 그가 없어도 된다고 생각하는 날 몇 시간 나오며, 이와 같이
해서 아동은 150시간이 다 되었다고 할 때까지 학교에서 공장으로, 공
장에서 학교로, 말하자면 학교와 공장 사이에서 시달린다."[59]

기계는 아동과 여성을 대량으로 노동자계급에 추가함으로써, 성인 남
성노동자가 매뉴팩처 시기 전체를 통해 자본의 독재에 대항했던 반항을
드디어 타파하게 된다.[60]

---

59) 레드그레이브, 『공장감독관 보고서. 1857년 10월 31일』: 41~42. 본래의 공
장법(본문에서 언급한 날염공장법이 아니라)이 이미 오래 전부터 실시되고
있는 영국 공업부문들에서는 최근 교육조항들의 장애가 어느 정도 극복되었
다. 공장법의 적용을 받지 않는 공업부문들에서는 조사위원 화이트에게 다음
과 같이 설명하는 유리공장주 게디스의 견해가 아직도 지배적이다. "내가 아
는 한, 최근 몇 년 동안 노동자계급의 일부가 받고 있는 더 많은 교육은 해롭
다. 그것은 노동자들을 너무 독립적으로 만들기 때문에 위험하다."(『아동노
동 조사위원회. 제4차 보고서』. 1865: 253)
60) "공장주 E씨가 나에게 말한 바에 따르면, 그는 자기 역직기에 오직 여성들만
을 고용하고 있다. 그는 기혼여성, 특히 집에 부양할 가족이 있는 여성들을
환영한다. 그들은 미혼여성들보다 훨씬 더 주의깊고 온순하며 또 필요한 생
활수단을 얻기 위해 있는 힘을 다 바치고 있다. 이리하여 미덕[여성의 성격에
특유한 미덕]이 그들의 화근으로 되고 있다. 그들의 본성 중 착실하고 온유한
모든 것이 그들을 예속시키고 그들에게 고통을 주는 근원으로 되고 있다."
(애슐리, 『10시간 공장법안』: 20)

B. 노동일의 연장

기계는 노동생산성을 높이기 위한 [즉 상품을 생산하는 데 필요한 노동시간을 단축하기 위한] 가장 강력한 수단이지만, 기계는 자본의 수중에서는 기계가 처음 정복한 공업부문들에서 노동일을 모든 자연적 제한을 넘어 연장시키는 가장 강력한 수단이 된다. 기계는 한편으로는 자본으로 하여금 이런 경향을 발휘할 수 있는 새로운 조건들을 만들어내며, 다른 한편으로는 타인 노동에 대한 자본의 탐욕을 격화시키는 새로운 동기를 만들어낸다.

먼저 기계에서는 노동수단의 운동과 활동이 노동자로부터 자립적인 성격을 띠게 된다. 노동수단은 이제 산업적인 영구기관이 되며, 만약 자기 조수인 인간들의 일정한 자연적 제한성[약한 육체와 강한 의지]에 부닥치지 않는다면, 끊임없이 생산을 계속하게 될 것이다. 이 자동장치는 자본이기 때문에 자본가라는 인물을 통해 의식과 의지를 가지게 된다. 그러므로 자본으로서 노동수단은 인간[완고하지만 신축성 있는 자연적 장애물]의 저항을 최소한도로 축소시키려는 충동으로 꽉 차 있다.[61] 이 저항은 또 기계로 하는 노동이 겉모양에서는 힘들지 않다는 사정과, 거기에 고용된 여성과 아동들이 온순하며 다루기 쉽다는 사정에 의해 감소된다.[62]

---

61) "기계가 보편적으로 도입된 이래 인간은 자기의 평균적 힘 이상으로 노동하지 않으면 안 되었다."(로버트 오언, 『공장제도의 고찰』 제2판. 1817: 16)
62) 사물의 최초 현상형태를 그것의 원인으로 보기를 즐겨하는 영국사람들은, 자본이 공장제도의 초기에 구빈원과 고아원에서 수행한 대대적인 아동유괴—이것에 의해 자본은 반항하지 않는 인간재료를 이용했다—를 공장의 장시간 노동의 원인이라고 자주 말한다. 그리하여 예컨대 영국의 공장주 필든은, "장시간 노동은, 국내 각지에서 많은 무의무탁의 아동들이 공급됨으로써 고용주들

우리가 본 바와 같이, 기계의 생산성은 기계로부터 제품에 이전되는 가치의 크기에 반비례한다. 기계가 기능하는 기간이 길면 길수록, 기계로부터 이전되는 가치가 분배되는 생산물의 양은 그만큼 더 많아지며, 그리하여 기계가 단위 상품에 이전하는 가치는 그만큼 더 적어진다. 그러나 기계의 활동적인 수명은 분명히 노동일의 길이[매일 노동과정의 계속 시간]에 노동과정이 반복되는 일수를 곱한 것에 의해 규정된다.

기계의 마멸은 기계의 사용시간과 정확히 일치하는 것은 결코 아니다. 만약 그렇다 하더라도 $7\frac{1}{2}$년 동안 매일 16시간씩 사용하는 기계는 15년 동안 매일 8시간밖에 사용하지 않는 동일한 기계와 동일한 노동시간을 가지며 동일한 가치를 총생산물에 이전시킨다. 그러나 전자의 경우에는 후자의 경우보다 기계의 가치가 2배나 빨리 재생산될 것이며, 또 자본가는 후자의 경우 15년 동안에 흡수하게 될 잉여가치를 전자의 경우에는 $7\frac{1}{2}$년 동안에 흡수해버릴 것이다.

기계의 물리적 마멸에는 두 가지 종류가 있다. 하나는 개개의 주화가 유통에 의해 마멸되듯이 기계를 사용하는 데서 발생하며, 또 하나는 쓰지 않는 칼이 칼집에서 녹슬 듯이 기계를 사용하지 않는 데서 발생한다. 이 후자는 자연력의 작용에 의한 기계의 마멸이다. 첫째 종류의 마멸은 대체로 기계의 사용에 정비례하며, 둘째 종류의 마멸은 어느 정도까지는

이 성인 노동자들에 의존하지 않게 되었다는 사정에 의해 초래되었다는 것과, 고용주들이 이와 같이 획득한 불쌍한 아동들의 도움으로 장시간 노동을 일단 관습으로 만든 다음에는 그것을 이웃사람들에게 더 쉽게 강요할 수 있었다는 것은 명백하다."고 말하고 있다. (필든, 『공장제도의 저주』: 11) 여성노동에 관해 공장감독관 손더즈는 1844년의 공장보고서에서, "여성노동자들 중에는 며칠을 제외하고는 몇 주일을 계속 아침 6시부터 밤 12시까지—2시간도 못 되는 식사시간은 있으나—노동하는 부인들이 있으며, 그리하여 그들에게는 매주 5일간은 24시간 중 집으로부터의 왕복과 잠을 위해 6시간 밖에 남지 않는다."고 말하고 있다.

기계의 사용에 반비례한다.[63)]

　그러나 기계는 물리적 마멸 외에도 이른바 도덕적[무형의] 가치감소를 입는다. 기계는 같은 구조의 기계가 더 싸게 재생산되거나 더 우수한 기계가 경쟁자로 나타나면 교환가치를 잃게 된다.[64)] 이 경우 기계가 아무리 아직 새것이며 생명력이 있다 하더라도, 그 가치는 더 이상 그 기계 자체에 실제로 대상화되어 있는 노동시간에 의해 결정되는 것이 아니라 그 기계의 재생산 또는 더 우수한 기계의 재생산에 필요한 노동시간에 의해 결정된다. 그러므로 그 기계는 많건 적건 가치를 잃어버린다. 기계의 총가치가 재생산되는 기간이 짧으면 짧을수록, 도덕적 가치감소의 위험은 그만큼 더 적어지며, 또 노동일이 길면 길수록 그 재생산 기간은 그만큼 더 짧아진다. 기계가 어떤 부문에 처음으로 도입되면 그것을 더 싸게 재생산[65)]하기 위한 새로운 방법이 꼬리를 물고 나타나고, [기계의 개개의 부분 또는 장치뿐 아니라 전체 구조에 관련되는] 개선도 계속 나타난다. 그러므로 기계의 생애 초기에는 노동일을 연장하려는 이 특수한 동기가 가장 강하게 작용한다.[66)]

---

63) "[노동자들이 파업하면]…금속제 기계장치의 섬세한 운동부분은 사용하지 않음으로써 손상을 입는다."(유어, 『공장철학』: 281)

64) 이미 앞에서 언급한 '맨체스터의 방적업자'(『더 타임즈』, 1862년 11월 26일)는 기계의 비용 중에 '기계의 마멸비'를 넣으면서, "그것은 또 기계들이 완전히 마멸되기 전에 새롭고 더 우수한 구조를 가진 다른 기계와 교체되기 때문에 끊임없이 생기는 손실을 보상하기 위한 것이다."고 말하고 있다.

65) "새로 발명한 기계의 첫 번째 한 개를 만드는 데 드는 비용은 두 번째 것을 만드는 데 드는 비용보다 5배나 많다고 대체로 계산되고 있다."(배비지, 『기계…의 경제론』: 211~212)

66) "근래 그물천 직조기에서는 중요한 수많은 개량이 이루어져, 최초의 원가가 £1,200이었던 기계가 몇 년 뒤에는 £60로 판매되었다…개선이 이와 같이 급속하게 계속된 결과 기계들이 미완성인 채 기계제조업자의 수중에 남게 되었는데, 왜냐하면 새로운 개량이 그 기계들의 유용성을 없애버렸기 때문이

노동일의 길이가 일정하고 기타의 조건도 변하지 않는다면, 2배의 노동자를 착취하기 위해서는 기계와 건물에 지출되는 불변자본 부분과 원료·보조원료 등에 지출되는 불변자본 부분도 2배로 증가해야 한다. 그러나 노동일의 연장은 기계와 건물에 지출되는 자본량을 변경시키지 않고도 생산규모를 확대시켜 준다.[67] 이로 말미암아 잉여가치가 증가할 뿐 아니라 잉여가치의 착취에 필요한 지출이 감소한다. 물론 이런 현상은 노동일이 연장되면 대체로 일어나는 일이지만, 여기에서는 더 결정적인 중요성을 띠게 된다. 왜냐하면 자본 중에서 노동수단으로 전환된 부분이 훨씬 크기 때문이다.[68] 즉 기계제 생산의 발전과 함께 자본 중 끊임없이 증가하는 한 부분은, 한편으로 가치증식을 위해 계속 사용할 수 있고, 다른 한편으로 살아있는 노동과 접촉하지 못하면 자기의 사용가치와 교환가치를 모두 잃어버리는 형태 [기계와 같은 노동수단] 로 묶인다. 영국 면공업의 거두 애쉬워스는 시니어에게 다음과 같이 가르치고 있다.

"만약 농부가 자기의 괭이를 내버려 둔다면 그는 그 기간 중 18펜스의 자본을 쓸모없게 만든다. 만약 우리 중의 한 사람이 공장을 떠난다면 그는 £100,000의 비용이 든 자본을 쓸모없게 만든다."[69]

다."(같은 책: 233) 그러므로 이 질풍노도의 시기에 그물천 직조업자들은 최초의 노동시간인 8시간을 교대제에 의해 24시간으로 연장했다.

67) "만약 건물과 기계에 대한 추가적 지출을 하지 않고 원료의 추가량이 가공될 수 있다면…시장상황의 좋고 나쁨과 수요의 확대·축소의 교대 중에서, 공장주가 고정자본을 증대시키지 않고 유동자본을 증대시킬 수 있는 기회가 끊임없이 생기리라는 것은 자명한 일이다."(토렌즈, 『임금과 단결에 관해』: 64)

68) 이 사정을 여기에서 언급한 것은 모든 관련사항을 나열해야 할 필요성 때문이다. 제3권에서 이윤율(즉 총투하자본에 대한 잉여가치의 비율)을 취급할 때 이 사정을 더욱 자세히 언급할 것이다.

생각만이라도 해보라! £100,000의 비용이 든 자본을 비록 일순간이나마 '쓸모없게' 만들다니! 우리들 중 어느 한 사람이 공장을 떠난다면 이것은 참으로 엄청난 일이다! 시니어가 애쉬워스의 가르침을 받아 잘 알고 있는 바와 같이, 기계 사용의 끊임없는 확대는 노동일을 점점 더 연장하는 것을 '소망스러운' 것으로 만든다.[70]

기계가 상대적 잉여가치를 생산하는 것은, 노동력의 가치를 직접적으로 감소시키거나[아동노동과 여성노동의 사용, 성인 남성노동자의 노동력 가치감소 등에 의해], 또는 노동력의 재생산에 필요한 상품을 싸게 함으로써 간접적으로 노동력을 싸게 하는 것에 의해서뿐 아니라, 기계가 처음에 아직 산발적으로 도입될 때는, 기계 소유자가 고용한 노동은 강화된 그리고 더 효율적인 노동으로 전환되어 생산물의 개별 가치를 그것의 사회적 가치보다 싸게 함으로써, 자본가가 하루의 생산물 가치 중 더 작은 부분으로 하루의 노동력 가치를 보상할 수 있는 것에 의해서다[제12장을 참조하라]. 그러므로 기계의 사용이 일종의 독점상태에 있는 이 과도기에 이윤은 엄청나게 크며, 자본가는 이 '첫사랑의 시기'를 가능한 한 노동일을 연장함으로써 철저히 이용하려고 한다. 많은 이윤은 더 많은 이윤에 대한 갈망을 격화시킨다.

기계가 일정한 생산부문에서 보편적으로 사용되면, 기계 생산물의 사

---

69) 시니어, 『공장법이 면공업에 미치는 영향에 관한 편지』: 13~14.
70) "유동자본에 대한 고정자본의 큰 비중은…장시간 노동을 소망스러운 것으로 만든다." 기계 등의 사용이 증대함에 따라 "노동시간을 연장시키려는 동기가 증대하는데, 왜냐하면 그것이 대규모 고정자본을 수익성 있게 하는 유일한 수단이기 때문이다."(같은 책: 11~13) "어떤 공장이든 그 공장의 작업시간이 길든 짧든 고정적인 각종 지출[예컨대 건물 임대료, 지방세와 국세, 화재보험료, 각종 상근 노동자들의 임금, 기계의 마멸 따위와 기타 일련의 지출]이 있는데, 이윤에 대한 이런 지출의 비율은 생산규모가 감소하면 할수록 증가한다."(『공장감독관 보고서, 1862년 10월 31일』: 19)

회적 가치는 그 개별가치 수준으로 저하하며, 그리하여 잉여가치는 기계가 대체한 노동력으로부터 생기는 것이 아니라 그 기계에 붙어 실제로 작업하는 노동력에서 생긴다는 법칙이 관철된다. 잉여가치는 자본의 가변부분에서만 발생하며, 또 이미 본 바와 같이, 잉여가치량은 두 개의 요인, 즉 잉여가치율과 [동시에 고용되는] 노동자의 수에 의해 규정된다. 노동일의 길이가 일정할 때, 잉여가치율은 노동일이 필요노동과 잉여노동으로 분할되는 비율에 의해 결정된다. 그리고 동시에 고용되는 노동자의 수는 가변자본 부분과 불변자본 부분 사이의 비율에 의존한다. 그런데 기계의 사용이 노동생산성의 향상에 의해 필요노동을 희생으로 잉여노동을 확대시킨다 하더라도, 기계의 사용은 [일정한 금액의 자본이 고용하는] 노동자의 수를 감소시킴으로써만 이런 결과를 얻는다는 것은 명백하다. 기계의 사용은 자본 중 이전의 가변자본 부분[살아있는 노동력으로 전환되던 부분]을 기계[아무런 잉여가치도 생산하지 않는 불변자본]로 전환시킨다. 그러나 예컨대 2명의 노동자로부터는 24명의 노동자에서 짜내는 만큼의 잉여가치를 짜낼 수는 없다. 24명의 노동자 각각이 12시간의 노동에서 1시간의 잉여노동밖에 제공하지 못한다 하더라도, 그들은 합계 24시간의 잉여노동을 제공하는데, 2명 노동자의 총노동은 24시간에 불과하다. 그러므로 잉여가치의 생산을 위한 기계의 사용에는 내재적 모순이 있다. 왜냐하면 일정한 금액의 자본이 창조하는 잉여가치의 두 요인 중 하나인 잉여가치율은 다른 요인인 노동자의 수를 감소시키지 않고서는 증대할 수 없기 때문이다. 이 내재적 모순은, 기계가 어떤 공업부문에서 보편적으로 사용되어 기계가 생산하는 상품의 가치가 그 종류의 모든 상품의 사회적 가치를 규제하게 되자마자 나타난다. 그리하여 이 모순은 또다시 자본가로 하여금―그가 이 사실을 알지 못하면서도[71]―착취되는 노동자 수의 상대적 감소를 상대적 그리고 절대적 잉여노동의 증가로 보상하기 위해 노동일을 무자비하게 극도로 연장시키게 한다.

그리하여 기계의 자본주의적 사용은 한편으로 노동일의 무제한 연장에 강력한 새로운 동기를 제공하고, 또 노동방식 자체와 사회적 노동유기체의 성격을 크게 변혁시킴으로써 노동일을 연장하는 경향에 대한 반항을 모두 좌절시키게 된다. 다른 한편으로 기계의 자본주의적 사용은 부분적으로는 노동자계급 중 종전에 자본가의 손이 미치지 않았던 층들을 자본가에 복종시킴으로써, 또 부분적으로는 기계가 쫓아낸 노동자들을 하는 일 없게 만듦으로써, 자본의 명령에 복종하지 않을 수 없는 과잉노동인구72)를 생산한다. 기계는 노동일의 길이에 관한 온갖 도덕적 · 자연적 제한을 없애버린다는 근대산업사의 주목할 만한 현상이 여기에서 나온다. 또한 노동시간을 단축할 수 있는 가장 강력한 수단이, 노동자와 자기 가족의 모든 생활시간을 자본의 가치증식에 이용할 수 있는 노동시간으로 전환시키기 위한 가장 확실한 수단이 된다는 경제적 역설이 이로부터 생긴다. 고대의 가장 위대한 사상가 아리스토텔레스는 다음과 같이 꿈꾸었다.

"다이달로스의 작품이 스스로 움직이며 헤파이스토스의 삼각대가 저절로 신성한 일을 한 것처럼, 만약 각각의 도구가 명령에 의해서나 자기 자신의 예견에 의해 자기가 해야 할 일을 수행할 수 있다면, 또 만약 베틀의 북이 저절로 천을 짠다면, 장인에게는 도제가 필요 없을 것이며, 주인에게는 노예가 필요하지 않을 것이다."73)

---

71) 이런 내재적 모순을 개별 자본가 그리고 [자본가적 관념에 사로잡힌] 경제학자들은 왜 인식하지 못하는가를 우리는 제3권의 처음 부분에서 보게 될 것이다.

72) 리카도의 위대한 공적의 하나는 그가 기계를 오직 상품의 생산수단으로 본 것이 아니라 '과잉인구'의 생산수단으로도 보았다는 점이다.

그리고 키케로 시대의 그리스 시인 안티파트로스는 곡물을 찧는 물레방아[모든 생산적 기계설비의 기본 형태]의 발명을 여성노예의 해방자며 황금시대의 재건자라고 환영했다.74) 오, 이교도들이여! 당신들은 총명한 바스티아 그리고 그보다 앞서서 더욱 총명한 매컬록이 발견한 경제학과 기독교에 관해서는 아무것도 몰랐던 것이다. 예컨대 당신들은 기계가 노동일을 연장하기 위한 가장 확실한 수단이라는 것을 몰랐다. 아마도 당신들은 한 사람의 노예상태를 다른 사람의 완전한 인간적 발전을 위한 수단으로 정당화하기는 했을 것이다. 그러나 거칠고 교양 없는 일부의 벼락부자들을 '우수한 방적업자', '대규모 소시지 제조업자', '유력한 구두약 장사'로 만들기 위해 대중의 노예화를 설교하는 기독교적 정신을 당신들은 가지고 있지 않았다.

C. 노동의 강화

자본의 수중에 있는 기계가 요구하는 노동일의 무제한 연장에 대해,

---

73) 비제, 『아리스토텔레스의 철학』. 제2권. 1842: 408.
74) 나는 안티파트로스 시의 번역을 여기에 인용한다. 왜냐하면 이 시는 분업에 관한 고대의 견해와 근대의 견해 사이의 차이[이전에 내가 말한 바 있다]를 분명히 나타내고 있기 때문이다.
　"방아 찧는 아가씨여, 방아 손을 놓고 고요히 잠들라
　새벽을 고하는 닭소리도 그대에게는 소용이 없어
　데오 여신이 처녀의 일을 님프들에게 맡기니
　님프들은 몸도 가볍게 바퀴 위에 뛰어오르네
　축은 흔들리고 바퀴는 돌아가며
　무거운 맷돌도 빙빙 돌아가네
　우리도 조상들과 같은 생활을 하세
　놀면서, 여신이 보내준 선물을 즐기면서"
　　　　　　　　　(슈톨베르크, 『그리스의 시』. 1782)

우리가 이미 본 바와 같이, 나중에는 [생명의 근원이 위험에 빠진] 사회가 반작용하여 법적으로 제한된 표준노동일을 정한다. 이 표준노동일 아래에서는, 우리가 이미 이전에 본 현상, 즉 노동의 강화가 결정적 중요성을 가지게 된다. 절대적 잉여가치의 분석에서는 먼저 노동의 외연적 크기가 문제로 되었으며 노동의 강도는 주어진 것이라고 전제했다. 이제 우리는 외연적 크기가 내포적 크기로 전환되는 것, 즉 노동의 강도를 고찰하지 않으면 안 된다.

기계의 사용이 보급되고 기계사용에 익숙해진 특수한 노동자계급의 경험이 축적됨에 따라, 노동의 속도 따라서 노동의 강도가 자연발생적으로 증가한다는 것은 자명하다. 그리하여 영국에서는 반세기 동안 노동일의 연장이 공장노동의 강도 증가와 나란히 진행되고 있었다. 그러나 우리가 여기에서 다루는 노동은 일시적 발작적인 노동이 아니라 변함없이 규칙적으로 매일 반복되는 노동이므로, 결국 노동일의 연장과 노동의 강도가 서로 배제하는 지점, 즉 노동일의 연장은 오직 노동 강도의 저하와 양립하며, 또 반대로 노동 강도의 강화는 오직 노동일의 단축과 양립하게 되는 지점이 올 것이다. 점차 증대하는 노동자계급의 반항 때문에 의회가 노동시간을 강제적으로 단축하고, 먼저 진정한 공장에 대해 표준노동일을 명령하지 않으면 안 되게 되자마자, 즉 노동일의 연장에 의한 잉여가치의 생산 증가가 전혀 불가능하게 된 바로 그 순간부터, 자본은 기계체계의 발전을 한층 더 촉진함으로써 전력을 다해 상대적 잉여가치를 생산하는 데 몰두했다. 이와 동시에 상대적 잉여가치의 성격변화가 나타났다. 일반적으로 상대적 잉여가치는, 노동생산성의 향상에 힘입어 노동자가 동일한 노동지출로 동일한 시간 안에 더 많이 생산할 수 있게 됨으로써, 생산된다. 동일한 노동시간은 총생산물에 여전히 동일한 가치를 첨가하지만, 이 변하지 않는 교환가치가 이제는 더 많은 사용가치에 분산되므로 상품 단위당 가치는 저하한다. 그러나 강제적 노동일 단축과 함께 사태는 달라진다. 이 단축은 생산성을 발전시키고 생산조건을 절약하도록 강력한 자극을 주는 한편, 노동자들에게는 동일한 시간 안에 노동력 지출을 증가시키고 노동력의 긴장도를 높이며 느슨한 노동일을 빡빡하게 만드는 따위, 다시 말해 단축된 노동일의 범위 안에서만 달성가능한 정도로 노동을 농축하도록 강요하게 된다. 일정한 시간으로 압축된 더 많은 노동은 당연히 더 많은 노동량으로 계산된다. '외연적 크기'의 척도[즉 노동시간]에 추가해 노동은 이제 강도, 농축도 또는 밀도라는 척도를 가지게 된다.[75] 10시간 노동일의 더 집약적인 1시간은, 12시간 노동일의 더 느슨한 1시간과 비교해 더 많은 노동[즉 지출된 노동력]을 포함한다. 그러므로 더 집약적인 1시간의 생산물은 더 느슨한 $1\frac{1}{5}$ 시간의 생산물과 동일한 가치를 가지거나 더 큰 가치를 갖는다. 노동생산성의 상승에 의거한 상대적 잉여가치의 증대를 도외시하더라도, 이제는 예를 들어 $6\frac{2}{3}$ 시간의 필요노동과 $3\frac{1}{3}$ 시간의 잉여노동은 종전에 8시간의 필요노동과 4시간의 잉여노동이 제공하던 것과 동일한 가치량을 자본가에게 제공한다.

이제 노동이 어떻게 강화되는가를 알아보자.

노동일 단축의 첫 효과는 노동력의 능률이 노동력의 사용시간에 반비례한다는 자명한 법칙에서 나온다. 그러므로 노동시간의 단축으로 입은 손실은 일정한 한도 안에서는 노동력 지출의 강도를 증가시킴으로써 보상된다. 더욱이 자본가는 임금지급 방법에 의해 노동자가 현실적으로 더 많은 노동력을 지출하도록 한다.[76] 기계가 거의 아무런 구실도 하지 못

---

75) 물론 생산부문이 다르면 일반적으로 노동 강도에도 차이가 난다. 이런 차이는, 이미 A. 스미스가 말한 바와 같이, 각종 노동에 고유한 부차적 사정들에 의해 어느 정도까지는 보상된다. 다만 내포적 크기와 외연적 크기가 동일한 노동량을 표현하는 상호 대립적이고 상호 배타적인 방법인 경우를 제외하면, 노동시간은 여전히 가치의 척도다.

76) 특히 우리가 제6편에서 고찰할 성과급제에 의해.

하는 도자기 매뉴팩처에서는 공장법의 실시에 의해 노동일의 단순한 단축이 노동의 규칙성·균등성·질서·계속성·활력을 놀랄 만큼 높인다는 것이 증명되었다.[77] 그러나 진정한 공장에서 이런 효과를 거둘 수 있겠는가는 의문시되었는데, 왜냐하면 여기에서는 노동자가 기계의 계속적이며 균일한 운동에 종속됨으로써 이미 매우 엄격한 규율이 수립되어 있었기 때문이다. 그러므로 1844년에 노동일을 12시간 이하로 단축시키는 문제가 토의되었을 때, 공장주들은 거의 이구동성으로 다음과 같이 선언했다.

"노동자들의 감독들은 각 작업장에서 노동자들이 시간을 허비하지 않도록 감시해 왔다. 노동자들의 경각심과 주의력의 정도는 거의 향상될 수 없다. 기계의 속도와 기타의 모든 조건이 불변이라고 전제하면, 잘 경영되고 있는 공장들에서는 노동자들의 주의력의 향상에 의해 어떤 현저한 성과를 기대하는 것은 우스운 일이다."[78]

그런데 이 주장은 여러 실험들에 의해 부정되었다. 가드너는 1844년 4월 20일 이후 프레스턴에 있는 자기의 대공장 두 개에서 하루에 12시간 노동 대신 11시간 노동을 실시했다. 약 1년이 지난 뒤 다음과 같은 성과가 나타났다.

"같은 양의 생산물이 같은 금액의 비용으로 얻어졌으며, 또 전체 노동자들은 종전에 12시간에 벌던 것과 동일한 금액의 임금을 11시간에 벌었다."[79]

---

77) 『공장감독관 보고서. 1865년 10월 31일』을 보라.
78) 『1844년과 1845년 4월 30일 이전 한 분기의 공장감독관 보고서』: 20~21.
79) 같은 보고서: 19. 성과급제는 그대로 있었으므로, 주당 임금액은 생산량에

나는 여기에서 방적실과 소면실carding room의 실험에 대해서는 언급하지 않겠다. 왜냐하면 거기에서는 기계속도의 2% 증가가 함께 일어났기 때문이다. 이에 반해 매우 다종다양한 무늬 있는 새로운 유행품까지도 짜고 있던 직조부에서는 객관적 생산조건에 아무런 변화도 없었지만 그 결과는 다음과 같았다.

"1844년 1월 6일부터 4월 20일까지는 12시간 노동일에 각 노동자의 주당 평균임금은 10실링 $1\frac{1}{2}$ 펜스였으며, 1844년 4월 20일부터 6월 29일까지는 11시간 노동일에 주당 평균임금이 10실링 $3\frac{1}{2}$ 펜스였다."[80]

이 경우 11시간에 생산한 것이 종전의 12시간에 생산하던 것보다 더 많은데, 이것은 오로지 노동자들의 더 지속적인 노동과 시간절약의 결과였다. 노동자들은 동일한 임금을 받았고 또 1시간의 자유시간을 얻었는데, 자본가는 종전과 동일한 생산량을 얻었고 또 1시간분의 석탄·가스 등의 지출을 절약했다. 호록스-잭슨 합명회사의 공장에서도 비슷한 실험이 실시되어 동일한 결과를 낳았다.[81]

노동일의 단축은 먼저 노동강도의 강화를 위한 주체적 조건을 만들어낸다. 즉 노동자로 하여금 일정한 시간에 더 많은 노동력을 지출할 수

의해 결정되었다.

80) 같은 보고서: 20.

81) 같은 보고서: 21. 위의 실험들에서는 정신적 요소가 상당한 기여를 했다. 노동자들은 공장감독관에게 다음과 같이 설명했다. "우리는 더 활기 있게 일한다. 우리는 항상 저녁에 전보다 일찍 일에서 벗어날 수 있다는 희망을 마음속에 간직하고 있다. 또 가장 어린 조수로부터 가장 나이 먹은 노동자에 이르기까지 활기 있고 유쾌한 정신이 공장 전체에 가득 차 있다. 그리고 지금 우리는 서로서로 크게 도울 수 있다."(같은 보고서)

있게 한다. 이런 노동일의 단축이 법적으로 강제되자마자, 기계는 자본가의 수중에서 주어진 시간에 더 많은 노동을 짜내기 위한 객체적인 [또 체계적으로 사용되는] 수단이 된다. 이것은 두 가지 방식, 즉 기계속도의 증가와 노동자 1인당 감독 또는 운전하는 기계수의 증가에 의해 달성된다. 기계구조의 개량은 부분적으로는 노동자들에 대한 압박을 강화하기 위해 필요하며, 부분적으로는 이 개량이 그 자체로서 노동의 강화를 일으키기 때문에 필요하다. 왜냐하면 노동일의 제한은 자본가로 하여금 생산비를 가장 엄격히 절약하지 않을 수 없게 하기 때문이다. 증기기관의 개량은 그 피스톤의 속도를 증가시키는 한편, 동력의 더 큰 절약에 의해 —동일한 양 또는 더 적은 양의 석탄을 소비하면서도— 더욱 많은 기계류를 가동할 수 있게 했다. 전동장치의 개량은 마찰을 감소시키며 회전축의 직경과 무게를 끊임없이 최저한도로 감소시켰는데, 이것은 구식 기계에 비교한 근대적 기계의 명백한 장점이다. 끝으로, 작업기의 개량은 근대적 증기직기와 같이 그 크기를 축소하면서 그 속도와 능률을 증가시켰거나, 또는 방적기와 같이 몸통의 크기를 증대시키면서 그것이 움직이는 도구 종류들의 수를 증가시키거나, 또는 [10년 전에 자동식 뮬 방적기에서 북의 속도를 $\frac{1}{5}$ 만큼 상승시켰던 바와 같은] 눈에 띄지 않는 세부적 변경들에 의해 이 도구들의 속도를 증가시켰다.

노동일을 12시간으로 단축시킨 것은 잉글랜드에서는 1832년이었다. 이미 1836년에 어느 공장주는 다음과 같이 말했다.

"30~40년 전에 비하면, 공장에서 행하는 노동은 기계속도의 현저한 증가가 노동자에게 주의력과 활동성의 강화를 요구하기 때문에 대단히 증가했다."[82]

---

82) 필든, 『공장제도의 저주』 : 32.

현재 샤프츠베리 백작인 애슐리는 1844년에 하원에서 문서상의 증거
로 뒷받침하면서 다음과 같이 진술했다.

"제조과정에 종사하는 사람들의 노동은 이런 작업들을 도입하던 초
기에 비해 그 3배나 크다. 기계는 의심할 바 없이 수백만 사람들의 힘
줄과 근육을 요구하는 작업을 수행했으나, 기계는 또 기계의 무서운
운동의 지배를 받는 사람들의 노동을 놀랄 만큼 증대시켰다…1815년
에는 하루 12시간 제40번수 실을 방적하는 두 대의 뮬 방적기를 돌보
는 노동자는 8마일 거리를 걸어야 했다. 1832년에는 그 거리는 20마일
이었으며 그 이상 되는 때도 자주 있었다. 1825년에 방적공은 12시간
에 각 뮬 방적기에 820회, 따라서 두 대에는 합계 1,640회나 실을 걸어
야 했다. 1832년에는 방적공은 12시간 노동일에 각 뮬 방적기에 2,200
회, 두 대에는 모두 4,400회, 1844년에는 각 뮬 방적기에 2,400회, 두
대에는 모두 4,800회 실을 걸어야 했으며, 또 약간의 경우에는 더욱
많은 노동량이 요구되었다…여기에 1842년에 받은 또 하나의 문서를
가지고 있는데, 그것은 노동이 점차적으로 증가하는 것을 증명하고 있
다. 그 이유는 움직이는 거리가 증가하기 때문일 뿐 아니라 직공의 수
는 상대적으로 감소하는데 생산되는 상품의 양은 증가하기 때문이며,
또 다음으로 노동이 더 많이 요구되는 질 나쁜 면화가 자주 방적되기
때문이다…소면실에서도 노동이 역시 크게 증가했다. 종전에 두 사람
이 담당하던 노동을 지금은 한 사람이 수행한다…직조실에서는 대부
분이 여성인 수많은 사람들이 일하고 있는데, 여기서는 기계의 속도가
증가한 결과 최근 수년간에 노동이 10% 이상 증가했다. 1838년에는
매주 방적되는 타래 수가 18,000개였는데 1843년에는 21,000개에 이
르렀다. 1819년에는 증기직기에서 씨실 북의 운동이 1분에 60이었으
나 1842년에는 그것이 140에 달했는데, 이 사실은 노동의 거대한 증가

를 말하는 것이다."[83]

12시간 노동법이 실시되던 1844년에 이미 달성된 이와 같은 주목할 만한 노동 강도에 비추어 보면, 이 방향으로 더 이상 나아가는 것은 불가능하며, 따라서 노동시간을 더욱 감소시키는 것은 생산을 감소시키는 것과 같다고 주장하는 영국 공장주들의 말은 그럴듯하게 보였다. 그들의 이유가 언뜻 보기에 그럴듯했다는 것은 당시 그들을 성실하게 검열한 공장감독관 호너의 다음과 같은 말에 의해 가장 훌륭하게 증명된다.

"생산량은 주로 기계의 속도에 의해 규제되므로, 기계를 다음과 같은 조건들[즉 기계를 지나치게 급속한 마멸로부터 보호할 것, 제품의 품질을 유지할 것, 노동자가 일관성을 유지할 수 있을 정도 이상의 노력을 하지 않고 기계의 운동에 따라갈 수 있을 것 등]과 일치하는 최고속도로 가동시키는 것이 공장주의 이익이 되지 않을 수 없다. 그러므로 공장주가 해결하지 않으면 안 되는 가장 중요한 문제들 중의 하나는 위의 조건들을 충분히 고려하면서 기계의 최고운전속도가 무엇인가를 발견하는 것이다. 공장주가 지나치게 운전속도를 높여 파손품과 불량품이 너무 많이 나와, 빠른 속도로부터 오는 이익을 상쇄하고도 남게 되어 기계의 속도를 다시 완화하지 않을 수 없게 되는 경우도 많다. 활동적이며 머리 좋은 공장주는 안전한 최대속도를 틀림없이 발견할 것이므로, 12시간에 생산하던 것을 11시간에 생산하는 것은 불가능하다는 결론에 나는 이르렀다. 성과급을 받는 노동자는 동일한 노동 강도를 계속 유지하려고 최대한 노력한다고 나는 생각했다."[84]

---

83) 애슐리, 『10시간 공장법안』 : 6~9.
84) 『1844년 9월 30일 이전 한 분기와 1844년 10월 1일부터 1845년 4월 30일까지의 공장감독관 보고서』: 20.

이리하여 호너는 가드너 등의 실험에도 불구하고 노동일을 12시간 이하로 더 단축시킨다면 생산량은 감소하지 않을 수 없다는 결론에 이르렀다.[85] 그러나 그는 10년 뒤에, 1845년 당시의 위와 같은 자기 견해를 인용하면서, 기계와 인간 노동력의 탄력성이 노동일의 강제적 단축으로 말미암아 매우 크게 팽창하게 된다는 것을 자기가 너무 과소평가한 증거로 제시하고 있다.

이제 우리는 잉글랜드의 면공장, 양모공장, 명주실공장, 아마공장에 1847년의 10시간 노동법이 실시된 시기로 넘어가자.

"방추의 속도는 1분에 스로슬 방적기에서는 500회전만큼, 뮬 방적기에서는 1,000회전만큼 증가했다. 즉 1839년에 1분 4,500회전이었던 스로슬 방추의 속도는 현재(1862년) 5,000회전에 달하고 있으며, 5,000회전이었던 뮬 방추의 속도는 현재 1분 6,000회전에 달하고 있는데, 이는 전자에서는 $\frac{1}{10}$, 후자에서는 $\frac{1}{5}$ 의 속도 증가다."[86]

맨체스터에 가까운 패트리크로프트의 유명한 토목기사인 네즈미스는 1852년 레너드 호너에게 보낸 한 편지에서 1848~1852년에 이루어진 증기기관의 개량들을 설명했다. 증기기관의 마력은 공식적 공장통계에서는 계속 1828년의 비슷한 증기기관의 힘을 표준으로 계산되므로[87] 명목

---

85) 같은 보고서: 22.

86) 『공장감독관 보고서. 1862년 10월 31일』: 62.

87) 이것은 1862년의 『공장. 하원 질문에 대한 보고』이래 변경되었다. 거기에서는 근대적 증기기관과 물레방아의 현실적 증기마력이 명목적 증기마력 대신 나오고 있다. 또 복연방추doubling spindle도 이제는 본래의 방추와 혼동되고 있지 않다(1839년, 1850년, 1856년의 『보고』들에는 혼동되고 있다). 다음으로 양모공장에서는 기모기起毛機 gig의 수가 추가되었고, 황마공장과 대마공장을 한편으로 하고 아마공장을 다른 한편으로 하는 이들 양자 사이에 구별이

적인 것에 불과하며, 현실적 힘의 '하나'의 지표로 구실할 뿐이라는 것을 지적한 뒤, 그는 특히 다음과 같이 말하고 있다.

"동일한 무게의 증기기관이 작업을 종전보다 평균 50% 더 많이 수행한다는 것, 그리고 많은 경우 속도가 1분간 220피트로 제한되고 있던 시기에 50마력을 내던 동일한 증기기관들이, 현재에는 석탄을 적게 소비하면서도 100마력 이상을 내고 있다는 것은 조금도 의심할 여지가 없다…100마력을 가진 근대적 증기기관은 그 구조와 보일러의 용적 및 구조상의 개량 등으로 종전보다 훨씬 더 큰 힘으로 운전된다…그러므로 마력과 비교하면 종전과 동일한 수의 직공이 고용되고 있다 하더라도, 작업기와 비교하면 더 적은 수의 직공이 고용되고 있다."[88] "1850년 영국의 공장들에서는 25,638,716개의 북과 301,445대의 직기를 운전하기 위해 134,217의 명목마력이 사용되었다. 1856년에는 북과 직기의 수는 각각 33,503,580개와 369,205대였다. 만약 명목마력이 1850년처럼 소요된다면, 1856년에는 175,000마력이 필요했을 것이다. 그러나 공식보고에 따르면 그것은 불과 161,435마력에 지나지 않았다. 즉 1850년을 기준으로 계산한 것보다 10,000마력 이상이 적다."[89] "1856년의 보고에서 확인한 사실들은 공장제도가 매우 급속히 보급되고 있다는 것, 마력과 대비해서는 종전과 동일한 수의 직공들이 고용되고 있다 하더라도 작업기와 대비한 직공 수는 감소했다는 것, 증기기관은 힘의 절약과 기타 방법에 의해 더 큰 무게의 기계들을 운전하게 되었다는 것, 또 작업기와 제조방법의 개선, 기계속도의 증가, 기타 많은 원인들의 결과 노동자의 해고가 증가할 수 있다는 것이

생겼으며, 끝으로 양말제조공장이 처음으로 보고에 올랐다.

88)『공장감독관 보고서. 1856년 10월 31일』: 13~14, 20.
89) 같은 보고서: 14~15.

562   제4편 상대적 잉여가치의 생산

다."[90] "각종 기계들을 크게 개량한 결과 기계의 생산력이 크게 향상되었다. 노동일의 단축이…이런 개량에 자극을 주었다는 것은 의심의 여지도 없다. 이런 개량과 노동자의 더욱 강화된 노동은 단축된(2시간, 즉 $\frac{1}{6}$ 단축된) 노동일에서 적어도 종전의 더 긴 노동일에 생산되던 양만큼의 제품을 생산하는 결과를 가져왔다."[91]

노동력의 착취가 더 강화됨에 따라 공장주들의 부가 얼마나 증가했는가는 잉글랜드 면공장과 기타 공장 수의 연평균 증가가 1838년부터 1850년까지는 32개인데, 1850년부터 1856년까지는 86개로 되었다는 한 가지 사실만으로도 충분히 증명된다.

10시간 노동일의 영향을 받아 1848~1856년의 8년 동안 잉글랜드 공업이 아무리 크게 진보했다 하더라도, 그 뒤 1856~1862년의 6년 동안의 진보는 그것을 훨씬 능가했다. 예컨대 명주실 공장들의 방추 수는 1856년에 1,093,799개였던 것이 1862년에는 1,388,544개로 증가했으며, 직기 수는 1856년의 9,260대로부터 1862년에는 10,709대로 증가했다. 이와 반대로 노동자의 수는 1856년의 56,137명으로부터 1862년에는 52,429명으로 감소했다. 이와 같이 방추 수의 증가는 26.9%이었고 직기 수의 증가는 15.6%이었는데 비해 노동자의 수는 7% 감소했다. 1850년에 소모사 공장들에서 사용된 방추 수는 875,830개, 1856년에는 1,324,549개(51.2%의 증가)이었으며, 1862년에는 1,289,172개(2.7%의 감소)이었다. 그러나 복연방추가 1856년의 계산에는 포함되어 있으나 1862년의 계산에는 포함되어 있지 않다는 점에 유의한다면, 방추 수는 1856년 이래 거의 변함이 없었다. 이와 반대로 방추와 직기의 속도는 1850년 이래 2

---

90) 같은 보고서: 20.
91) 『공장감독관 보고서. 1858년 10월 31일』: 9. 『1860년 4월 30일의…보고』: 30 이하 참조.

배로 된 경우가 많았다. 소모사 공장들의 증기직기 수는 1850년에 32,617대, 1856년에 38,956대, 1862년에 43,048대였다. 여기의 종업원 수는 1850년 79,737명, 1856년 87,794명, 1862년에는 86,063명이었으나 그 중 14세 미만의 아동은 1850년 9,956명, 1856년 11,228명, 1862년에 13,178명이었다. 그리하여 1862년에는 1856년에 비해 직기 수가 현저히 증가했는데도 취업노동자의 총수는 감소했으며, 착취당하는 아동들의 수는 증가했다.[92)]

1863년 4월 27일 페런드는 하원에서 다음과 같이 말했다.

"랭커셔와 체셔의 16개 지구 노동자 대표들이 ─ 나는 그들을 대신 하여 말하는 것이다 ─ 나에게 전하는 바에 따르면, 기계 개량의 결과 로 공장들에서 노동은 끊임없이 증가하고 있다. 종전에는 1명의 노동 자가 조수를 데리고 2대의 직기를 담당하고 있었으나 현재는 1명의 노 동자가 조수도 없이 3대를 담당하고 있으며, 또 심지어 4대까지 담당 하는 일도 드물지 않다. 위에서 든 사실에서 명백한 바와 같이, 12시간 노동이 현재는 10시간 노동 이하로 압축되고 있다. 그러므로 공장노동 자들의 수고가 최근 10년간에 얼마나 많이 증가했는가는 자명한 일이 다."[93)]

---

92) 『공장감독관 보고서, 1862년 10월 31일』: 100, 103, 129~130.

93) 근대식 증기직기를 사용하는 1명의 직조공은 지금 두 대의 직기로 60시간의 1주일에 일정한 길이와 폭을 가진 일정한 종류의 직물 26필을 생산하는데, 종 전의 구식 증기직기로는 4필밖에 생산할 수 없었다. 이런 직물 1필의 직조비는 이미 1850년대 초에 2실링 9펜스로부터 $5\frac{1}{8}$펜스로 감소했다. "30년 전(1841 년)에는 3명의 조수를 데리고 일하던 면사방적공은 300~324개의 방추를 가 진 2대의 뮬 방적기를 관리하면 되었다. 현재(1871년 말) 그는 5명의 조수를 데리고 방추의 수가 2,200개에 달하는 방적기를 관리하지 않으면 안 되며, 그리고 1841년에 생산한 것의 적어도 7배나 되는 면사를 생산한다."(공장감

그러므로 비록 공장감독관들은 1844년과 1850년의 공장법의 좋은 결과들을 꾸준하게 또 완전히 정당하게 찬양하고 있지만, 그들은 또한 노동일의 단축이 이미 노동자의 건강을 위협하는, 따라서 노동력 자체를 파괴하는 정도의 노동 강도를 일으켰다는 것을 인정하고 있다.

"대다수의 면공장, 소모사공장, 명주실 공장들에서는 최근 수년간 운전속도가 매우 빨라진 기계를 노동자들이 제대로 관리하기 위해 극도로 긴장하지 않을 수 없는 점이 폐병에 의한 사망률 증가[그린하우는 최근 자기의 보고에서 이 점을 지적했다]의 한 원인으로 된 것 같다."94)

노동일의 연장이 법률에 의해 영원히 금지되자, 자본은 이것을 보상하기 위해 노동 강도를 체계적으로 강화하는 경향과, 노동력을 흡수하는 더욱 완전한 수단으로 기계를 개량하는 경향을 드러냈지만, 이런 과정은 얼마 안 가서 또다시 노동시간의 새로운 단축을 불가피하게 하는 한계점에 도달하지 않을 수 없다는 것은 의심할 여지가 없다.95) 반면에 1848년부터 현재까지, 즉 10시간 노동일 시기에, 영국 공업의 급속한 발전은 1833~1847년의 시기[즉 12시간 노동일 시기]의 발전을 능가하고 있는데, 이 급속한 발전은 공장제도의 도입 이래의 첫 반세기[즉 무제한 노동일 시기]의 공업발전을 12시간 노동일 시기의 발전이 능가하는 것보다 훨씬 더 크다.96)

독관 레드그레이브의 논문, 『기예협회보』 *Journal of the Society of Arts*, 1872년 1월)

94) 『공장감독관 보고서. 1861년 10월 31일』: 25~26.

95) 현재(1867년) 랭커셔에서는 공장노동자들 사이에 8시간 노동일을 위한 선동이 시작되었다.

96) 다음의 약간의 숫자들은 1848년 이래 영국에서 진정한 '공장'의 발전을 나타 내고 있다.

	수 출 량			
	1848년	1851년	1860년	1865년
면 공 장				
면 사(lb.)	135,831,162	143,966,106	197,343,655	103,751,455
재봉사(lb.)	–	4,392,176	6,297,554	4,648,611
면직물(야드)	1,091,373,930	1,543,161,789	2,776,218,427	2,015,237,851
아마 · 대마 공장				
방 사(lb.)	11,722,182	18,841,326	31,210,612	36,777,334
직 물(야드)	88,901,519	129,106,753	143,996,773	247,012,529
비 단 공 장				
방 사(lb.)	466,825*	462,513	897,402	812,589
직 물(야드)	–	1,181,455**	1,307,293**	2,869,837
양 모 공 장				
모사 · 소모사 (lb.)	–	14,670,880	27,533,968	31,669,267
직 물(야드)	–	241,120,973	190,371,507	278,837,438

	수 출 액 (£)			
	1848년	1851년	1860년	1865년
면 공 장				
면 사	5,927,831	6,634,026	9,870,875	10,351,049
면직물	16,753,369	23,454,810	42,141,505	46,903,796
아마 · 대마 공장				
방 사	493,449	951,426	1,801,272	2,505,497
직 물	2,802,7892	4,107,396	4,804,803	9,155,358
비 단 공 장				
방 사	77,789	196,380	826,107	768,064
직 물	–	1,130,398	1,587,303	1,409,221
양 모 공 장				
모사 및 소모사	776,975	1,484,544	3,843,450	5,424,047
직 물	5,733,828	8,377,183	12,156,998	20,102,259

* 1846년   ** 단위: lb.

(『영국의 통계 개요』 *Statistical Abstract for the UK*, 제8호와 제13호, 1861년

제4절   공   장

우리는 이 장의 첫머리에서 공장의 본체, 즉 기계체계를 고찰했다. 그 다음에 우리는 기계가 여성노동과 아동노동을 사용함으로써 자본이 착취할 인간재료의 양을 어떻게 증가시키는가, 기계가 어떻게 노동일의 무제한 연장에 의해 노동자의 전체 생활시간을 빼앗는가, 또 끝으로 [더욱더 방대한 생산물을 더욱더 짧은 시간에 생산할 수 있게 하는] 기계의 발전이 어떻게 일정한 시간에 더 많은 작업을 하게 하는 [즉 노동력을 더 집약적으로 착취하는] 체계적 수단으로 되는가를 보았다. 이제는 공장을 전체로서 그리고 또 가장 발달한 형태에서 고찰해 보자.

자동공장의 전문가인 유어는 공장을 묘사하기를, 한편으로는 "중심동력"(원동기)"에 의해 끊임없이 움직이는 생산적 기계들의 체계를, 꾸준한 숙련으로 운전하는 각종 직급의 성년·미성년 노동자들의 결합된 협업"이라고 하였으며, 다른 한편으로는, "공동의 물품을 생산하기 위해 끊임없이 함께 작용하며, 또 그 모두가 하나의 자율적인 동력에 종속되어있는, 각종의 기계적이고 의식 있는 기관들organs로 구성되는 방대한

과 1866년을 보라.) 랭커셔에서는 공장 수가 1839~1850년에 4%만 증가했는데, 1850~1856년에는 19%, 1856~1862년에는 33%가 증가했으며, 위의 어느 11년 동안에도 종업원 수는 절대적으로는 증가하고 상대적으로는 감소했다. 『공장감독관 보고서. 1862년 10월 31일』: 63을 보라. 랭커셔에서는 면공장이 우세하다. 그런데 면공장들이 섬유산업 전체에서 차지하는 매우 중요한 지위는 다음의 숫자에서 알 수 있다. 면공장은 영국의 섬유공장 총수의 45.2%, 방추 총수의 83.3%, 증기직기 총수의 81.4%, 증기직기를 움직이는 증기마력 총계의 72.6%, 종업원 총수의 58.2%를 차지하고 있다. (같은 보고서: 62~63)

자동장치"라고 했다. [『공장철학』: 13-14]

이 두 표현은 결코 동일하지 않다. 전자에서는 결합된 집단적 노동자가 능동적으로 작용하는 주체로 나타나고 기계적 자동장치는 객체로 나타나고 있는데, 후자에서는 자동장치 자체가 주체이며 노동자들은 다만 의식 있는 기관으로 자동장치의 의식 없는 기관들과 협력해 이 기관들과 함께 중심동력에 종속되고 있다. 첫째 표현은 기계를 대규모로 사용하는 경우에는 어디에서나 적용할 수 있지만, 둘째 표현은 자본에 의한 기계의 사용, 따라서 근대적 공장제도를 특징짓는다. 그러므로 유어는 동력의 출발점인 중심기계를 자동장치뿐 아니라 독재자로 즐겨 묘사했던 것이다.

"이런 큰 작업장들에서는 증기라는 인자한 임금이 그 주위에 무수한 신하들을 모으고 있다."[97]

노동도구와 함께 그것을 사용하는 노동자의 숙련skill도 기계로 옮아간다. 도구의 작업능력은 인간 노동력의 제한들에서 해방된다. 이리하여 매뉴팩처의 분업이 의거하고 있던 기술적 토대는 파괴된다. 그러므로 매뉴팩처를 특징짓는 전문노동자들의 위계제도 대신 자동공장에서는 기계의 관리인들이 수행해야 할 작업의 균등화 또는 수평화 경향이 나타나며,[98] 또한 부분노동자들 사이의 인위적 구별 대신 주로 나이와 성에 따른 자연적 차이가 지배하게 된다.

자동공장에서 다시 나타나는 분업은, 주로 전문화된 기계들에 노동자들을 분배하는 형태며, 그리고 공장의 여러 부문으로 일정한 수의 노동

---

97) 유어, 『공장철학』: 18.
98) 같은 책: 20. 마르크스, 『철학의 빈곤』. 1847. [CW 6: 189-190].

자—그러나 그들은 유기적 집단을 이루지는 않는다—를 분배하는 형태
인데, 공장의 각 부문에서 그들은 쭉 늘어선 같은 종류의 작업기에 붙어
서 작업하고, 따라서 그들 사이에는 단순협업이 있을 따름이다. 여기에
서는 매뉴팩처에서와 같은 유기적 집단 대신에 우두머리 노동자와 여러
명의 조수 사이의 결합이 나타난다. 주된 분업은 실제로 작업기에 붙어
일하는 노동자들[기계취급노동자] (여기에는 원동기를 돌보는 일부 노동
자들도 속한다)과 그들의 단순한 조수들(거의 전적으로 아동들이다) 사
이에 있다. 대체로 원료공급노동자들[기계에 가공용 재료를 공급한다]은
모두가 조수다. 이 두 부류의 주요 노동자들 이외에도 예컨대 기술자, 기
계공, 목수 따위와 같이 모든 기계들을 돌보며 그것들을 때때로 수리하
는 수적으로 중요하지 않는 인원들이 있다. 이들의 일부는 과학교육을
받았고 일부는 수공예 훈련을 받은 고급노동자 계층으로서, 공장노동자
계층과는 구별되며, 다만 후자와 함께 집계되고 있을 따름이다.[99] 이 분
업은 순전히 기술적인 성격을 띠고 있다.

  기계에서 일하기 위해서는, 노동자는 자동장치의 규칙적이고 연속적
인 운동에 자기 자신의 운동을 적응시키는 것을 배우기 위해 어려서부터
수업을 받아야 한다. 전체 기계장치는 집단적으로 동시에 작용하는 각종
기계들의 하나의 체계이므로, 그 체계에 의거한 협업은 각종 노동자 집
단들을 각종 기계에 분배할 것을 요구한다. 그러나 기계제 생산에서는
이 분배를 매뉴팩처식으로 고정시켜 동일한 노동자를 동일한 기능에 계

---

99) 영국의 공장법은 기술자·기계공·목수를 공장노동자가 아니라 하여 그 적용범
    위에서 명백히 제외하고 있다. 그런데 의회가 공표한 '보고'에서는 분명히 기
    술자·기계공뿐 아니라 공장경영자·판매원·심부름꾼·창고관리인·포장공 따위,
    간단히 말해 공장주 자신을 제외한 모든 사람들을 공장노동자의 범주에 포함
    시키고 있는데, 이것은 통계를 사용해 국민을 속이려는 의도를 나타내는 것
    이다(이런 의도는 다른 경우에서도 아주 상세히 폭로할 수 있다).

속 매어둘 필요가 없게 된다.[100] 공장 전체의 운동이 노동자로부터 출발하는 것이 아니라 기계로부터 출발하기 때문에 노동과정을 중단시키지 않고도 끊임없이 인원을 교체할 수 있다. 이에 대한 가장 뚜렷한 증거는 1848~1850년의 영국 공장주들의 반란〔 10시간 노동법에 대한 반대 〕 동안 채용했던 릴레이 제도〔 제1권 제10장 제6절 참조 〕 이다. 끝으로, 기계와 함께 하는 작업은 젊은이들도 빨리 배울 수 있으므로 특수한 부류의 노동자들을 기계취급노동자로 육성할 필요가 없게 된다.[101] 그런데 공장에서 단순한 조수들의 작업은 어느 정도 기계로 대체할 수 있으며,[102] 또한 그

---

100) 유어는 이것을 인식하고 있다. '필요한 경우에는' 경영자가 마음대로 노동자들을 한 기계로부터 다른 기계로 옮길 수 있다고 그는 말하고 있다. 그리고 "이와 같은 이동은, 노동을 분할해 한 노동자에게는 못의 대가리를 만드는 일을 시키고 다른 노동자에게는 그 끝을 뾰족하게 하는 일을 시키는 종래의 방식과는 명백히 대립한다."고 의기양양하게 부르짖는다. 그는 오히려 왜 '종래의 방식'이 자동공장에서는 '필요한 경우에'만 폐기되는가 하고 스스로에게 의문을 제기해야 했을 것이다.

101) 불황이 심한 경우(예컨대 미국 남북전쟁이 일으킨 면화부족 사태)에는 부르주아는 공장노동자를 도로건설과 같은 매우 거친 일에 가끔 예외적으로 사용하는 일이 있다. 면방적 실업노동자들을 위해 설립된 1862년 이후의 영국 '국민작업장'이 1848년의 프랑스 '국민작업장'과 구별되는 점은, 프랑스에서는 노동자는 국가의 비용으로 비생산적 노동을 수행하지 않으면 안 되었는데, 영국에서는 실업자들이 부르주아 이익을 위해 생산적인 지방공공사업을, 그것도 정규직 노동자들(이들은 실업자들과 경쟁하는 처지에 서게 되었다)보다 낮은 임금으로 수행하지 않으면 안 되었다는 점이다. "면방적 노동자들의 육체상 외관은 의심할 여지없이 개선되었다. 남성에 관해 말하는 한…나는 이것이 공공사업의 옥외노동 때문이라고 생각한다."(『공장감독관 보고서. 1863년 10월 31일』: 59) (여기에서 이야기하고 있는 것은 프레스턴 황무지의 배수공사에 종사했던 프레스턴 공장노동자들이다.)

102) 하나의 예: 1844년의 공장법 이래 양모공장에서 아동노동 대신 도입한 각종 기계장치들. 공장주 자신의 아이들이 공장의 조수로서 수업을 받게 될 때 비로소 아직 개척되지 않은 기계학의 이 영역은 크게 발전할 것이다. "자동

것이 매우 단순하기 때문에 이 지겨운 일에 종사하는 사람들을 빨리 그
리고 끊임없이 교체할 수 있다.

이와 같이 기계는 기술적 관점에서는 종래의 분업체계를 타파하기는
하지만, 그 분업체계는 처음에는 매뉴팩처로부터 물려받은 전통으로 공
장에 존속하며, 다음에는 자본에 의해 노동력의 착취수단으로서 더욱 지
독한 형태로 체계적으로 재생산되어 고정된다. 이전에는 동일한 도구를
다루는 것이 평생의 전문직이었는데, 이제는 동일한 기계에 봉사하는 것
이 평생의 전문직으로 된다. 기계는 노동자 자신을 유년시절부터 특정
기계의 한 부분으로 전환시키는 것에 악용된다.[103] 그리하여 노동자 자
신의 재생산에 필요한 비용이 현저히 감소할 뿐 아니라, 동시에 공장 전
체에 대한, 따라서 자본가에 대한 노동자의 절망적인 종속이 완성된다.
다른 모든 경우와 마찬가지로 이 경우에도 우리는 사회적 생산과정의 발
전에서 나오는 생산성 증대와 그 발전의 자본주의적 이용으로 말미암은
생산성 증대를 구별하지 않으면 안 된다. 매뉴팩처와 수공업에서는 노동
자가 도구를 사용하지만, 공장에서는 기계가 노동자를 사용한다. 전자에
서는 노동수단의 운동이 노동자로부터 출발하지만, 후자에서는 노동자
가 노동수단의 운동을 뒤따라가야 한다. 매뉴팩처에서는 노동자들은 하

식 뮬 방적기는 아마 다른 어떤 것보다도 위험한 기계다. 사고의 대부분은
어린 아동들에게 일어나는데, 왜냐하면 그들이 바닥을 청소하기 위해 뮬 방
적기가 움직이는 동안 그 아래로 기어 들어가기 때문이다. 수많은 '기계관리
인'들이 이런 사고 때문에 고소되어 벌금형을 받았으나 일반적으로 이렇다
할 아무런 개선도 이루지 못했다. 만약 기계제작자가 자동청소기를 발명해
이 어린 아동들이 기계 밑에 기어 들어갈 필요를 없앤다면, 우리들의 사고방
지 대책에 크게 기여할 것이다."(『공장감독관 보고서. 1866년 10월 31일』:
63)
103) 그러므로 기계를 노동수단의 종합이 아니라 노동자 자신을 위한 부분노동의
종합으로 '해석하는' 프루동의 기막힌 관념을 정확히 평가할 수 있다.

나의 살아 있는 메커니즘의 구성원들이지만, 공장에서는 하나의 생명 없는 기구가 노동자로부터 독립해 존재하며 노동자는 그것의 단순한 살아 있는 부속물이 되어 있다.

"똑같은 기계적인 과정을 수없이 반복하는 싫증나고 단조로운 고역, 이것은 마치 시시포스의 형벌과도 같다. 노동이라는 무거운 짐이, 바위처럼, 지쳐빠진 노동자 위에 끊임없이 떨어져 내려온다."[104]

공장노동은 신경계통을 더할 수 없이 피로하게 하면서, 근육의 다면적 운동을 억압하며 인간으로 하여금 자유로운 육체적·정신적 활동을 전혀 할 수 없게 한다.[105] 노동이 가벼워지는 것조차 고통의 원천으로 되는데, 왜냐하면 기계가 노동자를 노동에서 해방시키는 것이 아니라 그의 노동으로부터 일체의 내용을 빼앗아버리기 때문이다. 자본주의적 생산은 노동과정일 뿐 아니라 동시에 자본의 가치증식과정이기 때문에, 어떤 자본주의적 생산에서도 노동자가 노동조건을 사용하는 것이 아니라 이와는 반대로 노동조건이 노동자를 사용한다는 점은 공통된다. 그러나 이 거꾸로 된 관계는 기계의 출현과 함께 비로소 기술적인 분명한 현실성을 얻게 된다. 자동장치로 전환됨으로써 노동수단은 노동과정의 진행 중에 자본[즉 살아 있는 노동력을 지배하며 흡수하는 죽은 노동]으로서 노동자와 대립한다. 생산과정의 지적 요소들을 육체

---

104) 엥겔스, 『영국 노동자계급의 상태』[CW 4: 467. 주]. 아주 평범한 낙관적 자유무역주의자인 몰리나리조차 다음과 같이 말하고 있다. "기계의 단조로운 운동을 매일 15시간씩 감시하는 것은 육체적 힘을 15시간 사용하는 것보다 사람을 훨씬 더 빨리 피로하게 한다. 이 감시노동은 너무 장시간에 걸치지만 않는다면 정신의 유익한 훈련으로 될 수도 있다. 그러나 그것이 과도하기 때문에 결국 심신을 모두 파괴한다."(몰리나리, 『경제학 연구』: 49)

105) 엥겔스, 같은 책 [CW 4: 466].

적 노동에서 분리시키고 전자를 노동에 대한 자본의 지배력으로 전환시키는 것은, 이미 앞에서 지적한 바와 같이, 기계의 토대 위에 세워진 대공업에 의해 비로소 완성된다. 개별 기계취급노동자의 특수한 기능은, [기계체계에 체현되어 있는] 과학과 거대한 물리력과 사회적 집단노동 앞에서는 보잘것없는 것으로 사라져버리며, 기계체계는 이 세 가지 힘들과 함께 고용주의 지배력을 구성하게 된다. 바로 그렇기 때문에 기계 그 자체와, 기계를 자기가 독점하고 있는 것이 머릿속에서 구별할 수 없게 엉켜 있는 고용주는 '직공들'과 충돌하는 경우에는 경멸적으로 그들에게 이렇게 부르짖는다.

"공장노동자들은 자기들의 노동이 사실상 매우 저급한 종류의 기능노동이라는 것, 자기들의 노동처럼 얻기 쉬운 노동은 없으며 또 그 질에 비해 이처럼 많은 보수를 받는 노동은 없다는 것, 다른 어떤 노동도 단기간의 훈련으로 이처럼 신속히 또 풍부하게 공급될 수는 없다는 것을 절대로 잊지 말아야 할 것이다…고용주의 기계는 노동자의 노동과 기능[6개월이면 익숙하게 배울 수 있고 또 어떤 농촌 일꾼도 배울 수 있다]보다 생산에서 사실상 훨씬 더 중요한 구실을 한다."[106]

노동수단의 규칙적 운동에 노동자를 기술적으로 종속시켜야 하기 때문에, 그리고 노동집단이 남녀노소의 모든 개인들로 구성되어 있기 때문에, 하나의 병영 같은 규율이 필요하게 된다. 이 규율은 공장에서 완전한 제도로 정교해지고, 또 이미 말한 감독노동을 완전히 발전시킴으로써, 노동자를 육체적 노동자와 노동감독자로, 산업군industrial army의 병사와

---

106) 『방적업주와 제조업주들의 방위기금. 위원회의 보고』: 17. 공장주들은 자기들의 '살아있는' 자동장치 [노동자] 를 잃어버릴 우려가 있을 때 [예: 숙련노동자의 이민] 는 전혀 딴소리를 한다는 것을 우리는 뒤에서 보게 될 것이다.

하사관으로 분할하게 된다.

"(자동공장의) 주된 곤란은…사람들로 하여금 불규칙적 노동관습을
버리게 하면서 복잡한 자동장치의 변함없는 규칙성에 적응시키는 데
있었다. 그러나 자동기계의 요구에 알맞은 성공적인 공장 규율집을 만
들어내어 실시한다는 것은 헤라클레스나 할 만한 사업이었는데, 아크
라이트가 이 고귀한 업적을 달성한 것이다! 공장제도가 완벽하게 조직
되어 노동이 더할 수 없이 경감된 오늘날에도, 이미 성년기에 달한 사
람을 유용한 공장노동자로 전환시키는 것은 거의 불가능하다."107)

공장 규율집에서 자본가는 노동자들에 대한 독재권력을 사적 입법자
처럼 자기 마음대로[부르주아지가 그렇게도 좋아하는 권력분립도 없이,
또 그보다도 더 좋아하는 대의제도 없이] 규정하고 있다. 이 공장 규율집
은 노동과정의 사회적 규제[대규모의 협업, 그리고 노동수단 특히 기계
의 공동사용이 행해지는 곳에서는 필요하다]를 자본주의적으로 그린 만
화에 불과하다. 노예감시자의 채찍 대신 노동 감독자의 처벌 규정집이
등장한다. 물론 모든 처벌은 결국 벌금과 임금삭감이며, 또 공장 리쿠르
구스의 입법적 총명으로 말미암아 자본가의 법률을 위반하는 것이 준수
하는 것보다 오히려 자본가에게 더 유리하게 되어 있다.108)

---

107) 유어, 『공장철학』: 15. 아크라이트의 경력을 아는 사람은 이 천재적 이발사
에게 '고귀한'이라는 형용사를 결코 붙이지 않을 것이다. 18세기의 모든 대
발명가 중 그는 의심할 여지없이 타인 발명의 최대 절도자이며 또 가장 비열
한 인물이었다.
108) "부르주아지가 프롤레타리아트를 얽매어 놓은 노예의 쇠사슬은 공장제도에
서 가장 뚜렷하게 나타난다. 여기에서는 법률상으로나 사실상으로나 모든
자유가 사라지고 만다. 노동자는 새벽 5시 반에 반드시 공장에 나가야 한다.
몇 분만 늦게 나가도 벌금을 물어야 하며, 10분만 지각하면 아침식사가 끝

우리는 여기에서 오직 공장노동이 행해지는 물질적 조건들만을 지적한

날 때까지 들여놓지 않으며 하루 임금의 1/4을 못 받는다…노동자는 먹고
마시고 자는 것도 명령대로 해야 한다…무자비한 종소리는 노동자를 잠자리
에서, 아침과 저녁 식탁에서 불러낸다. 공장 안의 사정은 어떠한가? 거기서
공장주는 절대적 입법자다. 그는 마음 내키는 대로 공장규칙을 만들며, 생
각나는 대로 자기의 규율집을 수정 또는 보충한다. 그가 그 규율집에 아무리
미치광이 조항을 써넣더라도 법원은 노동자에게 '그대들은 자원해 그 계약
을 체결한 만큼 이제는 그것을 이행할 의무가 있다'고 선고한다 … 이 노동자
들은 아홉 살부터 죽을 때까지 이런 육체적 · 정신적 고통을 당하면서 살아
야 한다."(엥겔스, 『영국 노동자계급의 상태』[CW 4: 467-468]) '법원이 선
고하는 것'이 무엇인지를 나는 두 가지 실례로 설명하려 한다. 그 하나는
1868년 말 셰필드에서 있었던 일이다. 한 노동자가 2년 계약으로 이곳 강철
공장에 고용되었다. 공장주와 싸운 결과 그는 공장을 떠나면서 어떤 일이
있더라도 더 이상 그 공장주를 위해 일하지는 않겠다고 선언했다. 그는 계약
위반으로 고소되어 2개월의 금고형 판결을 받았다. (그런데 공장주가 계약
을 위반하는 경우에는 다만 민법상의 책임을 지고 배상금만 물면 된다.) 2개
월의 복역 뒤 공장주는 그 전의 계약에 따라 공장으로 돌아오도록 그를 불렀
으나 노동자는 거절했다. 그는 이미 계약위반죄는 갚았다고 말했다. 공장주
는 다시 고소했으며 법원은 다시 유죄판결을 내렸다. 이때 재판관 중의 한
사람인 시Shee는, 이것은 법률상 괴이한 일이라고 공공연히 비난하고 이대
로 되면 동일한 위반 또는 범죄 때문에 사람은 생애 전체를 통해 주기적으로
되풀이해 처벌을 받을 수 있을 것이라고 말했다. 이 판결은 '위대한 무급판
사'인 지방 치안판사에 의해서가 아니라 런던의 한 최고법원에서 내려진 것
이다. {엥겔스: 이런 일은 지금은 없어졌다. 오늘날 영국의 노동자들은 약간
의 경우[예컨대 공공 가스공장의 경우]를 제외하고는 계약위반시에 고용주
와 동등하게 취급되며 민법상으로만 고소당한다.} 다른 하나는 1863년 11월
말 월트셔에서 있은 일이다. 웨스트베리 레이의 리오워즈 밀에 있는 직조
공장주 해럽이라는 사람에게 고용된 약 30명의 증기직기 여공들이 파업을
했다. 왜냐하면 이 해럽이라는 공장주는 아침 지각에 대해 그들의 임금을
삭감하는데 2분에 6펜스, 3분에 1실링[=12펜스], 10분에 1실링 6펜스씩으
로 하는 편리한 버릇을 가지고 있었기 때문이다. 이렇게 되면 한 시간에 9실
링, 1일에 4파운드 10실링이 되는데, 그들의 연평균 임금은 결코 주 10실링
내지 12실링을 넘지 못하는 수준이다. 해럽은 또한 시작시간을 알리는 호루

다. 빈틈없이 설치한 기계들은 계절처럼 규칙적으로 사망자와 부상자의
명단을 제공하고 있는데,[109] 이런 생명의 위험 이외에도 인위적으로 만

라기를 부는 한 소년을 두었는데, 그 소년은 자주 아침 6시 전에 호루라기를
분다. 그의 호루라기 소리가 끝나기 전에 여공들이 와 있지 않으면 문은 닫
고 밖에 있는 사람들은 벌금을 물게 된다. 그리고 공장에는 시계가 하나도
없었으므로 불행한 여공들은 해럽의 사주를 받는 이 소년 시간지기의 수중
에 완전히 잡혀 있었다. 파업을 개시한 여공들[주부들과 소녀들]은 시간지
기 대신 시계를 두고 합리적인 벌금수준을 도입하면 다시 일터로 나오겠다
는 성명을 발표했다. 해럽은 계약위반이라 하여 19명의 부인과 소녀들을 재
판에 회부했다. 그들은 방청객들의 떠들썩하는 격분 속에 각각 벌금 6펜스
와 재판비 2실링 6펜스의 판결을 받았다. 해럽은 군중의 욕설을 들으면서
재판정에서 도망쳤다. 공장주들이 즐기는 징벌방법의 하나는 노동자들이 만
들어낸 제품의 질이 나쁘다고 하면서 그들의 임금에서 일정한 금액을 빼는
방법이다. 이 방법은 1866년에 영국의 도자기제조업 지방에서 총파업을 불
러일으켰다. 아동노동 조사위원회의 보고(1863~1866년)에서는 노동자가
일을 하고 임금을 받기는커녕 벌금규정에 의해 오히려 공장주의 채무자가
되는 경우를 들고 있다. 최근의 면화공황은 공장 독재자가 얼마나 총명하게
임금에서 공제하는가를 보여주는 교훈적인 실례를 제공한다. 공장감독관 베
이커는 이렇게 말하고 있다. "최근 나는 한 면방적 공장주를 상대로 소송을
하지 않으면 안 되었다. 그는 이렇게 어렵고 쓰라린 시기에 자기가 고용한
수 명의 소년노동자들로부터 의사의 나이 증명서 값으로 10펜스씩을 공제했
다(공장주 자신이 그 증명서에 지불한 비용은 6펜스에 불과했다). 그런데 법
률은 3펜스 이상 공제하는 것을 허용하지 않고 있으며, 관례적으로는 한 푼
도 빼지 않는다…또 한 사람의 공장주는 [법률을 위반하지 않고 같은 목적
을 달성하기 위해] 자기를 위해 일할 불쌍한 아동들이 일을 할 만한 나이라
고 의사가 증명하기만 하면 면방적의 기술과 비결을 가르쳐준다는 명목으로
아동들에게 각각 1실링씩을 부과했다. 따라서 수시로 일어나는 파업들과 현
재의 파업"(1863년 6월 다웬에서 일어난 기계직조공들의 파업)"과 같은 특
별한 사건들에는 숨은 이유들이 있는데, 그 이유들을 설명하지 않으면 파업
은 이해할 수 없다."(『공장감독관 보고서. 1863년 4월 30일』: 50~51) 공장
감독관 보고서에는 언제나 그 공식 날짜 이후의 것이 들어 있다.
109) 공장법이 규정한 위험한 기계로부터 보호는 유익한 작용을 했다. "그러나…

든 높은 온도, 원료의 먼지로 가득 찬 공기, 고막을 찢는 소음 따위로 말미암아 모든 감각기관이 손상된다. 공장제도에서 급속히 성숙되고 강화되는 사회적 생산수단 사용의 절약은, 자본의 수중에서는, 작업 중 노동자의 생명에 필요한 것들[즉 공간·공기·광선]을 체계적으로 빼앗아 가는 것으로 변하며, 그리고 생명에 위험하고 또한 건강에 해로운 [생산과정의] 부수물들로부터 노동자를 보호하는 모든 수단—노동자의 편의시설은 말할 것도 없고—을 체계적으로 빼앗아 가는 것으로 변한다.110) 푸

지금은 20년 전에는 없었던 새로운 사고 원인들이 있는데, 특히 기계속도의 증가가 그것이다. 차륜·롤러·방추·직기들이 지금은 증가한 또 끊임없이 증가하는 속도로 운전되고 있다. 손가락은 끊어진 실을 더욱 재빨리 더욱 확실하게 붙잡지 않으면 안 되는데, 그 이유는 주저하거나 부주의하면 손가락이 희생되기 때문이다…사고의 다수는 노동자들이 일을 빨리 끝마치려는 열성 때문에 일어난다. 공장주들에게 가장 중요한 것은 기계가 중단 없이 돌아가는 것, 즉 실과 직물이 끊임없이 생산되는 것이라는 것을 상기하지 않으면 안 된다. 1분이라도 정지하면 그것은 동력의 손실일 뿐 아니라 생산물의 손실로 된다. 또한 생산물의 양에 이해관계를 가지는 노동감독자는 기계를 멈추지 말도록 노동자들을 독촉한다. 또 이것은 무게나 개수에 따라 임금을 받는 노동자들에게도 마찬가지로 중요하다. 따라서 기계가 돌아가고 있는 동안 청소하는 것은 다수의 공장에서 [대부분의 공장은 아니지만] 엄격히 금지되어 있으나, 실제로는 대부분의 공장에서 [모든 공장은 아니지만] 기계가 돌아가고 있는 동안 솜 부스러기를 줍거나 롤러나 바퀴를 닦는 것이 묵인되고 있다. 이 원인으로만 최근 6개월에 906건의 사고가 생겼다…청소는 그날그날 하지만 토요일에는 대개 기계의 대청소를 하게 되어 있는데, 거의 대부분 기계가 돌아가고 있는 동안 실시된다. 이 작업에 대해서는 보수가 없으므로 노동자들은 가능한 한 빨리 청소를 마치려고 한다. 그리하여 대부분의 사고는 금요일 그리고 특히 토요일에 일어난다. 금요일에는 주초 4일간의 평균 건수를 약 12% 초과하며, 토요일에는 앞 5일간의 사고 건수를 25%나 초과한다. 그러나 노동일이 토요일에는 다만 $7\frac{1}{2}$ 시간인데 다른 날에는 $10\frac{1}{2}$ 시간이라는 것을 감안하면, 그 초과는 65%로 된다."(『공장감독관 보고서. 1866년 10월 31일』: 9, 15~17)

110) 최근 영국 공장주들은 위험한 기계로부터 '직공'을 보호하는 공장법 조항들

리에가 공장을 '완화된 감옥'이라고 부른 것이 과연 부당하겠는가.[111]

제5절 노동자와 기계 사이의 투쟁

자본가와 임금노동자 사이의 투쟁은 자본관계가 생긴 첫날부터 시작된다. 그것은 매뉴팩처 시기 전체를 통해 맹렬하게 전개된다.[112] 그러나

에 대한 반대운동을 펴고 있는데, 이에 관해서는 제3권 제1편[제5장 제2절]에서 이야기하려고 한다. 여기에서는 공장감독관 레너드 호너의 공식보고 중 다음과 같은 구절을 인용하는 것으로 충분할 것이다. "나는 공장주들이 일부 사고들에 대해 용서할 수 없을 만큼 경솔한 태도로 이야기하는 것, 예컨대 손가락을 잃는 것쯤은 대수로운 일이 아니라고 말하는 것을 들었다. 그러나 노동자의 생활과 앞날은 그의 손가락에 크게 달려 있으므로 그것을 잃는다는 것은 그에게는 매우 중대한 사건이다. 나는 그런 경솔한 지껄임을 들을 때 보통 이렇게 물었다. '가령 당신이 한 사람의 노동자가 더 필요한데 두 사람이 신청해 왔으며, 두 사람이 다른 점에서는 다 같이 손색이 없으나 한 사람은 엄지손가락 또는 둘째손가락이 없다고 하자. 그러면 당신은 누구를 택하겠는가?' 이 물음에 대답하기 위해 잠시라도 망설이는 공장주는 없었다. 이 공장주들은 '사이비 박애주의적 입법[그들은 공장법을 이렇게 부른다]에 대해 그릇된 편견'을 가지고 있다."(『공장감독관 보고서. 1855년 10월 31일』) 이 공장주들은 영리한 사람들이어서 그들이 노예소유자들의 반란[미국 남북전쟁]을 열렬하게 지지한 것은 결코 우연한 일이 아니다!

111) 노동시간의 강제적 제한과 기타 규정들을 포함하고 있는 공장법의 지배를 오랫동안 받은 공장들에서는 종전의 많은 폐해들이 없어졌다. 기계의 개선 자체가 어느 정도 '공장건물의 구조개선'을 요구하는데, 이것은 노동자들에게 유익하다. (『공장감독관 보고서. 1863년 10월 31일』: 109)

112) 특히 휴튼, 『개선된 농업과 공업』(런던 1727); 『잉글랜드에 대한 동인도 무역의 이익』(1720); 벨러즈, 『빈민…에 관한 평론』(런던 1699년)을 보라. "고용주들과 노동자들은 불행하게도 서로 끊임없는 전쟁상태에 있다. 고용주의 변함없는 목적은 가능한 한 값싼 노동을 얻는 데 있으며, 그들은 이 목

기계가 도입된 때로부터 비로소 노동자는 자본의 물질적 존재형태인 노동수단 자체에 대해 투쟁하게 된다. 노동자는 생산수단의 이 특정 형태[기계]가 자본주의적 생산양식의 물질적 기초이기 때문에 그 생산수단에 대해 도전한 것이다.

17세기에 유럽의 거의 전체는 리본과 레이스를 짜는 기계에 대한 노동자들의 반란을 겪었다. 리본직기는 독일에서 발명되었다. 이탈리아의 신부 란첼로티는 1636년 베니스에서 발간된 책(1629년에 씀)에서 다음과 같이 말하고 있다.

"단치히의 안토니 뮐러는 약 50년 전에 단치히에서 한 번에 4~6필의 직물을 짜내는 매우 정교한 기계를 보았다. 그런데 그 도시의 시장은 이 발명으로 말미암아 다수의 노동자가 거지로 될 것을 우려해 그 기계의 사용을 금지하고 발명자를 몰래 목 졸라 죽이거나 물에 던져 죽이도록 했다."

라이덴에서는 이 기계가 1629년까지 사용되지 않았는데, 레이스 직공들의 폭동으로 시 의회가 그것을 금지시켰기 때문이다. 복스호른은 라이덴의 리본직기 도입에 관해 이렇게 말하고 있다. (『정치제도』. 암스텔담 1663)

"이 도시에서는 한 명의 직공이 동일한 시간에 많은 사람들이 생산할 수 있는 것보다 더 많은 직물을 더 쉽게 생산할 수 있는 직기를 약

적을 위해 어떤 술책도 사양하지 않는다. 반면에 노동자 역시 마찬가지로 꾸준히 모든 기회를 이용해 더 높은 요구를 고용주들에게 제기하고 있다."(『현재 식료품의 가격이 높은 원인에 관한 연구』: 61~62. 저자 포스터는 전적으로 노동자의 편이다.)

20년 전에 발명했다. 그런데 이것은 직조공들의 불평과 불만을 야기했으므로 시 의회는 드디어 이 직기의 사용을 금지했다.”

네덜란드 입법·행정부the States General는 1623년, 1639년 등의 각종 법령으로 그 사용을 제한하지 않을 수 없었으나 결국은 1661년 12월 15일의 법령으로 일정한 조건 아래 허가하게 되었다. 이 기계는 1676년에 쾰른에서도 금지되었는데, 그때 영국에서도 그 기계의 도입으로 노동자들의 소요가 일어났다. 독일에서는 1685년 2월 19일의 칙령으로 이 기계의 사용이 전국적으로 금지되었다. 함부르크에서는 시 의회의 명령으로 그 기계는 대중 앞에서 소각되었다. 칼 6세는 1719년 2월 9일에 1685년의 칙령을 갱신했으며, 작센에서는 1765년에 와서야 비로소 이 기계의 공공연한 사용이 허가되었다. 세상을 그렇게도 떠들썩하게 만든 이 기계는 사실상 방적기와 직기의, 따라서 18세기 산업혁명의 선구자였다. 그것은 직조에 전혀 경험이 없는 소년이라도 운전 자루를 밀었다 당겼다 함으로써 모든 방추와 함께 전체 직기를 돌릴 수 있게 되어 있었다. 그리고 그 기계의 개선된 형태는 한번에 40~50필을 생산했다.

1630년경에 한 네덜란드사람이 런던 부근에 설치한 풍력 제재소가 폭도들에 의해 쓰러졌다. 또한 18세기 초까지도 영국에서는 수력 제재소는 의회의 지지를 받은 민중의 반항에 부딪쳤는데, 이 반항은 가까스로 극복되었다. 1758년에 에버레트가 최초로 수력으로 양털을 깎는 기계를 만들었을 때, 10만 명의 실업자가 그 기계를 불태워 버렸다. 당시까지 털빗질로써 연명하고 있던 5만 명의 노동자는 아크라이트의 조소기와 소모기에 반대하는 진정서를 의회에 제출했다. 19세기의 첫 15년간에 영국 공장지구들에서 대규모 기계파괴는 주로 증기직기의 사용 때문에 일어났으며 러다이트 운동Luddite movement이란 이름으로 알려지고 있는데, 이는 시드머스, 캐슬레이 등의 반反자코뱅 정부에게 매우 반동적인 강압수단을 취할 구실을 주었다. 노동자가 기계와, 자본에 의한 기계의 이용을 구별하고, 따라서 물질적 생산수단 그 자체를 공격하는 것에서 그것을 이용하는 사회형태를 공격하는 것으로 옮길 줄 알게 되기까지에는 시간과 경험이 필요했다.[113)]

매뉴팩처 안에서 임금 때문에 벌어지는 투쟁은 매뉴팩처를 전제로 하는 것이지 결코 매뉴팩처의 존재 자체를 반대하는 것은 아니다. 매뉴팩처 설립에 대한 반대는 길드의 장인과 특권 도시들에서 나온 것이지 임금노동자로부터 나온 것은 아니다. 그러므로 매뉴팩처 시기의 저술가들은 분업을 주로 노동자의 부족을 보충하는 수단으로 이해하고, 고용되어 있는 노동자들을 쫓아내는 수단으로 이해하지는 않는다. 이 구별은 자명하다. 예컨대 영국에서 현재 50만 명이 기계로 방적하는 면화를, 낡은 물레로 방적하기 위해서는 1억 명의 노동자가 필요할 것이라고 말한다면, 그것은 물론 기계가 [사실상 있은 적도 없는] 1억 명을 대신했다는 것을 의미하는 것은 결코 아니다. 그것은 다만 방적 기계를 대신하려면 1억 명의 노동자가 필요하리라는 것을 말할 따름이다. 반대로 영국에서 증기직기가 80만 명의 직조공을 해고시켰다고 말한다면, 그것은 현존하는 기계를 대신하려면 일정한 수의 노동자들이 필요하리라는 것을 가리키는 것이 아니라, 실제로 기계에 의해 대체되었거나 쫓겨난 일정한 수의 노동자들에 대해 말하는 것이다. 매뉴팩처 시기에는 수공업적 노동 — 비록 부분노동으로 많이 분할되기는 했지만 — 이 여전히 그 기초로 남아 있었다. 새로운 식민지 시장의 수요는 중세로부터 물려받은 비교적 적은 수의 도시노동자들로는 충족시킬 수가 없었으며, 또 진정한 매뉴팩처는 봉건제도가 해체됨에 따라 토지에서 추방된 농민들에게 새로운 생

---

113) 구식 매뉴팩처에서는 지금까지도 기계에 대한 노동자들의 반항은 때때로 이런 거친 형태를 취하고 있다. 예컨대 1865년 셰필드의 줄[쇠붙이를 깎는 데 쓰는 연장] 연마공들의 경우가 그렇다.

산영역을 열어주었다. 그리하여 그때에는 작업장들에서 분업과 협업의 적극적인 측면[즉 노동자들이 더욱 생산적으로 취업할 수 있었다는 사실]이 매우 뚜렷이 나타났다.[114] 대공업 시기 훨씬 이전에, 협업과 소수의 수중으로 노동수단이 집중한 것은 [이것이 농업에서 일어난 많은 나라들에서] 농업의 생산방식에 [따라서 농촌인구의 생활조건과 취업수단에] 돌발적이며 폭력적인 대혁명을 일으켰다. 그러나 여기의 투쟁은 처음에는 자본과 임금노동 사이에서보다는 대소 토지소유자들 사이에서 일어났으며, 다른 한편으로 노동자들이 노동수단·양·말 등에 의해 쫓겨나는 경우에는 먼저 산업혁명의 전제조건으로서 폭력이 직접적으로 사용되었다. 다시 말해 처음에 노동자들이 토지에서 추방되고 그 다음에 양이 등장한다. 영국에서와 같은 대규모 토지약탈은 대규모 농업의 활동무대를 만들어내는 첫 단계다.[115] 그러므로 농업의 이런 파괴는 그 시초에

---

114) 제임스 스튜어트는 기계의 작용도 완전히 이런 의미로 이해하고 있다. "나는 기계를, 노동자들에 대한 지급총액을 증가시키지 않으면서 노동자의 수를 증대시키는 수단으로 본다…기계의 영향이 새로운 주민의 출현이 일으키는 영향과 구별되는 점은 무엇인가?"(『정치경제학 원리의 연구』, 제1권, 1편, 제19장). 페티는 훨씬 더 소박하게 기계가 '일부다처제'를 대체한다고 말한다. [일부다처제를 통해 노동자 수를 증가시키려는 헛된 생각을 남자들이 가졌다고 페티는 생각하기 때문이다.] 이 관점은 기껏해야 미국 몇몇 지방에 타당하다. 다른 한편에서는 "기계는 잘 사용되어도 개인의 노동을 감소시킬 수는 거의 없다. 왜냐하면 기계 사용에 의해 절약될 수 있는 시간보다 더 많은 시간이 기계 제작에 요구될 것이기 때문이다. 기계는 다수의 사람들에게 작용할 때, 즉 단 한 개의 기계가 수천 명의 노동을 도울 수 있을 때만 참으로 유용하다. 따라서 기계가 가장 많은 곳은 일하지 않는 사람이 매우 많은 [인구가 가장 많은] 나라다…기계가 사용되는 것은 사람이 적기 때문이 아니라 사람들을 대규모로 일하게 하기가 쉽기 때문이다."(레이븐스톤, 『국채제도와 그 효과에 관한 고찰』: 45)

115) {엥겔스: 이것은 독일에도 타당하다. 독일에서 대규모 농업이 있는 곳, 특히 동부에서는 대규모 농업이 16세기 이래, 그리고 특히 1648년 이래 유행한 '토지로부터 농민 축출'에 의해 비로소 가능하게 되었다.}

는 오히려 정치혁명의 외관을 띤다.

노동수단은 기계의 형태를 취하자마자 곧 노동자 자신의 경쟁자가 된
다.116) 기계에 의한 자본의 가치증식은 기계에 의해 생존조건이 파괴되
는 노동자 수에 정비례한다. 자본주의적 생산체제 전체는 노동자가 자기
의 노동력을 상품으로 판매한다는 데 기반을 두고 있다. 분업은 이 노동
력을 특정의 도구를 취급하는 완전히 특수화된 기능으로 전환시킴으로써
일면적인 것으로 만든다. 그러나 이 도구를 다루는 일이 기계에 맡겨지
자 노동력의 사용가치가 사라지고 따라서 교환가치도 사라진다. 노동자
는, 통용할 수 없게 된 지폐와 같이, 판매될 수 없게 된다. 노동자계급
중 기계 때문에 불필요하게 된 부분[즉 자본의 가치증식에 더 이상 직접
필요하지 않은 인구로 전환된 부분]은, 한편으로는 종래의 수공업적 생
산과 매뉴팩처적 생산에 다시 종사해 기계제 생산과의 불평등한 투쟁에
서 패배하며, 다른 한편으로는 훨씬 더 쉽게 접근할 수 있는 산업부문에
몰려들어 노동시장을 범람시키고 그리하여 노동력의 가격을 그 가치 이
하로 하락시킨다. 빈민화한 노동자들에게 하나의 큰 위안거리인 것처럼
들먹이고 있는 것은, 첫째로 그들의 고통이 일시적('일시적인 불편')이라
는 것이며, 둘째로 기계가 일정한 생산분야 전체를 오직 점차적으로 장
악하기 때문에 기계의 파괴적 작용의 규모와 강도가 완화된다는 것이다.
그런데 둘째의 위안은 첫째의 위안을 무효로 만든다. 기계가 어떤 생산
분야를 점차적으로 장악할 경우, 그 기계와 경쟁하는 노동자들은 만성적
빈곤에 빠지게 되기 때문이다. 이 이행이 급속할 경우에는 기계의 영향
은 심각하고 많은 사람들에게 미친다. 수십 년 계속되어 오다가 드디어
1838년에야 끝난 영국 수직조공들의 점차적인 몰락보다 더 처참한 광경
은 세계 역사상에 없다. 그들 중 많은 사람이 굶어죽었으며, 또 많은 사

---

116) "기계와 노동은 끊임없이 경쟁하고 있다."(리카도, 앞의 책: 478)

람이 가족들과 함께 오랫동안 하루 $2\frac{1}{2}$ 펜스로 연명했다.[117] 다른 한편으로 영국의 면방직기계는 인도에도 '심각한' 영향을 미쳤다. 인도 총독은 1834~1835년에 "이 재난이야말로 무역사에 유례가 없을 것이다. 면방직공들의 해골이 인도의 벌판을 하얗게 물들이고 있다."고 보고했다.

물론 이 방직공들을 이 '일시적'인 세상 [현세]에서 떠나게 하는 것에 기계는 그들에게 '일시적인 불편'을 끼쳤을 따름이다. 그런데 기계의 '일시적인' 영향은 기계가 새로운 생산영역을 끊임없이 장악해 가기 때문에 실제로는 항상 존재한다. 자본주의적 생산양식이 노동조건과 노동생산물에 주는 [노동자로부터의] 독립성과 [노동자에 대한] 소외성은 기계의 출현과 함께 철저한 적대관계로 발전한다.[118] 따라서 노동수단에 대

---

117) 1834년의 구빈법이 실시되기 이전에 영국에서 수직조와 기계직조 사이의 경쟁이 오랫동안 지속된 것은, 교구의 구호금이 [최저수준 이하로 떨어진] 수직공의 임금을 보충해 주었기 때문이다. "터너 목사는 1827년에 공업지방인 체셔의 윌름슬로 교구장이었다. 이민위원회의 질문과 터너의 답변은 기계에 대한 손노동의 경쟁이 어떻게 유지되고 있는가를 보여준다. '질문 – 역직기의 사용은 수직기의 사용을 쫓아내지 않았는가? 답 – 물론 쫓아내었다. 만약 수직조공들이 임금삭감에 동의할 수 없었다면 그들은 실제로 쫓겨난 수보다도 훨씬 더 많이 쫓겨났을 것이다. 질문 – 그런데 수직조공은 임금삭감에 동의함으로써 생계를 유지할 수 없는 임금을 받고 있는데, 그는 이 부족액을 교구의 구호금이 보충해 줄 것으로 기대하고 있는 것이 아닌가? 답 – 그렇다. 수직기와 역직기 사이의 경쟁은 사실상 구빈세에 의해 유지되고 있다.' 그리하여 근로자들이 기계의 도입에서 얻는 이익은 굴욕적인 빈곤이나 국외 이민뿐이며, 그들은 존경받거나 어느 정도 독립적인 직공의 처지로부터 수치스러운 자선 빵에 의지하는 비굴한 가난뱅이로 전락하는 것이다. 이것이 이른바 '일시적인 불편'이라는 것이다."([『경쟁과 협동의 장점 비교에 관한 현상 논문』]: 29)

118) "나라의 순소득"(이것은 리카도가 설명하고 있는 바와 같이 지주와 자본가들의 소득인데, 그들의 부는 경제학적으로 고찰할 때 대체로 국민의 부와 같다)"을 증가시킬 수 있는 동일한 원인이 동시에 인구를 과잉으로 만들고 노동자의 상태를 악화시킬 수도 있다."(리카도, 같은 책: 471) "기계 개량의 변함없는 목적과 경향은, 인간노동을 아주 없애 버리는 것, 또는 여성노동과

한 노동자의 난폭한 반항은 기계가 출현하자 처음으로 나타난다.

노동수단이 노동자를 파멸시킨다. 물론 이 둘 사이의 직접적 대립이 가장 뚜렷이 나타나는 것은 새로 도입된 기계가 전통적인 수공업 또는 매뉴팩처와 경쟁할 때다. 그러나 대공업 자체 내부에서도 기계의 계속적인 개량과 자동체계의 발전은 이와 비슷한 영향을 미친다.

"기계개량의 목적은 손노동을 감소시키고 인간장치 대신 철제장치에 의해 생산과정의 실적을 올리거나 생산연쇄의 고리를 완성하는 것이다."[119] "종래 손으로 움직이던 기계에 증기력과 수력을 사용하는 일은 매일 일어난다…동력의 절약, 생산물의 개선, 동일한 시간에 생산물의 증대, 또는 아동·여성·남성의 축출 등을 목적으로 하는 기계의 비교적 사소한 개량은 일상적으로 진행되고 있는데, 그것은 언뜻 보면 그다지 대단한 것 같지 않지만 중요한 결과를 가져오고 있다."[120] "어떤 작업이 독특한 기민성과 규칙성을 요구하는 경우에는 언제나 그 작업은 [온갖 불규칙성에 휘말리기 쉬운] 노동자로부터 가능한 한 빨리 떼어 [아동이라도 능히 감시할 수 있을 만큼] 자율적으로 움직이는 특수한 기계장치에 넘겨진다."[121] "자동체계에서는 숙련노동자는 점점

아동노동으로 성인 남성노동을 대체하거나 미숙련노동자로 숙련노동자를 대체함으로써 노동의 가격을 인하시키는 것이다."(유어, 『공장철학』: 23)

119) 『공장감독관 보고서. 1858년 10월 31일』: 43.

120) 『공장감독관 보고서. 1856년 10월 31일』: 15.

121) 유어, 『공장철학』: 19. "벽돌공장에서 사용하는 기계의 큰 장점은 고용주가 기능공들에 전혀 의존하지 않는다는 점이다."(『아동노동 조사위원회, 제5차 보고서』. 1866 : 130, 제46호) 그레이트 노던 철도회사의 기계부장인 스터로크는 기계제작(기관차 등)에 관해 다음과 같이 말하고 있다. "값비싼 영국인 노동자의 고용은 매일 감소하고 있다. 생산은 개량된 도구의 사용에 의해 증가하고 있으며, 또 이 도구는 더 저급한 노동자들에 의해 운전된다…이전에는 증기기관의 모든 부품들이 숙련노동에 의해 생산되었다. 지금은 동일한 부품

더 축출된다.”[122] “기계개량은 일정한 결과를 달성하는 데 필요한 성인노동자의 수를 감소시킬 뿐 아니라, 한 부류의 인간노동을 다른 부류의 인간노동으로, 즉 숙련공을 미숙련공으로, 성인을 아동으로, 남성을 여성으로 대체한다. 이리하여 기계개량은 임금수준에 새로운 변동을 일으킨다.”[123] “보통의 뮬mule을 자동 뮬로 대체한 결과 성인 방적공의 대부분은 해고되고 소년과 아동만 남았다.”[124]

공장제도의 비상한 팽창력은, 축적된 실제적 경험, 기존의 기계적 수단, 끊임없는 기술진보의 결과이고, 동시에 노동일 단축의 압력 아래 공장제도가 큰 발전을 이룩한 결과다. 그러나 영국 면공업이 절정에 달했던 1860년에 과연 누가, 미국 남북전쟁의 자극 아래에서 그 뒤 3년 동안 일어난 기계의 비약적 개량과 이에 따르는 손노동의 축출을 예견할 수 있었겠는가? 이 점에 관해서는 영국 『공장감독관 보고서』 중에서 몇 개의 실례를 드는 것으로 충분할 것이다. 맨체스터의 한 공장주는 이렇게 말하고 있다.

“동일한 양의 작업을 하는 데 이전에는 75대의 소면기가 필요했으나 지금은 불과 12대를 사용하고 있다…노동자는 14명이 줄었고, 임금의 절약은 주당 £10이다. 낙면의 절약은 면화 소비량의 약 10%에 달한다.”“맨체스터의 다른 한 세사방적공장에서는 운전속도를 높이고 각

들이 더 낮은 숙련노동에 의해, 그러나 우수한 도구로 생산된다…내가 도구라고 말하는 것은 기계제작에 사용되는 기계(선반 · 천공기 등)를 말한다.”(『칙명 철도위원회. 위원회 보고서』 제17862호와 제17863호. 런던 1867년)

122) 유어, 『공장철학』: 20.
123) 같은 책: 321.
124) 같은 책: 23.

종 자동과정을 도입함으로써 한 부문에서는 노동인원이 1/4, 다른 한 부문에서는 1/2 이상 줄어들었다는 것과, 제2급 소면기를 대신한 정소기combing machine는 종전에 소면실에 종사하던 직공들의 수를 크게 감소시켰다는 것을 나는 들었다."

또 한 방적공장에서는 '직공'의 전반적 절약을 10%로 계산하고 있다. 맨체스터의 방적업자 길모 합명회사의 보고에는 다음과 같이 쓰여 있다.

"새 기계에 의해 우리 송풍실에서 이룩한 직공과 임금의 절약은 1/3이나 된다…권사기捲絲機 [실 감는 기계] 실과 신장기伸張機 [실을 압착하여 길게 늘이는 기계] 실에서는 비용과 직공이 약 1/3 절약되었고, 정방精紡 [방적과정에서 최후의 공정으로, 조사粗絲를 필요에 따른 굵기로 만들고 질기고 탄력 있는 실을 켜내기 위하여 실을 잡아당기면서 비틀어 꼬는 공정] 실에서는 비용이 약 1/3 절약되었다. 그러나 이것이 전부가 아니다. 우리 공장의 실이 직조공장으로 들어가면, 종전의 기계에 의해 생산되던 실에서 나온 것보다 더 많고 더 값싼 직물을 생산한다."125)

공장감독관 레드그레이브는 이에 관해 다음과 같이 지적하고 있다.

"생산은 증가하면서도 노동자의 수는 감소하는 일이 사실상 끊임없이 일어나고 있다. 최근 양모공장에서는 직공의 새로운 감소가 시작되었는데 아직도 계속되고 있다. 며칠 전 로치데일 부근의 어느 학교장이 나에게 말한 바에 따르면, 여학교에서 학생이 많이 감소한 것은 공황 때문만이 아니라 양모공장의 기계 변화[이로 말미암아 70명의 반일

---

125) 『공장감독관 보고서. 1863년 10월 31일』: 108~109.

공들이 감소했다] 때문이기도 하다."[126)

다음 표는 미국 남북전쟁으로 말미암아 영국 면공업에서 일어난 기계 개량의 총결과를 보여준다.

	1856년	1861년	1868년
〈공장 수〉			
잉글랜드, 웨일즈 ……	2,046	2,715	2,405
스코틀랜드 ………	152	163	131
아일랜드 …………	12	9	13
영국 전체 ………	2,210	2,887	2,549
〈증기직기 수〉			
잉글랜드, 웨일즈 ……	275,590	368,125	344,719
스코틀랜드 …………	21,624	30,110	31,864
아일랜드 …………	1,633	1,757	2,746
영국 전체 ……	298,847	399,992	379,329
〈방추 수〉			
잉글랜드, 웨일즈 ……	25,818,576	28,352,125	30,478,228
스코틀랜드 ………	2,041,129	1,915,398	1,397,546
아일랜드 ……	150,512	119,944	124,240
영국 전체 ………	28,010,217	30,387,467	32,000,014
〈취업인원 수〉			
잉글랜드, 웨일즈 ……	341,170	407,598	357,052
스코틀랜드 ……	34,698	41,237	39,809
아일랜드 ……	3,345	2,734	4,203
영국 전체 ………	379,213	451,569	401,064

---

126) 같은 보고서: 109. 면화 공황기에 기계의 급속한 개선은 영국 공장주들로 하여금 미국 남북전쟁 직후 순식간에 그 제품으로 세계시장을 다시 범람시킬 수 있게 했다. 직물은 이미 1866년 하반기에 이르러 거의 팔리지 않게 되었다. 그리하여 중국과 인도로 상품 위탁판매가 시작되었는데, 이것이 또

그리하여 1861년부터 1868년 사이에 338개의 면공장이 없어졌다. 즉 더욱 생산적이며 규모가 더 큰 기계들이 더 적은 수의 자본가들의 수중에 집중되었다. 증기직기 수는 20,663대 감소했으나, 그것의 생산물은 증가했으므로, 한 대의 개량된 직기는 구식 직기보다 더 많이 생산한 셈이다. 끝으로 방추 수는 1,612,547개 증가했는데, 다른 한편 취업노동자 수는 50,505명 감소했다. 따라서 면화공황이 노동자들에게 가한 '일시적'빈곤은 기계의 급속하고 계속적인 진보에 의해 격화되고 영구적인 것으로 되었다.

그러나 기계는 임금노동자를 과잉으로 만들 준비가 언제나 되어 있는 우세한 경쟁자로서만 작용하는 것은 아니다. 기계는 노동자의 적대세력이고, 자본은 이 사실을 소리높이 또 의식적으로 선언하며 또 이용한다. 기계는, 자본의 독재를 반대하는 노동자들의 주기적 반항인 파업을 진압하기 위한 가장 유력한 무기가 된다.[127] 가스켈에 따르면, 증기기관은 처음부터 '인간력'의 적대물이었으며, 자본가들로 하여금 노동자들의 증대하는 요구[이것은 겨우 나타나기 시작한 공장제도를 위기에 빠뜨릴 수 있었다]를 분쇄할 수 있게 했다.[128] 그리하여 노동자들의 반항을 진압하

한 과잉을 한층 더 심하게 한 것은 물론이다. 1867년 초에 공장주들은 곤란 탈출의 상투수단으로 임금을 5% 삭감했다. 노동자들은 이에 저항하면서 유일한 구제책은 노동시간의 단축, 즉 주 4일 노동이라고 주장했는데, 이 주장은 이론상 아주 정당한 것이었다. 오랜 반대 끝에 자칭 산업지도자들은 노동시간의 단축을 결의하지 않을 수 없었다. 이 때 일부 지방들에서는 임금을 삭감했고 다른 지방들에서는 그대로 두었다.

127) "납유리와 유리병 제조업에서 공장주와 노동자 사이의 관계는 만성적 파업과 같다." 이 때문에 주요 작업들을 기계가 수행하는 압착유리의 생산이 급속히 발전했다. 뉴캐슬의 한 회사는 종전에는 연 35만 파운드의 납유리를 생산했는데, 지금은 그 대신 3백만 5백 파운드의 압착유리를 생산하고 있다. (『아동노동 조사위원회. 제4차 보고서』. 1865: 261~262)

128) 가스켈, 『잉글랜드의 공업인구』: 11~12.

는 무기를 자본에게 제공한다는 유일한 목적에서 출현한 [1830년 이래의] 발명들에 대해 한 권의 책을 쓸 수 있을 것이다. 우리는 무엇보다도 자동 뮬 방적기에 대해 말할 것이다. 왜냐하면 이 방적기가 자동체계의 새 기원을 열어놓았기 때문이다.[129]

증기망치의 발명가 네즈미스는 노동조합 조사위원회 앞에서 한 진술에서, 1851년 기계취급노동자들의 장기간에 걸친 대파업 때문에 그가 도입하게 된 기계의 개량들에 관해 다음과 같이 보고하고 있다.

"우리의 근대적 기계개량의 특징은 자동식 작업기의 도입이다. 이제 기계취급노동자는 자기 자신이 작업하지 않고 기계의 훌륭한 작업을 감시하는데, 이것은 어떤 소년이라도 할 수 있다. 이제는 오로지 자기의 기능에만 의존하는 노동자 부류는 아주 없어졌다. 종전에 나는 기계취급노동자 1명당 4명의 소년을 고용했다. 새로운 기계개량 덕택으로 나는 성인 남자의 수를 1,500명에서 750명으로 감소시켰다. 그 결과 나의 이윤은 현저히 증대했다."

유어는 날염업에서 사용되는 날염기계에 관해 다음과 같이 말하고 있다.

"드디어 자본가들은 이 참을 수 없는 종속상태"(즉 그들로 보아서는 귀찮기 짝이 없는 노동자와의 계약조건들)"로부터 벗어나는 방법을 과학에서 찾으려 했으며, 그리하여 얼마 안 가서 그들은 그들의 정당한 지배, 즉 저급의 구성원들에 대한 우두머리의 지배를 회복했다."

---

129) 페어번은 자기 자신의 기계공장에서 일어난 파업 때문에 기계제작에 기계를 사용하는 몇 가지 매우 중요한 것을 발명했다.

파업이 그 직접적 계기가 되어 날실에 풀물을 먹이는 기계를 발명하게 된 것에 대해 그는 다음과 같이 말하고 있다.

"분업의 낡은 보루 뒤에서 자신을 난공불락이라고 생각했던 불평분자들의 일당은 새로운 기계기술에 의해 측면공격을 받아 그들의 방패가 쓸모없게 된 것을 알았으며, 무조건 항복하지 않을 수 없었다."

그는 자동식 뮬의 발명에 관해 다음과 같이 말하고 있다.

"노동자계급 사이에 질서를 회복할 사명을 지닌 창조물…이 발명은 이미 우리가 전개한 학설, 즉 자본은 과학을 자기에게 봉사하게 함으로써 불온한 노동자들로 하여금 언제나 순종하지 않을 수 없게 한다는 것을 확증하고 있다."[130]

유어의 저작은 1835년[즉 공장제도가 비교적 거의 발전하지 않은 시기]에 나온 것이지만, 그 저작은 공장제도를 비뚤어진 눈으로 솔직하게 표현하고 있을 뿐 아니라 자본가적 두뇌의 바보같은 모순을 소박하게 표현하고 있기 때문에, 여전히 공장정신의 고전적 표현이 되고 있다. 예컨대 자본은 자기가 고용한 과학의 도움으로 "불온한 노동자들로 하여금 언제나 순종하지 않을 수 없게 한다."는 위에서 말한 '학설'을 전개한 뒤, 그는 "기계물리학은 빈민들의 억압수단으로 부유한 자본가들에게 봉사하고 있다는 비판을 받았다."는 점에 대해 분개하고 있다. 그는 기계의 급속한 발전이 노동자들에게 얼마나 유익한가를 길게 설교한 뒤, 노동자들에게 그들의 반항과 파업이 기계의 발달을 촉진시킨다고 경고하고 있다.

---

130) 유어, 『공장철학』: 367~370.

"그와 같은 난폭한 반항은 스스로를 괴롭히는 경멸할 만한 근시안적 성격을 폭로하고 있다."

그런데 몇 쪽 앞에서는 이와는 반대로 다음과 같이 말하고 있다.

"노동자들의 그릇된 견해로 말미암은 격렬한 충돌과 중단이 없었더라면, 공장제도는 훨씬 더 빨리 발전했을 것이며 모든 당사자들에게 훨씬 더 유익했을 것이다."(다음에 그는 다시 외친다.)"영국 면공업 지대의 주민들에게는 다행하게도 기계개량은 점차적으로만 일어났다." "기계개량의 도입은 성인들의 일부를 축출해 성인의 수를 성인노동에 대한 수요보다 많게 함으로써 그들의 임금수준을 낮춘다고 말한다. 그러나 사실은 기계가 아동노동에 대한 수요를 증대시키며 그리하여 아동노동의 임금수준을 높인다."

이처럼 위로를 베푸는 저자는, 다른 한편으로 아동임금이 낮기 때문에 부모들은 자식들을 너무 어려서부터 공장에 보내는 것을 삼가게 된다면서, 낮은 아동임금을 변호하고 있다. 그의 저서 전체는 무제한의 노동일을 옹호하고 있다. 즉 의회가 13세의 아동을 하루에 12시간 이상 혹사하는 것을 금지하는 것은 중세의 암흑시대를 다시 불러오는 것과 같다고 그의 자유주의적 정신은 생각한다. 그러면서도 그는 공장노동자들에게 하느님께 감사하라고 권고하고 있다. 왜냐하면 하느님은 기계를 통해 노동자들에게 자기들의 '불멸의 이익'에 관해 생각할 여가를 주었기 때문이다.[131]

---

131) 같은 책: 368, 7, 370, 280, 281, 321, 475.

제6절   기계가 쫓아내는 노동자들에 대한 보상이론

제임스 밀, 매컬록, 토렌즈, 존 스튜어트 밀 따위의 많은 부르주아 경제학자들은, 노동자들을 축출하는 모든 기계들이 이 쫓겨나는 노동자들을 취업시킬 만한 자본을 동시에 그리고 반드시 풀려나게 한다고 주장한다.[132]

한 자본가가 예컨대 카펫공장에서 100명의 노동자를 고용하고 있는데, 각 노동자는 1년에 30원을 받는다고 가정하자. 그러면 자본가가 1년 동안 지출하는 가변자본은 3,000원이 된다. 이 자본가가 50명의 노동자를 해고하고 나머지 50명을 1,500원의 비용이 드는 기계로 일하게 한다고 하자. 간단히 하기 위해 우리는 건물·석탄 등은 무시한다. 또 매년 소비되는 원료는 이전대로 3,000원의 비용이 든다고 가정하자.[133] 이 변화에 의해 어떤 자본이 풀려나겠는가? 종전의 경영방식에서는 6,000원의 총액이 절반은 불변자본으로 절반은 가변자본으로 구성되어 있었다. 이제는 그것이 4,500원의 불변자본(원료에 3,000원, 기계에 1,500원)과 1,500원의 가변자본으로 구성되어 있다. 가변자본은 이제는 총자본의 절반이 아니라 다만 $\frac{1}{4}$ 을 이룰 뿐이다. 여기에서는 자본의 일부가 풀려나는 것이 아니라 노동력과 교환되지 않는 형태로 묶인다. 즉 가변자본이 불변자본으로 전환된다. 이제는 6,000원의 자본은, 다른 조건들이 같다면, 50명 이상의 노동자를 고용할 수 없다. 기계가 개량될 때마다 자본은 더욱더 적은 수

---

132) 리카도는 처음에는 이런 견해를 가지고 있었으나, 나중에 그의 특징인 과학적 공정성과 진리에 대한 사랑 때문에 이런 견해를 분명히 포기했다. 리카도, 『정치경제학 및 과세의 원리』, 제31장 「기계에 관하여」를 보라.

133) 주의. 나는 위의 경제학자들과 똑같은 방식으로 예를 들고 있다.

의 노동자를 고용하게 된다. 만약 새로 도입되는 기계의 가치가 기계가 쫓아내는 노동력과 노동도구의 가치 총액보다 적다면, 예컨대 1,500원이 아니라 1,000원에 불과하다면, 1,000원의 가변자본은 불변자본으로 전환되어 묶일 것이며 500원의 자본은 풀려날 것이다. 이 풀려난 자본은, 연간 임금수준이 이전과 같다고 가정하면, 해고된 50명 중에서 약 16명의 노동자를, 아니 16명보다 적은 수의 노동자를—왜냐하면 이 500원이 자본으로 전환되기 위해서는 그 일부가 불변자본으로 전환되어야 하며, 따라서 나머지 부분만이 노동력으로 전환될 수 있기 때문이다—고용할 만한 기금을 이룰 것이다.

그러나 새로운 기계의 생산이 더 많은 기계제작 노동자를 취업시킨다고 가정하더라도, 그것이 길거리로 내쫓긴 카펫제조공들을 보상하는 것이 될 수 있겠는가? 기껏해야 기계의 제작에는 기계의 사용으로 말미암아 쫓겨나는 노동자보다 적은 수의 노동자가 고용될 뿐이다. 그 이유는 다음과 같다. 이전에는 해고된 카펫제조공들의 임금만을 대표하던 1,500원의 금액이, 이제 와서는 기계의 형태로, (1) 기계제작에 사용된 생산수단의 가치, (2) 그것을 생산하는 기계제작 노동자들의 임금, (3) 이들의 '고용주'에게 가는 잉여가치를 대표하기 때문이다. 그뿐 아니라 기계는 한번 제작된 뒤에는 그것이 마멸될 때까지 갱신될 필요가 없기 때문이다. 따라서 추가적인 기계제작 노동자들이 계속 취업할 수 있기 위해서는 카펫공장주들은 차례차례로 노동자를 기계로 대체해야만 한다.

사실 위의 변호론자들도 이런 종류의 자본 풀림을 염두에 두고 있는 것은 아니다. 그들이 염두에 두고 있는 것은 해고된 노동자들의 생활수단이다. 위의 예에서 기계는 50명의 노동자들을 해고함으로써 그들을 다른 자본가들의 처분에 맡길 뿐 아니라 동시에 1,500원어치의 생활수단을 그들의 소비로부터 빼앗아 '풀려나게' 한다는 것은 부정할 수 없다. 그리하여 기계가 노동자로부터 생활수단을 빼앗는다는 단순하고 또 결코 새로울 것 없는 사실이, 경제학자들의 언어에서는, 기계가 생활수단을 노동자를 위해 풀려나게 한다든가 또는 생활수단을 노동자를 고용하기 위한 자본으로 전환시킨다고 표현되고 있다. 보는 바와 같이, 모든 것은 표현방식에 달렸다. 나쁜 것도 좋게 말할 수 있다.

이 이론에 따르면, 1,500원어치의 생활수단은 50명의 해고된 카펫제조공의 노동에 의해 가치증식되고 있던 자본이라는 것이다. 따라서 이 자본은 50명의 사람이 해고되자마자 할 일이 없어지며, 이 50명이 다시 그것을 생산적으로 소비할 수 있는 새로운 '투자처'가 발견될 때까지는 그 자본은 정착할 수 없다. 그리하여 자본과 노동자는 조만간 다시 결합되며 그때에 보상이 이루어진다는 것이다. 따라서 기계에 의해 쫓겨나는 노동자들의 고통은 이 세상의 부와 마찬가지로 일시적인 것이다.

그러나 그 1,500원어치의 생활수단은 해고된 노동자들에게 결코 자본으로 대립하지 않았다. 자본으로서 그들에게 대립했던 것은 지금은 기계로 전환되어버린 1,500원이었다. 더 자세히 고찰한다면, 최초의 1,500원은 50명의 해고된 노동자들에 의해 1년간에 생산된 카펫의 일부만을 대표했으며, 그들은 이것을 고용주로부터 임금으로 [현물형태가 아니라 화폐형태로] 받았던 것이다. 그들은 이 카펫의 전환형태인 1,500원으로 동일한 금액의 생활수단을 구매했다. 그러므로 이 생활수단은 그들에 대해 자본으로 존재한 것이 아니라 상품으로 존재했으며, 그들 자신은 이 상품에 대한 관계에서는 임금노동자가 아니라 구매자이었다. 기계가 그들을 구매수단으로부터 '풀려나게' 했다는 사정으로 말미암아 [그들은 기계 때문에 해고되어 임금을 받을 수 없게 되었으므로] 그들은 구매자에서 비非구매자로 전환된다. 그리하여 해당 상품들에 대한 수요가 감소되었다. 이것이 전부다. 만약 수요의 이런 감소가 어떤 다른 방면에서 수요 증대에 의해 보상되지 않는다면, 수요가 감소된 상품의 시장가격은 떨어진다. 만약 이런 상태가 비교적 오래 그리고 상당한 규모로 계속된다면, 그 상품의 생산에 종사하는 노동자들이 해고된다. 종전에 생활필수품을 생산하고 있던 자본의 일부가 이제는 다른 형태로 재생산될 것이다. 시장가격이 떨어지고 자본이 이동하는 동안에는, 생활필수품 생산에 종사하던 노동자들도 또한 그들의 임금의 일부로부터 '풀려날' 것이다ㅣ임금의 일부를 받지 못하게 될 것이다ㅣ. 그리하여 변호론자들은, 기계가 노동자들을 생활수단에서 풀려나게 함으로써 동시에 이 생활수단이 노동자들을 고용하는 자본으로 전환된다는 것을 증명하는 것이 아니라, 그것과는 반대로, 자기들의 훌륭한 수요공급의 법칙을 사용해 기계는 그것이 도입되는 생산부문에서 뿐만 아니라 그것이 도입되지 않는 생산부문들에서도 노동자들을 해고시킨다는 것을 증명하고 있는 것이다.

진정한 사실[이것은 경제학자들의 낙관주의에 의해 왜곡되고 있다]은, 기계가 작업장에서 쫓아내는 노동자들은 노동시장으로 내쫓기며, 이리하여 자본가가 착취할 수 있는 노동력의 수가 증가한다는 점이다. 여기에서 노동자계급에 대한 보상으로 묘사되고 있는 기계의 영향은 사실상 노동자들에게 매우 무서운 재난이 되는데, 이에 대해서는 제7편에서 보게 될 것이다. 여기에서는 오직 다음과 같은 사실만을 지적해 두기로 한다. 물론 한 산업부문에서 쫓겨난 노동자들은 다른 어떤 부문에서 일자리를 얻을 수도 있다. 만약 그들이 일자리를 발견하고 그리하여 그들과 생활수단 사이의 결합이 회복된다 하더라도, 이것은 투자할 곳을 찾고 있는 새로운 추가자본에 의해 이루어지는 것이지, 이미 전부터 기능했고 지금은 기계로 전환되어버린 자본에 의해 이루어지는 것은 결코 아니다. 그리고 이렇게 새로운 일자리를 발견하더라도 그들의 전망은 얼마나 암담한가! 왜냐하면 분업으로 말미암아 불구자가 된 이 가련한 친구들은 자기의 종래 활동분야 이외에서는 거의 가치가 없으므로 그들은 [저임금이고 노동의 공급이 과잉인] 일부 저급부문에서만 고용될 수 있을 뿐이기 때문이다.[134] 또 각 산업부문은 매년 새로운 인원들을 흡수하는데,

이 새로운 인원들이 빈자리와 확장에 필요한 인원을 제공한다. 기계가
일정한 산업부문에 취업하고 있던 노동자들의 일부를 해고할 때, 위의
새로운 인원들도 새로운 직장을 찾아 여기에서 흡수되는데, 최초의 희생
자들은 새로운 직장을 찾는 과도기에 그 대부분이 굶어죽고 사라진다.

노동자를 생활수단에서 '풀려나게 하는' 것에 대해 기계 그 자체는 책
임이 없다는 것은 분명한 사실이다. 기계는 그것이 장악하는 부문에서
생산물을 싸게 하고 또 증가시키지만 [다른 산업부문들에서 생산되는]
생활수단의 양을 당분간은 변화시키지 않는다. 따라서 연간생산물 중 노
동하지 않는 사람들이 낭비하는 막대한 부분을 무시하더라도, 사회에는
기계도입 뒤에도 도입 전과 마찬가지로 쫓겨난 노동자들을 위한 생활수
단이 동일한 양 또는 더 많은 양으로 존재한다. 경제학적 변호론자들이
근거하고 있는 것은 바로 이 점이다! 그들은 앞뒤가 맞지 않는 주장을
다음과 같이 한다. 즉 기계의 자본주의적 사용에 달라붙어 있는 모순과
적대관계는 존재하지 않는데, 그 이유는 그 모순과 적대관계는 기계 자
체로부터 생기는 것이 아니라 기계의 자본주의적 사용으로부터 생기기
때문이라는 것이다! 기계 그 자체는 노동시간을 단축시키지만 자본주의
적으로 사용되면 노동시간을 연장시키며, 기계 그 자체는 노동을 경감시
키지만 자본주의적으로 사용되면 노동 강도를 높이며, 기계 그 자체는
자연력에 대한 인간의 승리지만 자본주의적으로 사용되면 인간을 자연력

---

134) 이 점에 관해 리카도 학파의 한 사람은 세의 어리석은 말을 다음과 같이 반
박했다. "분업이 잘 발전하면, 노동자들의 숙련은 그들이 그것을 습득한 그
특수부문에서만 이용될 수 있다. 노동자 자신이 일종의 기계다. 그러므로
모든 사물은 원래 자기의 수준을 찾아내는 경향이 있다고 앵무새처럼 반복
해도 아무 소용도 없다. 주위를 살펴보면, 우리는 사물이 오랫동안 자기의
수준을 찾아내지 못하고 있으며, 또 찾아낸다 하더라도 그 수준이 과정의
초기보다 항상 낮다는 것을 알게 된다."(『최근 맬더스 씨가 주장하는 수요
의 성질…에 관한 원리들의 연구』: 72)

의 노예로 만들며, 기계 그 자체는 생산자의 부를 증대시키지만 자본주의적으로 사용되면 생산자를 빈민으로 만든다. 이런 이유 때문에 부르주아 경제학자는 간단하게, 기계 그 자체를 고찰해 보면, 이런 모든 명백한 모순들은 일상적 현실의 단순한 겉모양에 지나지 않으며, 이런 모순들은 현실적으로도 이론적으로도 존재하지 않는다는 것은 명약관화한 사실이라고 단언한다. 그리하여 그는 더 이상 이 문제에 머리를 쓰지 않을 뿐 아니라, 오히려 그의 반대자가 어리석게도 기계의 자본주의적 사용을 반대해 싸우는 것이 아니라 기계 그 자체를 반대해 싸우고 있다고 말한다.

물론 부르주아 경제학자들은 기계의 자본주의적 사용으로부터 일시적인 불편이 생길 수도 있다는 것을 결코 부정하지는 않는다. 그러나 뒷면이 없는 메달이 어디에 있는가! 기계의 자본주의적 사용 이외의 다른 어떤 사용도 그들에게는 있을 수 없으므로, 그들에게는 기계에 의한 노동자의 착취는 노동자에 의한 기계의 착취와 동일하다. 그러므로 기계의 자본주의적 사용이 실제로 어떤 상황에 처해 있는지를 폭로하는 사람은 기계의 사용을 전혀 원하지 않는 사람이며 사회적 진보의 적이다![135) 사람의 목을 자르기로 유명한 빌 사이크스 [디킨스가 지은 『올리버 트위스트』에 나오는 도둑의 수령]의 논법 꼭 그대로다.

"배심원 여러분, 물론 이 행상인의 목은 잘렸습니다. 그러나 이것은 나의 죄가 아니라 칼의 죄입니다. 이런 일시적으로 불쾌한 일 때문에

---

135) 이런 잘난 체하는 백치의 대가는 특히 매컬록이다. 예컨대 그는 여덟 살 먹은 어린애처럼 소박한 체하면서 다음과 같이 말한다. "만약 노동자의 숙련을 더욱더 발전시켜 그가 이전과 동일하거나 또는 더 적은 양의 노동으로 더욱더 많은 양의 상품을 생산할 수 있게 되는 것이 유익하다면, 이런 결과를 달성하는 데 그를 가장 효과적으로 돕는 기계를 이용하는 것도 유익하지 않을 수 없다."(매컬록, 『정치경제학 원리』: 182)

과연 우리가 칼을 사용하지 말아야 하겠습니까? 생각해 보십시오! 칼이 없다면 농업과 공업이 어떻게 되겠습니까? 그것은 외과수술에서 치료에 도움을 주며 해부학에서는 과학의 도구로 쓰이지 않습니까? 그리고 또 즐거운 연회석상에서는 아주 좋은 조수가 아닙니까? 칼을 없애 버린다는 것은 우리를 야만상태로 떨어뜨리는 것입니다."[136]

기계는 그것이 도입되는 산업부문들에서는 필연적으로 노동자들을 내쫓지만 다른 산업부문들에서는 일자리를 증가시킬 수 있다. 그러나 기계의 이 효과는 이른바 보상이론과는 아무런 관련도 없다. 기계로 생산되는 온갖 생산물은 손으로 생산되는 같은 종류의 생산물보다 싸기 때문에, 만약 기계가 생산한 상품 총량이 이전의 수공업 또는 매뉴팩처가 생산한 상품 총량과 같다면, 노동지출 총량은 감소한다는 절대적 법칙이 나온다. 노동수단 자체[기계, 석탄 등등]의 생산에 필요한 노동의 증가는 기계를 사용함으로써 절약되는 노동보다 적지 않으면 안 된다. 그렇지 않다면 기계 생산물은 손노동 생산물과 마찬가지로 비싸거나 그보다 더 비쌀 것이다. 그러나 감소된 수의 노동자들이 기계를 사용해 생산한 상품 총량은 [기계에 의해 대체된] 수공업제품의 총량과 같지 않을 뿐 아니라 사실상 그것보다 훨씬 더 많다. 기계로 짠 400,000야드의 직물이 손으로 짠 100,000야드의 직물보다 더 적은 노동자들에 의해 생산된다고 가정하자. 4배의 생산물에는 4배의 원료가 들어 있다. 따라서 원료의 생산은 4배로 되지 않으면 안 된다. 그러나 건물·석탄·기계 등과 같은 노동수단의 경우에는, 그것을 생산하는 데 필요한 추가적 노동이 증대할 수 있는 한계는, 동일한 수의 노동자가 기계로 생산할 수 있는 제품량과

---

136) "방적기의 발명자는 인도를 파멸시켰지만, 그것은 우리의 관심사가 아니다."(티에르, 『재산에 관해』: 275) 티에르는 여기서 역직기를 방적기와 혼동하고 있는데 "그것은 우리의 관심사가 아니다."

손으로 생산할 수 있는 제품량 사이의 차이에 따라 변한다.

그러므로 한 산업부문에서 기계의 사용이 확대됨에 따라 먼저 이 부문
에 생산수단을 공급하는 다른 부문들에서 생산이 증대한다. 이로 말미암
아 취업노동자의 수가 어느 정도 증가하는가는, 노동일의 길이와 노동
강도가 일정한 경우에는, 사용되는 자본의 구성, 즉 그 불변적 부분과 가
변적 부분 사이의 비율에 의존한다. 취업노동자 수의 증가는 또한 기계
가 그 산업부문을 이미 어느 정도 침투했는가 또는 침투하고 있는가에
따라 현저하게 달라진다. 탄광과 광산에서 일하지 않을 수 없는 노동자
들의 수는 영국에서 기계의 사용이 발전함에 따라 크게 증가했다. 비록
이 증가는 최근 수십 년 동안 새로운 기계들이 광업에 도입됨으로써 완
만해 지기는 하지만.[137] 기계와 함께 새 종류의 노동자들, 즉 기계의 생
산자들이 나타난다. 우리는 기계제 생산이 기계생산부문 자체를 더욱더
대규모로 장악해 가고 있다는 것을 이미 알고 있다.[138] 또한 원료에 관
해 말한다면,[139] 예컨대 면방적업의 질풍 같은 발전은 미국의 면화재배,

---

137) 『1861년의 인구조사』(제2권, 런던 1861)에 따르면, 잉글랜드와 웨일즈의 탄
  광에서 일하는 노동자의 수는 246,613명이었는데, 그 중 73,546명은 20세
  미만이고 173,067명은 20세 이상이었다. 20세 미만 중에는 5~10세가 835
  명, 10~15세가 30,701명, 15~19세가 42,010명이었다. 철·구리·아연·주석
  및 기타 광산들의 취업자수는 319,222명이었다.

138) 1861년 잉글랜드와 웨일즈에서 기계의 생산에 종사하는 사람은 60,807명이
  었다. 이 숫자에는 공장주와 그 사무원 등과 또한 이 부문의 모든 대리인·
  상인들도 포함되어 있다. 이와는 반대로, 재봉기 등과 같은 작은 기계의 생
  산자, 방추 등과 같은 작업기용 도구들의 생산자는 제외되어 있다. 토목기
  사의 총수는 3,329명이었다.

139) 철은 가장 중요한 원료의 하나이기 때문에 여기에서 다음의 사실을 지적해
  둔다. 1861년 잉글랜드와 웨일즈의 제철공은 125,771명이었는데, 이 중
  123,430명은 남성이었고 2,341명은 여성이었다. 남성 중 20세 미만은
  30,810명이었고 20세 이상은 92,620명이었다.

그리고 이와 함께 아프리카 노예무역을 크게 부추겼을 뿐 아니라, 노예증식을 이른바 경계 노예주들[미국의 남부와 북부 사이의 경계에 있는 주들]의 주요한 사업으로 만들었다는 것은 의심할 여지가 없다. 1790년에 실시된 미국의 제1차 노예인구 조사에서 노예의 수는 697,000명이었는데, 1861년에는 거의 400만 명에 달했다. 다른 한편으로 기계제 양모공장의 번영은 경지를 더욱더 목양지로 전환시키는 동시에 농업노동자들의 대량 추방과 그들의 '과잉화'를 일으켰다는 것도 또한 확실하다. 아일랜드에서는 지난 20년 동안 인구가 거의 반감되었는데, 그 인구를 아일랜드의 지주와 잉글랜드의 양모 공장주들의 요구에 정확하게 일치하도록 더 한층 감소시키는 과정이 오늘날에도 아직 진행되고 있다.

만약 노동대상이 그 최종적 형태[완성제품]를 취하기까지 통과해야 할 예비적 또는 중간적 단계들을 기계가 장악한다면, 각 단계에서 원료의 생산이 증가하며, 또한 동시에 이 기계생산 원료를 가공하는 수공업 또는 매뉴팩처에서는 노동에 대한 수요가 증대한다. 예컨대 기계방적이 실을 아주 싸고 또 풍부하게 제공했기 때문에 수직조공들은 처음에는 지출을 조금도 증대시키지 않으면서 하루 종일 작업할 수 있었다. 그리하여 그들의 수입은 증대했다.[140] 이 때문에 노동자들은 면방직업으로 몰려들기 시작했는데, 이것은 영국에서는 제니 방적기, 스로슬 방적기, 뮬 방적기로 말미암아 탄생한 800,000명의 면방직공들이 마침내 증기방직기에 의해 파멸될 때까지 계속되었다. 또한 기계에 의해 생산되는 의복재료가 풍부하게 됨에 따라 남녀 재봉공, 바느질 여공 등이 재봉기가 나타날 때까지 계속 증가했다.

---

140) "4명의 성인(면방직공)과 실 감기를 하는 아동 2명을 가진 한 가족이 18세기 말과 19세기 초에 하루 10시간 노동으로 매주 £4를 벌었으며, 일이 대단히 바쁠 때는 그들은 더 많이 벌 수 있었다…이전에는 그들은 항상 실의 공급 부족으로 곤란을 겪고 있었다."(가스켈, 『잉글랜드의 공업인구』: 25~27)

기계제 생산이 비교적 소수의 노동자로 원료 · 반제품 · 노동수단 따위
의 양을 증대시킴에 따라 이런 원료와 반제품의 가공은 수많은 분야로
갈라지며, 그리하여 사회적 생산부문의 다양성은 증가한다. 기계제 생산
은 매뉴팩처와는 비교도 안 될 정도로 사회적 분업을 촉진한다. 왜냐하
면 기계제 생산은 그것이 장악한 산업부문들의 생산력을 훨씬 더 높은
정도로 증대시키기 때문이다.

기계 도입의 직접적 결과는 잉여가치와 [잉여가치가 들어 있는] 생산
물의 양을 증대시킨 것이다. 그리고 기계는 자본가들과 그에 딸려 있는
사람들이 소비하는 물건을 더욱 풍부하게 하며 따라서 이 사회계층 자체
도 증대시킨다. 이들의 부의 증대와 [생활필수품의 생산에 필요한] 노동
자 수의 상대적 감소는 새로운 사치욕과 그것을 충족시키는 새로운 수단
들을 낳게 된다. 사회적 생산물의 더욱 큰 부분이 잉여생산물로 전환되
며, 잉여생산물의 더욱 큰 부분이 더욱더 섬세하고 다양한 형태로 재생
산되고 소비된다. 다시 말해, 사치품의 생산이 증대한다.[141] 생산물들의
섬세성과 다양성은 또한 대공업이 창조하는 새로운 세계시장 관련 때문
이기도 하다. 더 많은 외국제 사치품이 국내 생산물과 교환될 뿐 아니라,
더 많은 외국산 원료 · 재료 · 반제품 등이 국내산업에서 생산수단으로 사
용된다. 세계시장의 이런 관계들의 발전에 따라 운수업에서 노동에 대한
수요가 증대하며 또한 운수업이 많은 새로운 부문들로 세분된다.[142]

노동자의 수는 상대적으로 감소하고 생산수단과 생활수단은 증대하기
때문에, 운하 · 부두 · 터널 · 교량 등과 같이 먼 장래에야 성과를 가져오
는 사업들의 확장이 촉진된다. 기계도입의 직접적 결과로서, 또는 기계

---

141) 엥겔스는 『영국 노동자계급의 상태』에서 바로 이 사치품생산 노동자들 대
　　부분의 비참한 처지를 지적하고 있다. 이에 관한 예증들은 '아동노동 조사위
　　원회의 보고'에 많이 있다.
142) 1861년 잉글랜드와 웨일즈의 상선商船 승무원은 94,665명이었다.

가 일으킨 일반적인 산업상 변혁의 직접적 결과로서, 전혀 새로운 생산부문들, 따라서 새로운 노동분야들이 형성된다. 그러나 이런 부문들이 전체 생산에서 차지하는 비중은 가장 발달한 나라들에서도 그다지 큰 것은 아니다. 이 생산분야들에 취업하는 노동자들의 수는 이 분야들이 가장 저급의 육체노동을 얼마나 많이 요구하는가에 정비례하여 증가한다. 현재 이런 종류의 주요한 산업부문은 가스제조업, 전신업, 사진업, 항해업, 철도업이다. 1861년의 잉글랜드와 웨일즈에 대한 인구조사에 따르면, 가스공업(가스제조업, 기계장치의 생산업, 가스회사의 대리점 등)의 취업자는 15,211명, 전신업에서는 2,399명, 사진업에서는 2,366명, 항해업에서는 3,570명, 철도업에서는 70,599명[그 중 약 28,000명은 대체로 오랫동안 취업하고 있을 미숙련 인부, 그리고 관리사원, 영업사원]이다. 따라서 이 5개의 산업부문들에서 취업자 총수는 94,145명이다.

마지막으로, 대공업분야에서 생산력의 비상한 증대는 다른 모든 생산부문들에서 노동력에 대한 내포적·외연적 착취의 강화를 수반하는데, 이로 말미암아 노동자계급의 더욱더 많은 부분이 비생산적으로 고용된다. 그 결과 옛날의 가내노예는 하인·하녀·심부름꾼 등을 포함하는 '봉사자계급servant class'이라는 이름으로 더욱더 큰 규모로 재생산되고 있다. 1861년의 인구조사에 따르면, 잉글랜드와 웨일즈의 전체 인구는 20,066,224명이었는데, 그 중 남성이 9,776,259명이었고 여성은 10,289,965명이었다. 이 수에서 늙었거나 어려서 노동능력이 없는 사람들, 모든 '비생산적인' 부녀자·소년·소녀·아동들, 다음으로 행정관리·목사·법률가·군인 등과 같은 '이데올로기적' 신분들, 그 다음에는 지대·이자 등의 형태로 타인의 노동을 소비하는 것에 전념하는 모든 사람들, 마지막으로 구빈법의 적용을 받는 극빈자·부랑자·범죄자 등을 제외한다면, 각종 나이의 남녀 약 800만이 남는데, 여기에는 공업·상업·금융 등에서 이러저러한 기능을 수행하는 모든 자본가들도 포함되어 있다. 이 800만 명을 분류하면 다음과 같다.

· 농업노동자(양치기, 차지농업가의 집에서 사는 남녀 머슴들 포함)
      ………………………………………………… 1,098,261명
· 면·양모·소모사·아마·대마·비단·황마 공장의 취업자와
  기계에 의한 양말·레이스 제조업의 취업자
      ……………………………………… 642,607명[143]
· 탄광·금속광산의 취업자   ……………………… 565,835명
· 각종 금속공장(용광로·압연공장 등), 금속 매뉴팩처의 취업자
      ……………………………………… 396,998명[144]
· 봉사자계급 ……………………………………… 1,208,648명[145]

    섬유공장과 광산의 취업자 수를 합하면 1,208,442명이 되며, 섬유공장과 금속공장의 취업자를 합하면 총수는 1,039,605명이 되는데, 어느 경우에나 현대의 가내노예들의 수보다 적다. 기계의 자본주의적 사용의 결과가 얼마나 훌륭한가!

---

143) 이 중 13세 이상의 남자는 177,596명에 불과하다.
144) 이 중 여성은 30,501명이다.
145) 이 중 남성은 137,447명이다. 개인 집에서 봉사하지 않는 사람들은 이 1,208,648명이라는 숫자에서 제외되고 있다. 1861년에서 1870년까지 남성 봉사자의 수는 거의 배가 되어 267,671명으로 증가했다. 1847년에 귀족의 사냥터 관리인은 2,694명이었는데, 1869년에는 4,921명으로 되었다. 런던의 중하계급lower middle class 집에서 일하는 젊은 하녀들은 보통 '작은 노예slavey'라고 부른다.

제7절   기계제 생산의 발전에 따른 노동자의 축출과 흡수. 면공업의 공황

분별 있는 모든 경제학자들은 기계의 새로운 도입이 [기계의 최초 경쟁대상으로 되는] 종래의 수공업과 매뉴팩처의 노동자들에게 심대한 타격을 준다는 것을 인정한다. 그들은 거의 모두가 공장 노동자들의 노예적 상태를 개탄한다. 그런데 그들이 내놓는 마지막 카드는 무엇인가? 기계의 도입기와 발전기의 모든 공포 이후에, 기계는 결국 임금노예의 수를 감소시키는 것이 아니라 증가시킨다는 것이다! 이미 기계제 생산에 기반을 둔 공장에서조차 일정한 성장기와 과도기가 지난 다음에는, 공장제도는 처음에 축출한 것보다 더 많은 수의 노동자들을 혹사시키게 된다는 끔찍한 학설—자본주의적 생산양식의 영원성과 운명적인 필연성을 믿고 있는 모든 '박애가'들이 몹시 싫어하는 학설—을 내놓으면서 경제학은 환성을 올리고 있다.146)

---

146) 이와는 반대로 가닐은 기계제 생산의 궁극적 결과는 임금노예 수의 절대적 감소라고 생각하며, 그리고 노동자들의 희생으로 증가한 '신사들'이 생활하며 자기들의 '완성할 수 있는 완전성'을 발전시키게 된다고 생각한다. 가닐은 생산의 운동을 거의 이해하지 못하지만, 만약 기계의 도입이 취업노동자들을 빈민으로 만들며 또한 기계의 발전이 그 기계에 의해 파멸된 것보다 더 많은 임금노예를 탄생시킨다면, 기계란 매우 불길한 물건임에 틀림없다는 것을 적어도 느끼고 있다. 그의 관점이 어리석다는 것은 다음과 같은 그 자신의 말에서 가장 잘 표현되고 있다. "생산하고 소비할 운명을 지닌 계급들은 감소하고, 노동을 지휘하고 전체 국민에게 구제·위안·계몽을 주며…그리고 노동 비용의 감소, 생산물의 풍부한 공급, 소비재의 낮은 가격 등에서 나오는 모든 이익들을 독차지하는 계급들은 증가하는데, 이 후자의 지도 아래 인류는 천재의 최고의 창조물까지 자기를 끌어올리며 종교의

　사실 몇몇 실례에서, 예컨대 영국의 소모사공장과 비단공장들에서 볼 수 있는 바와 같이, 공장제도의 비상한 확대는 일정한 발전단계에서는 취업노동자 수의 상대적 감소뿐 아니라 절대적 감소까지도 동반할 수 있다. 1860년 의회의 명령으로 영국의 전체 공장에 대한 특별조사가 실시되었을 때, 랭커셔·체셔·요크셔의 공장지구들 중 공장감독관 베이커에게 할당된 지역에는 652개의 공장이 있었는데, 그 중 570개가 증기직기 85,622대, 방추 6,819,146추(복연방추는 제외), 증기기관에서 사용된 마력은 27,439마력, 물레방아에서 사용된 마력은 1,390마력, 취업자 94,119명을 가지고 있었다. 그런데 1865년에는 동일한 공장들이 직기 95,163대, 방추 7,025,031추, 증기기관에서 사용된 마력은 28,925마력, 물레방아에서 사용된 마력은 1,445마력, 취업자 88,913명을 가지고 있었다. 따라서 1860년부터 1865년에 이르는 사이에 이 공장들에서 증기직기는 11%, 방추는 3%, 증기마력은 5% 증가했는데, 같은 기간에 취업자 수는 5.5% 감소했다.[147] 1852년부터 1862년 사이에 영국의 양모공업이 뚜렷하게 확대되었는데 취업노동자의 수는 거의 변하지 않았다. "이것은 새로 도입된 기계들이 그 이전 시기의 노동을 얼마나 많이 축출했는가를 보여준다."[148]

　신비로운 심오한 지경에 도달하고, 도덕의 건전한 원칙들,"('모든 이익들을 독차지하는' 것을 가리킨다.) "자유"('생산할 운명을 지닌 계급들'을 위한 자유?)"와 권력, 복종과 정의, 의무와 인간성을 보호하기 위한 법률들을 창조한다." 이 잠꼬대는 가닐의 『정치경제학의 체계』(제2판. 제1권: 224)에 서술되어 있다. 같은 책: 212 참조.

147) 『공장감독관 보고서. 1865년 10월 31일』: 58 이하. 그러나 동시에 더 많은 수의 노동자를 고용하기 위한 물질적 바탕도 준비되어 있었다. 즉 11,625대의 증기직기, 628,576개의 방추, 2,695마력의 증기기관과 물레방아를 가진 110개의 새 공장들이 건립되었다.(같은 곳)

148) 『공장감독관 보고서. 1862년 10월 31일』: 79. 1871년 12월 말 공장감독관 레드그레이브는 브래드퍼드에서 행한 신기계학 학회의 강연에서 다음과 같

공장노동자 수가 증가한 경우에도 이 증가는 흔히 외관상에 불과한 것이다. 즉 그 증가는 이미 기계제 생산에 기반을 두고 있는 공장의 확대에 의한 것이 아니라 인접 부문들이 점차적으로 통합되었기 때문에 일어난 것이다. 예컨대 1838~1856년에 역직기 수와 이에 고용된 공장노동자 수의 증가는, 면공장에서는 단순히 이 부문의 확대에 의해 일어난 것이지만, 다른 공장들에서는 종래에는 사람의 근육 힘에 의해 운전되던 카펫직기, 리본직기, 아마직기 따위에 증기력을 적용함으로써 일어난 것이다.149) 그리하여 후자에서 공장노동자 수의 증대는 취업노동자 총수가 감소한 것[수공업과 매뉴팩처의 파멸]의 표현에 불과했다. 끝으로, 우리는 여기에서 금속공장을 제외한다면 대부분의 공장종업원들은 미성년자(18세 미만), 부녀자, 아동들이라는 사실에 대해서는 전혀 언급하지 않겠다.

그러나 기계에 의해 실제로 내쫓기거나 또는 잠재적으로 대체될 수 있는 노동자들이 많은데도, 공장노동자의 수가 매뉴팩처 노동자 또는 수공업 노동자들의 수보다 더 많을 수 있다는 것은 이해할 만하다. 왜냐하면 일정한 산업에서 공장을 더욱 많이 짓거나 종래의 공장을 확대하면 공장노동자의 수가 증가하기 때문이다. 예컨대 매주 사용하는 500원의 자본이 이전의 생산방식에서는 2/5가 불변적 구성부분이고 3/5이 가변적 구성부분이라고 하자. 즉 200원은 생산수단에 투하되고 300원은 노동력에 [예컨대 노동자 1명당 1원씩] 투하된다고 하자. 기계의 도입과 함께 총자

이 말했다. "얼마 전부터 나에게 강한 인상을 준 것은 양모공장들의 겉모양이 크게 변한 사실이다. 이전에는 거기에 부녀자들과 아동들로 꽉 차 있었는데 지금은 기계가 모든 일을 하는 것같이 보인다. 나의 질문에 대해 한 공장주는 다음과 같이 설명했다. '나는 이전의 제도에서는 63명을 고용했는데 개량된 기계를 도입한 뒤에는 직공 수를 33명으로 줄였으며, 또 최근에는 새로운 큰 개량으로 말미암아 33명을 13명으로 줄일 수 있게 되었다'고…"
149)『공장감독관 보고서. 1856년 10월 31일』: 16.

본의 구성은 변화한다. 이제는 이것이 예컨대 4/5의 불변자본과 1/5의 가변자본으로 구성된다고 가정하자. 다시 말해 노동력에는 100원이 투하될 뿐이다. 따라서 이전에 취업하고 있던 노동자들의 2/3가 해고된다. 만약 기타의 생산조건은 동일한 채, 그 공장의 생산규모가 확대되어 투하된 총자본이 500원에서 1,500원으로 증대한다면, 이제는 기계의 도입 이전과 동일한 300명의 노동자가 취업하게 될 것이다. 만약 사용되는 자본이 더 커져서 2,000원으로 된다면 400명의 노동자가, 즉 이전의 생산방식에서보다 1/3만큼 더 많이 취업하게 될 것이다. 취업노동자 수는 절대적으로는 100명이 증가했으나 상대적으로는 [즉 투하된 총자본의 크기에 비해서는] 800명이 감소했다. 왜냐하면 이전의 생산방식에서는 2,000원의 자본은 400명이 아니라 1,200명의 노동자를 취업시켰을 것이기 때문이다. 따라서 취업노동자 수의 상대적 감소는 그 절대적 증가와 양립할 수 있다. 우리는 위에서 총자본은 증가하지만 생산조건이 변하지 않기 때문에 자본의 구성은 변하지 않았다고 가정했다. 그러나 우리가 이미 알고 있는 바와 같이, 기계의 사용이 확대될 때마다 기계·원료 등으로 구성되는 불변자본부분이 증대하고 노동력에 투하되는 가변자본부분은 감소한다. 또 동시에 우리가 알고 있는 바와 같이, 공장제도에서처럼 개선이 그처럼 계속적이고 따라서 총자본의 구성이 그처럼 변화하는 다른 어떤 생산방식도 없다. 그런데 이 끊임없는 변화는 이에 못지않게 끊임없는 휴식기[이 기간에는 기존의 기술적 토대 위에서 공장의 양적 확대만이 일어난다]에 의해 중단된다. 휴식기에는 취업노동자의 수는 증가한다. 그리하여 예컨대 영국의 면공장, 양모공장, 소모사공장, 아마공장, 비단공장들에서 노동자 총수는 1835년에 354,684명에 불과했는데, 1861년에는 증기직기를 사용하는 직조공(남녀 8세 이상의 모든 연령층)의 수만도 230,654명에 달했다. 물론 이 증가는, 1838년에 이미 면직물 수직조공들〚이들은 공장노동자가 아니다〛이 자기들과 함께 일하는 가족들을 합해

800,000명이나 있었다는 것을 고려한다면,[150] 그다지 대단한 것은 아니다. 그런데 우리는 아시아와 유럽 대륙에서 쫓겨난 수직조공들에 대해서는 전혀 언급하지 않고 있다.

이 점에 관해 약간의 설명을 추가하고자 하는데, 그것은 순전히 실제적인 것으로서 그것의 이론적 해명은 뒤에 가서 하게 될 것이다.

공장제도가 어떤 산업부문에서 종래의 수공업 또는 매뉴팩처를 희생시키면서 확장하는 동안은 그 성공이 확실한데, 이것은 예컨대 기관총으로 무장한 군대와 화살로 무장한 군대 사이의 싸움의 결과만큼이나 확실하다. 기계가 그 활동영역을 정복하는 이 첫 시기는 기계의 도움으로 생산되는 엄청난 이윤이 결정적 의의를 가진다. 이런 이윤은 그 자체로 자본의 가속도적 축적의 원천이 될 뿐 아니라, 끊임없이 새로 형성되어 새로운 투자분야를 찾고 있는 추가적 사회자본의 큰 부분을 이 유리한 생산부문으로 끌어들인다. 이 질풍노도 첫 시기의 특별한 이점은 기계가 처음으로 도입되는 생산부문들에서는 어디에서나 나타난다. 그러나 공장제도가 충분히 보급되고 일정한 성숙단계에 도달할 때, 특히 공장제도에 고유한 기술적 기초인 기계 자체가 다른 기계에 의해 생산되기 시작할 때, 석탄과 철의 생산, 금속의 가공, 수송수단의 혁명이 일어났을 때, 한 마디로 말해 대공업에 상응하는 일반적 생산조건이 성립되었을 때, 기계제 대공업은 탄력성[즉 돌발적·비약적 확대능력]을 획득하며, 오직 원료의 이용가능성과 판매시장의 규모만이 이 확대능력의 한계를 설정한

---

150) "수직조공들의 고난은 왕립위원회의 조사대상이 되기도 했다. 그러나 비록 그들의 궁핍이 인정되고 동정을 사기는 했지만, 그들의 형편 개선은 운명과 시간에 맡겨졌다. 그리하여 이 고난이 지금"(20년 뒤에!)"거의 소멸되었다고 기대되는데, 이것은 아마 틀림없이 오늘날의 증기직기의 대규모 보급에 의해 촉진된 것이라고 생각된다."(『공장감독관 보고서. 1856년 10월 31일』: 15)

다. 그러나 한편으로 기계는 예컨대 조면기가 면화 생산을 증대시킨 것
처럼 원료의 공급증대를 직접 촉진한다.[151] 또 다른 한편으로 기계제품
의 싼 가격과 운수·교통수단의 변혁은 외국시장을 정복하기 위한 무기
가 된다. 기계제 생산은 타국의 수공업적 생산을 파멸시킴으로써 타국을
강제적으로 자기의 원료생산지로 만든다. 그리하여 예컨대 인도는 영국
을 위해 면화·양모·대마·황마·남색 염료 등을 생산하도록 강요당했
다.[152] 대공업은 그것이 확립된 모든 나라에서 노동자들을 끊임없이 '과
잉인구'로 전환시킴으로써 해외이민을 강화하며 타국의 식민지화를 촉진
하는데, 이 식민지들은 예컨대 호주가 양모생산지로 전환되듯 종주국을
위한 원료생산지로 전환된다.[153] 주요 공업국들의 필요에 적합한 새로운
국제적 분업이 생기며, 이에 따라 지구의 어떤 부분은 [공업을 주로 하는
지구의 다른 부분을 위해] 농업을 주로 하는 지역으로 전환된다. 이런 혁
명은 [세계의] 농업에 광범한 변혁을 초래했는데, 이에 대해 여기에서는
당분간 더 자세하게 논의하지 않기로 한다.[154]

---

151) 기계가 원료 생산에 영향을 주는 다른 방법들은 제3권에서 언급될 것이다.
152) 인도에서 영국으로 면화수출량:
　　1846년 34,540,143 lb., 1860년 204,141,168 lb., 1865년 445,947,600 lb.
　　인도에서 영국으로 양모수출량:
　　1846년 4,570,581 lb., 1860년 20,214,173 lb., 1865년 17,105,617 lb.
153) 케이프타운에서 영국으로 양모수출량:
　　1846년 2,958,457 lb., 1860년 16,574,345 lb., 1865년 29,220,623 lb.
　　호주에서 영국으로 양모수출량:
　　1846년 21,789,346 lb., 1860년 59,166,616 lb., 1865년 109,734,261 lb.
154) 미국의 경제발전은 그 자체가 유럽 특히 영국 대공업의 산물이었다. 미국은
　　현재(1866년)의 모습에서는 아직 유럽의 식민지로 보아야 한다. {엥겔스: 그
　　뒤 미국은 세계에서 두 번째 가는 공업국으로 발전했다. 물론 그 식민지적
　　성격이 아직 완전히 없어지지는 않았지만.}

1867년 2월 18일 하원은 글래드스턴의 제의에 따라 각종 식량, 즉 곡물과 곡분flour에 대한 영국의 수출입 통계자료[1831~1866년]를 작성하도록 지시했다. 아래에 이 통계자료의 개괄적 내용을 인용한다. 곡분은 곡물의 쿼터Qr〔=8부셸=약 36.37리터〕로 환산되어 있다.

영국의 식량수출입현황 (연평균)

	1831~35	1836~40	1841~45	1846~50
수입(쿼터)	1,096,373	2,389,729	2,843,865	8,776,552
수출(쿼터)	225,263	251,770	139,056	155,461
수입 초과	871,110	2,137,959	2,704,809	8,621,091
인 구(명)	24,621,107	25,929,507	27,262,569	27,797,598
국내생산을 초과하는 소비량 (인구 1인당 쿼터)	0.036	0.082	0.099	0.310

미국에서 영국으로 면화수출량 (단위: lb.)

1846년 401,949,393; 1852년 765,630,544
1859년 961,707,264; 1860년 1,115,890,608

미국에서 영국으로 곡물수출량: (단위: cwt=112 lb.)

	1850년	1862년
밀	16,202,312	41,033,503
보리	3,669,653	6,624,800
귀밀	3,174,801	4,426,994
호밀	388,749	7,108
밀가루	3,819,440	7,207,113
메밀	1,054	19,571
옥수수	5,473,161	11,694,818
비어, 빅(보리의 일종)	2,039	7,675
완두	811,620	1,024,722
콩	1,822,972	2,037,137
총수출	35,365,801	74,083,441

	1851~55	1856~60	1861~65	1866
수입(쿼터)	8,345,237	10,913,612	15,009,871	16,457,340
수출(쿼터)	307,491	341,150	302,754	216,218
수입 초과	8,037,746	10,572,462	14,707,117	16,241,122
인 구	27,572,923	28,391,544	29,381,460	29,935,404
국내생산을 초과하는 소비량 (인구 1인당 쿼터)	0.291	0.372	0.501	0.543

공장제 생산의 방대한 비약적 확장력과 세계시장에 대한 의존성은 필연적으로 다음과 같은 순환cycle― 즉 열병적인 생산과 이에 뒤이은 시장에 대한 과잉공급, 그리고 시장의 축소와 이에 따르는 생산의 마비― 을 일으킨다. 산업의 생애는 중간 정도의 활황, 번영, 과잉생산, 공황crisis, 침체라는 일련의 시기들로 구성된다. 기계가 노동자의 고용과 생활형편에 주는 불확실성과 불안정성은 산업순환의 이런 주기적 교체 때문에 정상적으로 생기게 마련이다. 번영기를 제외하고는 자본가들 사이에 시장에서 각자의 몫을 둘러싸고 맹렬한 투쟁이 벌어진다. 각자의 시장 몫은 생산물이 얼마나 싼가에 정비례한다. 이 때문에 노동력을 대체하는 개량된 기계의 사용과 새로운 생산방식의 도입에서 경쟁이 일어날 뿐 아니라, 어느 산업순환에서도 상품을 싸게 하려고 임금을 노동력의 가치 이하로 강제적으로 삭감하려고 시도하는 한 국면이 나타나게 된다.[155]

---

155) 공장폐쇄 때문에 쫓겨난 레스터의 구두제조 노동자들이 1866년 7월 잉글랜드노동조합Trade Societies of England에 보낸 호소문에는 다음과 같이 쓰여 있다. "20년 전 레스터의 제화업에서는 실로 꿰매지 않고 못을 박는 방법이 도입됨으로써 혁명이 일어났다. 당시에는 괜찮게 임금을 벌 수 있었다. 얼마 가지 않아 이 새로운 사업은 대단히 확장되었다. 여러 회사들 사이에 가장 좋은 제품을 생산하려는 맹렬한 경쟁이 벌어졌다. 그러나 곧 그 뒤를 이어 가장 나쁜 종류의 경쟁, 즉 시장에서 값싸게 팔아 서로 타격을 주려는

따라서 공장노동자 수가 증가하는 데 필요한 조건은 공장에 투하된 총자본이 상대적으로 훨씬 더 급속하게 증가해야 한다는 것이다. 그러나 이 노동자 수의 증가과정은 산업순환의 호황과 불황에 의해 규정될 뿐 아니라, 노동자들을 잠재적으로 대체하거나 그들을 실제로 축출하는 기술적 진보에 의해 끊임없이 중단된다. 기계제 생산의 이런 질적 변화는 한편으로 노동자들을 공장에서 계속적으로 쫓아내며 또 새로 들어오려는 신병들에 대해 공장 문을 닫아버리지만, 다른 한편으로 공장의 단순한 양적 확장은 내쫓긴 노동자들 뿐 아니라 새로운 신병들을 흡수한다. 그리하여 노동자들은 끊임없이 흡수되고 축출되며 또 이리 밀리고 저리 밀리고 하는데, 산업노동자들의 구성은 남녀·나이·숙련 면에서 끊임없이 변화한다.

공장노동자의 운명은 영국 면공업의 발달과정을 한번 보면 가장 명백하게 알 수 있다.

경쟁이 벌어졌다. 이 해로운 결과가 곧 임금삭감으로 나타났으며, 노동의 가격은 매우 빨리 하락해 많은 회사들은 이제는 최초 임금의 절반 밖에 지급하지 않고 있다. 그러나 비록 임금은 더욱더 떨어지고 있지만 임금수준에 변경이 있을 때마다 이윤은 증대하는 것 같다."산업의 불경기를 구실로 공장주는 임금의 과도한 삭감을 통해, 즉 노동자의 생활필수품을 직접 탈취함으로써, 큰 이윤을 얻는다. 한 가지 예를 들어 보자. 코벤트리의 견직업 공황에 관한 이야기다. "내가 공장주와 노동자들로부터 받은 보고에서 명확히 결론지을 수 있는 것은, 임금이 외국 생산자들의 경쟁과 기타 사정들로 말미암아 불가피했던 것보다 더 크게 삭감되었다는 점이다. 대다수의 직조공들은 30~40% 인하된 임금을 받고 일하고 있다. 직조공은 리본 한 개에 대해 5년 전에는 6~7실링을 받았는데 지금은 겨우 3실링 3펜스 내지 3실링 6펜스를 받으며, 전에는 4실링 내지 4실링 3펜스를 지급하던 다른 노동에 대해 지금은 다만 2실링 내지 2실링 3펜스를 지급한다. 임금은 리본의 수요를 증대시키기 위해 필요한 것보다 더 크게 삭감되었다. 사실 많은 종류의 리본에서 임금삭감은 상품 판매가격의 어떤 인하도 동반하지 않았다."(『아동노동조사위원회. 제5차 보고서』. 1866: 114. 제1호. 론지의 보고)

1770년부터 1815년에 이르는 동안에 면공업은 오직 5년간의 불황 또
는 침체를 겪었다. 이 45년간 영국의 공장주들은 기계와 세계시장을 독
점하고 있었다. 1815년부터 1821년까지—불황; 1822년과 1823년—번
영; 1824년—단결금지법〔노동조합의 결성과 활동을 금지한 법〕의 폐지, 공
장들의 전반적 대확장; 1825년—공황; 1826년—공장노동자들의 큰 궁핍
과 폭동; 1827년—약간의 호전; 1828년—증기직조기와 수출의 큰 증가;
1829년—수출 특히 인도에 대한 수출이 그전의 어느 해보다도 더 많았
다; 1830년—과잉공급된 시장과 심각한 판매부진; 1831년부터 1833년까
지—계속되는 불황, 인도와 중국에 대한 무역독점권을 동인도회사로부
터 빼앗음; 1834년—공장과 기계의 큰 증가, 노동자의 부족, 새로운 구
빈법이 농촌노동자들을 공장지구로 이주하는 것을 촉진, 농촌지역에서
아동들이 사라짐, 백인노예 매매; 1835년—큰 번영, 동시에 면직물 수직
조공들의 굶어죽음; 1836년—큰 번영; 1837년과 1838년—불황과 공황;
1839년—회복; 1840년—큰 불황, 폭동, 군대 개입; 1841년과 1842년—
공장노동자들의 심한 궁핍; 1842년—공장주들이 곡물법의 철폐를 강요
하기 위해 공장을 폐쇄하고 노동자들을 해고, 노동자들은 수천 명씩 랭
커셔와 요크셔 도시로 몰려갔는데 군대에 의해 다시 쫓겨옴, 그들의 지
도자들은 랭커스터에서 재판에 회부됨; 1843년—심한 궁핍; 1844년—회
복; 1845년—큰 번영; 1846년—처음에는 호황이 계속되었으나 그 뒤 반
동, 곡물법의 철폐; 1847년—공황, '더 큰 빵덩이'〔공장주들이 곡물법이 폐
지되면 노동자들에게 주겠다고 약속한 것〕를〔거꾸로〕이행하기 위해 임금의
10% 내지 그 이상의 전반적 삭감; 1848년—불황의 계속, 군대가 맨체스
터를 경비; 1849년—회복; 1850년—번영; 1851년—상품가격의 하락, 낮
은 임금, 빈번한 파업; 1852년—회복의 시작, 파업의 계속, 외국 노동자
들을 수입하겠다는 공장주들의 위협; 1853년—수출증가, 프레스턴에서
3개월 파업과 큰 궁핍; 1854년—번영, 시장에 대한 과잉공급; 1855년—

미국·캐나다·극동 아시아 시장들로부터 파산 보도가 쇄도; 1856년 –
큰 번영; 1857년 – 공황; 1858년 – 회복; 1859년 – 큰 번영, 공장의 증가;
1860년 – 영국 면공업이 절정에 도달, 인도·호주와 기타 시장들은 공급
과잉으로 1863년에도 재고품을 모두 흡수하지 못할 정도, 프랑스와의 통
상조약, 공장과 기계의 거대한 증가; 1861년 – 호황이 얼마간 계속되고
그 뒤 반동, 미국의 남북전쟁, 면화 기근; 1862년부터 1863년까지 – 완전
한 붕괴.

　면화 기근의 역사는 너무나 특징적이므로 그대로 넘어갈 수 없다.
1860~1861년의 세계시장 형편을 간단히 지적해도 알 수 있는 바와 같
이, 면화 기근은 공장주들이 바라던 때에 바로 닥쳐왔으며 어느 정도 그
들에게 유익했다. 이 사실은 맨체스터 상공회의소 보고에서 인정되었으
며, 의회에서 파머스턴과 더비에 의해 공표되었고, 여러 사건들에 의해
확증되었다.156) 물론 1861년 영국의 면공장 2,887개 중에는 많은 소공장
들이 있었다. 공장감독관 레드그레이브[그는 위의 2,887개 공장 중 2,109
개의 공장을 관할하고 있다]의 보고에 따르면, 이 2,109개 공장 중 392개
즉 19%는 10증기마력 미만을, 345개 즉 16%는 10~20마력 미만을,
1,372개 [65%] 공장은 20마력 이상을 사용하고 있었다.157) 소공장들의
대다수는 1858년 이래의 번영기에 투기업자들[그들 중 어떤 사람은 실
을, 어떤 사람은 기계를, 또 어떤 사람은 건물을 제공했다]이 창설한 직
물공장으로서, 이전의 노동감독인이나 기타 자금이 적은 사람들이 운영
했다. 이 소공장주들의 대다수는 몰락했다. 그들은 상업공황[이것은 면화
기근에 의해 지연되었다]에 의해서도 동일한 운명에 빠졌을 것이다. 그들은
공장주 총수의 1/3을 차지하고 있었으나, 그들의 공장에 흡수된 자본은 면

---

156) 『공장감독관 보고서. 1862년 10월 31일』: 30을 보라.
157) 같은 보고서: 19.

공업에 투하된 자본의 1/3보다 훨씬 적은 부분이었다. 조업중단의 규모에 관해 말하면, 믿을만한 계산에 따르면 1862년 10월에 60.3%의 방추와 58%의 직기가 멎었다. 이 숫자들은 면공업 전체에 대한 것이며 물론 지방에 따라 심한 차이가 있었다. 극소수의 공장들만이 완전한 시간(주 60시간)을 조업했으며, 나머지 공장들은 하다가 말다가로 조업했다. 완전한 시간을 평상시의 성과급제로 일한 얼마 되지 않는 노동자들의 경우에도, 좋은 면화가 나쁜 면화로 [시 아일랜드Sea Island 면화가 이집트 면화로(가는 실 방적에서), 아메리카 면화와 이집트 면화가 수라트(인도) 면화로, 또 순수한 면화가 솜 찌꺼기와 수라트 면화의 혼합물로] 교체된 결과 주당 임금이 감소하지 않을 수 없었다. 섬유가 잘고 불결한 수라트 면화의 사용, 실이 잘 끊어지는 것, 날실에 풀을 먹이는 데 곡분 대신 여러 가지 무거운 재료를 쓰는 것 따위로 말미암아 기계의 속도나 한 직조공이 관리할 수 있는 직기의 수는 감소했고, 기계의 작업상 결함을 시정하는 데 더 많은 노동이 들었으며, 그리하여 생산물의 양이 감소함으로써 성과급은 저하했다. 수라트 면화를 사용하는 경우에는, 노동자가 완전한 시간을 노동하는 경우에도 그의 임금손실은 20%, 30% 또는 그 이상에 달했다. 그뿐 아니라 대다수 공장주들은 성과급수준을 5%, $7\frac{1}{2}$% 내지 10%나 삭감했다. 그러므로 1주에 불과 3일, $3\frac{1}{2}$일, 4일씩 또는 하루에 불과 6시간씩 일하는 노동자들의 형편은 짐작할 수 있다.

사정이 비교적 개선된 1863년에도 직조공, 방적공 등의 임금은 주에 3실링 4펜스, 3실링 10펜스, 4실링 6펜스, 5실링 1펜스 등이었다.[158] 이렇게 매우 고통스러운 형편이었음에도 임금인하를 위한 공장주들의 기발한 생각은 계속 발휘되었다. 면화가 나쁘거나 기계가 좋지 않기 때문에 생긴 제품의 결함에 대해서도 그 처벌로 임금이 삭감되었다. 공장주가 [노동자

---

158) 『공장감독관 보고서. 1863년 10월 31일』: 41~45.

가 살고 있는] 오두막의 소유자일 경우에는 집세를 임금에서 공제하는 방식으로 받아냈다. 공장감독관 레드그레이브의 보고에 따르면, 자동 뮬 방적기의 노동자들(그들은 각각 두 대의 자동 뮬 방적기를 담당했다)은,

"완전히 14일간의 노동을 끝내면 8실링 11펜스를 벌었는데, 이 금액 중에서 집세가 공제되었다. 그런데 공장주는 선물로 집세의 반액을 되돌려 주었으므로 그들은 6실링 11펜스를 가지고 돌아갔다. 많은 곳에서는 1862년 하반기에 자동 뮬 방적기 노동자들의 주급은 5실링 내지 9실링이었고, 직조공들의 주급은 2실링 6펜스로부터 등급이 나누어졌다."159)

노동자들이 짧은 시간밖에 작업하지 않은 경우에도 집세는 흔히 임금에서 공제되었다.160) 랭커셔의 일부 지방들에서 일종의 굶주림 병이 생긴 것도 놀랄 것은 없다. 그러나 가장 특징적이었던 것은 생산과정의 혁명이 노동자를 희생시키면서 수행되었다는 점이다. 해부학자들이 개구리에 대해 행하는 실험과 같이 '무가치한 생물체에 대해 행하는 실험'이 사실상 행해졌다. 공장감독관 레드그레이브는 이렇게 말하고 있다.

"나는 몇몇 공장 노동자들의 실제 소득을 말했지만, 노동자들이 매주 이런 금액을 받는다고 생각해서는 안 된다. 노동자들은 공장주의 끊임없는 실험에 크게 좌우되었다…그들의 소득은 면화 혼합의 질에 따라 증감하는데, 때로는 이전의 소득과 15%나 차이가 나며, 1~2주 동안에는 50~60%나 떨어진다."161)

---

159) 같은 보고서: 41~42.
160) 같은 보고서: 57.
161) 같은 보고서: 50~51.

이런 실험은 노동자들의 생활수단만을 희생시키면서 실시된 것은 아니다. 노동자들은 자기들의 오감까지도 전부 희생시켜야만 했다.

"수라트 면화를 다루는 종업원들은 나에게 다음과 같은 불평을 하고 있다. 면화의 짐을 풀 때는 참을 수 없는 악취 때문에 구역질이 난다…혼면실混綿室, 조소실, 소정실에서는 먼지가 날려 이곳에서 일하는 사람들의 입·코·눈·귀로 들어가며, 기침이 나게 하고 호흡을 힘들게 한다. 수라트 면화 속에 있는 불결한 것 때문에 피부병도 많이 생긴다…섬유가 짧기 때문에 많은 풀[식물성과 동물성]이 사용된다…먼지로 말미암아 기관지염과 후두염이 퍼지고 있다. 씨실이 자주 끊어져 〖풀먹인〗씨실을 잇느라고 빨기 때문에 직조공들은 구토와 소화불량에 시달린다." 다른 한편으로 곡분의 대용품들은 실의 무게를 증가시키기 때문에 공장주들의 훌륭한 돈벌이 원천이 되었다. 이 대용품에 의해 "15파운드의 원료가 직물로 된 뒤에는 20파운드의 무게를 가지게 되었다."162)

1864년 4월 30일자 『공장감독관 보고서』에는 다음과 같이 쓰여 있다.

"산업은 지금 이 수단을 믿을 수 없을 정도로 이용하고 있다. 권위 있는 사람에게서 나는 8파운드의 천이 $5\frac{1}{4}$ 파운드의 면화와 $2\frac{3}{4}$ 파운드의 풀로 제조된다는 것을 알았다. $5\frac{1}{4}$ 파운드의 천에는 2파운드의 풀이 포함되어 있다. 이것은 보통의 수출용 셔츠감이었다. 다른 종류의 천에는 때로 50%의 풀이 첨가되었으며, 그리하여 공장주들은 천을 그것에 포함되어 있는 실 값보다 싸게 팔면서도 돈벌이를 하고

---

162) 같은 보고서: 62, 63.

618 제4편 상대적 잉여가치의 생산

있다고 자랑할 수 있을 것이며 또 실제로 자랑하고 있다."163)

그러나 노동자들은 공장 안에서는 공장주들의 실험, 공장 밖에서는 지방정부의 실험, 그리고 임금인하와 실업, 궁핍과 자선, 상하양원 의원들의 찬사로부터 고통을 받는 것뿐은 아니다.

"면화 기근의 결과 실직한 불행한 여성들은 사회의 버림받은 사람이 되었다. 지금 산업이 회복되고 일자리가 많아도 그들은 불행한 계급으로 남아 있으며 또 그렇게 남아 있을 것이다. 지금 도시의 젊은 매춘부의 수는 지난 25년 동안 내가 알고 있던 숫자보다 더욱 많다."164)

그리하여 1770년부터 1815년까지, 즉 영국 면공업의 최초 45년간에 공황과 침체는 오직 5년간이었는데, 이 시기는 영국 면공업이 세계를 독점한 시기였다. 1815년부터 1863년까지의 48년간에는 불황과 침체가 28년간인 데 비해 회복과 번영은 다만 20년간에 지나지 않았다. 1815~1830년에는 유럽대륙과 미국 사이에 경쟁이 시작되었다. 1833년 이래 '인류의 파괴'[중국과의 아편거래]에 의해 아시아 시장들의 확장이 강행되고 있다. 곡물법의 철폐 이래 1846년부터 1863년까지 중간 정도의 호황과 번영은 8년간이었는데, 불황과 침체는 9년간이었다. 면공업에 종사하는 성인 남성노동자들의 상태가 번영기에도 어떠했는가는 아래의 주에서 알 수 있다.165)

---

163) 『공장감독관 보고서. 1864년 4월 30일』: 27.
164) 『공장감독관 보고서. 1865년 10월 31일』: 61~62에 인용된 볼턴 경찰서장 해리스의 편지 중에서.
165) 1863년 이민협회의 설립을 위한 면공업 노동자들의 호소문에는 다음과 같이 쓰여 있다. "현재의 암담한 상황에서 벗어나기 위해서는 공장노동자들의 대대

제8절 대공업이 매뉴팩처·수공업·가내공업에 미친 혁명적 영향

A. 수공업과 분업에 바탕을 둔 협업의 타도

우리는 기계가 수공업에 의거한 협업과 수공업적 분업에 기반을 둔 매뉴팩처를 어떻게 타도하는가를 보았다. 첫째 종류의 실례는 풀 베는 기계인데, 이것은 풀 베는 사람들의 협업을 대체한다. 둘째 종류의 적절한

___

적인 이민이 지금 절대로 필요하다는 것을 부정할 사람은 거의 없을 것이다. 계속적인 이민이 항상 필요하며, 그것 없이는 평상시에 우리의 처지를 유지하기가 불가능하다는 것은 다음과 같은 사실이 보여준다. 1814년에 수출된 면제품의 공식가치[이것은 양적 지표에 불과하다]는 £17,665,378이었으며, 그 현실적 시장가치는 £20,070,824이었다. 1858년에는 수출된 면제품의 공식가치는 £182,221,681이고, 그 현실적 시장가치는 불과 £43,001,322이었다. 그러므로 10배의 상품량이 두 배 조금 넘는 가격으로 팔렸다. 일반적으로 이 나라에 대해, 특히 공장노동자들에 대해, 매우 불리한 이런 결과는 여러 가지 원인들이 함께 작용하여 생겼다…가장 뚜렷한 원인의 하나는 노동의 끊임없는 과잉인데, 이것은 [파멸을 면하기 위해 시장을 끊임없이 확장할 필요가 있는] 이 산업부문에 대해[임금 인하로] 불가결의 공헌을 했다. 우리의 면공장들은 산업의 주기적인 침체에 의해 정지할 우려가 있는데, 이런 침체는 현재의 제도 아래에서는 사람이 죽는 것과 마찬가지로 피할 수 없다. 그러나 인간의 정신은 정지하지 않는다. 최근 25년 동안 가장 적게 평가해도 600만 명이 이 나라를 떠났지만, 인구의 자연증가와 [생산물 가격을 저하시킬 목적으로] 노동자를 내쫓기 때문에 수많은 성인 남자들은 최고의 번영기에도 조건 여하를 불문하고 어떤 직장도 발견하지 못하는 형편이다."(『공장감독관 보고서, 1863년 4월 30일』: 51~52) 면업의 대공황 시기에 공장주들이 온갖 수단을 다해, 심지어 국가 권력의 힘을 빌어서까지 공장노동자들의 해외이민을 방해하려고 한 것은 뒤의 장에서 보게 될 것이다.

실례는 제침기이다. 애덤 스미스에 따르면, 자기 시대에 10명이 분업에 의해 하루에 48,000개의 바늘을 만들었다고 한다. 그런데 이제는 단 한 대의 기계가 11시간의 1노동일에 145,000개를 만든다. 1명의 부인 또는 소녀가 그런 기계 4대를 관리하며, 따라서 하루에 약 600,000개, 또는 1주에 3,000,000개 이상을 생산한다.[166] 단 한 대의 작업기가 협업 또는 매뉴팩처를 대체할 때, 그 작업기 자체가 이번에는 새로운 수공업적 생산의 토대가 될 수 있다. 그러나 기계를 토대로 하여 수공업적 생산이 재생되는 것은 공장제 생산으로 가는 과도기에 불과한데, 기계적 동력[증기 또는 물]이 인간의 근육을 대체해 기계를 운전하게 되면 공장제 생산이 나타나는 것이 보통이다. 소규모 생산도, 버밍엄의 일부 매뉴팩처처럼 증기력을 빌려서, 또는 일부 직조부문처럼 소형의 열기관을 사용함으로써, 기계적 동력과 결부될 수 있는데, 이것은 여기저기에 있는 일이고 또 어느 경우에나 일시적으로 있는 일에 불과하다.[167] 코벤트리의 견직업에서는 '오두막집 공장'의 실험이 자연발생적으로 진행되었다. 사각형으로 나란히 세워진 오두막집들의 중앙에 증기기관을 위한 이른바 기관실이 설치되고, 이 증기기관이 회전축에 의해 오두막집 안에 있는 직기들과 연결된다. 어느 경우에나 증기의 요금은 직기당 얼마이었다. 이 증기요금은 직기가 작업을 했든 하지 않았든 매 주마다 지불되었다. 각 오두막집에는 2~6대의 직기가 있었는데, 이것은 직조공의 소유이거나 신용으로 구입한 것이거나 그렇지 않으면 빌린 것이었다. 오두막집 공장과 진정한 공장 사이의 투쟁은 12년 이상 계속되었다. 그것은 300개의 오두막집 공장의 전멸로써 끝났다.[168] 과정의 성질상 처음부터 대규모

---

166) 『아동노동 조사위원회. 제3차 보고서』 1864: 108. 제447호.

167) 미국에서는 기계에 의거한 수공업의 이런 부흥이 빈번하게 일어난다. 바로 이렇기 때문에 미국이 공장제도로 불가피하게 이행하게 될 때 집중과정이 유럽이나 심지어 영국에 비해서도 급속도로 진행될 것이다.

생산이 아니어도 좋은 경우에는, 최근 수십 년간에 새로 등장한 공업부
문들[예컨대 봉투 제조업, 강철 펜 제조업 등]은 일반적으로 공장제 생산
으로 가는 짧은 기간의 과도단계로서 먼저 수공업적 생산, 그 다음에 매
뉴팩처적 생산을 통과했다. 이런 이행은, 매뉴팩처에 의한 제품 생산이
일련의 단계적 과정들로 이루어지지 않고 다수의 관련 없는 과정들로 이
루어지는 경우에는 매우 곤란하다. 이런 사정은 강철 펜 공장을 설립하
는 데 매우 큰 장애로 되었다. 그러나 이미 약 15년 전에 성질이 서로
다른 6개의 작업들을 한꺼번에 수행하는 자동장치가 발명되었다. 1820
년에 수공업은 최초의 강철 펜 12다스 [144개] 를 £7 4s.에 공급했으며,
매뉴팩처는 그것을 1830년에 8s. [= 96펜스] 으로, 그리고 공장은 그것을
현재 2~6d. [펜스] 에 도매상에 공급하고 있다.[169]

B. 매뉴팩처와 가내공업에 대한 공장제도의 영향

공장제도의 발전과 이에 따르는 농업의 변혁에 따라, 다른 모든 공업
부문의 생산은 그 규모가 확대될 뿐 아니라 그 성격도 변한다. 기계제
생산의 원리—즉 생산과정을 그 구성단계들로 분해하며 또 거기에서 생
기는 문제들을 기계학·화학 등, 간단히 말해 자연과학을 응용해 해결한
다—는 어디에서나 결정적 기능을 하게 된다. 그리하여 기계는 매뉴팩
처에 침입해 때로는 이 부분과정, 때로는 저 부분과정에 적용된다. 이리

---

168) 『공장감독관 보고서. 1865년 10월 31일』: 64 참조.

169) 질로트 씨는 버밍엄에 최초의 대규모 강철 펜 공장을 세웠다. 그 공장은
　　　1851년에 벌써 연간 1억 8,000만 개 이상의 펜을 생산했으며 연간 120톤의
　　　강철판을 소비했다. 영국에서 이 공업부문을 독점하고 있는 버밍엄은 현재
　　　강철 펜을 연간 수십 억 개 생산한다. 종업원 수는 1861년 인구조사에 따르
　　　면 1,428명으로 그 중 5세 이상의 여직공이 1,268명이었다.

하여 [종래의 분업에 기반을 두는] 부분과정들의 위계적 편성이 지닌 고
정적 성격은 사라지고, 그 편성이 분해되어 끊임없는 변화가 일어난다.
이 점을 도외시하더라도 집단노동자 또는 결합된 노동인원의 구성에 근
본적인 변혁이 일어난다. 매뉴팩처 시기와는 반대로, 이제 분업은 [가능
하다면 어디서나] 부인, 각종 나이의 아동, 그리고 미숙련공, 간단히 말
해 [영국사람들이 그 특징을 제대로 살려 부르고 있는] '값싼 노동'의 고
용에 의거하게 된다. 이 점은 대규모 생산에만 [그것이 기계를 사용하든
안 하든] 해당되는 것이 아니라 이른바 가내공업에도 [노동자가 자기 집
에서 하든 작은 작업장에서 하든] 해당된다. 이 근대적 '가내공업'은 구
식의 가내공업[이것은 독립적인 도시 수공업, 자립적인 농민경영, 그리
고 특히 노동자 가족의 가옥을 전제로 한다]과는 명칭 외에는 아무런 공
통점도 없으며, 이제 공장, 매뉴팩처 또는 선대先貸상인의 외부 부서가 되
었다. 자본은 [자기가 대량으로 한 곳에 집중시켜 직접 지휘하는] 공장노
동자들, 매뉴팩처 노동자들, 수공업자들 이외에도 대도시나 농촌에 산재
하는 가내 노동자들을 보이지 않는 그물에 의해 동원한다. 예컨대 아일
랜드의 런던데리에 있는 틸리 합명회사의 셔츠공장은 1,000명의 공장노
동자와 농촌에 산재한 9,000명의 가내노동자를 고용하고 있다.170)

값싼 미성년 노동력의 착취는 진정한 공장에서보다 근대적 매뉴팩처
에서 한층 더 뻔뻔스럽게 행해지고 있다. 왜냐하면 매뉴팩처에서는 공장
제도의 기술적 기초[즉 기계에 의한 근육노동의 대체, 노동의 가벼운 성
격]가 거의 없으며, 그리고 동시에 부인과 아동을 독성이 있는 물체 등의
영향에 매우 파렴치하게 내맡기고 있기 때문이다. 이른바 가내공업의 착
취는 매뉴팩처의 착취보다 한층 더 뻔뻔스럽다. 왜냐하면 노동자들의 반
항능력이 그들의 분산성으로 말미암아 감소하기 때문이고, 수많은 약탈

---

170) 『아동노동 조사위원회. 제2차 보고서』. 1864년. 부록: 68, 제415호.

적인 기생자들이 본래의 고용주와 노동자 사이에 개입하기 때문이며, 가
내공업은 항상 같은 생산부문의 기계제 생산 또는 적어도 매뉴팩처적 생
산과 경쟁하지 않으면 안 되기 때문이고, 빈곤이 공간·햇빛·환기 따위
노동자들에게 가장 필요한 노동조건들까지도 빼앗아가기 때문이며, 취
업의 불규칙성이 증대하기 때문이고, 끝으로 [대공업과 대농업에 의해
쫓겨난] '과잉' 인구의 이 마지막 피난처에서는 노동자들 사이의 경쟁이
필연적으로 최고도에 달하기 때문이다. [공장제도에 의해 비로소 체계적
으로 실시되는] 생산수단 사용의 절약은 공장제도에서도 처음부터 노동
력의 가장 무자비한 낭비이고 노동기능에 필요한 정상적 조건들의 탈취
인데, 이 절약은 가내공업에서 그 적대적이고 살인적인 측면을 최고도로
드러내고 있다. 어떤 공업부문에서 사회적 노동생산성이나 노동과정들의
결합을 위한 기술적 토대가 적게 발전하면 할수록, 생산수단의 절약이 갖
는 적대적이고 살인적인 측면은 그만큼 더 뚜렷하게 드러나게 된다.

C. 근대적 매뉴팩처

이제 몇 개의 실례로 위의 명제들을 설명해 보자. 노동일에 관한 장
『제10장』에서 독자들은 사실상 이미 많은 증거를 알고 있다. 버밍엄과
그 부근의 금속가공 매뉴팩처에서는 30,000명의 아동·소년소녀들과
10,000명의 부녀자들이 대부분 매우 힘든 작업에 고용되어 있다. 그들은
황동주조소brass-foundries·단추공장·에나멜공장·도금공장·옻칠공장에
서 건강에 해로운 일을 한다.[171] 런던의 각종 신문·서적 인쇄소들은 그
곳에서 일하는 성년과 미성년 노동자들의 과도한 노동 때문에 '도살장'
이라는 명예로운 이름을 얻었다.[172] 제본소에서도 노동은 과도한데, 여

---

171) 현재 셰필드에서는 아동이 심지어는 '줄의 이를 세우는 일file grinding'에 고
   용되어 있다!

기의 희생자는 특히 부인·소녀·아동들이다. 미성년자들은 밧줄공장에서 힘든 일을 하며, 제염소salt mines·양초 매뉴팩처·기타 화학 매뉴팩처들에서는 야간노동을 하며, 기계적 동력을 사용하지 않는 견직공장에서는 직기를 돌리는 데 소년들이 살인적으로 이용되고 있다.173) 가장 수치스럽고 더러우며 또 임금이 가장 낮은 노동의 하나이면서 주로 어린 소녀들과 부인들을 고용하고 있는 곳은 넝마 고르기다. 우리가 알고 있는 바와 같이, 영국은 자기 자신의 한없이 많은 넝마뿐 아니라 세계 전체 넝마의 거래 중심지다. 일본, 가장 먼 남미의 나라들, 그리고 카나리아 섬들로부터 넝마가 흘러 들어온다. 그러나 그 주요 공급원은 독일, 프랑스, 러시아, 이탈리아, 이집트, 터키, 벨기에, 네덜란드다. 넝마는 비료, 털 부스러기(침구용), 인조양모와 종이의 원료로 사용된다. 넝마를 고르는 여공들은 천연두나 기타의 전염병을 전파하는 매개체 구실을 하는데 그들 자신이 그 첫 희생자가 된다.174) 그런데 과도한 노동, 힘들고 부적합한 노동, 그리고 [이로 말미암아 아주 어릴 때부터 노동자에게] 잔인한 영향을 미치는 것의 전형적 예로는 탄광과 광산뿐 아니라, 기와·벽돌 공장을 들 수 있는데, 후자에서는 새로 발명된 기계들이 아직 드물게 사용되고 있을 뿐이다. 기와·벽돌 공장에서는 5월과 9월 사이에는 작업은 아침 5시부터 저녁 8시까지 계속되고, 또 옥외건조를 할 때는 자주 아침 4시부터 저녁 9시까지 계속된다. 아침 5시부터 저녁 7시까지의 노동일은 '단축된', '적당한' 것으로 여겨진다. 6살, 심지어는 4살의 남녀가 고용된

---

172) 『아동노동 조사위원회. 제5차 보고서』. 1866: 3, 제24호; 6, 제55, 56호; 7, 제59, 60호.

173) 같은 보고서: 114, 115, 제6~7호. 조사위원회 위원이 정당하게 지적하고 있는 바와 같이, 일반적으로는 기계가 인간을 대신하지만 여기서는 소년들이 문자 그대로 기계를 대신하고 있다.

174) 『공중보건. 제8차 보고서』. 런던 1866. 부록: 196, 208에 있는 넝마거래에 관한 보고와 많은 예증을 보라.

다. 그들은 성인들과 동일한 시간 일하며 그 이상 일하는 경우도 자주 있다. 노동은 고되고, 여름철의 더위로 더욱 지쳐버린다. 예컨대 모즐리에 있는 어떤 기와공장에서는 24세의 부인 혼자서 [진흙을 운반하고 기와를 쌓는 두 명의 어린 소녀들을 조수로 하여] 하루에 2,000장의 기와를 만들어 낸다. 이 소녀들은 깊이 30피트나 되는 구덩이의 미끄러운 변두리를 따라 하루에 10톤이나 되는 진흙을 끌어올려 그것을 210피트나 되는 먼 곳으로 운반한다.

"아동이 심한 도덕적 타락 없이 기와공장의 시련을 견디기는 거의 불가능하다…그들이 어린 나이 때부터 귀에 익게 듣는 상스러운 말들과, 그들이 무지하고 미개한 채 그 속에서 배우는 음란하고 무례하며 염치없는 습관들로 인해 그들은 그 뒤 평생 법도 모르고 불량하며 방탕하게 된다…타락의 무서운 원천의 하나는 생활방식이다. 각 조형공 moulder[숙련공이며 한 그룹 노동자들의 우두머리다]은 자기의 오두막집에서 7명의 자기 반 사람들을 재우고 먹인다. 자기의 가족이든 아니든 성인 남자·처녀·총각이 모두 이 오두막집에서 잔다. 여기에는 대개 방이 둘, 예외적으로는 셋이 있는데, 이것들은 모두 단층이며 환기가 나쁘다. 사람들은 하루 동안의 고된 노동으로 몸이 너무 피곤하기 때문에 위생이니 청결이니 예절이니 하는 그 어떤 규칙을 지키려는 생각이 조금도 없다. 이런 오두막집의 다수는 혼란, 불결 그리고 먼지의 진짜 표본이다…이런 종류의 노동에 어린 소녀들을 고용하는 제도의 가장 큰 죄악은, 그들을 대체로 어려서부터 늙어 죽을 때까지 불량배로 만들어버린다는 점이다. 그들은 자기들이 여자라는 것을 자연에 의해 알게 되기 전에 난폭하고 입버릇 나쁜 사내아이가 된다. 그들은 더러운 누더기 조각이나 걸치며, 다리는 무릎까지 내놓고, 머리와 얼굴은 흙투성이가 되며, 예의범절이나 수치심 같은 것은 모두 멸시해 버

린다. 그들은 식사시간 동안 사지를 쭉 뻗고 풀밭에 드러눕든가 옆에
있는 운하에서 목욕하는 사내아이들을 살펴본다. 고된 하루 일을 마치
면 그들은 비교적 좋은 옷을 입고 사내들과 함께 술집으로 간다."

이 계급 전체가 어렸을 때부터 지나친 음주를 일삼는 것은 매우 당연
하다.

"가장 나쁜 것은 벽돌공들이 자포자기하는 것이다. 그들 중 비교적
나은 측의 어떤 사람이 사우솔필드의 한 목사에게 이렇게 말했다. '목
사님, 당신이 벽돌공을 설교해 개선시키려는 것은 악마를 설교해 개선
시키려는 것과 같습니다!'"175)

자본이 근대적 매뉴팩처(여기에는 진정한 공장을 제외한 대규모의 모
든 작업장이 포함된다)에서 노동의 필요조건들을 어떻게 절약하고 있는
가에 관해서는 『공중보건에 관한 제4차(1861년)와 제6차(1864년) 보
고』에 매우 풍부한 공식 자료가 있다. 작업장, 특히 런던의 인쇄업·재
봉업에 대한 묘사는 극도의 혐오감을 자아내는데, 이 점에서는 소설가들
의 상상력도 도저히 따를 수 없다. 작업장이 노동자들의 건강에 미치는
영향은 자명하다. 추밀원의 수석 의무관이며 『공중보건에 관한 보고서』
의 공식 편집자인 사이먼은 특히 다음과 같이 말하고 있다.

"나의 제4차 보고(1861년)에서 말한 바와 같이, 노동자들이 자기들
의 제1차적 위생권[즉 고용주가 어떤 작업을 노동자들에게 시키든, 노
동자는, 고용주의 힘이 미칠 수 있는 한, 피할 수 있는 모든 비위생적

---

175) 『아동노동 조사위원회. 제5차 보고서』, 1866. 부록: 16~18, 제86~97호;
　　130~133, 제39~71호, 또 『제3차 보고서』, 1864: 48, 56 참조.

상태로부터 벗어날 수 있는 권리]을 주장하기는 실제로 불가능하다. 내가 지적한 바와 같이, 노동자들은 이 위생권의 실현을 자력으로 달성할 수 없거니와 또 위생당국의 효과적인 도움도 받을 수 없다…무수한 남녀 노동자들의 생명이 [그들의 단순한 취업이 낳는] 무한한 육체적 고통 때문에 현재 공연히 타격을 받으며 단축되고 있다."[176]

작업장이 건강상태에 미치는 영향의 예증으로 사이먼은 다음과 같은 사망통계표를 제시하고 있다.[177]

산업부문	종업원 수	10만 명당 사망자 수		
		25~35세	35~45세	45~55세
잉글랜드·웨일즈의 농업	958,265	743	805	1,145
런던의 재봉업	남 22,301 여 12,379	958	1,262	2,093
런던의 인쇄업	13,803	894	1,747	2,367

---

176) 『공중보건. 제6차 보고서』. 런던 1864: 29, 31.
177) 같은 보고서: 30. 사이먼의 지적에 따르면, 런던의 25~35세의 재봉공과 인쇄공의 사망률은 실제로는 훨씬 더 높다. 왜냐하면 런던의 고용주들은 농촌에서 30세 미만의 많은 청년들을 '도제'와 '견습공'으로 받고 있기 때문이다. 그들은 인구조사에서는 런던사람으로 여겨져 런던의 사망률 계산의 기초로 되는 인구수를 증가시키지만, 이에 비례해 런던의 사망자 수를 증가시키지는 않는다. 그들 중 대부분은 특히 중병인 경우에는 농촌으로 돌아간다.(같은 곳)

D. 근대적 가내공업

이제는 이른바 가내공업을 보려고 한다. 대공업을 배경으로 자본이 행하는 이 분야의 착취 가혹성을 알려면 잉글랜드의 일부 벽촌에서 경영되는, 보기에는 아주 목가적인 못 제조업을 보아야만 할 것이다.[178] 그러나 여기에서는 레이스 제조업과 밀짚 세공업[아직 전혀 기계를 사용하지 않고 있거나, 기계제 생산·매뉴팩처적 생산과 경쟁하고 있지 않다]에서 몇 개의 실례를 드는 것으로 충분할 것이다.

잉글랜드에서 레이스 생산에 종사하는 사람은 150,000명인데 그 중 1861년 공장법의 적용을 받는 사람은 약 10,000명이다. 나머지 140,000명 중 압도적 다수는 부인과 남녀 미성년자 및 아동들이며, 성인 남자는 매우 적다. 이 값싼 착취재료의 건강상태는 노팅엄의 종합병원 의사 트루만의 다음과 같은 보고에서 알 수 있다. 환자인 686명의 레이스 제조 여직공[그 대부분이 17~24세] 중 폐병환자의 비율은 다음과 같았다.[179]

1852년	45명 중 1명	1857년	13 : 1
1853년	28 : 1	1858년	15 : 1
1854년	17 : 1	1859년	9 : 1
1855년	18 : 1	1860년	8 : 1
1856년	15 : 1	1861년	8 : 1

---

178) 여기서 말하는 것은 기계적 방법으로 절단해 만드는 못이 아니라 쇠망치로 두드려서 만드는 못이다. 『아동노동 조사위원회. 제3차 보고서』. 부록: 11, 19, 제125~130호; 52, 제11호; 114, 제487호; 137, 제674호를 보라.

179) 『아동노동 조사위원회. 제2차 보고서』. 부록: 22, 제166호.

가장 낙관적인 진보주의자들과 독일의 가장 위선적인 자유무역 행상인들도 이와 같은 폐병의 확산율을 보면 매우 놀랄 것이다.

1861년의 공장법은 기계에 의해 생산되는 진정한 레이스 제조업을 규제하는데, 잉글랜드에서는 기계에 의한 생산방식이 일반적이다. 우리가 여기에서 간단히 고찰하는 것[그것도 물론 매뉴팩처나 선대先貸상점에서 일하는 노동자가 아니라 집에서 일하는 노동자만을 고찰한다]은 다음의 두 부문이다. (1) 레이스의 마지막 손질[기계적 방법으로 제조된 레이스를 마지막으로 손질하는 것인데, 이것도 수많은 작은 부문들로 나누어진다]과, (2) 레이스 뜨기.

레이스의 마지막 손질은 이른바 '여자 장인의 집'에서나, 또는 자기 아이들의 도움을 받거나 받지 않으면서 자기 집에서 부인들에 의해 행해진다. '여자 장인의 집'을 가지고 있는 부인들도 그들 자신은 가난하다. 작업장은 그들 자택의 일부다. 그들은 공장주, 상인 등의 주문을 받으며, 그들의 방의 크기와 해당 공업부문의 수요 변동에 따라 적당한 수의 부인·소녀·어린 아동들을 고용한다. 취업여공들의 수는 어떤 작업장에서는 20명 내지 40명, 다른 작업장에서는 10명 내지 20명이다. 노동을 시작하는 아동의 평균연령은 6살이지만 5살 미만의 경우도 많다. 노동시간은 보통 아침 8시부터 저녁 8시까지이며, 중간에 1시간 반의 식사시간이 있는데, 식사는 불규칙적인 간격으로 하게 되며 때때로 악취가 심한 작업장에서 하게 된다. 경기가 좋을 때는 노동은 자주 아침 8시[때로는 6시]부터 밤 10시, 11시 또는 12시까지 계속된다. 영국의 병영에서는 병사 1명당 규정된 공간이 500~600입방피트며 군인병원에서는 1,200입방피트다. 그런데 이 작업장에서는 1인당 67~100입방피트다. 또한 가스등 불은 공기 속의 산소를 삼켜버린다. 레이스를 깨끗하게 하기 위해 아동들은 돌이나 벽돌로 되어 있는 바닥에서 겨울에도 흔히 신발을 벗어야 한다.

"노팅엄에서는 아마도 12평방피트 이상이 안 되는 작은 한 방에 14명 내지 20명의 아동들이 꽉 들어차 24시간 중 15시간을 노동하는데, 노동 그 자체가 무미건조하고 단조로운 탓으로 피로를 느끼게 하며, 거기에다 상상조차 할 수 없는 비위생적 상태에서 노동이 진행되고 있는 것을 자주 보게 된다…아주 어린 아동들조차 놀랄 만큼 긴장된 주의력과 속도로 일하며, 거의 잠시도 손가락을 쉬거나 천천히 움직이는 일이 없다. 그들에게 무엇을 물어보아도 그들은 일순간이라도 놓치지 않으려고 일에서 눈을 떼지 않는다."

노동시간이 끝날 때가 되면 될수록 그 여자 장인은 아동들을 재촉하는 수단으로 '긴 회초리'를 더욱 많이 사용한다.

"아동들은 단조롭고 눈을 혹사하며 몸자세를 바꿀 수 없어 기진맥진해지는 그런 일에 오랫동안 얽매어 있기 때문에, 점차로 피곤해지며 일이 끝날 때쯤이면 새떼같이 들뜨게 된다. 그들의 일은 진짜 노예노동과 같다."180)

부인들이 자기 아이들과 함께 집에서 [즉 근대적 의미로는 셋방에서, 흔히는 다락방에서] 노동하는 경우에는 사정은 더욱 형편없이 나쁘다. 이런 종류의 노동은 노팅엄 주변 80마일의 지역에 흩어져 있다. 상점에서 일하는 아동은 저녁 9시나 10시 퇴근할 때 가끔 한 뭉치의 레이스를 더 받아 가지고 와서 집에서 완성한다. 자본가라는 위선자는 자기의 고용담당 아첨꾼의 입을 빌어, "이것은 어머니의 몫이다."하는 달콤한 말을 던진다. 그러나 자본가는 가엾은 아동이 역시 자지 않고 앉아서 어머

---

180) 『아동노동 조사위원회. 제2차 보고서』. 1864. 부록: 19, 20, 21.

니를 도와야 한다는 것을 너무나 잘 알고 있다.[181]

　손뜨개질 레이스 공업은 주로 잉글랜드의 두 농업지대에서 경영되고 있다. 그 중의 하나는 호니턴 레이스 지대[데본셔 남해 연안을 따라 20~30마일에 뻗치는 지대와 노스 데본의 일부 지역을 포함한다]이고, 또 하나는 버킹엄, 베드포드, 노샘프턴 지방들의 대부분과 옥스퍼드셔와 헌팅던셔의 인접 지역들을 포함하는 지방이다. 일반적으로 농업노동자의 오두막집에서 작업이 진행된다. 다수의 사업주는 가내노동자를 3,000명 이상 고용하고 있는데 이들은 주로 여성아동과 미성년자들이다. 레이스의 마지막 손질과 관련해 서술한 여러 가지 상황이 여기서 다시금 되풀이된다. 다만 차이는 '여자 장인의 집' 대신 가난한 부인들이 자기의 오두막집에서 운영하는 이른바 '레이스 학교'가 등장한다는 점이다. 5세부터, 때로는 더 어릴 때부터 12~15세에 이르는 아동들이 이 학교에서 일하게 되는데, 처음 1년간은 가장 어린 아동이 4~8시간, 그 뒤는 아침 6시부터 저녁 8~10시까지 노동한다.

　"작업장은 일반적으로 작은 오두막집의 응접실이고, 굴뚝은 바람을 막기 위해 메워졌으며, 사람들은 겨울에도 때때로 동료들의 체온으로만 보온한다. 다른 경우에는 작업장은 작은 헛간 비슷하며 난방장치도 없다…이런 방에 사람이 꽉 들어차서 공기는 숨 막힐 정도다. 거기에다 하수도·변소 그리고 작은 오두막집 주위에 있는 부패한 물건과 기타 오물이 해로운 영향을 미치고 있다."(공간에 관해 말하면)"어떤 레이스 학교에서는 18명의 소녀와 1명의 여선생에 대해 1인당 33입방피트며, 악취에 견딜 수 없는 다른 어떤 학교에서는 18명에 대해 1인당 $24\frac{1}{2}$ 입방피트다. 이 공업부문에서는 $2 \sim 2\frac{1}{2}$ 세의 아동들도 고용되고 있

---

181) 같은 보고서. 부록: 21, 22.

다.”182)

버킹엄과 베드포드의 농촌지방들에서 레이스 뜨기가 끝나는 곳에서는 밀짚 세공업이 시작된다. 이것은 하트포드셔의 대부분과 에섹스의 서부·북부에 걸쳐 있다. 1861년 밀짚세공과 밀짚모자 제조에 40,043명이 고용되고 있었는데, 그 중 3,815명이 각종 나이의 남성이고 나머지가 여성[20세 미만이 14,913명, 그 중 약 7,000명이 아동]이었다. 여기에서는 레이스 학교 대신 ‘밀짚 세공학교’가 등장한다. 아동들은 보통 4세부터, 때로는 3세와 4세 사이의 시기부터 밀짚세공 수업을 받기 시작한다. 물론 교육이라고는 전혀 받지 않는다. 아동들 자신은 초등학교를 ‘진짜 학교’라고 불러 이 흡혈학교와 구별하고 있는데, 이 흡혈학교에서는 아동들은 [반 굶주린 자기 어머니가 지시한] 하루에 보통 30야드나 되는 과업을 완수하기 위해 작업에만 매여 있다. 이 어머니들은 가끔 집에서도 밤 10시, 11시, 12시까지 그들을 일 시킨다. 아동들은 침으로 계속 밀짚을 눅눅하게 축여야 하기 때문에 입을 베거나 손가락에 상처를 입는다. 발라드가 종합한 런던 의사들의 일반적 의견에 따르면, 300입방피트가 침실이나 작업실에서 1인당 최소한도의 공간이다. 그런데 밀짚 세공학교에서는 레이스 학교에서보다 공간은 더 좁으며 “1인당 $12\frac{2}{3}$, 17, $18\frac{1}{2}$ 그리고 22입방피트 미만이다.” 위원회의 한 사람인 화이트는 이렇게 말하고 있다.

“이 숫자 중에서 적은 숫자들은 아동을 가로, 세로, 높이 각각 3피트의 상자에 넣었을 때 차지하는 공간[27입방피트] 의 반보다도 적다.”

---

182) 같은 보고서. 부록: 29~30.

이것이 12세 또는 14세까지의 아동들의 생활이다. 가난에 쪼들리는 타락한 부모들은 자기 아이들로부터 가능한 한 더 많이 짜내는 것 이외에는 아무것도 생각하지 않는다. 아이들이 자라서 부모를 업신여기며 부모를 버리는 것은 당연하다.

  "이렇게 자란 아이들이 무지와 악습에 젖게 되는 것은 결코 이상한 일이 아니다…그들의 도덕성은 최저수준에 있다…많은 여성이 사생아를 가지고 있으며, 범죄통계학에 정통한 사람도 놀랄 만큼 미성숙한 나이에 사생아를 낳는다."[183]

  이런 모범가정들의 조국은, 기독교 권위자인 몽탈랑베르 백작에 따르면, 유럽의 모범적인 기독교 나라인 영국이다!
  위의 공업부문들의 임금은 그야말로 보잘것없는데(밀짚 세공학교 아동들의 예외적인 최대임금은 3실링이다), 그나마 특히 레이스 생산 지방들에서 광범히 실시되고 있는 현물임금제 때문에 그 명목액보다도 훨씬 아래로 내려간다.[184]

E. 근대적 매뉴팩처와 근대적 가내공업이 대공업으로 이행. 공장법의 적용이 이 이행을 촉진

  여성 노동력과 미성년 노동력의 순수하고 완전한 남용, 모든 정상적 노동조건과 생활조건의 박탈, 과도한 노동과 야간노동의 잔인성 따위에 의한 노동력의 저렴화는 결국 그 이상 넘을 수 없는 어떤 자연적 한계에

---

183)『아동노동 조사위원회. 제2차 보고서』. 1864. 부록: 40, 41.
184)『아동노동 조사위원회. 제1차 보고서』. 1863: 185.

부닥친다. 이와 함께 이런 방식에 의거한 상품의 저렴화와 자본주의적 착취 일반도 또한 이 자연적 한계에 부닥친다. 마침내 이 한계점에 도달하게 되자[그렇게 되기에는 오랜 시간이 걸리지만] 기계를 도입하지 않을 수 없게 되고, 분산된 가내공업과 매뉴팩처를 공장제 생산으로 급속히 전환시키지 않을 수 없게 되었다.

이 과정의 최대의 실례를 제공하는 것은 의류품의 생산이다. 아동노동 조사위원회의 분류에 따르면, 이 공업부문은 밀짚모자·부인모자 제조업, 테 없는 모자 제조업, 재봉업, 부인용 외투 제조업, 부인복 제조업, 내의 제조업, 코르셋 제조업, 장갑 제조업, 제화업과 그 밖의 많은 작은 부문들[넥타이, 칼라 등의 제조업]을 포괄한다. 잉글랜드와 웨일즈에서 이 공업부문에 종사하고 있는 여성인원은 1861년에 586,298명이었으며, 그 중 적어도 115,242명은 20세 미만이며 16,650명은 15세 미만이었다. 영국 전체에서 이런 여자 직공의 수는 1861년에 750,334명이었다. 잉글랜드와 웨일즈에서 모자·구두·장갑 제조업과 재봉업에 종사하는 남자 직공의 수는 437,969명, 그 중 14,964명은 15세 미만, 89,285명은 15~20세, 333,117명은 21세 이상이었다. 이 자료에는 여기에 속하는 많은 작은 부문들이 빠져 있다. 그러나 이 숫자를 나타난 그대로 취하더라도, 잉글랜드와 웨일즈만으로도 1861년의 인구조사에 따르면 의류품 생산에 종사하는 남녀인원의 총수는 1,024,267명인데, 이것은 농업과 축산업에 종사하고 있는 수와 대략 같다. 우리는 이제 기계가 어떻게 그렇게도 엄청난 양의 생산물을 요술과 같이 만들어 내며, 또 그렇게도 방대한 노동자 대중을 풀려나게 하는가 [해고시키는가]를 알게 된다.

의류품의 생산은 부분적으로는 매뉴팩처[이 작업장 안에서는 기성의 각 구성요소들 사이의 분업이 단순히 재생산되고 있다]에 의해 진행되며, 또 부분적으로는 소규모의 장인 수공업자들[그들은 종전과 같이 개인 소비자를 위해 일하는 것이 아니라 매뉴팩처와 선대상인을 위해 일하며, 그리하여 때때로 도시와 지방 전체가 예컨대 제화업 등과 같은 특정 부문에 전문적으로 종사하게 된다]에 의해 진행되며, 끝으로 매우 큰 부분은 이른바 가내노동자들[그들은 매뉴팩처, 선대상인, 심지어는 소규모 장인들의 외부 부서를 이룬다]에 의해 진행된다.[185]

노동재료[원료형태든 반제품형태든]는 기계제 공업이 제공하고, (은총과 자비에 맡겨진) 저렴한 인간재료는 기계제 공업과 개선된 농업에 의해 '풀려난' 사람들로 이루어진다. 이 부문의 매뉴팩처가 생기게 된 것은 주로 수요의 모든 변동에 순응할 수 있도록 노동자 집단을 자기 수중에 가지려는 자본가의 욕망 때문이었다.[186] 그런데 이 매뉴팩처는 분산된 수공업과 가내공업을 자기의 광범한 기초로 존속시켰다. 이런 노동부문들에서 잉여가치가 대량으로 생산되고 또 동시에 이 부문들에서 생산되는 상품이 점차로 싸게 된 것은, 주로 입에 겨우 풀칠이나 할 만한 최저한도의 임금과 인간으로서는 더할 수 없는 최대한도의 노동시간의 덕택이었으며, 현재에도 또 그 덕택이다. 상품으로 전환된 인간의 피와 땀의 값이 쌌기 때문에, 판매시장이 끊임없이 확대될 수 있었고, 특히 영국적인 관습과 취미가 지배하는 영국의 식민지시장이 끊임없이 확대되었던 것이다. 그러나 드디어 전환점이 왔다. 낡은 방법의 토대[즉 다소 체계적으로 발전된 분업과 인간재료의 잔인한 착취]는 확대되는 시장과 더욱 급속히 격화하고 있는 자본가들 사이의 경쟁에 충분히 대응할 수 없었다. 기계시대의 도래를 알리는 종소리가 울렸다. 결정적으로 혁명적인

---

185) 영국의 부인용 외투 제조업과 부인복 제조업은 그 대부분이 고용주의 집에서 진행되는데, 그곳에서 먹고 자거나 통근하는 여공들이 일한다.

186) 위원회 위원인 화이트는 거의 전부가 여성인 1,000명 내지 1,200명을 고용하고 있는 어떤 군복제조 매뉴팩처와, 거의 반수가 아동과 미성년자인 1,300명의 노동자가 있는 어떤 제화 매뉴팩처를 방문했다. (『아동노동 조사위원회, 제2차 보고서』, 부록: 47, 제319호)

기계[즉 부인복 제조업 · 재봉업 · 제화업 · 꿰매기 · 모자 제조업 따위와 같은 이 생산분야의 무수한 모든 부문에 한결같이 타격을 준 기계]는 재봉기다.

노동자들에 대한 재봉기의 직접적 영향은 [대공업 시기에 새로운 생산부문들을 처음으로 정복하는] 모든 기계들의 영향과 거의 같다. 아주 나이 어린 아동들은 배척된다. 기계취급노동자의 임금은 가내노동자[그 다수는 '빈민 중의 빈민'에 속한다]의 임금에 비하면 높다. 비교적 좋은 처지에 있던 수공업자들은 재봉기와 경쟁하게 되어 그 임금이 하락한다. 새로운 기계취급노동자들은 전적으로 소녀와 젊은 여성들이다. 재봉기는 기계력의 도움을 받아, 남성 노동이 힘든 작업을 독점하는 것을 뿌리뽑고, 쉬운 작업영역에서는 늙은 여성과 어린 아동들을 대량 축출한다. 격렬한 경쟁은 가장 약한 손노동자들을 타도한다. 최근 10년간 런던에서 굶어죽는 사건의 엄청난 증가는 기계재봉업의 확장과 나란히 가고 있다.[187] 재봉기로 일하는 새로운 여직공들은 재봉기의 무게 · 크기 · 특성에 따라 재봉기를 앉든가 서서 손과 발로 또는 손으로만 움직이는데, 이들은 많은 노동력을 지출해야 한다. 그들의 노동시간은 대체로 옛날 제도에서보다는 짧다 하더라도, 그들의 작업은 오래 계속되기 때문에 건강에 해롭다. 이미 좁고 꽉 찬 작업장에 재봉기가 설치되는 곳에서는 어디서나 건강에 해로운 영향이 증대한다. 위원회 위원 로드는 이렇게 말한다.

"30~40명씩 기계에서 함께 일하고 있는, 천장이 낮은 작업장에 들어설 때의 느낌은…도저히 참을 수 없다…부분적으로는 다리미를 달구기 위한 가스 난로 때문에 방안은 무섭게 무덥다…그런 작업장에서

---

187) 예컨대 1864년 2월 26일의 호적등기소 소장의 사망 주보에 따르면, 굶어죽은 사람이 5명이다. 같은 날 『더 타임즈』는 새로운 굶어죽은 사건 1건을 보도하고 있다. 한 주일에 굶어죽은 사람이 6명!

는 적당한 노동시간, 즉 아침 8시부터 저녁 6시까지의 노동시간이 지켜지는 경우에조차 매일 규칙적으로 3~4명이 졸도한다."[188]

생산수단 변혁의 필연적 산물인 사회적 생산방식의 변혁은 다양한 과도적 형태들의 혼합 속에서 이루어진다. 그 과도적 형태들은, 재봉기가 이러저러한 공업부문을 이미 장악한 범위, 장악한 기간, 또 노동자의 그 당시의 형편, 매뉴팩처·수공업·가내공업의 비중, 작업장의 임차료[189] 따위에 따라 변화한다. 예컨대 노동이 주로 단순협업에 의해 이미 대부분 조직되어 있는 부인복 제조업에서는, 재봉기는 처음에는 이미 존재하는 매뉴팩처 생산의 한 개의 새로운 요소에 불과했다. 재봉업, 내의 제조업, 제화업 등에서는 모든 형태들이 뒤엉켜 있다. 진정한 공장제 생산이 여기에 있다면, 저기에는 중간 고용주가 우두머리 자본가로부터 원료를 받아 '셋방'이나 '다락방'에서 재봉기의 주위에 10~50명씩 또는 그 이상의 임금노동자들을 집결시켜 작업시킨다. 또한 마지막으로, [기계가 아직 하나의 체계로 조직화되지 않고 소규모로도 사용될 수 있을 때에 일반적으로 모든 기계에서 그러하듯이] 수공업자 또는 가내노동자는 자신의 가족이나 소수의 타인 노동자의 도움을 받으면서 자기 자신의 소유인 재봉기를 이용한다.[190] 사실 현재 영국에서는 자본가가 많은 기계를 자

---

188) 『아동노동 조사위원회. 제2차 보고서』. 1864: 67, 제406~409호; 84, 제124호; 73, 제441호; 68, 제6호; 84, 제126호; 78, 제85호; 76, 제69호; 부록: 72, 제438호.

189) "작업장의 임차료는 이 점을 최종적으로 규정하는 요소인 것 같으며, 따라서 작은 고용주들과 가족들에게 일을 나누어주는 옛날 제도는 중심지 수도에서 가장 오래 유지되었고 또 가장 빨리 복구되었다."(같은 보고서: 83, 제123호). 마지막 구절은 제화업에만 전적으로 해당된다.

190) 노동자의 형편이 빈민의 형편과 거의 다를 것이 없는 장갑 제조업 등에서는 이런 일이 없다.

기의 건물에 집결시키고, 기계생산물을 가내노동자들에게 나누어주어 더욱 가공시키는 제도가 우세하다.[191] 그러나 과도적 형태들이 비록 다양하다 하더라도 그들은 진정한 공장제 생산으로 전환하는 경향을 감추지는 못한다. 이 경향을 촉진하는 것은, 첫째로 재봉기 자체의 성질인데, 재봉기의 다방면 이용가능성은 종래 하나하나로 분리된 생산부문들을 동일한 건물과 동일한 자본의 지휘 아래 통합하도록 촉구한다. 둘째로 예비적인 바느질과 기타 약간의 작업은 기계가 있는 곳에서 하는 것이 가장 적합하다는 사정에 의한 것이며, 끝으로 자신의 기계를 가지고 생산하는 수공업자와 가내노동자들의 불가피한 몰락에 의한 것이다. 그들은 현재 부분적으로는 이미 이런 운명에 빠졌다. 재봉기에 투하되는 자본량의 끊임없는 증대는[192] 기계로 만든 제품의 생산을 촉진하며 그것으로 시장을 범람시키는데, 이것은 가내노동자들로 하여금 자기의 재봉기를 팔아버리지 않을 수 없게 한다. 재봉기 자체의 과잉생산은 그것을 어떻게든 판매해야 할 생산자들로 하여금 재봉기를 한 주일씩 임대하도록 강요하는데, 재봉기 생산자들 사이의 치명적인 경쟁에 의해 소규모 재봉기 소유자들은 파멸한다.[193] 기계의 계속적인 구조변화와 가격하락은 구식 기계의 가치를 끊임없이 저하시켜 그것을 대량으로 헐값에 대자본가들에게 팔아치우지 않을 수 없게 하는데, 대자본가들은 이제 그 기계들을 유리하게 이용할 수 있는 유일한 사람들이다. 끝으로, 증기기관이 인간을 대체하는 것은 [비슷한 모든 변혁과정에서와 같이] 여기에서도 결정적의의를 가진다. 증기력의 이용은 처음에는 기계의 진동, 속도조절의 곤란성, 가벼운 기계들의 급속한 훼손 등과 같은 순전히 기술적인 장애에 봉착하지만 이것들은 곧 경험에 의해 극복된다.[194] 수많은 작업기가 비

---

191) 『아동노동 조사위원회. 제2차 보고서』 1864: 83, 제122호.
192) 레스터의 장화·구두 도매업에서만 재봉기는 1864년에 이미 800대나 되었다.
193) 『아동노동 조사위원회. 제2차 보고서』. 1864: 84, 제124호.

교적 큰 매뉴팩처에 집적된 것이 증기력의 사용을 자극했다면, 증기와 인간 근육 사이의 경쟁은 노동자와 작업기를 대공장에 집적시키는 것을 촉진한다. 그리하여 영국에서는 의류품 생산의 방대한 분야들이 대부분의 다른 생산과 마찬가지로 매뉴팩처·수공업·가내노동으로부터 공장제 생산으로 전환하고 있는데, 이렇게 전환하기 전에 이전의 모든 형태들은 대공업의 영향 아래 완전히 변화·해체·불구화되었으며, 이미 오래 전부터 공장제도의 모든 흉악한 측면만을 재생산했고 또 심지어는 그것을 능가하기까지 했다.[195]

자연발생적으로 진행되는 이 산업혁명은, 또한 여성·미성년자·아동들이 노동하고 있는 모든 공업부문으로 공장법의 적용이 확대됨으로써 인위적으로도 촉진된다. 노동일의 길이, 휴식, 작업의 시작시간과 끝나는 시간, 아동의 교대제도 등에 관한 강제적 규제, 그리고 일정한 나이 미만의 모든 아동의 고용금지 등은 더 많은 기계의 사용을 필요하게 하며,[196] 동력으로서 근육을 증기로 교체할 것을 자극한다.[197] 다른 한편

---

194) 예컨대 런던 핌리코에 있는 군인피복창, 런던데리에 있는 틸리·핸더슨 회사의 내의공장, 리머리크에 있는 테이트 합명회사의 피복공장(1,200명의 노동자를 고용하고 있다)에서 그러했다.

195) "공장제도로 가는 경향."(『아동노동 조사위원회. 제2차 보고서』. 1864. 부록: 67) "전체 생산이 현재 과도기 상태에 있으며 레이스 공업, 직조업 등에서 일어난 것과 동일한 변화가 일어나고 있다."(같은 보고서: 405) "완전한 혁명."(같은 보고서. 부록: 46, 제318호) 1840년의 아동노동 조사위원회 보고서의 당시에는 양말 제조업은 아직 손노동이었다. 1846년 이래 각종 기계가 도입되었으며 그것이 현재는 증기에 의해 운전되고 있다. 잉글랜드의 양말 제조업에 종사하는 남녀와 3세부터의 각종 나이의 인원 총수는 1862년에 약 129,000명이었다. 1862년 2월 11일의 의회보고서에 따르면 그 중 불과 4,063명만이 공장법의 적용을 받고 있었다.

196) 예컨대 도자기제조업에서는, 글래스고의 브리타니아 도자기제조소를 가지고 있는 코크란 합명회사의 보고에는 다음과 같은 구절이 있다. "종래의 생산량을 유지하기 위해 미숙련노동자가 운전하는 기계의 이용을 강화하게 되

시간에서 잃은 것을 공간에서 얻으려는 경향은 공동으로 이용하는 생산수단[난로, 건물 등]의 확장을 가져온다. 즉 한 곳에 생산수단이 더욱 집적되고 이에 따라 노동자들의 집결이 강화된다. 공장법에 의해 위협받는 매뉴팩처가 격렬하게 반복하는 최대의 항의는, 공장법의 적용을 받으면서 사업을 종전의 규모로 계속하려면 더욱 큰 투자가 필요하다는 것이다. 그러나 매뉴팩처와 가내공업 사이의 중간형태들과 가내공업 그 자체에 관해 말한다면, 그들은 노동일과 아동노동 고용에 제한이 가해지면 몰락해 버린다는 점이다. 값싼 노동력의 무제한 착취가 그들 경쟁력의 유일한 토대를 이루기 때문이다.

공장제도가 존립할 수 있는 필수조건들 중의 하나는, 특히 노동일이 고정되어 있을 때는, 결과의 확실성[즉 일정한 시간에 일정한 상품량 또는 유용효과가 생산되어야 한다는 것]이다. 또 노동일 중 법적으로 제정된 휴식은, 생산과정을 통과하고 있는 제품에 손상을 주지 않고도 주기적이고 갑작스러운 작업정지가 가능하다는 것을 전제로 한다. 물론 결과의 확실성과 작업정지의 가능성은 화학적·물리적 과정이 일정한 작용을 하는 공장[예컨대 도자기 제조업, 표백업, 염색업, 빵 제조업, 대부분의 금속 가공업]에서보다는 순수히 기계적인 공업에서 더욱 쉽게 달성될 수 있다. 무제한의 노동일, 야간노동, 인간생명의 무제한적 낭비 따위의 오랜 습관이 지배하는 곳에서는, 상황을 개선하는 과정에서 부닥치는 아주 작은 장애까지도 자연이 부과하는 영원한 장애로 여겨지고 있었다.

었는데, 우리는 종래의 방법보다는 더 많은 생산물을 생산할 수 있다고 매일같이 확신하게 된다."(『공장감독관 보고서. 1865년 10월 31일』: 13) "공장법의 영향은 기계의 도입을 한층 더 자극하는 것이다."(같은 보고서: 13~14)

197) 그리하여 예컨대 도자기제조업에서는 공장법이 실시된 뒤 손으로 돌리는 물레 대신 동력 녹로가 많이 증가했다.

공장법이 그런 '자연적 장애'를 제거한 것보다 더 확실하게 해충을 박멸하는 살충제는 없을 것이다. 도자기 제조업에 종사하는 신사들보다 더 소리높이 '불가능'하다고 외친 사람은 없었다. 그러나 1864년에 공장법이 그들에게 강요되었고, 16개월 뒤에는 벌써 '불가능'하다는 말이 모두 없어졌다.

"공장법이 강요한, 도자기 제조용 진흙을 증발에 의거하지 않고 압력에 의거해 만드는 개량된 방법, 굽지 않은 제품을 말리기 위한 새로운 가마 등은 도자기 제조기술에서 중대한 사건들이며, 이것들은 최근 100년간에는 볼 수 없었던 진보를 의미한다…이런 개량은 가마의 온도를 현저히 저하시켰지만, 석탄의 소비를 크게 감소시켰고 도자기에는 더욱 빨리 작용했다."[198]

모든 예언에도 불구하고, 도자기의 생산비는 오르지 않고 생산량은 증가해 1864년 12월부터 1865년 12월까지 12개월간 수출은 과거 3년간의 평균보다 가치에서 £138,628나 초과했다. 성냥제조에서는 소년들이 점심밥을 삼키는 동안에도 성냥개비의 한쪽 끝을 용해된 인액에 담그는 일[거기에서 올라오는 독한 증기는 그들의 얼굴에 쐬게 된다]을 계속하는 것이 불가피한 일로 생각되었는데, 공장법(1864년)은 시간의 절약을 필수적인 것으로 만들었으며, 이에 따라 성냥개비를 담그는 기계가 도입되고 이제 노동자들은 그 독한 증기를 쐴 필요가 없어졌다.[199] 또 레이스 매뉴팩처 중에서 공장법의 적용을 아직 받지 않는 부문들이 현재 들고

---

198) 『공장감독관 보고서. 1865년 10월 31일』: 96, 127.

199) 성냥공장에 이러저러한 기계가 도입됨으로써 그 공장의 한 부문에서 230명의 미성년자들이 32명의 14~17세 소년·소녀로 교체되었다. 노동의 이런 절약은 1865년에는 증기력의 사용에 의해 더욱 촉진되었다.

나오는 주장은, 각종 레이스 재료들을 말리는 데 필요한 시간이 3분으로
부터 1시간 또는 그 이상으로 서로 다르기 때문에 점심시간을 규칙적으
로 할 수 없다는 것이다. 이에 대해 아동노동 조사위원회 위원은 이렇게
대답한다.

"사정은 벽지 인쇄업에서와 같다. 이 부문의 주요 공장주들 중 몇몇
사람은, 사용되는 자재의 성질이 각각 다르고 자재가 통과하는 과정이
각각 다르기 때문에, 점심시간을 위해 작업을 한꺼번에 갑자기 정지하
면 반드시 큰 손해를 본다고 열렬히 주장했다. 그러나 이 염려되는 어
려움은 미리 주의해 준비하면 극복될 수 있음이 증거에 의해 판명되었
다. 그들은 공장법 확장조례(1864년) 제6조 제6항에 의해 이 조례의
발표 뒤 18개월의 유예기간을 승인받고 그 뒤에는 공장법이 규정한 휴
식시간을 준수하지 않으면 안 되게 되었다."[200]

이 법률이 의회의 비준을 받기가 무섭게 공장주들은 벌써 다음과 같은
것을 발견했다.

"우리가 공장법의 실시에 대해 염려했던 폐해는 일어나지 않았다.
우리는 그것 때문에 생산이 조금이라도 영향을 받았다는 것을 찾아 볼 수
없다. 사실 우리는 같은 시간에 더 많은 것을 생산한다."[201]

그리하여 영국 의회[그 독창성을 비난할 사람은 아무도 없을 것이다]
는 경험에 의해, 생산과정의 성질이 노동일의 제한과 규제를 불가능하게

---

200) 『아동노동 조사위원회. 제2차 보고서』. 1864년. 부록: 9, 제50호.
201) 『공장감독관 보고서. 1865년 10월 31일』: 22.

한다는 이른바 '자연적 장애'의 모두를 하나의 단순한 강제법에 의해 일소할 수 있다는 결론에 도달했다. 그렇기 때문에 어떤 공업부문에 공장법을 실시할 때 6개월에서 18개월의 유예기간이 설정되는데, 이 기간에 공장주가 해야 할 일은 그 법의 실시에 대한 기술적 장애를 제거하는 것이다. "불가능하다고? 그런 어리석은 말은 결코 나에게 하지도 말라!"는 미라보의 말은 특히 근대적 공학에 적용된다. 그러나 공장법이 이와 같이 매뉴팩처 제도를 공장제도로 전환시키는 데 필요한 물질적 요소들을 인위적으로 빨리 성숙시키지만, 이와 동시에 그것은 투자의 증대를 필요하게 함으로써 소규모 장인들의 몰락과 자본의 집적을 촉진한다.[202]

순전히 기술적인 장애[즉 기술적으로 제거할 수 있는 장애]를 도외시하면, 노동자들 자신의 불규칙한 습관이 노동일의 규제를 방해한다. 이 것은 특히 성과급이 지배적으로 실시되어 하루나 1주일 중의 일부 시간 손실을 추후의 시간외 노동이나 야간노동으로 메울 수 있는 곳에서 그렇게 되는데, 이런 불규칙성은 성인노동자를 난폭하게 하며 그의 아내와 아이들을 파멸시키게 된다.[203] 노동력 지출의 이런 불규칙성은 단조로운

---

202) "필요한 개량은, 비록 일부 사업체에서는 완전히 실행되었지만 결코 일반적인 것은 아니며, 다수의 낡은 매뉴팩처에서는 현재 소유주들의 힘에 넘치는 투자 없이는 도입될 수 없다…공장법의 실시는 필연적으로 일시적 혼란을 수반한다. 이 혼란의 규모는 공장법이 제거해야 할 폐해의 크고작음에 정비례한다."(같은 보고서: 96~97)

203) 예컨대 용광로에서는 "주말에 가서 일반적으로 작업시간이 훨씬 연장되는데, 그것은 노동자들이 월요일에는 놀고 또 때로는 화요일의 일부까지 노는 습관 때문이다."(『아동노동 조사위원회. 제3차 보고서』. 부록: 6) "소규모 장인들은 일반적으로 노동시간이 매우 불규칙하다. 그들은 이틀이나 사흘은 허송하고 그 다음에 그것을 메우려고 밤을 새워 일한다…그들은 자기 아이들을(그런 아이들이 있다면) 언제나 일시킨다."(같은 보고서. 부록: 7) "출근의 불규칙성은 작업시간의 연장에 의해 이를 메우는 가능성과 습관에 의해 조장된다."(같은 보고서. 부록: 18) "버밍엄에서는 막대한 시간의 손실…

고된 일에서 오는 권태에 대한 자연발생적인 유치한 반응이지만, 그것은
또한 훨씬 더 큰 정도로 생산 자체의 무정부성에서 나오는 것이며, 이
생산의 무정부성은 이번에는 노동력에 대한 자본의 무제한 착취를 전제
하는 것이다. 산업순환의 일반적인 주기적 교체와 각 생산부문의 특수한
시장변동 이외에도, 이른바 '대목season'[이 대목이 선박 항행에 유리한
계절의 주기성에 근거하든 유행에 근거하든]과 대형 주문[최단 시간에
완수해야 한다]의 돌발성이 노동력 지출의 불규칙성을 규정한다. 돌발적
인 주문은 철도와 전신이 보급되면 될수록 더 일반적인 것으로 된다. 예
컨대 런던의 한 공장주는 이렇게 말하고 있다.

"전국에 철도체계가 확대됨으로써 단기주문의 관습화를 부추겼는
데, 이제는 구매자들이 2주일에 한 번씩 글래스고 · 맨체스터 · 에든버
러로부터 우리가 상품을 공급하는 시티the City [런던 동부의 금융중심지] 의
중개도매상에 찾아온다. 그들은 종래의 관습대로 창고에서 물건을 사
가는 것이 아니라 우리가 즉시로 응해야 할 소규모 주문을 하고 간다.
수년 전에는 우리는 언제나 다음 대목의 수요를 위해 한가한 때에 미
리 일할 수 있었는데, 지금은 다음 대목에 무엇이 수요될지 아무도 예
견하지 못한다."204)

아직 공장법의 적용을 받지 않는 공장과 매뉴팩처에서는 이른바 대목

시간의 일부는 허송하고, 나머지는 노예 같이 일한다."(같은 보고서. 부록:
11)
204)『아동노동 조사위원회. 제4차 보고서』. 부록: 32. "철도체계의 확장은 돌발
적 주문의 이 관습을 몹시 촉진했으며, 그리하여 노동자들이 분주하게 되고
식사시간을 소홀히 하게 되며 늦게까지 일하게 되는 결과를 가져왔다고 말
한다."(같은 보고서. 부록: 31)

의 돌발적 주문 때문에 주기적으로 너무 심한 과도노동이 행해진다. [공장·매뉴팩처·선대상인의 외부 부서인] 가내노동은 본래 매우 불규칙하며 원료와 주문에서 완전히 외부 자본가의 변덕에 의존하는데, 외부 자본가는 이 경우 건물·기계 등의 상각을 조금도 고려할 필요가 없으며 작업의 중단에 의해서도 노동자가 일하지 못하게 되는 것 이외에는 아무런 손실도 입지 않는다. 이리하여 가내노동에서 자본가는 자기에게 봉사하는 항상 준비된 산업예비군을 체계적으로 육성하는데, 이들은 1년 중 어떤 때는 가장 비인간적인 고역으로 말미암아 죽고 어떤 때는 작업이 없어서 굶어 죽는다.

"고용주들은⋯습성이 된 가내노동의 불규칙성을 이용해 급한 노동이 필요한 때는 밤 11시, 12시, 2시까지, 아니 흔히 말하듯이 '언제까지라도' 가내노동을 연장시키는데, 그나마 이것도 악취로 졸도할 지경인 장소에서 그렇게 한다. 아마도 여러분은 문 앞에 가서 문을 열기만 해도 더 들어갈 마음을 먹지 못할 것이다."205) (심문을 받은 증인의 한 사람인 제화공은 공장주들에 대해 이렇게 말한다.) "그들은 기묘한 사람들이다. 그들은, 반년간은 죽도록 일하더라도 나머지 반년간 거의 아무 일도 하지 않는다면, 소년들은 아무런 해도 입지 않는다고 생각하고 있다."206)

기술적 장애와 마찬가지로 이 이른바 '사업상의 관례'도 당사자인 자본가들은 생산에 고유한 '자연적 장애'라고 주장했고 또 주장하고 있는데, 이것은 면업 귀족들이 공장법에 의해 처음 위협받았을 때 즐겨 부르

---

205) 같은 보고서: 35, 제235호와 제237호.
206) 같은 보고서: 127, 제56호.

짖던 말이다. 그들의 공업이 다른 어떤 공업보다 세계시장에, 따라서 또 해상 운송에 의거하고 있다 하더라도, 경험은 그들의 거짓을 실증했다. 그때부터 영국의 공장감독관들은 사업상의 장애라는 것을 공허한 구실로 취급하고 있다.207) 사실 아동노동 조사위원회의 철저하고 성실한 조사 자료는 다음과 같은 사실들을 증명하고 있다. 즉 일부 공업부문에서는 노동시간의 규제는 이미 사용하고 있는 노동량을 연중 더 고르게 분배하는 효과를 가져왔으며208); 이 규제는 [살인적이고 무의미하며 또 대공업 체계에는 잘 맞지 않는] 변덕스러운 유행에 대한 최초의 합리적인 굴레였으며209); 대양 항행과 교통수단 일반의 발전은 대목노동을 일으킨 현실적인 기술적 토대를 제거했으며210); 또한 이른바 어떻게 해 볼 도리가

---

207) "주문의 선적을 제때에 완수하지 못함으로써 생기는 사업상의 손실이, 1832년과 1833년에 공장주들이 즐겨 내세운 논거였다고 나는 기억한다. 지금 이 문제에 대해 무엇이라고 하든지, 그것은 [증기가 모든 거리를 절반으로 단축하고 새로운 수송수단을 만들어낸 지금에는] 이전과 같은 설득력을 가지지 못할 것이다. 그 당시에도 이 논거는 실제로 전혀 근거 없는 것이었는데 이제 와서는 더욱더 근거 없게 되었다."(『공장감독관 보고서. 1862년 10월 31일』: 54~55)

208) 『아동노동 조사위원회, 제3차 보고서』. 부록: 18, 제118호.

209) 벨러즈는 1699년에 이미 다음과 같이 지적하고 있다. "유행의 변화는 필연적으로 빈민을 증가시킨다. 여기에는 두 가지 큰 폐단이 있다. 즉 (1) 직물상과 직조장인들은 봄에 와서 그때 유행되는 것이 무엇인가를 알기 전에는 직인을 고용하려고 자본을 감히 투하하지 않으므로, 겨울에는 일 부족으로 직인들이 비참한 상태에 빠진다. (2) 봄에는 직인들이 부족해서 직조장인들은 3개월 또는 반년 안에 이 나라의 상거래에 상품들을 공급하기 위해 다수의 도제를 끌어들이지 않으면 안 되는데, 이로 말미암아 농촌에서 일꾼을 끌어가므로 농업은 일손을 잃게 되고 도시는 거지들로 가득 차게 되며 또 구걸을 수치로 아는 사람은 겨울에는 굶어죽는다."(『빈민·제조업·상업…에 관한 평론』: 9)

210) 『아동노동 조사위원회. 제5차 보고서』: 117, 제34호.

없다고 하던 기타 모든 곤란들도 건물의 확장, 기계의 추가, 동시적으로 고용되는 노동자 수의 증가에 의해,[211] 또한 이 모든 변화가 일으킨 도매거래방식의 변화[212]에 의해 제거되고 있다. 그러나 자본은, 그의 대변자들이 거듭 인정하고 있는 바와 같이, 노동시간을 강제적으로 규제하는 "의회 일반법의 압력 아래에서만"[213] 그런 변혁에 동의한 것이다.

제9절 공장법의 보건 · 교육조항. 영국에서 공장법의 일반적 확대 적용

공장법은 생산과정의 자연발생적 발전형태에 대한 사회 최초의 의식적이고 계획적인 반작용인데, 이것은 우리가 이미 본 바와 같이 면사 ·

---

211) 예컨대 브래드퍼드 수출상들의 증언 중에는 다음과 같은 말이 있다. "이런 사정에서는 분명히 소년들을 아침 8시부터 저녁 7시 또는 7시 반 이상으로 더 오래 일을 시킬 필요가 없다…이것은 전적으로 추가지출과 추가노동자의 문제다. 일부 고용주들이 그렇게 탐욕스럽지 않다면 소년들은 그렇게 밤늦게까지 일할 필요는 없을 것이다. 추가적 기계 한 대의 비용은 £16~18에 불과하다…모든 시간외 노동은 기계설비의 불충분함과 장소의 부족에서 온다."(같은 보고서: 171, 제35, 36, 38호)

212) 같은 보고서: 81, 제32호. 노동시간의 강제적 규제를 공장주에 대해 노동자를 보호하는 것으로 보며, 또한 도매상에 대해 공장주 자신을 보호하는 것으로 보는 런던의 한 공장주는 다음과 같이 말한다. "우리 사업에 대한 압력은 수출업자들 때문에 일어난다. 왜냐하면 그들은 범선으로 상품을 발송해 일정한 대목이 시작될 때 목적지에 도착하게 하여, 범선과 기선 사이의 운임 차액을 착복하려고 노력하거나, 또는 그들이 경쟁자들보다 먼저 외국시장에 출하하려고 두 개 기선 중 빠른 편을 택하려고 노력하기 때문이다."

213) 한 공장주는 이렇게 말한다. "이것은 의회 일반법의 압력 아래 공장을 확장함으로써 제거될 수 있을 것이다."(같은 보고서. 부록: 10, 제38호)

자동기계·전신과 마찬가지로 대공업의 필연적인 산물이다. 우리는 영국에서 공장법의 일반적 적용을 고찰하기 전에 노동시간과 관계없는 그 일부 조항에 대해 간단히 언급할 필요가 있다.

보건조항은, 자본가가 쉽게 그것을 회피할 수 있도록 쓴 어법을 도외시하더라도, 그 내용이 매우 빈약해 사실상 벽에 흰 칠을 하라든가 기타 약간의 청결대책, 환기, 위험한 기계로부터 보호 따위의 규정들에 국한되어 있다. 우리는 노동자들의 팔다리를 보호하기 위해 얼마 되지 않는 비용을 공장주들이 부담하게 되어 있는 조항에 대해 그들이 얼마나 미친 듯이 반대했는가를 제3권∥제5장 제2절 "노동자를 희생시키는 노동조건들의 절약"∥에서 다시 보게 될 것이다. 여기에서도 또한 상호 적대적 이해관계를 가진 사회에서는 각 개인은 자기 자신의 개인적 이익을 추구함으로써 공동의 복지를 촉진한다는 자유무역의 ∥엉터리∥교리가 훌륭히 실증되고 있다! 한 가지 실례만 들어도 충분할 것이다. 잘 아는 바와 같이, 지난 20년간 아일랜드에서는 아마공업과 이에 따르는 타마공장이 대단히 증가했다. 그곳에서는 1864년에 이런 공장이 1,800개나 있었다. 가을과 겨울에는 주로 부근의 소규모 농민들의 자녀들과 부인들—기계를 전혀 알지 못하는 사람들—이 주기적으로 밭노동을 떠나 타마공장의 압연기에 아마를 먹이는 일을 한다. 여기에서 발생하는 사고는 그 수와 종류에서 기계의 역사상 그 유례를 전혀 찾아볼 수 없을 정도다. 코크 근방의 킬디난에 있는 단 하나의 타마공장에서만도 1852년부터 1856년까지 사망이 6건, 불구 정도의 중상이 60건이었는데, 이 모두가 [몇 실링의 비용이 드는] 매우 간단한 장치로 방지할 수 있는 그런 것들이었다. 다운패트리크에 있는 공장들의 의사인 화이트는 1865년 12월 16일의 공식보고에서 다음과 같이 말하고 있다.

"타마공장의 사고는 가장 무서운 종류의 것이다. 많은 경우 팔다리가 몸통에서 떨어져 나간다. 죽든가, 그렇지 않으면 가련한 불구자로 되어 일생 동안 고생을 하든가 둘 중의 하나다. 국내에 공장이 증가함에 따라 물론 이 전율할 결과도 확대될 것이다. 따라서 이 공장들이 법의 규제를 받게 된다면 큰 다행이다. 나는 타마공장들에 대한 적절한 감독에 의해 신체와 생명의 큰 희생이 방지될 수 있다고 확신한다.”[214]

매우 간단한 청결·보건 규정의 준수도 의회 법률에 의거해야 한다는 이 사실보다 더 명백히 자본주의적 생산양식을 특징짓는 것이 또 어디 있겠는가? 1864년의 공장법은 도자기 제조업에서,

“200개 이상의 작업장에 흰 칠을 하게 하고 청소하게 했는데, 다수의 경우에는 20년간이나, 또는 일부의 경우에는 전적으로 그런 일이 절제되어 왔다.”(이것이 자본가의 ‘절욕’이다!)“이런 작업장에는 27,800명의 노동자가 고용되어 지금까지 과도한 주간작업과 가끔 있게 되는 야간작업을 통해 해로운 공기를 마셨다. 이로 말미암아 그렇지 않다면 비교적 해가 없을 이 직업이 질병과 죽음의 위협을 계속 받게 되었다. 공장법은 환기시설을 크게 개선시켰다.”[215]

동시에, 자본주의적 생산양식은 그 본질로 보아 일정한 한계를 넘으면 어떤 합리적 개량도 하지 않는다는 것을 공장법의 보건조항은 뚜렷이 보여준다. 이미 여러 번 지적한 바와 같이, 작업이 계속되는 경우 1인당 최저한도의 공간은 500입방 피트이어야 한다고 영국 의사들은 이구동성

---

214) 같은 보고서. 부록: 15, 제72호 이하.
215) 『공장감독관 보고서. 1865년 10월 31일』: 127.

으로 말하고 있다. 그런데 공장법은, 그 모든 강제규정에 의해, 소규모 작업장을 공장으로 전환시키는 것을 간접적으로 촉진하며, 따라서 간접적으로 소자본가의 재산권을 침해하고 대자본가에게 독점을 보장하고 있는데, 만약 공장법이 그 위에다가 각 작업장에서 각 노동자에게 필요공간을 제공하도록 강제한다면, 그것은 수천 명의 소자본가들을 일격에 직접적으로 몰락시키게 될 것이다. 그것은 대자본이나 소자본이나 할 것 없이 다 같이 노동력의 '자유로운' 구매와 소비에 의해 가치를 증식시킨다는 자본주의적 생산양식의 근본에 대해 타격을 주게 될 것이다. 이리하여 공장법은 이 500입방 피트의 숨 쉴 공간 앞에서는 숨이 딱 막혀버린 것이다. 보건당국·공업조사위원·공장감독관들은 노동자들이 이 500입방 피트를 가지는 것이 필요한 것이지만 그것을 자본가에게 강제하는 것은 불가능하다고 여러 번 말하고 있다. 그리하여 그들은 사실상 폐결핵과 기타 폐병들이 자본의 존재에 필요한 조건이라고 말하는 것이나 다름없다.216)

공장법의 교육조항은 대체로 빈약한 것이지만 초등교육을 아동고용의 의무조건으로 선언했다.217) 이 조항들이 성공을 거둠으로써, 교육과 체

---

216) 실험을 통해 알려진 바에 따르면, 건강한 평균적인 사람이 보통 호흡할 때마다 소비하는 공기는 약 25입방 인치이며 1분간의 호흡은 약 20회다. 따라서 24시간 동안 한 사람의 공기소비량은 약 72만 입방 인치, 즉 416입방 피트다. 그러나 잘 아는 바와 같이, 한번 들여 마신 공기는 자연의 대작업장에서 정화되기 전에는 동일한 과정에 더 이상 봉사할 수 없다. 발렌틴과 브루너의 실험에 따르면, 건강한 사람은 한 시간에 약 1,300입방 인치의 탄산가스를 내뱉는 것으로 생각된다. 이것은 24시간에 약 8온스의 고체탄소가 폐로부터 배출되는 것과 같다. "각 개인은 적어도 800입방 피트를 가져야만 한다."(헉슬리, 『기초 생리학 강의』: 105)

217) 영국 공장법에 따르면, 부모는 14세 미만의 아동에게 초등교육을 받도록 하지 않고서는 그 법의 통제를 받는 공장에 보낼 수 없다. 공장주는 이 법을 준수할 의무가 있다. "공장교육[초등교육]은 의무적이며 또 그것은 노동의

육[218])을 육체노동과 결합시키는 것의 가능성, 따라서 육체노동을 교육·체육과 결합시키는 것의 가능성이 처음으로 입증되었다. 공장감독관들은 학교 선생들의 증언에서 공장아동들이 받는 교육은 비록 정규적 주간 학생들의 절반에 불과하지만 배워 얻는 것은 같거나 때로는 더 많다는 것을 곧 발견했다.

"사정은 간단하다. 학교에 반나절만 나가는 학생들은 언제나 정신이 맑으며, 또 거의 언제나 수업을 받아들일 수 있으며, 또 받아들이려고 한다. 일하면서 배우는 제도에서는 노동과 학업 중 어느 하나가 끝나면 다른 것은 휴식과 기분전환이 되며, 따라서 이 제도는 양자 중 어느 하나가 중단 없이 계속되는 제도보다 아동에게 훨씬 적합하다. 아침 일찍부터 학교에 앉아 있는—특히 날씨가 더울 때—소년은 [노동을 끝마치고 생기 있고 맑은 정신으로 오는] 소년과 도저히 경쟁할 수 없다."[219])

한 조건이다."(『공장감독관 보고서. 1865년 10월 31일』: 111)

218) 공장아동과 빈민학생들에 대해 의무교육과 체육(소년들에게는 군사훈련)을 결합시킨 것이 이룩한 매우 유익한 성과에 대해서는 '사회과학진흥 국민협회' 제7차 연차대회에서 행한 시니어의 「연설」(에든버러·런던 1863: 63~64)과 『공장감독관 보고서. 1865년 10월 31일』: 118~119, 120, 126 이하를 보라.

219) 『공장감독관 보고서. 1865년 10월 31일』: 118~119. 어떤 견직공장주는 소박하게 아동노동 조사위원회의 조사위원에게 다음과 같이 말했다. "유능한 노동자를 생산하는 진정한 비결은 어렸을 때부터 노동과 교육을 결합시키는 데 있다고 나는 확신한다. 물론 노동은 너무 격렬한 것이어서도 안 되며 싫증이 나게 하는 것이거나 건강에 해로운 것이어서도 안 된다. 나는 내 자식들도 학업에 변화를 주기 위해 노동과 유희를 하게 하려고 생각한다."(『아동노동 조사위원회. 제5차 보고서』: 82, 제36호)

또 하나의 논증은 1863년 에든버러의 사회과학대회에서 행한 시니어의 「연설」에서도 볼 수 있다. 그는 여기에서 무엇보다도 상류·중류 계급의 아동들이 받는 단조롭고 비생산적인 장시간의 수업이 선생의 노동을 쓸데없이 증가시키며, "동시에 아동들의 시간·건강·정력을 무익하게 낭비시킬 뿐 아니라 절대적으로 해롭게 낭비시킨다."[220]고 지적하고 있다. 로버트 오언이 상세하게 지적하고 있는 바와 같이, 공장제도로부터 미래 교육의 싹이 나오고 있다. 이 교육은 일정한 나이 이상의 모든 아동들에게 생산적 노동을 학업·체육과 결합시키게 될 것인데, 이것은 생산의 능률을 올리기 위한 방법일 뿐 아니라 전면적으로 발달한 인간을 키우기 위한 유일한 방법이기도 하다.

우리가 이미 본 바와 같이, 대공업은 [각 인간을 어떤 한 부분작업에 일생 동안 묶어두는] 매뉴팩처적 분업을 기술적으로 타파한다. 그러나 이와 동시에 대공업의 자본주의적 형태는 그 분업을 더욱 괴상한 것으로 재생산한다. 즉 진정한 공장 안에서는 노동자를 기계의 의식 있는 부속물로 전환시킴으로써, 그리고 진정한 공장 이외의 모든 곳에서는 기계와 기계취급노동자를 드문드문 사용함으로써,[221] 그리고 분업의 새로운 토

---

220) 시니어의 「연설」, 앞의 책: 66. 대공업이 일정한 발전단계에 이르면, 물질적 생산방식과 사회적 생산관계의 변혁을 통해 사람들의 정신도 변혁시킬 수 있다는 사실은, 1863년의 시니어의 「연설」과, 1833년의 공장법을 반대하는 그의 『편지』(런던 1837)를 비교하면 뚜렷이 알 수 있다. 또한 그것은 위에서 말한 사회과학 대회의 견해와, 잉글랜드의 일부 농촌지방에서는 가난한 부모들이 항상 굶어 죽을까 두려워서 자기 자녀들을 교육시키지 못하고 있다는 사실을 비교해 보면 뚜렷이 알 수 있다. 예컨대 스넬은 가난한 사람이 교구의 구호를 요청할 때 자기 자녀들을 퇴학시켜야 하는 것이 서머싯셔의 관례라고 보고하고 있다. 펠삼의 목사 올라턴도 또한 어떤 가족들이 "자기 아동들을 학교에 보내고 있기 때문에" 모든 구호를 거절당한 사실을 말하고 있다.

221) 인력으로 움직이는 수공업적 기계가 기계동력으로 움직이는 더 발달한 기계와 직접 간접으로 경쟁하는 곳에서는, 기계를 움직이는 노동자에게 일대 변

대로서 부인·아동·미숙련공의 노동을 도입함으로써, 분업을 괴상한 형태로 재생산한다. 매뉴팩처의 분업과 대공업의 기본 특징 사이의 모순은 강렬하게 겉으로 드러난다. 그것은 예컨대 다음과 같은 무서운 사실을 보면 알 수 있다. 즉 근대적 공장과 근대적 매뉴팩처에 고용된 아동들의 대부분은 매우 어릴 때부터 가장 단순한 작업에 묶여 여러 해 착취당하면서도 나중에 동일한 공장에서라도 유용한 어떤 기능skill 하나도 배우지 못한다는 사실이다. 영국의 인쇄업에서는 이전에는 도제들이 단순한 작업에서 복잡한 작업으로 이행하는, 종래의 매뉴팩처와 수공업 제도에 어울리는 하나의 제도가 있었다. 그들은 완전한 인쇄공이 되기까지 여러 가지의 훈련과정을 거쳤다. 읽고 쓸 수 있다는 것이 모든 사람에게 인쇄공이 되기 위한 한 가지 필요조건이었다. 그러나 인쇄기가 나타나면서 이 모든 것은 달라졌다. 기계는 두 종류의 노동자를 사용한다. 하나는 기계를 관리하는 성인 노동자이고, 다른 하나는 대개 11~17세의 소년 노동자들인데 이들이 하는 일은 오로지 인쇄용지를 기계에 집어넣든가 인쇄된 종이를 기계에서 빼내는 것이다. 이들은 특히 런던에서는 1주일에 며칠 동안은 휴식 없이 14, 15, 16시간이나 이 고역에 종사하며, 때로는 식사시간과 수면시간으로 불과 두 시간을 가질 뿐 연속 36시간이나 일하

화가 일어난다. 시초에는 증기기관이 이런 노동자를 대신했는데 이제는 노동자가 증기기관을 대신해야 한다. 따라서 그의 노동력의 긴장과 지출은 무서울 정도로 증대하는데, 이런 고역을 해야하는 아동들에게 특히 그러하다. 예컨대 위원회의 위원인 론지는 코벤트리와 그 근방에서 10세 내지 15세의 소년들을 리본 직기의 동력으로 사용하는 것을 보았다. 그리고 그보다도 어린 아동들은 더 적은 규모의 직기를 움직여야 했는데 그들에 대해서는 더 말할 것도 없다. 그것은 매우 고달픈 노동이다. "소년은 증기력의 단순한 대용물이다."(『아동노동 조사위원회. 제5차 보고서』, 1866년: 114, 제6호) 공식보고에서 말하고 있는 '이 노예제도'의 살인적 결과에 관해서는 같은 보고서: 114 이하를 보라.

는 수도 있다.[222] 그들의 대부분은 읽을 줄을 모르며 또 그들은 대체로 아주 야만적이고 비정상적인 인간들이다.

> "그들이 해야 할 작업에는 그 어떤 지적 훈련도 필요하지 않다. 그 작업에는 기능도 필요 없고 판단은 더욱 필요 없다. 그들의 임금은 소년으로서는 어느 정도 높지만 그들의 성장에 비례해 상승하지 않으며, 또 대다수는 소득이 더 좋고 더 책임감이 있는 기계관리공의 지위에 올라갈 수도 없다. 왜냐하면 각 기계에는 관리공이 1명에 불과한데 소년들은 적어도 2명, 때로는 4명이나 붙어 있기 때문이다."[223]

그들은 아동노동에 적합한 나이를 넘기만 하면, 즉 많아도 17세가 되기만 하면 인쇄업에서 해고된다. 그들은 범죄를 저지를 우려가 있는 사람이 된다. 그들에게 무슨 다른 직업을 주려는 약간의 시도가 있었지만 그들의 무지, 난폭, 육체적·정신적 타락 때문에 실패했다.

매뉴팩처 작업장 안의 분업에 타당하는 것은 사회 안의 분업에도 타당하다. 수공업과 매뉴팩처가 사회적 생산의 전반적 토대를 이루고 있는 한, 생산자를 어떤 한 생산부문에 종속시키는 것, 그의 능력의 최초의 다양성을 파괴하는 것은[224] 발전과정의 필연적인 측면이다. 이런 토대 위

---

222) 같은 보고서: 3, 제24호.

223) 같은 보고서: 7, 제60호.

224) "스코틀랜드 고지의 일부 지방에서는…몇 년 전만 하더라도, 통계보고에 따르면, 많은 농민들과 양치기들은 처자들과 함께 자기 자신이 무두질한 가죽으로 자기 자신이 만든 구두를 신었으며, 자기 자신의 손 외에는 아무의 손도 닿지 않은, 즉 자기 자신이 벤 양모 또는 자기 자신이 재배한 아마로 만든 의복을 입고 다녔다. 의복을 만드는 데 필요한 물품 중 송곳·바늘·골무, 직조에 사용되는 몇 개의 철제도구 외에는 아무것도 사지 않았다. 염료도 역시 여성들의 손으로 나무와 풀 기타에서 채취했다."(스튜어트, 『정치경제

에서 개별적인 각 생산부문은 기술적으로 적합한 자기 형태를 경험적으로 발견하며 그것을 천천히 완성시켜 간다. 그리하여 일정한 성숙도에 이르자마자 자기 형태는 급속히 고정되어 버린다. 일단 이렇게 되면 변화를 일으키는 유일한 것은, 상업이 제공하는 새로운 노동재료를 제외하면, 노동도구의 점차적인 변화뿐이다. 그러나 노동도구도 경험에 의해 적합한 형태가 일단 발견되면 고정되어 버리는데, 그것은 노동도구가 한 세대의 수중에서 다른 세대의 수중으로 때로는 수천 년 변하지 않고 전해지는 것을 보아도 알 수 있다. 이런 사정을 특징적으로 나타내는 것은, 18세기에 이르기까지 각각의 직업을 '비법mysteries'이라고 불렀고,[225] 오직 경험적으로 또 직업적으로 통달한 사람들만이 그 비법을 체득할 수 있었다는 점이다. 대공업은 이런 장막―즉 인간에게 자기 자신의 사회적 생산과정을 은폐하고, 또 자연발생적으로 분화된 각종 생산부문들을 외부사람뿐 아니라 그 부문의 상속자들에 대해서까지 수수께끼로 만든 그 장막―을 찢어버렸다. 대공업의 원리―즉 각 생산과정을 그 자체로써 파악하며 그것을 구성운동들로 분해하는 것[인간의 손이 그 구성운동들을 담당할 수 있는가 없는가를 먼저 고려하지 않고]―는 새로운 근대적 과학인 기술공학technology을 낳았다. 사회적 생산과정의 다양하고 언뜻 보기에 내부 관련이 없는 듯한 고정된 형태들은 자연과학의 의식적이고 계획적인 응용을 위해 분해되었고, 특정한 유용효과를 얻기 위해 체계적으로 분할되었다. 기술공학은, 또한 비록 사용되는 도구들은 다양하

학 강의』. 해밀턴 편찬, 『저작집』. 제8권: 327~328)

225) 부알로의 유명한 『직업의 책』에는 특히 다음과 같은 것이 지적되어 있다. 즉 직인이 장인에게 채용될 때, 직인은 "동료를 형제와 같이 사랑하고, 그들을 도와주며, 직업상의 비밀을 임의로 누설하지 않고, 전체 조합의 이익을 위해, 타인 제품의 결함에 구매자의 주의를 환기시키면서 자기 자신의 상품을 권하는 일은 하지 말 것"을 맹세해야 한다는 것이다.

더라도, 인체의 모든 생산적 활동이 필연적으로 취하게 되는 소수의 주요 기본 운동형태들을 발견했는데, 이것은 마치 기계가 아무리 복잡하다 하더라도 그것은 모두 단순한 기계적 과정들의 끊임없는 재현에 지나지 않는다는 것을 기계학이 이해하고 있는 것과 마찬가지다.

근대적 공업은 결코 어떤 생산과정의 기존형태를 최종적인 것으로 보지도 않으며 그렇게 취급하지도 않는다. 그러므로 종전의 모든 생산방식은 본질적으로 보수적이었지만 근대적 공업의 기술적 토대는 혁명적이다.226) 근대적 공업은 기계, 화학적 과정, 기타 방법들에 의해 생산의 기술적 토대뿐 아니라, 노동자의 기능과 노동과정의 사회적 결합들을 끊임없이 변혁시키고 있다. 따라서 근대적 공업은 또한 사회 안의 분업도 변혁시키며, 대량의 자본과 노동자를 한 생산부문에서 다른 생산부문으로 끊임없이 이동시킨다. 그러므로 대공업은 본성상 노동의 전환성variation, 기능의 유동성fluidity, 노동자의 전면적인 이동성mobility을 필요로 한다. 그러나 다른 한편 대공업은 자기의 자본주의적 형태에서는 종래의 분업을 그 고정된 특수성을 가진 채로 재생산한다. 이미 본 바와 같이, 대공업의 기술적 필요성과 대공업의 자본주의적 형태에 내재하는 사회적 특성 사이의 이 절대적 모순은 노동자 생활상태의 모든 평온·확실성·보

---

226) "부르주아지는 생산도구를 끊임없이 변혁하지 않고서는, 그렇기 때문에 생산관계를 따라서 사회관계의 총체를 혁신하지 않고서는, 존재할 수 없다. 이와 반대로 종전의 모든 산업계급의 첫 번째 생존조건은 낡은 생산방식을 그대로 유지하는 것이었다. 생산의 끊임없는 변혁, 모든 사회상태의 끊임없는 동요, 항구적 불안과 선동은 부르주아 시대를 모든 선행하는 시대와 구별한다. 굳어지고 녹슨 모든 관계는 거기에 따르는 케케묵은 신성시된 관념·견해와 함께 타파되고, 새로 형성되는 모든 것은 그것이 미처 굳어지기도 전에 벌써 낡은 것으로 되고 만다. 모든 견고한 것은 녹아 증발하고, 모든 신성한 것은 모독된다. 그리하여 사람들은 드디어 자기의 현실적인 생활상태와, 다른 사람과의 관계를 냉정한 눈으로 관찰할 수밖에 없게 된다."(엥겔스와 마르크스, 『공산당 선언』. 1848 [CW 6: 487])

장을 빼앗고, 노동자의 수중으로부터 노동수단과 함께 생활수단을 빼앗으려고 끊임없이 위협하며,227) 그리고 노동자의 부분기능을 폐지함으로써 노동자를 불필요한 존재로 만들려고 끊임없이 위협하고 있다. 더욱이 이 모순은 노동자계급의 끊임없는 희생, 노동력의 한없는 낭비, 사회적 무정부성의 파괴적인 영향이라는 형태로 자기를 드러내고 있다. 이것은 부정적 측면이다. 그러나 노동의 전환성은 한편으로는 지금 불가항력적인 자연법칙으로서, 그리고 자연법칙의 맹목적 파괴작용[도처에서 저항에 부딪친다]을 동반하면서 실현되고 있지만,228) 다른 한편으로 대공업은 노동의 전환성[따라서 노동자가 다양한 종류의 노동에 최대로 적합하게 되는 것, 또는 노동자의 다양한 능력을 가능한 최대 한도로 발전시키는 것]을 기본적 생산법칙으로 인정하라고 자기의 파국[공황]을 통해 강요하고 있다. 따라서 노동 전환의 이런 가능성은 사회적 생산의 일반법칙이 되어야 하며, 기존 관계들은 이것이 현실적으로 실현될 수 있도록 개조되어야만 한다. 자본주의적 착취의 탐욕을 항상 충족시켜주기 위해 비참한 상태에 묶어두고 있는 산업예비군이라는 괴물은 어떤 종류의

---

227) "그대 내 생활수단을 빼앗아 갈진대
그대는 내 목숨을 빼앗는 것이로다."(셰익스피어, 『『베니스의 상인』. 제4막 제1장』)

228) 프랑스의 한 노동자는 샌프란시스코에서 귀국해 다음과 같이 쓰고 있다. "나는 [캘리포니아에서 실제로 한 바와 같은] 온갖 종류의 노동을 할 수 있으리라고는 일찍이 생각한 적이 없었다. 나는 인쇄업 외에는 아무것도 할 수 없다고 확신하고 있었다…그런데 내의를 바꾸어 입기보다도 더 쉽게 직업을 바꾸는 이 모험자들의 세계 한가운데 일단 들어서자 나도 역시 남과 같이 하게 되었다. 광산 일이 그렇게 신통하지 못하다는 것을 알고 나는 그것을 버리고 도시로 가서 인쇄공, 슬레이트공, 배관공 등을 차례로 해 보았다. 어떤 노동도 할 수 있다는 나 자신의 경험을 통해 나는 내가 연체동물이라기보다는 사람이라는 것을 느끼게 되었다."(코르봉, 『직업교육』. 제2판: 50)

노동이라도 절대적으로 할 수 있는 개인으로 대체되어야만 한다. 즉 부분적으로 발달한 개인[그는 오직 하나의 특수한 사회적 기능의 담당자일 뿐이다]은 전면적으로 발달한 개인[그에게는 각종의 사회적 기능은 그가 차례차례로 행하는 각종의 활동방식에 불과하다]에 의해 대체되어야 한다.

대공업에 기반을 두고 자연발생적으로 발전한 이 변혁과정의 한 요소는 공업학교와 농업학교이며, 다른 요소는 '직업학교'[여기에서는 노동자의 자녀들이 기술공학과 각종 노동도구의 실제 사용법에 관해 약간의 수업을 받는다]이다. 자본으로부터 쟁취한 최초의 빈약한 양보인 공장법은 초등교육을 공장노동과 결합시키는 데 불과하지만, 노동자계급이 불가피하게 정권을 장악했을 때는 이론과 실천이 병행하는 기술교육이 노동자 학교에서 마땅한 자리를 차지하게 될 것은 의심의 여지가 없다. 또한 이와 같은 혁명의 효소들 [예: 공업학교 · 농업학교 · 직업학교 · 기술교육] ─이것들의 목표는 종래의 분업을 철폐하는 것이다─은 자본주의적 생산형태와 이것에 어울리는 노동자의 경제적 상태와는 전적으로 모순된다는 것도 의심의 여지가 없다. 그러나 일정한 역사적 생산형태의 모순들이 전개되는 것은 그 생산형태가 해체되고 새로운 생산형태가 형성되는 유일한 역사적 길이다. "제화공이여, 자기의 본분을 지켜라!"하는 최고의 수공업적 지혜는, 시계제조공 와트가 증기기관을, 이발사 아크라이트가 방적기를, 보석공 풀턴이 기선을 발명한 순간부터 그야말로 터무니없는 구절이 되어버렸다.229)

---

229) 경제학사상 진실로 드문 인물인 벨러즈는 이미 17세기 말에, 사회의 두 대립하는 양극에 위축과 비대를 낳고 있는 현재의 교육과 분업을 철폐해야 할 필요성을 매우 분명히 인식하고 있었다. 그는 적절하게도 특히 다음과 같이 말하고 있다. "안일한 공부는 안일성을 배우는 것보다 조금도 낫지 않다… 육체노동은 본래 하느님이 정하신 바다…노동이 신체의 건강에 필요한 것은

공장법이 공장, 매뉴팩처 등에서 노동을 규제하는 것에 국한되고 있는 한, 그것은 다만 자본의 착취권에 대한 간섭으로 나타날 따름이다. 그러나 공장법이 이른바 가내노동230)을 규제하게 되면 그것은 곧 부권[즉 근대적 용어로 말하면 친권]에 대한 직접적인 침해로 나타난다. 그리하여 다정한 영국 의회는 이런 규제조치를 취하는 것을 오랫동안 망설이는 체했다. 그러나 대공업은 종래의 가족제도의 경제적 토대와 이에 어울리는 가족노동을 붕괴시킴으로써 종래의 가족관계까지도 해체하게 되었으므로, 의회는 이 현실을 인정하고, 아동의 권리를 선언하지 않을 수 없었다. 1866년의 아동노동 조사위원회의 최종보고에는 다음과 같이 지적되어 있다.

"불행하게도 남녀 아동을 어느 누구보다도 그들의 부모들로부터 보호할 필요가 있다는 것이 모든 증언에 의해 명백하다."(아동노동 일반, 특히 가내 아동노동을 무제한 착취하는 제도는) "부모가 어리고 연약한 자기 자녀들에게 자기마음대로 해로운 권력을 아무런 구속도 통제도 받지 않고 행사함으로써만 유지된다…부모가 자기 자녀들을 매주 얼마간의 임금을 얻기 위한 단순한 기계로 만들 절대권을 가져서는 안 된다…아동과 미성년자들은 자기들의 체력을 너무 일찍부터 파괴

식사가 신체의 유지에 필요한 것과 같다. 왜냐하면 사람이 안일에 의해 벗어나는 고통은 이번에는 병에서 다시 만날 것이기 때문이다…노동은 생명의 등불에 기름을 부어주며 생각은 그것에 불을 붙인다…공허한 아동노동은"(이 말은 바세도파와 그들의 근대적 추종자들에 대한 예언자적 경고다)"아동들의 정신을 공허하게 한다."(『산업전문학교의 설립에 관한 제안』: 12, 14, 16, 18)

230) 가내노동이 작은 작업장들에서 대부분 실시된다는 것은 우리가 이미 레이스 제조업과 밀짚 세공업에서 보았는데, 이것은 특히 셰필드, 버밍엄 등의 금속 매뉴팩처에서도 상세하게 증명할 수 있다.

하며 자기들의 도덕적 · 지적 수준을 저하시키는 모든 것으로부터 자기들을 보호해 줄 것을 하나의 자연권으로써 정당하게 의회에 요구할 수 있다."231)

그러나 자본이 미성숙 노동력을 직접적 또는 간접적으로 착취하게 된 것은 친권의 남용 때문이 아니다. 오히려 이와 반대로 자본주의적 착취방식이야말로 친권에 어울리는 경제적 토대를 제거함으로써 친권을 남용하게 만든 것이다. 그런데 자본주의체제 안에서 종래 가족제도의 붕괴가 아무리 무섭고 메스껍게 보일지라도, 대공업은 가정 영역 밖에 있는 사회적으로 조직된 생산과정에서 부인 · 미성년자 · 남녀 아동들에게 중요한 임무를 부여함으로써, 가족과 남녀관계의 더 높은 형태를 위한 새로운 경제적 토대를 창조하고 있다. 기독교-게르만적 가족형태를 절대적이고 최종적이라고 생각하는 것은, 고대 로마적 또는 고대 그리스적 또는 동양적 형태를 절대적이라고 생각한 것과 마찬가지로 비합리적임은 물론이다. 왜냐하면 후자는 하나의 역사적 발전계열을 형성할 뿐이라는 것이 사실상 드러났기 때문이다. 또한 남녀노소의 개인들로 집단적 노동그룹이 구성되어 있다는 사실은, 생산과정이 노동자를 위해 존재하는 것이 아니라 노동자가 생산과정을 위해 존재하는 집단적 노동그룹의 자연발생적이고 야만적인 자본주의적 형태에서는 부패와 노예상태의 해로운 원천이 되지만, 적당한 조건에서는 이와 반대로 우아한 발전의 원천이 될 수 있으리라는 것도 명백하다.232)

공장법을 일반화할 필요성[즉 공장법을 기계제 생산의 최초 형태인 방

---

231) 『아동노동 조사위원회. 제5차 보고서』. 부록: 25, 제162호; 『제2차 보고서』. 부록: 38, 제285, 289호; 25, 26, 제191호.

232) "공장노동은 가내노동만큼이나 순수하고 훌륭하다고, 아니 아마도 그 이상이라고 할 수 있을 것이다."(『공장감독관 보고서. 1865년 10월 31일』: 129)

적업과 직조업에만 전적으로 적용되는 특별법에서 모든 사회적 생산에 적용되는 일반법으로 전환시킬 필요성]은 우리가 이미 본 바와 같이, 대공업의 역사적 발전과정에서 생겼다. 왜냐하면 대공업을 배경으로 매뉴팩처·수공업·가내공업의 전통적 모습은 완전히 변혁되어, 매뉴팩처는 끊임없이 공장제도로, 수공업은 끊임없이 매뉴팩처로 전환되며, 끝으로 수공업과 가내공업의 분야들은 놀랄 만큼 짧은 시간에 참담한 빈민굴로 변해 그곳에서 자본주의적 착취가 흉악무도하게 자유롭게 발휘되었기 때문이다. 공장법의 일반화에는 다음과 같은 두 가지의 사정이 결정적인 구실을 한다. 첫째로 자본은 사회의 어떤 한 지점에서 국가의 통제를 받게 될 때는 다른 모든 지점들에서 더욱더 무모하게 보상을 받으려고 한다는 끊임없이 반복되는 경험적인 사실 때문이며,233) 둘째로 자본가 자신이 경쟁조건의 평등, 즉 노동착취에 대한 규제의 균등화를 요구하고 있다는 사정 때문이다.234) 후자에 관해 두 개의 진정어린 외침을 들어보자. 쿡슬리 합명회사[브리스틀에 있는 못·사슬 등의 제조업자]는 자기 사업에서 자발적으로 공장법의 규제들을 실시했다.

"부근의 사업체들에서는 종래의 나쁜 제도가 아직 존속하고 있기 때문에, 쿡슬리 합명회사는 자기의 소년공들이 저녁 6시 이후 다른 공장에 가서 노동을 계속하는 유혹을 받게 되는 불리한 처지에 놓이지 않을 수 없다. 쿡슬리 회사는 당연하게도 다음과 같이 말한다. '이것은 우리에게는 불공정하며 또 손실이다. 왜냐하면 그 소년의 힘에서 나오는 모든 이익을 우리가 얻어야 하는 데도 그 힘의 일부가 다른 공장들을 위해 소모되기 때문이다.'"235)

---

233) 같은 보고서: 27~32.
234) 이에 관해서는 공장감독관의 보고서에 많은 예증이 있다.
235) 『아동노동 조사위원회. 제5차 보고서』. 부록: 10, 제35호.

심프슨(런던의 종이상자 · 종이봉지 제조업자)은 아동노동 조사위원회 위원들에게 다음과 같이 말한다.

"그는 공장법의 도입을 위한 청원이라면 어느 것에도 서명할 용의가 있다…그는 자기의 작업장 문을 닫은 뒤에 다른 사람들이 노동자들에게 더 오래 작업을 시켜 자기의 주문을 탈취하지나 않을까 하는 생각에 언제나 밤잠을 못 이룰 지경이다."236) (아동노동 조사위원회는 뭉뚱그려 이렇게 말한다.) "대기업주들의 공장은 규제를 받는데, 같은 생산부문의 소기업체는 노동시간의 법적 제한을 조금도 받지 않는다는 것은 대기업주들에게 부당하다. 이밖에도 대공장주들은 소년노동 · 여성노동의 공급이 공장법의 적용을 받지 않는 작업장으로 쏠린다는 점에서도 불리하게 된다. 더욱이 그것은 작은 작업장의 증가에 자극을 줄 것인데, 이 작은 작업장은 국민의 보건 · 안락 · 교육 · 전반적 처지의 개선에 거의 예외 없이 조금도 유익하지 않다."237)

아동노동 조사위원회는 그 최종보고에서 1,400,000명 이상의 아동 · 미성년자 · 부인들—그 중 약 반수는 소규모 업체와 가내공업에서 착취되고 있다—에게 공장법을 적용하라고 제의하고 있다.238) 위원회는 이

---

236) 같은 보고서. 부록: 9, 제28호.

237) 같은 보고서. 부록: 25, 제165~167호. 소기업에 대한 대기업의 우월성에 관해서는 『아동노동 조사위원회. 제3차 보고서』: 13, 제144호; 25, 제121호; 26, 제125호; 27, 제140호 등을 참조할 것.

238) 그들이 제의한 공업부문은 다음과 같다. 레이스 제조업, 양말 제조업, 밀짚 세공업, 각종 의류 제조업, 조화업造花業, 구두 · 모자 · 장갑 제조업, 재봉업, 용광로로부터 바늘 제조 등에 이르는 모든 금속공장, 제지공장, 유리 제조업, 담배 제조업, 고무 제조업, 꼰 실(직조용) 제조업, 카펫 수직업, 우산 · 양산 제조업, 방추 · 실패 제조업, 인쇄업, 제본업, 문방구 제조업(이에는 종

렇게 말한다.

"의회가 우리의 제안을 전폭적으로 받아들인다면, 의심할 여지없이 그런 입법은 그 입법의 더욱 직접적 대상인 나이 어린 사람들과 허약자들에 대해서 뿐 아니라, 직접적으로 또는 간접적으로 그 적용범위에 들어가게 될 더욱 방대한 성인노동자에 대해서도 매우 유익한 영향을 줄 것이다. 그것은 그들에게 규칙적이고 단축된 노동시간을 강요할 것이고, 그것은 그들의 작업장을 위생적이고 청결한 상태로 유지하게 할 것이며, 그것은 [그들 자신의 복지와 나라의 복지가 많이 의존하고 있는] 체력의 보존을 관리하고 개선할 것이고, 그것은 유년기의 과도노동이 자라고 있는 세대들의 신체를 파괴하며 그들을 일찍 늙어버리게 하는 것을 방지할 것이며, 마지막으로, 그것은 적어도 13세 미만의 아동에게는 초등교육의 기회를 주며 그렇게 함으로써 그들의 무지를 종식시킬 것이다. 그들의 무지에 대해서는 보조위원회의 보고에 충실히 묘사되어 있는데, 그것을 비통한 감정과 매우 깊은 국민적 굴욕감 없이는 볼 수가 없다."239)

토리당 내각은 1867년 2월 5일의 국왕 연설을 통해, 아동노동 조사위원회의 제안을 법안으로 작성했다고 발표했다.240) 여기까지 도달하는 데

이상자 · 카드 · 색종이 등의 제조도 속한다), 로프 제조업, 흑옥장식품 제조업, 벽돌공장, 수견직 제조업, 견직리본 제조업, 제염업, 양초 제조업, 시멘트공장, 사탕 정제업, 비스킷 제조업, 각종 목공업, 기타 잡공업.

239) 『아동노동 조사위원회. 제5차 보고서』. 부록: 25, 제169호.

240) 공장법 확장조례는 1867년 8월 12일에 통과되었다. 그 적용대상은 모든 금속주물공장, 금속단조공장, 기계제작공장을 포함하는 금속가공 공장들과, 유리, 종이, 구타페르카gutta-percha 고무, 탄성 고무, 담배 제조업, 인쇄업, 제본업, 그리고 50명 이상의 종업원을 가진 모든 작업장들이다. 1867년 8월

20년 동안에 걸친 '가치 없는 생물체에 대한 실험'[즉 노동자들의 고통]이 추가로 필요했던 것이다. 1840년에 이미 아동노동을 조사하기 위한 의회 위원회가 임명되어 있었다. 그 위원회의 1842년 보고에 관해 시니어는 다음과 같이 말하고 있다.

"고용주들과 부모들의 탐욕·이기주의·잔인성, 아동들과 미성년자들의 곤궁·타락·파멸에 관한 전대미문의 가장 무서운 광경"(을 보고는 폭로했다.) "이 보고는 과거 어느 시대의 참상을 그린 것이라고 사람들은 생각할 수도 있을 것이다. 그러나 유감이지만 우리는 이 전율할 상태가 현재도 이전과 조금도 다름없이 참혹하게 계속되고 있다는 것을 보고에서 본다. 1860년에 하드위크가 발간한 소책자에는 1842년에 비난을 받았던 나쁜 폐단들이 오늘날(1863년)에 와서도 여전히 극심하다고 쓰여 있다. 그 보고(1842년)는 20년 동안이나 사람들의 관심 밖에 있었는데, 이것은 노동자계급 아동들의 도덕과 건강에 대해 일반적으로 무관심했다는 증거다. 그 동안에 이른바 도덕이라든가 학교교육, 종교 또는 천성적인 애정이라든가를 조금도 알지 못하고 자란 아동들이 벌써 지금 세대의 부모로 되었다."241)

{엥겔스: [이하는 엥겔스가 불어판에서 영어판과 제4독어판에 넣은 것이다.] 그 사이에 사회상황은 변했다. 의회는 1842년의 위원회 요구는 거절했지만 1863년의 요구는 감히 거절하지 못했다. 그리하여 위원회가 처음으로 자기 보고서의 일부를 겨우 공표했던 1864년에는 이미 토기공업(도자기

17일에 통과된 노동시간 규제법[또는 작업장 규제법]은 소작업장들과 이른바 가내공업을 단속하고 있다. 나는 제2권에서 이 법률들과 1872년의 새로운 광업법 등에 대해 다시 언급할 것이다.

241) 시니어, 「연설」: 55~58.

제조업을 포함), 벽지, 성냥, 탄약통·뇌관 제조, 벨벳 털깎이 등이 섬유공업에 적용되고 있던 법률의 적용을 받게 되었다. 1867년 2월 5일 국왕 연설을 통해 당시의 토리당 내각은 1866년에 자기 사업을 끝마친 위원회의 최종보고서에 의거해 다른 법안들을 제출하겠다고 발표했다.

1867년 8월 15일에는 공장법 확장조례가, 그리고 동년 8월 21일에는 작업장 규제법이 국왕의 재가를 받았는데, 전자는 대기업체를, 후자는 소기업체를 규제했다.

공장법 확장조례에 의해 공장법의 적용을 받는 대상은 용광로, 제철·제동 공장, 주물공장, 기계제작공장, 금속가공공장, 구타페르카 고무공장, 제지공장, 유리공장, 담배공장, 인쇄업, 제본업인데, 한마디로 말해 50명 이상의 인원이 동시적으로 연중 적어도 100일간 고용되는 종류의 모든 공업작업장들이다.

작업장 규제법이 그 적용에서 포괄하는 분야의 범위를 이해하기 위해 거기에 들어 있는 일부 정의를 들어보자.

"수공업이라 함은 판매하기 위한 어떤 물품 또는 그 물품의 일부를 제조·변경·장식·수선 또는 완성하기 위해, 직업적으로 또는 영리를 목적으로 또는 이에 따라 수행하는 모든 손노동을 말한다."

"작업장이라 함은 아동, 미성년자 또는 부인이 수공업에 종사하며, 또 그런 아동, 미성년자 또는 부인을 고용하고 있는 사람이 출입과 통제의 권리를 가지고 있는 실내 또는 실외의 모든 방 또는 장소를 말한다."

"취업자라 함은 임금을 받든 안 받든 장인 또는 [아래에 상세히 규정되어 있는] 부모 밑에서 수공업에 종사하는 사람을 말한다."

"부모라 함은 아버지, 어머니, 후견인 등…아동 또는 미성년자를 후견 또는 통제하는 권리를 가진 사람을 말한다."

제7조는 이 법의 규정을 위반해 아동·미성년자·부인을 취업시키는 것에 대해서는 작업장의 소유주[부모이든 아니든]에 대해서 뿐 아니라, "아동·미성년자·부인을 후견하든가 또는 그 노동으로부터 직접적 이익을 얻는 사람들 또는 부모"에 대해서도 벌금을 부과할 것을 규정하고 있다.

대규모 공장들을 대상으로 하는 공장법 확장조례는 많은 해로운 예외조항과 자본가들과의 비겁한 타협으로 말미암아 공장법보다 후퇴하고 있다.

작업장 규제법은 그 세부규정이 본래 빈약한 것인데, 그나마도 그 실시를 위임받은 도시와 지방 당국들의 수중에서 효력을 잃어버리고 말았다. 의회가 1871년에 그 전권을 그들로부터 떼어 공장감독관에게 넘겨준 결과 그들의 감독범위는 한꺼번에 100,000개 이상의 작업장과, 벽돌공장만 하더라도 300개 이상이 추가되었다. 그런데 그 인원은 이미 부족한 상태인데도 오직 8명의 보조감독관만이 추가되었을 따름이다.[242]

그리하여 1867년의 이 영국 입법에서 주목되는 것은, 한편으로 지배계급의 의회가 자본주의적 착취의 지나침을 반대해 그처럼 특별하고 광범한 조치를 원칙적으로 취하지 않을 수 없었다는 점이며, 다른 한편으로는 의회가 이 조치를 실제로 실시할 때 주저하고 마지못해 하며 무성의했다는 점이다.

1862년의 조사위원회는 또한 광산업에 대한 새로운 규제를 제안했다. 광산업이 다른 모든 산업과 다른 점은, 여기에서는 토지[광산] 소유자와 산업자본가의 이해가 서로 일치한다는 데 있다. 이 양자의 이해가 대립

---

242) 공장감독관의 인적 구성은 2명의 감독관, 2명의 보조감독관, 41명의 부감독관이었다. 1871년에 8명의 부감독관이 더 임명되었다. 1871~1872년[1회계연도]에 잉글랜드, 스코틀랜드, 아일랜드에서 공장법 실시에 소요된 총비용은 위반자를 기소하는 데 든 법률비용을 포함해 불과 £25,347이었다.

하는 것이 공장입법에는 유리한 조건인데, 여기에서는 그런 대립이 없기 때문에 광산입법은 지연되고 애매모호하게 된 것이다.

1840년의 조사위원회는 무시무시하고 격분을 자아내는 진상을 폭로해 유럽 전체를 떠들썩하게 만들었기 때문에, 의회는 양심상 가책을 면하기 위해 1842년의 광업법을 통과시켰다. 그러나 그것은 여성과 10세 미만 아동의 지하노동을 금지하는 데 그쳤을 뿐이다.

그 뒤 1860년에 광산감독법이 나왔는데, 그것에 따르면, 광산들은 전담관리들의 감독을 받아야 하며, 또 10~12세의 아동들은 취학증명서를 가지고 있지 않거나 또는 일정한 시간 수를 등교하지 않는 경우에는 고용될 수 없다. 이 법은 임명된 감독관의 수가 가소로울 만큼 적다는 것, 그들의 권한이 보잘것없다는 것, 또 앞으로 상세하게 설명하게 될 기타 원인들에 의해 완전히 사문화되고 말았다.}

{엥겔스: ⎰이하는 제1독어판에서는 주에 있던 것을 불어판과 영어판의 예에 따라 제4독어판의 본문으로 엥겔스가 옮긴 것이다.⎱

광산업에 관한 최근 정부공식문서의 하나는 『광산 특별위원회 보고서, 1866년 7월 23일』이다. 그것은 증인을 소환하고 심문할 권한이 부여되어 있는 하원의원들이 작성한 것으로서 두터운 2절판의 책인데, 『보고서』 그 자체는 불과 다섯줄밖에 되지 않으며, 그 내용도 위원회로서는 아무 할 말이 없으며 더 많은 증인들을 심문하지 않으면 안 된다고 하는 것이다!

증인심문의 방법은 영국 재판정의 반대심문을 상기시킨다. 영국 재판정에서는 변호사가 파렴치하고 엉뚱하며 의미가 애매모호하고 뒤얽힌 질문을 종횡으로 함으로써 증인을 얼떨떨하게 만들어 속에 없는 말을 하게 한다. 그런데 여기에서는 변호사가 의회의 조사위원 자신들이며 그 중에는 광산소유자들과 채광업자들도 있다. 그리고 증인들은 광산노동자들이며 대개는 탄광노동자들이다. 전체 연극은 자본의 정신을 너무나 특징적으로 보여주고 있으므로 여기에서는 약간만 발췌해 인용하지 않을 수 없다. 간단하게 하기 위해 나는 조사결과 등을 항목별로 분류하겠다. 그리고 질문과 의무적 답변들에는 영국 공식문서의 번호를 붙였는데, 여기에 인용하는 증언을 한 증인들은 탄광노동자들이라는 것을 부언해 둔다.

1. 광산에서 10세 이상 소년들의 고용—광산까지의 왕복시간을 포함해 노동은 보통 14시간 내지 15시간이며 예외적으로는 더 장시간이 되는데 새벽 3, 4, 5시로부터 저녁 5, 6시까지 계속된다(제6, 452, 83호). 성인노동자는 2교대로 8시간씩 작업하지만, 비용을 절약하기 위해 소년들에게는 그런 교대가 없다(제80, 203, 204호). 어린 소년들은 주로 광산의 여러 구역의 환기문을 열었다 닫았다 하는 일에 고용되며, 더 나이 많은 소년들은 더 힘든 작업, 즉 석탄운반 등에 고용된다(제122, 739, 740, 1717호). 장시간의 지하노동은 18세 또는 22세에 이르기까지 계속되며, 그때에 가서야 진짜 광부의 작업을 하게 된다(제161호). 현재 아동들과 미성년자들은 어느 시기보다도 더 심하게 혹사되고 있다(제1663~1667호). 광부들은 거의 이구동성으로 14세 미만의 아동들의 광산노동을 금지하는 의회 입법을 요망하고 있다. 그런데 하원의원 비비안(그 자신 광산소유자)은 이렇게 질문한다.

"이 요망은 부모의 빈곤 정도에 따라 달라지는 것이 아닌가?" 하원의원 브루스: "아버지가 죽거나 병들거나 불구가 되면, 그리고 어머니 혼자만 있다면, 12세 내지 14세의 아동이 가족을 위해 하루 1실링 7펜스를 버는 것을 막는 것은 곤란한 일이 아니겠는가?…일반적 법칙을 말해야만 한다…그대들은 14세 미만의 아동들의 지하노동을, 그의 부모 상태가 어떠하든 금지하기를 바라는가?" — "그렇다"(제107~110호). 비비안: "광산에서 14세 미만 아동들의 노동을 금지하면 부모들은 아동들

을 공장 방면으로 보내게 되지 않을까?"―"대개는 그렇지 않다"(제
174호). 하원의원 킨나드: "일부 소년들은 문지기인가?"―"그렇다."
"당신이 문을 열고 닫을 때마다 공기가 많이 움직이지 않는가?"―"공
기가 많이 움직인다." "문을 열었다 닫았다 하는 것은 쉬운 일인 것같이
보이는데, 사실상 고통스러운 일인가?"―"소년은 마치 컴컴한 감방에
갇혀 있는 것과 같다." 비비안: "소년은 문지기를 하는 동안 등불이 있
어도 독서를 할 수 없는가?"―"양초만 있다면 독서할 수는 있다…그
러나 책을 읽다가 들키면 야단을 맞는다. 그는 자기 일에 신경을 써야
하며, 자기 일을 수행해야 할 의무가 있다. 무엇보다도 먼저 일에 전념
해야 한다. 나는 갱내에서 독서가 허용되리라고는 생각하지 않는다"(제
139, 141, 143, 158, 160호).

2. 교육―광부들은 공장에서와 같이 광산에서도 자기 아동들의 의무교
육에 관한 법률을 제정할 것을 요구하고 있다. 그들은 1860년의 공장법
중 10~12세 아동들을 채용할 때 취학증명서가 필요하다는 조항은 전혀
믿을 수 없는 것이라고 말하고 있다. 이 문제에 관한 증인신문은 참으로
우스꽝스러운 것이었다.

"그 법은 고용주를 단속하는 데 더 필요한가 그렇지 않으면 부모를
단속하는 데 더 필요한가?"―"모두에 대해 필요하다고 생각한다"(제
115호). "어느 일방을 단속하는 데 필요하다고 말할 수 없는가?"―
"무어라 대답할 수 없다"(제116호). "겉으로 보기에 고용주들은 소년
들이 학교에 갈 수 있는 시간을 가져야 한다고 바라는 것 같았는가?"
―"그것 때문에 노동시간이 단축되는 일은 없었다"(제137호). "광산
노동자들은 일반적으로 자신의 교육을 개선하고 있지 않는가? 그들
중 광산에서 일했기 때문에 자신의 교육을 크게 개선시킨 사람은 없는

가? 광산을 떠나면 자기의 장점을 잃지 않는가?"—"그들은 전반적으로 악화되고 있다. 그들은 악습에 물들어 음주·도박 등에 빠져 아주 타락하고 있다"(제211호). "고용주들이 야간학교를 열어 교육시키려고 하는가?"—"탄광에는 야간학교가 거의 없다. 야간학교가 있는 탄광에서도 학교에 가는 소년들은 적다. 과도노동으로 너무나 기진맥진해 눈이 감겨 뜰 수가 없기 때문에 야간학교에 간다는 것은 의미가 없다"(제454호). 이 부르주아는 결론적으로 말한다. "그러면 그대들은 교육을 반대하는가?"—"천만에, 그러나…"따위(제443호). "고용주들은 취학증명서를 요구할 의무를 지고 있지 않는가?"—"법률상으로는 지고 있지만 고용주들은 요구하지 않는다." "그대들의 의견에 따르면, 이 법률조항은 전반적으로 실시되고 있지 않다는 말인가?"—"그것은 전혀 실시되지 않고 있다"(제443, 444호). "광산노동자들은 교육문제에 큰 관심을 가지고 있는가?"—"절대다수가 가지고 있다"(제717호). "그들은 이 법률의 시행을 열망하는가?"—"절대다수가 열망한다"(제718호). "이 나라에서 어떤 법률이라도…국민들 스스로가 그 법률의 시행을 돕지 않으면 효과를 거둘 수 있다고 생각하는가?"—"다수 노동자는 취학증명서 없는 소년들을 채용하는 것을 반대하지만 그렇게 하면 그는 찍힌다"(제720호). "누구에 의해 찍힌다는 말인가?"—"그의 고용주다"(제721호). "그러면 고용주는 법률을 준수하는 사람들을 박해한다는 말인가?"—"그렇다고 나는 생각한다"(제722호). "읽지도 쓰지도 못하는 10~12세 소년의 채용에 반대하는 노동자가 있다는 것을 들은 적이 있는가?"—"그것은 그들의 뜻대로 되는 일이 아니다"(제723호). "그대는 의회의 간섭을 요망하는가?"—"탄광 아동들의 교육에 어떤 효과적인 결과를 얻자면 그것은 의회입법에 의해 강제적으로 실시되어야 한다"(제1634호). "이것은 영국의 전체 노동자들에 해당하는 말인가, 그렇지 않으면 탄광노동자들에게만 해당하는 말인

가?"—"내가 여기에 온 것은 탄광노동자들의 이름으로 말하기 위해
서다"(제1636호). "왜 탄광아동들을 다른 아동들과 구별하는가?"—
"그들은 통례에서 벗어난 하나의 예외이기 때문이다"(제1638호). "어
떤 점에서인가?"—"육체상으로 그렇다"(제1639호). "그들에게는 왜
다른 부류의 아동들보다 교육이 더 귀중한가?"—"더 귀중한지는 모
르겠다. 그러나 그들은 광산의 과도노동 때문에 주간학교나 일요학교
에서 교육을 받을 기회가 더 적다."(제1640호). "이런 종류의 문제를
그 자체로서만 고찰하는 것은 불가능하지 않은가?"(제1644호). "이 지
방에는 학교가 충분히 있는가?"—"부족하다"(제1646호). "국가가 모
든 아동을 학교에 보내야 한다고 요구하더라도 아동을 전부 수용할 학
교가 어디에 있단 말인가?"—"그렇게 해야 할 사정이 생기기만 하면
학교는 저절로 세워질 것으로 나는 믿는다"(제1647호). "약간의 소년
들만이 읽지도 쓰지도 못하는 것이 아닌가?"—"아동들뿐 아니라 성
인 광산노동자들까지도 그 대다수는 쓰지도 읽지도 못한다"(제705,
726호).

3. 여성고용—여성노동자들은 벌써 1842년 이래 지하노동에는 고용되
지 않고 지상에서 석탄 등을 쌓는 작업, 운하와 화차까지 탄차를 끌고
가는 작업, 석탄의 선별작업 등에 고용된다. 그들의 인원수는 최근 3~4
년 동안 대단히 증가했다(제1727호). 그들은 대개 12세로부터 50세, 60
세까지고, 탄광노동자들의 부인, 딸, 과부들이다(제647, 1779, 1781호).

"탄광노동자들은 여성들의 탄광 취업을 어떻게 생각하는가?"—
"그들은 모두 반대한다"(제648호). "왜?"—"그들은 그것이 여성을 타
락시킨다고 생각한다"(제649호). "복장이 이상한가?"—"그렇다…그
들은 남자 옷을 입는다. 많은 경우 수치심이 다 없어진다.""여성들이

담배를 피우는가?"—"일부 여성들은 담배를 피운다."매우 더러운 일이라고 생각되는데?"—"매우 더럽다."검댕 투성이가 되는가?"—"지하 탄갱에 있는 사람처럼 검댕 투성이다…그들 중에는 결혼한 부인들도 많은데 그들은 애들을 돌보지 못한다"(제651~654, 701호). "과부들은 그만한 소득이 있는"(주 8~10실링)"다른 일자리를 구할 수 있는가?"—"그에 대해서는 무어라고 나는 말할 수 없다"(제709호). "그런데도 그대들은"(이 냉혹한 녀석들!)"여성들의 이 생계 원천을 빼앗으려고 결심하는가?"—"확실히 그렇다"(제710호). "여성의 고용에 대해 이 지방의 일반적 느낌은 어떤가?"—"여성을 타락시킨다는 것이다. 우리들 광부들은 여성을 대단히 존중하기 때문에 그들이 탄광노동에 얽매여 있는 것을 차마 볼 수가 없다…이 노동은 대부분 대단히 힘들다. 이 소녀들의 다수는 하루에 10톤을 끌어 올린다"(제1715, 1717호). "그대들은 탄광에서 일하는 여성노동자들이 공장에서 일하는 여성노동자들보다 더 비도덕적이라고 생각하는가?"—"불량자의 비율이 여기가 조금 더 높다"(제1732호). "그러나 그대들은 공장의 도덕 상태에도 만족하는 것은 아니지 않는가?"—"만족하는 것은 아니다"(제1733호). "그러면 그대들은 공장에서도 여성노동을 금지할 것을 바라는가?"—"아니다. 나는 그것을 바라지 않는다"(제1734호). "왜 바라지 않는가?"—"공장노동은 여성에게 더욱 알맞기 때문이다"(제1735호). "그러나 공장노동도 여성들의 도덕성에 해로운 것이 아닌가?"—"탄광에서처럼 심하지는 않다. 그런데 내가 말하는 것은 도덕적 관점뿐이 아니다. 사회적 관점에서도 그렇다. 처녀들의 사회적 타락은 매우 통탄할만하다. 이런 400~500명의 처녀들이 탄광노동자들의 처가 될 때 남편은 그들의 타락 때문에 매우 고심할 것이며 그로 말미암아 가정에서 뛰어나와 술집에 파묻히게 될 것이다"(제1736호). "탄광에서 여성의 고용을 중단시키면 제철소에서도 중단시켜야 하지 않는가?"—"나는 다른 생산부문들에 관해서는 말할 수 없다"(제1737호). "그러면 제철소와 탄광 지상에서 일하는 여성들 사이에는 어떤 차이가 있는가?"—"나는 이 문제를 생각해 본 일이 없다"(제1740호). "그대는 이 두 부류 사이에 어떤 차이를 발견할 수 없는가?"—"나는 이 점에 대해 아무것도 자신 있게 말할 수 없으나, 집집마다 다녀보면 우리 지방의 수치스러운 상태를 알 수 있다"(제1741호). "그대들은 여성이 타락하는 곳에서는 어디서나 여성노동을 폐지하기를 열망하는 것인가?"—"여성의 고용은 해롭다. 영국사람들의 가장 좋은 정서는 어머니의 교육에서 얻은 것이다"(제1750호). "이것은 여성들의 농업노동에도 해당되지 않는가?"—"그렇다. 그러나 농업노동은 두 계절에 한하지만 탄광노동은 네 계절을 통해 언제나 일이 계속된다…탄광의 여성들은 때때로 온 몸을 물에 적셔가면서 밤낮으로 일하며, 그들의 몸은 약해지고 건강은 파괴된다"(제1751호). "그대들은 이 문제[여성고용에 관한]를 전반적으로 연구한 일이 있는가?"—"내 주위를 관찰해 본 바에 따르면, 탄광의 여성고용이 미친 영향에 비교할 만한 것은 본 적이 없다…이것은 남성의 일이며…그것도 힘센 남성의 일이다"(제1753, 1783, 1784, 1786, 1790, 1793, 1794호). "탄광노동자들 중에서 자기의 처지를 개선해 사람답게 살아보려고 노력하는 우수한 부류들도 그 아내들로부터 전혀 도움을 받지 못하고 도리어 그녀들 때문에 타락한다는 말인가?"—"그렇다"(제1808호).

이들 부르주아로부터 더욱 말도 되지 않는 질문들이 나온 뒤, 과부나 가난한 가족 따위에 대해 그들이 '동정'하는 이유가 드디어 드러났다.

"탄광소유자가 감독으로 임명하는 사람은 신사들인데, 그들은 주인의 비위를 맞추기 위해 모든 것을 가장 경제적으로 처리하며, 그리하여 이 여성들은 남자가 하루에 2실링 6펜스를 받는 그런 일을 하고서도 겨우 1실링 내지 1실링 6펜스밖에는 받지 못한다"(제1816호).

4. 검시 배심원—

"그대들의 지방 검시관의 검시에 관해서인데, 노동자들은 사고가 일어났을 때 검시에 만족하고 있는가?"— "아니다. 만족하고 있지 않다"(제360호). "왜 만족하고 있지 않는가?"— "주된 이유는 탄광일에 대해 전혀 아무것도 모르는 사람들을 배심원으로 임명하기 때문이다." "노동자는 배심원으로 호출되지 않는가?"— "그런 일이 없다. 노동자들은 증인으로밖에는 소환되지 않는다." "일반적으로 배심원으로 호출되는 사람은 누구인가?"— "대체로 부근의 상인들이 호출된다…상인들은 사정상 탄광소유자의 영향을 때때로 받는다. 상인들은 대체로 지식이 전혀 없으며 증인들의 이야기와 전문용어를 전혀 이해하지 못한다." "배심원이 탄광에서 일한 적이 있는 사람들로 구성되기를 원하는가?"— "그렇다. 일부라도…우리는 판결이 일반적으로 증언에 근거하지 않는다고 생각한다"(제361, 364, 366, 368, 371, 375호). "공평한 배심원을 호출하자는 것인가?"— "그렇다." "배심원의 다수가 노동자로 구성되면 공평할 것인가?"— "노동자가 불공평하게 행동할 동기가 없다…노동자들은 광산의 실정을 더 잘 알고 있다." "노동자들은 부당하게 가혹한 판결을 내리려는 경향이 없을까?"— "없다고 생각한다"(제378, 379, 380호).

5. 부정 도량형—노동자들은 2주일마다 지급 받는 대신 1주일마다 지급 받기를, 석탄을 운반하는 통의 부피에 의한 계산 대신 무게에 의한 계산을, 그리고 부정 도량형의 사용 방지 등을 요망하고 있다(제1071호).

"통을 크게 만들어 속인다면, 14일 전에 예고하고 그 탄광을 떠날 수 있지 않은가?"—"그러나 다른 곳에 가도 마찬가지 형편이다"(제1071호). "그러나 부정행위가 있다면 그곳을 떠날 수 있지 않은가?"—"부정행위는 어디서나 마찬가지다"(제1072호). "그러나 가는 곳마다 14일 전에 예고하고 떠날 수 있지 않은가?"—"있다"(제1073호). 그만 해 두자!

6. 탄광 감독—노동자들은 가스 폭발에 의한 사고로만 고통을 받는 것이 아니다(제234호 이하).

"우리들은 갱내의 환기가 나쁜 것에 대해서도 많은 불평을 한다…환기가 일반적으로 너무 나빠 숨을 쉬기 어려울 정도다. 작업을 오랫동안 하고 나서는 다른 일을 아무것도 하지 못할 지경이다. 내가 일하고 있는 부분에서는 환기가 나빠 사람들이 일을 멈추고 집에 가지 않으면 안 되었다 … 몇몇은 폭발할만한 가스가 없는 곳에서 오직 환기가 나빠 몇 주 동안 결근했다 … 주요 갱도에는 일반적으로 공기가 충분한데 사람들이 작업하는 갱내로 공기를 들여보내려는 노력을 하지 않는다." "왜 감독관에게 말하지 않는가?"—"사실을 말하자면, 말하는 것을 겁내는 사람들이 많다. 감독관에게 말했다고 하여 해고당한 사람들이 있었다." "왜? 그는 불평한다고 찍힌 사람인가?"—"그렇다.""그리고 그는 다른 탄광에서 취직하기도 어려운가?"—"그렇다.""당신 부근의 탄광들은 1860년의 광산감독법 규정에 맞게 충분히 점검되고 있다고 생각하는가?"—"아니다. 탄광들은 전혀 점검되고 있지 않다…감독관이 7년만에 꼭 한 번 갱내까지 내려온 적이 있다…내가 속한 지역에는 감독관의 수가 충분하지 않다. 우리에게는 70세 이상의 노인감독관 한 사람이 있는데 그는 130개 이상의 탄광을 점검해야 한다.""당신은 부감독관들을 원하는가?"— "그렇다"(제234, 241, 251, 254, 274, 275, 554, 276, 293호). "그러나 정부가 당신이 원하는 그 모든 일을 수행할 수 있을 만큼의 감독관을 유지할 수 있다고 생각하는가?"— "불가능 하다고는 생각하지 않는다.""감독관이 자주 오는 것이 바람직한가?" — "물론이다. 오라고 요구받지 않고서도"(제280, 277호). "감독관들 이 탄광을 그렇게 자주 점검하게 되면 적합한 환기장치를 설치하는 책 임이 탄광소유주로부터 정부 관리로 전가된다고 생각하지 않는가?"— "그렇게 생각하지 않는다. 이미 존재하는 법의 규정을 준수하도록 하 는 것이 감독관의 업무이다"(제285호). "당신들이 말하는 부감독관은 현재의 감독관보다도 봉급이 낮고 자격이 떨어지는 사람을 의미하는 가?"— "당신들이 더 나은 사람들을 보낼 수 있다면 우리는 자격이 낮 은 사람을 원할 턱이 없다"(제294호). "당신들은 더 많은 감독관을 원 하는가 아니면 자격이 낮은 사람들을 감독관으로 원하는가?"— "직접 광산을 뛰어다니며 제 몸을 아끼지 않고 모든 일들이 정상적으로 되어 가는가를 점검하는 사람이 필요하다"(제295호). "당신들의 소원이 실 현되어 자격이 낮은 감독관이 파견된다면 기능 부족 등으로 위험이 발 생하지 않을까?"— "정부는 이 문제를 고려해 적합한 사람을 감독관 의 자리에 앉혀야 할 것이다"(제297호).

이런 종류의 심문은 드디어 조사위원회 위원장 자신에게도 너무나 어 리석게 생각되어, 그는 다음과 같이 참견했다.

"당신들이 바라는 사람은 탄광의 모든 자세한 사항을 점검하고 갱내 에 들어가 진정한 사실을 찾아내고…그것을 감독관에게 보고함으로써 그로 하여금 자기의 과학적 지식을 적용할 수 있게 하는 그런 사람이 아닌가?"(제298, 299호). "이 낡은 탄갱들에 모두 환기시설을 하자면

비용이 많이 들지 않겠는가?"—"비용은 더 들지 모르나 인명이 보호
될 것이다"(제531호).

한 탄광노동자는 1860년의 광산감독법 제17조에 대해 다음과 같이 항
의한다.

"현재, 만약 탄광감독관이 탄광의 어떤 부분이 일하는 데 부적합하
다는 것을 발견하면, 그는 그것을 탄광주와 내무부 장관에게 보고하지
않으면 안 된다. 그 뒤 탄광주가 그 문제를 검토하도록 20일의 유예기
간이 주어지는데, 이 20일이 지난 뒤 그는 어떤 변경도 거절할 수 있
다. 그러나 거절할 때 그는 내무부 장관에게 서한을 보내면서 5명의
광산 기사를 추천하는데, 장관은 그 중에서 한 명 또는 그 이상을 중재
자로 임명하게 되어 있다. 이 경우 탄광주는 사실상 자기 자신의 중재
자를 지명하는 것과 다름없다고 우리는 주장한다"(제581호).

그 자신이 탄광주인 부르주아 심문관은 말한다.

"이것은 순전히 공상적인 항의가 아닌가?"(제586호). "그대들은 광
산 기사들의 정직성을 의심하고 있는 것이 아닌가?"—"이 제도는 매
우 불공평하고 불공정하다"(제588호). "광산 기사들은 일종의 공적 성
격을 가지고 있으니만큼 그대들이 의심하는 불공평한 판결을 내리지
않을 것이 아닌가?"—"나는 이 사람들의 개인적 인격에 관한 질문에
는 대답하지 않으려 한다. 나는 그들이 많은 경우 매우 불공평하게 행
동하므로, 사람의 생명이 좌우되는 문제에서는 그와 같은 권력을 그들
에게 주어서는 안 된다고 확신한다"(제589호).

이 부르주아는 뻔뻔스럽게도 이렇게 질문한다.

"폭발은 탄광주에게도 손해를 준다고 생각하지 않는가?"

끝으로:

"그대들 랭커셔의 노동자들은 정부의 도움을 받지 않고 자신들의 이익을 옹호할 수 없는가?"— "없다"(제1042호).

1865년에 영국에는 3,217개의 탄광과 12명의 감독관이 있었다. 요크셔의 한 탄광주 자신의 계산에 따르면(『더 타임즈』, 1867년 1월 26일자), 감독관들은 그들의 시간을 전부 잡아먹는 순수한 행정사무를 무시하더라도, 각 감독관은 각 광산을 10년에 한 번 방문할 수 있을 뿐이다. 최근 10년 동안 사고가 그 건수에서나 규모에서(때로는 희생자가 200~300명에 달한다) 더욱더 증가하고 있는 것은 전혀 이상한 일이 아니다. 이것이 '자유로운' 자본주의적 생산의 아름다운 점이다!}

{엥겔스: [이하는 엥겔스가 불어판과 영어판에서 제4독어판으로 옮긴 것이다] 광산에서 일하는 아동들의 노동시간을 규제하며 또 채광업자와 광산소유자에게 이른바 사고에 대한 책임을 어느 정도 지우는 최초의 법[결함투성이이긴 하지만]이 1872년 의회를 통과했다. [이 법이 『석탄 광산과 기타 광산을 규제하는 법률들을 통합하여 수정하는 법』 An act to consolidate and amend the acts relating to the regulation of coal mines and certain other mines. 10 August 1872이다.]

농업에서 아동·미성년자·여성들의 노동을 조사하기 위한 1867년의 왕립조사위원회는 약간의 매우 중요한 보고를 발표했다. 공장법의 원칙들을 수정해 농업에 적용하려는 시도가 몇 번 있었으나, 현재까지는 그 모두가 완전히 실패했다. 그러나 내가 여기에서 지적하고자 하는 것은, 이 원칙들을 전반적으로 적용하려는 것이 이제는 확고부동한 추세로 되고 있다는 점이다.}

노동자계급의 육체와 정신의 보호수단으로서 공장법의 일반화가 불가피한 것으로 되었다면, 다른 한편 이 일반화는 이미 지적한 바와 같이 다수의 분산된 소규모 사업체들이 소수의 결합된 대규모 사업체로 전환하는 것을 촉진하며, 따라서 자본의 집적과 공장제도의 배타적 지배를 강화한다. 공장법의 일반화는 [자본의 지배가 아직도 부분적으로 은폐되고 있는] 낡은 형태들과 과도적 형태들을 파괴하고, 자본의 직접적이고 노골적인 지배로 대체하기 때문에, 자본의 지배에 대한 직접적인 투쟁도 일반화한다. 또한 공장법의 일반화는 개별 작업장에서 균일성·규칙성·질서·절약을 강요하지만, 다른 한편으로 노동일의 제한과 규제가 기술개량에 준 강력한 자극을 통해 자본주의적 생산 전체의 무정부성과 파국, 노동 강도, 그리고 기계와 노동자 사이의 경쟁을 증대시킨다. 더욱이 공장법의 일반화는 소규모 가내공업을 붕괴시킴으로써 '과잉인구'의 마지막 피난처를 파괴하며, 따라서 또 사회기구 전체의 지금까지 내려온 안전판을 제거한다. 결국 공장법의 일반화는 생산과정의 물질적 조건과 사회적 결합을 성숙시킴으로써, 생산과정의 자본주의적 형태의 모순과 적대를, 이리하여 새로운 사회를 형성할 요소들과 낡은 사회를 타도할 세력들을 모두 성숙시킨다.[243]

---

243) 로버트 오언은 협동조합 공장과 협동조합 상점의 시조이지만, 그는 위에서 이미 지적한 바와 같이 변혁의 이런 개개 요소들의 의의에 관해 그의 추종자들이 가졌던 것과 같은 환상은 결코 가지지 않았다. 그는 사실상 공장제도를 자기 실험의 유일한 토대로 삼았을 뿐 아니라 이론상으로도 공장제도를 사회혁명의 출발점이라고 선언했다. 라이덴 대학교의 경제학교수 비세링은,

속되기 짝이 없는 속류경제학을 가장 적당한 형태로 서술하고 있는 자기의
『국민경제학 실무요람』(1860~1862년)에서, 대공업을 반대하고 수공업 생산
을 한사코 옹호하고 있는데, 그때 그는 공장제도가 사회혁명의 출발점인 것
을 예감하고 있는 듯하다.

{엥겔스: 서로 모순되는 공장법, 공장법 확장조례, 작업장 규제법에 의해 영
국 입법이 초래한 '모순되는 법률조항들의 해결할 수 없는 뒤엉킴'은 드디어
참을 수 없게 되었으며, 그리하여 '1878년의 공장·작업장법'(the Factory and
Workshop Act of 1878)이 관련법 전체를 포괄하여 나왔다. 영국의 이 현행 산
업법에 대한 상세한 비판은 물론 여기에서는 할 수 없다. 따라서 다음과 같
은 지적에 그치려 한다. 이 법의 내용은 다음과 같다.

(1) 섬유공장. 여기에서는 거의 전부가 이전과 같다. 즉 허용된 노동시간은
10세 이상의 아동은 하루 $5\frac{1}{2}$시간 또는 6시간. 단 6시간인 경우에는 토요
일은 휴일이다. 미성년자들과 부인들은 5일간은 10시간, 토요일은 최고 $6\frac{1}{2}$
시간.

(2) 섬유공장 이외의 공장. 이 공장들에 대한 규정은 종전보다는 섬유공장들
의 규정에 많이 접근했으나 아직도 자본가들에게 유리한 예외가 많이 있
는데, 이 예외는 내무부장관의 특별허가에 의해 더 확장될 수 있다.

(3) 작업장. 작업장에 대한 규정은 대체로 종전의 법에 규정된 것과 같다.
아동, 미성년자 또는 부인들에 대해서는 작업장들은 섬유공장 이외의 공
장들과 거의 같이 취급되고 있으나 어떤 세부 항목에서는 많이 완화되어
있다.

(4) 아동 또는 미성년자들은 없고 18세 이상의 남녀들만 고용하고 있는 작업
장. 이 부류에 대해서는 더욱 완화되어 있다.

(5) 자택에서 가족구성원들만 일하고 있는 가내 작업장. 이에 대한 규정은
더욱 신축성이 있으며, 동시에 감독관은 살림방을 겸하고 있는 작업장에
는 장관 또는 판사의 특별허가가 없이는 들어갈 수 없다는 제한이 있고, 끝
으로 가족에 의한 밀짚 세공업, 레이스 제조업 및 장갑 제조업은 무제한
으로 방임되고 있다. 이 법은 결함은 많지만 '스위스의 1877년 3월 23일
의 연방공장법'과 더불어 이 방면에서 가장 훌륭한 법률이다. 이 법을 스
위스의 연방법과 비교하는 것은 특히 흥미 있는 일인데, 왜냐하면 이렇게
비교함으로써 두 가지 입법방법─영국적 '역사적' 방법, 즉 사건이 생길
때마다 개입하는 방법과, 대륙적인 방법, 즉 프랑스 혁명의 전통에 따라
더욱 일반적인 규제를 제정하는 방법─의 장단점을 아주 똑똑히 알 수 있

제10절 대공업과 농업

대공업이 농업과 농업생산자들의 사회적 관계에 일으키는 혁명은 뒤에 설명하려 한다. 그러므로 여기에서는 그 설명에 앞서 약간의 결과들을 간단히 지적하는 데 그친다. 기계의 사용은, 농업에서는 공장노동자들에게 주는 것과 같은 육체적으로 해로운 영향은 대체로 주고 있지 만,[244] [뒤에서 상세히 검토하는 바와 같이] 노동자들의 '과잉화'에 더욱 강하게 작용하면서도 반항은 오히려 더 적게 받는다. 예컨대 케임브리지서와 서포크서에서는 최근 20년[1846~1866] 동안 경지면적은 대단히 확장되었지만 농촌인구는 상대적으로 뿐 아니라 절대적으로도 감소했다. 미국에서는 농업기계가 아직은 잠재적으로만 노동자를 대신하고 있다. 다시 말해 기계는 생산자들로 하여금 더 큰 면적을 경작할 수 있게 하지만 현실적으로 취업 농업노동자들을 축출하고 있지는 않다. 1861년 잉글랜드와 웨일즈에서 농업기계의 제작에 종사하는 인원은 1,034명인데, 농업기계와 증기기관을 사용하는 데 고용된 농업노동자의 수는 불과 1,205명이었다.

농업분야에서 대공업은 낡은 사회의 보루인 '소경영 농민peasant'을 파멸시켜 임금노동자로 전환시킨다는 의미에서 다른 어느 분야보다도 더욱

기 때문이다. 유감이지만 영국의 법은, 감독관의 수가 부족하기 때문에, 작업장에 실제로 적용한다는 측면에서 보면 아직도 대부분 효력 없는 문서에 지나지 않는다.}

244) 잉글랜드 농업에 사용되는 기계류에 대해서는 함, 『잉글랜드의 농업 도구와 기계』(2판, 1856년)를 보라. 잉글랜드 농업의 발달과정에 관한 묘사에서 그는 너무나 무비판적으로 라베르뉴(1855)를 추종하고 있다. {엥겔스: 물론 이 책은 지금은 낡아빠진 것이다.}

혁명적인 영향을 미친다. 그리하여 사회적 변혁의 요구와 계급적 대립은 농촌에서도 도시에서와 마찬가지가 된다. 낡고 불합리하기 짝이 없는 전통적 작업방식은 과학적인 것으로 대체된다. 초기에 농업과 매뉴팩처를 서로 얽어매고 있던 원시적 가족적 유대는 자본주의적 생산방식에 의해 완전히 해체된다. 그러나 동시에 자본주의적 생산방식은 미래에 농업과 공업의 더 높은 종합, 즉 농업과 공업이 서로 적대적으로 분리되어 있던 동안에 각각이 달성한 더욱 완성된 형태를 기초로 농업과 공업의 결합을 재건하기 위한 물질적 조건을 만들어 낸다. 자본주의적 생산은 인구를 대중심지로 집결시키며 도시인구의 비중을 끊임없이 증가시키는데, 이것은 한편으로 사회의 역사적 동력을 집중시키고, 다른 한편으로 인간과 토지 사이의 물질대사를 교란한다. 즉 인간이 식품과 의복의 형태로 소비한 토지 성분들을 토지로 복귀시키지 않고, 따라서 토지의 비옥도를 유지하는 데 필요한 자연적 조건을 뒤흔들어 놓는다. 그리하여 자본주의적 생산은 도시노동자의 육체적 건강과 농촌노동자의 정신생활을 다 같이 파괴한다.245) 자본주의적 생산은 물질대사의 유지를 위한 자연발생적 조건을 파괴한 뒤에야 비로소, 물질대사를 사회적 생산을 규제하는 법칙으로서 그리고 인류의 완전한 발전에 적합한 형태로 체계적으로 재건할 것을 절박하게 요구한다. 농업에서도 공업에서와 마찬가지로 생산과정의 자본주의적 전환은 동시에 생산자들을 희생시키는 역사이고, 노동수단은 노동자를 예속하고 착취하며 가난하게 만드는 수단이 되며, 노동과

---

245) "당신들은 국민을 바보 같은 촌사람과 나약한 난쟁이의 두 적대진영으로 분할한다. 하느님 맙소사! 농업세력과 상업세력으로 분할된 국민이 이 잔인하고 부자연스러운 분할에도 불구하고, 아니 바로 그 때문에, 스스로 건전한 국민이라고 부르며 스스로 개화되고 문명화한 국민이라고 부르고 있다."(어쾨트, 『상용어』: 119) 이 구절은 현대를 어떻게 판단하고 비난하는가를 알면서도 어떻게 이해하는가를 모르는 비판의 장점과 단점을 동시에 드러내고 있다.

정의 사회적 결합은 노동자의 개인적 활기, 자유 및 자립성을 짓밟는 조
직형태가 된다. 농촌노동자들이 넓은 지역에 분산되어 있는 것은 그들의
저항력을 약화시키는데, 도시에서는 노동자들의 집중이 그들의 저항력
을 증가시킨다. 근대적 도시공업에서와 같이 근대적 농업에서도 노동생
산성의 향상과 노동량의 증가는 노동력 자체의 낭비와 파괴에 의해 얻어
진다. 더욱이 자본주의적 농업의 모든 진보는 노동자뿐 아니라 토지를
약탈하는 방식의 진보이며, 일정한 기간에 토지의 비옥도를 높이는 모든
진보는 비옥도의 항구적 원천을 파괴하는 진보다. 예컨대 미국처럼 한
나라가 대공업을 토대로 발전하면 할수록, 토지의 파괴과정은 그만큼 더
급속해진다.246) 따라서 자본주의적 생산은 모든 부의 원천인 토지와 노

---

246) 리비히, 『농업과 생리학에 화학을 적용』(7판, 1862년). 특히 제1권의 '농업
상의 자연법칙에 관한 서론' 참조. 자연과학적 관점에서 근대적 농업의 부정
적(파괴적) 측면을 폭로한 것은 리비히의 불멸의 공적의 하나다. 농업사에
관한 그의 간단한 서술도 심한 오류가 없는 것은 아니지만 빛나는 통찰력을
내포하고 있다. 그러나 그가 다음과 같이 마음 내키는 대로 말하고 있는 것
은 유감천만이다. "토지를 잘 부수어 부드럽게 하고 자주 갈아엎으면, 공기
구멍이 많은 토양 내부의 환기가 촉진되어, 공기의 작용을 받게 되는 토양의
표면은 증대하며 갱신된다. 그러나 쉽게 이해할 수 있는 바와 같이, 수확의
증가는 경지에 지출된 노동에 비례할 수는 없으며, 수확은 훨씬 적은 비율로
증가한다. 이 법칙은 존 스튜어트 밀에 의해 처음으로 자기의 『정치경제학
원리』(제1권: 17)에서 다음과 같이 표현되고 있다. '토지생산물은, 기타의
조건이 동일하다면, 취업노동자의 증가에 대해 체감적 비율로 증가한다.'[밀
은 여기에서 리카도학파가 세운 법칙을 그릇된 형태로 반복하고 있다. 왜냐
하면 '취업노동자의 감소'가 영국에서는 농업의 진보와 나란히 나타나고 있
으며, 따라서 영국에 관해 영국에서 발견된 그 법칙은 적어도 영국에서는
전혀 적용되지 않기 때문이다.] '그것은 농업의 일반적 법칙이다.' 밀이 이
법칙의 이유를 알지 못했다는 것은 매우 놀랄만한 일이다."(리비히, 같은
책, 제1권: 143과 주). 리비히는 '노동'이란 용어를 경제학에서 채택하고 있
는 것과는 다른 의미로 이해하고 있는데, 그 해석의 오류는 도외시하더라도,
어쨌든 '매우 놀랄만한 일'은 그가 J. S. 밀을 이 이론 [토지의 수확체감 법

동자를 동시에 파괴한 뒤에야 비로소, 각종 생산과정들을 하나의 사회
전체로 결합하여 새로운 기술을 발전시키게 된다.

칙] 의 창시자라고 말하고 있다는 점이다. 이 이론은 J. 앤더슨이 A. 스미스
시대에 처음으로 발표했으며, 그 뒤 19세기 초엽에 이르기까지 각종 저술에
서 반복되었고, 1815년에는 표절의 대가 맬더스(그의 인구론 전체가 파렴치
한 표절이다)가 그것을 자기의 것으로 만들었으며, 웨스트는 앤더슨과 같은
시대에 그러나 앤더슨과는 독립적으로 이 이론을 전개했고, 리카도는 1817
년에 그것을 가치의 일반이론에 연결시켰으며, 그때부터 이 이론은 리카도
의 이름으로 세계를 일주했고, 1820년에는 제임스 밀(J. S. 밀의 아버지)에
의해 속류화되었으며, 마지막으로 J. S. 밀과 그 밖의 사람들에 의해 그것은
이미 케케묵고 누구나 다 아는 교리로서 재생된 것이다. J. S. 밀의 어쨌든
'놀랄만한' 권위는 거의 대부분 이처럼 자기의 공적이 아닌 것을 자기의 공
적이라고 말한 착오 때문이라는 것은 부인할 수 없다.

제5편
절대적 · 상대적 잉여가치의 생산

제 16 장 절대적 · 상대적 잉여가치

제 17 장 노동력의 가격과 잉여가치의 양적 변동

제 18 장 잉여가치율을 표시하는 여러 가지 공식

제16장
절대적·상대적 잉여가치

노동과정을 고찰할 때, 우리는 먼저 그것의 역사적 형태가 어떠하든 그 것을 추상적으로, 즉 인간과 자연 사이의 과정으로 취급했다(제7장을 보라). 그곳에서 우리는 다음과 같이 말했다. "노동과정 전체를 그 결과인 생산물의 관점에서 고찰하면, 노동수단과 노동대상은 생산수단으로 나타나고, 노동 그 자체는 생산적 노동으로 나타난다"［Ⅰ(상): 241~242쪽］. 그리고 주 8에서 다음과 같이 보충했다. "생산적 노동에 대한 이와 같은 규정은 단순한 노동과정의 관점에서 나온 것이고 자본주의적 생산과정에 대해서는 결코 충분한 것이 못된다." 여기에서는 이 점을 더욱 상세하게 전개하려 한다.

노동과정을 순전히 개인이 담당하는 경우에는, 나중에 가서는 분리될 모든 기능을 동일한 노동자가 스스로 하게 된다. 한 개인이 생활하려고 자연의 대상물을 취득할 때, 자기 스스로 자기 자신의 활동을 감독한다. 그러나 뒤에 가서는 그는 다른 사람들의 감독을 받을 것이다. 개개의 인간은 자기 자신의 두뇌로 자기 자신의 근육을 운동시키지 않고서는 자연을 이용할 수 없다. 인체에서는 머리와 손이 짝이 되어 활동하듯이, 노동과정에서는 정신적 노동과 육체적 노동이 결합되어 있다. 나중에 가서는 이 두 개가 분리되고 심지어는 적대적으로 대립하게 된다. 일반적으로 생산물은 개인적 생산자의 직접적 생산물에서 하나의 사회적 생산물, 또는 집단적 노동자—각각의 노동자가 노동대상의 처리에 직접적이든 간접적이든 참여하는 결합된 노동자들—의 공동생산물로 전환된다. 그러므로 노동과정의 협업적 성격이 더욱더 강화됨에 따라 필연적으로 생산적 노동의 개념, 그리고 그 담당자인 생산적 노동자의 개념도 확장된다. 생산적으로 노동하기 위해 이제는 더 이상 자신이 직접 노동대상에 손을 댈 필요는 없으며, 집단적 노동자의 일원이 되어 그 부분기능의 하나를 수행하면 충분하다. 생산적 노동에 관해 위에서 말한 최초의 규정은 물질적 생산 자체의 성질로부터 도출된 것인데, 그 규정은 전체로서 본 집단적 노동자에 대해서는 여전히 타당하다. 그러나 그 규정은 개별적으로 본 각각의 구성원에 대해서는 이미 타당하지 않다.

그러나 다른 한편으로 생산적 노동의 개념은 더욱 좁아진다. 자본주의적 생산은 상품의 생산일 뿐 아니라 본질적으로 잉여가치의 생산이다. 노동자는 자신을 위해 생산하는 것이 아니라 자본을 위해 생산한다. 그러므로 그가 무엇인가를 생산한다는 것만으로는 충분하지 않으며, 잉여가치를 생산하지 않으면 안 된다. 자본가를 위해 잉여가치를 생산하는 노동자, 또는 자본의 가치증식에 기여하는 노동자만이 생산적이다. 물질적 생산 분야 밖의 예를 든다면, 학교 교사는 학생들의 두뇌를 훈련시킬 뿐 아니라 학교 소유자의 치부를 위해 헌신하는 경우에만 생산적 노동자다. 학교 소유자가 자기 자본을 소시지 공장에 투하하지 않고 교육 공장에 투하했다는 사실은 여기에서는 전혀 중요하지 않다. 그러므로 생산적 노동자의 개념은 노동활동과 그 유용효과 사이의 관계, 즉 노동자와 그의 노동생산물 사이의 관계를 내포할 뿐 아니라, 노동자를 자본의 직접적 가치증식 수단으로 만드는 특수한 사회적·역사적 생산관계도 내포한다. 따라서 생산적 노동자가 되는 것은 행운이 아니라 불운이다. 경제학설사를 다루는 이 책의 제4권[잉여가치학설사] 에서 상세히 보게 될 것이지만, 고전파 경제학자들은 언제나 잉여가치의 생산을 생산적 노동자의 결정적인 특성으로 삼고 있었다. 그러므로 잉여가치의 본질에 대한 견해가 변함에 따라 생산적 노동자에 대한 정의도 변했다. 예컨대 중농주의자들은 농업노동만이 생산적이라고 주장하는데, 왜냐하면 농업노동만이 잉여가치를 생산하기 때문이라는 것이다. 중농주의자들에게 잉여가치는 오직 지대의 형태로만 존재한다.

노동자가 자기 노동력 가치의 등가만을 생산하는 점을 넘어 노동일이 연장되는 것과, 자본이 이 잉여노동을 취득하는 것이 절대적 잉여가치의 생산이다. 절대적 잉여가치의 생산은 자본주의체제의 일반적 토대를 이루고 있으며, 상대적 잉여가치의 생산을 위한 출발점이다. 상대적 잉여가치의 생산에서는, 노동일은 처음부터 두 개의 부분, 즉 필요노동과 잉여노동으로 나누어져 있다. 잉여노동을 연장하기 위해서는, 임금의 등가를 더욱 짧은 시간에 생산하는 방법에 의해 필요노동이 단축되어야 한다. 절대적 잉여가치의 생산은 노동일의 길이에만 관심을 가지지만, 상대적 잉여가치의 생산은 노동의 기술적 과정과 사회적 편성을 철저히 변혁시킨다. 따라서 상대적 잉여가치의 생산은 진정한 자본주의적 생산방식을 요구하게 되는데, 이 생산방식은, 자본에 대해 노동이 형식적으로 종속한다는 토대 위에서 자기 자신의 방법·수단·조건을 만들어 내면서 자연발생적으로 발전한다. 이 발전과정에서 자본에 대한 노동의 형식적 종속은 실질적 종속으로 대체된다.

잉여노동이 직접적 강제에 의해 생산자에게 강요되지도 않으며, 생산자 자신이 형식적으로도 자본에 종속되지 않는 약간의 중간형태들에 관해서는 다만 그것들을 지적해 두는 것으로 충분할 것이다. 이런 형태들에서는 자본은 아직 노동과정을 직접적으로 정복하지 못했다. 전통적인 낡은 방식으로 수공업이나 농업에 종사하는 독립적 생산자들과 나란히,

이 생산자들을 기생충처럼 빨아먹는 고리대자본이나 상인자본을 가진 고리대금업자나 상인이 등장한다. 한 사회에서 이런 착취형태가 우세하면 자본주의적 생산양식은 뿌리내리기 어렵지만, 중세 후기처럼 이런 착취형태가 자본주의로 가는 과도기를 형성할 수도 있다. 끝으로, 근대적 '가내공업'처럼, 어떤 중간형태들은, 그 외관은 완전히 변했지만 대공업을 배경으로 여기저기서 재생산되고 있다.

절대적 잉여가치의 생산을 위해서는, 자본에 대한 노동의 형식적 종속만으로도—예컨대 이전에는 독립적으로 자기 자신을 위해, 또는 장인의 도제로서 작업한 수공업자가, 이제는 임금노동자로서 자본가의 직접적 통제 아래 들어오는 것만으로도—충분하다. 그런데 상대적 잉여가치의 생산방법은 동시에 또한 절대적 잉여가치의 생산방법이기도 하다는 것을 우리는 보았다. 사실상 노동일의 무제한 연장은 대공업의 독특한 산물이라는 것도 드러났다. 일반적으로 말해, 진정한 자본주의적 생산방식이 어떤 생산부문 전체를 정복하자마자, 그 방식은 상대적 잉여가치의 생산을 위한 단순한 수단에 그치지 않게 되는데, 이런 상황은 진정한 자본주의적 생산방식이 중요한 생산부문들 전체를 정복하자마자 더욱 강화된다. 이때에는 진정한 자본주의적 생산방식은 생산과정의 일반적인, 사회적으로 지배적인 형태로 된다. 이 생산방식이 계속 상대적 잉여가치 생산의 특수한 방식이 될 수 있는 경우는, 첫째로 이 생산방식이 종전에는 형식적으로만 자본에 종속되었던 산업부문들을 장악해 가는 경우—그것이 점점 더 보급되어 가는 경우—이고, 둘째는 이렇게 장악된 산업부문들이 생산방법의 변화에 의해 끊임없이 변혁되는 경우이다.

어떤 관점에서 보면 절대적 잉여가치와 상대적 잉여가치 사이의 구별은 환상적인 것으로 보인다. 상대적 잉여가치는 절대적 잉여가치이기도 하다. 왜냐하면 전자는 노동자 자신의 생존에 필요한 노동시간을 넘는 노동일의 절대적 연장을 필요로 하기 때문이다. 절대적 잉여가치는 상대적 잉여가치이기도 하다. 왜냐하면 전자는 필요노동시간을 노동일의 일부로 제한할 수 있게 하는 노동생산성의 발전을 조건으로 하기 때문이다. 그러나 잉여가치의 변동에 주의를 돌린다면 이 외관상의 동일성은 사라진다. 자본주의적 생산방식이 일단 확립되어 일반적 생산방식으로 되자마자, 절대적 잉여가치와 상대적 잉여가치 사이의 차이는 잉여가치율을 높이는 문제가 대두할 때마다 드러난다. 노동력이 그 가치대로 지급된다고 전제하면 우리는 다음과 같은 양자택일의 문제에 직면하게 된다. 즉 노동의 생산성과 표준강도가 주어져 있는 경우, 잉여가치율은 노동일의 절대적 연장에 의해서만 높일 수 있다. 다른 한편으로, 노동일의 길이가 주어져 있는 경우, 잉여가치율은 노동일의 구성부분—필요노동과 잉여노동—의 상대적 크기의 변동에 의해서만 높일 수 있는데, 임금이 노동력의 가치 이하로 떨어지지 않는다고 가정하면, 그 상대적 크기의 변동은 노동생산성 또는 노동 강도의 변동을 전제해야 한다.

만약 노동자가 자기 자신과 자기 가족의 유지에 필요한 생활수단을 생산하는 데 자기의 시간 전부를 사용해야만 한다면, 그에게는 제3자를 위해 무상으로 노동할 시간이 전혀 남아 있지 않다. 그리하여 노동생산성이 일정한 수준에 도달하지 않는 한, 노동자에게는 자신이 처분할 수 있는 그런 나머지의 시간이 조금도 없으며, 그런 나머지의 시간 없이는 잉여노동도 있을 수 없고, 따라서 자본가도 있을 수 없으며, 또한 노예소유자나 봉건귀족[한마디로 말해 대규모 토지소유자 계급]도 있을 수 없다.[1]

그리하여 우리는 잉여가치가 자연적 기반을 가진다고 말할 수 있지만, 이 말은 자연에는 어떤 사람이 자신의 생존에 필요한 노동을 자신의 어

---

1) "하나의 구별되는 계급으로서 고용주, 자본가가 존재한다는 것 자체가 벌써 노동의 생산성에 달려있다."(람지, 『부의 분배에 관한 평론』: 206) "만약 각 개인의 노동이 자기 자신의 식량을 생산할 수 있을 뿐이라면 재산이란 전혀 존재할 수 없을 것이다."(레이븐스톤, 『국채제도와 그 효과에 관한 고찰』: 14)

깨로부터 타인의 어깨 위로 전가하는 것을 막는 어떤 절대적인 장애물은 없다는 매우 일반적 의미에서만 허용할 수 있다. 이것은 마치 자연에는 어떤 사람이 다른 사람의 살을 식량으로 먹는 것2)을 막는 절대적인 장애물이 없는 것과 마찬가지다. 이 자연발생적으로 발달한 노동생산성을 신비스러운 관념으로 파악하는 것[때때로 그렇게 파악하고 있다]은 전적으로 잘못이다. 인간이 자신들의 노동에 의해 시초의 동물상태에서 벗어나고 자신들의 노동이 이미 어느 정도 사회적 성격을 띤 뒤에 비로소, 어떤 사람의 잉여노동이 다른 사람의 생존조건으로 되는 그런 상황이 발생하는 것이다. 문명의 초기에는 노동생산성은 보잘것없었고 욕구[욕구는 욕구를 충족시켜줄 수단과 함께 그리고 그 수단에 의해 발전한다]도 또한 보잘것없었다. 더욱이 이 초기에는 타인의 노동에 의해 살아가는 사회구성원은 다수의 직접적 생산자에 비하면 매우 적다. 사회적 노동의 생산성 [또는 노동의 사회적 생산성]이 향상하면서 그 적은 사회구성원은 절대적으로나 상대적으로나 증대한다.3) 그리고 이 오랜 발전과정의 산물인 경제적 토대로부터 자본관계가 발생한다. 자본관계의 토대와 출발점이 되는 현재의 노동생산성은 자연의 선물이 아니라 [수천 세기를 포괄하는] 역사의 선물이다.

사회적 생산의 발전정도가 높든 낮든, 노동생산성은 자연적 조건에 의해 제약을 받는다. 이 자연적 조건은 모두 인간 그 자체의 특성(인종 등)과 인간을 둘러싼 자연으로 환원될 수 있다. 외부적 자연조건은 경제적

---

2) 최근의 계산에 따르면, 지구상 이미 탐사된 지역들에서만도 적어도 400만 명의 식인종이 아직 살고 있다.

3) "아메리카의 미개한 인디안들 사이에서는 거의 모든 것이 노동하는 사람의 것이며, 생산물 중 100의 99는 노동의 몫으로 되고 있다. 영국에서는 노동자의 몫으로 되는 것은 아마 2/3도 안될 것이다."(마틴, 『잉글랜드에 대한 동인도 무역의 이익』: 73)

으로는 두 개의 큰 부류로 나누어진다.

(1) 생활수단을 풍부하게 하는 자연의 부. 즉 비옥한 토지와 물고기가 많은 하천 등.
(2) 노동수단을 풍부하게 하는 자연의 부. 즉 폭포, 항해 가능한 하천, 산림, 금속, 석탄 등.

문명의 초기에 결정적 의의를 가진 것은 첫 번째 부류이고, 더 높은 발전단계에서 결정적 의의를 가진 것은 두 번째 부류다. 예컨대 영국과 인도를 비교해 보든가, 또는 고대에서는 아테네와 코린트를 흑해 연안지방들과 비교해 보라.

어떻게 해서라도 충족시켜야 할 자연적 욕구의 수가 적으면 적을수록, 토지의 자연적 비옥도가 높으면 높을수록, 기후조건이 유리하면 유리할수록, 생산자의 유지와 재생산에 필요한 노동시간의 크기는 그만큼 더 적어진다. 따라서 생산자가 자기 자신을 위해 하는 노동을 초과해 타인을 위해 하는 나머지의 노동은 그만큼 더 커질 수 있다. 그리하여 디오도루스는 이미 오래 전에 고대 이집트사람에 관해 다음과 같이 지적했던 것이다.

"그들이 자식을 양육하는 데 드는 노고와 비용이 얼마나 적은지 도저히 믿기 어려울 정도다. 그들은 자식에게 닥치는 대로 간단한 식사를 만들어준다. 그들은 자식에게 불에 구울 수 있는 파피루스의 뿌리를 주기도 하며, 늪에서 자라는 식물들의 뿌리나 줄기를 어떤 것은 날것으로 어떤 것은 찌거나 구워서 먹이기도 한다. 기후가 대단히 온화하기 때문에 많은 아이들은 신발도 신지 않고 옷도 입지 않고 다닌다. 그러므로 1명의 아이가 성인이 될 때까지 그의 부모는 대체로 20드라

크마 이상을 들이지 않는다. 이집트에서 그렇게도 인구가 많으며 따라서 또 그렇게 많은 대공사를 할 수 있었다는 것은 주로 이것으로 설명할 수 있다."[4]

그러나 고대 이집트의 큰 건조물은 인구가 많았기 때문이 아니라 인구 중 자유롭게 이용할 수 있는 부분이 컸기 때문이다. 개개의 노동자가 필요노동시간이 적으면 적을수록 그만큼 더 잉여노동을 제공할 수 있는 것과 마찬가지로, 노동인구 중 필요한 생활수단의 생산에 요구되는 부분이 작으면 작을수록 다른 일을 시킬 수 있는 부분은 그만큼 더 커진다.

일단 자본주의적 생산을 전제로 하면, 다른 모든 조건이 동일하고 또한 노동일의 길이가 주어져 있는 경우, 잉여노동의 크기는 노동의 자연적 조건, 특히 토지의 비옥도에 따라 변동한다. 그러나 이로부터 가장 비옥한 토지가 자본주의적 생산방식의 발전에 가장 적합하다는 거꾸로 된 명제는 결코 나오지 않는다. 자본주의적 생산방식은 자연에 대한 인간의 지배를 전제로 한다. 너무나 풍요로운 자연은 '지나치게 보호받는 어린아이처럼 인간을 자연의 손안에서 놓아주지 않는다.' 이와 같은 자연은 인간에게 스스로를 개발할 아무런 필요성도 주지 않는다.[5] 자본의 모국

---

4) 디오도로스 시쿨러스, 『역사문고』. 제1권, 제80장.

5) "전자"(자연의 부)"는 매우 귀하고 매우 유리한 것이기는 하나 사람들을 경솔하고 거만하며 전혀 절욕할 줄 모르게 만든다. 그런데 후자"(노동을 통해 얻는 부)"는 경계심, 학문, 공예, 정책을 강요한다."(먼, 『외국무역에 의한 잉글랜드의 부』: 181~182) "생활수단과 식량의 생산이 대부분 자연적으로 이루어지며 기후 조건이 의복과 집에 대해 거의 주의를 돌릴 필요도 없게 하는 그런 땅에 사는 것보다 사람들에게 더 큰 저주는 없을 것이다…그 반대의 극단적 경우도 있을 수 있다. 아무리 노동을 해도 생산이 불가능한 토지는, 노동을 하지 않아도 풍부하게 생산하는 토지와 마찬가지로 나쁘다."(포스터, 『현재 식료품 가격이 높은 원인에 관한 연구』: 10)

은 무위도식할 정도로 먹을 것이 풍부한 열대지방이 아니라 온대지방이
다. 토지의 단순한 절대적 비옥도가 아니라 토양의 차이, 토지의 천연산
물의 다양성, 계절의 변화야말로 사회적 분업의 자연적 기초를 이루는
것이며, 그것들이 인간을 둘러싼 자연환경의 변화를 통해 인간을 자극하
고 인간 자신의 욕구·능력·노동수단·노동방식을 다양하게 만드는 것
이다. 산업의 역사에서 가장 결정적으로 기여하는 것은 자연력을 사회적
으로 통제할 필요성, 그것을 절약할 필요성, 인간의 손으로 그것을 대규
모로 이용하거나 복종시킬 필요성이다. 예로서 이집트,6) 롬바르디아, 네
덜란드의 치수사업을 들 수 있다. 또는 인도, 페르시아 등의 관개사업도
들 수 있는데, 여기에서 인공운하는 토지에 없어서는 안 될 물을 공급할
뿐 아니라 흙탕물과 함께 광물성 비료를 산으로부터 운반해 온다. 아라
비아 사람이 지배하던 스페인과 시실리에서 산업번영의 비밀은 관개사업
에 있었다.7)

유리한 자연조건은 그 자체로서는 오직 잉여노동[따라서 잉여가치 또
는 잉여생산물]의 가능성을 제공할 따름이고 결코 그 현실성을 제공하지
는 않는다. 노동의 자연적 조건이 서로 다른 결과는, 동일한 노동량이 나
라에 따라 서로 다른 양의 욕구를 충족시키며,8) 그리하여 기타의 사정이

---

6) 나일강의 수량 증감을 예측할 필요성이 이집트의 천문학을 일으켰고, 이와 함
께 농업 지도자로서 성직자계급의 지배를 창조했다. "동지 또는 하지는 1년 중
나일강의 물이 불어나기 시작하는 시기로써, 이집트 사람들이 가장 주의 깊게
관찰하지 않으면 안 되는 시기다…일년 중 이 시기를 확정하는 것은 그들의
농사일을 조절하기 위해 중요했다. 그러므로 그들은 동지나 하지가 돌아오는
명백한 징조를 찾기 위해 천체를 연구하지 않으면 안 되었다."(퀴비에, 『지표
의 변천에 관한 연구』: 141)

7) 인도의 분산된 소생산 유기체들을 지배하는 국가권력의 물질적 토대의 하나는
물 공급의 규제였다. 인도의 지배자였던 무슬림들은 자기의 후계자인 영국사
람보다 이것을 더 잘 알고 있었다. 그 예로써 벵골주의 오리사 지방에서 백만
이상의 인도사람이 죽은 1866년의 기근을 상기해 보면 충분할 것이다.

비슷한 경우에는 필요노동시간이 서로 달라진다는 것이다. 자연적 조건
은 잉여노동에 대해 자연적 한계로서만 작용한다. 즉 그것은 타인을 위
한 노동이 시작될 수 있는 지점을 결정해 줄뿐이다. 산업이 발전함에 따
라 이 자연적 한계의 의미는 점차 약화된다. 노동자가 오직 타인에게 잉
여노동을 해줌으로써 자기 자신의 생존을 위해 노동할 권리를 행사할 수
있는 서유럽 사회에서는, 잉여생산물을 제공하는 것이 마치 인간노동에
고유한 성질이라고 생각하기 쉽다.9) 그러나 예컨대 사고sago 야자나무가
숲 속에 야생하고 있는 동인도 여러 섬들의 주민을 살펴보자.

"주민들은 나무에 구멍을 뚫어보고 속이 익었다고 확인되면 나무줄
기를 베어 넘어뜨려 여러 토막을 내고, 속을 긁어내고 물을 타서 거른
다. 그러면 그것은 훌륭한 사고가루로 된다. 한 나무에서 대개 300파
운드가 나오는데, 500~600파운드까지 나올 때도 있다. 그리하여 거기
에서는 마치 우리가 땔나무를 하러 숲 속으로 가듯이, 빵을 채취하기
위해 숲 속으로 간다."10)

---

8) "어떤 두 나라도 똑같은 양의 노동으로 동일한 수의 생활필수품을 동일한 양만
큼 생산할 수는 없다. 인간의 필요는 그들이 살고 있는 지방의 기후가 매우 추
운가 온화한가에 따라 증감한다. 따라서 서로 다른 나라의 주민이 반드시 수행
해야 하는 일의 정도는 동일할 수 없으며, 그 차이의 정도는 춥고 더운 정도에
따라 확정할 도리밖에 없다. 이로부터 우리는 일정한 수의 주민의 생활유지에
필요한 노동량은 기후가 추운 지방에서 가장 많고 더운 지방에서 가장 적다는
일반적 결론을 내릴 수 있다. 왜냐하면 추운 지방에서는 사람들은 더 많은 의
복이 필요할 뿐 아니라 더운 지방에서보다 토지를 더 많이 경작할 필요가 있기
때문이다."(『자연적 이자율을 지배하는 원인들에 관한 평론』: 59) 이 익명의
획기적 저서의 저자는 매시다. 흄은 자기의 이자론을 이 저서로부터 가져왔다.
9) "모든 노동은"(시민의 권리이며 의무라고도 생각되지만)"잉여분을 남기지 않
으면 안 된다."(프루동)
10) 쇼우, 『토지·식물·인간』. 2판: 148.

예컨대 이와 같은 동인도의 빵 채취자 한 사람이 자기의 모든 욕구를 충족시키는 데 매주 12시간이 필요하다고 하자. 유리한 자연조건이 그에게 주는 직접적 선물은 많은 여가시간이다. 그가 이 여가시간을 자기 자신을 위해 생산적으로 소비할 수 있기 위해서는 일련의 역사적 조건이 필요하며, 그가 이 여가시간을 타인을 위한 잉여노동으로 지출하기 위해서는 외적 강제가 필요하다. 만약 자본주의적 생산이 도입된다면, 이 정직한 인간이 1노동일의 생산물[1주일의 빵]을 얻기 위해서는 아마 매주 6노동일을 노동하지 않으면 안 될 것이다. 그가 왜 이제 와서는 매주 6일씩 노동하게 되는가, 또는 왜 5일간의 잉여노동을 제공해야 되는가는 자연의 풍요로움을 가지고는 설명되지 않는다. 자연의 풍요로움은 왜 그의 필요노동시간이 매주 1일밖에 되지 않는가를 설명해 줄뿐이다. 어떤 경우에도 그의 잉여생산물은 인간노동에 고유한 어떤 신비로운 속성들로부터 나오는 것은 아니다.

역사적으로 발전한 사회적 노동생산성과 마찬가지로, 자연에 의해 규제되는 노동생산성도 노동을 결합한 자본의 생산성이라는 외관을 띠게 된다.

리카도는 잉여가치의 기원에 관해서는 전혀 관심을 기울이지 않았다. 그는 잉여가치를 자본주의적 생산방식[이것은 그의 눈에는 사회적 생산의 자연적 형태였다] 그 자체에 들어있는 것으로 취급하고 있다. 그가 노동생산성을 논하고 있는 경우에도 그가 찾고 있는 것은 잉여가치가 존재하는 원인이 아니라 잉여가치의 크기를 규정하는 원인일 뿐이다. 이와는 반대로 그의 학파는 노동생산력이 이윤(잉여가치를 의미한다) 발생의 원인이라고 외쳤다. 어떻든 이것은 중상주의자들에 비하면 하나의 진보였다. 왜냐하면 중상주의자들은 생산물의 가격 중 생산비를 넘는 초과분을 교환행위로부터, 즉 생산물을 자기 가치 이상으로 비싸게 판매하는 것으로부터 도출하고 있기 때문이다. 그러나 리카도학파도 문제를 회피했을 뿐 해결하지는 못했다. 사실 이 부르주아 경제학자들은 잉여가치의 기원 이라는 절실한 문제를 지나치게 깊이 탐구하는 것은 대단히 위험하다는 것을 본능적으로 올바르게 알고 있었다. 그러나 우리는 리카도를 가장 먼저 속류화시킨 사람들의 보잘것없는 궤변들을 [리카도보다 50년 뒤에] 서투르게 되풀이함으로써 중상주의자들에 대한 우월성을 엄숙히 주장하고 있는 J. S. 밀을 어떻게 생각해야 할 것인가?

밀은 다음과 같이 말한다.

"이윤의 원인은 노동이 노동의 유지에 필요한 것보다 더 많이 생산하는 데 있다."

여기까지는 다만 오래 전 이야기의 되풀이에 불과하다. 그러나 밀은 여기에 자기 자신의 그 무엇을 첨가하고자 한다.

"또는 명제의 형태를 바꾸어 말하면, 자본이 이윤을 낳는 이유는 음식·의복·원료·도구가 그것들의 생산에 드는 시간보다 더 오래 지속한다는 데 있다."

여기에서 밀은 노동시간의 지속과 그 생산물의 지속을 혼동하고 있다. 이 견해에 따르면, 생산물이 하루밖에 지속되지 않는 빵 제조업자는 결코 생산물이 20년 또는 그 이상이나 지속되는 기계 제조업자와 동등한 이윤을 자기의 임금노동자로부터 끌어낼 수는 없을 것이다. 물론 만약 새 둥지가 그것을 짓는 데 드는 시간보다 더 오래가지 않는다면 새들은 둥지 없이 살아가려고 할 것은 사실이다.

이와 같은 근본적 진리를 일단 확립하자 밀은 중상주의자들에 대한 자기의 우월성을 다음과 같이 주장한다.

"이리하여 우리는 이윤은 교환이라는 우연한 사건에서 생기는 것이
아니라 노동생산력에서 생기는 것임을 알게 된다. 한 나라의 총이윤은
[교환이 진행되든 안 되든] 언제나 노동생산력에 의해 생산된다. 만약
분업이 없다면 구매도 판매도 없을 것이지만, 그래도 이윤은 존재할
것이다."

이리하여 밀에게는 교환[자본주의적 생산의 일반적 조건인 매매]은 순
전히 우연적인 것에 불과하며, 노동력의 매매 없이도 이윤은 존재한다!
그는 다음과 같이 계속 말하고 있다.

"만약 한 나라의 전체 노동자가 그들의 임금액보다 20% 더 많이 생
산한다면, 상품의 가격상태가 어떻든 이윤은 20%로 될 것이다."

이것은 한편으로는 아주 훌륭한 동어반복이다. 왜냐하면 노동자가 자
기의 자본가를 위해 20%의 잉여가치를 생산한다면, 자본가의 이윤은 노
동자의 임금총액에 대해 20 : 100으로 될 것은 자명한 일이기 때문이다.
다른 한편으로 "이윤은 20%로 될 것이다"라는 것은 완전히 틀린 말이다.
이윤율은 투하자본 총액에 대해 계산되는 것이므로 더욱 낮을 수밖에 없
기 때문이다. 예컨대 자본가가 500원을 투하했는데, 그 중에서 400원은
생산수단으로, 100원은 임금으로 투하했다고 하자. 잉여가치율을 위에
서 가정한 것처럼 20%라고 하면, 이윤율은 20%가 아니라 20 : 500, 즉
4%가 될 것이다.
　　다음으로는, 사회적 생산의 서로 다른 역사적 형태들을 밀이 어떻게
취급하고 있는가를 보여주는 훌륭한 예가 있다.

"언제나 나는 [여기에서는 자본가와 노동자는 서로 독립적인 계급이

므로] 거의 예외없이 어디에서나 행해지고 있는 현재의 관례, 즉 자본가는 노동자에 대한 모든 보수를 포함한 전체 비용을 투하한다는 것을 전제한다."

지금까지 지구상에서 예외적으로만 존재하는 관례를 어디에서나 본다는 기막힌 시각상의 착오! [마르크스는 [ ] 안의 문장을 보지 못한 채 '시각상의 착오'라고 비판한 것을 인정했다. 『자본론』의 러시아어 번역자인 다니엘손에게 보낸 1878년 11월 28일자 마르크스 편지를 참조하라.] 그러나 좀 더 계속해 보자. 밀은 기꺼이 "자본가가 그렇게 전체 비용을 투하하는 것은 절대적 필연성은 아니다."는 것을 인정한다. 다시 말해,

"노동자는, 생산이 끝날 때까지, 임금총액 중 생활필수액을 초과하는 부분 또는 [당분간 생활할 수 있는 자금을 가지고 있다면] 임금총액 전체의 지급을 기다릴 수 있을 것이다. 후자의 경우 노동자는 그 사업의 운영에 필요한 자금의 일부를 제공하는 셈이므로 그 정도까지는 사실상 자본가다."

이와 마찬가지로 밀은 다음과 같이 말할 수도 있었을 것이다. 즉 자기 자신에게 생활수단뿐 아니라 노동수단도 투하하는 [또는 선대하는] 노동자는 사실상 자기 자신의 임금노동자라고. 또는 미국의 소농은 주인인 다른 사람을 위해서가 아니라 자기 자신을 위해 강제노동을 하는 자기 자신의 노예라고.

밀은 이와 같이 자본주의적 생산이 존재하지 않았던 때도 자본주의적 생산은 항상 존재했을 것이라는 것을 아주 명료하게 증명하고 나서, 이번에는 반대로 수미일관하게 자본주의적 생산이 존재하고 있는 경우에조차 그것이 존재하지 않는다는 것을 증명하고 있다.

"그리고 전자의 경우에도"(즉 노동자가 자본가로부터 자기의 생활수단 전체를 먼저 지급받는 임금노동자인 경우에도)"노동자를 위와 똑같이"(즉 자본가로)"여길 수 있다. 왜냐하면 노동자는 자기의 노동을 시장가격 이하로(!) 인도함으로써 그 차액을(?) 자기의 고용주에게 대여하고, 그것을 이자 등과 함께 되돌려 받는 것으로 볼 수 있기 때문이다."11)

실제로 노동자는 자기의 노동을 자본가에게 1주일 등의 기간에 걸쳐 무상으로 선대하고, 주말 등에 가서 그 시장가격을 받는다. 밀에 따르면, 이것이 노동자를 자본가로 만든다는 것이다! 낮은 평지에서는 흙을 조금만 쌓아올려도 언덕으로 보인다. 오늘날의 부르주아지가 엉터리 수준이라는 것은 그들이 '위대한 지성'이라고 부르는 사람들의 지적 수준에 의해 알 수 있다.

---

11) J. S. 밀, 『정치경제학 원리』: 252~253 이곳저곳.

제17장
노동력의 가격과 잉여가치의 양적 변동

노동력의 가치는 평균적인 노동자가 일상적으로 필요로 하는 생활수단의 가치에 의해 결정된다. 이런 생활수단의 수량은 일정한 사회의 일정한 시기에는 일정하며, 따라서 변하지 않는다고 생각해도 괜찮다. 변하는 것은 이 수량의 가치다. 이 밖에 두 개의 다른 요인이 노동력의 가치를 결정하는 데 참가한다. 그 하나는 노동력의 육성비인데, 이 비용은 생산방식에 따라 변동한다. 다른 하나는 노동력의 자연적 차이, 즉 남성과 여성, 성인과 아동 사이의 차이다. 이런 서로 다른 종류의 노동력을 사용하는 것[이것은 생산방식에 의해 필요하게 된다]은 노동자 가족의 재생산비와 성인 남성노동자의 노동력 가치에 큰 변동을 일으킨다. 그러나 이 두 요인은 이하의 연구에서는 제외한다.[1]

우리는 다음을 전제한다. (1) 상품은 그 가치대로 판매된다. (2) 노동력의 가격은 때로는 그 가치 이상으로 등귀할 수는 있지만 결코 그 가치 이하로 하락하지는 않는다.

일단 이렇게 전제하면, 노동력의 가격과 잉여가치의 상대적 크기는 다

---

1) {엥겔스: 제12장에서 고찰한 특별잉여가치도 여기에서는 물론 제외되고 있다.}

음과 같은 세 가지 사정에 의해 결정된다. (1) 노동일의 길이, 즉 노동의 외연적 크기. (2) 정상적인 노동강도, 즉 일정한 시간에 일정한 노동력이 지출되는 노동의 내포적 크기. (3) 마지막으로 생산조건의 발전 정도에 따라 같은 시간에 같은 노동량이 더 많은 또는 더 적은 양의 생산물을 제공하게 되는 노동생산성. 이 세 가지 요인 중의 하나가 변하지 않고 둘이 변하거나, 또는 둘이 변하지 않고 하나가 변하거나, 또는 끝으로 세 가지가 동시에 변하는 경우에 따라, 매우 다른 조합들이 있을 수 있다는 것은 명백하다. 이 조합의 수는, 서로 다른 요인들이 동시에 변화하는 경우에도 그 변화의 크기와 방향이 서로 다를 수 있기 때문에, 더욱 많아지게 된다. 이하에서는 그 주요한 조합들만을 고찰한다.

제1절   노동일의 길이와 노동강도는 변하지 않는데, 노동생산성이 변하는 경우

이 전제에서는 노동력의 가치와 잉여가치는 세 가지 법칙에 의해 규정된다.

(1) 노동생산성이, 이와 함께 생산물의 양이, 그리고 개개의 상품 가격이, 어떻게 변동하더라도, 주어진 크기의 노동일은 언제나 동일한 양의 가치를 창조한다. 12시간 노동일에 창조된 가치가 가령 6원이라면, 비록 생산되는 상품량은 노동생산성에 따라 변동하더라도, 이로 말미암아 생기는 유일한 결과는 6원으로 표현되는 가치가 더 많은 또는 더 적은 양의 상품으로 분배된다는 점뿐이다.

(2) 노동력의 가치와 잉여가치는 서로 반대방향으로 변동한다. 노동생산성의 변동, 즉 이것의 증가 또는 감소는 노동력의 가치에 대해서는 반

대방향으로 작용하고, 잉여가치에 대해서는 같은 방향으로 작용한다.

12시간 노동일에 창조된 가치는 변하지 않는 양 예컨대 6원이다. 이 불변량은 잉여가치와 노동력의 가치의 합계인데, 노동력의 가치는 노동자가 등가로 보충한다. 만약 한 개의 불변량이 두 개의 부분으로 이루어져 있다면, 그 두 부분 중 어느 한 쪽이 감소하지 않고서는 다른 쪽이 증가할 수 없다는 것은 명백하다. 그 두 개의 부분이 처음에는 크기가 똑같다고 하자. 즉 노동력의 가치도 잉여가치도 모두 3원이라고 하자. 그러면 잉여가치가 3원에서 2원으로 떨어지지 않고서는 노동력의 가치는 3원에서 4원으로 올라갈 수 없으며, 반대로 노동력의 가치가 3원에서 2원으로 저하하지 않고서는 잉여가치는 3원에서 4원으로 증가할 수 없다. 따라서 이런 조건에서는, 이 두 개의 상대적 크기의 변동 없이는 각각의 절대적 크기[그것이 노동력의 가치든 잉여가치든]에는 어떤 변동도 있을 수 없다. 이 두 개가 동시에 증가하거나 감소할 수는 없다.

더욱이 노동생산성이 향상되지 않고서는 노동력의 가치는 저하할 수 없으며, 따라서 잉여가치는 증가할 수 없다. 예컨대 앞의 예에서 노동생산성이 향상되어 종전에는 6시간이 걸려 생산되던 같은 양의 생활수단을 4시간에 생산할 수 있게 되지 않고서는 노동력의 가치는 3원에서 2원으로 저하할 수 없다. 반대로 노동생산성이 저하하여, 종전에는 6시간이 걸려 생산되던 같은 양의 생활수단을 생산하는 데 8시간이 걸리지 않고서는 노동력의 가치는 3원에서 4원으로 증가할 수 없다. 이로부터 다음과 같은 결론이 나온다. 즉 노동생산성의 향상은 노동력의 가치를 저하시키고 따라서 잉여가치를 증가시키며, 반대로 노동생산성의 저하는 노동력의 가치를 증가시키고 잉여가치를 저하시킨다는 것이다.

이 법칙을 만들 때 리카도는 다음과 같은 하나의 사정을 대충 보아 넘겼다. 즉 비록 잉여가치[또는 잉여노동]의 크기 변동이 노동력 가치[또는 필요노동]의 크기를 반대방향으로 변동시킨다 하더라도, 이 사실로부터는 그 크기들이 같은 '비율'로 변동한다고는 결코 말할 수 없다는 점이다. 물론 양쪽 모두 동일한 크기만큼 증가 또는 감소한다. 그러나 새로 창조된 가치[또는 노동일]의 각 구성부분이 증가 또는 감소하는 비율은 노동생산성이 변동하기 이전의 처음의 크기에 달려 있다. 노동력의 가치가 4원 또는 필요노동시간이 8시간이고, 잉여가치가 2원 또는 잉여노동이 4시간이던 것이, 노동생산성이 상승한 결과 노동력의 가치가 3원으로 또는 필요노동이 6시간으로 감소하면, 잉여가치는 3원으로 또는 잉여노동은 6시간으로 증가한다. 2시간 또는 1원이라는 같은 크기가 한 쪽에는 덧붙고 다른 쪽에는 빠진다. 그러나 크기의 변동 비율은 양쪽에서 서로 다르다. 노동력의 가치는 4원에서 3원으로, 따라서 $\frac{1}{4}$, 즉 25% 감소하는데, 잉여가치는 2원에서 3원으로, 따라서 $\frac{1}{2}$, 즉 50% 증가한다. 따라서 다음과 같은 결론이 나온다. 즉 노동생산성이 일정하게 변동하는 결과, 잉여가치가 증가 또는 감소하는 비율은 노동일 중 잉여가치로 표시되는 부분의 처음의 크기에 달려 있는데, 처음의 크기가 작으면 작을수록 변동비율은 그만큼 더 크고, 크면 클수록 그만큼 더 작다.

(3) 잉여가치의 증가 또는 감소는 항상 이에 어울리는 노동력 가치의 감소 또는 증가의 결과이지 결코 그 원인이 아니다.[2]

---

2) 이 제3법칙에 특히 매컬록은 자본가가 종전에 지불하지 않으면 안 되었던 세금을 폐지한다면, 노동력의 가치가 저하하지 않고도 잉여가치는 증가할 수 있다고 바보같이 추가하고 있다. 이와 같은 세금의 폐지는 산업자본가 직접 노동자에게서 짜내는 잉여가치의 양에는 절대로 아무런 변동도 일으키지 않는다. 그것은 잉여가치가 산업자본가 자신과 제3자 사이에 분배되는 비율을 변동시킬 뿐이다. 그리하여 세금의 폐지는 노동력의 가치와 잉여가치 사이의 비율에는 아무런 변동도 일으키지 않는다. 따라서 매컬록의 추가는 이 법칙에 대한 그의 오해를 증명해줄 따름이다. 이와 같은 불행한 오해는 그가 리카도를 속류화할 때 자주 일어나고 있는데, 그것은 세가 A. 스미스를 속류화할 때 일어난 것과 마찬가지다.

노동일은 불변의 크기고 불변의 가치량으로 표시되고, 또 잉여가치의 크기가 변동할 때마다 노동력 가치는 반대방향으로 변동하며, 그리고 또 노동력의 가치는 노동생산성이 변동해야만 변동할 수 있으므로, 이와 같은 조건에서는 잉여가치 크기의 모든 변동은 명백히 노동력 가치의 크기가 반대방향으로 변동하는 것에서 생긴다는 결론이 나온다. 앞에서 우리는 노동력 가치와 잉여가치의 절대적 크기의 어떤 변동도 이 양자의 상대적 크기의 변동 없이는 있을 수 없다는 것을 보았는데, 이제는 반대로 이 양자의 상대적 크기의 어떤 변동도 노동력 가치의 절대적 크기의 변동 없이는 있을 수 없다는 결론이 나온다.

제3 법칙에 따르면, 잉여가치 크기의 변동은 노동생산성의 변동에서 나오는 노동력 가치의 변동을 전제로 한다. 전자의 변동 한계는 노동력의 새로운 가치에 의해 주어진다. 그러나 여러 사정들이 이 법칙의 작용을 허용한다 하더라도 부차적인 변동들이 있을 수 있다. 예컨대 노동생산성이 상승한 결과 노동력의 가치가 4원에서 3원으로 또는 필요노동시간이 8시간에서 6시간으로 감소한다 하더라도, 노동력의 가격은 오직 $3\frac{2}{3}$ 원, $3\frac{1}{2}$ 원, $3\frac{1}{6}$ 원 등으로 하락할 수 있으며, 따라서 잉여가치는 오직 $2\frac{1}{3}$ 원, $2\frac{1}{2}$ 원, $2\frac{5}{6}$ 원 등등으로 증가할 수 있을 뿐이다. 노동력의 새로운 가치인 3원을 최저한도로 하는 하락의 정도는 한편에서 자본의 압력, 다른 한편에서 노동자들의 반항이라는 상대적 힘에 의존한다.

노동력의 가치는 일정한 수량의 생활수단의 가치에 의해 규정된다. 노동생산성에 따라 변동하는 것은 이 생활수단의 가치이지 수량은 아니다. 그러나 노동생산성이 증가하면 노동자와 자본가는 노동력의 가격이나 잉여가치를 변화시키지 않고서도 다 함께 더 많은 수량의 생활수단을 획득할 수 있다. 가령 노동력의 처음 가치가 3원이고 필요노동시간이 6시간이며, 잉여가치도 또한 3원이고 잉여노동도 또한 6시간이라고 하자. 만약 잉여노동과 필요노동 사이의 비율에 아무런 변화가 없이 노동생산성이 2배로 된다고 하면, 노동력의 가격과 잉여가치에는 전혀 아무런 변화도 없을 것이다. 다만 그것들은 각각 이전에 비해 2배나 많은 사용가치를 표현하며, 그리고 각각의 사용가치는 이전에 비해 반½값으로 싸질 것이다. 비록 노동력은 그 가격에서는 불변이라 하더라도 그것의 가치 이상으로 올라간 것으로 될 것이다. 노동력의 가격이 1 1/2원[즉 노동력의 새로운 가치와 일치하는 최저한도]까지가 아니라 2 5/6원, 또는 2 1/2원 등으로 떨어지더라도 그것은 역시 증가된 수량의 생활수단을 표현할 것이다. 그리하여 노동력의 가격은, 노동생산성이 상승하면, 노동자 생활수단 수량의 동시적이며 계속적인 증가를 수반하면서도 끊임없이 저하할 수 있다. 그러나 이 경우에도 노동력의 가치는 상대적으로는 [즉 잉여가치에 비해서는] 끊임없이 감소할 것이며, 따라서 노동자의 생활수준과 자본가의 생활수준 사이의 격차는 더욱 벌어질 것이다.[3]

　앞에서 설명한 세 가지 법칙을 처음으로 엄밀하게 만든 것은 리카도였다. 그러나 그는 다음과 같은 두 가지 결점을 가지고 있었다. (1) 그는 이 법칙들이 적용되는 특수한 조건들을 자본주의적 생산의 일반적이고 유일한 조건이라고 보았다는 점이다. 그는 노동일의 길이나 노동강도의 어떤 변동도 인식하지 않았기 때문에 그에게는 노동생산성이 유일한 변동 요인이었다. (2) 다른 경제학자들과 마찬가지로 리카도도 결코 잉여가치 그 자체를 잉여가치의 특수한 형태들인 이윤이나 지대 등으로부터 독립시켜 연구한 일은 없다는 점이다. 그런데 바로 이 결점 때문에 그의 분석은 (1)의 경우보다도 더욱 큰 잘못을 범하고 있다. 그리하여 그는 잉

---

3) "산업의 생산성에 변동이 일어나서 일정한 양의 노동과 자본에 의해 생산되는 생산물이 많아지든가 적어지든가 하면, 임금의 상대적 크기는 [그것이 대표하는 생산물의 양은 이전과 마찬가지인 경우에도] 현저히 변동할 수 있으며, 또는 임금의 상대적 크기가 이전과 마찬가지인 경우에도 그것이 대표하는 생산물의 양은 변동할 수 있다."(캐즈노브, 『정치경제학 개론』: 67)

여가치율에 대한 법칙들을 이윤율에 대한 법칙들과 혼동하고 있다. 위에서 말한 바와 같이, 이윤율은 총투하자본에 대한 잉여가치의 비율인데, 잉여가치율은 오직 이 자본의 가변부분에 대한 잉여가치의 비율이다. 500원의 자본(C)이 400원의 원료·노동수단 등(c)과 100원의 임금(v)으로 나누어지며, 그리고 잉여가치(s)는 100원이라고 하자. 그러면 잉여가치율 $\frac{s}{v} = \frac{100원}{100원} = 100\%$ 이나 이윤율 $\frac{s}{C} = \frac{100원}{500원} = 20\%$ 이다. 그 밖에도 이윤율은 [잉여가치율에 대해서는 전혀 어떤 영향도 미치지 않는] 사정들에 의해 좌우될 수 있다는 것이 명백하다. 나는 이 저서의 제3권[제3장 "이윤율과 잉여가치율 사이의 관계"]에서, 일정한 사정에서는 주어진 하나의 잉여가치율이 서로 다른 여러 가지 이윤율로 표현될 수도 있으며, 또한 서로 다른 여러 가지의 잉여가치율이 하나의 이윤율로 표현될 수도 있다는 것을 증명할 것이다.

$$[참조.\ 이윤율 = \frac{s}{c+v} = \frac{\frac{s}{v}}{\frac{c}{v}+1}\ ]$$

제2절 노동일의 길이와 노동생산성은 변하지 않는데, 노동강도가 변하는 경우

노동강도의 증대는 주어진 시간 안에 노동력의 지출이 증가하는 것을 의미한다. 그러므로 노동강도가 더 높은 노동일은 노동강도가 더 낮은 노동일에 비해, 비록 각각의 노동일 길이는 같다 하더라도, 더욱 많은 양의 생산물로 체화된다. 물론 노동생산성이 상승하면 주어진 노동일에 더 많은 생산물이 생산되지만, 이 경우 생산성이 상승한 결과 개개의 생산물에 이전보다 적은 노동이 들기 때문에 그 가치는 저하한다. 그러나 노동강도가 증가한 경우에는 개개의 생산물에는 여전히 이전과 같은 양의 노동이 들기 때문에 가치는 그대로 불변이다. 그러므로 생산물의 수량은 개별 생산물의 가격 하락을 수반하지 않고서 증가한다. 이리하여 생산물의 수량과 더불어 그 가격총액도 증가하지만, 생산성이 상승하는 경우에는 주어진 가치총액이 증가한 수량의 생산물로 분배될 뿐이다. 그리하여 노동일의 길이가 불변인 경우, 강도가 높아진 하루의 노동은 증가한 가치로, 그리고 [화폐가치가 불변인 경우에는] 더욱 많은 화폐로 나타날 것이다. 1노동일에 창조되는 가치는 그 강도가 사회적 표준강도로부터 이탈하는 정도에 따라 변동한다. 그리하여 주어진 노동일은 이제는 더 이상 불변의 가치[량]를 창조하는 것이 아니라 가변의 가치[량]를 창조하게 된다. 예컨대 보통 강도의 12시간 노동일에 창조되는 가치는 6원이지만, 강도가 더 높아지면 같은 12시간 노동일에 창조되는 가치가 7원, 8원 또는 그 이상으로 된다. 1노동일에 창조되는 가치가 예컨대 6원에서 8원으로 증가한다면, 이 가치가 나누어지는 두 부분[즉 노동력의 가격과 잉여가치]은 동시에 [균등하게 또는 불균등하게] 증가할 수 있다는 것은 명백하다. 그들은 모두 동시에 3원에서 4원으로 증가할 수도 있다. 이 경우 노동력의 가격상승은 반드시 노동력의 가격이 노동력의 가치 이상으로 상승했다는 것을 의미하지는 않으며, 이와는 반대로 노동력의 가격상승은 노동력의 가격이 그 가치 이하로 하락하는 것을 수반할 수도 있다. 이런 일은 노동력의 가격상승이 노동력의 소모 증가를 보상하지 않는 경우에는 언제나 생긴다.

우리가 아는 바와 같이, 일시적 예외는 있지만, 노동생산성의 변동이 노동력 가치의 변동을, 따라서 잉여가치의 크기 변동을 일으키는 것은 해당 산업부문의 생산물이 노동자들에 의해 일상적으로 소비되는 물품인 경우뿐이다. 그러나 여기에서는 이런 제한이 더 이상 적용되지 않는다. 왜냐하면 노동일의 길이에 의해서든 강도에 의해서든 지출된 노동량에 변동이 있을 때는 이에 대응하여 창조된 가치의 크기가 [그 가치가 체화된 물품의 성질과는 관계없이] 변동하기 때문이다.

노동강도가 모든 산업부문에서 동시에 또 같은 정도로 높아지면, 이 높아진 새로운 강도가 사회적 표준강도로 될 것이며 따라서 더욱 큰 가치를 창조하지는 않을 것이다. 그러나 이 경우에도 노동의 평균강도는 나라마다 다를 것이므로 각국의 노동일에 대한 가치법칙의 적용은 수정될 것이다. 즉 강도가 더 높은 나라의 노동일은 강도가 더 낮은 다른 나라의 노동일에 비해 더 큰 화폐액으로 표현될 것이다.4)

제3절 노동생산성과 노동강도는 변하지 않는데, 노동일의 길이가 변하는 경우

노동일은 두 방향으로 변화할 수 있는데, 단축될 수도 있고 연장될 수도 있다. {엥겔스: ㅣ아래의 단락은 엥겔스가 불어판에서 영어판으로 옮겨온 것이고, 독어판에는 없다. ㅣ 현재의 자료로부터, 그리고 제1절의 전제에서, 우리는 다음의 법칙들을 얻을 수 있다.

(1) 노동일은 그 길이에 비례해 더 많거나 더 적은 양의 가치를, 따라서 변하지 않는 크기가 아니라 변하는 크기의 가치량을 창조한다.

(2) 잉여가치와 노동력의 가치 사이의 모든 양적 변화는 잉여노동[따

---

4) "기타의 모든 조건이 같다면, 영국의 공장주는 일정한 시간에 외국의 공장주에 비해 훨씬 많은 양의 작업을 해낼 수 있는데, 그것은 노동일의 차이[즉 영국의 주당 60시간과 다른 곳의 72시간 또는 80시간 사이의 차이]를 상쇄할 수 있을 정도다."(『공장감독관 보고서. 1855년 10월 31일』: 65) 영국의 1시간 노동의 생산물과 대륙의 1시간 노동의 생산물 사이의 차이를 축소시키는 가장 확실한 방법은, 대륙의 공장들에서 노동일의 길이를 단축하는 법률의 제정일 것이다.

라서 잉여가치]의 절대적 크기의 변화로부터 발생한다.

(3) 노동력의 절대적 가치는 잉여노동의 연장이 노동력의 소모에 가하는 영향으로서만 변동할 수 있다. 다시 말해 노동력의 절대적 가치가 변하는 것은 잉여가치의 크기가 변한 결과이지 결코 그 원인은 아니다.

우리는 노동일이 단축되는 경우부터 시작하자.}

(1) 노동생산성과 노동강도가 불변인 경우, 노동일의 단축은 노동력의 가치[따라서 필요노동시간]에 변동을 주지 않는다. 그것은 잉여노동과 잉여가치를 감소시킨다. 잉여가치의 절대적 크기와 함께 그 상대적 크기[즉 그 크기가 불변인 노동력 가치에 대한 잉여가치의 상대적 크기]도 감소한다. 이 경우 자본가는 노동력의 가격을 그 가치 이하로 떨어뜨려야만 잉여가치량의 절대적·상대적 감소를 보상할 수 있을 것이다.

노동일의 단축을 반대하는 모든 논의는, 우리가 여기에서 전제하고 있는 조건들 아래에서만 노동일의 단축이 일어난다고 가정하고 있는데, 실제로는 그 반대다. 즉 노동생산성이나 노동강도의 변동이 노동일의 단축에 선행하든가 그렇지 않으면 그것에 곧 뒤따라 일어난다.5)

(2) 노동일의 연장. 필요노동시간이 6시간 또는 노동력의 가치가 3원이고, 잉여노동도 6시간, 잉여가치도 3원이라고 하자. 그러면 전체 노동일은 12시간이 되며, 그것은 6원이라는 가치로 표현된다. 노동일이 2시간 연장되고 노동력의 가격이 변동하지 않는다면 잉여가치의 절대적 크기와 더불어 그 상대적 크기도 증가한다. 노동력의 가치는 그 절대적 크기에서는 변함이 없다 하더라도 상대적으로는 감소한다. 제1절의 조건들에서는, 노동력 가치의 절대적 크기가 변화하지 않고서는 그것의 상대적 크기는 변화할 수 없었다. 여기에서는 그와 반대로, 노동력 가치의 상대적 크기의 변화는 잉여가치의 절대적 크기가 변화한 결과다.

---

5) "10시간 노동법의 작용에 의해 드러나게 된 바와 같은…보상하는 요소들이 있다."(『공장감독관 보고서. 1848년 10월 31일』: 7)

하루의 노동이 대상화되는 가치생산물[＝노동력의 가치＋잉여가치]은 노동일 그 자체의 연장에 따라 증가하므로, 노동력의 가격과 잉여가치는 동시에 증가할 수 있다. 그러나 그 증가하는 크기는 같을 수도 있고 같지 않을 수도 있다. 따라서 이 동시적인 증가는 두 경우[즉 노동일이 실제로 연장되는 경우와, 그런 연장 없이 노동강도가 강화되는 경우]에 가능하다.

노동일이 연장되면 노동력의 가격은, 비록 그것이 명목상 불변이거나 심지어는 상승하더라도, 노동력의 가치 이하로 하락할 수 있다. 하루의 노동력의 가치는, 앞의 설명을 상기해 보면, 노동력의 표준적인 평균지속기간[즉 노동자의 표준적인 수명]에 근거해, 그리고 생명실체[노동력]가 적당하게, 정상적으로, 인간의 본성에 적합하게 운동으로 전환되는 것[노동력의 지출＝노동]에 근거해 평가되는 것이다.[6] 노동일의 연장과 분리될 수 없는 노동력 소모의 증대는 일정한 점까지는 더 높은 임금에 의해 보상될 수 있다. 그러나 이 점을 넘어서면 노동력의 소모는 기하급수적으로 증가하며, [노동자가 죽어가기 때문에] 노동력의 정상적인 재생산과 기능에 필요한 모든 조건들은 충족될 수 없게 된다. 이 순간부터 노동력의 가격과 노동력의 착취도는 서로 같은 기준으로 측량할 수 있는 양들이 아니게 된다.

---

6) "24시간에 사람이 수행한 노동의 양은 그의 신체 안에 일어난 화학적 변화를 검사함으로써 매우 가깝게 측정할 수 있을 것이다. 왜냐하면 물질의 형태변화는 그것에 선행하는 운동력의 지출을 가리키기 때문이다."(그로브, 『물리적 힘들의 상호관계에 대해』)

제4절   노동의 지속시간, 생산성, 강도가 동시에 변하는 경우

이 경우 명백히 많은 수의 조합이 가능하다. 제3의 요인은 불변인데 임의의 두 요인이 동시에 변동할 수도 있고, 세 요인이 모두 동시에 변동할 수도 있다. 그것들은 동일한 정도로 변동할 수도 있고 상이한 정도로 변동할 수도 있으며, 또 동일한 방향으로 변동할 수도 있고 반대방향으로 변동할 수도 있는데, 이 마지막 경우에는 그 변동들은 부분적으로 또는 전적으로 상쇄될 수도 있다. 그러나 있을 수 있는 모든 경우들은 제1, 2, 3절의 결과들에 의해 쉽게 분석할 수 있다. 차례차례로, 하나의 요인은 가변이고 다른 두 개의 요인은 먼저 불변인 것으로 취급함으로써 가능한 조합 각각의 결과를 알아 볼 수 있다. 그러므로 여기에서는 다만 두 개의 중요한 경우를 간단히 논의하는 것에 그치려 한다.

A. 노동생산성이 저하하는 동시에 노동일이 연장되는 경우

우리가 여기에서 노동생산성의 저하에 관해 말하는 것은, 그 생산물이 노동력의 가치를 결정하는 산업부문에서 예컨대 토지 비옥도가 감소하여 토지생산물이 등귀하는 경우다. 1노동일은 12시간, 1노동일에 창조되는 가치는 6원이며, 그 중 절반은 노동력의 가치를 대체하며 나머지 절반은 잉여가치를 형성한다고 하자. 즉 1노동일은 6시간의 필요노동과 6시간의 잉여노동으로 나누어진다. 토지생산물이 등귀한 결과 노동력의 가치는 3원에서 4원으로, 따라서 필요노동시간이 6시간에서 8시간으로 증가한다고 하자. 1노동일의 길이가 불변이라면 잉여노동은 6시간에서 4시간으로, 잉여가치는 3원에서 2원으로 감소한다. 만약 노동일이 2시간 연장되어 12시간에서 14시간으로 된다면, 잉여노동은 그대로 6시간, 잉여가치는 3원이지만, 잉여가치의 크기는 [필요노동에 의해 측정되는] 노동력의 가치에 대한 비율[잉여가치율] 에서는 감소하고 있다. 만약 노동일이 4시간 연장되어 12시간에서 16시간으로 된다면, 잉여가치와 노동력 가치의 비율[즉 잉여노동과 필요노동의 비율]은 그대로 불변이지만, 잉여가치의 절대적 크기는 3원에서 4원으로, 잉여노동의 크기는 6시간에서 8시간으로, 즉 $\frac{1}{3}$ 또는 $33\frac{1}{3}$ % 증가한다. 그리하여 노동생산성이 감소하고 동시에 노동일이 연장되는 경우에는 잉여가치의 상대적 크기는 감소하더라도 그 절대적 크기는 그대로 불변일 수가 있으며, 그 절대적 크기는 증대하더라도 상대적 크기는 그대로 불변일 수가 있고, 그리고 끝으로 노동일이 충분히 연장된다면 잉여가치의 상대적 크기와 절대적 크기가 동시에 증대할 수도 있다.

1799년부터 1815년에 이르는 기간에 영국에서는 생활수단의 가격이 등귀한 결과 생활수단[량]으로 표현되는 실질임금은 하락했지만 명목임금은 인상되었다. 이로부터 웨스트와 리카도는 농업노동의 생산성 감소는 잉여가치율의 저하를 일으켰다는 결론을 내렸으며, 그들은 이 가정[그들의 환상의 산물에 불과했다]을 임금 · 이윤 · 지대의 상대적 크기에 대한 중요한 분석의 출발점으로 삼았다. 그러나 당시 실제로는 노동강도의 강화와 노동일의 강제적 연장으로 말미암아 잉여가치는 절대적으로나 상대적으로나 증가했던 것이다. 그 시기야말로 노동일을 무제한 연장하는 권리가 확립된 시기였으며,[7] 특히 한편으로 자본이, 그리고 다른 한편으로

---

7) "곡물과 노동이 완전히 나란히 상승하는 일은 거의 없다. 그러나 어떤 한계에 달하면 서로 분리될 수 없다. 증언"(즉 1814~1815년의 의회 조사위원회의) "에서 지적된 임금 하락을 일으키는 가격등귀의 시기에 노동자계급이 보여준 매우 긴 노동에 대해 말한다면, 그런 노동은 개개인에게는 매우 찬양할 만한 일이며 또한 확실히 자본의 증가에 유리하다. 그러나 인도주의적 사람이라면

극빈자가 급속히 증가한 시기였다.[8]

B. 노동의 강도와 생산성이 상승하는 동시에 노동일이 단축되는 경우

노동생산성의 증가와 노동강도의 증대는 모두 비슷하게 작용한다. 양자는 모두 주어진 시간에 생산되는 생산물의 양을 증가시킨다. 따라서 양자는 모두 노동자가 노동일 중 자기의 생활수단[또는 그 등가]의 생산에 필요한 부분을 단축시킨다. 노동일의 최소한계는 노동일의 이 필요

누구나 그와 같이 노동이 완화되지 않고 그대로 지속되는 것을 원하지 않을 것이다. 그것은 일시적 구세책으로는 매우 찬양할 만하다. 그러나 그것이 항상 수행된다면, 이로 말미암아 나타나는 결과는 한 나라의 인구가 식량공급 능력의 극한에까지 증가할 때 발생하는 것[인구 감소]과 비슷할 것이다."(맬더스, 『지대의 성질과 성장…에 관한 연구』: 48, 주) 리카도와 기타 사람들이 노동일 연장의 매우 명백한 사실을 보면서도 노동일의 불변적 크기를 그들의 모든 연구의 기초로 삼았는데 반해, 맬더스가 노동일의 연장[그는 위 책의 다른 곳에서도 이것에 관해 직접적으로 주의를 환기시키고 있다]을 강조하고 있는 것은 확실히 그의 영예다. 그러나 맬더스는 보수적 이해관계에 사로잡혀 있었기 때문에, 기계의 비상한 발전과 여성·아동 노동의 착취와 결합된 노동일의 무제한 연장이 노동자계급의 대부분을 '과잉'으로 만들지 않을 수 없었다는 것—특히[나폴레옹] 전쟁시기의 수요가 끝나고 세계시장의 영국 독점이 끝난 이후—을 이해할 수 없었다. 이 '과잉인구'를 자본주의적 생산의 단순한 역사적 법칙들에 의해 설명하지 않고 자연의 영원한 법칙에 의해 설명하는 것은, 물론 훨씬 더 편리하고 또한 [맬더스가 참으로 목사답게 숭배하고 있던] 지배계급의 이해관계에도 훨씬 더 적합했던 것이다.

8) "전쟁 동안 자본 증가의 주된 원인은 [어느 사회에서나 가장 수가 많은] 노동자계급의 더 큰 노동과 아마도 더 큰 궁핍에 있었다. 궁핍 때문에 더 많은 부인과 아동들이 힘든 일에 종사하지 않을 수 없게 되었으며, 또한 이전부터 노동자였던 사람들도 동일한 원인으로 말미암아 자기 시간의 더 큰 부분을 생산 증가에 바치지 않을 수 없었다."(로버츠슨, 『정치경제학에 관한 평론들. 현재의 국민적 고난의 주요 원인의 설명』: 248)

노동부분[이 자체는 더욱 단축될 수 있다]에 의해 규정된다. 만약 전체 노동일이 이 최소한계까지 단축된다면 잉여노동은 소멸할 것이지만, 그런 일은 자본의 지배체제에서는 있을 수 없다. 자본주의적 생산형태가 폐지되면 노동일은 필요노동만으로 국한될 수 있다. 그러나 이 경우 필요노동의 범위는 확대되어 노동일의 더 큰 부분을 차지하게 될 것이다. 왜냐하면 한편으로 노동자의 생활조건이 개선되고 그의 기대가 더욱 커지기 때문이고, 다른 한편으로 현재의 잉여노동 일부[예컨데 사회적 예비재원과 축적재원을 형성하는 노동]가 필요노동으로 계산될 것이기 때문이다.

노동생산성이 증가하면 할수록 노동일은 더욱더 단축될 수 있으며, 노동일이 단축되면 될수록 노동강도는 더욱더 강화될 수 있다. 사회적으로 보면, 노동생산성은 노동의 절약에 비례해 상승한다. 노동의 절약에는 생산수단의 절약뿐 아니라 또한 모든 쓸모없는 노동의 제거도 포함된다. 자본주의적 생산양식은 각 개별 기업에 대해서는 절약을 강요하지만, 그 무정부적 경쟁체제를 통해 사회적 생산수단과 노동력의 가장 터무니없는 낭비를 일으키며, 또한 [지금은 없어서는 안 되는 것이지만 그 자체로서는 없어도 되는] 수많은 기능들[예컨대 상품과 화폐를 취급하는 기능들] 을 발생시킨다.

노동의 강도와 생산성이 주어져 있을 때, 노동이 사회의 모든 노동가능인구들 사이에 더욱 균등하게 분배되면 될수록, 또한 노동의 부담[이것은 자연이 부과한 필연적인 것이다]을 자기 자신의 어깨로부터 다른 사회계층의 어깨로 넘겨씌우는 특수계층의 권력을 더욱 많이 빼앗으면 빼앗을수록, 사회적 노동일 중 물질적 생산에 바쳐야 할 시간은 그만큼 더 짧아지며, 따라서 한 사회가 개인의 자유로운 정신적·사회적 활동을 위해 쓸 수 있는 시간은 그만큼 더 증가할 것이다. 노동일 단축의 절대적 최소한계는, 이런 측면에서 보면, 노동의 보편화에 있다. 자본주의 사회

에서는 대중의 모든 생활시간을 노동시간으로 전환시킴으로써 한 계급이
자유로운 시간을 얻고 있다.

제18장
잉여가치율을 표시하는 여러 가지 공식

이미 본 바와 같이 잉여가치율은 다음과 같은 공식들로 표시된다.

$$\text{I.} \quad \frac{\text{잉여가치}}{\text{가변자본}} \left(\frac{s}{v} \right) = \frac{\text{잉여가치}}{\text{노동력의 가치}} = \frac{\text{잉여노동}}{\text{필요노동}}$$

첫 두 공식은 가치와 가치 사이의 비율로 표시되는데, 제3의 공식은 이 가치들이 생산되는 시간과 시간 사이의 비율로 표시된다. 서로 대체되는 이 공식들은 개념적으로 엄밀하며 올바르다. 우리는 이 공식들이 고전파 정치경제학에서 의식적인 형태로는 아니지만 사실상 이미 완성되어 있다는 것을 알 수 있으며, 거기에서 우리는 다음과 같은 파생적 공식들과 만나게 된다.

$$\text{II.} \quad \frac{\text{잉여노동}}{\text{노동일}} = \frac{\text{잉여가치}}{\text{생산물의 가치}} = \frac{\text{잉여생산물}}{\text{총생산물}}$$

여기에서는 동일한 하나의 비율이 노동시간의 형태로, 노동시간이 구체화되는 가치의 형태로, 그리고 이 가치가 존재하는 생산물의 형태로 표현되고 있다. 물론 여기에서 '생산물의 가치'는 1노동일에 새로 창조된 가치[가치생산물]로 이해해야 할 것이며, 생산물가치의 불변부분은 제외되어야 한다.

이 공식들(Ⅱ) 모두에서는 현실의 노동착취도 즉 잉여가치율이 잘못 표현되고 있다. 1노동일이 12시간이라고 하자. 기타의 모든 가정들이 앞의 장과 같다면, 현실의 노동착취도는 다음과 같은 비율로 표시되어야 한다.

$$\frac{6시간의\ 잉여노동}{6시간의\ 필요노동} \ = \ \frac{3원의\ 잉여가치}{3원의\ 가변자본} \ = \ 100\%$$

그런데 공식 Ⅱ에 따르면 다음과 같이 된다.

$$\frac{6시간의\ 잉여노동}{12시간의\ 노동일} \ = \ \frac{3원의\ 잉여가치}{6원의\ 가치생산물} \ = \ 50\%$$

이 파생적 공식들이 사실상 표현하는 것은 노동일 또는 그것의 가치생산물이 자본가와 노동자 사이에 분할되는 비율이다. [정확하게는 '자본가에게 분배되는 비율'이다.] 따라서 만약 이 공식들이 자본의 자기증식 정도의 직접적 표현으로 받아들여진다면, 잉여노동 또는 잉여가치가 결코 100%에는 도달할 수 없다는 그릇된 법칙이 타당한 것으로 된다.[1] 잉여노동은

----

1) 예컨대 로트베르투스-야게죠, 『폰 키르히만에게 보내는 세 번째 사회적 편지. 리카도 지대론 반박』을 보라. 나는 뒤에 다시 이 저서에 대해 언급하겠지만, 이 저서는 그릇된 지대론에도 불구하고 자본주의적 생산의 본질을 옳게 통찰하고 있다.

{엥겔스: 여기에서 볼 수 있는 바와 같이, 마르크스는 자기 선행자들에게서 현

언제나 노동일의 일부를 이룰 뿐이고, 또 잉여가치는 언제나 가치생산물의 일부를 이룰 뿐이기 때문에, 필연적으로 잉여노동은 언제나 전체 노동일보다 적지 않을 수 없고, 또 잉여가치는 언제나 가치생산물 전체보다 적지 않을 수 없다. 그러므로 잉여노동과 노동일[또는 잉여가치와 가치생산물]이 100 : 100이라는 비율을 가지려면 그것들은 동등해야 한다. 그런데 잉여노동이 1노동일 전체(여기에서 말하는 1노동일은 1노동주週, 1노동년年 중의 1평균일이다)를 흡수하려면 필요노동이 0으로 되어야 할 것인데, 필요노동이 없어지면 잉여노동도 사라진다. 왜냐하면 잉여노동은 다만 필요노동의 하나의 기능에 불과하기 때문이다. 그러므로 $\frac{잉여노동}{노동일} = \frac{잉여가치}{가치생산물}$ 라는 비율은 결코 $\frac{100}{100}$ 이라는 한계에 도달할 수 없으며, 하물며 $\frac{100 + x}{100}$ 로 높아질 수는 더욱 없다. 그러나 잉여가치율 또는 현실의 노동착취도에서는 이것이 완전히 가능하다. 예컨대 라베르뉴의 계산에 따르면, 영국의 농업노동자는 생산물 또는 그 가치의 불과 $\frac{1}{4}$ 을 받는데,

---

실적 진보나 새로운 정당한 사상을 발견했을 때는 그들에게 매우 호의적으로 대했다. 그런데 그 뒤 루돌프 마이어에게 보내는 로트베르투스의 편지들이 공표되었으므로, 마르크스의 위의 찬사는 어느 정도 한정될 필요가 있다. 거기에는 다음과 같이 쓰여 있다. 즉 "자본을 노동으로부터 뿐 아니라 자기 자신으로부터도 구출하지 않으면 안 되는데, 이와 같은 구출은 산업자본가의 활동을 [자기 자본과 함께 자기에게 위임되고 있는] 경제적 · 정치적 기능으로서 이해하고, 그의 이윤을 봉급의 한 형태로 이해할 때 가장 잘 이루어진다. 왜냐하면 우리는 아직 다른 사회조직을 모르기 때문이다. 그러나 봉급은 조절될 수 있고 또 임금에서 지나치게 많이 빼앗을 때는 봉급을 인하할 수도 있다. 이렇게 함으로써 마르크스가 사회로 침입하는 것—나는 그의 저서를 이렇게 부르고자 한다—을 방어해야 한다…요컨대 마르크스 저서는 자본에 관한 연구라기보다는 오히려 자본의 현재 형태에 대한 논박이며, 그는 이 자본형태를 자본개념 그 자체와 혼동하고 있다."(로트베르투스–야게쵸, 『편지와 사회정책논집』. 제1권: 111, 로트베르투스의 제48번째 편지) 로트베르투스의 '사회적 편지'의 실로 대담한 공격도 이와 같은 종류의 이데올로기적 상투어로 전락하고 말았다.}

자본가적 농민[즉 차지농업가] 은 생산물의 $\frac{3}{4}$ 을 받고 있다.[2] [노획물이 나중에 자본가와 지주 등의 사이에서 다시 어떻게 분배되든]. 이에 따라 영국 농업노동자의 잉여노동은 그의 필요노동에 대해 3 : 1의 비율이며 착취율은 300%이다.

노동일을 불변의 크기로 여기는 고전파 정치경제학의 방법은 공식 Ⅱ의 사용에 의해 확립되었다. 왜냐하면 이 공식에서는 잉여노동은 언제나 일정한 크기의 노동일과 대비되기 때문이다. 가치생산물의 분할에만 주목하는 경우에도 마찬가지다. 가치생산물에 이미 대상화되어 있는 노동일은 언제나 일정한 길이를 가진 노동일이기 때문이다.

잉여가치와 노동력의 가치를 가치생산물의 부분들로 표현하는 방법[물론 이것은 자본주의적 생산양식 그 자체에서 발생하는 것으로써, 그 의의는 뒤에 해명하겠지만]은 자본관계의 독특한 성격[즉 가변자본은 살아 있는 노동력과 교환되며 따라서 노동자는 생산물로부터 배제된다는 사실]을 은폐한다. 이 표현방법은 자본관계를 폭로하는 대신 자본가와 노동자가 생산물의 형성에 각자가 공헌한 몫에 따라 생산물을 상호 분배한다는 하나의 연합association인 듯한 그릇된 겉모습을 우리에게 보여준다.[3]

또한 공식 Ⅱ는 언제나 공식 Ⅰ로 다시 전환될 수 있다. 예컨대

---

2) 물론 이 계산에는 생산물 중 불변자본 투자액을 대체할 따름인 부분은 제외되고 있다. 영국을 맹목적으로 찬미하는 라베르뉴는 자본가의 몫을 과대평가하기보다는 오히려 과소평가하려는 경향이 있다.

3) 자본주의적 생산과정의 모든 발전된 형태들은 협업형태이므로, 이 형태들로부터 독특한 적대적 성격을 무시하고 그것들을 자유로운 연합형태로 묘사하는 것처럼 쉬운 일은 없다. 예컨대 라보르드는『공동사회의 전체 이익을 위한 협동정신에 대해』(130~131)에서 그렇게 했다. 미국인 캐리는 때로는 노예제도 아래의 관계들에 대해서까지 이런 속임수를 써서 동일한 성공을 거두고 있다.

$$\frac{6\text{시간의 잉여노동}}{12\text{시간의 노동일}}$$

이면, 필요노동시간은 12시간의 노동일에서 6시간의 잉여노동을 뺀 것이므로 다음과 같이 된다.

$$\frac{6\text{시간의 잉여노동}}{6\text{시간의 필요노동}} = \frac{100}{100}$$

세 번째의 공식들은 내가 때때로 이미 보인 것처럼 다음과 같이 표시된다.

$$\text{III.} \quad \frac{\text{잉여가치}}{\text{노동력의 가치}} = \frac{\text{잉여노동}}{\text{필요노동}} = \frac{\text{지불받지않는 노동}}{\text{지불받는 노동}}$$

$\frac{\text{지불받지않는노동}}{\text{지불받는노동}}$ 이라는 공식은 자본가가 노동에 대해 지불하는 것이고 노동력에 대해 지불하는 것이 아니라는 오해를 일으킬 수도 있으나, 이와 같은 오해의 가능성은 이미 서술한 바에 의해 제거되었다. $\frac{\text{지불받지않는노동}}{\text{지불받는노동}}$ 은 다만 $\frac{\text{잉여노동}}{\text{필요노동}}$ 의 통속적 표현에 불과하다. 자본가는 노동력의 가치 [또는 그 가치와 가격이 일치하지 않는다면 그 가격]를 지불하고 그 대신 살아 있는 노동력 자체에 대한 처분권을 얻는다. 자본가가 이 노동력을 사용하는 시간은 두 기간으로 나누어진다. 한 기간에는 노동자는 자기의 노동력 가치에 해당하는 가치만을, 따라서 그것의 등가만을 생산한다. 이리하여 자본가는 노동력의 가격을 투하해 동일한 가격의 생산물을 받는다. 이것은 마치 자본가가 이미 만들어진 생산물을 [제값을 주고] 시장에서 구입한 것과 같다. 다른 기간 즉 잉여노동의 기간에는 노동력의 사

용은 자본가를 위한 가치를 창조하는데, 자본가는 이에 대해서는 아무것도 지불하지 않는다.[4] 이 경우 그는 노동력의 이 지출을 무상으로 획득한다. 이런 의미에서 잉여노동을 지불받지않는 노동〖불불노동〗이라고 부를 수 있다.

그러므로 자본은 A. 스미스가 말하고 있는 바와 같이 노동에 대한 지배인 것만은 아니다. 그것은 본질적으로 지불받지않는 노동에 대한 지배다. 모든 잉여가치는, 그것이 뒤에 이르러 어떤 특수한 형태[이윤, 이자 또는 지대]로 구체화된다 하더라도, 본질적으로 지불받지않는 노동시간의 체현이다. 자본의 자기증식이라는 비밀은 자본이 일정한 양의 타인의 지불받지않는 노동을 자유롭게 처분할 수 있다는 사실로 환원되어 버린다.

---

4) 중농주의자들은 비록 잉여가치의 비밀을 해명하지는 못했지만, 적어도 그들은 잉여가치가 "그 소유자가 구매하지는 않았지만 판매하는, 독립적이고 자유롭게 처분할 수 있는 부"라는 것만은 명백히 알고 있었다. (튀르고, 『부의 형성과 분배의 고찰』: 11)

제6편
임 금

제 19 장   노동력의 가치(또는 가격)가 임금으로 전환
제 20 장   시간급
제 21 장   성과급
제 22 장   임금의 국민적 차이

제**19**장
노동력의 가치(또는 가격)가 임금으로 전환

부르주아 사회의 표면에서는 노동자의 임금은 노동의 가격, 즉 일정한 양의 노동에 대한 대가로 지불되는 일정한 양의 화폐로 나타난다. 그리하여 사람들은 노동의 가치를 이야기하며, 그리고 그 화폐적 표현을 노동의 필요가격 또는 자연가격이라고 부르고 있다. 다른 한편으로 그들은 노동의 시장가격, 즉 노동의 필요가격 상하로 움직이는 가격에 대해 이야기하고 있다.

그런데 상품의 가치란 무엇인가? 그것은 상품의 생산에 든 사회적 노동의 객관적 형태다. 우리는 이 가치의 크기를 무엇으로 측정하는가? 상품에 포함되어 있는 노동량에 의해 측정한다. 그러면 예컨대 12시간 노동일의 가치는 어떻게 결정할 수 있는가? 그것은 12시간 노동일에 포함되어 있는 12시간 노동에 의해 결정된다는 것이다. 그러나 이것은 웃기는 동어반복이다.[1]

---

1) "리카도는 가치는 생산에 소요된 노동의 양에 의존한다는 자기 학설을 언뜻 보아 전복시킬 우려가 있는 하나의 난점을 대단히 재치있게 회피하고 있다. 만약 이 원리를 엄격히 고수한다면, 노동의 가치는 그것의 생산에 소요된 노동량에 의존한다는 결론이 나오는데 이것은 명백히 불합리하다. 그러므로 리카도

노동이 상품으로서 시장에서 판매되려면 판매되기 전에 반드시 실제로 있어야만 한다. 그러나 만약 노동자가 자기의 노동에 독립적이고 객관적인 현실적 존재를 부여할 수 있다면, 그는 그 상품을 팔지 노동을 팔지는 아니할 것이다.2)

그러나 이런 모순은 무시하더라도, 화폐[즉 대상화된 노동]와 살아있는 노동의 직접적 교환은 [자본주의적 생산의 토대 위에서 비로소 자유롭게 전개되는] 가치법칙을 폐지하든가, 또는 [바로 임금노동에 기반을 두고 있는] 자본주의적 생산 자체를 폐지할 것이다. 예컨대 12시간 노동일이 6원의 화폐가치로 대상화된다고 하자. 그러면 두 가지의 경우가 발생할 수 있다. 첫째의 경우에는 먼저 등가물들이 교환되어, 노동자는 자기의 12시간 노동의 대가로 6원을 받을 것이다. 그의 노동의 가격은 그의 노동생산물의 가격과 같을 것이다. 이 경우 그는 자기 노동의 구매자를 위해 어떤 잉여가치도 생산하지 않을 것이며, 이 6원은 자본으로 전환되지 않을 것이고, 이와 함께 자본주의적 생산의 토대 자체가 소멸할 것이다. 그런데 바로 이 토대 위에서 노동자는 자기 노동을 판매하는 것이며, 바로 이 토대 위에서 그의 노동은 임금노동이 되는 것이다. 둘째의

는 교묘하게 말을 돌려 노동의 가치를 임금의 생산에 필요한 노동량에 의존시킨다. 즉 그 자신의 말대로 하면 그는 노동의 가치는 임금의 생산에 필요한 노동량—그가 의미하는 것은 노동자가 받는 화폐 또는 상품의 생산에 필요한 노동량이다—에 의해 규정되어야 한다고 주장하고 있다. 이것은 옷감의 가치가 그것의 생산에 소요된 노동량에 의해서가 아니라 옷감과 교환되는 은의 생산에 소요된 노동량에 의해 규정된다고 말하는 것과 같다."(베일리, 『가치의 성질·척도·원인에 관한 비판적 논문』: 50~51)

2) "당신들이 노동을 상품이라 부르더라도, 노동은, 먼저 교환을 목적으로 생산되고 그 다음에 시장으로 운반되어 거기에 때마침 있는 다른 상품들과 일정한 양으로 교환되어야 하는 그런 상품과는 다르다. 노동은 그것이 시장에 나오는 순간에 창조된다. 아니 더 정확히 말해 노동은 그것이 창조되기 전에 시장에 나온다."(『정치경제학의 용어논쟁 고찰』: 75~76)

경우에는 노동자가 12시간 노동에 대해 6원보다 적게, 즉 12시간 노동보다 적게 받는다고 하자. 그러면 12시간 노동이 10시간, 6시간 등등의 노동과 교환된다. 동일하지 않은 크기들을 이렇게 같다고 말하는 것은 가치규정을 폐기하는 것으로 끝나지 않는다. 이와 같이 자기 자신을 폐기하는 그런 모순은 도대체 법칙으로서 표명되거나 공식화될 수조차 없다.3)

더 많은 양의 노동과 더 적은 양의 노동 사이의 교환을, 한편에는 대상화된 노동, 다른 한편에는 살아 있는 노동이라는 형태상의 차이에서 끌어내려는 것은 아무 소용이 없다.4) 이런 해결책은, 상품의 가치는 거기에 실제로 대상화된 노동량에 의해 결정되는 것이 아니라 그것의 생산에 필요한 살아있는 노동량에 의해 결정되기 때문에, 더욱 불합리하다. 상품이 6노동시간을 대표한다고 하자. 만약 3시간에 그 상품을 생산할 수 있는 발명이 이루어진다면, 그것의 가치는 [심지어 이미 생산된 상품의 가치도] 절반으로 떨어질 것이다. 이제는 그 상품은 이전의 6시간 대신 3시간의 사회적으로 필요한 노동만을 대표한다. 그러므로 상품가치의 크기는 대상화된 노동량에 의해 결정되는 것이 아니라 상품의 생산에 필요한 노동량에 의해 결정된다.

---

3) "만약 노동을 하나의 상품으로 취급하고 노동의 생산물인 자본을 다른 상품으로 취급하는 경우, 그리고 만약 이 두 상품의 가치가 같은 양의 노동에 의해 결정된다고 한다면, 일정한 양의 노동은…그것과 같은 양의 노동에 의해 생산된 자본량과 교환될 것이다. 과거의 노동이…그것과 같은 양의 현재의 노동과 교환될 것이다. 그러나 노동의 가치는 다른 상품들과의 관계에서는…같은 양의 노동에 의해 결정되지 않는다."(웨이크필드, 『애덤 스미스의 『국부론』 주해』. 제1권: 230~231에 있는 웨이크필드의 주)

4) "과거의 노동이 미래의 노동과 교환되는 경우 언제나 자본가가 노동자보다 더 큰 가치를 받기 위해서는 협정"(이것은 '사회계약'의 신판이다)"을 맺지 않으면 안 된다."(시스몽디, 『상업적 부에 관해』 제1권: 37)

상품시장에서 화폐소유자와 직접 마주하는 것은 노동이 아니라 노동자다. 후자가 판매하는 상품은 그의 노동력이다. 그의 노동이 현실적으로 시작할 때는 노동력은 벌써 노동자에게 속하지 않으며, 따라서 그에 의해 더 이상 판매될 수 없다. 노동은 가치의 실체substance이며 또 내재적 척도이지만, 그 자체는 가치를 가지지 않는다.5)

'노동의 가치'라는 표현에서는 가치의 개념이 완전히 소멸될 뿐 아니라 거꾸로 되어 그 반대물로 된다. 이것은 토지의 가치라는 것과 같은 환상적 표현이다. 그러나 이런 환상적 표현은 생산관계 자체에서 생긴다. 그것은 본질적 관계의 현상 형태를 나타내는 범주다. 현상에서는 사물이 흔히 거꾸로 되어 나타난다는 것은 정치경제학을 제외한 모든 과학에서는 잘 알려진 사실이다.6)

---

5) "가치의 유일한 척도인 노동은…모든 부의 창조자지만 그 자체는 상품은 아니다."(호지스킨, 『대중경제학』: 186)

6) 다른 한편으로 '노동의 가치'라는 표현을 단순히 시적詩的으로 격식을 벗어나는 것이라고 설명하는 시도는 분석상의 무능력을 나타낼 따름이다. "노동이 가치를 가지고 있다고 하는 것은 노동 자체가 상품이기 때문이 아니라 노동에 잠재적으로 포함되어 있다고 생각되는 가치를 염두에 두고 있기 때문이다. 노동의 가치란 비유적인 표현이다."하는 프루동의 말과 관련해 나는 다음과 같이 지적한 바 있다. "상품으로서 노동[이것은 냉혹한 현실이다] 속에서 그는 문법적 생략밖에는 보지 못한다. 이리하여 상품으로서 노동 위에 서 있는 현대사회는 하나의 시적 파격에, 비유적인 표현에 토대를 두고 있는 것으로 된다. 만일 사회가 [사회를 난처하게 만들고 있는] '모든 결점을 제거'하려고 한다면, 사회는 다만 듣기 싫은 표현을 제거하고 말을 고치기만 하면 되며, 그러기 위해서는 사회는 다만 학술원에 요청해 사전의 신판을 내게 하면 된다는 것이다."(마르크스, 『철학의 빈곤』[CW 6: 129]) '가치'라는 용어로 전혀 아무것도 말하려 하지 않는다면 물론 더욱 편리할 것이다. 그렇게 하면 이 범주에 아무것이나 다 제멋대로 집어넣을 수 있다. 예컨대 세가 그렇게 하고 있다. "가치란 도대체 무엇인가?" 대답: "한 물건의 값이 되는 것이다." "가격이란 무엇인가?" 대답: "한 물건의 가치가 화폐로 표현된 것이다." 그런데 왜 "토지가…가치를 가지는가?" "사람들이 그것에 대해 일정한 가격을 붙이기 때문이다." 그리하

고전파 정치경제학은 '노동의 가격'이라는 범주를 일상생활로부터 아무런 비판 없이 빌려왔으며, 그 뒤에 이 가격이 어떻게 결정되는가 하는 질문을 단순히 제기했다. 고전파 정치경제학은 수요와 공급 사이의 관계 변동은 [다른 온갖 상품의 가격과 마찬가지로 노동의 가격에 대해서도] 가격의 변동 그 자체[즉 시장가격이 일정한 평균수준의 상하로 움직인다는 것] 외에는 아무것도 설명할 수 없다는 것을 곧 깨달았다. 수요와 공급이 일치한다면, 기타의 조건들이 변하지 않을 때는 가격의 진동은 멈춘다. 그러나 그때는 수요와 공급은 아무것도 설명할 수 없게 된다. 수요와 공급이 일치할 때 노동의 가격은 수요와 공급의 관계와 상관없이 결정되는 노동의 자연가격이다. 그리하여 이 자연가격이 어떻게 결정되는가를 밝히는 것이 연구의 대상으로 되었다. 또는 어느 정도 긴 기간[예컨대 1년 동안] 시장가격의 변동을 고찰함으로써, 그 변동들이 서로 상쇄되어 어떤 평균적인 불변의 크기를 낳는다는 것을 알았다. 이 불변의 크기는 물론 [이 크기로부터 상호 상쇄되는 편차와는 달리] 결정되어야만 했다. 노동의 우연적인 시장가격들을 지배하고 조절하는 가격[즉 이른바 '노동의 필요가격'(중농주의자들), 또는 '자연가격'(A. 스미스)]은 다른 상품들의 경우와 마찬가지로 화폐로 표현된 노동의 가치일 수밖에 없다. 이와 같이 하여 정치경제학은 노동의 우연적인 가격들을 파헤쳐 그 가치에까지 도달할 수 있다고 믿었다. 이 가치는 다른 상품들의 경우와 마찬가지로 더욱 깊게 들어가니 생산비에 의해 규정되었다. 그런데 **노동자의 생산비**[즉 노동자 자신을 생산 또는 재생산하는 데 드는 비용]란 도대체 무엇인가? 이 질문이 정치경제학에서 무의식중에 최초의 질문 [노동의 가치] 을 대체했다. 왜냐하면 정치경제학은 노동 그 자체의 생산비를 문제

───────────────

여 가치는 물건 값이 되는 그것이며, 토지는 그 가치가 '화폐로 표현되기'때문에 '가치'를 가진다는 것이다. 이것은 어쨌든 사물의 원인과 발생에 관한 문제들을 해결하는 대단히 간단한 방법임에 틀림없다.

로 삼음으로써 악순환에 빠지고 거기에서 빠져나갈 수 없었기 때문이다. 정치경제학이 '노동의 가치'라고 부른 것은 사실상 [노동자라는 인물 속에 현실적으로 존재하는] 노동력의 가치다. 노동력은 [마치 기계가 그것이 수행하는 작업과 다르듯이] 자기 자신의 기능인 노동과는 다르다. 정치경제학자들은 노동의 시장가격과 이른바 노동의 가치 사이의 차이, 노동의 가치와 이윤율 사이의 관계, 그리고 상품의 가치 중 노동수단에 의해 생산되는 부분과 노동의 가치 사이의 관계 따위에 열중한 나머지, 그들은 분석과정에서 노동의 시장가격으로부터 자기들이 가정한 노동의 가치에 이르게 되었을 뿐 아니라, 이 노동의 가치 자체를 이번에는 노동력의 가치로 해소했다는 것을 결코 알지 못했다. 고전파 정치경제학은, 자기 자신의 분석의 이런 성과들을 전혀 의식하지 못했기 때문에, 그리고 또 문제로 되고 있는 가치관계의 최종적인 적절한 표현으로서 '노동의 가치', '노동의 자연가격' 등의 범주를 무비판적으로 채용했기 때문에, 우리가 뒤 『잉여가치학설사』에서 보는 바와 같이, 해결할 수 없는 혼란과 모순에 빠졌으며, 이와 동시에 [원칙적으로 현상의 겉모습에만 충실한] 속류경제학에게 튼튼한 활동무대를 제공하게 된 것이다.

다음으로 노동력의 가치(그리고 가격)가 어떻게 임금이라는 전환된 형태로 표현되는가를 살펴보자.

우리가 알고 있는 바와 같이, 노동력의 하루 가치는 노동자의 일정한 수명을 기준으로 계산되는데, 이 수명에는 노동일의 어떤 일정한 길이가 대응한다. 관습적인 1노동일은 12시간이고, 노동력의 하루 가치는 3원 [이것은 6노동시간이 대상화되어 있는 가치의 화폐적 표현]이라고 가정하자. 노동자가 3원을 받는다면 그는 [12시간 기능하는] 자신의 노동력 가치를 받는 것이다. 이제 노동력의 이런 하루 가치가 하루의 노동 그 자체의 가치로서 표현되기 때문에, 12시간의 노동은 3원의 가치를 갖는다는 『엉터리』 공식이 나오며, 이리하여 노동력의 가치가 노동의 가치를 결정하며, 또는 화폐적 표현으로 노동의 필요가격을 결정하게 되는 것이다. 다른 한편으로 만약 노동력의 가격이 노동력의 가치와 다르다면, 노동의 가격도 역시 노동의 가치와 달라지는 것이다.

노동의 가치라는 것은 노동력의 가치를 나타내는 불합리한 표현에 지나지 않으므로, 노동의 가치가 노동의 가치생산물보다 언제나 적을 수밖에 없다는 것은 명백하다. 왜냐하면 자본가는 항상 노동력이 자기 자신의 가치를 재생산하는 데 필요한 시간보다 더 오래 기능하도록 하기 때문이다. 앞에서 인용한 예에서는 12시간 기능하는 노동력의 가치는 3원인데, 이 가치를 재생산하는 데는 6시간이 요구된다. 그런데 이 노동력이 새로 창조한 가치는 6원이다. 왜냐하면 노동력은 사실상 12시간 기능했으며, 노동력에 의해 새로 창조된 가치는 노동력 자체의 가치에 의존하는 것이 아니라 그것이 기능하는 시간의 길이에 의존하기 때문이다. 그리하여 우리는 6원의 가치를 창조하는 노동 그 자체가 3원의 가치를 갖는다는 얼핏 보아 불합리한 결과에 도달한다.[7]

또한 우리는, 노동일의 지불받는 부분[즉 6시간 노동]을 대표하는 3원의 가치가 [지불받지 않는 6시간을 포함하는] 전체 12시간 노동일의 가치 또는 가격으로 나타난다는 것을 알고 있다. 그리하여 임금형태는 노동일이 필요노동과 잉여노동으로, 또 지불받는 노동과 지불받지않는 노동으로 분할된다는 것을 전혀 알아보지 못하게 한다. 전체 노동이 지불받는 노동으로 나타난다. 부역노동에서는 사정이 달라, 농노가 자신을 위해 하는 노동과 영주를 위해 하는 강제노동은 공간적으로나 시간적으로나 매우 명확하게 구별된다. 노예노동에서는 노동일 중 노예가 자기

---

7) 『정치경제학 비판을 위하여』[CW 29: 302] 참조. 거기에서 나는 자본의 분석에서 다음과 같은 문제를 해결하겠다고 말했다. "오직 노동시간에 의해 결정되는 교환가치에 기반을 두는 생산이, 어떻게 노동의 교환가치가 그 노동생산물의 교환가치보다 적은 결과를 초래하는가?"

자신의 생활수단 가치를 대체하는 부분[즉 그가 사실상 자기 자신을 위해 노동하는 부분]조차도 주인을 위한 노동으로 나타난다. 노예의 전체 노동은 지불받지않는 노동으로 보인다.[8] 이와는 반대로, 임금노동에서는 잉여노동[즉 지불받지않는 노동]까지도 지불받는 노동으로 보인다. 노예 노동에서는 소유관계가 노예의 자기 자신을 위한 노동을 은폐하는데, 임금노동에서는 화폐관계가 임금노동자의 무상노동을 은폐한다.

이로부터 노동력의 가치와 가격이 임금 형태로 [또는 노동 그 자체의 가치와 가격으로] 전환되는 것이 얼마나 결정적 의의를 가지는가를 알 수 있다. 현실적 관계를 은폐하고 그와 정반대되는 관계를 보여주는 이 현상 형태야말로 노동자와 자본가의 모든 정의 관념, 자본주의적 생산양식의 모든 신비화, 자유에 대한 자본주의의 모든 환상, 속류경제학의 모든 변호론적 속임수 등의 토대가 되고 있다.

임금의 비밀을 폭로하는 데 세계 역사는 많은 시간을 들였지만, 이 현상 형태의 필연성과 존재이유를 이해하는 것보다 더 쉬운 것은 없다.

자본과 노동 사이의 교환은 최초에는 다른 모든 상품의 구매·판매와 똑같은 형태로 우리들의 지각에 나타난다. 구매자는 일정한 화폐액을 주며 판매자는 화폐와는 다른 물건을 준다. 법률 의식은 이 경우 기껏해야 법률적으로 동등한 공식들, 즉 "네가 주기 때문에 나는 준다. 네가 하기 때문에 나는 준다. 네가 주기 때문에 나는 한다. 네가 하기 때문에 나는 한다."에서 표현되는 내용의 차이를 인식할 뿐이다.

---

8) 우둔하다고 말할 수 있을 정도로 소박한 런던 자유무역론자들의 기관지인 『모닝스타』는, 미국의 남북전쟁 동안 '남부 여러 주the Confederate States'에서는 흑인들이 전적으로 공짜로 노동한다는 사실에 대해 인간으로서 가능한 모든 도덕적 격분을 가지고 거듭 비난했다. 그런 흑인의 하루 비용과 런던 이스트 엔드the East End〖 하층 노동자들이 많이 사는 상업지구 〗자유노동자의 하루 비용을 대비해 보았더라면 좋았을 것이다.

또 교환가치와 사용가치는 그것들 자체로서는 서로 같은 단위로 잴 수 없는 크기이므로 '노동의 가치', '노동의 가격'이라는 표현은 예컨대 '면화의 가치', '면화의 가격'이라는 표현보다 더 불합리하게 보이지는 않는다. 여기에 또 노동자는 자기 노동을 제공한 뒤에야 대가를 받는다는 사정이 첨가된다. 화폐는 지불수단의 기능에서는 제공된 물건의 가치 또는 가격을, 따라서 이 경우에는 제공된 노동의 가치 또는 가격을 추후에 실현한다. 마지막으로, 노동자가 자본가에게 제공하는 '사용가치'는 실제로는 그의 노동력이 아니라 노동력의 기능, 즉 재봉노동·제화노동·방적노동 따위로 일정한 형태의 유용노동이다. 바로 이 노동이 다른 한편으로는 가치를 창조하는 일반적 요소라는 것, 그리하여 이 속성에 의해 노동은 다른 모든 상품과 구별된다는 것은 일상적인 의식으로서는 인식할 수가 없다.

예컨대 12시간 노동의 대가로 6시간의 가치생산물[즉 3원]을 받는 노동자의 처지에서 본다면, 그에게는 사실상 12시간 노동이 3원을 구매하는 수단일 따름이다. 그의 노동력 가치는 그의 일상적 생활수단의 가치변동에 따라 3원에서 4원으로 변동할 수 있으며, 또는 3원에서 2원으로 변동할 수도 있다. 또한 그의 노동력 가치가 불변인 경우에도 그 가격은 수요·공급 관계의 변동 결과로 4원으로 등귀하거나 2원으로 저하할 수 있다. 그러나 노동자는 언제나 12시간 노동을 제공한다. 그러므로 그가 받는 등가물의 모든 양적 변동은 그에게는 필연적으로 그의 12시간 노동의 가치 또는 가격의 변동으로써 나타난다. 이 사정은, 노동일을 불변의 크기로 본 애덤 스미스로 하여금,9) 비록 생활수단의 가치가 변동하고 따라서 같은 노동일이 노동자에게 더 많은 또는 더 적은 양의 화폐로 표시된다 하더라도, 노동의 가치는 불변이라는 그릇된 주장을 하게 했다.

---

9) 스미스는 성과급을 논하는 기회에 우연히 노동일의 변동에 대해 암시하고 있을 따름이다.『『국부론』. 제1편 제8장 '노동의 임금'』

다른 한편으로 자본가를 보도록 하자. 그는 될수록 적은 양의 화폐로 될수록 많은 노동을 얻으려 한다. 따라서 실제로 그의 관심사로 되는 것은 오직 노동력의 가격과, 이것의 기능이 창조해 내는 가치 사이의 차이뿐이다. 그런데 그는 모든 상품을 가능한 한 싸게 사려고 애쓰며, 또 언제나 자신의 이윤의 원천을, 가치 이하로 구매하고 가치 이상으로 판매하는 뛰어난 상술로써만 설명한다. 그러므로 만약 노동의 가치라는 것이 현실적으로 존재하고 그리고 그가 이 가치를 실제로 지불한다면, 자본이란 것은 존재할 수도 없을 것이며 그의 화폐는 자본으로 전환될 수 없으리라는 것을 그는 도저히 이해하지 못한다.

더욱이 임금의 현실적 운동은 노동력의 가치에 대해 지불하는 것이 아니라 그 기능, 즉 노동 그 자체의 가치에 대해 지불한다는 것을 증명하는 것 같은 현상들을 보여준다. 우리는 이 현상들을 두 개의 큰 부류로 분류할 수 있다. (1) 노동일의 길이가 변동함에 따라 임금이 변동한다. 기계를 1주일 빌리면 하루 빌리는 것보다 비용이 더 들기 때문에, 지불하는 것은 기계의 가치에 대해서가 아니라 기계가 행한 작업의 가치에 대해서라고 결론지을 수도 있을 것이다. (2) 동일한 기능을 수행하는 상이한 노동자들의 임금차이다. 우리는 이런 개인적 차이를 노예제도에서도 찾아볼 수 있는데, 거기에서는 노동력 자체가 아무런 몸치장도 없이 아주 공공연하게 판매되기 때문에, 매매되는 것이 노동력이 아니라 노동이라는 환상은 결코 생기지 않는다. 다만 차이는, 임금노동제도에서는 노동력이 노동자 자신에 의해 판매되는데 노예제도에서는 제3자에 의해 판매되므로, 평균 이상의 노동력에서 나오는 이득과 평균 이하의 노동력에서 나오는 손실은 노예제도에서는 노예소유자의 것으로 되는데, 임금노동제도에서는 노동자 자신의 것으로 된다는 점뿐이다.

어떻든, '노동의 가치와 가격' 또는 '임금'이라는 현상 형태는 [그 현상 형태로 나타나는] 본질적 관계, 즉 노동력의 가치와 가격과는 구별되는 것이며, 따라서 모든 현상 형태들과 그것들의 배후에 숨어 있는 실체에 대해 타당한 것은 여기에서도 타당하다. 현상 형태는 통속적인 사고방식에 의해 직접 자연발생적으로 재생산되지만, 그 배후에 숨어 있는 본질적 관계는 과학에 의해 먼저 발견되어야만 한다. 고전파 정치경제학은 사물의 참된 모습에 접근하고 있지만 그것을 의식적으로 정식화하지 못하고 있다. 고전파 정치경제학이 그 부르주아적 겉껍질을 벗어 던지지 않는 한 그렇게 할 수 없다.

제20장
시간급

임금 그 자체는 또 대단히 다양한 형태를 취한다. 이 사실은 [오로지 내용의 측면에만 관심을 가짐으로써 모든 형태상의 차이들을 등한시하는] 보통의 경제원론에서는 나타나지 않는다. 그러나 이 모든 형태의 설명은 임금노동에 관한 특수연구에 속하는 것이며 따라서 이 저서의 임무가 아니므로, 여기에서는 두 가지 기본형태만을 간단히 고찰하고자 한다.

노동력의 판매는, 우리가 기억하고 있는 바와 같이, 항상 일정한 기간에 걸쳐 이루어진다. 따라서 노동력의 하루 가치, 1주 가치 등이 직접으로 취하는 전환된 형태는 시간급의 형태, 즉 일급·주급 등이다.

그런데 먼저 지적해 두어야 할 것은, 제17장에서 서술한 노동력의 가격과 잉여가치의 양적 변동에 관한 법칙들은 단순히 그 형태를 변경시킴으로써 임금의 법칙으로 전환된다는 점이다. 이와 마찬가지로 노동력의 교환가치와 그것이 전환되는 생활수단의 양 사이의 구별은 이제는 명목임금과 실질임금 사이의 구별로 나타난다. 본질적 형태에서 이미 서술한 것을 그 현상 형태에서 다시 반복하는 것은 이로운 것이 없다. 그러므로 우리의 설명도 시간급의 몇 가지 특징을 서술하는 것에 한정한다.

노동자가 자신의 하루 노동 또는 일주 노동의 대가로 받는 화폐액[1]은 그의 명목임금액[즉 가치로 평가된 임금액]을 이룬다. 그러나 노동일의 길이에 따라 [즉 매일 그가 제공하는 노동량에 따라] 동일한 일급, 주급 등이 매우 상이한 노동의 가격을 표시할 수 있다는 것[또는 동일한 노동량이 매우 상이한 화폐액으로 표시된다는 것]은 명백하다.[2] 그리하여 시간급을 고려하는 경우 또다시 일급, 주급 등의 임금총액과 노동의 가격을 구별하지 않으면 안 된다. 그러면 이 가격, 즉 일정한 노동량의 화폐가치는 어떻게 발견하는가? 노동의 평균가격은 노동력의 하루의 평균 가치를 평균 노동일의 시간수로 나누면 나온다. 예컨대 노동력의 하루 가치가 6노동시간의 가치생산물인 3원이고 노동시간은 12시간이라고 하면, 1노동시간의 가격 $= \frac{3}{12} = \frac{1}{4}$ 원이다. 이렇게 발견하는 1노동시간의 가격이 노동 가격의 측정단위로 된다.*

그러므로 노동의 가격은 계속 떨어지더라도 일급, 주급 등은 여전히 동일할 수 있다는 결론이 나온다. 예컨대 보통의 노동일이 10시간이고 노동력의 하루 가치가 3원이라면, 1노동시간의 가격은 $\frac{3}{10}$ 원인데, 이 가격은 만약 노동일이 15시간으로 늘어나면 $\frac{1}{5}$ 원[$= 3/15$]으로 떨어진다. 그럼에도 불구하고 일급 또는 주급은 여전히 불변이다. 반대로, 노동의 가격이 여전히 불변이든가 심지어 떨어지더라도 일급 또는 주급은 증대할 수 있다. 예컨대 노동일이 10시간이고 노동력의 하루 가치가 3원이라면 1노동시간의 가격은 $\frac{3}{10}$ 원이다. 작업량이 늘어난 결과 노동자가 동일

---

1) 화폐 그 자체의 가치는 여기에서는 언제나 변하지 않는 것으로 전제한다.

2) "노동의 가격이란 일정한 노동량의 대가로 지불되는 금액이다."(웨스트, 『곡물가격과 노동임금』: 67) 웨스트는 정치경제학의 역사상 획기적인 익명의 저서, 『토지에 대한 자본 투하에 관한 논술. 옥스퍼드 대학교 유니버시티대학의 한 교수의 저서』(런던 1815년)의 저자다.

* 1 노동시간의 가격(또는 1시간의 노동 가격) $= \dfrac{\text{노동력의 하루 가치}}{\text{노동일의 평균시간 수}}$

한 노동가격으로 하루에 12시간 노동한다면, 그의 일급은 이제는 노동의 가격에는 전혀 변화가 없어도 $3\frac{3}{5}$ 원[= (3/10) × 12]으로 증대한다. 동일한 결과는 노동의 외연적 크기가 아니라 내포적 크기가 증대하더라도 나올 것이다.3) 그러므로 명목적 일급 또는 주급의 상승은 불변의 또는 심지어 하락한 노동가격과 더불어 생길 수 있다. 노동자 가족의 소득에 대해서도, 가장이 제공하는 노동량에 가족의 다른 구성원들의 노동이 덧붙여지는 경우에는, 이와 똑같이 말할 수 있다. 그리하여 명목적인 일급 또는 주급을 감소시키지 않고 노동가격을 인하시키는 방법들이 존재한다.4)

일반적 법칙은 다음과 같다. 하루 노동량 또는 주 노동량이 일정하다면 일급 또는 주급은 노동의 가격[노동의 가격 그 자체는 노동력의 가치 변동에 따라, 또는 노동력 가격이 그 가치로부터 멀어지는 것에 따라 변

---

3) "임금은 노동의 가격과 수행되는 노동량에 의존한다…임금의 증가는 반드시 노동의 가격상승을 의미하는 것은 아니다. 취업시간이 연장되고 또 긴장도가 높아지면 노동의 가격이 계속 동일하더라도 임금은 현저히 증가할 수 있다."(웨스트, 『곡물가격과 임금』: 67~68, 112). 그런데 웨스트는 "노동의 가격이 어떻게 결정되는가" 하는 주요한 문제를 평범한 판에 박힌 말로 처리하고 있다.

4) 18세기 산업 부르주아지의 가장 열광적인 대변자이며 우리가 자주 인용한 『상공업에 관한 논문』의 저자는, 비록 그가 문제를 혼란스럽게 서술하고는 있지만, 이것을 올바로 알아차리고 있다. 즉 "식량, 기타 필수품의 가격에 의해 결정되는 것은 노동의 양이지 노동의 가격"(그는 이 말을 명목적인 일급 또는 주급을 의미하는 것으로 쓰고 있다)"이 아니다. 필수품의 가격을 크게 인하하면, 물론 이에 비례해 노동의 양이 감소한다. 공장주들은 노동의 가격을 그 명목액과는 상관없이 등락시키는 여러 가지 방도들이 있다는 것을 알고 있다."(같은 책: 48, 61). 시니어는 자기의 저서 『임금률에 관한 세 개의 강의』(런던 1830) 중에서 웨스트의 이름을 밝히지 않고 그의 저술을 인용하고 있는데, 거기에서 특히 "노동자는…주로 임금액에 관심을 가지고 있다."(15쪽)고 말하고 있다. 노동자에게 주로 관심사로 되는 것은 그가 받는 것, 즉 명목임금액이지, 그가 주는 것, 즉 노동량이 아니라는 것이다!

동한다]에 달려있다. 그와 반대로, 만약 노동의 가격이 일정하다면 일급 또는 주급은 하루 노동량 또는 주 노동량에 의존한다.

시간급의 측정단위인 1노동시간의 가격은 노동력의 하루 가치를 평균 노동일의 시간수로 나눈 것이다. 노동일은 12시간, 노동력의 하루 가치는 3원[즉 6노동시간의 가치생산물]이라고 가정하자. 이런 조건에서는 1노동시간의 가격은 $\frac{1}{4}$ 원〖 = 3원/12시간 〗이며, 1노동시간이 새로 창조하는 가치는 $\frac{1}{2}$ 원〖 =6원/12시간 〗이다. 만일 이제 노동자가 하루에 12시간 이하(또는 1주일에 6일 이하), 예컨대 6 또는 8시간만을 일하게 된다면, 그는 이 노동가격하에서는 다만 $1\frac{1}{2}$ 원〖 = $\frac{1}{4}$ 원×6 〗또는 2원의 일급을 받게 된다.5) 우리의 전제에 따르면, 노동자는 자기 노동력의 가치에 알맞은 일급을 생산하기 위해 하루에 평균 6시간 일하지 않으면 안 되며, 또 동일한 전제에 따르면, 그는 각 노동시간의 절반은 자기 자신을 위해 그리고 나머지 절반은 자본가를 위해 일하기 때문에, 그는 12시간 이하로 일하는 경우에는 자기 자신을 위해 6시간의 가치생산물을 벌 수 없게 된다는 것이 명백하다. 앞에서 우리는 과도노동의 파괴적 결과를 보았는데, 여기에서는 불완전 취업에서 생기는 노동자 고통의 근원을 볼 수 있다.

만약 시간임금이 확정되어, 자본가가 일정한 일급 또는 주급을 지급할 의무가 없고 다만 노동자들을 자본가의 마음에 드는 시간만큼 취업시키고 그 노동시간에 대해 지급하기만 하면 된다면, 자본가는 원래 시간임금의 산정단위[즉 노동가격의 측정단위]로 되고 있는 시간보다도 짧게

---

5) 이런 비정상적인 불완전취업의 영향은 법적으로 강제되는 노동일의 전반적 단축의 영향과는 전혀 다르다. 전자는 노동일의 절대적 길이와는 아무 상관이 없으며, 15시간 노동일에서나 6시간 노동일에서나 마찬가지로 일어날 수 있다. 노동의 정상적인 가격은 첫째 경우에는 노동자가 하루에 평균 15시간 일한다는 전제에서 계산되며, 둘째 경우에는 평균 노동일이 6시간이라는 전제에서 계산된다. 따라서 첫째 경우 노동자가 하루에 $7\frac{1}{2}$ 시간만을 취업하고, 둘째 경우 3시간만을 취업하게 된다면, 그 결과는 동일하다〖 즉 일급은 모두 반으로 준다 〗.

노동자를 노동시킬 수 있다. 이 측정단위는 (노동력의 하루 가치)/(주어진 시간 수의 노동일)이라는 비율에 의해 결정되므로, 노동일이 명확한 시간수를 품지 않게 되자마자 이 측정단위는 모든 의미를 상실하게 된다. 지불받는 노동과 지불받지않는 노동 사이의 관련은 없어진다. 이제 자본가는 노동자의 생존유지에 필요한 정도의 노동시간을 허용하지 않고도 노동자로부터 일정한 양의 잉여노동을 짜낼 수 있다. 자본가는 취업의 규칙성을 완전히 무시하고 다만 자신의 편의나 기분, 순간적 이익에 따라 혹독한 과도노동과 상대적·절대적 작업중단을 교대할 수 있다. 그는 '노동의 표준적 가격'을 지급한다는 핑계로 노동자에게 어떤 알맞은 보상도 없이 노동일을 비정상적으로 연장할 수 있다. 그러므로 런던의 건설노동자들이 이와 같은 시간임금을 강요하려는 자본가들의 시도에 반대해 봉기한 것(1860년)은 완전히 합리적이었다. 노동일의 법적 제한은, 물론 [기계와의 경쟁, 취업자들의 자질 변화, 부분적·전반적 공황으로부터 생기는] 노동자의 고용 감소에 종말을 고하게 하는 것은 아니지만, 위와 같은 해로운 행동[노동시간의 지나친 연장]에 종말을 고하게 한다.

일급이나 주급은 증대하더라도, 노동의 가격(즉 1노동시간의 가격)은 명목상으로는 여전히 불변일 수 있고 그 정상적인 수준 이하로 떨어질 수도 있다. 이것은 노동의 가격이 불변이고 노동일이 그 관습적인 길이 이상으로 연장될 때는 언제나 일어나는 일이다. 만약 (노동력의 하루 가치)/(노동일)이라는 분수에서, 분모가 증대하면 분자는 그보다 더 빨리 증대한다. 왜냐하면 노동력의 가치[이것은 노동력이 소모되는 정도에 의존한다]는 그 기능시간의 증대에 따라 증대하며, 또 그 기능시간의 증가보다도 더 빠른 속도로 증대하기 때문이다. 그렇기 때문에 노동일의 길이에 대한 법적 제한 없이 시간급이 지배하고 있는 많은 산업부문들에서는, 노동일을 일정한 점까지만, 예컨대 10시간이 끝나는 때까지만, 표준적인 것('표준노동일', '하루 작업', '정규적 노동시간')으로 여기는 관습이 자연발생적으로 생겼다. 이 한계를 넘는 노동시간은 시간외over-time가 되고, 더 나은 시간임금['특별임금']을 받으나 그 크기는 종종 웃음이 날 정도로 작다.6) 이 경우 표준노동일은 현실적 노동일의 일부로 존재하는데, 현실적 노동일이 1년을 통해 표준노동일보다 길 때가 자주 있다.7) 일정한 표준한계를 넘는 노동일의 연장에 따르는 노동가격의 증대는, 영국의 여러 산업부문들에서는 노동자가 어떻게든 만족할 만한 임금을 벌고자 한다면, 이른바 표준시간 안의 노동가격은 낮기 때문에, 그는 어쩔 수 없이 특별임금을 받는 시간외 노동을 하지 않을 수 없게 되는 형태로 행해진다.8) 노동일의 법적 제한은 이런 즐거운 일에도 종말을 고하게 한다.9)

---

6) "시간외 노동에 대한 임금률"(레이스 제조업에서)"은 시간낭 1/2펜스, 3/4펜스에서 2펜스 등으로 대단히 적었는데, 그것은 시간외 노동이 노동자의 건강과 생명력에 끼치는 막대한 해독과 무서운 대조를 이룬다…또한 그렇게 해서 번 얼마 안 되는 임금도 추가적 음식물을 위해 소비해야만 하는 경우가 많다."(『아동노동 조사위원회. 제2차 보고서』. 부록: 16, 제117호)

7) 예컨대 최근에 공장법이 실시되기 전까지 벽지 인쇄업에서 그러했다. "우리는 식사를 위한 휴식도 없이 일하므로 10시간 반의 하루 작업은 오후 4시 반에 끝나며, 그 뒤의 작업은 모두 시간외. 그것이 오후 6시 전에 끝나는 일은 드물기 때문에 우리는 실제로는 1년 내내 시간외 노동을 한다."(스미스의 증언, 『아동노동 조사위원회. 제1차 보고서』: 125)

8) 예컨대 스코틀랜드의 표백공장들에서 그러하다. "스코틀랜드 일부 지방들에서 이 산업은"(1862년의 공장법 실시 이전에)"시간외 제도에 의해 운영되었다. 10시간 노동이 정규적인 노동시간으로 되어 있었는데, 이 10시간에 대해 노동자는 1실링 2펜스[한 시간에 1.4펜스인 셈이다]를 받았다. 그러나 여기에 매일 3~4시간의 시간외 노동이 덧붙여졌고, 이에 대해서는 한 시간에 3펜스씩 지불되었다. 이 제도 때문에 정규시간만을 일하는 노동자는 주에 8실링 이상은 벌 수 없었다…시간외 노동을 하지 않고서는 살 수 있는 임금을 벌 수 없었다."(『공장감독관 보고서. 1863년 4월 30일』: 10) "시간외 노동에 대한 특별임금은 노동자들에게는 저항하기 어려운 유혹이었다."(『공장감독관 보고서. 1848년 4월 30일』: 5) 런던시티의 제본업은 14~15세의 젊은 여성들을 대단히 많이 채용하고 있는데, 그것도 일정한 노동시간을 규정하고 있는 견습계약에 의해 채

노동일이 긴 산업부문일수록 임금이 더 낮다는 것은 일반적으로 잘 알려진 사실이다.[10] 공장감독관 레드그레이브는 이것을 1839년에서 1859년까지의 20년 동안의 비교 고찰에 의해 예를 들어 증명하고 있는데, 그것에 따르면, 10시간 공장법의 적용을 받고 있는 공장들에서는 임금이 상승했는데, 하루에 14~15시간 작업하는 공장들에서는 임금이 저하했다.[11]

"노동의 가격이 일정한 경우 일급 또는 주급은 제공된 노동량에 의존한다."는 법칙으로부터, 노동의 가격이 낮으면 낮을수록, 노동자가 비참한 수준의 평균임금이라도 확보하기 위해서는, 노동량이 그만큼 더 커져야 한다는, 즉 노동일이 그만큼 더 길어야 한다는 결론이 먼저 나온다. 이 경우 노동의 가격이 낮다는 것이 노동시간을 연장시키는 자극제로 작

용하고 있다. 그러나 그들은 매월 마지막 주에는 밤 10, 11, 12시까지 심지어는 오전 1시까지 성인 남성노동자들과 함께 마구 뒤섞여서 작업한다. "주인들은 특별임금과 저녁음식으로 그들을 유혹한다." 그들은 그 저녁을 근처 술집에서 먹는다. 그렇게 하여 이 '불멸의 청춘들'(『아동노동 조사위원회. 제5차 보고』: 44, 제191호) 사이에서 생기는 크나큰 방탕은 그들의 손에 의해 다른 책들과 함께 성경과 종교서적들이 많이 제본된다는 사실에 의해 면죄를 받고 있다.

9) 『공장감독관 보고서. 1863년 4월 30일』: 10을 보라. 런던의 건설노동자들이 1860년의 대파업과 공장폐쇄 당시 다음과 같은 두 가지 조건에서만 시간임금을 받아들이겠다고 선언한 것은 사태를 완전하게 정확하게 파악한 것이었다: ① 1노동시간의 가격과 함께 9시간과 10시간의 표준노동일을 각각 확정할 것과, 10시간 노동일의 한 시간에 대한 가격은 9시간 노동일의 한 시간에 대한 가격보다 더 높아야 할 것. ② 표준노동일을 초과하는 각 시간은 모두 시간외로 계산해 다른 시간보다 높게 지급할 것.

10) "긴 노동일이 통례로 되어 있는 곳에서는 임금도 낮은 것이 또한 통례라는 것은 대단히 주목할 만한 사실이다."(『공장감독관 보고서. 1863년 10월 31일』: 9) "하찮은 생활수단밖에 얻지 못하는 노동이 대체로 지나치게 길다."(『공중보건. 제6차 보고』. 1864: 15)

11) 『공장감독관 보고서. 1860년 4월 30일』: 31, 32.

용한다.[12] 그러나 노동시간의 연장은 또한 노동가격의 저하를 가져오며 따라서 일급 또는 주급의 저하를 가져온다.

노동의 가격은 (노동력의 하루 가치)/(주어진 시간 수의 노동일)에 의해 결정되므로, 노동일의 연장은, 만약 이것에 대한 아무런 보상이 없다면, 그 자체만으로도 노동가격을 저하시킨다는 결론이 나온다. 그러나 자본가가 장기적으로 노동일을 연장할 수 있게 되는 그 동일한 사정 [아래에 있다] 이 그로 하여금 증대된 노동시간의 총가격 [즉 일급 또는 주급] 이 저하될 때까지 노동가격을 저하시킬 수 있게 하며, 결국 그는 그렇게 한다. 여기에서는 두 가지 사정만을 지적하는 것으로 충분하다. 만약 한 사람이 $1\frac{1}{2}$ 명 또는 2명분의 일을 수행하면, 시장에서 노동력의 공급은 일정하더라도 노동의 공급은 증가한다. 그리하여 노동자들 사이의 경쟁이 자본가로 하여금 노동가격을 저하시킬 수 있게 하며, 노동가격의 저하는 이번에는 그로 하여금 노동시간을 더욱 연장할 수 있게 한다.[13] 그러나 이런 비정상적인 지불받지않는 노동량[즉 사회적 평균수준을 초과하는 지불받지않는 노동량]을 마음대로 이용할 수 있는 힘은 얼마 지나지 않

---

12) 예컨대 영국의 못 생산 손노동자들은 노동의 가격이 낮기 때문에, 아주 비참한 주급을 벌기 위해 하루에 15시간 일해야 한다. "그는 11펜스 또는 1실링을 벌기 위해 매일 긴긴 시간(아침 6시부터 저녁 8시까지) 고역을 하지 않으면 안 된다. 그나마 이 금액 중에서 $2\frac{1}{2}$~3펜스는 도구의 마멸비·연료비·부스러기 쇠값으로 공제된다."(『아동노동 조사위원회. 제3차 보고』: 136, 제671호) 여성들은 동일한 노동시간에 불과 5실링의 주급을 번다. (같은 책: 137, 제674호)

13) 예컨대 공장노동자가 통례로 되어 있는 장시간 노동을 거절한다면, "그는 즉시로 어떤 장시간 노동이라도 할 용의를 가진 다른 사람에 의해 교체될 것이며, 그리하여 그는 실직하게 될 것이다."(『공장감독관 보고서. 1848년 10월 31일』. 증언: 39, 제58호) "만약 한 사람이 두 사람 분의 작업을 수행하면…노동의 추가공급이 그 가격을 저하시키기 때문에…이윤율은 일반적으로 상승한다."(시니어, 『임금률에 관한 세 개의 강의』: 15)

아 자본가 자신들 사이의 경쟁의 원천으로 된다. 상품가격의 일부는 노동[필요노동과 잉여노동] 의 가격으로 형성된다. 그러나 노동의 가격 중 지불되지 않는 부분은 상품가격의 일부로 계산하지 않을 수도 있다. 그것을 [자본가는] 구매자에게 선물로 줄 수도 있다. 이것이 경쟁이 일으키는 제1단계다. 경쟁이 일으키는 제2단계는 노동일의 연장에 의해 만들어내는 비정상적인 잉여가치의 적어도 일부를 역시 상품의 판매가격에서 제외하는 것이다. 이리하여 경쟁 때문에 비정상적으로 낮은 상품 판매가격이 형성되는데, 그것은 처음에는 이따금 발생하고 그 다음부터는 점차 고정된다. 이처럼 형성된 낮은 판매가격이 이제는 거꾸로 과도한 노동시간에 대한 비참한 임금을 확립하는 토대로 된다. 경쟁의 분석은 여기에서는 우리의 과제가 아니므로 이런 운동을 지적하는 데 그치려 한다. 그러나 잠시 자본가 자신의 말을 들어보도록 하자.

  "버밍엄에서는 공장주들 사이의 경쟁이 대단히 심하기 때문에, 우리들 중 많은 사람은 고용주로서 경쟁이 심하지 않는 상황에서라면 창피스럽게 생각할 만한 짓을 하지 않을 수 없다. 그러나 그렇게 하고서도 돈을 더 벌지도 못한다. 다만 대중들이 이득을 볼 따름이다."14)

  독자들은 두 부류의 런던 빵 제조업자를 기억할 것이다. 한 부류는 빵을 제값대로 팔고, 또 한 부류는 정상가격 이하의 헐값으로 판다. '제값대로 파는' 사람들은 그들의 경쟁자들을 의회의 조사위원회 앞에서 다음과 같이 고발한다.

  "그들은 첫째로 대중을 기만함으로써[상품의 불량화를 통해] , 둘째로

---

14) 『아동노동 조사위원회. 제3차 보고서』. 증언: 66, 제22호.

그들의 직공들에게 12시간의 임금을 주고 18시간의 노동을 짜냄으로써 존재할 수 있다…노동자들의 지불받지않는 노동을 토대로…경쟁을 수행했고 오늘날까지 경쟁을 수행하고 있다…빵 제조업자들 사이의 경쟁은 야간노동의 폐지를 곤란하게 만드는 원인이다. 밀가루 가격의 변동에 따라 변동하는 생산비 이하의 헐값으로 빵을 파는 사람은 자기의 직공들로부터 더 많은 양의 노동을 짜냄으로써 자기의 손실을 보상한다…나는 내 노동자들로부터 오직 12시간 노동만을 짜내고, 내 옆집 사람은 18시간 또는 20시간을 짜낸다면, 그는 상품의 판매가격에서 나에게 타격을 줄 것이다. 만약 노동자들이 과도노동에 대한 지급을 요구할 수 있다면 이런 일들은 곧 해결될 것이다…헐값으로 파는 사람들에게 고용된 노동자들의 다수는 외국인들과 아동들인데, 이들은 주는 대로 어떤 임금이든 받을 수밖에 없는 처지에 있다."15)

이런 개탄의 소리는, 자본가의 두뇌에는 오직 생산관계의 겉모습만이 반영된다는 것을 보여준다는 점에서 흥미가 있다. 자본가는 정상적인 노동가격도 일정한 양의 지불받지않는 노동을 포함하고 있으며, 바로 이 지불받지않는 노동이 자기 이윤의 정상적인 원천이라는 것을 모른다. 잉여노동시간이라는 범주는 그에게는 일반적으로 존재하지 않는다. 왜냐하면 잉여노동시간은 표준노동일 속에 포함되어 있으며 이 표준노동일에 대해 그는 일급으로써 완전히 지급했다고 생각하기 때문이다. 그러나 그

---

15) 『빵제조 직인의 고충에 관해 내무부장관에게 보낸 보고서』. 런던 1862. 부록: 52; 같은 보고. 증언: 제479호, 제359호, 제27호. 그런데 제값대로 파는 사람들도 [우리가 앞에서 지적했고 또 그들의 변호인 벤네트 자신이 인정하고 있는 바와 같이] 자기들의 노동자들을 "저녁 11시에 작업에 착수하도록 하여 그 다음날 아침 8시까지 일시키며…흔히 다음날 저녁 7시까지 계속 일시키고 있다."(같은 보고서: 22)

에게도 시간외 노동[즉 보통의 노동가격에 알맞는 한계를 넘는 노동일의 연장]은 존재한다. 그는 헐값으로 파는 그의 경쟁자들에 대해 이 시간외 노동에 대한 특별임금을 지급하라고까지 주장한다. 그러나 그는 이 특별임금이 보통의 노동시간의 가격과 마찬가지로 지불받지않는 노동을 포함한다는 것을 역시 모른다. 예컨대 12시간 노동일의 1시간 가격은 1/4원, 즉 1/2 노동시간의 가치생산물[12노동시간의 가치생산물이 6원이므로, 1노동시간의 가치생산물은 $\frac{6}{12} = \frac{1}{2}$ 원]이고, 시간외 노동 1시간의 가격은 1/3원, 즉 2/3 노동시간의 가치생산물이라고 하자. 그러면 자본가는 첫째 경우에는 1노동시간 가운데서 절반을 무상으로 취득하며, 둘째 경우에는 1/3을 무상으로 취득한다.

제21장
성과급

시간급이 노동력의 가치[또는 가격]의 전환된 형태인 것과 마찬가지로 성과급 piece-wages [개수임금] 은 시간급의 전환된 형태 이외의 아무것도 아니다. [생산량 1단위당 임금=노동력의 하루 가치/평균적인 노동자의 하루 생산량]

성과급에서는 얼핏 보아서는 노동자로부터 구매하는 사용가치는 그의 노동력의 기능인 살아있는 노동이 아니라 이미 생산물에 대상화되어 있는 노동인 듯이 보이며, 또 이 노동의 가격은 시간급에서와 같이 (노동력의 하루 가치)/(주어진 시간 수의 노동일)이라는 분수에 의해 결정되는 것이 아니라 생산자의 작업능력에 의해 결정되는 듯이 보인다.[1]

---

1) "성과급제도는 노동자 역사에서 한 시대를 긋는다. 이 노동자는 자본가가 제멋대로 다루는 단순한 일용노동자의 지위와 [멀지 않은 장래에 장인과 자본가를 자기 한 몸에 겸할 수 있는 전망을 가진] 협동조합적 장인 사이의 중간에 놓여 있다. 성과급제 노동자는 기업가의 자본에 의해 일할 때도 사실상은 자기 자신이 주인이다."(와츠, 『노동조합과 파업, 기계와 협동조합』: 52, 53) 내가 이 소책자를 인용하는 것은 이것이 낡아빠진 온갖 변호론적인 진부한 문구들로 가득 차 있기 때문이다. 바로 이 와츠는 이전에는 오언주의자로 행세해 1842년에는 다른 소책자 『정치경제학의 사실과 허구』를 발표했는데, 거기에서 그는 특히 "재산은 강탈이다."고 단언했다. 그러나 그것은 이미 오래 전의 이야기다.

이런 겉모습을 진실이라고 믿는 확신은, 먼저 임금의 이 두 가지 형태가 동일한 산업부문에 동시에 병존한다는 사실만으로도 이미 대단히 흔들리지 않을 수 없을 것이다. 예컨대

"런던의 식자공들은 보통 성과급을 받고 일한다. 시간급은 그들에게는 예외적이다. 이와는 반대로, 지방의 식자공들에게는 시간급이 보통이며, 성과급은 예외적이다. 런던 항구의 선대목공船臺木工들은 성과급을 받고 있는데, 영국의 다른 모든 항구에서는 시간급을 받고 있다."[2]

런던의 동일한 마구馬具 제조공장들에서도 흔히 동일한 노동에 대해 프랑스인들에게는 성과급이 지급되고 영국인들에게는 시간급이 지급된다. 성과급이 전반적으로 지배하고 있는 진정한 공장들에서도, 어떤 특수한 작업은 기술적 이유로 말미암아 그와 같은 형태의 임금계산에 부적합하므로 시간급으로 지급된다.[3] 임금지급의 형태상의 차이는, 비록 한

---

2) 더닝, 『노동조합과 파업』: 22.

3) 임금의 이런 두 형태가 동시에 나란히 있다는 사실이 공장주 측의 속임수에 얼마나 편리한가 하는 실례는 다음과 같다. "어떤 공장은 400명을 고용하고 있는데, 그 반수는 성과급제로 일하며 장시간의 작업에 직접 관심을 가진다. 나머지 200명은 일급으로 지급되는데, 다른 노동자들과 같이 장시간 작업하면서 시간외 노동에 대해 조금도 더 받지 못한다…후자의 200명이 하루에 1/4시간씩 하는 노동은 1명이 50시간 하는 노동 또는 1명이 1주에 하는 노동의 5/6와 같은 것으로서 고용주에게 적지 않은 이득이 된다."(『공장감독관 보고서. 1860년 10월 31일』: 9) "시간외 노동이 아직도 광범히 실시되고 있으며, 그것도 대부분의 경우 적발되어 처벌을 받을 염려가 없도록 법률 자체가 보장하고 있다. 이전의 많은 보고서들에서 나는…성과급제로 지급받지 않고 주급을 받는 노동자들이 얼마나 부당하게 피해를 입고 있는가를 증명했다."(레너드 호너, 『공장감독관 보고서. 1859년 4월 30일』: 8~9)

형태가 다른 형태보다 자본주의적 생산의 발전에 더 유리하다 하더라도,
임금의 본질을 전혀 변경시키지 않는다는 것은 명백하다.

보통의 노동일은 12시간인데, 그 중 6시간은 지불되고 6시간은 지불되
지 않는다고 하자. 이 노동일의 가치생산물은 6원이고 따라서 1노동시간
의 가치생산물은 1/2원이라고 하자. 또 [평균정도의 강도와 숙련을 가지
고 일하며, 따라서 이 생산물의 생산에 사회적으로 필요한 노동시간만을
소비하는] 노동자가 12시간에 24개의 생산물─그것이 개수로 나눌 수 있
는 것이든, 나눌 수 없는 연속적 생산물의 계량 가능한 부분이든─을 생산
한다는 것을 경험에 의해 알고 있다고 하자. 이런 조건에서는 이 24개의
가치는 거기에 포함되어 있는 불변자본 부분을 빼면 6원이며, 한 개의
가치는 1/4원이다. 노동자는 한 개당 1/8원을 받으며, 따라서 12시간에
3원을 번다. 시간급에서 노동자가 6시간은 자기를 위해 일하고 6시간은
자본가를 위해 일한다고 가정하든, 또는 그가 한 시간마다 절반은 자기를
위해 일하고 다른 절반은 자본가를 위해 일한다고 가정하든 상관없듯이,
이 경우에도 한 개 한 개에 대해 절반은 지불되고 절반은 지불되지 않는
다고 말하든, 또는 12개의 가격은 노동력의 가치만을 대체하고 다른 12개
의 가격에는 잉여가치가 체화되어 있다고 말하든 상관이 없다.

성과급 형태는 시간급 형태와 마찬가지로 불합리하다. 우리의 예에서
는 두 개의 상품은 1노동시간의 생산물로 거기에 소비된 생산수단의 가
치를 제외하면 1/2원이 되는데, 노동자는 그 대가로 1/4원을 받는다. 성
과급은 사실상 어떤 가치관계도 분명하게 표현하지 않는다. 여기에서 관
심사는 상품 한 개의 가치를 거기에 체현된 노동시간에 의해 측정하는
것이 아니라, 반대로 노동자가 수행한 노동을 그가 생산한 개수에 의해
측정한다는 것이다. 시간급에서 노동은 직접적인 지속시간에 의해 측정
되는데, 성과급에서는 노동은 [일정한 지속시간의 노동이 응결된] 생산
물의 양에 의해 측정된다.[4] 노동시간 자체의 가격은 결국 하루 노동의

가치=노동력의 하루 가치라는 방정식에 의해 결정된다. 그러므로 성과급은 시간급의 변형된 형태다.

그러면 성과급의 특징을 좀 더 자세히 고찰해 보자.

여기에서는 노동의 질이 제품 자체에 의해 통제된다. 왜냐하면 노동자가 각각의 제품에 대해 완전한 보수를 받으려면 그 제품이 평균적 품질을 가지지 않으면 안 되기 때문이다. 이런 관점에서 보면, 성과급은 자본가에 의한 임금삭감과 속임수의 가장 풍부한 원천이 된다.

성과급은 자본가들에게 노동 강도를 측정하는 가장 확실한 척도를 제공한다. 자본가에 의해 미리 정해지며 경험에 의해 고정되는 일정한 양의 상품에 체현되어 있는 노동시간만이 사회적으로 필요한 노동시간으로 인정되며, 또 그런 것으로써 지급된다. 따라서 런던의 비교적 큰 재봉공장들에서는 생산되는 일정한 제품, 예컨대 한 개의 조끼 등을 한 시간, 반시간 등으로 부르며, 그 한 시간이 1/2원으로 계산된다. 경험은 한 시간의 평균적 생산물이 몇 개라는 것을 결정한다. 새로운 유행상품이나 수선 등의 경우에는, 어떤 특수한 성과가 몇 시간에 상당하느냐에 대해 고용주와 노동자 사이에 분쟁이 일어나지만, 이 경우에도 결국에는 경험이 결정한다. 런던의 가구공장 등에서도 사정은 마찬가지다. 만약 노동자가 평균적 작업능력을 가지지 못하며, 따라서 그가 하루에 일정한 최소한도의 제품을 제공하지 못하면 그는 해고된다.[5]

---

4) "임금은 두 가지 방법에 의해, 즉 노동의 지속시간에 의하든가 그렇지 않으면 노동의 생산물에 의해 측정될 수 있다."(『정치경제학 원리의 개요』. 파리 1796: 32) 이 익명 저서의 저자는 가르니에다.

5) "일정한 무게의 면화가 그"(방적공)"에게 공급되면, 그는 일정한 시간 뒤에는 그것 대신에 일정한 수준의 질을 가진 일정한 무게의 꼰 실 또는 방사를 생산해야 하며, 그리하여 그가 생산하는 전부에 대해 파운드당 얼마로 지급을 받는다. 그의 제품에 결함이 있을 때는 그는 벌금을 물어야 한다. 만약 일정한 시간에 규정된 최소량보다 적게 생산하면 그는 해고되고 더 유능한 직공이 고용된

　여기에서는 노동의 질과 강도가 임금형태 자체에 의해 통제되므로 노동에 대한 감독은 대부분의 경우 필요없게 된다. 그러므로 성과급은 앞에서 서술한 근대적 가내노동의 토대를 이루며, 또한 착취와 억압의 계층체계의 토대를 이룬다. 이 계층체계에는 두 개의 기본형태가 있다. 성과급은 한편으로는 자본가와 임금노동자 사이에 기생충이 개입하는 것을 쉽게 하며 이리하여 '노동의 하청'이 생기게 된다. 이 중개인의 이득은 자본가가 지급하는 노동가격과 이 가격 중 중개인이 실제로 노동자에게 넘겨주는 부분 사이의 차액에서 전적으로 나온다.6) 영국에서는 이 제도를 그 특색을 살려 '고한제도苦汗制度sweating system'라고 부르고 있다. 성과급은 다른 한편으로 자본가로 하여금 두목노동자—매뉴팩처에서는 작업조장, 광산에서는 채탄부, 공장에서는 실제의 기계취급노동자—와 한 개당 얼마라는 식의 계약을 체결할 수 있게 하며, 그 가격으로 두목노동자 자신이 자기의 보조노동자들을 모집하고 그들에게 임금을 지급하게 된다. 자본에 의한 노동자의 착취가 여기에서는 노동자에 의한 노동자의 착취를 통해 실현된다.7)

　성과급이 실시되는 경우, 노동자가 자기 노동력을 가능한 한 집약적으로 발휘하는 것이 자기의 개인적 이익이 되는 것은 당연한데, 이것이 자

다."(유어, 『공장철학』: 316~317)

6) "일거리가 여러 사람의 손을 거치며, 그 각각이 이윤의 자기 몫을 챙기고 마지막 사람만이 그 작업을 하는 경우에는, 그 노동자의 손에 들어오는 임금은 형편없이 비참한 것으로 된다."(『아동노동 조사위원회. 제2차 보고서』. 부록: 70, 제424호)

7) 변호론자인 와츠까지도 다음과 같이 지적하고 있다. "어떤 한 사람이 자신의 이익을 위해 자기 동료를 과도하게 노동시키는 것에 관심을 갖지 않고, 일에 종사하는 모든 사람들이 각자의 능력에 따라 계약당사자로 된다면, 성과급제도는 크게 개선될 것이다"(『노동조합과 파업』: 53) 이 제도의 흉악성에 관해서는 『아동노동 조사위원회. 제3차 보고서』: 66, 제22호; 11, 제124호; 부록: 11, 제13, 제53, 제59호 등을 보라.

본가로 하여금 노동의 표준강도를 더욱 쉽게 올릴 수 있게 한다.[8] 더욱이 이제는 노동일을 연장하는 것도 역시 노동자의 개인적 이익으로 된다. 왜냐하면 그렇게 함으로써 그의 일급 또는 주급이 증대하기 때문이다.[9] 노동일의 연장은 성과급의 수준[한 개당 얼마를 지급한다는 것]이 불변인 경우조차도 필연적으로 노동가격의 저하를 내포하게 된다는 것은 고려하지 않더라도, 그것은 시간급을 고찰할 때에 말한 것과 같은 반항을 일으킨다.

시간급의 경우에는 약간의 예외를 제외하고는 같은 종류의 작업에 대해서는 같은 임금이 지급되지만, 성과급의 경우에는 1노동시간의 가격은 생산물의 일정한 양에 의해 측정되더라도, 일급 또는 주급은 노동자들의

---

8) 이 자연발생적 결과가 흔히 인위적으로 촉진된다. 예컨대 런던의 기계제조업에서는 다음과 같은 술책을 쓰는 것이 관례로 되고 있다. "자본가는 뛰어난 육체력과 민첩성을 가진 한 노동자를 일정한 수의 노동자들의 두목으로 선출한다. 자본가는 이 두목에게 4분기마다 또는 기타 기간마다 추가임금을 지급하는데, 이때 두목은 보통의 임금밖에 받지 못하는 자기 동료들이 자기를 따라오도록 하는 데 전심전력할 것을 약속한다…이것이, 더 이상의 주석을 붙이지 않더라도, (노동조합 때문에) 활동과 탁월한 숙련과 작업능력이 제한되고 있다는 자본가들의 불평을 해명하여 준다."(더닝, 『노동조합과 파업』: 22~23) 이 저자 자신이 노동자이며 노동조합의 서기이므로 이 말에 과장이 있다고 생각할지 모른다. 그러나 예컨대 모턴의 '높이 평가할 만한' 『실용적·과학적 농업백과사전』의 '노동자'라는 항목을 읽어보라. 거기에는 이 방법이 차지농업가[농업자본가]에게 훌륭한 방법으로 추천되고 있다.

9) "성과급을 받는 모든 노동자들은…노동의 법적 한도를 넘는 것에 의해 이익을 본다. 자발적으로 시간외 작업을 하려는 것은 특히 여성 직조공과 실 감는 직공들 사이에서 흔히 볼 수 있다."(『공장감독관 보고서. 1858년 4월 30일』: 9) "자본가에게 그렇게도 유리한 이 성과급제도는…직접적으로 젊은 도자기 제조공들을 자극해서 [낮은 수준의 성과급으로 고용되는] 4~5년 동안 심한 과도노동을 하도록 하는 경향이 있다. 이것이야말로 도자기 제조공들의 육체적 퇴화를 일으키는 주요한 원인의 하나다."(『아동노동 조사위원회. 제1차 보고서』. 부록: 13)

개인적 차이[그들 중 어떤 노동자는 일정한 시간에 최소한도의 생산물을, 다른 노동자는 평균량을, 세 번째 노동자는 평균량 이상을 생산한다]에 따라 달라진다. 그리하여 노동자의 실제 소득은 개별 노동자들의 숙련·체력·정력·지구력 등이 다름에 따라 큰 차이가 생긴다.[10] 물론 이 때문에 자본과 임금노동 사이의 일반적 관계가 변하는 것은 결코 아니다. 첫째로 작업장 전체로서는 개인적 차이가 상쇄되며, 그리하여 전체 작업장은 일정한 노동시간에 평균량의 생산물을 공급하며, 지급된 총임금은 그 특정 생산부문의 평균임금으로 될 것이다. 둘째로 임금과 잉여가치의 비율은 변하지 않는다. 왜냐하면 개별 노동자가 개인적으로 제공하는 잉여가치량은 그의 개인적 임금에 어울리기 때문이다. 그러나 성과급은 개성에 더 큰 활동의 여지를 줌으로써, 한편으로는 노동자들의 개성을, 따라서 이와 함께 그들의 자유감·독립심·자제심 등을 발달시키고, 다른 한편으로는 그들 상호간에 경쟁심을 발달시키는 경향이 있다. 그러므로 성과급은 개인적 임금을 평균수준 이상으로 높이면서 동시에 이 평균수준 자체를 저하시키는 경향을 가지고 있다. 그러나 일정한 성과급의 수준이 전통에 의해 장기간 고정되어 있고 그리하여 그것을 저하시키기가 매우 곤란한 예외적인 경우에는, 고용주들은 때때로 성과급을 강제로 시간급으로 전환시키는 방법을 취했다. 예컨대 1860년에 코벤트리의 리본 제조공들의 대파업은 이 때문에 일어났다.[11] 마지막으로, 성

---

10) "어떤 산업에서 임금이 한 개당 얼마씩 성과급제로 지급되면…임금액은 서로 현저히 다를 수 있다…그러나 일급노동에서는 주어진 생산부문의 평균적 노동자들에 대한 기준임금으로서 고용주와 노동자 쌍방이 승인한…균일한 임금률이 일반적으로 존재한다."(더닝, 같은 책: 17)

11) "수공업 직인들의 노동은 노동일수에 의해 또는 생산개수에 의해 규제된다…장인들은 각각의 작업에서 직인들이 하루에 얼마나 많은 일을 할 수 있는가를 대략 알고 있으며, 따라서 흔히 직인들이 행한 일에 비례해 그들에게 지급한다. 그리하여 이 직인들은 감독을 더 받지 않아도 그들 자신의 이익을 위해

과급은 앞에서 서술한 시간급제도의 주요 버팀목들 중의 하나다.[12]

지금까지 말한 것으로부터, 성과급은 자본주의적 생산양식에 가장 잘 어울리는 임금형태라는 것은 분명하다. 성과급은 결코 새로운 것은 아니지만[그것은 시간급과 함께 14세기 프랑스와 영국의 노동법령에 공식적으로 규정되어 있다], 그것이 처음으로 광범한 부문에 적용된 것은 진정한 매뉴팩처 시대의 일이다. 대공업의 질풍노도 시대, 특히 1797년부터 1815년까지는 성과급은 노동일 연장과 임금 인하를 위한 지렛대로 이용

그들이 할 수 있는 한 많이 일한다.”(리샤르 캉티용, 『상업 일반의 성질에 관한 연구』. 암스테르담 1756: 185, 202. 초판은 1755년에 나왔다.) 케네, 제임스 스튜어트, 애덤 스미스가 크게 의존한 바 있는 캉티용은 여기서 성과급을 시간급의 단순히 변형된 형태로 서술하고 있다. 캉티용 저서의 불어판은 표제에 그것이 영어판으로부터 번역된 것이라고 말하고 있으나, 영어판인 『런던시티의 상인 고故 필립 캉티용 지음, 산업·상업·주화·지금·은행·외국환의 분석』은 그 간행년도(1759)가 불어판보다 늦을 뿐 아니라 그 내용으로 보아도 의심할 바 없이 그 뒤에 개작된 것이다. 예컨대 불어판에서는 아직 흄에 대해 언급하고 있지 않으나, 반대로 영어판에서는 페티가 이미 더 이상 나오고 있지 않다. 영어판은 이론적으로는 그다지 중요하지는 않으나 그 대신 영국의 상업, 귀금속 거래 등에 관한 불어판에는 없는 각종 자세한 자료가 있다. 그러므로 영어판의 표제에 있는 말, 즉 이 저술은 “매우 재능이 뛰어난 죽은 신사의 원고로부터 이론을 주로 얻어, 우리나라의 산업과 상업의 현재 상황에 적용함”이라는 말은 그 당시에는 아주 흔히 있던 단순한 허구인 것 같다. ▎필립 캉티용이 리샤르 캉티용의 불어원고를 보고 영어책으로 개작했던 것 같다. 모두 영국사람이다. ▎

12) “우리는 어떤 작업장들에서는 작업을 위해 실제로 필요한 것보다 더 많은 수의 노동자들이 고용되어 있음을 여러 번 보게 되었다. 불확실한 [때로는 상상할 수 있을 뿐인] 작업을 예상해 노동자들이 고용되고 있는 경우도 많다. 노동자들은 성과급을 받기 때문에 주인에게는 아무런 위험도 없다. 왜냐하면 이 경우 시간의 손실에서 생기는 모든 손해는 전적으로 일없이 있는 노동자들의 부담으로 되기 때문이다.”(그레고아르, 『브뤼셀의 치안재판에 회부된 인쇄공』: 9)

되었다. 이 시기의 임금변동에 관한 대단히 중요한 자료들은 두 개의 정부문서, 즉『곡물법 관계의 청원에 대한 특별조사위원회의 보고와 증언』(1858), 그리고『곡물과 곡물법에 관한 보고』(1814)에 있다. 여기에서 우리는 노동가격이 반反자코뱅 전쟁의 개시 이래 끊임없이 저하되었다는 것에 대한 문서상의 증거를 찾아 볼 수 있다. 예컨대 방직업에서는 성과급 수준이 너무나 하락해 노동일이 많이 연장되었는데도 하루 임금은 도리어 이전보다 낮을 정도였다.

"현재 직조공의 실제 소득은 이전보다 훨씬 적다. 직조공은 이전에는 보통노동자들보다 소득이 상당히 높았는데, 이제는 그 차이가 거의 없어졌다. 실제로…숙련노동과 보통노동 사이의 임금 차이가 지금은 이전의 어느 시기보다 훨씬 적다."13)

성과급을 통한 노동강도의 강화와 노동시간의 증가가 농촌 프롤레타리아트에게 거의 아무런 이득도 주지 못했다는 사실은 지주들과 차지농업가들의 편에 서 있는 저술에서 빌려온 다음과 같은 구절에서도 볼 수 있다.

"농사일의 대부분은 일급 또는 성과급제 임금으로 고용된 사람들이 하고 있다. 그들의 주급은 대략 12실링인데, 한 노동자가 성과급제로 노동하는 경우 노동에 대한 자극이 더욱 크므로 주급의 경우보다 1실링 또는 2실링 더 번다고 생각할지 모르나, 그의 총소득을 계산하면, 이렇게 더 번 것보다 연중 어떤 시기에 일이 없어 생기는 손실이 더욱 크다…더 나아가, 일반적으로 이 ‖주급‖ 노동자들의 임금은, 교구의

---

13) [『영국 상업정책론. 주로 곡물거래에 관한 것』]: 48.

구호를 받지 않고도 2명의 아동을 포함한 자기 가족을 부양할 수 있도록 하기 위해, 필요한 생활수단의 가격과 일정한 비례관계를 가지게 되어 있다.”[14]

당시에 맬더스는 의회에 의해 공표된 사실들과 관련해 다음과 같이 말했다.

“나는 성과급의 관행이 광범히 보급되고 있는 것을 불만스럽게 생각한다는 것을 고백한다. 하루에 12~14시간 또는 그보다도 더 긴 시간의 고된 노동은 사실 어떤 사람에게나 너무 지나친 것이다.”[15]

공장법의 적용을 받는 작업장에서는 자본은 노동일을 다만 내포적으로만 확대할 수 있기 때문에 성과급이 통례로 되어 있다.[16]

노동생산성의 변동에 따라 동일한 생산물량이 표현하는 노동시간도 달라진다. 그러므로 성과급의 수준도 또한 달라진다. 왜냐하면 그것은 [생산물 한 개당 생산에 소요되는] 노동시간의 가격표현이기 때문이다. 우리가 앞에서 든 예에서는 24개의 생산물이 12시간에 생산되었고, 12시간의 가치생산물은 6원이었으며, 노동력의 하루 가치는 3원, 1노동시간의 가격은 1/4원, 그리고 한 개당 임금은 1/8원이었다. 생산물 한 개 속에는 1/2노동시간이 체화되어 있었다. 이제 만약 예컨대 노동생산성이 2배로 된 결과 동일한 노동일이 24개가 아니라 48개의 생산물을 제공하게 된다면, 그리고 다른 모든 조건이 변하지 않는다면, 성과급의 수준은 1/8원

---

14) [『영국의 지주와 차지농업가를 옹호함』]: 4, 5.

15) 맬더스, 『지대의 성질과…에 관한 연구』: 49의 주.

16) “성과급을 받는 노동자들이 아마도 전체 공장노동자의 4/5를 차지할 것이다.”(『공장감독관 보고서. 1858년 4월 30일』: 9)

에서 1/16원으로 하락할 것이다. 왜냐하면 이제 한 개의 생산물은 1/2노동시간이 아니라 다만 1/4노동시간을 대표할 따름이기 때문이다. 1/8원×24개 = 3원. 그리고 역시 1/16원×48개 = 3원이다. 다시 말해 성과급의 수준은, 동일한 시간에 생산되는 개수가 증가하는 것과 같은 비율로,[17] 따라서 같은 한 개에 드는 노동시간이 감소되는 것과 같은 비율로 저하한다. 이와 같은 성과급의 수준변동은, 그 자체로서는 순전히 명목적인 것이지만, 자본가와 노동자 사이에 끊임없는 투쟁을 불러일으킨다. 왜냐하면 자본가가 노동의 가격을 실제로 인하하기 위한 구실로 성과급의 수준을 인하하기 때문이거나, 노동생산성의 증대가 노동강도의 증대를 수반하기 때문이거나, 노동자가 성과급의 겉모습[자기의 노동력에 대해 지급받는 것이 아니라 자기의 생산물에 대해 지급받는다는 겉모습]을 진실이라고 믿고 상품 판매가격의 인하가 수반되지 않는 임금인하에 반항하기 때문이다.

  "노동자들은…원료의 가격과 제품의 가격을 주의 깊게 관찰하며,

---

17) "그의 방적기 생산력은 정확히 측정되며, 그리고 그것을 이용해 행한 노동에 대한 임금률 ‖ 임금수준 ‖ 은 방적기의 생산력이 증대되는 데 따라 비록 같은 정도로는 아니지만 감소한다."(유어, 『공장철학』: 317) 유어는 뒤에 가서 마지막의 변호론적 문구와는 다른 이야기를 하고 있다. 그는 예컨대 뮬 방적기의 사용을 연장하면 추가노동이 필요하게 된다는 것을 인정한다. 따라서 노동량은 노동생산성의 증대와 같은 정도로 감소하는 것이 아니다. 더 나아가, "기계의 생산력이 1/5 증대한다면, 이제는 방적공은 행한 노동에 대해 종전과 동일한 수준으로 임금을 받지는 못할 것이다. 그러나 그 임금률이 1/5 감소하는 것은 아니기 때문에 이 개량은 주어진 어떤 노동시간 수에 대한 화폐소득을 증대시킬 것이다."(그러나)"앞에서 말한 것은 일정한 수정을 요한다…방적공은 자기의 추가적인 6펜스에서 미성년 조수들에게 얼마간 더 지급해야 한다."(같은 책: 321) 기계의 개량은 '성인노동자의 일부를 해고하기' 때문에 임금을 증가시키는 경향을 결코 가지지 않는다.

그리하여 고용주들의 이윤을 정확하게 추정할 수 있다."[18]

자본이 이런 반항을 임금노동의 성질에 대한 매우 그릇된 생각이라고 배격하는 것은 당연하다.[19] 자본은 산업의 진보에 과세하려는 이런 건방진 시도에 대해 분노해서 소리를 지르고, 노동생산성은 노동자와는 전혀 상관이 없는 것이라고 단호하게 선언한다.[20]

---

18) 포세트, 『영국 노동자의 경제적 지위』: 178.

19) 1861년 10월 26일자 런던의 신문 『스탠다드』에는 다음과 같은 소송사건이 보도되었다. 존 브라이트 회사는 로치데일 치안판사에게 "카펫직조 노동조합 대표자들을 공갈죄로 고소했다. 브라이트 회사는 이전에 160야드의 생산에 필요했던 것과 똑같은 시간과 노동지출(!)로써 240야드의 카펫을 직조할 수 있는 새 기계를 도입했다. 노동자들은 자기들의 기업가가 기계개량에 자본을 투하한 덕택으로 만들어지는 이윤의 분배를 요구할 하등의 근거가 없다. 따라서 브라이트 회사는 야드당 임금을 $1\frac{1}{2}$ 펜스에서 1펜스로 인하할 것을 제안했는데, 그래도 동일한 노동에 대한 노동자의 임금은 종전과 똑같게 된다. 그리하여 명목상 인하 [1야드당 임금 수준의 인하] 가 이루어졌는데, 이에 대해 노동자들은 사전에 적법한 예고를 받지 못했다고 주장하고 있다."

20) "노동조합들은 일정한 임금수준을 유지하기 위해 기계개량에서 나오는 이윤의 한 몫을 얻어내려 한다!"(무서운 일이다!)"노동이 단축된다는 이유로 [한 개당] 높은 임금을 요구하는 것은, 기계의 개량에 대해 과세하려는 것과 마찬가지다."(『노동조합에 관해』: 42)

제22장

임금의 국민적 차이

제17장에서 우리는 노동력 가치의 절대적 크기 또는 [잉여가치에 대비한] 상대적 크기의 변동을 일으킬 수 있는 다양한 조합들을 고찰했으며, 또한 노동력의 가격이 구매하는 생활수단의 양은 이 가격의 변동과는 독립적으로,[1] 또는 이 가격의 변동과는 다르게 운동할 수 있다는 것을 알았다. 이미 앞에서 지적한 바와 같이, 노동력의 가치[또는 가격]를 단순히 임금이라는 통속적인 형태로 해석해 버리면, 거기에서 지적된 모든 법칙들은 임금변동의 법칙으로 전환된다. 임금변동을 연구할 때 일련의 상이한 조합으로 등장하던 것이 각국의 임금수준을 비교할 때는 한 묶음의 동시에 존재하는 차이로서 나타난다. 따라서 서로 다른 나라들의 임금을 비교할 때는 노동력 가치의 크기 변동을 규정하는 모든 요소들을 고려해야 한다. 즉 [자연적으로 그리고 역사적으로 발달한] 주요 생활필수품의 범위와 가격, 노동자의 육성비, 여성노동과 아동노동의 역할, 노동생산성, 노동의 외연적·내포적 크기 등이 그것이다. 가장 피상적인

---

1) "임금으로 더 싼 생산물을 더 많이 구매하기 때문에 임금"(노동력의 가격을 의미한다)"이 증대했다고 말하는 것은 정확하지 않다."(뷰캐넌, 『A. 스미스의 『국부론』에서 취급하고 있는 주제들의 고찰』, 제1권: 417 주)

비교를 위해서도 먼저 각국의 동일한 산업의 하루의 평균임금을 같은 길이의 노동일에 대한 것으로 환원할 필요가 있다. 이와 같이 하루의 임금을 조정한 다음 시간급을 성과급으로 환산해야 한다. 왜냐하면 성과급만이 노동생산성이나 노동강도에 대한 척도로 될 수 있기 때문이다.

각각의 나라에는 일정한 평균적 노동강도가 있는데, 이 평균강도보다 낮은 노동은 일정한 상품의 생산에 사회적으로 필요한 시간보다 더 많은 시간을 소비하게 되며, 따라서 정상적인 질의 노동으로 여기지 않는다. 주어진 나라에서는 국민적 평균수준보다 높은 강도만이 노동시간의 단순한 길이에 의한 가치의 측정을 변경하게 된다. 그러나 [개개의 나라들이 그 구성부분으로 되어 있는] 세계시장에서는 사정이 달라진다. 평균적 노동강도는 나라에 따라 다르며, 어떤 나라에서는 높고 어떤 나라에서는 낮다. 그러므로 이런 국민적 평균들은 하나의 등급을 이루는데, 그것의 측정단위는 세계 노동 전체의 평균강도다. 따라서 강도가 더 높은 국민노동은 강도가 더 낮은 국민노동에 비해 같은 시간에 더 큰 가치를 생산하며, 이 가치는 더 많은 화폐량으로 표현된다.

더욱이 가치법칙은, 국제적으로 적용되는 경우, 다음과 같은 사정에 의해서도 수정된다. 즉 노동생산성이 더욱 높은 국민이 자기 상품의 판매가격을 그것의 가치수준으로 인하하도록 세계시장의 경쟁이 강제하지 않는 한, 생산성이 더욱 높은 노동도 강도가 더욱 높은 노동으로 여겨진다는 사정이 바로 그것이다.

어떤 나라의 국민적 노동강도와 노동생산성은, 그 나라의 자본주의적 생산이 발전하면 할수록, 그만큼 더 국제적 수준 이상으로 상승한다.[2] 따라서 상이한 나라들에서 같은 노동시간에 생산되는 동종 상품의 상이한 양은 서로 다른 국제가치를 가지는데, 그 가치는 상이한 가격[즉 국제

---

2) 우리는 노동생산성과 관련해 어떤 사정들이 개별 산업부문에서 이 법칙의 작용을 수정할 수 있는가는 다른 곳에서 연구할 것이다.

가치의 차이에 따라 상이한 화폐액]으로 표현된다[즉 국민적 노동강도와 노동생산성이 더 높은 나라의 한 시간 노동은 더 낮은 나라의 그것에 비해 더 큰 국제가치를 가지며, 따라서 한 시간 노동의 생산물도 더 많은 세계화폐와 교환된다. 개별상품이 더 많은 세계화폐와 교환될지는 알 수 없다]. 따라서 화폐의 상대적 가치[화폐가 구매할 수 있는 노동시간]는 자본주의적 생산양식이 더 발전한 나라에서는 덜 발전한 나라에서보다 더 작을 것이다. 이로부터 명목임금[즉 화폐로 표현된 노동력의 등가]은 전자의 경우가 후자의 경우보다 더 높으리라는 결론이 나온다. 그러나 이것은 결코 실질임금[즉 노동자가 처분할 수 있는 생활수단의 양]도 더 크다는 것을 의미하지는 않는다.

그러나 상이한 나라들에서 화폐가치의 이런 상대적 차이를 도외시하더라도, 하루 임금, 주 임금 등은 발전국이 저발전국보다 더 높지만, 노동의 상대적 가격[즉 잉여가치와 생산물 가치에 대비한 노동의 가격]은 저발전국이 발전국보다 더 높은 것을 흔히 볼 수 있다.[3]

---

3) 제임스 앤더슨은 A. 스미스와의 논쟁에서 다음과 같이 말하고 있다. "또한 지적할 만한 것은, 토지의 생산물[특히 곡물 일반]이 싼 가난한 나라에서는 노동의 외관상의 가격은 일반적으로 더 낮지만, 노동은 사실상 대부분의 경우 다른 나라에 비해 실제로 더 비싸다. 왜냐하면 노동자에게 매일 주는 임금은 비록 노동의 외관상의 가격이기는 하지만 노동의 실질가격을 이루는 것은 아니기 때문이다. 노동의 실질가격은 노동이 만든 일정량의 생산물이 고용주에게 실제로 얼마의 비용을 들게 하느냐 하는 것이다. 이 관점에서 본다면, 노동은 거의 모든 경우 부유한 나라가 가난한 나라보다 더 싸다. 비록 곡물과 기타 생활수단의 가격은 가난한 나라가 부유한 나라보다 일반적으로 훨씬 더 낮지만, … 하루단위[시간급제]로 평가되는 노동은 스코틀랜드가 잉글랜드보다 훨씬 싸다… 그러나 개수[성과급제]로 계산되는 노동은 일반적으로 잉글랜드가 더 싸다"(앤더슨, 『국민적 근로정신의 고무책에 관한 고찰』: 350~351). 반대로, 임금이 싸다는 것이 이번에는 노동을 비싸게 만든다[왜냐하면 임금이 낮아 노동자가 건강을 유지하지 못하므로 노동생산성과 노동강도가 상승하지 않기 때문이다]. "노동은 아일랜드가 잉글랜드보다 비싸다…왜냐하면 임금이 그만큼 더 낮기 때문이다."(『칙명철도위원회. 위원회 보고서』: 제2,074호)

1833년의 공장조사위원회 위원인 카우엘은 방적업을 세밀히 조사한 뒤 다음과 같은 결론에 도달했다.

"잉글랜드의 임금이 유럽대륙에 비해, 노동자의 입장에서는 더 높을 지 모르지만 공장주의 입장에서는 사실상 더욱 낮다."(유어, 『공장철학』: 314)

영국의 공장감독관 레드그레이브는 1866년 10월 31일의 『보고서』에 서 영국과 유럽대륙 나라들의 통계를 비교함으로써, 대륙의 노동은 영국 보다 임금이 더 낮고 노동일이 훨씬 더 길지만 생산물에 대비하면 영국 보다 더 비싸다는 것을 증명하고 있다. [독일 북서부의] 올텐브르크에 있 는 한 면방적 공장의 영국인 경영자가 단언한 바에 따르면, 거기에서는 노동시간이 토요일도 포함해 매일 아침 5시 30분부터 저녁 8시까지 계속 되지만, 그곳 노동자들이 영국인 감독관의 감시 아래 공급하는 생산물량 은 10시간 동안 영국 노동자들이 공급하는 양만큼도 되지 못하며, 독일 인 감독관들의 감시 아래에서는 훨씬 더 적다. 거기에서는 임금은 영국 보다 훨씬 더 낮고, 많은 경우에는 50%나 낮지만, 기계설비에 대비한 노 동자의 수는 훨씬 더 크고 약간의 부문들에서는 노동자의 수 : 기계설비 는 5 : 3이나 된다. 레드그레이브는 또한 러시아의 면방적 공장들에 관한 자세한 자료를 인용하고 있다. 이 자료는 바로 최근까지 거기서 일하던 영국인 경영자가 그에게 제공한 것이다. 온갖 종류의 그릇된 행위들로 가득찬 러시아에서는 영국 공장제도의 유년기에나 볼 수 있었던 그 옛날 의 전율할 일들이 지금 그 전성기에 있다. 경영자들은 물론 영국사람이 다. 왜냐하면 현지 러시아인 자본가는 공장사업을 관리할 수 없기 때문 이다. 철야작업 등 과도노동의 노동자들에게 보잘것없는 수준의 임금을 지급하지만 러시아 제품은 외국제품의 수입 금지에 의해서만 겨우 유지되고 있다. 마지막으로, 나는 유럽 여러 나라들에서 한 공장당 그리고 방적공 1명당 평균 방추 수에 대한 레드그레이브의 비교표를 제시하려고 한다. 레드그레이브 자신이 지적하고 있는 바에 따르면, 그는 이 숫자를 수년 전에 수집했으며, 그 뒤 영국공장들의 규모와 노동자 1명당 방추 수는 증가했을 것이지만 열거한 대륙 나라들에서도 대체로 같은 정도의 진보가 있었으리라고 그는 가정하고 있다. 그러므로 그가 들고 있는 숫자는 비교의 의의를 여전히 가지고 있을 것이다.

1공장당 평균방추수 (단위: 개)

영국 ·············	12,600	벨기에 ·············	4,000
스위스 ·············	8,000	프랑스 ·············	1,500
오스트리아 ·········	7,000	프러시아 ············	1,500
작센 ················	4,500		

노동자 1인당 평균방추수 (단위: 개)

프랑스 ················	14	벨기에 ·············	50
러시아 ················	28	작센 ················	50
프러시아 ·············	37	독일의 작은 나라들 ···	55
바이에른 ·············	46	스위스 ················	55
오스트리아 ············	49	영국 ·················	74

이 표에 대해 레드그레이브는 다음과 같이 말하고 있다.

"이 비교는 특히 다음과 같은 이유 때문에 영국에 더욱 불리하다. 즉 영국에서는 기계직조와 방적이 결합되어 있는 공장들이 대단히 많은데,"(위의 표에서는 기계직조공들은 제외되지 않고 있다)"외국 공장들은 주로 방적만을 하기 때문이다. 만약 엄밀히 같은 것끼리 서로 비

교할 수 있다면, 나는 나의 관할구역에서 단 한 명의 노동자가 2명의
보조노동자를 데리고 2,200개의 방추를 가진 뮬 방적기를 돌보며, 매
일 길이로 400마일이나 되는 220파운드의 방사를 생산하는 면방적 공
장을 수많이 들 수 있을 것이다."(『공장감독관 보고서. 1866년 10월
31일』: 31~37의 이곳저곳)

잘 알려진 바와 같이, 동유럽과 아시아에서 영국회사들은 철도부설의
청부를 맡고 있는데, 현지인들과 함께 일정한 수의 영국인 노동자들을
고용하고 있다. 그리하여 실무적 필요성으로 말미암아 부득이 노동강도
의 국민적 차이를 [임금지급에서] 고려하지 않을 수 없었는데, 이로 말미
암아 영국회사가 손실을 입은 것은 전혀 없다. 그들의 경험이 보여주는
바에 따르면, 비록 임금수준의 차이는 대체로 평균적 노동강도의 차이와
같다고 하더라도, 노동의 상대적 가격(생산물에 대비한 노동의 가격)은
일반적으로 정반대 방향으로 움직인다. [노동강도가 높으면 노동의 상대적
가격이 낮고, 노동강도가 낮으면 노동의 상대적 가격이 높다.]

캐리 [미국의 보호무역론자] 는, 자기의 최초 경제학적 저술의 하나인『임
금률에 관한 연구』4)에서, 각국 임금수준의 차이는 각국 노동일의 생산성
정도에 정비례한다는 것을·증명하고, 이 국제적 관계로부터 임금은 일반
적으로 노동생산성에 비례해 등락한다는 결론을 끌어내려 하고 있다. 만
약 캐리 자신이 언제나 그러하듯이 무비판적으로 또 피상적으로 각종 통
계자료를 뒤죽박죽 만들지 않고 자기의 전제들을 증명했다 하더라도, 이
런 결론이 엉터리라는 것은 잉여가치의 생산에 관한 우리의 분석 전체가
증명하고 있다. 사태가 현실적으로 자기 이론대로 되어 있다고 그가 주
장하지 않은 것은 천만다행이다. 그에 따르면, 국가 간섭이 이 자연적 경

---

4) 캐리, 『임금률에 관한 연구. 세계 전체 노동인구의 상태에 차이가 나게 된 원
인 분석 첨부』. 필라델피아 · 런던 1835.

제관계를 왜곡했다는 것이다. 그러므로 국민적 임금을 계산하는 경우, 임금 중 세금의 형태로 국가 수중으로 들어가는 부분은 노동자 자신이 받은 것이라고 가정해야 한다는 것이다. 캐리는 더 나아가 이 '국가 지출'이 또한 자본주의 발전의 '자연적 결과'인가 아닌가를 깊이 생각해 봐야 할 것이다. 그의 논리는 다음과 같은 사람에게 꼭 알맞다. 즉 먼저 자본주의적 생산관계는 자연과 이성의 영원한 법칙이며, 이 법칙의 자유롭고 조화로운 작용은 국가 간섭에 의해서만 교란된다고 선언하고, 그다음에 세계시장에 대한 영국의 사악한 영향[이 영향은 자본주의적 생산의 자연법칙으로부터 나오는 것 같지 않다]때문에 국가 간섭[즉 국가가 자연과 이성의 영원한 법칙을 보호하는 것], 다시 말해 보호무역제도가 필요하게 되었다는 것을 발견하는 그런 사람의 논리다. 그리고 더 나아가 캐리가 발견한 것은, [현존하는 사회적 적대와 모순들이 정식화되어 있는] 리카도 등의 이론들이 현실적 경제운동에 관한 생각의 산물이 아니고, 오히려 이와는 반대로 영국과 기타 나라들의 자본주의적 생산의 현실적 적대관계가 리카도 등의 이론의 결과라는 것이었다! 마지막으로 그가 발견한 것은, 자본주의적 생산양식에 고유한 매력과 조화를 파괴하는 것은 결국 상업[또는 무역]이라는 것이었다. 이 방향으로 한 걸음 더 나아갔다면 그는 아마도 자본주의적 생산의 유일한 악은 자본 그 자체라는 것을 발견했을 것이다. 이처럼 놀라울 만큼 무비판적이고 가짜 학식을 가진 인물만이, 그의 보호무역주의적 이단에도 불구하고, 바스티아나 기타 현대의 모든 자유무역주의적 낙관론자들의 조화론적 지혜의 은밀한 원천으로 될 자격이 있었다.

제 7 편
자본의 축적과정

제 23 장 단순재생산

제 24 장 잉여가치가 자본으로 전환

제 25 장 자본주의적 축적의 일반법칙

일정한 화폐액이 생산수단과 노동력으로 전환되는 것은 자본으로 기능하려는 가치량이 겪는 운동의 첫 번째 국면이다. 이 전환은 시장 즉 유통영역 안에서 행해진다. 운동의 두 번째 국면, 즉 생산과정은 생산수단이 [그 구성부분들의 가치 이상의 가치를 가지는] 상품——따라서 최초에 투하한 자본 외에 잉여가치를 포함하는 상품——으로 전환됨으로써 끝난다. 이 상품은 그 다음에 다시 유통영역에 투입되어야 한다. 그것이 판매되어 그 가치가 화폐로 실현되고, 이 화폐가 다시 자본으로 전환된다. 동일한 국면들을 연속으로 통과하는 이 순환운동이 자본의 유통을 이룬다.

축적의 첫째 조건은 자본가가 자기 상품을 판매하며 또 그렇게 하여 얻은 화폐의 대부분을 자본으로 재전환시키는 것이다. 이하에서는 자본이 자기의 유통과정을 정상적으로 통과한다고 전제한다. 이 과정의 상세한 분석은 제2권에서 하게 된다.

잉여가치를 생산하는 [즉 노동자로부터 지불받지않는 노동을 직접 짜내어 그것을 상품에 고정시키는] 자본가는 잉여가치의 최초 취득자이기는 하나 결코 최종적 소유자는 아니다. 왜냐하면 그는 나중에 잉여가치를 [사회적 생산 전체에서 다른 기능들을 수행하는] 자본가들이나 토지소유자 등과 나누어 가져야 하기 때문이다. 따라서 잉여가치는 각종 부분들로 분할된다. 이 각종 부분들은 상이한 범주에 속하는 인물들의 수중으로 들어가서 이윤·이자·상업이윤·지대 등과 같은 서로 독립된 형태를 취하게 된다. 잉여가치의 이 전환된 형태들은 제3권에서 비로소 취급하게 될 것이다.

그러므로 여기에서 우리는, 한편으로 자본가는 자기가 생산한 상품을 그 가치대로 판다고 가정하고, 자본이 유통영역에서 취하게 되는 새로운 형태들 [예: 고정자본과 유동자본] 이나 이 형태들 안에 숨어 있는 구체적인 재생산조건들에 대해서는 고찰하지 않기로 한다. 다른 한편으로 자본주의적 생산자는 전체 잉여가치의 소유자로, 또는 잉여가치의 분배에 참가하는 모든 사람들의 대표자로 여긴다. 그리하여 우리는 먼저 축적을 추상적으로 [즉 직접적 생산과정의 단순한 하나의 계기로] 고찰한다.

그런데 축적이 실제로 이루어지고 있는 한, 자본가는 생산된 상품의 판매에, 그리고 이 판매에서 얻은 화폐를 자본으로 다시 전환시키는 데 성공했음에 틀림없다. 또 잉여가치가 각종 부분들로 분할되는 것은 결코 잉여가치의 본성이나, 잉여가치가 축적의 요소로 되는 데 필요한 조건들을 변경시키는 것은 아니다. 잉여가치가 자본주의적 생산자 자신이 갖게 되는 부분과 그가 다른 사람들에게 양도하는 부분으로 분할되는 비율이 어떻든, 잉여가치를 첫 번째로 취득하는 사람은 자본주의적 생산자다. 따라서 우리가 축적의 설명에서 전제하는 것은 현실의 축적과정에서도 전제되고 있는 것이다. 다른 한편으로 축적과정의 단순한 기본형태는 잉여가치의 분할과 유통의 매개운동에 의해 분명하지 않게 된다. 그러므로 축적과정의 정확한 분석을 위해서는 축적과정의 내적 기구mechanism의 작용을 은폐하는 모든 현상들을 잠시 무시할 필요가 있다.

제23장
단순재생산

    생산과정의 사회적 형태가 어떻든, 생산과정은 연속적이어야 하며 주기적으로 동일한 국면들을 끊임없이 통과해야 한다. 사회가 소비를 멈출 수 없는 것과 마찬가지로 생산을 멈출 수 없다. 그러므로 어떤 사회적 생산과정도, 그것을 연속된 전체로서, 끊임없이 새로워지는 흐름으로서 고찰할 때는, 동시에 재생산과정이다.

    생산의 조건은 동시에 재생산의 조건이다. 어떤 사회도 그 생산물의 일정한 부분을 끊임없이 생산수단, 또는 새로운 생산의 요소들로 재전환하지 않고서는 생산을 계속할 수 없다. 즉 재생산이 불가능하다. 다른 사정에 변화가 없는 한, 사회가 자기 부를 같은 규모로 재생산 또는 유지하기 위해서는, 예컨대 1년이라는 기간에 소비된 생산수단[즉 노동수단이나 원료나 보조재료]을 같은 양의 신품으로 보충해야만 하는데, 그것에 해당하는 양은 연간의 생산량에서 분리되어 다시 생산과정으로 들어가야 한다. 그러므로 연간 생산물의 일정량은 생산을 위한 것이다. 처음부터 생산적 소비로 예정된 이 부분은 대개 그 생산물의 성질 때문에 개인적 소비에는 전혀 적합하지 않은 현물형태로 존재한다.

    생산이 자본주의적 형태를 취하면 재생산도 같은 형태를 취한다. 자본주의적 생산양식에서는 노동과정이 가치증식과정을 위한 하나의 수단에 지나지 않는 것과 마찬가지로, 재생산도 또한 투하된 가치를 자본[즉 자기증식하는 가치]으로 재생산하는 하나의 수단에 지나지 않는다. 어떤 사람이 자본가라는 경제적 임무를 담당하게 되는 것은 오직 자기 화폐가 끊임없이 자본으로 기능하기 때문이다. 예컨대 100원의 화폐액이 금년에 자본으로 전환되어 20원의 잉여가치를 생산했다면, 그것은 내년에도 그 후년에도 동일한 활동을 반복하지 않으면 안 된다. 자본가치의 주기적 증가분[또는 과정진행중인 자본의 주기적 열매]인 잉여가치는 자본에서 생기는 수입revenue의 형태를 취한다.[1]

이 수입이 자본가에게 소비재원으로만 이용된다면, 그리고 그것이 손에 들어오는 대로 주기적으로 소비된다면, 기타의 조건이 같은 경우에는 단순재생산이 일어난다. 그런데 단순재생산은 이전과 같은 규모에서 생산과정이 단순히 반복되는 것이기는 하나, 이 단순한 반복성 또는 연속성은 생산과정에 대해 새로운 특징을 부여하거나, 또는 고립적인 과정인 것처럼 보이는 외관상의 일부 특징을 없애 버린다.

일정한 기간의 노동력 구매는 생산과정의 준비행위다. 이 준비행위는 노동력을 구매한 기간이 끝나면, 따라서 일정한 생산기간[예컨대 한 주나 한 달 등]이 지나면, 끊임없이 갱신된다. 그러나 노동자는 자기 노동력을 지출해 노동력 가치와 함께 잉여가치를 상품의 형태로 실현한 뒤에 비로소 지급을 받는다. 따라서 노동자는 잉여가치[당분간 이것은 자본가

---

1) "타인의 노동생산물을 소비하는 부자들은 그것을 교환행위"(상품의 구매)"에 의해서만 얻는다. 따라서 그들의 준비재원은 얼마 안 가서 고갈되지 않을 수 없는 것 같이 보인다…그러나 현행 사회제도에서는 부는 타인의 노동에 의해 자신을 재생산할 수 있는 힘을 가지고 있다…부는 노동과 마찬가지로 노동에 의해 매년 열매를 낳으며, 부자는 이 열매를 자기를 가난하게 만들지 않고도 매년 소비할 수 있다. 이 열매가 자본에서 생기는 수입이다."(시스몽디, 『신정치경제학 원리』, 제1권: 81~82)

의 개인적 소비를 위한 재원으로 여겨진다]뿐 아니라 가변자본[노동자 자신이 받는 임금을 위한 재원]까지도, 가변자본이 임금의 형태로 자기에게 돌아오기 전에, 생산하고 있다. 또 그는 그 가변자본을 끊임없이 재생산하는 동안만 고용된다. 임금을 생산물 자체의 한 몫으로 보는 제18장에 있는 경제학자들의 공식 II [$\frac{잉여가치}{생산물의 가치}$] 는 이로부터 나오는 것이다.2) 노동자에게 임금의 형태로 되돌아오는 것은 자기가 끊임없이 재생산하는 생산물의 한 부분이다. 자본가는 노동자에게 이 상품가치를 물론 화폐로 지급하지만, 이 화폐는 노동자의 노동생산물의 전환된 모습에 지나지 않는다. 노동자가 생산수단의 일부를 생산물로 전환시키고 있는 동안, 자기의 이전 생산물의 일부는 화폐로 전환되고 있다. 노동자의 이번 주 또는 금년의 노동력에 대해 지급하는 것은 그의 지난 주 또는 작년의 노동인 셈이다. 화폐형태 때문에 생기는 환상은 개별 자본가와 개별 노동자 대신 자본가계급과 노동자계급을 전체적으로 고찰하기만 하면 곧 사라지고 만다. 즉 자본가계급은, 노동자계급이 생산하고 자본가계급이 취득하는 생산물의 일정한 부분에 대한 청구서를 화폐형태로 끊임없이 노동자계급에게 준다. 마찬가지로 노동자들은 이 청구서를 끊임없이 자본가계급에게 되돌려 주고, 그 대신 자기 자신의 생산물 중 자기 몫으로 되는 부분을 받는다. 거래의 이와 같은 진정한 성격은 생산물의 상품형태와 상품의 화폐형태에 의해 은폐되고 있다.

따라서 가변자본이란, 노동자가 자기 자신의 유지와 재생산을 위해 필요로 하고 또 어떤 사회적 생산체제에서도 자기가 언제나 생산하고 재생산해야만 하는, 생활수단을 제공하는 재원, 즉 노동기금이 취하는 특수한 역사적 현상 형태에 지나지 않는다. 노동기금이 [노동자의 노동에 대

---

2) "임금이나 이윤은 다 같이 사실상 완성된 생산물의 한 부분으로 볼 수 있다." (람지, 『부의 분배에 관한 평론』: 142) "생산물 중 임금형태로 노동자에게 지급되는 몫."(제임스 밀, 『정치경제학 원리』. 파리 1823: 33~34)

해 지급하는] 화폐의 형태로 끊임없이 노동자의 수중으로 들어오는 것은 노동자 자신의 생산물이 자본의 형태로 끊임없이 그로부터 떨어져 나가기 때문이다. 그러나 노동기금의 이와 같은 현상 형태는, 자본가가 노동자에게 지급하는 것은 노동자 자신의 노동이 대상화된 것이라는 사실을 조금도 변경시키지 않는다.[3] 자기의 영주에게 강제로 부역하는 농민을 살펴보자. 농민은 자기의 생산수단을 가지고 자기의 경작지에서 예컨대 1주일에 3일간 일한다. 1주의 나머지 3일 동안은 영주의 토지에서 부역노동을 한다. 그는 끊임없이 자기 자신의 노동기금을 재생산하지만, 이 노동기금은 결코 노동에 대한 대가로 타인이 제공하는 화폐적 지불이라는 형태를 취하지는 않는다. 그 대신 영주를 위한 지불받지않는 강제노동도 결코 자발적인 지불받는 노동이라는 성격을 얻지 못한다. 그러나 만일 영주가 어느 날 갑자기 농민의 경지·역축·종자, 한마디로 말해 생산수단을 빼앗는다면, 그때부터 농민은 자기의 노동력을 영주에게 판매하지 않을 수 없게 될 것이다. 그런데 기타 조건이 같다면, 그는 여전히 1주에 6일간, 즉 자신을 위해 3일간, 그리고 [지금은 임금을 지불하는 자본가로 된] 영주를 위해 3일간 일하게 될 것이다. 종전과 마찬가지로 지금도 그는 생산수단을 생산수단으로 소비하며, 생산수단의 가치를 생산물로 이전할 것이다. 종전과 마찬가지로 지금도 생산물의 일정한 부분은 재생산에 들어갈 것이다. 그러나 부역노동이 임금노동의 형태로 변하는 바로 그 순간부터, 농민 자신에 의해 여전히 생산되며 재생산되는 노동기금은 영주가 임금의 형태로 농민에게 지급하는 자본의 형태를 취하게 된다. [현상 형태와 그 속의 실체를 구별할 능력이 없는 협소한 두뇌의 소유자인] 부르주아 경제학자는, 오늘날에도 노동기금은 지구상에서 예외

---

3) "노동자들에게 임금을 지급하기 위해 자본이 사용될 때, 자본이 노동의 유지를 위한 재원에 첨가하는 것은 조금도 없다."(맬더스, 『정치경제학의 정의들』: 22)

적으로만 자본의 형태를 띠고 나타난다는 사실에 대해 눈을 감고 있다.4)

사실상 자본주의적 생산과정을 그 끊임없는 갱신의 흐름 속에서 고찰하기만 하면, 가변자본이 자본가 자신의 재원5)에서 투하되는 가치라는 성격은 잃게된다. 그러나 이 과정은 어떤 종류의 시초를 가지고 있었음에 틀림없다. 왜냐하면 우리의 지금까지의 관점에서 보면, 자본가는 옛날 타인의 지불받지않는 노동과는 상관없이 이루어진 어떤 형태의 시초축적primitive accumulation [또는 본원적 축적, 원시적 축적] 에 의해 화폐를 소유하게 되었고, 그리하여 노동력의 구매자로 시장에 나타날 수 있었다는 것이 있음직한 일로 보이기 때문이다. 그러나 이것은 어찌되었건, 자본주의적 생산과정의 단순한 연속, 즉 단순재생산은 가변자본뿐 아니라 총자본에 대한 관념을 뚜렷이 변화시킨다.

자본 1,000원의 사용에 의해 매년 생산되는 잉여가치가 200원이라고 하고 또 이 잉여가치가 매년 소비된다고 하면, 5년 동안 소비된 잉여가치액은 200×5, 즉 최초에 투하된 1,000원과 같게 되는 것은 명백하다. 만약 1년간의 잉여가치가 부분적으로만, 예컨대 절반만 소비된다고 하면, 10년 뒤에는 동일한 결과가 얻어질 것이다. 그것은 100×10 =1,000이기 때문이다. 일반공식은, 투하된 자본가치를 매년 소비되는 잉여가치로 나누면, 최초에 투하된 자본이 자본가에 의해 소비되어 없어지는 데 걸리는 연수[또는 재생산기간의 수]가 나온다. 자본가가 타인의 지불받지않는 노동의 생산물[즉 잉여가치]만을 소비하고 최초의 자본가치에는 손을 대지 않는다 생각하더라도, 그의 생각은 절대로 위의 사실을 변경할 수

---

4) "노동자들의 임금이 자본가들에 의해 지급되는 지역은 지구 표면의 1/4에도 미치지 못한다."(존스, 『국민경제학 교과서』: 36)

5) "비록 제조공의 임금은 고용주로부터 투하되지만, 임금의 가치는 일반적으로 그의 노동이 가해진 대상의 증대된 가치의 형태로 이윤과 함께 회수되기 때문에, 사실 고용주는 아무런 비용도 들이지 않는 것이다."(『국부론』(상): 404)

없다. 일정한 연수가 경과하면, 그가 소유하고 있는 자본가치는 그 동일한 연수에 등가 없이 취득한 잉여가치액과 같게 되며, 그가 소비한 가치총액은 최초의 자본가치와 같게 된다. 그의 수중에 있는 자본은 그 크기가 변하지 않고 있으며, 또 이 자본의 일부[즉 건물, 기계 등]는 그가 사업을 착수할 당시에 이미 존재하고 있었다는 것은 사실이다. 그러나 여기에서 문제로 되는 것은 자본의 가치이지 자본의 물질적 구성부분이 아니다. 만약 어떤 사람이 자기의 전체 재산의 가치와 같은 액수의 채무를 짐으로써 그 전체 재산을 소비해 버린다면, 그의 전체 재산은 바로 그의 채무총액을 나타낼 따름이다. 이와 마찬가지로, 자본가가 자기의 최초 자본과 동일한 가치를 소비했다면, 그가 가지고 있는 현재 자본의 가치는 그가 무상으로 취득한 잉여가치총액을 대표할 따름이며, 거기에는 그의 최초 자본의 가치는 조금도 존재하지 않는다.

따라서 축적을 전혀 무시하더라도, 생산과정의 단순한 연속[즉 단순재생산]은 조만간에 필연적으로 모든 자본을 축적된 자본으로, 즉 자본으로 된 잉여가치로 전환시켜 버린다. 그 자본이 [생산과정에 들어갈 때] 그것을 사용하는 사람의 개인재산이었고, 그 사람 자신이 몸소 노동해서 번 것이었다 하더라도, 그것은 조만간에 어떤 등가도 없이 취득한 가치, 즉 타인의 지불받지않는 노동이 대상화된 것[화폐형태로든 또는 다른 형태로든]이 되는 것이다. 제4~6장에서 본 바와 같이, 화폐를 자본으로 전환시키기 위해서는 상품의 생산과 유통 그 이상의 무엇이 필요했다. 즉 한편에는 가치 또는 화폐의 소유자가, 다른 한편에는 가치를 창조하는 실체의 소유자가, 다시 말해 한편에는 생산수단과 생활수단의 소유자가, 다른 한편에는 노동력만의 소유자가 서로 구매자와 판매자로 마주하는 것이 필요했다. 따라서 노동의 생산물과 노동 그 자체 사이의 분리, 객체적 노동조건과 주체적 노동력 사이의 분리가 자본주의적 생산과정의 현실적 토대며 출발점이었다.

그런데 최초에는 출발점에 지나지 않았던 것이 과정의 단순한 연속[즉 단순재생산]에 의해 자본주의적 생산의 특징적인 결과[끊임없이 갱신되고 영구화되는 결과]로 된다. 한편으로 생산과정은 물질적 부를 자본으로, 그리고 자본가를 위한 가치증식수단과 향락수단으로 끊임없이 전환한다. 다른 한편으로 노동자는 언제나 그가 생산과정에 들어갈 때와 같은 모습―즉 부의 인적 원천이기는 하지만 이 부를 자기 자신의 것으로 만들 모든 수단을 빼앗긴 모습―으로 그 과정에서 나온다. 노동자가 생산과정에 들어가기 전에 자기 자신의 노동은 노동력의 판매에 의해 이미 자신으로부터 소외되고 자본가에 의해 취득되어, 자본에 합체되었기 때문에, 자기 노동은 생산과정이 진행되는 동안 끊임없이 타인의 생산물에 대상화되는 것이다. 생산과정은 또한 자본가가 노동력을 소비하는 과정이기 때문에, 노동자의 생산물은 끊임없이 상품으로 전환될 뿐 아니라 자본으로 [즉 노동자의 가치창조력을 빨아먹는 가치로, 인간을 실제로 구매하는 생활수단으로, 그리고 생산자를 사용하는 생산수단으로] 전환된다.6) 그리하여 노동자 자신은 객체적인 부를 자본[즉 자기를 지배하며 착취하는 외부의 힘]의 형태로 끊임없이 생산하며, 자본가는 노동력을 부의 주체적 원천의 특수한 형태[노동자의 신체 속에 있을 뿐이며, 그 자신을 대상화하고 실현할 모든 수단에서 분리되어 있는 추상적인 원천]로 끊임없이 생산한다. 간단히 말해, 자본가는 노동자를 임금노동자로 생산한다.7) 노동자의 이 끊임없는 재생산 또는 영구화는 자본주의적 생산의

---

6) "이것이 생산적 노동의 주목할 만한 특성이다. 생산적으로 소비되는 것은 무엇이나 자본이고, 그것은 소비됨으로써 자본으로 된다."(제임스 밀, 『정치경제학 원리』: 242) 그러나 제임스 밀은 이 '주목할 만한 특성'이 무엇인지를 해명하지 못했다.

7) "매뉴팩처가 처음으로 도입되었을 때 많은 빈민들이 일자리를 얻었던 것은 사실이다. 그러나 이 빈민들은 여전히 빈궁상태에서 벗어나지 못하고 있으며, 매뉴팩처의 존속은 더 많은 빈민을 만들어내고 있다."([『양모수출 제한의 이유』]:

필수조건이다.

노동자는 두 가지 방법으로 소비한다. 생산하는 동안 그는 자기 노동에 의해 생산수단을 소비해 그것을 투하자본의 가치보다 큰 가치의 생산물로 전환시킨다. 이것은 그의 생산적 소비다. 이것은 동시에 그의 노동력을 구매한 자본가가 노동력을 소비하는 것이다. 다른 한편으로 노동자는 자기 노동력의 대가로 지급 받은 화폐를 생활수단의 구매에 지출한다. 이것은 그의 개인적 소비다. 따라서 노동자의 생산적 소비와 개인적 소비는 서로 전혀 다른 것이다. 전자에서 그는 자본의 동력으로 기능하며 자본가에게 속한다. 그러나 후자에서 그는 자기 자신에게 속하며 생산과정 밖에서 생활상의 기능을 행한다. 생산적 소비의 결과는 자본가의 생존이고, 개인적 소비의 결과는 노동자 자신의 생존이다.

노동일을 고찰할 때, 우리는 노동자가 자기의 개인적 소비를 생산과정의 단순히 부수적인 일로 받아들이지 않을 수 없는 경우〔예: 일하면서 식사한다〕가 흔히 있다는 것을 보았다. 이 경우 노동자는 자기 노동력을 활동형태로 유지하기 위해 자기 자신에게 생활수단을 공급하는데, 이것은 마치 증기기관에 석탄과 물을 공급하고 물레방아의 바퀴에 기름을 공급하는 것과 같다. 이리하여 노동자의 소비수단은 생산수단의 소비수단에 불과하며, 그의 개인적 소비는 직접적으로 생산적 소비다. 그러나 이것은 자본주의적 생산과정의 본질과는 관계없는 악습인 것처럼 겉으로 보인다.8)

우리가 개별 자본가나 개별 노동자가 아니라 자본가계급과 노동자계급을, 그리고 고립된 생산과정이 아니라 완전히 발달한 자본주의적 생산

---

19) "차지농업가들이 빈민을 먹여 살린다는 주장은 엉터리다. 빈민들은 사실상 빈궁 속에 살고 있다."(〔『최근의 구빈세 인상 이유...』〕: 31)

8) 만약 로시가 '생산적 소비'의 비밀을 진실로 밝혀냈더라면 이 점에 대해 그렇게 열심히 항변하지는 않았을 것이다.

을 그 실제의 사회적 규모에서 고찰한다면, 사태의 면모는 달라진다. 자본가는 자기 자본의 일부를 노동력으로 전환함으로써 자기 총자본의 가치를 증식시킨다. 그는 하나의 돌로 두 마리의 새를 잡는다. 그는 노동자로부터 받는 것에 의해서 뿐 아니라 노동자에게 주는 것에 의해서도 이익을 본다. 노동력과 교환으로 지출된 자본은 생활수단으로 전환되며, 이것의 소비에 의해 현존 노동자들의 근육·신경·골격·뇌수가 재생산되고 새로운 노동자들이 탄생한다. 따라서 절대적으로 필요한 범위의 개인적 소비에 관해 말한다면, 노동자계급의 개인적 소비는 노동력과 교환으로 자본이 넘겨준 생활수단을 [자본이 다시 착취할 수 있는] 새로운 노동력으로 다시 전환시키는 것에 불과하다. 그것은 자본가의 가장 필요불가결한 생산수단인 노동자 자신의 생산이며 재생산이다. 그리하여 노동자의 개인적 소비는, 작업장 또는 노동과정의 내부에서 이루어지든 외부에서 이루어지든, 자본의 생산과 재생산의 한 요소를 이루고 있는데, 이것은 마치 기계의 청소가 [기계가 돌아가고 있는 동안 실시되든 기계가 쉬고 있는 동안 실시되든] 자본의 생산과 재생산의 한 요소인 것과 같다. 노동자가 개인적 소비행위를 자본가를 위해서가 아니라 자기 자신을 위해 한다고 해서 사태가 달라지는 것은 결코 아니다. 일하는 가축 [역축] 이 사료를 소비하는 것도 역축이 그 먹는 것을 즐긴다고 해서 생산과정에 필요한 요소가 아니라고 말할 수 없다. 노동자계급의 유지와 재생산은 언제나 자본의 재생산에 필요한 조건이다. 그러나 이 조건의 충족을 자본가는 안심하고 노동자의 자기유지 본능과 생식 본능에 맡길 수 있다. 자본가가 마음을 쓰는 것은 오직 노동자들의 개인적 소비를 필요한 최소한도로 축소하는 것뿐이다. 이 점에서 자본가의 태도는 [노동자들에게 영양분이 적은 음식물 대신 영양분이 많은 음식물을 먹도록 강요하는] 남아메리카 광산주들의 거친 태도와는 큰 차이가 있다.9)

그러므로 자본가와 그의 이론적 대변자인 경제학자들은 노동자의 개인적 소비 중 노동자계급의 영구화에 필요한 부분[따라서 자본가가 소비할 노동력을 얻을 수 있는 데 필요한 부분]만을 생산적 소비로 보고, 노동자가 그 이상으로 자기 자신의 쾌락을 위해 소비하는 것은 모두 비생산적 소비로 본다.[10] 만약 자본의 축적이 자본에 의한 노동력 소비의 증대를 함께 하지 않은 채 임금의 인상과 노동자의 소비증대만 일으킨다면, 추가 자본은 비생산적으로 소비되는 셈이다.[11] 사실상 노동자의 개인적 소비는 노동자 자신의 관점에서 보더라도 비생산적이다. 왜냐하면 노동자의 개인적 소비는 다만 궁핍한 개인을 재생산할 따름이기 때문이다. 그러나 그것은 자본가와 국가에게는 생산적이다. 왜냐하면 노동자의 개인적 소비는 그들의 부를 창조하는 힘을 생산하는 것이기 때문이다.[12]

따라서 사회의 관점에서 보면, 노동자계급은 심지어 직접적 노동과정 밖에서까지도 [생명 없는 노동도구와 마찬가지로] 자본의 부속물이다.

---

9) "남아메리카의 광산노동자들이 매일 하는 노동"(이것은 아마 세계에서 가장 힘든 노동일 것이다)"은 450피트나 되는 지하로부터 180~200파운드나 되는 광석을 두 어깨에 메고 지상으로 올라오는 것인데, 그들은 빵과 콩만을 먹고 있다. 그들은 오히려 빵만을 먹으려 하겠지만, 그들의 주인은 빵만으로는 그들이 그렇게 힘든 일을 할 수 없다는 것을 알고 노동자들을 말같이 취급해 그들에게 강제로 콩을 먹이고 있다. 콩은 빵보다 석회질이 훨씬 더 많다."(리비히, 『농업과 생리학에 화학을 적용』. 제7판. 1862. 제1부: 194, 주)

10) 제임스 밀, 『정치경제학 원리』: 238 이하.

11) "만약 노동의 가격이 너무 높게 상승했기 때문에 자본의 증가에도 불구하고 노동이 더 이상 많이 고용될 수 없다면, 나는 자본의 그런 증가는 여전히 비생산적으로 소비되는 것이라고 말한다."(리카도, 『정치경제학 및 과세의 원리』: 223)

12) 진정한 의미에서 유일한 생산적 소비는 "자본가가 재생산을 위해 부를 소비 또는 파괴하는 것"(그는 생산수단의 소비를 염두에 두고 있다)"이다…노동자는…자기를 고용하는 사람과 국가에 대해서는 생산적 소비자이지만 자기 자신에 대해서는 엄밀히 말하면 생산적 소비자가 아니다."(맬더스, 『정치경제학의 정의들』: 30)

노동자들의 개인적 소비까지도 일정한 한계 안에서는 자본의 재생산과정의 한 계기에 불과하다. 그런데 이 재생산과정은 노동자들의 생산물을 끊임없이 노동자의 쪽으로부터 그 반대되는 자본의 쪽으로 옮겨놓음으로써, [의식을 가진 생산도구인] 노동자들이 자본으로부터 떨어져 나가지 못하도록 한다. 노동자들의 개인적 소비는, 한편으로는 그들의 유지와 재생산을 보장하고, 다른 한편으로는 생활수단을 끊임없이 없애버림으로써 그들을 노동시장에 계속 다시 나타나도록 만든다. 로마의 노예는 쇠사슬로 얽매여 있었지만, 임금노동자는 보이지 않는 끈에 의해 그 소유자에게 얽매여 있다. 임금노동자가 독립적 존재인 것처럼 보이는 겉모습은, 개별 고용주들이 끊임없이 바뀐다는 것과 계약이라는 법적 허구에 의해 유지되고 있다.

과거에는 자본은 자유로운 노동자에 대한 자기의 소유권을 행사하기 위해 필요할 때는 언제나 입법에 호소했다. 예컨대 1815년까지 영국 기계제조 노동자들의 국외이주는 무거운 형벌로 금지되고 있었다.

노동자계급의 재생산은 동시에 한 세대로부터 다음 세대로 기능skill이 전달되고 축적되는 것을 포함한다.13) 자본가가 어느 정도로 이와 같은 숙련노동자계급의 존재를 [자기가 소유하는] 생산조건들 중의 하나로 생각하고 이 계급을 실제로 자기의 가변자본의 현실적 존재로 보는가 하는 것은, 공황에 의해 이 계급을 잃어버릴 위험이 생기기 시작할 때 특히 분명히 나타난다. 잘 아는 바와 같이, 미국의 남북전쟁과 이에 따른 면화 기근 때문에 랭커셔와 기타 지방들에서 많은 면공업 노동자들이 실직했다. 노동자계급 자체뿐 아니라 기타 사회계층들로부터도, 영국의 식민지

---

13) "저장되고 미리 준비된다고 말할 수 있는 유일한 것은 노동자의 기능이다…숙련노동의 축적과 저장이라는 이 매우 중요한 일은, 압도적 다수의 노동자를 두고 볼 때, 아무런 자본 없이도 실현된다."(호지스킨, 『자본의 요구에 대한 노동의 방어』: 12~13)

나 미국으로 '과잉' 노동자들을 이주시키기 위해 국가의 원조나 국민의 자발적 기부를 요구하는 소리가 높아졌다. 이때(1863년 3월 24일)『더 타임즈』지는 맨체스터 상업회의소의 전前 소장이었던 에드먼드 포터의 편지를 게재했다. 하원에서는 이 편지를 적절하게도 '공장주들의 선언'이라고 불렀다.[14] 우리는 이 편지 중 노동력을 자본의 소유물로 보는 견해가 노골적으로 표명되고 있는 몇 개의 특징적인 구절들을 인용한다.

"그가"(면공업 실업자가)"듣는 이야기는, 면공업 노동자들의 공급이 너무도 많다는 것…아마도 그 1/3은 감소되어야 할 것이며, 그렇게 되면 나머지 2/3에 대해서는 건전한 수요가 보장될 것이라는 것…여론은…국외이주를 주장하고 있다…공장주는 자기의 노동공급이 떨어져 나가는 데 대해 자발적으로 동의할 리는 없다. 그는 아마도 정당하게도 이것이 불공평하며 잘못된 일이라고 생각할 것이다…만약 공공의 자금이 국외이주를 지원하는 데 쓰인다면, 공장주는 자기의 의견을 진술할, 그리고 아마도 항의할 권리를 가지게 될 것이다."

포터는 면공업이 매우 유익하다는 것, 그것은 "의심할 바 없이 아일랜드와 농업지대로부터 과잉인구를 흡수했다는 것", 면공업은 그 규모가 매우 방대하다는 것, 그것은 1860년에 영국 총 수출액의 5/13를 차지했다는 것, 그리고 그것은 수년 뒤에는 시장 특히 인도시장이 확대되고 또 충분한 양의 면화가 파운드당 6펜스로 공급됨으로써 다시 확장될 것이라고 지적했다. 그는 계속해서 다음과 같이 말하고 있다.

"1년, 2년, 아마 3년만 가면 필요한 양을 생산할 것이다…그러므로

---

14) "이 편지는 공장주들의 선언이라고 볼 수 있다."(페런드, 1863년 4월 27일 하원의 '면화기근에 관한 동의')

나는 다음과 같이 묻고 싶다. 이 산업은 유지할 만한 값어치가 있는 가? 기계(살아 있는 노동기계를 두고 말한다)는 정비해 둘만한 값어치 가 있는가? 또 그것을 내버린다는 것은 최대의 어리석은 생각이 아닌 가? 나는 그렇다고 생각한다. 나는 노동자들이 소유물이 아니며, 랭커 셔와 공장주들의 소유물이 아니라는 데 동의한다. 그러나 노동자들은 랭커셔와 공장주의 힘이다. 즉 그들은 한 세대 동안에는 대체될 수 없 는 지적이고 훈련받은 힘이다. 그들이 사용하는 다른 기계들은 대부분 12개월 안에 유리하게 다른 것으로 대체될 수 있으며, 심지어 개선까 지 가능하다.15) 만약 노동력의 국외이주가 장려되거나 허가(!) 된다 면 자본가들은 어떻게 될 것인가?"(이 가슴으로부터 나오는 외침은 시 종장 칼프를 생각나게 한다.)"핵심적인 노동자를 떼어낸다면 고정자본 은 크게 감가할 것이며, 유동자본이 불충분하게 공급되는 열등한 노동 을 가지고서는 경쟁을 감당하지 못할 것이다…우리는 노동자들 자신이 국외이주를 원하고 있다는 말을 듣고 있다. 그들 측에서 보면 이것은 매 우 당연하다…노동력을 빼앗김으로써, 또 그들의 임금지출액을 가령 1/5 즉 £5백만만큼 감소시킴으로써, 면공업을 축소시키고 압박한다 면, 노동자들의 바로 위에 있는 계급인 소매상들은 어떻게 될 것인가?

---

15) 임금을 삭감할 필요가 있는 보통의 경우에는 자본은 이와는 전혀 다른 노래 를 부른다는 것을 기억해 두어야 한다. 이런 경우 '고용주들'은 이구동성으로 다음과 같이 주장한다(제15장의 주106을 참조하라). "공장노동자들은 자기들 의 노동이 사실상 매우 저급한 종류의 숙련노동이라는 것, 자기들의 노동처 럼 얻기 쉬운 노동은 없으며 또 그 질에 비해 이처럼 많은 보수를 받는 노동 은 없다는 것, 다른 어떤 노동도 단기간의 훈련으로 이처럼 신속히 또 풍부하 게 공급될 수는 없다는 것을 절대로 잊어서는 안 될 것이다…고용주의 기계" (이것은 지금 12개월이면 대체되고 개량될 수 있다고 한다)"는, 6개월이면 능 히 배울 수 있고 또 어떤 농촌일꾼도 배울 수 있는 노동자의 노동과 기능"(지 금 30년 안에는 대체될 수 없다고 한다)"보다 생산에서 사실상 훨씬 더 중요 한 구실을 한다."

지대는 어떻게 되며 오두막집의 집세는 어떻게 될 것인가?…그 영향을 상층계급에까지 추적해 보면, 소규모 차지농업가들, 더 나은 층인 가옥소유주들과…지주들은 어떻게 될 것인가? 가장 우수한 공장노동자들을 수출해 이 나라의 가장 생산적인 자본과 부의 일부의 가치를 파괴함으로써 이 나라를 약화시키는 이 국외이주 안보다 모든 계급들에게 더욱 자살적인 계획이 또 있을 수 있겠는가?…나는 대출기간이 2~3년이 되는 (£500~600만의) 대출을 권고한다. 대출을 받는 사람들의 도덕적 수준을 유지하기 위해 일정한 종류의 노동을 강요하는 특별법의 규제 아래, 이 대출은 면공업지방의 구빈국에 부설된 특별위원회가 관리하면 될 것이다…가장 우수한 노동자들을 잃어버리는 것, 그리고 [인력을 고갈시키는 대규모 이민과 한 지역 전체의 자본과 가치의 파괴에 의해] 남아 있는 사람들을 타락시키고 무기력하게 만드는 것보다 토지소유주들이나 공장주들에게 더 나쁜 것이 있을 수 있겠는가?"

면공업 공장주들의 선발된 대변인인 포터는 두 가지 종류의 '기계'를 구별하고 있다. 모두 자본가의 것이기는 하지만, 하나는 자기 공장 내부에 있는 것이고 다른 하나는 밤과 일요일에는 공장 밖의 오두막집에 있는 것이다. 전자는 죽은 것이고 후자는 살아 있는 것이다. 죽은 기계는 매일 마멸되고 감가될 뿐 아니라 끊임없는 기술진보에 의해 많은 부분이 낡아버리므로 수개월이 경과하면 새로운 기계로 대체하는 것이 유리할 정도다. 이와는 반대로, 살아 있는 기계는 오래 가면 갈수록, 수세대에 걸쳐 전달된 기능이 축적되는 데 비례해 더욱더 좋아진다. 『더 타임즈』지는 이 대공장주에 대해 다음과 같이 답변하고 있다.

"포터는 면공장주들의 예외적이고 거대한 중요성에 감동한 나머지,

이 계급을 유지하고 그들의 사업을 영구화하기 위해 50만의 노동자를 그들의 의사와는 반대로 거대한 정신적 구빈원[면공업지방]에 가두어 두려고 하고 있다. '이 산업은 유지할 만한 값어치가 있는가?'하고 포터는 질문한다. '물론 있다. 모든 공정한 수단에 의해'라고 우리는 대답한다. '기계는 정비해 둘 만한 값어치가 있는가?'하고 포터는 다시 질문한다. 여기에서 우리는 대답을 주저한다. 포터가 '기계'라고 말하는 것은 인간기계를 두고 하는 말이다. 왜냐하면 그는 그것을 공장주의 절대적 소유로 보지 않는다고 단언하기 때문이다. 인간기계를 정비해 두는 것, 즉 필요하게 될 때까지 그것을 가두어 두고 기름칠하는 것을 우리는 '값어치가 있는' 일이 아니며 또는 심지어 불가능하다고 생각한다는 점을 고백하지 않을 수 없다. 인간기계는 아무리 기름칠을 하고 닦는다 하더라도 쓰지 않으면 녹이 슬 것이다. 더욱이 우리가 이미 본 바와 같이, 인간기계는 제멋대로 화를 내면서 우리 대도시 거리에서 마구 날뛸 수 있다. 포터가 주장하는 바와 같이 노동자들의 재생산에는 상당히 오랜 시간이 걸릴지도 모른다. 그러나 기계기술자와 자본가만 있으면 언제든지 우리들은 검소하고 열성적이고 부지런한 사람들[노동자들]을 찾아낼 수 있으며, 이리하여 우리가 원하는 수보다 더 많은 공장주들을 만들어낼 수 있을 것이다. 포터는 '1년, 2년, 아마 3년' 안에 이 산업이 활기를 되찾을 것이라고 말하고 '노동력의 국외이주가 장려되거나 허가(!)되는' 것을 막으라고 우리에게 요구하고 있다. 그의 의견에 따르면, 노동자들이 국외이주를 원하는 것은 당연하다는 것이다. 그러나 그는 50만 명의 노동자와 그들의 가족 70만 명을 그들의 희망과는 반대로 면공업 지방들에 가두어 두어야 한다고 생각하며, 이런 생각의 필연적인 결과로 그는 또한 그들의 불만을 폭력으로 억누르고 구호금을 나누어줌으로써 그들의 생존이 유지되도록 할 것을 제의하고 있는데, 이 모든 것은 공장주들이 다시 그들을 필요로 하는 날이 올 수 있을 것이라는 생각에서 나온 것이다…이 '노동력'을 철·석탄·면화를 취급하듯이 취급하려는 사람들로부터 노동력을 구출하기 위해 이 나라의 위대한 여론이 무엇인가를 해야 할 때가 왔다."16)

『더 타임즈』지의 논설은 지성의 장난에 불과했다. 사실상 '위대한 여론'은 공장노동자란 공장의 움직이는 부속물에 불과하다는 포터의 의견과 같았다. 노동자들의 국외이주는 저지되었다.17) 그들은 '정신적 구빈원'인 면공업지방에 갇혔으며, 또 여전히 랭커셔의 면공장주들의 '힘'을 이루고 있다.

그리하여 자본주의적 생산은 자기 자신의 진행에 의해 노동력과 노동조건 사이의 분리를 재생산함으로써 노동자를 착취하기 위한 조건을 재생산하고 영구화한다. 그것은 노동자로 하여금 살기 위해서는 자기의 노동력을 팔지 않을 수 없도록 끊임없이 강요하며, 또 자본가로 하여금 부유해지기 위해 끊임없이 노동력을 살 수 있게 한다.18) 자본가와 노동자

---

16) 『더 타임즈』지, 1863년 3월 24일.

17) 의회는 국외이주를 단념시키기 위해서는 한 푼의 지출도 의결하지 않은 채, 노동자들을 반쯤 굶어죽은 상태에 둘 수 있는 권한[즉 정상적인 임금을 지급하지 않고 그들을 착취하는 권한]을 지방정부 당국에 주는 법률을 가결했을 따름이다. 다른 한편으로 그 뒤 3년이 지나 가축병이 발생했을 때 의회는 의회의 관례를 난폭하게 위반하면서까지 백만장자들인 지주의 손실을 보상하기 위해 즉시 수백만 파운드 스털링의 지출을 가결했다. 그런데 이들 지주의 차지농업가들은 고기값의 등귀로 조금도 손실을 보지 않았던 것이다. 1866년 의회가 열렸을 때, 이들 지주들의 소 같은 울부짖음은 힌두교도가 아니더라도 암소 신 사발라를 숭배할 수 있으며 또 주피터 신이 아니라 하더라도 스스로를 황소로 변신시킬 수 있다는 것을 증명했다.

18) "노동자는 살아가기 위해 생활자료를 요구했으며, 고용주는 이익을 보기 위해 노동을 요구했다."(시스몽디, 『신 정치경제학 원리』. 제1권: 91)

가 상품시장에서 구매자와 판매자로 마주하는 것은 이제는 벌써 단순한 우연이 아니다. 생산과정 자체가 노동자를 자기 노동력의 판매자로 끊임없이 다시 상품시장에 내던지며, 또 끊임없이 노동자 자신의 생산물을 타인 [자본가]이 노동자를 구매할 수 있는 수단으로 전환시킨다. 사실상 노동자는 자기 자신을 자본가에게 팔기 전에 이미 자본에 속해 있다. 노동자의 경제적 예속[19]은 자발적 자기판매의 주기적 갱신, 자기에 의한 고용주 변경, 자기 노동력의 시장가격 변동에 의해 매개되기도 하고 은폐되기도 한다.[20]

따라서 자본주의적 생산과정은, 하나의 연결된 전체과정, 즉 재생산과정이라는 측면에서 본다면, 상품이나 잉여가치를 생산할 뿐 아니라 자본관계 자체를, 즉 한편으로 자본가를, 다른 한편으로 임금노동자를 생산

19) 이 예속의 꼴사나운 농업상의 형태는 더럼 주에서 볼 수 있다. 이 주는 여러 가지 사정들 때문에 차지농업가들이 농업노동자들에 대한 확고부동한 소유권을 보장받지 못하고 있는 소수 주들 중 하나다. 광업의 존재가 농업노동자들에게 약간의 선택 자유를 주고 있다. 그러므로 이곳에서는 다른 곳의 통례와는 달리, 차지농업가들은 노동자들의 오두막집이 붙어있는 토지만을 빌린다. 오두막집의 집세는 임금의 일부가 된다. 이 오두막집은 '노동자들의 집'이라고 부르고 있다. 이 오두막집은 '예속bondage'이라고 부르는 계약에 의해 일정한 봉건적 의무를 수행하는 조건에서 노동자들에게 빌려주는데, 특히 노동자가 다른 곳으로 일하러 갈 때는 딸이나 다른 사람들을 자기 대신 보내야 할 의무를 그에게 지우고 있다. 노동자 자신은 '예속농bondsman'이라고 불린다. 이 관계는 전혀 새로운 측면에서 노동자의 개인적 소비가 어떻게 자본을 위한 소비, 즉 생산적 소비로 되는가를 우리에게 보여준다. "이 예속농의 똥까지도 타산적인 주인의 부수입으로 계산되고 있다는 것은 흥미 있는 일이다…차지농업가는 부근 일대에 자기 자신이 세운 것 외에는 다른 어떤 변소도 세우는 것을 허락하지 않으며, 여기저기의 정원을 위해 약간의 똥을 나누어주기는 하지만 자기의 영주권을 추호도 침해당하려 하지 않는다."(『공중보건. 제7차 보고서』. 1864: 188)

20) 아동노동의 경우에는 자발적 판매의 형식조차 사라져 버린다는 것을 우리는 기억하고 있다.

하고 재생산한다.[21]

21) "자본은 임금노동을 전제로 하며 또 임금노동은 자본을 전제로 한다. 즉 그들 은 상호제약하면서 동시에 서로를 성립시킨다. 면공장의 노동자는 면제품만 을 생산하는가? 아니다. 그는 자본을 생산한다. 그는 가치를 생산하지만, 그 가치는 다시 자기의 노동을 지배하며, 그리하여 새로운 가치를 창조한다."(마 르크스, '임금노동과 자본', 『신 라인신문』, 제266호. 1849년 4월 7일. 『CW 9: 214』) 이 제목 아래 『신 라인신문』에 발표한 논문은 내가 1847년 그 문제 에 대해 브뤼셀의 『독일인 노동자 협회』에서 한 강연의 일부며, 그 출판은 2월혁명에 의해 중지되었던 것이다.

제24장
잉여가치가 자본으로 전환

제1절 점점 확대되는 규모의 자본주의적 생산과정. 상품생산의 소유법칙이 자본주의적 취득법칙으로 바뀜

지금까지 우리는 잉여가치가 어떻게 자본에서 발생하는가를 연구했는데, 이제는 자본이 어떻게 잉여가치로부터 발생하는가를 보아야만 한다. 잉여가치를 자본으로 사용하는 것, 즉 잉여가치를 자본으로 재전환시키는 것을 자본축적이라고 부른다.[1]

이 과정을 먼저 개별 자본가의 관점에서 고찰해 보자. 예컨대 어떤 방적업자가 10,000원의 자본을 그 중 $\frac{4}{5}$(8,000원)는 면화·기계 등으로, 그리고 나머지 $\frac{1}{5}$(2,000원)은 임금으로 투하해, 매년 12,000원의 가치가 있는 240,000파운드의 실을 생산한다고 가정하자. 잉여가치율이 100%이므로, 잉여가치는 40,000파운드의 실[즉 총생산물의 1/6을 이루는 잉여생산물 또는 순생산물]에 포함되어 있는데, 이것은 판매에 의해 실현될

---

1) "자본의 축적은 수입의 일부를 자본으로 사용하는 것이다"(맬더스, 『정치경제학의 정의들』: 11). "수입을 자본으로 전환"(맬더스, 『정치경제학 원리』, 2판: 320)

2,000원의 가치를 가지고 있다. 2,000원은 2,000원이므로, 화폐액을 눈으로 보든 냄새를 맡든 그것이 잉여가치라는 것은 알 수 없다. 그 가치가 잉여가치라는 사실은 그 가치가 어떻게 소유자의 수중에 들어갔는가를 우리가 알기 때문이지만, 그렇다고 하여 그 사실이 가치 또는 화폐의 성질을 변경시키지는 않는다.

그리하여 새로 취득한 2,000원이라는 이 금액을 자본으로 전환시키기 위해, 방적업자는, 기타 모든 사정이 불변이라면, 그것의 $\frac{4}{5}$(1,600원)를 면화 등의 구입에, 그리고 $\frac{1}{5}$(400원)을 새로운 방적공의 고용에 투하해야 하는데, 이 추가적 방적공은 방적업자가 그에게 지급한 가치만큼의 생활수단을 시장에서 발견하게 될 것이다. 그렇게 되면 2,000원의 이 새로운 자본은 방적공장에서 기능해 다시 400원의 잉여가치를 가져올 것이다.

자본가치는 최초에는 화폐형태로 투하되었다. 그러나 잉여가치는 처음부터 총생산물의 일정한 부분의 가치로 존재한다. 이 총생산물이 판매되어 화폐로 전환되면, 자본가치는 다시 최초의 형태를 얻게 된다〖잉여가치도 상품의 형태에서 화폐의 형태로 전환된다〗. 그러나 이 순간부터 자본가치와 잉여가치는 모두 화폐액이며, 그것들의 자본으로의 재전환은 정확히 같은 방식으로 진행된다. 자본가는 그것들을 모두 상품〖생산수단과 노동력〗의 구매에 지출하는데, 이 상품은 자본가로 하여금 자기 생산물의 생산을 확대된 규모로 다시 행할 수 있게 한다. 그러나 이런 상품을 구입할 수 있기 위해서는 그것이 이미 시장에 존재해야 한다.

자기 자신의 실이 유통하는 것은 [다른 모든 자본가들이 각자의 상품을 시장에 내놓듯이] 그도 자기의 연간생산물을 시장에 내놓기 때문이다. 그러나 이 상품들은 시장에 들어오기 전에 이미 연간 총생산물—개별 자본들의 총액[즉 사회적 총자본]이 1년 동안 생산한 각종 상품의 총량이며, 각 개별 자본가는 그 중 작은 부분만을 소유하고 있는 각종 상품의 총량—의 일부였다. 시장의 모든 거래는 연간 생산물의 이런 개별적 구성부분들의 상호교환을 실현시켜 그것들을 이 사람의 손에서 저 사람의 손으로 옮길 따름이지 연간 총생산물을 증가시키거나 생산된 상품의 성질을 변경시킬 수는 없다. 따라서 연간 총생산물이 어떻게 사용되는가는 연간 총생산물 자체의 구성에 의존하는 것이지 결코 그 유통에 의존하는 것은 아니다.

먼저 연간 생산물은 1년 동안 소비된 자본의 물적 구성부분들을 대체할 수 있는 모든 물건(사용가치)을 제공해야 한다. 이것을 공제한 나머지 부분은 잉여가치가 포함되어 있는 순생산물 즉 잉여생산물이다. 그러면 이 잉여생산물은 무엇으로 이루어지는가? 모두가 자본가계급의 필요나 욕구를 충족시키기 위한 물건들, 따라서 그들의 소비재원에 속하는 물건들로 이루어질 수도 있지 않겠는가? 만약 그렇다면 잉여가치는 남김없이 탕진될 것이며, 따라서 오직 단순재생산만 진행될 것이다.

축적을 위해서는 잉여생산물의 일부를 자본으로 전환시킬 필요가 있다. 그러나 기적이 일어나지 않는 한, 자본으로 전환될 수 있는 것은 오직 노동과정에서 사용될 수 있는 물건들(즉 생산수단)과 노동자의 생활을 유지할 수 있는 물건들(즉 생활수단)뿐이다. 따라서 연간 잉여노동의 일부는, 투하된 자본의 대체에 필요한 양을 넘는 추가적 생산수단과 추가적 생활수단의 생산에 충당되어야 한다. 한마디로 말해, 잉여가치가 자본으로 전환될 수 있는 것은 오로지 잉여생산물[이것의 가치가 잉여가치다]이 이미 새로운 자본의 물적 요소로 구성되어 있기 때문이다.[2]

그런데 이 구성요소들이 실제로 자본으로 기능할 수 있도록 하기 위해

---

2) 여기에서는 [한 나라로 하여금 사치품을 생산수단이나 생활수단으로 전환시킬 수 있게 하며 또 그 반대로도 할 수 있게 하는] 수출무역은 고려하지 않는다. 문제를 애매하게 하는 모든 부차적 사정들을 떠나 연구대상을 순수한 형태로 고찰하기 위해서는, 상업세계 전체를 한 나라로 보며, 또 자본주의적 생산이 모든 곳에 확립되어 모든 산업부문들을 지배하고 있다고 가정해야 한다.

자본가계급은 추가적 노동을 필요로 한다. 만약 이미 고용되어 있는 노동자들의 착취가 외연적으로나 내포적으로나 증대될 수 없다면, 추가적 노동이 고용되어야 한다. 이에 대해 자본주의적 생산기구는 노동자계급을 임금에 의존하는 계급[이 계급의 평상시 임금은 노동자계급 자체의 유지뿐 아니라 그 증가 [차세대] 까지 보장할 만하다]으로 재생산함으로써 이미 배려하고 있다. 각종 나이의 추가적 노동력이 노동자계급에 의해 매년 공급되고 있으므로, 자본은 다만 이것을 연간 생산물에 이미 포함되어 있는 추가적 생산수단과 결합시키기만 하면 된다. 이로써 잉여가치가 자본으로 전환하는 것은 완성된다. 구체적으로 고찰하면, 자본의 축적은 누진적으로 증가하는 규모로 자본이 재생산되는 것이다. 단순재생산의 순환은 자기의 형태를 변경해, 시스몽디의 표현에 따르면, 하나의 나사선으로 전환한다.3)

이제 우리의 예로 다시 돌아가자. 이것은 아브라함이 이삭을 낳고 이삭은 야곱을 낳고…하는 식의 옛이야기와 같다. 10,000원의 최초 자본은 2,000원의 잉여가치를 가져오는데, 이것이 자본화한다. 2,000원의 새로운 자본은 400원의 잉여가치를 가져오고, 이 잉여가치가 또 자본화해 제2의 추가자본으로 전환하며, 이것이 또다시 80원의 새로운 잉여가치를 가져온다. 이 과정은 이와 같이 계속된다.

여기에서는 잉여가치 중 자본가 자신이 소비하는 부분은 무시한다. 또한 추가자본이 최초 자본과 결합하는가 그렇지 않으면 최초 자본에서 분리되어 독립적으로 기능하는가, 추가자본을 축적한 자본가가 그것을 자신이 직접 이용하는가 그렇지 않으면 그것이 타인의 수중으로 넘어가는가 등의 문제도 역시 지금은 우리의 관심사가 아니다. 다만 잊어서는 안

---

3) 시스몽디의 축적 분석에는 커다란 결함이 있는데, 그것은 그가 "수입이 자본으로 전환"이라는 문구에 너무나 만족한 나머지 이 전환의 물적 조건을 탐구하지 않고 있다는 점이다.

될 것은, 새로 형성된 자본과 함께 최초 자본도 자기의 재생산과 잉여가
치의 생산을 계속한다는 것이고, 이것은 축적된 모든 자본과 그것에 의
해 형성된 추가자본에 대해서도 타당하다는 것이다.

최초 자본은 10,000원의 투하에 의해 형성되었다. 그 소유자는 이것을
어떻게 가지게 되었는가? 그것은 "자기 자신의 노동과 자기 선조들의 노
동에 의해서다!"고 정치경제학의 대변자들은 한결같이 대답하고 있다.4)
그리고 실제로도 그들의 이런 가정은 상품생산의 법칙과 일치하는 유일
한 가정처럼 보인다.

그러나 2,000원의 추가자본에 관해서는 사정은 전혀 다르다. 그 발생과
정은 우리가 아주 정확하게 알고 있다. 이것은 자본화한 잉여가치다. [잉
여가치가 자본으로 전환된 것이다.] 거기에는 처음부터 남의 지불받지않는 노
동에서 나오지 않은 가치라고는 조금도 포함되어 있지 않다. 추가노동력
이 결합되는 생산수단도, 추가노동력이 유지되기 위한 생활수단도, 잉여
생산물[즉 자본가계급이 노동자계급에게서 매년 빼앗는 공물]의 구성부
분에 불과하다. 자본가계급이 이 공물의 일부로 추가노동력을 사들일 경
우, 그것이 비록 완전한 가격에 의한 것이고 따라서 등가물과 등가물끼리
의 교환이라 하더라도, 그것은 역시 [피정복자에게서 약탈한 화폐로 피정
복자 자신의 상품을 구매하는] 정복자의 낡은 방식에 지나지 않는다.

추가자본이 자기를 낳은 동일한 노동자를 고용한다면, 이 노동자는 최
초 자본을 계속 가치증식시켜야 할 뿐 아니라, 또 자기가 바친 이전의
지불받지않는 노동의 생산물[추가자본] 에 대해서도 노동을 첨가해야만
한다. 이것을 자본가계급과 노동자계급 사이의 거래로 본다면, 이전에
고용된 노동자들의 지불받지않는 노동으로 추가노동자들이 고용된다 하
더라도 문제의 본질은 조금도 달라지지 않는다. 경우에 따라 자본가는

---

4) "자기 자본이 생기게 된 최초의 노동."(시스몽디, 『신 정치경제학 원리』: 109)

추가자본을 기계로 전환시키고, 이 기계는 추가자본의 생산자를 길거리로 내쫓고 그 대신 몇 명의 아동을 고용하는 일도 있을 수 있을 것이다. 그 어떤 경우에도 노동자계급은 금년의 자기의 잉여노동으로 다음해에 추가노동을 고용할 자본을 창조한 것이다.[5] 이것이 이른바 "자본으로 자본을 창조한다."는 것이다.

제1의 추가자본 2,000원의 축적은 [자본가의 '시초 노동'에 의해 자기 것으로 된, 그리고 그에 의해 투하된] 10,000원의 가치액을 전제한다. 반대로 제2의 추가자본 400원은 오직 이전의 축적 2,000원을 전제할 뿐이며, 이것이 낳은 잉여가치가 자본으로 된 것이 바로 제2의 추가자본 400원이다. 과거 지불받지않는 노동의 소유가 이제는 계속 증대되는 규모의 살아 있는 지불받지않는 노동의 취득을 위한 유일한 조건이다. 자본가가 이미 축적한 것이 많으면 많을수록 그만큼 그는 더 많이 축적할 수 있다.

제1의 추가자본을 이루는 잉여가치가 최초 자본의 일부가 노동력을 구매한 결과이고, 이 구매가 상품교환의 법칙에 순응하며, 또 법률적 관점에서 보면, 이 구매가 노동자 측에서는 자기 노동력에 대한, 그리고 화폐 또는 상품의 소유자 측에서는 자기가 가진 가치에 대한 자유로운 처분권을 전제할 따름인 한, 또 제2, 제3 등의 추가자본이 제1의 추가자본의 단순한 결과며 따라서 위의 최초 관계의 결과인 한, 더욱이 또 각 개별 거래는 상품교환의 법칙에 따라 행해지며, 자본가는 항상 노동력을 구매하고 노동자는 항상 그것을 판매하며 그리고 우리가 가정한 것처럼 이 매매가 노동력의 진정한 가치대로 행해지는 한, 상품생산과 상품유통에 기초를 둔 취득의 법칙 또는 사적소유의 법칙은 자기 자체의 내부적인 불가피한 변증법에 의해 그 정반대의 것으로 전환된다는 것은 명백하다. 우리가 시작한 최초의 작업인 등가물과 등가물 사이의 교환은 아주 달라

---

5) "자본이 노동을 고용하기 전에 노동이 자본을 창조한다."(웨이크필드, 『잉글랜드와 미국』. 제2권: 110)

져 오직 외관상의 교환이 되어버렸다. 왜냐하면 첫째로 교환을 통해 노동력을 얻는 자본 그 자체가 등가물 없이 취득한 타인노동의 생산물 일부에 불과하기 때문이며, 둘째로 이 자본은, 자본의 생산자인 노동자가 대체해야 할 뿐 아니라 잉여물을 첨가하여 대체해야 하기 때문이다. 이리하여 자본가와 노동자 사이의 교환관계는 유통과정에 속하는 단순한 겉모습일 따름이며, 거래 그 자체의 내용과는 관계가 없고 도리어 그것을 모호하게 할 뿐인 단순한 형태에 불과하다. 끊임없이 반복되는 노동력의 매매는 단순한 형태에 불과하며, 그것의 내용은 자본가가 이미 대상화된 타인노동의 일부를 아무런 등가물도 지불하지 않은 채 끊임없이 취득하고, 그것을 더 많은 양의 살아 있는 타인노동과 끊임없이 교환한다는 것이다. 최초에는 소유권이 한 인간 자신의 노동에 토대를 둔 것처럼 보였다. 적어도 이와 같이 가정해야 했다. 왜냐하면 시장에서는 오로지 동등한 권리를 가진 상품소유자들이 서로 마주하며, 그리고 남의 상품을 취득하는 수단은 오직 자기 자신의 상품을 양도하는 것뿐이고, 이 자기 자신의 상품을 얻는 유일한 길은 노동뿐이기 때문이다. 그런데 소유가 이제는 자본가 측에서는 타인의 지불받지않는 노동 또는 그 생산물을 취득하는 권리로 되며, 노동자 측에서는 자기 자신의 생산물을 취득하지 못하는 것으로 된다. 노동과 소유의 분리는 노동과 소유의 동일성에서 나온 것처럼 보이는 법칙의 필연적 결과로 된다.6)

{엥겔스 : } 이하는 마르크스가 불어판에 넣은 내용을 바탕으로 엥겔스가 제4독어판에 추가한 것이다. CW 35(Progress Publishers, 1996년)에는 이 추가분 전체가 CW 편집자의 실수로 빠져 있다. } 그러므로 자본주의적 취득방식은 아무리 상품

---

6) 남의 노동생산물에 대한 자본가의 소유는 "취득법칙의 엄격한 귀결이지만, 그 법칙의 기본원칙은 도리어 그 반대로 자기 자신의 노동생산물에 대한 개별 노동자의 배타적 권리였다."(셰르뷜리에, 『부 또는 빈곤』: 58. 그러나 여기에서는 이 변증법적 역전이 적절하게 전개되고 있지 않다.)

생산의 최초 법칙들과 모순되는 것같이 보인다 하더라도, 이 취득방식은 결코 이 법칙들을 위반한 데서 나오는 것이 아니라 반대로 그것들을 적용한 데서 나오는 것이다. 자본주의적 축적을 종점으로 하는 운동의 순차적 국면들을 간단히 돌이켜봄으로써 이 점을 다시 한번 명백하게 하자.

처음에 우리가 본 바와 같이, 일정한 가치액이 자본으로 최초로 전환한 것은 완전히 교환법칙에 따라 수행되었다. 한 쪽은 자기의 노동력을 판매하고 다른 쪽은 그것을 구매한다. 전자는 자기 상품의 가치를 받으며 그 상품의 사용가치, 즉 노동을 후자에게 양도한다. 그러면 후자는 이미 그가 소유하고 있던 생산수단을 [역시 그의 소유 하에 있는] 이 노동에 의해 새로운 생산물로 전환시키는데, 이 새로운 생산물도 역시 법적으로 그의 것이다.

이 생산물의 가치는, 첫째로 소모된 생산수단의 가치를 포함한다. 유용노동은 이 생산수단의 가치를 생산물로 이전하지 않고서는 이 생산수단을 소모할 수 없다. 그런데 노동력이 판매될 수 있으려면 그것을 사용하게 될 공업부문에 유용노동을 제공할 수 있어야 한다.

다음으로, 새로운 생산물의 가치는 노동력 가치의 등가와 잉여가치를 포함한다. 그 이유는 일정한 기간 [하루, 한 주 등] 판매된 노동력의 가치는 그 기간에 이 노동력의 사용에 의해 창조된 가치보다 적기 때문이다. 그러나 노동자는 자기의 노동력의 교환가치를 지불받았고 그리하여 그 사용가치를 양도했는데, 이 점은 다른 모든 매매에서와 마찬가지다.

노동력이라는 특수한 상품이 [노동을 제공하는, 따라서 가치를 창조하는] 독특한 사용가치를 가지고 있다는 사실은 결코 상품생산의 일반법칙에 저촉되지 않는다. 그러므로 임금으로 투하된 가치액이 생산물에 단순히 재현될 뿐 아니라 잉여가치만큼 증식되어 나타난다면, 이것은 결코 판매자가 사기를 당했다는 데서 나오는 것이 아니라[왜냐하면 판매자는 자기 상품의 가치를 실제로 받았기 때문이다], 오로지 구매자에 의해 이 상품이 소비되었다는 사실에서 나오는 것이다.

교환법칙은 서로 교환되는 상품들의 교환가치의 평등만을 요구한다. 그것은 처음부터 그것들의 사용가치가 서로 다르다는 것을 전제하는 것이며, 그것들의 소비와는 아무런 관계도 없다[소비는 거래가 완전히 끝나고 집행된 뒤에 비로소 시작된다].

따라서 화폐가 자본으로 최초로 전환하는 것은 상품생산의 경제법칙 및 이 법칙으로부터 나오는 소유권과 가장 정확히 일치해 수행되는 것이다. 그럼에도 불구하고 그 전환은 다음과 같은 결과를 낳는다.

(1) 생산물은 노동자에게 속하는 것이 아니라 자본가에게 속한다.
(2) 이 생산물의 가치에는 투하자본의 가치 외에 잉여가치가 포함되어 있는데, 이 잉여가치의 생산을 위해 노동자는 노동을 했으나 자본가는 아무것도 하지 않았다. 그럼에도 이 잉여가치는 자본가의 합법적 소유로 된다.
(3) 노동자는 자기의 노동력을 유지했으므로, 구매자를 발견할 수 있다면 그것을 다시 판매할 수 있다.

단순재생산은 이와 같은 첫 번째 활동의 주기적 반복에 불과하며, 그때마다 화폐는 새로이 자본으로 전환된다. 그리하여 여기에서 법칙은 위반되지 않고 도리어 계속 작용할 수 있는 기회를 얻는다.

"몇 번의 순차적인 교환행위들은 최후의 교환이 최초의 교환을 표현하도록 했을 따름이다."[7]

---

7) 시스몽디, 『신정치경제학원리』, 제1권:70.

또 그럼에도 단순재생산은, 이 첫 번째 활동을 고립된 과정으로 고찰하지 않는 한, 그것에 전혀 다른 성격을 충분히 부여할 수 있다는 것을 이미 본 바 있다.

　"국민소득의 분배에 참여하는 사람들 가운데서 한쪽"(노동자들)"은 매년 새로운 노동을 수행함으로써 자기들 몫에 대한 새로운 권리를 얻으며, 다른 한쪽"(자본가들)"은 시초의 노동에 의해 자기들 몫에 대한 영원한 권리를 이미 획득하고 있다."[8]

잘 아는 바와 같이, 노동의 영역은 장자［예수］가 이 기적을 행하는 유일한 영역은 아니다.

단순재생산이 확대된 규모의 재생산 즉 축적으로 교체되어도 사태는 조금도 달라지지 않는다. 전자의 경우 자본가는 잉여가치 전부를 탕진하지만, 후자의 경우 잉여가치의 일부만을 소비하고 나머지는 화폐로 전환시킴［보유함］으로써 자기의 부르주아적 미덕을 증명한다.

잉여가치는 자본가의 소유이며 다른 누구에게도 속한 일이 없었다. 그가 그것을 생산에 투하한다면, 그는 [시장에 처음 나타난 날에 한 바와 마찬가지로] 자기 자신의 재원에서 투하하는 것이다. 이 경우 그의 재원이 노동자들의 지불받지않는 노동에서 나왔다는 사실은 사태에 아무런 영향도 미치지 않는다. 노동자 A가 생산한 잉여가치로 노동자 B에게 지불한다 하더라도, 첫째로 A는 자기 상품의 정당한 가격을 한푼도 에누리 없이 전부 받고 이 잉여가치를 제공했기 때문이며, 둘째로 이 사실은 노동자 B와는 아무런 관계도 없기 때문이다. B가 요구하는 것은, 또 요구할 권리가 있는 것은, 오직 자본가가 자기에게 자기의 노동력의 가치를

---

8) 같은 책: 111.

지불해야 한다는 것뿐이다.

　"그래도 이 둘은 이익을 보았다. 노동자가 이익을 본 것은 자기의 노동이 수행되기 전에"(자기의 노동이 열매를 맺기 전에) "자기의 노동"(다른 노동자의 지불받지않는 노동)"의 열매가 자기에게 지불되었기 때문이고, 고용주가 이익을 본 것은 이 노동자의 노동이 그의 임금보다도 더 값어치가 있었기 때문이다."(임금의 가치보다도 더 많은 가치를 생산했기 때문이다)[9]

　자본주의적 생산을 그 갱신의 끊임없는 흐름에서 고찰하고, 또 개별 자본가와 개별 노동자 대신 그들의 총체 즉 자본가계급과 노동자계급이 서로 마주한다고 고찰한다면, 사태가 완전히 다르게 보인다는 것은 확실하다. 그러나 그렇게 되면 우리는 상품생산과는 전혀 관계가 없는 기준을 적용하는 셈이 된다.

　상품생산에서는 상호 독립적인 판매자와 구매자가 서로 마주한다. 그들간의 모든 관계는 그들이 체결한 계약의 만기일이 되면 중단된다. 만약 거래가 반복된다 하더라도 그것은 이전의 계약과는 아무런 관계도 없는 새로운 계약에 의해 반복되는 것이며, 또 그 새로운 계약에서 동일한 구매자와 동일한 판매자가 다시 만난다 하더라도 그것은 우연에 불과하다.

　그러므로 상품생산[또는 상품생산에 속하는 어떤 과정]을 상품생산 자체의 경제법칙에 따라 판단하려면, 개별 교환행위를 그 전후의 교환행위들과의 모든 관련을 떠나 개별적으로 고찰해야 한다. 그리고 매매는 오직 특정 개인들 사이에서 진행되기 때문에 거기에서 전체 사회계급들 사

---

9) 같은 책: 135.

이의 관계를 찾는 것은 허용될 수 없다.

현재 기능하고 있는 자본이 통과해 온 주기적 재생산과 그것에 선행하는 축적의 계열系列series들이 아무리 길다 하더라도, 이 자본은 언제나 자기의 시초의 처녀성을 보존한다. 교환의 법칙이 [개별적으로 본] 각각의 교환행위에서 준수되는 한, 취득방식은 상품생산에 상응하는 소유권에 조금도 영향을 미치지 않고 완전히 변혁될 수 있다. 이 동일한 소유권은 시초에도 그리고 자본주의 시대에도 효력을 보존하는데, 시초에는 생산물이 생산자에게 속하며 생산자는 등가물과 등가물을 교환하고 자기자신의 노동에 의해서만 부유해질 수 있지만, 자본주의 시대에는 점점더 많은 사회적 부가 [타인의 지불받지않는 노동을 끊임없이 새로 취득하는 지위에 있는] 사람들의 소유로 되고 있다.

이런 결과는 노동자 자신이 노동력을 상품으로 자유로이 판매하게 되자마자 불가피한 것으로 된다. 그러나 이 순간부터 비로소 상품생산은 보편화되며 전형적인 생산형태로 된다. 즉, 이때부터 비로소 모든 생산물은 처음부터 판매를 위해 생산되며, 생산되는 부 전체가 유통의 영역을 통과한다. 임금노동이 상품생산의 토대로 될 때 비로소 상품생산은 자신을 전체 사회에 강요한다. 또한 그때에 비로소 상품생산은 자기의 잠재력을 전부 발휘하게 된다. 임금노동의 개입이 상품생산을 불순하게 한다고 말하는 것은, 상품생산이 불순하게 되지 않기 위해서는 상품생산이 발전하지 말아야 한다고 말하는 것과 같다. 상품생산이 그 자체의 내재적 법칙에 의해 자본주의적 생산으로 전환되는 정도에 따라, 상품생산의 소유법칙은 변증법적 역전을 겪지 않을 수 없고 이리하여 자본주의적 취득법칙으로 전환된다.[10]}

---

10) 그렇기 때문에 상품생산에 근거하는 영원한 소유법칙을 강요함으로써 자본주의적 소유를 폐기하려고 하는 프루동의 교활성에는 탄복하지 않을 수 없다!

단순재생산의 경우에도 모든 자본은, 그 최초의 기원이 무엇이든, 축적된 자본[즉 자본화한 잉여가치]으로 전환된다는 것을 우리는 [제23장에서] 보았다. 그러나 생산의 홍수 속에서 최초의 총투하자본은 직접적으로 축적된 자본[즉 자본으로 재전환된 잉여가치 또는 잉여생산물]과 비교하면 무한소량이다. 이것은 최초의 투하자본이 그 축적자의 수중에서 기능하든 타인의 수중에서 기능하든 마찬가지다. 따라서 정치경제학은 자본 일반을 가리켜 '잉여가치의 생산을 위해 다시 사용될 축적된 부'11) (전환된 잉여가치 또는 수입)라고 말하며, 자본가를 '잉여가치의 소유자'12)라고 말한다. 현존하는 자본 전체를 축적된 또는 자본화된 이자라고 보는 견해는 동일한 견해를 다른 형식으로 표현하고 있을 따름이다. 왜냐하면 이자는 잉여가치의 한 부분에 불과하기 때문이다.13)

제2절   점점 확대되는 규모의 재생산에 관한 정치경제학의 잘못된 견해

축적[즉 잉여가치가 자본으로 재전환하는 것]에 관한 더 깊은 연구로 들어가기 전에, 고전파 경제학이 도입한 하나의 모호한 점을 제거할 필

---

11) "자본이란 이윤을 얻기 위해 사용되는 축적된 부다."(맬더스, 『정치경제학 원리』: 262) "자본은 수입에서 저축되어 이윤을 얻기 위해 사용되는 부로 이루어진다."(존스, 『국민경제학 교과서』: 16)

12) "잉여생산물 또는 자본의 소유자들."(딜크, 『국민적 곤란의 근원과 타개책. 존 러셀 경에게 보내는 편지』: 4)

13) "자본은 저축된 자본의 각 부분에 대한 복리에 의해 막대하게 증대되었으므로, 수입의 원천으로 되고 있는 세계의 모든 부는 이미 오래 전부터 자본에 대한 이자였다."(런던, 『이코노미스트』. 1851년 7월 19일)

요가 있다.

자본가가 잉여가치의 일부로 자기 자신의 소비를 위해 구매하는 상품이 자기의 생산수단이나 가치증식수단으로 되지 않는 것과 마찬가지로, 그가 자기의 천성적·사교적 욕구를 충족시키기 위해 구매하는 노동도 생산적 노동이 아니다. 자본가는 그런 상품과 노동을 구매함으로써, 잉여가치를 자본으로 전환시키는 것이 아니라 반대로 잉여가치를 수입으로 소비하거나 지출하는 것이다. [헤겔이 적절하게 말하고 있는 바와 같이 '가지고 있는 것을 모두 소비해 버리며', 그리고 특히 몸종들을 고용하는 사치에서 뚜렷이 나타나고 있는] 옛날 봉건귀족들의 일상적 생활방식에 반대해, 부르주아 경제학이 자본의 축적을 시민의 첫째 의무라고 선포하고, 그리고 추가적인 생산적 노동자들[이들은 이들에게 들인 비용보다 더 많은 것을 가져다 준다]을 고용하는 데 수입의 상당한 부분을 지출하지 않고 자기 수입을 전부 먹어버리는 사람은 축적할 수 없다고 끈기 있게 설교한 것은 결정적으로 중요했다. 다른 한편으로 부르주아 경제학은 자본주의적 생산을 퇴장화폐의 형성과 혼동하는,[14] 따라서 또 축적된 부를 그 현재의 현물형태가 파괴되지 않은 부(즉 소비되지 않은 부) 또는 유통에 들어가지 않은 부라고 여기는, 세속적인 편견과 투쟁하지 않으면 안 되었다. 화폐를 유통에서 배제하는 것은 화폐가 자본으로 가치증식하는 것을 배제하는 것이며, 상품을 퇴장시켜 축적하는 것은 완전히 무의미한 일일 것이다.[15] 사실상 대량의 상품축적은 유통의 정체 또는 과잉

---

14) "오늘날 어떤 정치경제학자도 저축을 단순한 퇴장화폐의 형성으로 해석할 수는 없다. 이런 단순하고 불충분한 용어사용법은 무시하고라도, 국민의 부와 관련해 저축이라는 용어를 사용하는 경우, 저축되는 것의 사용방법의 차이 [이것은 저축에 의해 유지되는 각종 노동의 현실적 차이에 근거를 두고 있다]에서 생기지 않을 수 없는 용어사용법밖에는 생각하지 않는다."(맬더스, 『정치경제학 원리』: 38, 39)

15) 예컨대 온갖 종류의 탐욕을 철저하게 연구한 발자크는 늙은 고리대금업자 곱

생산의 결과다.16) 위와 같은 세속적 편견은 한편으로는 부자들이 점차적으로 소비하기 위해 쌓아 둔 재화의 양에 의해 영향을 받았으며,17) 다른 한편으로는 모든 생산양식에 공통적인 재고의 형성—이에 관해서는 유통과정을 분석할 때 다시 언급하려 한다—에 의해 영향을 받았다. 따라서 고전파 경제학이 비생산적 노동자가 아니라 생산적 노동자가 잉여생산물을 소비하는 것을 축적과정의 특징적 계기로 강조하는 것은 매우 정당하다. 그러나 여기에서 그 오류도 시작되고 있다. 애덤 스미스는 축적을 단순히 생산적 노동자에 의한 잉여생산물의 소비로서 묘사하는 것, 즉 잉여가치의 자본화는 단순히 잉여가치를 노동력으로 전환시키는 것으로 묘사하는 것을 유행시켰다. 예컨대 리카도의 말을 들어 보자.

"한 나라의 모든 생산물들이 소비된다는 것은 틀림없이 이해될 것이다. 그러나 그것들이 다른 어떤 가치를 재생산하는 사람들에 의해 소비되는가 아니면 그런 것을 전혀 재생산하지 않는 사람들에 의해 소비되는가 하는 것은 상상할 수 있는 최대의 차이를 가져온다. 수입이 저축되어 자본에 추가된다고 우리가 말할 때, 우리가 의미하는 것은, 수입 가운데 자본에 추가되었다고 이야기되는 부분은 비생산적 노동자들이 아닌 생산적 노동자들에 의해 소비된다고 하는 것이다. 자본이 소비하지 않음으로 증가한다고 가정하는 것보다 더 큰 오류는 없다."18)

세크가 상품을 퇴장시킴으로써 축재하려고 했을 때 그를 벌써 노망기에 들어선 것으로 묘사하고 있다.

16) '재고의 축적…교환의 정지…과잉생산'. (코르베트, 『개인의 부의 원인과 형태에 관한 연구』: 104)

17) "웅장하고 화려한 물품들이, 시간이 가면서 축적되었고 소유권에 의해 사회의 한 계급에게 집중되었다."고 말한 네커의 경우가 여기에 해당한다. (네커, 『네커 저작집』, 제2권: 291)

18) 리카도, 『정치경제학 및 과세의 원리』: 223, 주.

리카도와 그 뒤의 모든 정치경제학자들이 애덤 스미스의 뒤를 따라 되풀이하고 있는 주장, 즉 "수입 중 자본에 추가되는 부분은 생산적 노동자에 의해 소비된다."는 주장보다 더 큰 오류는 없다. 이 관념에 따르면, 자본으로 전환되는 전체 잉여가치는 가변자본이 되지 않으면 안 될 것이다. 그러나 실제로는 그것도 시초에 투하된 가치와 마찬가지로 불변자본과 가변자본으로, 즉 생산수단과 노동력으로 분할된다. 노동력은 가변자본이 생산과정에서 취하는 형태다. 이 생산과정에서 노동력 자체는 자본가에 의해 소비되며, 생산수단은 노동력의 기능[즉 노동]에 의해 소비된다. 동시에 노동력의 구매에 지출된 화폐는 생활수단으로 전환되는데, 이 생활수단은 '생산적 노동'이 소비하는 것이 아니라 '생산적 노동자'가 소비하는 것이다. 애덤 스미스는 근본적으로 잘못된 자기 분석에 의해, 각 개별자본은 불변적 구성부분과 가변적 구성부분으로 분할되지만, 사회의 자본[전체]은 전적으로 가변자본으로만 분해될 수 있으며, 따라서 사회의 자본은 전부 임금으로만 지출된다는, 엉터리 결론에 도달하고 있다. 예컨대 직물 공장주가 2,000원을 자본으로 전환시킨다고 하자. 그는 이 화폐의 일부를 직조공의 고용에 지출하고, 기타 부분을 실·기계 등의 구입에 지출한다. 그런데 그에게 실과 기계를 판매한 사람도 판매대금의 일부를 다시 노동에 지불한다. 이렇게 소급해 가면 결국 2,000원 전부가 임금으로만 지출된다. 즉 2,000원이 대표하는 생산물 전부가 생산적 노동자에 의해 소비된다. 보는 바와 같이, 이 논증의 핵심은 "이렇게 소급해 가면"이라는 말 한 마디에 있는데, 이 말이 우리를 이리저리 정처 없이 끌고 간다. 사실 애덤 스미스는 연구가 곤란하게 되기 시작한 바로 그 곳에서 연구를 중단하고 있다.[19)]

---

19) J. S. 밀은 『논리학』의 저자인데도 자기 선행자들의 이와 같은 분석상의 오류를, 그것도 부르주아 관점에서 보더라도 뻔히 보이는 분석상의 오류를 전혀 들추어 내지 못했다. 그는 어디에서나 제자다운 교조주의자로서 자기 스승들

오직 연간 총생산을 고찰하는 한, 연간의 재생산과정은 쉽게 이해된다. 그러나 연간 생산물의 모든 구성부분은 상품으로 시장에 나오지 않으면 안 되는데, 곤란은 바로 여기에서 시작된다. 개별 자본이나 개인 수입의 운동들은 하나의 일반적 위치교대 [즉 사회적 부의 유통] 속에서 교차되고 뒤섞여져 추적할 수가 없게 되는데, 이것이 사람들을 혼동시키며 해결해야 할 매우 복잡한 문제를 연구과제로 제기한다. 나는 제2권 제3편에서 전체 체계가 실제로 어떻게 상호관련을 맺고 있는가를 분석할 것이다. 중농주의자들이 그들의 『경제표經濟表』에서 처음으로 연간 생산을 [그것이 유통과정을 통해 우리에게 나타날 때의 모습으로] 묘사하려고 시도한 것은 그들의 커다란 공적이다.[20]

또한 정치경제학이, 순생산물 중 자본으로 전환되는 부분은 전부 노동자계급에 의해 소비된다는 애덤 스미스의 명제를 자본가계급의 이익을 위해 활용하는 데 실패하지 않았다는 것은 당연한 일이다.

의 사상적 혼란을 재생하고 있을 뿐이다. "자본 자체는 결국 전부 임금으로 된다. 그리고 생산물의 판매에 의해 대체될 때도 자본은 다시 임금으로 된다."고 말하고 있는 것도 역시 그러하다.

20) 애덤 스미스는 재생산과정, 따라서 또 축적의 분석에서 자기 선행자들 특히 중농주의자들에 비해 전진하지 못하고 있을 뿐 아니라 분명히 후퇴하고 있다. 본문에서 언급한 그의 착각과 관련된 것으로써, 그가 정치경제학에 남긴 실로 황당한 교리가 또 하나 있는데, 그것은 상품의 가격이 임금과 이윤(이자)과 지대로, 즉 오직 임금과 잉여가치로 이루어진다는 것이다[기계·건물의 감가상각비와 원료비는 사라졌다]. 이런 토대로부터 출발한 슈토르히는 "필요가격을 그 가장 단순한 요소들로 분해하는 것은 불가능하다."고 소박하게 고백하고 있다.(『정치경제학 강의』. 제2권: 141, 주) 상품가격을 그 가장 단순한 요소들로 분해하는 것이 불가능하다고 선언하다니 이 얼마나 훌륭한 경제학인가! 이에 관해서는 제2권 제3편과 제3권 제7편에서 더 상세히 언급할 것이다.

제3절 잉여가치가 자본과 수입으로 분할. 절욕설

앞의 장에서는 잉여가치 또는 잉여생산물을 자본가의 개인적 소비재원으로만 고찰했고, 이 장에서는 이제까지 그것을 축적재원으로만 고찰했다. 그러나 잉여가치는 전자만도 아니고 후자만도 아니며, 동시에 두 가지를 겸한 것이다. 잉여가치의 일부는 자본가에 의해 수입으로 소비[21])되고 다른 부분은 자본으로 사용된다[즉 축적된다].

잉여가치의 양이 일정한 경우, 이 두 부분 중 하나가 적으면 적을수록 다른 부분은 그만큼 더 커진다. 기타 조건이 같다면, 이 분할의 비율이 축적의 크기를 결정한다. 그런데 이 분할은 잉여가치의 소유자 즉 자본가에 의해 이루어진다. 이 분할은 자본가의 의지행위다. 그가 거두어들인 공물[잉여가치] 중 축적하는 부분에 관해, 사람들은 그가 공물을 절약한다고 말한다. 왜냐하면 그가 그것을 먹어버리지 않고 자본가로서 자기의 기능을 수행해 스스로 치부하고 있기 때문이다.

자본가는 인격화한 자본으로서만 역사적 가치와, 리히노브스키의 실언['인명해설' 참조]을 빌리면, '어떤 날짜도 없는 것은 아닌' 역사적 생존권을 가지고 있다. 이런 한에서만 자본가 자신의 일시적 존재의 필연성은 자본주의적 생산양식이[더 높은 사회로] 이행할 필연성에 포함되는 것이다. 자본가가 인격화한 자본인 한, 그의 활동 동기는 사용가치의 획

---

21) 수입revenue이라는 말이 두 가지 의미로 사용되고 있다. 그것은 첫째는 자본에서 주기적으로 나오는 열매로서 잉여가치를 의미하며, 둘째는 이 열매 중 자본가가 주기적으로 소비하는 또는 그의 소비재원에 추가하는 부분을 의미한다. 나는 이 두 가지 의미를 다 포함시켜 사용하려고 한다. 왜냐하면 그것은 영국과 프랑스의 경제학자들이 사용하는 용어법과 일치하기 때문이다.

득과 향락이 아니라 교환가치의 획득과 증식이다. 그는 가치증식을 열광적으로 추구하며 인류에게 무자비하게 생산을 위한 생산을 강제한다. 이리하여 자본가는 사회 생산력의 발전과, 또 [각 개인의 최대한의 자유로운 발달을 그 기본원칙으로 삼는] 더 높은 사회형태의 유일한 현실적 토대로 될 수 있는 물질적 생산조건의 창조에 박차를 가한다. 자본의 인격화로서만 자본가는 존경을 받는다. 그러므로 자본가는 절대적 치부욕을 수전노와 공동으로 소유하고 있다. 그러나 수전노의 경우에는 개인의 열광으로 나타나는 것이 자본가의 경우에는 사회적 기구[여기서 자본가는 하나의 나사에 지나지 않는다]의 작용으로 나타난다. 더욱이 자본주의적 생산의 발전은 한 사업에 투하되는 자본액을 끊임없이 증대시키지 않을 수 없도록 만들며, 그리고 경쟁은 자본주의적 생산양식의 내재적 법칙을 각 개별 자본가에게 외적인 강제법칙으로써 강요한다. 경쟁은 자본가로 하여금 자기 자본을 유지하기 위해 자본을 끊임없이 확대하지 않을 수 없게 하는데, 그는 누진적 축적에 의해서만 자기 자본을 확대할 수 있다.

자본가의 모든 행동은 [그를 통해 의지와 의식을 부여받은] 자본의 기능에 불과한 만큼, 자기 자신의 개인적 소비는 자기 자본의 축적에 대한 약탈로 여겨진다. 이것은 마치 복식부기에서 자본가의 사적 지출이 자본의 반대편[차변]에 기입되는 것과 마찬가지다. 축적은 사회적 부의 세계를 정복하는 것이고, 착취당하는 인간의 수를 확대하는 것이며, 동시에 자본가의 직접적·간접적 지배를 확대하는 것이다.[22]

---

22) 루터는 [시대에 뒤떨어지긴 하지만 끊임없이 부활하는] 자본가의 견본으로 고리대금업자를 예로 들면서, 지배욕이 치부욕의 한 요소라는 것을 아주 적절하게 지적하고 있다. "이교도는 이성의 빛에 의해 고리대금업자들이 악에 깊이 물든 도둑이며 살인자라는 결론에 도달할 수 있었다. 그런데 우리 기독교도들은 그들을 숭배하다 못해 그들의 돈을 위해 기도를 드릴 지경이다…남의 음식을 먹고 훔치며 약탈하는 사람은, 사람을 굶주려 해 멸망시키는 것과 동일한 큰 살인죄(그가 할 수 있는 최대의 죄)를 범하는 것이다. 고리대금

그러나 원죄original sin는 도처에서 작용하고 있다. 자본주의적 생산양

업자가 한 짓이 이러하므로 마땅히 그를 교수대에 달아 놓고 그가 훔친 은돈
의 수만큼 많은 까마귀들이 달라붙어 그를 쪼아 먹도록—그만큼 많은 수의
까마귀들이 몸을 찢어 한 몫씩 가질 만큼 그에게 살이 있기만 하다면—만들
어야 할 텐데도 그는 안락의자에 편안히 앉아 있다. 그런데 좀도둑들은 교수
형을 당하고 있다…좀도둑들은 발에 족쇄를 차고 있는데 큰 도둑들은 황금과
비단으로 몸을 휘감고 있다…그러므로 이 세상에는 수전노인 고리대금업자보
다 더 큰 (악마 다음 가는) 인류의 적은 없다. 왜냐하면 그가 모든 사람들을
지배하는 하느님이 되려 하기 때문이다. 터키사람과 무사와 폭군들도 악인임
에 틀림없으나, 그들은 그래도 사람들을 살려두지 않을 수 없고, 자기들이 악
인이며 적이라고 고백하지 않을 수 없으며, 또 때로는 몇몇 사람들을 동정하
기도 한다. 아니 동정하지 않을 수 없다. 그런데 고리대금업자인 수전노는
[그가 할 수 있는 한] 세계를 기근과 비애와 재난으로 멸망시켜, 오직 자기
한 사람에게만 모든 것이 있고 다른 모든 사람들은 하느님에게서 받듯이 자기
에게서 받으며 영원히 자기의 종이 되기를 바란다…그는 좋은 의복을 입고
황금고리와 반지로 몸을 장식하며 입을 씻고는 고귀하고 경건한 인간으로 여
겨지고 대접받으려 한다…고리대금업자는 모든 것을 황폐하게 만드는 이리와
같은 굉장한 괴물로서 카쿠스, 게리온, 안타이우스보다 더욱 지독하다. 그러
나 그는 그럴 듯이 꾸미고 경건한 체하기 때문에 그가 자기의 동굴로 끌어들
인 황소들이 어디로 갔는지를 사람들은 알 수가 없다. 그러나 헤라클레스는
황소들과 포로들의 부르짖음을 듣고 절벽과 바위 사이에 숨어 있는 카쿠스를
찾아내어 황소들을 다시 해방시키고야 말 것이다. 카쿠스는 경건한 고리대금
업자로 도둑질하고 강탈하며 모든 것을 집어먹는 악당이다. 그런데도 그는
나쁜 짓이란 한 번도 한 일이 없다고 하며, 누구도 자기를 찾아낼 수 없을
것이라고 생각하고 있다. 왜냐하면 그가 뒷걸음질로 자기 동굴로 끌어들인
황소는 그 발자취로 보아 밖으로 내보낸 것같이 보이기 때문이다. 이와 같이
고리대금업자는 세상에 이익을 주고 황소를 주는 듯이 사람들을 속이려 하지
만, 사실은 황소를 저 혼자서만 틀어쥐고 먹어버리는 것이다…우리는 노상강
도·살인자·가택 침입자를 거열車裂의 형벌로 사지를 찢어 죽이고 목을 베
는 형벌에 처하고 있으므로, 고리대금업자들을 당연히 거열의 형벌에 처해
사지를 찢어 죽이고…추방하고 저주하고 목을 베어야 할 것이다.”(마르틴 루
터, 『목사 여러분께, 고리대에 반대해 설교할 것』. 비텐베르크 1540)

식이 발전하고 축적과 부가 증대함에 따라, 자본가는 자본의 단순한 화신이 아니게 된다. 그는 자기 자신의 아담 | 욕망 | 에 대해 인간적 공감을 느끼기 시작하며, 교육을 통해 금욕주의에 대한 자기 자신의 이전의 열정을 고루한 수전노의 편견이라고 비웃을 수 있게 된다. 고전적 자본가는 개인적 소비를 자기의 신성한 직분에 어긋나는 죄악이고, 축적을 '끊는 것'으로 낙인찍지만, 근대화한 자본가는 축적을 향락의 '절제'로 여길 수 있게 된다.

　　　"아아! 그대의 가슴에는, 두 개의 영혼이 깃들어 있다!
　　　그런데 그들은 항상 떨어지려 하고 있구나." | 괴테, 『파우스트』 |

　자본주의적 생산양식의 역사적 새벽 ─ 벼락부자가 된 개별 자본가는 이 역사적 단계를 개별적으로 통과하고 있다 ─ 에는 치부욕과 탐욕이 지배적인 열정으로 된다. 그런데 자본주의적 생산의 발전은 향락의 세계를 창조할 뿐 아니라 투기와 신용제도의 형태로 벼락부자가 될 수 있는 많은 원천을 개발한다. 일정한 발전정도에 이르면, 어느 정도의 낭비는 부의 과시로써 또 신용획득의 수단으로써 '운이 나쁜' 자본가의 사업상의 필요로까지 된다. 사치는 자본의 교제비에 포함된다. 더욱이 자본가는 수전노처럼 자기의 개인적 노동이나 자기의 개인적 소비의 삭감에 비례해 부유해지는 것이 아니라, 자기가 남의 노동력으로부터 얼마나 짜내며 또 노동자에게 생활상의 모든 쾌락의 포기를 얼마나 강요하는가에 비례해 부유해진다. 따라서 자본가의 낭비는 호탕한 봉건영주의 낭비가 가지는 솔직한 성격을 가져본 적이 없고 도리어 그 배후에는 언제나 가장 더러운 탐욕과 세심한 타산이 숨어 있지만, 그런데도 자본가의 낭비는 자기의 축적을 결코 방해하지 않고 축적의 증대와 더불어 증대한다. 그러나 이와 동시에 자본가의 심중에는 축적욕과 향락욕 사이에 파우스트적

갈등이 전개된다.

1795년에 애이킨이 발표한 어떤 저서에는 다음과 같이 쓰여있다.

"맨체스터의 공업은 4개의 시기로 구분할 수 있다. 제1기에는 공장
주들은 자기의 생계를 위해 열심히 노동하지 않을 수 없었다."

그들은 주로 도제의 부모들[공장주에게 자기 아동들을 맡기면서 큰 금
액의 수업료를 지불했다]을 강탈해 치부했는데, 물론 도제들은 굶주림에
허덕이었다. 다른 한편으로는 평균이윤이 낮았기 때문에 축적하기 위해
서는 대단한 절약이 필요했다. 그들은 수전노와 마찬가지로 생활했으며,
자기들의 자본에 대한 이자까지도 결코 소비하지 않았다.

"제2기에는 그들은 약간의 재산을 얻기 시작했지만 종전과 같이 열
심히 노동했으며,"(왜냐하면 노예감시자들이 다 알고 있는 것처럼, 노
동을 직접 착취하는 데 노동이 들기 때문이다)"또 종전과 같이 검소하
게 생활했다…제3기에는 사치가 시작되었으며, 사업은 영국 안의 모든
상업도시들로 주문을 받기 위해 말 탄 사람을 파견함으로써 확대되었
다…1690년 이전에는 공업에서 획득한 자본이 £3,000 내지 £4,000
에 달한 적은 거의 없거나 전혀 없었던 것 같다. 그러나 대략 이 시기
에 또는 이보다 좀 늦게 공장주들은 이미 화폐를 축적했고 목조가옥이
나 토담집 대신 근대적 벽돌집을 세우기 시작했다."

18세기 초기에조차 맨체스터의 한 공장주는 자기 손님들에게 1파인트
〔0.57리터〕의 외국제 포도주를 대접했다고 해서 모든 이웃 사람들에게
서 혹평과 비난을 받았다. 기계제 생산이 나타나기 전에는 공장주들이
저녁에 만나는 술집the public house에서 지출하는 것이라고는 펀치punch주

한 잔 값으로 6펜스, 잎담배 한 봉지 값으로 1페니를 넘지 않았다. 1758
년[이 해는 획기적인 해다]에 비로소 처음으로 실제 사업에 종사하는 사
람으로 자기 자신의 마차를 가진 사람을 단 한 명 볼 수 있었다. 18세기
의 마지막 30년인 "제4기는 유럽 전체에 걸친 사업의 확장으로 말미암아
대단한 사치와 낭비의 시기였다."[23] 선량한 애이킨이 다시 살아나 오늘
날의 맨체스터를 본다면 그는 무엇이라고 말할 것인가!

축적하라, 축적하라! 이것이 모세며 예언자들이다! [가장 중요한 계율이
다!] "근면은 재료를 제공하고 절약은 그것을 축적한다."[24] 그러므로 절
약하라, 절약하라! 다시 말해 잉여가치 또는 잉여생산물 중 가능한 한 최
대 부분을 자본으로 재전환하라! 축적을 위한 축적, 생산을 위한 생산,
이 공식으로 고전파 경제학은 부르주아 계급의 역사적 사명을 표현했다.
고전파 경제학은 부의 출산의 진통[25]이 무엇인가에 대해 한 순간도 잘못
생각하지는 않았다. 그러나 그것은 역사적 필연성인데, 그것을 한탄한들
무슨 소용이 있겠는가? 고전파 경제학에서 프롤레타리아트가 잉여가치
를 생산하는 기계로서의 의의밖에 없다면, 자본가도 역시 이 잉여가치를
추가자본으로 전환시키는 기계로서의 의의밖에 없다. 고전파 경제학은
자본가의 역사적 기능을 진지하게 취급하고 있다. 자본가의 마음속에서
일어나는 향락욕과 치부욕 사이의 불행한 갈등을 잠재우기 위해, 1820년
경에 맬더스는 축적하는 일은 현실적으로 생산에 종사하는 자본가가 담
당하고 낭비하는 일은 잉여가치의 분배에 참여하는 기타 사람들, 즉 토

---

23) 애이킨, 『맨체스터 주변 30 내지 40마일 지방에 관한 서술』: 182 이하.
24) 스미스, 『국부론』: 413.
25) 세까지도 "부자들의 저축은 가난한 사람들의 희생에 의해 이루어지는 것이
다."고 말하고 있다. "로마의 프롤레타리아트는 거의 전적으로 사회의 희생
에 의해 생활했다…근대사회는 프롤레타리아트의 희생에 의해, 즉 노동의 보
수로부터 사회가 탈취하는 부분에 의해 생활한다고 말할 수도 있을 것이다."
(시스몽디, 『정치경제학 연구』. 제1권: 24)

지귀족이나 관리와 목사 등이 담당하는 분업을 제창했다. '지출욕과 축적욕을 분리시키는 것'은 매우 중요한 일이라고 그는 말하고 있다.[26] 이미 오래 전에 향락가가 되고 사교가가 되어버린 자본가들은 불평하기 시작했으며, 그들의 대변자인 리카도 학파의 어떤 사람은 다음과 같이 절규한다. 맬더스가 높은 지대, 높은 세금 등을 설교하고 있는 것은 근면한 사람들에 대한 비생산적 소비자들의 압력을 통해 그들의 근면을 계속 자극하기 위해서가 아닌가! 생산, 끊임없이 확대된 규모의 생산을 구호로 내걸고 있기는 하지만,

"그런 방식으로는 생산이 촉진되는 것이 아니라 오히려 저해된다. 또한 다른 사람들을 자극하기 위해, 상당한 수의 사람들—그들에게 일을 시킨다면 그들의 성격상 일을 잘 할 수 있으리라고 생각되는 일단의 사람들—을 무위도식하도록 하는 것은 전혀 공정하지 못하다."[27]

그러나 그는 산업자본가들의 빵에서 버터를 빼냄으로써 그들에게 축적에 대한 자극을 주는 것은 불공정하다고 보면서도, '노동자를 근면하게 만들기 위해' 임금을 최저한도까지 억누르는 것은 필요하다고 생각하고 있다. 그는 또한 이윤획득의 비밀은 지불받지 못한 노동의 취득에 있다는 것을 조금도 감추지 않고 있다.

"노동자 측의 수요가 증가해야 한다는 주장은, 그들 자신의 생산물 중 자신들을 위해서는 더 적은 몫을 차지하고 고용주에게는 더 큰 몫을 제공하려는 그들의 의향 이외의 것을 의미하지는 않는다. 그리고

---

26) 맬더스, 『정치경제학 원리』: 319, 320.
27) 『수요의 성질과 소비의 필요성에 관한 맬더스 원리의 연구』: 67.

이 경우 소비"(노동자들의)"의 감소에 의해 공급과잉" 이 일어난다고 말한다면, 공급과잉은 높은 이윤과 동의어라고 나는 대답할 수 있을 따름이다."[28]

노동자들에게서 탈취한 획득물을 산업자본가와 놀고 먹는 토지소유자 사이에 어떻게 분배하면 축적에 유익하겠는가 하는 학문상의 싸움은 7월 혁명[1830년] 에 직면해 잠잠해졌다. 그 뒤 얼마 안 가서 리옹의 도시 프롤레타리아트는 혁명의 경종을 울렸으며, 영국의 농촌 프롤레타리아트는 농장과 곡식더미에 불을 질렀다. 해협의 이편에서는 오언주의가, 저 편에서는 생시몽주의 · 푸리에주의가 유행하기 시작했다. 이리하여 속류경제학의 시기가 찾아왔다. 맨체스터에서 시니어가 자본에 대한 이윤(이자를 포함)은 '12시간 노동 중 최후의 한 시간' 지불받지않는 노동의 산물이라는 것을 발견한 바로 1년 전에, 그는 다른 또 하나의 발견을 세상에 발표했다. 그는 거만하게 다음과 같이 말했다. "나는 [생산도구로 여겨지는] 자본이라는 말을 절욕이라는 말로 바꾼다."[29] 이것이야말로 속류

---

28) 같은 책: 59.

29) 시니어, 『정치경제학의 기본원리』, 아리바베네 불어역. 파리 1836: 309. 구舊고전학파의 지지자들에게는 이 발견은 너무나 바보 같은 것이었다. "시니어는 노동과 이윤이라는 표현을 노동과 절욕이라는 표현으로 바꾸어 놓고 있다. 수입을 [자본으로] 전환시키는 사람은 수입의 지출이 자기에게 제공하는 쾌락을 절욕하는 것이다. 이윤의 원천은 자본이 아니라 자본을 생산적으로 사용하는 것이다."(맬더스, 『정치경제학의 정의들』, 캐즈노브 편집 신판. 런던 1853: 130 주) J. S. 밀은 이와 반대로 한편에서는 리카도의 이윤이론을 복사하고, 다른 한편에서는 시니어의 '절욕에 대한 보수'를 받아들이고 있다. 그는 모든 변증법의 원천인 헤겔의 '모순'은 모르고 있었으나 천박한 모순들에는 익숙하다. 인간의 어떤 행동도 이와 반대되는 행동의 '절욕'으로 볼 수 있다는 단순한 생각이 속류경제학자의 머리속에는 없다. 먹는다는 것은 단식의 절욕, 간다는 것은 서 있는 것의 절욕, 노동은 나태의 절욕, 나태는 노동의

경제학의 '발견'의 기막힌 견본이다! 속류경제학은 경제학적 범주를 아첨
꾼의 문구로 바꾸어 놓고 있으며, 그것이 전부다. 시니어는 다음과 같이
말하고 있다. "야만인이 활을 만든다면 그는 하나의 근로에 종사하는 것
이지 절욕을 행하는 것은 아니다." 이것은 초기의 사회상태에서 노동수
단이 어떻게 그리고 왜 자본가의 '절욕 없이' 만들어졌는가를 설명하기
위한 것이다. "사회가 진보하면 할수록 사회는 그만큼 더 절욕을 요구한
다."30) 즉 타인의 근로와 생산물을 취득하는 것이 본업인 사람들의 절욕
을 그만큼 더 요구한다. 노동과정을 위한 모든 조건들은 이때부터 자본
가의 그만한 수의 절욕 행위로 전환된다. 곡물이 식량으로 모두 소비되
지 않고 일부가 종자로 파종될 수 있는 것은 자본가의 절욕 때문이다.
포도주가 발효를 위해 일정한 시간을 가질 수 있는 것도 자본가의 절욕
때문이다.31) 자본가가 '생산도구를 노동자에게 대부할(!)'때, 다시 말해
증기기관·면화·철도·비료·역축 등을 소비해 버리지 않고 [또는 속류
경제학자의 유치한 표현에 의하면, '그것들의 가치'를 사치품 기타의 소
비재에 탕진하지 않고], 그것들을 노동력과 결합시켜 자본으로서 그것들
의 가치를 증식시킬 때, 자본가는 자기 자신을 수탈한다는 것이다.32) 자

절욕 등이다. 그들은 '규정은 부정이다.'‖ 예: 밥 먹는 것은 단식하지 않는 것
이다 ‖라는 스피노자의 말을 한번 생각해 보는 것이 좋을 것이다.

30) 시니어, 같은 책: 342.

31) "누구나…추가가치 등을 얻을 것을 기대하지 않는다면, 밀이나 포도주 또는
그것들의 등가물을 즉시 소비하지 않고, 밀을 파종해 열두 달이나 땅 속에
파묻어 두며 포도주를 몇 해나 지하실에 두지는 않을 것이다."(스크로프, 『정
치경제학 원리』: 133~134)

32) "자본가가 자기 생산도구의 가치를 소비품이나 사치품으로 전환시킴으로써
자기의 개인적 소비에 돌리지 않고 그 생산도구를 노동자에게 대부함으로써
당하게 되는 궁핍."(몰리나리, 『경제학 연구』: 36) 대부라는 완곡한 표현은
속류경제학자들의 세련된 수법에 따라, 산업자본가가 착취하는 임금노동자
와, 대부자본가의 화폐를 빌리는 산업자본가 자신을 동일시하기 위해 사용되

본가계급이 이 과정을 어떻게 실현하는가는 이제까지 속류경제학이 해명하기를 완강히 거부한 수수께끼다. 여하튼 세계는 오직 비슈누 신의 현대적 속죄자인 자본가의 자기 고행에 의해 굴러가고 있다는 것만으로 충분하다. 축적뿐 아니라 단순한 "자본의 유지조차도 그것을 소비하려는 유혹에 저항하기 위해 끊임없는 노력을 요구한다."³³⁾ 그러므로 인간의 도리가 단순히 명령하는 것은 자본가를 이런 희생과 유혹으로부터 해방시켜야 한다는 것이다. 이것은 마치 조지아 주의 노예소유자가 노예제의 폐지에 의해, 흑인노예들로부터 채찍으로 짜낸 잉여생산물의 전부를 샴페인으로 마셔버릴 것인가, 아니면 그 일부를 더 많은 흑인들과 토지로 재전환시킬 것인가 하는 고통스러운 딜레마로부터 해방된 것과 마찬가지가 될 것이다.

사회의 경제적 구성이 아무리 다르더라도, 단순재생산뿐 아니라, 정도의 차이는 있지만, 확대재생산이 일어난다. 시간이 흐름에 따라 더욱더 많이 생산되고, 또 더욱더 많이 소비되며, 따라서 더욱더 많은 생산물이 생산수단으로 전환되어야 한다. 그러나 이 과정은, 노동자의 생산수단·그의 생산물·그의 생활수단이 자본의 형태로 그와 대립하지 않는 동안은, 자본의 축적으로 나타나지 않으며 따라서 또 자본가의 기능으로도 나타나지 않는다.³⁴⁾ 헤일리베리 대학[인도에 보낼 관리를 양성하는 대학]의 정치경제학 교수직에서 맬더스의 후계자이며 수년 전에 세상을 떠

고 있다.

33) 쿠르셀-스뇌유, 『공업·상업·농업 기업의 이론과 실제』: 20.

34) "국민적 자본의 진보에 가장 많이 기여하는 특수한 종류의 소득은, 발전단계가 다름에 따라 변화하며, 따라서 상이한 발전단계에 있는 국민들에게는 아주 다르다…이윤은…사회발전의 초기단계에서는 임금이나 지대에 비교하면 축적의 보잘것없는 원천이지만…국민적 산업의 힘이 현실적으로 상당히 진전했을 때는 이윤은 축적의 원천으로 비교적 중요하게 된다."(존스, 『국민경제학 교과서』: 16, 21)

난 리처드 존스는 두 가지 중요한 사실에 비추어 이 점을 잘 설명하고 있다. 인도 국민의 대다수는 자작농들이므로, 그들의 생산물·노동수단·생활수단은 결코 '타인의 수입으로부터 절약된 재원, 따라서 축적이라는 선행과정을 통과한 재원의 형태'를 띠지는 않는다.[35] 다른 한편으로 영국의 지배가 낡은 제도를 가장 적게 해체시킨 지방들에서는, 농업 잉여 생산물의 일부를 공물 또는 지대의 형태로 거두어들이는 대영주들에게 비非 농업노동자들이 직접 고용되고 있다. 이 생산물의 일부는 현물형태로 대영주들이 소비하고, 다른 일부는 노동자들에 의해 영주들을 위한 사치품과 기타 소비재로 전환되며, 나머지 부분은 [자기의 노동도구를 소유하고 있는] 노동자들의 임금을 이룬다. 이처럼 인도에서는 생산과 확대된 규모의 재생산이 그 기묘한 성인이며 근심에 잠긴 기사인 '절욕하는' 자본가의 아무런 개입 없이 진행되고 있다.

제4절   잉여가치가 자본과 수입으로 분할되는 비율과는 관계 없이 축적의 규모를 결정하는 사정들. 즉 노동력의 착취도, 노동생산성, 사용되는 자본과 소비되는 자본 사이의 차액 증대, 투하자본의 크기

잉여가치가 자본과 수입으로 분할되는 비율이 주어져 있다면, 축적되는 자본의 크기는 잉여가치의 절대량에 의존하는 것이 명백하다. 80%가 자본화되고 20%가 소비된다고 가정하면, 잉여가치의 총액이 3,000원이냐 1,500원이냐에 따라 축적되는 자본은 2,400원이 되든가 1,200원이 될

---

35) 같은 책: 36 이하.

것이다. 그러므로 잉여가치량을 결정하는 모든 사정들은 축적의 크기를 결정하는 데 그대로 작용한다. 이 사정들이 축적에 관해 새로운 관점을 제공하는 한에서만 그것들을 여기에서 다시 한번 총괄하고자 한다.

우리가 기억하고 있는 바와 같이, 잉여가치율은 무엇보다도 노동력의 착취도에 의존한다. 정치경제학은 이 사실을 너무나 중요시해 흔히들 노동생산성의 향상에 의한 축적의 촉진을 노동자의 착취강화에 의한 축적의 촉진과 동일시한다.36) 잉여가치의 생산에 관한 장들에서 우리는 언제나 임금은 적어도 노동력의 가치와 같다고 전제했다. 그러나 실제로는 이 가치 이하로 임금을 강제적으로 삭감하는 것이 너무나도 중요한 기능을 하기 때문에, 간단하게나마 이 문제를 언급하지 않을 수 없다. 일정한 한계 안에서는 이런 임금 삭감은 사실상 노동자의 필요소비재원을 자본의 축적재원으로 전환시키는 것이다. 존 스튜어트 밀은 다음과 같이 말한다.

"임금이 어떤 생산력을 가지고 있는 것은 아니다. 임금은 하나의 생산력의 가격이다. 임금이 노동 그 자체와 더불어 상품생산에 기여하는 것은 아닌데, 그것은 마치 기계의 가격이 기계 그 자체와 더불어 생산에 기여하지 않는 것과 같다. 만약 노동이 구매되지 않고 획득될 수

---

36) "리카도는 다음과 같이 말하고 있다. '사회발전의 단계가 다름에 따라 자본의 축적, 즉 노동을 사용하는"(착취하는)"수단의 축적은 더 빠르거나 덜 빠른데, 그 어느 경우에도 노동생산성에 의존하지 않을 수 없다. 노동생산성은 일반적으로 비옥한 토지가 풍부하게 존재하는 곳에서 가장 크다.' 첫째 문장에서 노동생산성이란 어떤 생산물 중 그것을 생산한 노동자들의 수중으로 들어가는 부분이 적다는 것을 의미한다면, 그 문장은 동어반복이다. 왜냐하면 나머지 부분은 그 소유자가 원한다면 자본이 축적될 수 있는 재원이기 때문이다. 그러나 이런 축적은 토지가 매우 비옥한 곳에서는 일반적으로 일어나지 않는다."([『정치경제학의 용어논쟁 고찰』]: 74~75)

있다면, 임금은 없어도 될 것이다.”³⁷⁾

그러나 노동자들이 공기를 먹고 살 수 있다면, 어떤 가격을 주더라도 그들을 고용할 수 없을 것이다.〔노동자들이 자본가의 지배를 받으려 하지 않기 때문이다.〕따라서 노동의 비용이 0이라는 것은 수학적 의미에서 하나의 극한인 바, 점점 더 거기에 접근할 수는 있으나 결코 거기에 도달할 수는 없다. 자본의 끊임없는 경향은 노동의 비용을 이와 같은 0의 수준까지 떨어뜨리는 것이다. 내가 자주 인용하는 18세기의 저술가인『상공업에 관한 논문』의 저자는 영국의 역사적 사명은 영국 노동자들의 임금을 프랑스나 네덜란드의 수준까지 떨어뜨리는 것이라고 선언함으로써, 영국 자본의 가슴 속에 숨어 있는 비밀을 폭로하고 있다.³⁸⁾ 특히 그는 소박하게도 다음과 같이 말한다.

“만일 우리 빈민들(노동자들을 가리키는 용어)이 사치스럽게 살려고 한다면 그들의 노동은 물론 값이 비싸게 되지 않을 수 없다…제조업 노동자들이 소비하게 될 브랜디·진·차·사탕·외국산 과일·강한 맥주·날염직·담배·냄새를 맡는 담배 따위와 같은 그 엄청난 사치품들을 생각만이라도 해 보라.”³⁹⁾

---

37) J. S. 밀,『정치경제학의 약간의 미해결 문제들』: 90.
38) [『상공업에 관한 논문』]: 44. 1866년 12월과 1867년 1월에『더 타임즈』도 영국 광산주들의 이와 비슷한 속마음을 게재했는데, 거기에는 '고용주'를 위해 살아가는 데 꼭 필요한 것 이상을 바라지도 않으며 또 받지도 않는 벨기에의 광산노동자들의 행복한 상태가 서술되어 있었다. 벨기에 노동자들은 수많은 고통을 견뎌내고 있는데,『더 타임즈』에서는 모범노동자로 취급되고 있다니 실로 어이없는 일이다! 이것에 대한 대답으로 1867년 2월 초에 마르시엔느에서 벨기에 광산노동자들의 파업—이 파업은 총알과 화약으로 진압되었지만—이 일어났다.

저자는 경건하게 하늘을 우러러보면서 다음과 같이 개탄하고 있는 노샘프턴셔의 어떤 공장주의 글을 인용하고 있다.

"프랑스에서는 노동의 값이 영국보다 $\frac{1}{3}$ 이나 싸다. 왜냐하면 프랑스의 빈민들은 열심히 노동하며 또 음식과 의복에서 보잘것없기 때문이다. 그들의 주요 식품은 빵·과일·야채·풀뿌리·건어 등이다. 그들이 고기를 먹는 일은 아주 드물며 밀 값이 비쌀 때는 빵도 아주 적게 먹는다."[40] 이 공장주는 계속 다음과 같이 말하고 있다. "그뿐 아니라 그들이 마시는 것은 물 또는 약간의 술이며, 따라서 그들은 돈을 매우 적게 쓴다…이렇게 되기는 물론 어렵지만 그것이 불가능한 일은 아니다. 왜냐하면 프랑스와 네덜란드에서 그런 일이 일어나고 있기 때문이다."[41]

20년 뒤, 미국의 사기꾼이며 작위를 받은 양키 벤자민 톰슨(통칭 럼포드백작)은 동일한 박애주의적 노선을 따름으로써 신과 인간들에게 커다

---

39) 같은 책: 44~46.

40) 노샘프턴셔의 이 공장주가 품고 있는 가슴 속의 고민을 고려한다면 용서해 줄 수도 있지만, 그는 위선적인 기만을 하고 있다. 그는 프랑스와 영국의 제조업 노동자들의 생활을 비교한다고 말하면서, 본문에서 인용한 문장에서는, 그 자신도 뒤에 고백하고 있는 바와 같이, 프랑스 농업노동자들의 생활을 서술하고 있다.

41) [『상공업에 관한 논문』]: 70, 71. {엥겔스: 그때부터 일어난 세계시장의 경쟁 때문에 우리는 임금수준에 관해 또 다른 기준을 가지게 되었다. 하원의원 스테이플턴은 자기 선거구민들에게 다음과 같이 말하고 있다. "만약 중국이 거대한 공업국으로 된다면, 나는 유럽의 노동인구가 그 경쟁자의 수준으로 떨어지지 않고 어떻게 그들과의 경쟁에 견디어낼 수 있을지 모르겠다."(1873년 9월 3일자 『더 타임즈』) 영국자본이 갈망하는 목표는 이제 더 이상 유럽대륙의 임금이 아니라 중국의 임금이다!}

란 만족을 주었다. 그의 『평론집』은 노동자들의 값비싼 정상적인 음식물을 값싼 대용품으로 대체하는 각종 요리법으로 가득 찬 한 권의 요리 책이다. 이 경탄할 만한 '철학자'의 특히 훌륭한 요리법의 하나를 들면 다음과 같다.

"7.5펜스의 보리 5파운드, 6.25펜스의 옥수수 5파운드, 3펜스의 청어, 1페니의 소금, 1페니의 식초, 2펜스의 후추와 양념, 합계 20.75펜스로 64명분의 수프를 만들 수 있다. 그런데 보리와 옥수수의 평균가격으로 치면, 1인당 비용은 20온스 수프 한 그릇에 0.25페니로 내릴 수 있다."[42]

자본주의적 생산의 발전에 따라 식품의 불량화는 톰슨의 이상을 무용지물로 만들었다.[43]

---

42) 톰슨, 『정치 · 경제 · 철학 평론집』. 전3권. 제1권: 294. 이든은 자기 저서 『빈민의 상태』(1797)에서 구빈원 소장들에게 톰슨의 거지 수프를 강력히 추천하면서, "스코틀랜드에서는 많은 가족들이 수개월 동안 오직 물과 소금을 섞은 귀리가루와 보리가루를 먹으면서도 대단히 안락하게 살고 있다."고 책망조로 잉글랜드 노동자들을 훈계하고 있다.(『빈민의 상태』. 제1권 제2부 제2장: 503) 비슷한 지적들이 19세기에도 있었다. 예컨대 "잉글랜드의 농업노동자들은 저급 곡물의 혼합물을 먹으려 하지 않는다…교육이 더 잘된 스코틀랜드에서는 이런 편견은 없는 듯 하다."(패리, 『현행 곡물법의 필요성에 관한 문제』: 69) 그런데 이 패리는 잉글랜드 노동자는 현재(1815년) 이든 시대(1797년)에 비해 그 처지가 매우 악화되었다고 한탄하고 있다.

43) 생활수단의 불량제조에 관한 최근 의회조사위원회 보고에 따르면, 의약품의 불량제조조차 영국에서는 예외가 아니고 상례로 되어 있다. 예컨대 런던의 34개 약국들에서 산 아편견본 34개를 조사해 보니, 31개는 양귀비 열매 · 밀가루 · 고무 · 진흙 · 모래 따위의 혼합물로 불순하게 제조되어 있었고 모르핀을 전혀 함유하지 않은 것들도 많았다.

18세기 말과 19세기 첫 십 년 동안 잉글랜드의 차지농업가들과 지주들은 농업노동자들에게 임금의 형태로는 생계에 필요한 최저한도 이하를 지급하고 나머지는 교구의 구호금 형태로 지급함으로써 절대적인 최저수준의 임금을 실시했다. 당시 잉글랜드의 독베리들『오만한 상류층』이 임금수준을 '합법적으로' 제정할 때의 웃음거리 한 예는 다음과 같다.

"1795년 버크셔의 지주들이 스피넘랜드Speenhamland에서 임금수준을 제정하고 있을 때 그들은 마침 점심을 먹었는데, 그들은 노동자들에게는 점심 같은 것은 필요 없다고 생각했음이 분명하다…그들은 8파운드 11온스짜리 빵 한 덩어리 값이 1실링일 때 주급은 성인 1인당 3실링이어야 하고, 빵 한 덩어리 값이 1실링 5펜스에 달할 때까지는 임금수준을 규칙적으로 높일 것이며, 빵 값이 그 이상으로 올라 2실링이 될 때까지는 임금수준을 규칙적으로 감소시켜 그들의 빵 소비가 종전보다 $\frac{1}{5}$ 이 감소되도록 해야 한다고 결정했다."[44]

큰 차지농업가이고 치안판사·구빈원 관리자이며 임금조정위원인 베네트는 1814년 상원조사위원회 앞에서 심문을 받았다. "노동자의 하루 노동의 가치와 교구의 구호금 사이에 어떤 비율이 준수되고 있는가?" 하는 질문에 그는 다음과 같이 답변했다.

"그렇다. 각 가족의 1주당 소득은 1인당 1갤론의 빵(8파운드 11온스)과 3펜스에 이르게 되어있다! 『명목임금이 이것보다 모자라면 그 차이를 교구가 보충한다.』…1갤론의 빵은 1주일 동안 생활을 유지하기에 충분하다고 우리는 생각한다. 3펜스는 의복용으로 주는 것인데, 만약 교구

---

44) 뉴넘(변호사), 『곡물법에 관한 양원 위원회 앞에서 진술한 증언의 고찰』: 20, 주.

가 직접 의복을 주는 경우에는 이 3펜스를 뺀다. 이런 관례는 윌트셔의 서부 일대뿐 아니라 아마 전국에서 시행되고 있는 것 같다."45) 당시의 어떤 부르주아 저술가는 다음과 같이 부르짖고 있다. "몇 년 동안 차지농업가들은 존경할 만한 농촌 사람들이 구빈원에 찾아가지 않을 수 없게 함으로써 그들을 타락시키고 있다…차지농업가는 자신들의 이득은 증대시키면서, 노동자들에게는 그 어떤[소비재원의] 축적도 하지 못하게끔 방해했다."46)

노동자의 필수소비재원을 직접 약탈하는 것이 오늘날 잉여가치의 형성과 따라서 자본의 축적재원의 형성에서 어떤 기능을 하고 있는지는 예컨대 이른바 '가내공업'을 고찰할 때 본 바와 같다[제15장, 8절, D를 보라]. 더 많은 사실들은 앞으로 보게 될 것이다.

어느 산업부문에서나 불변자본 중 노동수단으로 구성되는 부분은 일정한 수의 취업노동자들(기업 규모에 의해 결정된다)에게 충분한 것이어야 하지만, 그것은 반드시 취업노동자 수에 비례해 증대할 필요는 없다. 어떤 공장에서 100명의 노동자가 하루에 8시간 노동하여 800노동시간을 제공한다고 하자. 만약 자본가가 총노동시간을 1.5배로 증대시키고자 한다면 그는 50명의 노동자를 추가로 고용할 수 있다. 그러나 그렇게 하면 그는 임금을 지급하기 위해서 뿐 아니라 노동수단을 구입하기 위해서도 더 많은 자본을 투하해야 한다. 이와는 달리 그는 종전의 100명의 노동자를 8시간이 아니라 12시간 노동시킬 수도 있는데, 이때에는 기존의 노동

---

45) 같은 책: 19, 20.

46) 패리, 앞의 책: 77, 69. 지주들은 그들이 영국의 이름으로 벌인 반反자코뱅 전쟁으로 말미암은 손실을 '배상' 받았을 뿐 아니라 크게 치부했다. 그들의 지대는 '18년 동안' 2배, 3배, 4배로 되었고, '심한 경우에는 6배로 되었다.' (같은 책: 100, 101)

수단만으로도 충분하다. 물론 노동수단이 더 빨리 마모될 것이지만. 그리하여 노동력의 더 큰 발휘를 통해 이룩된 추가노동은 불변자본의 상응하는 증대 없이 축적의 실체인 잉여생산물과 잉여가치를 증대시킬 수 있다.

채취산업 예컨대 광업에서 원료[노동대상]는 투하자본의 구성부분이 아니다. 이 경우 노동대상은 과거노동의 생산물이 아니라 자연이 공짜로 제공하는 것이다. 금속광석, 광물, 석탄, 석재 따위가 그렇다. 여기에서 불변자본은 거의 대부분 증대된 양의 노동(예컨대 노동자들의 주야교대제 도입에 의해)을 아주 훌륭하게 흡수할 수 있는 노동수단으로 이루어진다. 그러나 기타 조건이 같다면, 생산물의 양과 가치는 지출노동량에 정비례해 증가한다. 여기에서는 생산이 시작된 옛날처럼 생산물을 창조하는 본원적 두 요인—인간과 자연—이 또한 자본의 물질적 요소들을 창조하는 요인으로 함께 협력하고 있다. 노동력은 신축성이 있기 때문에, 축적의 크기는 불변자본 규모의 사전적 확대 없이 확장된다.

농업에서는 종자와 비료의 추가적 투하가 없으면 경작지는 확대될 수 없다. 그러나 이들의 투하가 일단 이루어지면 토지 그것의 순전히 무의식적 작용만으로도 생산량은 놀랄 만큼 증대한다. 그리하여 종전과 같은 수의 노동자가 수행하는 더 많은 양의 노동은 [노동수단에 대한 새로운 투하 없이도] 토지의 산출량을 증가시킨다. 이것도 또한 자연에 대한 인간의 직접적 작용인데, 이 작용은 어떤 새로운 자본의 개입 없이 축적을 증대시키는 직접적 원천으로 된다.

마지막으로, 진정한 제조업에서는 추가적인 노동은 이에 알맞는 원료에 대한 추가지출을 전제로 하지만, 노동수단에 대한 추가지출을 반드시 필요로 하지는 않는다. 그리고 채취산업과 농업은 제조업에 원료와 노동수단의 원료를 제공하므로, 채취산업과 농업이 [자본의 추가지출 없이] 생산한 추가적 생산물은 제조업에도 유리하다.

그리하여 일반적 결론은 다음과 같다. 자본은 부의 두 본원적 창조자인 노동력과 토지를 자기와 결합시킴으로써 팽창력을 획득하는데, 이 팽창력은 외관상으로는 자본 자신의 크기에 의해 설정된 것 같은 한계를 넘어서, 즉 자본의 존재형태인 이미 생산된 생산수단의 가치와 양에 의해 설정된 한계를 넘어서, 자본으로 하여금 자기의 축적요소들을 증대시킬 수 있게 한다.

자본축적의 또 하나의 중요한 요인은 사회적 노동의 생산성 수준이다.

노동생산성의 상승에 따라 일정한 가치[따라서 또한 일정한 크기의 잉여가치]가 체화되어 있는 생산물의 양이 증가한다. 잉여가치율이 불변이라면[또는 떨어지는 경우조차도 노동생산성이 상승하는 것보다 완만하게 떨어지는 한], 잉여생산물의 양은 증가한다. 그러므로 잉여생산물이 수입과 추가자본으로 분할되는 비율이 불변인 경우, 자본가의 소비는 축적기금의 감소 없이도 증가할 수 있다. 자본가의 경우, 축적재원의 상대적 크기는 소비재원의 희생 위에서 증가할 수도 있지만, 상품이 싸게 되므로 자본가는 종전과 같은 양의 또는 종전보다 많은 양의 소비품을 갖게 된다. 그러나 우리가 이미 본 바와 같이, 노동생산성의 향상에 따라 노동자의 값이 싸지며 따라서 잉여가치율이 높아진다. 비록 실질임금이 높아지는 경우에도 그렇다. 실질임금은 결코 노동생산성에 비례해 증가하지는 않는다. 그리하여 동일한 가변자본 가치가 더 많은 노동력을, 따라서 더 많은 노동을 짜낸다. 동일한 불변자본 가치는 더 많은 양의 생산수단으로, 즉 더 많은 양의 노동수단·노동재료·보조재료로 표현되며, 따라서 생산물과 가치를 형성하는 요소들[즉 노동을 빨아들이는 요소들]을 더 많이 제공한다. 그러므로 추가자본의 가치가 불변인 경우에는 물론이거니와 감소하는 경우에도 축적은 촉진된다. 재생산의 규모가 물질적으로 확대될 뿐 아니라 잉여가치의 생산도 추가자본의 가치보다 더욱 급속하게 증대한다.

노동생산성의 증가는 또한 이미 생산과정에 있는 최초 자본에 대해서

도 영향을 미친다. 기능하는 불변자본의 일부는 기계 등과 같은 노동수
단들로 이루어지는데, 이것들은 장기간이 지난 뒤에 비로소 완전히 소비
되고 재생산되거나 대체된다. 그러나 이 노동수단의 일부는 해마다 마멸
한다. 즉 그 생산적 기능을 더 이상 행할 수 없는 한계에 도달한다. 따라
서 이 부분은 매년 자기의 주기적 재생산 단계에, 또는 동종의 신품으로
대체해야 할 단계에 있다. 만약 노동생산성이 이 노동수단을 생산하는
부분에서 증가한다면(과학과 기술의 진보에 따라 생산성은 끊임없이 증
가한다), 낡은 기계·공구·장치 따위 대신에 더 효율적인 그리고 (그 증
가한 효율성에 비해) 더 값싼 새로운 것들이 들어온다. 현재 사용하고 있
는 노동수단에 대해 끊임없이 이루어지는 세부적인 개량은 도외시하더라
도, 낡은 자본은 더 생산적인 형태에 의해 대체된다. 불변자본의 다른 부
분, 즉 원료와 보조재료는 1년 중 끊임없이 재생산되고, 농업에서 생산
되는 재료들은 대부분 1년마다 한 번씩 재생산된다. 따라서 개량된 방법
의 도입은 어느 것이나 추가자본과 이미 기능하고 있는 자본에 거의 동
시적으로 작용한다. 화학의 온갖 진보는 유용물질의 수와 이미 알려져
있는 물질의 유용한 응용을 다양하게 하며, 그리하여 자본의 증대와 함
께 그 투하분야를 확장시킬 뿐 아니라, 또한 생산과정과 소비과정의 배
설물을 재생산과정 속으로 다시 집어넣을 수 있게 함으로써 자본의 사전
지출 없이 자본을 위한 새로운 소재를 만들어 낸다. 노동력의 발휘를 강
화하는 것만으로 자연적 부의 개발이 증대되듯이, 과학과 기술은 자본가
에게 [현재 기능하고 있는 자본의 크기와는 관계없는] 확대능력을 준다.
과학과 기술은 또한 최초 자본 중 갱신단계에 들어간 부분에도 영향을
준다. 이 자본부분은 새 형태를 취함으로써 [그 옛날 형태가 마모되고 있
던 동안 진행된] 사회적 진보를 무상으로 이용한다. 물론 생산성이 이렇게
발전하면 기능하고 있는 자본의 가치는 부분적으로 감소한다. 경쟁에서
이 가치 감소를 절실히 느끼게 되면 그 주요한 부담은 노동자에게 전

가되는데,* 자본가는 노동자에 대한 착취를 강화함으로써 자기의 손실을 메우려 하기 때문이다.

노동은 소비한 생산수단의 가치를 생산물로 이전한다. 다른 한편으로 일정한 노동량이 사용하는 생산수단의 가치와 양은 노동생산성의 증대에 따라 증가한다. 따라서 동일한 노동량은 그 생산물에 언제나 동일한 금액의 새로운 가치만을 첨가한다 하더라도, 생산물에 이전되는 옛날의 자본가치는 노동생산성의 증대에 따라 증가한다.

예컨대 한 명의 영국인 방적공과 한 명의 중국인 방적공이 동일한 강도로 동일한 시간 노동한다면, 그들은 1주일에 동일한 가치를 창조할 것이다. 그러나 이 동등성에도 불구하고 강력한 자동장치를 가지고 노동하는 영국인의 주 생산물의 가치와 물레밖에 가지고 있지 않은 중국인의 주 생산물의 가치 사이에는 커다란 차이가 있다. 중국인이 1파운드의 면화를 방적하는 동일한 시간에 영국인은 수백 파운드를 방적한다. 수백배나 큰 액수의 옛날 가치가 영국인 생산물의 가치를 팽창시키는데, 이 옛날 가치는 이 생산물에서 새로운 유용한 형태로 재생되며, 따라서 자본으로서 새롭게 기능할 수 있다. 프리드리히 엥겔스는 다음과 같이 쓰고 있다.

"1782년에는 그전의 3년 동안 거두어들였던 양모가"(영국에서)"노동자의 부족으로 전부 그냥 쌓여 있었는데, 마침 새로 발명된 기계가

---

* 예: 어떤 기업이 현재 가지고 있는 기계의 가치가 1,000원이고 매년의 감가상각액이 100원인 상태에서, 기계공업의 노동생산성이 상승해 그 기계의 값이 이제 1,000원이 아니라 700원이 되었다면, 이 기업이 연간 감가상각액을 70원으로 낮추지 않고 계속 100원을 유지한다면 자기 제품의 가격이 너무 높아 시장에서 경쟁할 수 없게 된다. 이 경우 자기 제품의 가격을 낮추는 하나의 방법은 임금의 삭감이다.

그 양모를 모두 처리하지 않았더라면 그것은 그냥 그대로 쌓여 있었을 것이다."[47]

기계의 형태로 대상화된 노동은 물론 직접 단 한 명의 새로운 노동자도 창조하지 않았으나, 그것은 더 적은 수의 노동자로 하여금 비교적 더 적은 추가적 노동으로 양모를 생산적으로 소비해 양모에 새로운 가치를 첨가했을 뿐 아니라, 털실 등의 형태로 양모의 옛날 가치를 유지할 수 있게 했다. 그리하여 기계는 양모의 확대재생산이 일어나도록 유도하고 자극했다. 새로운 가치를 첨가하면서 옛날 가치를 유지하는 것은 살아 있는 노동의 자연적 속성이다. 그러므로 생산수단의 효율성·규모·가치의 증대에 따라, 즉 노동생산성의 발전과 함께하는 축적에 따라, 노동은 끊임없이 증대되는 자본가치를 끊임없이 새로운 형태로 유지하고 영원한 것으로 만든다.[48] 노동의 이 자연적 능력은 [노동이 결합되어 있는] 자본

---

47) 엥겔스, 『영국 노동자계급의 상태』[CW 4: 314].
48) 고전파 경제학은 노동과정과 가치증식과정에 대한 분석이 부족했기 때문에 재생산의 이 중요한 계기를 결코 제대로 이해하지 못했다. 예컨대 리카도는 생산성이 아무리 변동하더라도 "백만 명의 인간은 공장에서 언제나 동일한 가치를 생산한다."고 말하고 있다. 그들의 노동의 외연적·내포적 크기가 불변이라면, 그 주장은 가치의 창조라는 점에서는 옳다. 그러나 노동생산성이 다르면 백만 명의 인간이 매우 다른 양의 생산수단을 생산물로 전환시키고 따라서 매우 다른 양의 종전의 가치를 생산물에 보존하며, 그 결과 생산물의 가치가 매우 다를 수 있다. 리카도는 일부의 결론들에서 바로 이 점을 유의하지 않고 넘기고 있다. 그냥 지적해 두지만, 리카도는 이 예에 의해 세에게 사용가치(그는 이것을 물질적 부라고 부르고 있다)와 교환가치의 차이를 설명하려고 했으나 실패했다. 세는 이렇게 대답한다. "더 나은 생산방법을 사용함으로써 백만 명의 인간이 2배, 3배나 많은 부를 생산할 수는 있으나 더 많은 가치를 생산하지 못한다는 리카도 주장의 난점에 대해 말한다면, 만약 우리가 생산이란 것을, 생산물을 얻기 위해 노동과 토지와 자본의 생산적 서비스를 내어주는 교환으로 본다면—또 그렇게 보아야 할 것이지만—이 난점은 해

의 자기보존 능력으로 보이는데, 이것은 마치 사회적 노동의 생산력이

소된다. 바로 이 생산적 서비스에 의해 우리는 세계에 존재하는 모든 생산물을 얻는다. 그러므로…우리가 생산이라고 부르는 교환에서 내어주는 것 대신 얻는 유용물이 많으면 많을수록 우리는 그만큼 더 부유하게 되고 우리의 생산적 서비스는 그만큼 더 많은 가치를 갖는다."(J. B. 세, 『맬더스에게 보내는 편지』. 파리 1820: 168, 169) 세가 제거하고자 하는 '난점'—이것은 세에게 존재하는 것이지 결코 리카도에게 존재하는 것은 아니다—은 다음과 같다. 노동생산성이 향상된 결과로 사용가치의 양이 증대하는 데도 사용가치의 교환가치는 왜 증대하지 않는가? 해답: 이 난점은 사용가치를 교환가치라고 부르면 해결된다. 교환가치는 이렇게나 저렇게나 교환과 관련된 한 개의 사물이다. 그러므로 노동과 생산수단을 생산물과 교환하는 것을 생산이라고 말한다면, 생산이 낳는 사용가치가 많으면 많을수록 더욱 큰 교환가치를 우리가 얻게 된다는 것은 명백하다. 다시 말해 1노동일이 공장주에게 제공하는 사용가치[예컨대 양말]가 많으면 많을수록 공장주는 그만큼 더 양말부자가 된다. 그러나 여기에서 갑자기 다음과 같은 생각이 세에게 떠오른다. 양말의 '수량 증대'에 따라 그 '가격'(이것은 물론 교환가치와는 아무런 관계가 없다)은 떨어진다. "왜냐하면 경쟁이 생산자들로 하여금 생산물을 그 생산에 들인 비용과 같은 값으로 팔지 않을 수 없게 하기 때문이다."(같은 책: 169) 자본가가 자기의 상품을 그 상품에 들인 비용과 같은 가격으로 판매한다면 이윤은 도대체 어디서 나오는가? 그러나 염려할 것 없다! 세는 생산성이 향상된 결과 각 개인은 일정한 등가물에 대해 이제는 종래와 같이 한 켤레의 양말이 아니라 두 켤레의 양말을 받는다고 외친다. 그리하여 그가 도달한 결론은 바로 그가 논박하고자 한 리카도의 명제와 동일하다. 이와 같은 맹렬한 사색 끝에 그는 의기양양하게 맬더스에게 다음과 같이 말한다. "이것이야말로 훌륭하게 논증된 학설이다. 이 학설 없이는, 나는 감히 말하지만, 정치경제학상의 가장 어려운 문제들, 특히 [부가 가치임에도 불구하고] 생산물의 가치가 감소할 때 국민이 어떻게 더 부유하게 되는가 하는 문제를 해명할 수 없다."(같은 책: 170) 영국의 한 경제학자는 세의 『편지』가운데 있는 이와 비슷한 종류의 마술을 지적하고 있다. "이와 같은 거드름피우는 말씨 그것이 대체로 세가 자기의 학설이라고 즐겨 부르는 것이며, 또 이미 '유럽의 많은 지방들에서' 가르치고 있는 바와 같이 허트포드에서도 가르치도록 맬더스에게 권고하고 있는 그것이다. 세는 이렇게 말한다. '이 명제들이 조금이라도 역설적으로 보인다면, 그것이 표현하고 있는 사물을 고찰해 주기 바란다. 그러면 그 명제들이

자본의 내재적 속성으로 보이며, 또 자본가가 잉여노동을 끊임없이 취득하는 것이 자본의 끊임없는 자기증식으로 보이는 것과 똑같다. 상품의 모든 가치형태가 화폐형태로 겉으로 나타나는 것과 같이, 노동의 모든 힘은 자본의 힘으로 겉으로 나타난다.

자본의 증대에 따라, 사용되는 자본과 소비되는 자본 사이의 차액이 커진다. 다시 말해 건물·기계·배수관·역축·각종 장치와 같은 노동수단[이것들은 길건 짧건 일정한 기간에 걸쳐 끊임없이 반복되는 생산과정에서 기능하거나 또는 특정한 유용효과를 얻는 데 봉사한다]의 가치량과 소재량은 증대하는데, 이 노동수단들은 오직 점차적으로 마멸되고 따라서 그 가치를 조금씩 상실하며 그 가치를 조금씩 생산물로 이전하게 된다는 것이다. 이 노동수단들이 생산물에 가치를 첨가하지 않으면서 생산물의 형성에 참가하는 정도에 따라, 즉 그것들이 전체적으로 사용되면서도 부분적으로만 소비되는 정도에 따라, 그것들은 앞에서 본 바와 같이 물·증기·공기·증기 따위와 같은 자연력과 마찬가지로 무료로 봉사한다고 말할 수 있다. 살아 있는 노동이 장악하여 활기를 띠게 만든 과거노동의 이 무료봉사는 축적의 규모가 증대됨에 따라 증대한다.

과거노동은 언제나 자본으로 변장하기 때문에, 예컨대 노동자 A·B·C 등의 노동에 대한 부채가 비非노동자 X의 자산으로 변장하기 때문에, 부르주아 경제학자들은 과거의 죽은 노동의 봉사를 온갖 말로 찬양하며, 스코틀랜드의 천재 매컬록은 과거노동에 이자·이윤 등의 형태로 일정한 보수를 주지 않으면 안 된다고 제의하고 있다.49) 그리하여 생산수단의

당신에게 지극히 단순하고 합리적인 것으로 보이리라고 나는 감히 믿는다.'우리가 이런 과정의 결과로 의심할 여지없이 알게 되는 것은 그의 학설이 전혀 독창적이 아니라는 점이다."(『수요의 성질과 소비의 필요성에 관한 맬더스 원리의 연구』: 110)

49) 매컬록은, 시니어가 '절욕에 대한 보수'에 관한 특허권을 얻기 훨씬 전에 '과

형태로 과거노동이 살아있는 노동과정에 제공하는 끊임없이 증대하는 지원은, 노동자 자신으로부터 착취한 과거의 지불받지않는 노동이 취한 형태, 즉 과거노동의 자본주의적 형태 그것 때문이라는 것이다. 자본주의적 생산의 실무자들과 그들의 이데올로기적 대변인들은, 노예소유자가 노동자 그것을 노예라는 그 성격과 분리시켜 생각할 능력이 없는 것과 마찬가지로, 생산수단을 그것이 오늘날 쓰고 있는 적대적인 사회적 가면과 분리시켜 생각할 능력이 없는 것이다.

노동력의 착취도가 일정할 경우에는 잉여가치량은 동시에 착취당하는 노동자의 수에 의해 결정되는데, 이 노동자의 수는 [비록 일정한 정비례 관계는 아니라 하더라도] 자본의 크기에 따라 다르다. 계속적인 축적에 의해 자본이 증대하면 할수록 [소비재원과 축적재원으로 분할되는] 가치량도 증대한다. 그러므로 자본가는 더 사치스럽게 살면서 동시에 더 '절욕'할 수 있다. 그리하여 결국 투하자본량에 따라 생산 규모가 확대하면 할수록, 생산의 모든 추진력이 그만큼 더 탄력적으로 작용한다.

제5절   이른바 노동기금

이 연구과정에서 밝힌 바와 같이, 자본은 고정적인 크기를 가진 것이 아니라 사회적 부 중 탄력적인 일부이며, 잉여가치가 수입과 추가자본으로 어떻게 분할되는가에 따라 자본의 크기는 끊임없이 변동한다. 또한 우리가 본 바와 같이, 기능하는 자본의 크기가 일정한 경우에도, 자본에 결합된 노동력·과학·토지(경제학적 관점에서 토지는 자연이 인간의

거노동에 대한 보수'에 관한 특허권을 얻었다.

개입 없이 제공하는 모든 노동대상을 가리킨다)는 자본의 탄력적인 힘을 이루어 일정한 한계 안에서는 자본 자체의 크기와는 관계없이 자본의 작용범위를 확대한다. 그런데 우리는 동일한 양의 자본을 매우 상이한 정도로 작용하게 하는 유통과정의 모든 사정들[예: 자본의 회전시간의 단축]은 도외시했다. 그리고 우리는 자본주의적 생산의 한계성[즉 순전히 자연발생적으로 성장하고 발전해 온 사회적 생산과정]을 전제했으므로, 현존하는 생산수단과 노동력을 가지고 직접적으로 그리고 계획적으로 할 수 있는 더욱 합리적인 온갖 결합은 도외시했다. 고전파 경제학은 항상 사회적 자본을 고정적인 능률을 가진 고정적인 크기라고 생각하기를 좋아했다. 그런데 이 편견은 19세기의 천박한 부르주아적 지성의 무미건조하고 현학적이며 수다스러운 철학자인 큰 속물 제레미 벤담에 의해 비로소 하나의 교리로 굳어졌다.50) 벤담이 철학자들 속에서 차지하는 지위는 마틴 터퍼가 시인들 속에서 차지하는 지위와 같다. 두 사람은 모두 영국에서만 만들어질 수 있었다.51) 벤담의 교리로는 생산과정의 가장 평범한

---

50) 특히 벤담, 『형벌과 보상에 관한 이론』, 제3판을 듀몽이 불어로 번역. 파리 1826년. 제2권 제4부 제2장 참조.

51) 벤담은 순전히 영국적 현상이다. 평범하기 짝이 없는 판에 박힌 문구를 가지고 그렇게도 굉장히 떠들어댄 철학자는 독일의 크리스티안 볼프까지 포함해 어느 시대, 어느 나라에도 아직 없었다. 공리주의는 벤담의 발명이 아니었다. 그는 엘베티우스와 기타 프랑스인들이 18세기에 재치 있게 독창적으로 말한 것을 재치 없이 재생산했을 따름이다. 만약 우리가 예컨대 개가 무엇에 유용한가를 알고자 한다면 우리는 먼저 개의 성질을 연구해야 한다. 이 성질 자체는 공리주의로부터 도출할 수 없다. 우리가 이 공리주의를 인간에 적용해 인간의 모든 행위·운동·관계 등을 공리주의의 관점에서 판단하려고 하면, 우리는 먼저 인간의 본성 일반을 알아야 하며, 그 다음에는 이 인간의 본성이 각각의 역사적 시대에는 어떻게 변화하는지를 알아야 한다. 그러나 벤담은 이런 문제들에 관심이 없다. 그는 소박하기 짝이 없는 우둔성을 가지고, 근대적 상인 그것도 특히 영국의 상인을 정상적 인간이라고 가정한다. 이 특수한 종류의 정상적 인간과 그의 세계에 유용한 것은 모두 절대적으로 유용하다고

현상들, 예컨대 생산과정의 갑작스러운 확장과 수축, 그리고 축적조차도 전혀 설명할 수 없다.52) 이 교리는 벤담 자신과 맬더스, 제임스 밀, 매컬록 따위가 변호론적 목적을 위해, 특히 자본의 일부인 가변자본[즉 노동력으로 전환될 수 있는 자본]을 고정적인 크기로 묘사하기 위해 이용했다. 이 교리에 의해, 가변자본의 소재적 존재[즉 가변자본이 노동자들을 위해 대표하는 생활수단의 양] 또는 이른바 노동기금labour fund은 사회적 부 중 자연법칙에 의해 고정되어 변경될 수 없는 특수부분으로 되어 버렸다. 사회적 부 중 불변자본[또는 이것을 소재적인 형태로 표현하면 생산수단]으로 기능해야 할 부분을 운동시키려면, 일정한 양의 살아 있는 노동이 필요하며, 이 양은 생산기술에 의해 규정된다. 그러나 이 노동량을 확보하는 데 필요한 노동자의 수는 일정하지 않다. 왜냐하면 이 수는 개별 노동력에 대한 착취도의 변화에 따라 변동하기 때문이다. 또한 이

말한다. 그리하여 그는 이 척도를 과거·현재·미래에 적용한다. 예컨대 기독교는 '유용'하다. "왜냐하면 그것은 형법이 법의 이름으로 비난하는 동일한 나쁜 짓들을 종교의 이름으로 비난하기 때문이다." 문예평론은 '유해'하다. 왜냐하면 존경할 만한 사람들이 마틴 터퍼 따위의 작품들을 즐기는 것을 방해하기 때문이다. "하루도 붓 안 드는 날이 없다."는 것을 좌우명으로 삼고 있는 이 용감한 친구는 산더미 같은 책을 이런 쓰레기 같은 글들로 채웠다. 만약 내가 나의 벗 하이네만큼 용기를 가지고 있다면, 나는 벤담을 부르주아적 백치천재라고 부를 것이다.

52) "정치경제학자들은 너무나 쉽게 일정한 양의 자본과 일정한 수의 노동자를, 일률적인 힘과 일률적인 강도로 작용하는 생산도구로 보는 경향이 있다…상품이 생산의 유일한 요소라고 주장하는…사람들은…생산의 확대를 위해서는 생활수단·원자재·도구들이 미리 증가되어 있지 않으면 안 되기 때문에 이들의 증가 없이는 생산은 결코 확대될 수 없다는 것을 증명하는데, 이것은 사실상 생산 증가는 생산이 미리 증가되어 있지 않고서는 일어날 수 없다는 주장과 같다. 다시 말해 어떤 생산 증가도 불가능하다는 주장과 같다."(베일리, 『화폐와 그 가치변동』: 58, 70) 베일리는 주로 유통과정의 관점에서 이 교리를 비판하고 있다.

노동력의 가격도 일정하지 않다. 다만 그 가격의 최저한도[이것도 대단 히 탄력적이다]가 정해져 있을 뿐이다. 그러므로 그 교리가 의거하고 있 는 사실들은 다음과 같다. 한편으로는 노동자들은 사회적 부를 [비非 노 동자들을 위한] 향락수단·생산수단으로 분할하는 데 개입할 권리가 없 다. 다른 한편으로는 운수가 좋은 예외적인 경우에만 노동자는 부자들의 '수입'을 희생으로 이른바 '노동기금'을 확대할 수 있다.[53]

노동기금의 자본주의적 한계를 노동기금 그것의 성질에 따른 사회적 한계로 표현하려는 시도가 얼마나 무의미한 동어반복인가는 포세트의 예 가 잘 보여준다. 그는 이렇게 말하고 있다.

"한 나라의 유동자본circulating capital[54]은 그 나라의 노동기금이다. 따라서 각 개별 노동자가 받는 평균 화폐임금을 계산하려면 이 자본을 노동자의 수로 나누기만 하면 된다."[55]

---

53) J. S. 밀은 자기 저서 『정치경제학 원리』(제2편 제1장 제3절)에서 다음과 같 이 말하고 있다. "노동생산물은 오늘날 노동에 반비례해 분배되고 있다. 그 최대부분은 조금도 일하지 않는 사람들에게, 그 다음으로 큰 부분은 거의 명 목상으로만 일하는 사람들에게 분배되고, 이리하여 노동이 더욱 힘들고 불쾌 함에 따라 보수는 점점 더 적어져서 드디어 가장 힘들고 가장 몸을 망치게 되는 육체노동은 생활필수품을 획득하는 것조차도 확실히 기대할 수 없다." 오해를 피하기 위해 말하지만, J. S. 밀과 같은 사람들은 그들의 전통적 경제 학설과 그들의 근대적 경향 사이의 모순 때문에 책망받을 만하지만, 그들을 속류경제학적 변호론자들과 동류로 분류하는 것은 대단히 옳지 못할 것이다.

54) 여기에서 독자에게 상기시키고자 하는 것은 '가변자본'과 '불변자본'이라는 범주는 내가 처음으로 사용했다는 점이다. A. 스미스 이래의 정치경제학은 이 범주들에 포함되는 규정들을 [유통과정에서 발생하는] 고정자본·유동자 본의 형태상 차이와 혼동하고 있다. ∥ 포세트가 말하는 '유동자본'은 사실상 '가변 자본'이다. ∥ 이에 관해서는 제2권 제2편에 더 상세히 언급되어 있다.

55) 케임브리지의 경제학 교수 포세트, 『영국 노동자의 경제적 지위』: 120.

말하자면 먼저 실제로 지급되는 모든 개별 임금액을 합계하고 그 다음에 이 합계가 하느님과 자연의 은총에 의해 우리에게 허락해 준 '노동기금'의 가치총액이라고 주장한다. 마지막으로, 개별 노동자에게 평균 얼마나 지급될 수 있는가를 다시 발견하기 위해 이렇게 얻은 총액을 노동자의 수로 나눈다. 이것은 매우 교활한 수법이다. 그런데도 포세트는 거침없이 말을 계속한다.

"영국에서 매년 저축되는 부 전체는 두 부분으로 나누어진다. 한 부분은 우리의 공업을 유지하기 위해 자본으로 사용된다. 다른 부분은 외국에 수출된다…이 나라에서 매년 저축되는 부의 일부, 아마도 얼마 되지 않는 부분만이 우리 자신의 공업에 투자된다."56)

그리하여 등가물의 지급 없이 영국 노동자들로부터 착복하는 매년 증가하는 잉여생산물의 대부분은 영국에서가 아니라 외국에서 자본으로 사용된다. 그러나 이와 같이 수출된 추가자본과 더불어, 하느님과 벤담이 발명한 '노동기금'의 일부도 외국으로 유출된다.57)

---

56) 같은 책: 122, 123.

57) 자본뿐 아니라 노동자들도 이민 형태로 영국에서 매년 수출된다고 말할 수 있다. 그러나 본문에서는 이주자들이 남긴 노동기금은 문제 삼지 않는다. 그 것은 이주자들의 대부분이 노동자가 아니기 때문이다. 그들의 대부분은 차지 농업가의 자식들이다. 이자를 벌기 위해 매년 외국으로 나가는 추가자본이 매년의 축적에서 차지하는 비율은, 매년의 이주민이 매년의 인구증가에서 차지하는 비율보다 훨씬 크다.

제25장
자본주의적 축적의 일반법칙

제1절 자본의 구성이 변하지 않으면, 축적에 따라 노동력에 대한 수요가 증가

이 장에서는 자본의 증가가 노동자계급의 운명에 미치는 영향을 고찰한다. 이 연구에서 가장 중요한 요소는 자본의 구성과 [축적과정에서 일어나는] 이 구성의 변화다.

자본의 구성은 두 측면에서 고찰할 수 있다. 가치의 측면에서 고찰하면, 이 구성은 자본이 불변자본[즉 생산수단의 가치]과 가변자본[즉 노동력의 가치 또는 임금총액]으로 분할되는 비율에 의해 결정된다. 생산과정에서 기능하는 소재의 측면에서 고찰하면, 어떤 자본이든 생산수단과 살아 있는 노동력으로 분할되는데, 이 구성은 사용되는 생산수단의 양과 이 생산수단의 활용에 필요한 노동량 사이의 관계에 의해 결정된다. 나는 전자를 자본의 가치구성이라고 부르고 후자를 자본의 기술적 구성이라고 부른다. 양자 사이에는 긴밀한 상호관계가 있다. 이 상호관계를 표현하기 위해 나는 자본의 가치구성이 자본의 기술적 구성에 의해 결정되고 또 기술적 구성의 변화를 반영하는 경우, 그것을 자본의 유기적 구성이라고 부른다. 내가 간단히 자본의 구성이라고 말할 때는 언제나 자본의 유기적 구성을 의미하는 것으로 이해해야 한다.

일정한 생산부문에 투하된 수많은 개별 자본들은 서로 다소간 상이한 구성들을 가지고 있다. 그 개별적 구성의 평균은 우리로 하여금 이 생산부문 총자본의 구성을 알 수 있게 한다. 끝으로, 각 생산부문 평균구성의 총 평균은 우리로 하여금 한 나라의 사회적 총자본의 구성을 알 수 있게 하는데, 이하에서는 결국 이것만을 문제로 삼는다.

자본의 증가는 그 가변적 구성부분[즉 노동력으로 전환되는 부분]의 증가를 포함한다. 추가자본으로 전환되는 잉여가치의 일부는 끊임없이 가변자본[즉 추가적 노동기금]으로 재전환되지 않으면 안 된다. 다른 사정들이 불변이고 또 자본의 [유기적] 구성도 불변이라고 가정하자 (즉 생산수단의 일정한 양을 운동시키기 위해서는 언제나 동일한 양의 노동력이 요구된다고 가정하자). 그러면 노동에 대한 수요와 노동자의 생활을 위한 재원은 분명히 자본에 비례해 증가하며, 자본의 증가가 빠르면 빠를수록 그것들도 그만큼 더 빨리 증가한다. 자본은 해마다 잉여가치를 생산하고 그 잉여가치의 일부는 해마다 최초 자본에 첨가되므로, 또 이 첨가분 그것은 이미 기능하고 있는 자본의 규모 증대에 따라 해마다 증가하므로, 그리고 끝으로 치부욕에 대한 특별한 자극[새로운 시장이 개척되거나 새로운 사회적 욕구가 발전한 결과 새로운 투자영역이 개척되는 등]이 주어지는 경우에는 잉여가치 또는 잉여생산물이 자본과 수입으로 분할되는 것의 변동만으로도 축적의 규모는 갑작스럽게 확대될 수도 있으므로, 자본의 축적욕이 노동력[또는 노동자 수]의 증가를 능가할 수 있으며, 노동자들에 대한 수요가 그 공급을 능가해 임금이 등귀할 수 있다. 위의 전제가 변함없이 유지되는 경우에는 결국 그렇게 되지 않을 수 없다. 해마다 전년보다 더 많은 노동자가 취업하기 때문에, 축적에 필요한 노동자가 평상시의 노동공급을 상회하기 시작하며 따라서 임금등귀가 시작되는 때가 조만간 오지 않을 수 없다. 이런 사태를 한탄하는 소리가 영국에서는 15세기 전체를 통해 그리고 18세기 전반기에 들렸다. 그러나 임금노동자들이 다소 유리한 사정 아래 자신들을 유지하고 번식한다 하더라도, 그것으로 말미암아 자본주의적 생산의 근본적 성격이 조금이라도 달라지는 것은 아니다. 단순재생산이 자본관계 자체를, 다시 말해 한편으로 자본가를 다른 한편으로는 임금노동자를 끊임없이 재생산하는 것과 마찬가지로, 확대된 규모의 재생산[즉 축적]도 자본관계를 확대된 규모에서 재생산한다. 한 끝에는 더 많은 자본가 또는 더 큰 자본가를, 다른 끝에는 더 많은 임금노동자를 재생산한다. 이미 말한 바와 같이, 노동력은 자본의 가치증식 수단으로 끊임없이 자본에 다시 결합되어야 하고, 노동력은 자본으로부터 떨어져 나올 수 없으며, 또 노동력의 자본에 대한 예속은 노동력을 각종 개별 자본가에게 팔 수 있다는 것에 의해 은폐되고 있을 뿐이므로, 노동력의 재생산은 사실상 자본 자체의 재생산을 위한 하나의 요소다. 따라서 자본의 축적은 프롤레타리아트의 증식이다. [1]*

---

[1] 마르크스, 『임금노동과 자본』[CW 9]. "대중에 대한 억압 정도가 동일한 조건에서는 어느 나라에 프롤레타리아트가 많으면 많을수록 그 나라는 그만큼 더 부유하다."(콜랭, 『정치경제학. 혁명과 이른바 사회주의적 유토피아의 원천』. 파리 1857. 제3권: 331) '프롤레타리아'는 경제학적으로 임금노동자를 가리키는데, 그들은 '자본'을 생산하고 증식시키며, 페퀴르가 부르듯이 '자본 나리 Monsieur Capital'의 가치증식욕에 비해 과잉이 될 때는 당장 길거리로 내던져진다. '원시림의 병약한 프롤레타리아'로서의 애교 있는 환상이다. 원시림 거주자는 원시림 소유자며 오랑우탄과 같이 조금도 거침없이 원시림을 자기의 소유물로 이용한다. 따라서 그는 프롤레타리아가 아니다. 그가 원시림을 이용하는 것이 아니라 원시림이 그를 이용할 때에만 그는 프롤레타리아일 것이다. 그의 건강상태에 관해 말한다면, 그는 근대적 프롤레타리아나 매독과 연주창을 앓는 상류계급에 비해 훨씬 건강하다. 그러나 로셔가 '원시림'이라고 말하는 것은 분명히 그가 사랑하는 뤼네부르크의 숲일 것이다.

* '프롤레타리아트'는 임금노동자 계급을 가리키고, '프롤레타리아'는 한 사람의 임금노동자를 가리킨다.

고전파 경제학은 이 명제를 너무나 잘 이해하고 있었기 때문에, 앞에서 말한 바와 같이 애덤 스미스, 리카도 등은 축적을, 잉여생산물 중 자본으로 되는 부분 전체가 생산적 노동자에 의해 소비되는 것으로, 또는 그 부분 전체가 추가적 임금노동자로 전환되는 것으로 잘못 동일시했다. 1696년에 이미 벨러즈는 다음과 같이 말하고 있다.

"어떤 사람이 100,000에이커의 토지와 £100,000의 화폐와 또한 100,000마리의 가축을 가지고 있다 하더라도, 노동자를 한 명도 가지고 있지 않다면 이 부자는 노동자가 아니고 무엇이겠는가? 노동자가 사람들을 부유하게 만들기 때문에 노동자가 많으면 많을수록 부자도 그만큼 더 많게 된다…빈민『노동자』의 노동은 부자의 보물창고다."[2]

맨더빌도 18세기 초에 다음과 같이 말하고 있다.

"소유권이 잘 보호되고 있는 곳에서는 빈민 없이 생활하기보다 화폐 없이 생활하기가 더 쉬울 것이다. 사실 누가 노동을 하겠는가?…그들은"(빈민들은)"굶어 죽지 않도록 보호되어야 하지만, 그들이 저축할 만큼은 받지 못하도록 해야 한다. 만약 여기저기에서 최하층 계급 중의 누군가가 매우 근면하고 배를 줄인 덕택으로 태어난 지위보다 높아질 때 아무도 그를 방해해서는 안 된다. 아니, 검소하게 생활한다는 것이 사회의 각 개인과 각 가정을 위해 가장 현명한 일임은 부인할 수 없다. 그러나 대부분의 빈민이 놀고 지내는 일이 결코 없고, 또 그들이 자기의 수입을 계속 지출하는 것은 모든 부유한 국민들에게 유익한 일이다…그날그날의 노동에 의해 생계를 꾸려가고 있는 사람들에게…일

---

2) 벨러즈, 『산업전문학교의 설립에 관한 제안』: 2.

을 하도록 자극을 주는 것은 오직 그들의 가난뿐이다. 그 가난을 완화
시키는 것은 현명하지만 제거시켜 버리는 것은 어리석다. 노동하는 사
람을 근면하게 할 수 있는 유일한 길은 적당한 임금이다. 너무 낮은
임금은 그의 성격에 따라서는 그를 낙심시키든가 절망하게 하며, 너무
많은 임금은 불손하고 나태하게 한다…이상에서 말한 것으로부터 나
오는 결론은, 노예가 허용되지 않는 자유로운 나라에서 가장 확실한
부는 다수의 근면한 빈민에 있다. 그들은 육해군을 위한 무진장한 공
급 원천이라는 것 밖에도 그들 없이는 어떤 향락도 있을 수 없을 것이
며, 어떤 나라의 생산물도 가치를 발휘하지 못할 것이다. 사회"(물론
노동자들이 아닌 사람들로 이루어진 사회)"를 행복하게 하고 국민을
비참한 상태에서도 만족하게 하려면, 대다수를 무지하고 가난한 상태
에 묶어둘 필요가 있다. 왜냐하면 지식은 우리의 욕구를 확대하고 다
양하게 만들기 때문이며, 사람이 적게 바라면 바랄수록 그의 욕구는
그만큼 더 쉽게 충족될 수 있기 때문이다."[3]

정직하고 명석한 두뇌를 가졌던 맨더빌도 미처 이해하지 못했던 것은,
축적과정 그 자체가 자본의 크기뿐 아니라 '노동빈민the labouring poor'의
수도 증가시킨다는 점이다. 노동빈민이란 임금노동자인데, 그는 자기의
노동력을 [증대하는 자본의] 가치증식을 확장하는 힘으로 전환시키며,
또 바로 그렇게 함으로써 자기 자신의 생산물[이것은 자본가로 인격화되
어 있다]에 대한 자기 자신의 종속관계를 영구화하지 않을 수 없다. 이

---

3) 맨더빌, 『꿀벌들의 우화』. 5판. 주석: 212, 213, 328. "절도 있는 생활과 끊임
없는 노동은 (그가 의미하는 바는 가능한 한 긴 노동일과 가능한 한 적은 생활
수단이다) 빈민에 대해서는 합리적인 행복에 이르는 길이며, 국가에 대해서는
(즉 토지 소유자들, 자본가들과 그들의 정치적 고관들과 대리자들을 위해서는)
부와 세력을 얻는 길이다." (커닝엄, 『상공업에 관한 평론』: 54)

종속관계에 관해 이든은 자기 저서 『빈민의 상태』(1797)에서 다음과 같이 지적하고 있다.

"우리 토지의 자연적 산물은 분명히 우리의 생활에 충분하지 못하다. 어느 정도 이전 노동의 결과가 없다면 의식주 문제는 해결할 수 없다. 적어도 사회의 일부 사람들은 쉬지 않고 일하지 않으면 안 된다…일부의 사람들은 '노동하지 않으면서' 노동의 생산물을 마음대로 처분할 수 있는데, 이것은 오직 문명과 질서의 덕택이다…그들은 전적으로 시민적 제도의 창조물이다.4) 왜냐하면 시민적 제도는 개인이 노동 이외의 각종 수단에 의해 재산을 취득할 수 있다는 것을 인정하고 있기 때문이다…독립적 재산을 가진 사람들이 그들의 재산을 얻게 된 것은…거의 전적으로 다른 사람들의 노동의 덕택이지 자기 자신들의 뛰어난 능력에 의한 것이 아니다. 부자를 노동자들과 구별하는 것은 토지와 화폐의 소유가 아니라 노동에 대한 지배력이다…이것"(이든이 승인하고 있는 제도, 즉 시민적 제도)"은 유산자들에게 [자신들을 위해 노동하고 있는 사람들에 대한] 충분한 세력과 권위를 부여하고 있으며, 또한 노동자들을 가련하거나 노예적 상태가 아니라 편안하고 자유로운 종속의 상태에 두고 있다. 이런 종속상태는 인간성과 그 역사를 알고 있는 사람이라면 누구나 다 인정하듯이 노동자 자신의 안락을 위해 필요하다."5)

---

4) 그렇다면 '시민적 제도'는 누구의 창조물이냐고 이든은 문제를 제기했어야 했다. 그는 법률적 환상에 사로잡혀 법을 물질적 생산관계의 산물로 보지 않고 반대로 물질적 생산관계를 법의 산물로 보고 있다. 랭게는 몽테스키외의 환상적인 '법의 정신'을 "법의 정신이란 소유다."는 한 마디로 전복시켰다.

5) 이든, 같은 책, 제1권 제1부 제1장: 1~2 및 서문 xx.

곁들여 말해 둘 것은, 이든은 애덤 스미스의 제자들 중에서 18세기에 그래도 약간의 중요한 일을 한 유일한 사람이라는 사실이다.[6]

---

6) 만약 독자가 1798년에 『인구론』을 발표한 맬더스는 어떠냐고 묻는다면, 이 저서의 최초 형태는 디포, 제임스 스튜어트, 타운센드, 프랭클린, 월리스 등의 저서에서 유치하고 천박하게 표절한 것 이외의 아무것도 아니며, 맬더스 자신의 독창적인 명제는 하나도 없다고 나는 대답할 것이다. 이 소책자가 일으킨 큰 소동은 오로지 그것이 특정 당파의 이해관계와 일치한다는 사실 때문이었다. 영국 안에서도 프랑스혁명에 대한 열렬한 지지자들이 있었다. 그런데 '인구법칙'은 18세기에 천천히 완성되어, 그 뒤 하나의 거대한 사회적 위기 속에서 콩도르세 등의 학설에 대한 훌륭한 해독제로서 요란스럽게 선전되었는데, 영국의 과두정치는 이 법칙을 인류 발전에 대한 모든 갈망을 완전히 없애버리는 것으로서 환영했던 것이다. 자기의 성공에 크게 놀란 맬더스는 피상적으로 편찬한 자료를 그 책에다 집어넣고, 새로운 것[그러나 맬더스가 발견한 것이 아니라 표절한 것에 불과한 것]을 첨가하는 일에 착수했다. 곁들여 말하거니와, 맬더스는 영국국교 [성공회] 의 목사였으나 독신의 수도서약을 하고 있었다. 왜냐하면 이것은 신교적 케임브리지 대학의 교수가 되기 위한 조건의 하나이었기 때문이다. "기혼자는 교수가 될 수 없다. 또 누구든지 결혼하면 즉시 교수직을 그만두어야 한다."(『케임브리지 대학 위원회 보고』: 172) 이 사정은 맬더스를 다른 신교 목사들과 구별하는 유리한 점이다. 왜냐하면 다른 목사들은 성직자들에게 독신주의를 강요하는 천주교적 계율을 내던지고 "낳아라, 번식하라."는 계율을 자기들의 특수한 성서상의 사명으로 받아들여 흥겨할 정도로 인구증가에 기여하고 있으면서, 동시에 노동자들에게는 '인구법칙'을 설교하고 있기 때문이다. 경제학적으로 만화화한 인류의 타락, 아담의 사과, 절실한 욕망, [목사 타운센드가 익살스럽게 말하고 있는 바와 같이] '큐피드[사랑의 신] 의 화살을 둔하게 하는 억제' 따위의 까다로운 문제들이 신교신학 또는 신교교회의 성직자들에 의해 독점되었으며, 또 현재 독점되고 있다는 것은 특징적이다. 독창적이며 재치 있는 저술가인 베니스의 수도승 오르테스를 제외하고는, 인구론자의 대다수는 신교 목사들이다. 예컨대 [근대적 인구이론을 남김없이 망라하고 있으며, 케네와 그의 제자 V. R. 미라보 사이의 일시적 논쟁에서 아이디어를 얻은] 『동물계의 이론』(라이덴 1767)의 저자 브루크너, 그 다음에 목사 월리스, 목사 타운센드, 목사 맬더스와 그의 제자이자 수석목사인 차머즈가 그런데, 동류의 작은 목사 저술들도 많다. 원래 정치경제학은 홉스·로크·흄과

지금까지 가정한 축적조건[즉 노동자들에게 가장 유리한 축적조건]에

같은 철학자들, 그리고 토마스 모어·템플·설리·드 위트·노스·로·반더린트·캉티용·프랭클린과 같은 실업가와 정치가들에 의해 연구되었고, 그리고 특히 이론적으로 연구해 최대의 성과를 올린 사람은 페티·바본·맨더빌·케네와 같은 의사들이었다. 18세기 중엽에도 당시의 저명한 경제학자 터커 목사는 금전문제를 취급한 것을 변명하고 있다. 그 뒤, '인구법칙'이 나옴에 따라 신교 목사들의 시대가 온 것이다. 페티[그는 인구를 부의 토대로 여겼으며, 스미스와 마찬가지로 목사들의 공공연한 적이었다]는 목사들의 꼴사나운 훼방을 예감이나 한 듯이, "변호사들이 가장 할 일이 없을 때 법이 가장 번영하듯이, 목사들이 가장 많이 금욕할 때 종교는 가장 번영한다."고 말한다. 그러므로 그는 신교 목사들에게 다음과 같이 충고한다. 즉 그들이 영원히 사도 바울을 따라가지 않고 또 독신으로 '금욕'하지 않는다면, "현재의 성직이 흡수할 수 있는 숫자 이상으로 많은 목사들을 낳지 말라. 잉글랜드와 웨일즈에 12,000개의 목사직이 있을 뿐이라면 24,000명의 목사들을 길러내는 것은 안전하지 못할 것이다. 왜냐하면 성직이 없는 12,000명이 생계를 얻는 가장 손쉬운 방법은 현직에 있는 12,000명의 목사들은 사람들의 영혼을 파멸시키고 굶주리게 하며 영혼을 천당으로 인도하지 못한다고 사람들을 설득하는 것이기 때문이다."(페티, 『조세공납론』. 런던 1667: 57) 당시의 신교 목사에 대한 애덤 스미스의 입장은, 노리치의 주교 혼이 쓴 『법학 박사 스미스에게 보내는 편지. 그의 친구 흄의 삶과 죽음 및 철학에 관해』(기독교도라 부르는 어떤 사람의 저작. 제4판. 옥스퍼드 1784)에서, 스미스를 다음과 같은 이유로 질책하고 있는 것을 보면 알 수 있다. 즉 스미스가 스트라한에게 보내는 공개서한에서 "그의 친구 데이비드(즉 흄)를 불멸의 것으로 만들고 있다"는 것, 또 그가 대중에게 "흄이 임종의 자리에서도 루키아누스(2세기 그리스의 풍자작가)를 읽고 휘스트whist게임을 즐겼다"고 말한 것, 그리고 또 심지어 대담하게도 "나는 흄을 살아 있을 때나 죽은 뒤에나 [약한 인간성이 허락하는 한] 완벽하게 현명하고 덕성이 높은 인간의 이상에 거의 접근하고 있다고 생각했다"고 쓴 것 등이다. 이 주교는 분개해 이렇게 소리친다. "종교라고 부르는 모든 것에 대해 불치의 반감을 가졌으며, 할 수만 있다면 종교라는 명칭조차 인간의 기억에서 없애 버리기 위해 모든 신경을 긴장시킨 그런 인간의 성격과 행실을 '완벽하게 현명하고 덕성이 높다'고 우리에게 묘사하는 것이 당신으로서는 옳은 일인가?"(같은 책: 8) "그러나 진리를 사랑하는 자여, 기운을 잃지 말라. 무신론은 오래 가지 않는다."(같은 책: 17) 애덤 스미스는 (자기 저서 『도덕감정론』으로)"무신론을 전국에 선전하려

서는 자본에 대한 노동자들의 종속관계는 견딜 만한, 또는 이든의 말대로 '편안하고 자유로운' 형태를 취한다. 그 종속관계는 자본의 증대에 따라 더욱 내포적으로 되지 않고 더욱 외연적으로 될 뿐이다. 자본의 착취·지배의 영역이 자본 자체의 크기와 자본에 종속되는 사람들의 수에 따라 확대될 뿐이다. 노동자들 자신의 잉여생산물[이것은 점점 증대하고 끊임없이 추가자본으로 전환되고 있다] 중 더 많은 부분이 지불수단[임금]의 형태로 노동자들에게 돌아오는데, 그 덕택으로 그들은 자기들의 소비범위를 확대하고 의복·가구 등 자기들의 소비재원을 약간 늘릴 수가 있고, 심지어는 약간의 준비금까지도 형성할 수 있다. 그러나 이렇게 되더라도, 노예의 경우 입는 것과 먹는 것과 대우가 개선되고 페쿨리움[고대 로마에서 노예에게 허용해 주었던 일부 재산. 노예는 이것을 제3자와 거래할 수도 있었다]이 다소 많아지더라도 노예의 종속관계와 착취가 사라지는 것이 아닌 것과 마찬가지로, 임금노동자의 종속관계와 착취도 사라지지 않는다. 자본축적의 결과 노동의 가격이 상승하는 것은 사실상 임금노동

는 무서운 악의를 가지고 있다…박사여, 대체로 당신의 의도는 영리했다. 그러나 이번에는 성공하지 못하리라 생각한다. 데이비드 흄의 예에 의해 당신은 무신론이 기운을 잃은 사람에 대한 유일한 강심제이며, 죽음의 공포에 대한 적합한 해독제라고 우리들을 설득한다…당신은 폐허가 된 바빌론을 보고 미소 지으며, 무정한 파라오[애급왕]가 홍해에서 멸망당한 것을 축복할 수는 있다."(같은 책: 21~22) 스미스의 대학 친구이며 정통 국교도의 한 사람은 스미스가 죽은 뒤 다음과 같이 쓰고 있다. "흄에 대한 스미스의 우정은…스미스로 하여금 기독교도가 되는 것을 방해했다…그는 자기가 좋아하는 정직한 사람들을 만났을 때, 그들이 말하는 것이라면 무엇이든지 그대로 믿었다. 그가 만약 영리한 호록스의 친구였다면, 그는 달이 때때로 맑은 하늘에서 구름이 가리지 않더라도 사라질 수 있다는 것을 믿었을 것이다…정치상의 원칙에서는 그는 공화주의에 가까웠다."(제임스 앤더슨, 『꿀벌』. 전18권. 에든버러 1791~1793. 제3권: 165~166) 차머즈 목사는 스미스가 [주님의 포도원에서 축복된 노동을 하고 있는] 신교 목사들을 염두에 두면서 순전히 악의에서 '비생산적 노동자'라는 범주를 고안해 낸 것이 아닌가 하고 의심하고 있다.

자 자신이 이미 만들어낸 금 사슬 | 자본 | 의 길이와 무게로 말미암아 그
사슬의 긴장이 약간 완화된다는 것을 의미할 따름이다. 이 문제에 관한
논쟁에서는 가장 중요한 사실—즉 자본주의적 생산의 특징적 차이—이 일
반적으로 가볍게 넘어갔다. 노동력은 여기에서는 [그것의 봉사 또는 그것
의 생산물에 의해] 구매자 자신의 개인적 욕구를 충족시키기 위해 구매되
는 것이 아니다. 구매자의 목적은 자기 자본의 가치증식이며, 그가 지불
한 것보다 더 많은 노동이 포함되어 있는 [따라서 그가 지불하지는 않았
지만 상품의 판매에 의해 실현되는 가치부분이 포함되어 있는] 상품의 생
산이다. 잉여가치의 생산 또는 이윤의 획득이 이 생산양식의 절대적 법칙
이다. 노동력은 생산수단을 자본으로 유지하며, 자기 자신의 가치를 자본
으로 재생산하고, 지불받지않는 노동으로 추가자본의 원천을 제공하는 한
에서만 판매될 수 있다.[7] 따라서 노동력의 판매조건은, 노동자들에게 유
리하든 불리하든, 노동력의 끊임없는 재판매의 필연성과 자본의 형태로
부를 끊임없이 확대재생산하는 것을 내포하고 있다. 임금은, 이미 본 바
와 같이, 그 성격으로 보아 항상 노동자 측에서 일정한 양의 지불받지않
는 노동을 제공하는 것을 내포하고 있다. 노동의 가격 | 시간당 임금 또는 개
수당 임금 | 은 하락하는데도 [[노동일의 연장에 따라]] 임금이 증가하는 경우
를 도외시한다면, 임금의 증가는 기껏해야 노동자가 제공해야 할 지불받
지않는 노동의 양적 감소를 의미할 따름이다. 이 감소는 결코 자본주의체
제 그 자체를 위협하는 점까지 도달할 수는 없다. 임금률을 둘러싼 폭력
적 충돌(애덤 스미스가 이미 지적한 바와 같이 이런 충돌에서는 고용주는

---

7) "그러나 공업노동자들이나 농업노동자들이나 그 고용의 한계는 동일하다. 즉
고용주가 그들의 노동생산물에서 이윤을 끌어낼 수 있는 가능성이 그것이다.
임금률이 높아져서 고용주의 이윤이 평균이윤 이하로 떨어진다면, 고용주는 노
동자들의 고용을 중단하든가 또는 노동자들이 임금 삭감을 받아들이는 조건에
서만 그들을 고용한다."(웨이드, 『중간계급과 노동계급의 역사』, 1835: 241)

대체로 이긴다)을 도외시한다면, 자본축적의 결과 노동의 가격이 등귀하는 것은 다음과 같은 두 경우 중 어느 하나를 의미한다.

첫째로 노동의 가격이 등귀해도 축적의 진행은 방해받지 않기 때문에 그것이 계속 등귀하는 경우다. 이것은 전혀 이상하지 않다. 왜냐하면 스미스가 말하고 있는 바와 같이,

> "자본 이윤이 감소한 이후에도 자본은 계속 증가할 수 있을 뿐 아니라 이전보다 더욱 빠르게 증가할 수 있다…이윤율이 낮은 거대자본은 이윤율이 높은 소규모 자본보다 일반적으로 빠르게 증가한다."(『국부론』(상): 121)

이 경우 지불받지않는 노동의 감소는 자본 지배의 확대를 결코 방해하지 않는다는 것은 분명하다. 둘째로 노동 가격의 등귀로 이윤이라는 자극이 감소되어 축적이 약화되는 경우다. 축적률 [잉여가치 중 자본으로 재전환되는 부분의 비율] 은 감소한다. 그러나 이 감소와 더불어 이 감소의 원인—자본과 착취가능한 노동력 사이의 불균형 [즉 착취가능한 노동력의 양을 초과하는 자본의 양] —이 사라진다. 따라서 자본주의적 생산과정의 기구 mechanism는 생산과정이 만들어낸 일시적인 장애물을 스스로 제거한다. 노동의 가격은 다시 자본의 자기증식욕에 적합한 수준[이 수준이 임금등귀가 시작하기 전에 정상적이라고 생각되던 수준보다 낮든지 같든지 또는 높든지 간에]으로 떨어진다. 그리하여 첫째 경우에는 노동력[또는 노동인구]의 절대적 또는 상대적 증가율이 감소하기 때문에 자본이 과잉으로 된 것이 아니라, 반대로 자본의 증가가 착취가능한 노동력을 부족하게 만든 것이다. 둘째 경우에는 노동력[또는 노동인구]의 절대적 또는 상대적 증가율이 커지기 때문에 자본이 부족하게 된 것이 아니라, 반대로 자본이 상대적으로 감소하기 때문에 착취가능한 노동력[또는 오히려 그

가격]이 지나치게 큰 것으로 된 것이다. 바로 이런 자본축적의 절대적 운동이 착취가능한 노동력의 양의 상대적 변동에 반영되고 있을 뿐인데도, 마치 착취가능한 노동력의 양 자체의 독립적인 운동이 전자를 일으키는 것같이 보인다. 수학적 표현을 빌리면, 축적률이 독립변수이고 임금률은 종속변수이지, 그 반대가 아니다. 예컨대 산업순환의 공황국면에서 상품가격의 일반적 저하는 화폐가치의 등귀로 나타나고, 번영국면에서 상품가격의 일반적 등귀는 화폐가치의 저하로 나타난다. 이 사실로부터 이른바 통화주의Currency School는, 가격이 높을 때는 너무 많은 화폐가 유통하기 때문이며, 가격이 낮을 때는 너무 적은 화폐가 유통하기 때문이라고 결론짓는다. 이들의 무지와 사실의 완전한 오인8)은, 위의 축적현상을 첫째 경우에는 임금노동자가 너무 적기 때문이고 둘째 경우에는 너무 많기 때문이라고 해석하는 경제학자들과 매우 비슷하다.

이른바 '자연적 인구법칙'의 바탕을 이루는 자본주의적 생산의 법칙은 간단히 말해, 자본축적과 임금률 사이의 관계는 [자본으로 전환된] 지불받지않는 노동과 [추가자본의 운동에 필요한] 추가적 지불받는 노동 사이의 관계로 환원된다는 점이다. 따라서 그것은 결코 두 개의 서로 독립적인 양[즉 자본 크기와 노동인구 수] 사이의 관계가 아니라, 결국은 동일한 노동인구의 지불받지않는 노동과 지불받는 노동 사이의 관계에 불과하다. 만약 노동자계급이 제공하고 자본가계급이 축적하는 지불받지않는 노동의 양이 급속히 증가해 그것이 자본으로 전환되기 위해서는 지불받는 노동의 비상한 추가가 필요한 경우, 임금은 등귀하며, 그리고 기타 조건이 같다면, 지불받지않는 노동은 임금 등귀에 비례해 감소한다. 그러나 이 감소는 자본을 길러내는 잉여노동이 더 이상 정상적인 양으로 제공되지 않는 점에 도달하자마자, 반작용이 시작된다. 즉 수입[잉여가

---

8) 마르크스, 『정치경제학 비판을 위하여』[CW 29: 412 이하].

치를 가리킨다] 중 자본화되는 부분은 감소하고, 축적은 쇠퇴하며, 임금의 등귀운동은 장애에 부닥친다. 그리하여 임금의 등귀는 자본주의체제의 토대를 침해하지 않을 뿐 아니라 점점 더 확대되는 규모의 재생산을 보장하는 한계 안에 머문다. 따라서 [경제학자들에 의해 자연법칙으로까지 신비화되고 있는] 자본주의적 축적법칙이 실제로 표현하고 있는 것은, [자본관계의 끊임없는 확대재생산을 매우 위태롭게 할 수 있는] 노동착취도의 어떤 감소와 노동가격의 어떤 등귀도 자본주의적 축적의 성격 자체에 의해 배제되고 있다는 점이다. 그것은 물질적 부가 노동자의 자기발전 욕구를 충족시키기 위해 존재하는 것이 아니라, 도리어 노동자가 현존가치의 증식욕망을 충족시키기 위해 존재하는 그런 생산양식에서는 그렇게 될 수밖에 없다. 종교에서는 인간 자신의 두뇌의 산물이 인간을 지배하듯이, 자본주의적 생산에서는 인간 자신의 손의 산물이 인간을 지배한다.9)

제2절   축적과 이에 따른 집적의 진행과정에서 가변자본 부분이 상대적으로 감소

경제학자들 자신의 의견에 따르면, 임금을 등귀시키는 것은 사회적 부

---

9) "이제 자본 자체는 인간노동의 산물에 불과하다는 것을 증명한 우리의 최초 연구로 돌아가면…인간이 자기 자신의 산물인 자본의 지배 아래 들어가고 그것에 예속될 수 있다는 것은 전혀 이해할 수 없는 일처럼 보인다. 그러나 현실은 확실히 그러하므로 어쩔 수 없이 다음과 같은 의문이 생긴다. 노동자는 어떻게 자본의 지배자—자본의 창조자—로부터 자본의 노예로 될 수 있었는가?" (튀넨, 『고립국가』. 제2부 2절: 5~6) 튀넨이 이런 의문을 제기한 것은 그의 공적이지만, 그의 해답은 아주 유치하다.

의 현실적인 크기도 아니고 이미 획득한 자본의 크기도 아니며, 오로지 축적의 끊임없는 증대와 그 증대속도다. (스미스, 『국부론』, 제1편, 제8장) 지금까지 우리는 축적과정의 한 특수한 국면, 즉 자본의 기술적 구성은 불변인 채 자본의 증대가 일어나는 국면만을 고찰했다. 그러나 축적과정은 이 국면을 넘어 진행한다.

자본주의체제의 일반적 토대가 일단 주어지면, 축적과정에서 사회적 노동의 생산성 발전이 축적의 가장 강력한 지렛대로 되는 하나의 시기가 온다. 스미스는 이렇게 말한다.

"노동임금을 상승시킨 바로 그 원인, 즉 자본의 증가는 노동생산력을 증가시켜 더 적은 노동량으로 더 많은 생산물을 만들게 하는 경향이 있다."(『국부론』(상): 113~114)

토지의 비옥도 등과 같은 자연조건과, 독립적 · 고립적으로 일하는 생산자들의 기능skill [이것은 생산물에서 양적으로 나타나기보다 오히려 질적으로 나타난다]을 무시하면, 노동의 사회적 생산성 수준은 노동자가 동일한 노동강도로 일정한 시간에 생산물로 전환시키는 생산수단의 상대적 규모로 표현된다. 이처럼 노동자가 전환시키는 생산수단의 양은 그의 노동생산성에 따라 증대한다. 이 경우 이 생산수단들은 이중의 역할을 한다. 어떤 생산수단의 증대는 노동생산성이 증대한 결과이고, 또 어떤 생산수단의 증대는 노동생산성을 증대시키기 위한 조건이 된다. 예컨대 매뉴팩처적 분업과 기계의 사용에 따라 동일한 시간에 더 많은 원료가 가공되고 따라서 더 많은 원료와 보조재료가 노동과정에 들어온다. 이것은 노동생산성이 향상한 결과다. 다른 한편으로 사용되는 기계 · 역축 · 광물성 비료 · 배수관 등은 노동생산성을 향상시키기 위한 조건이 된다. 건물 · 용광로 · 운송수단 등으로 집적된 생산수단도 마찬가지다. 그러나

[생산수단에 결합되는] 노동력에 대비한 생산수단의 양적 증대는 [노동 생산성 향상의 조건이든 결과이든 간에] 노동생산성 향상의 표현이다. 따라서 노동생산성의 향상은 노동이 움직이는 생산수단의 양에 대비한 노동량의 감소로, 즉 노동과정의 객체적 요소에 대비한 주체적 요소의 양적 감소로 나타난다.

자본의 기술적 구성의 이런 변화[즉 생산수단에 활기를 주는 노동력의 양에 대비한 생산수단의 양적 증대]는 이번에는 자본의 가치구성[즉 자본가치의 가변적 구성부분을 희생으로 하는 불변적 구성부분의 증대]에 반영된다. 예컨대 어떤 자본이 시초에는 50%가 생산수단에, 50%가 노동 력에 투하되었는데, 그 뒤 노동생산성의 증대에 따라 80%가 생산수단에, 20%가 노동력에 투하되는 경우 등이다. 자본의 가변부분에 비한 불변부 분의 점진적 증대라는 이 법칙은, [상이한 경제적 시기를 비교하든 동일 한 시기의 상이한 나라들을 비교하든] 상품가격의 비교분석에 의해 모든 단계에서 확인된다. 가격 중 소비된 생산수단의 가치를 대표하는 부분 [즉 불변자본 부분]의 상대적 크기는 축적의 진전에 정비례하고, 노동에 대한 지급을 대표하는 부분[즉 가변자본 부분]의 상대적 크기는 축적의 진전에 반비례한다.

그러나 자본의 불변부분에 대비한 가변부분의 감소[또는 자본의 가치 구성의 변화]는 자본의 소재적 구성부분들의 구성 변화를 대체적으로 표 시할 뿐이다. 예컨대 방적업에 투하된 자본가치는 18세기 초에는 1/2이 불변 자본, 1/2이 가변자본으로 구성되고 있었지만, 현재는 7/8이 불변자본, 1/8이 가변자본으로 구성되고 있다. 그런데 현재 일정한 양의 방적노동 이 생산적으로 소비하는 원료·노동수단 등의 양은 18세기 초에 비해 수 백 배나 된다. 그 이유는 간단하다. 노동생산성의 향상에 따라 노동이 소 비하는 생산수단의 양은 증대하지만 그 양에 대비해 그것의 가치는 감소 하기 때문이다. 그리하여 생산수단의 가치는 절대적으로는 증가하지만 그 양의 증가에 비례해 증가하지는 않는다. 따라서 불변자본과 가변자본 사이의 차이는 [불변자본이 전환되는] 생산수단의 양과 [가변자본이 전환되는] 노동력의 양 사이의 차이보다 훨씬 완만하게 증대한다. 전자의 차이는 후자의 차이와 함께 증가하기는 하지만 그 증가 정도는 훨씬 적다.

또한 축적의 진전이 가변자본 부분의 상대적 크기를 감소시킨다 하더라도, 그것은 결코 가변자본 부분의 절대적 크기의 증대를 배제하지는 않는다. 어떤 자본가치가 처음에 50%의 불변자본과 50%의 가변자본으로 분할되었는데, 그 뒤 80%의 불변자본과 20%의 가변자본으로 분할되었다고 하자. 이 기간에 만약 6,000원이었던 최초 자본이 18,000원으로 증대했다면, 가변적 구성부분도 1/5만큼 증대한다. 왜냐하면 종전에 가변자본은 3,000원이었는데 이제는 3,600원으로 되었기 때문이다. 그런데 노동에 대한 수요를 20% 증가시키기 위해서는 종전에는 20%의 자본증대로 충분했지만 이제는 최초 자본의 3배[18,000원]가 요구된다.

제4편에서 본 바와 같이, 노동의 사회적 생산성의 발전은 대규모 협업을 전제하며, 이 전제에서만 노동의 분할과 결합이 조직될 수 있고, 생산수단은 대규모 집적에 의해 절약될 수 있으며, 이미 물질적 성질로 보아 공동으로만 사용할 수 있는 노동수단[예컨대 기계체계 등]이 나올 수 있고, 방대한 자연력이 생산에 이용될 수 있게 되며, 생산과정이 과학의 기술공학적 응용으로 전환될 수 있다. 지배적인 제도가 상품생산이라면, 즉 생산수단이 개인의 소유이어서 수공업자가 고립해서 자립적으로 상품을 생산하든가, 또는 그에게 자립적 생산을 위한 수단이 없기 때문에 자신의 노동력을 상품으로서 판매한다고 하면, 위에서 말한 전제인 대규모 협업은 개별 자본의 증대에 의해서만, 또는 사회적 생산수단과 생활수단이 자본가의 사적 소유로 전환되는 정도에 따라서만 실현된다. 상품생산의 토대 위에서는 대규모 생산은 자본주의적 형태로만 발전할 수 있다. 그러므로 개별 상품생산자들의 수중에 일정한 자본이 축적되는 것이 진

정한 자본주의적 생산방식의 전제로 된다. 따라서 우리는 수공업에서 자
본주의적 생산으로 이행하는 동안 이런 축적이 일어났다고 가정하지 않
으면 안 되었다. 이것을 시초축적이라고 부를 수 있다. 왜냐하면 그것은
진정한 자본주의적 생산의 역사적 결과가 아니라 그 역사적 토대이기 때
문이다. 여기에서는 시초축적 그 자체가 어떻게 발생하는가를 연구할 필
요는 아직 없다. 그것이 출발점을 이룬다는 것을 말해 두는 것으로 충분
하다. 그런데 이 토대 위에서 성장하는 사회적 노동생산성의 향상방법은
어느 것이나 동시에 잉여가치[또는 잉여생산물]의 생산을 증대시키는 방
법인데, 이 잉여가치는 이번에는 축적의 형성요소로 된다. 따라서 그 방
법들은 또한 자본에 의한 자본의 생산방법들[또는 자본의 축적을 촉진하
는 방법들]이다. 잉여가치가 자본으로 끊임없이 재전환하는 것은 생산과
정에 들어가는 자본의 크기가 증대하는 것으로 나타난다. 그 증대는 이
번에는 생산의 규모를 확대하는 기초로 되며, 이에 따라 노동생산성을
증진하는 방법의 기초로 되며, 또 잉여가치의 생산을 촉진하는 기초로
된다. 따라서 일정한 정도의 자본축적이 진정한 자본주의적 생산방식의
전제조건이라면, 이제 거꾸로 진정한 자본주의적 생산방식은 자본의 가
속적 축적의 원인으로 된다. 그리하여 자본축적에 따라 진정한 자본주의
적 생산방식이 발전하고, 진정한 자본주의적 생산방식에 따라 자본축적
이 발전한다. 이 두 경제적 요인들은 [그들이 서로 주고받는 자극에 복비
례해] 자본의 기술적 구성에 변화를 일으키고, 이 변화 때문에 가변적 구
성부분은 불변적 구성부분에 비해 점점 더 작아진다.
　　모든 개별 자본은 크든 작든 생산수단의 집적이며, 이에 대응해 크거
나 작은 노동자집단을 지휘한다. 모든 축적은 새로운 축적의 수단으로
된다. 자본으로 기능하는 부의 양이 증대함에 따라, 축적은 개별 자본가
들의 수중으로 부의 집적을 증대시키며, 그리하여 대규모 생산의 토대와
진정한 자본주의적 생산방식의 토대를 확대시킨다. 사회적 자본의 증대

는 다수의 개별 자본의 증대에 의해 이루어진다. 기타 조건이 같다면, 각 개별 자본이 사회적 총자본 중에서 차지하는 몫에 비례해 개별 자본은 증대하며, 그 증대와 함께 생산수단의 집적도 증대한다. 동시에 가지들이 최초 자본에서 분리되어 새로운 독립적 자본으로 기능하기 시작한다. 여기에서 특히 큰 기능을 하는 것은 자본가 가족들 사이의 재산분할이다. 그리하여 자본축적에 따라 자본가의 수도 대체로 늘어간다. 이런 유형의 집적은 축적에서 직접 나오거나 또는 오히려 축적 그 자체와 동일한 것인데, 이것의 특징은 다음과 같은 두 가지다. 첫째로 사회적 생산수단이 개별 자본가들의 수중으로 더욱더 집적되는 것은, 기타 조건이 같다면, 사회적 부의 증대 정도에 의해 제한된다. 둘째로 사회적 자본 중 각 특정 생산부문에서 활동하는 부분은 [서로 경쟁하는 독립적 상품생산자로 대립하는] 많은 자본가들 사이에 분할되어 있다. 따라서 축적과 이에 수반하는 집적이 다수의 지점으로 분산될 뿐 아니라, 개별 기능자본의 증대는 새로운 자본의 형성과 옛날 자본의 분열에 의해 방해를 받는다. 그리하여 축적은 한편으로는 생산수단의 집적과 노동에 대한 지휘의 집적이 증가하는 것으로 나타나며, 다른 한편으로는 다수의 개별 자본가들 상호간의 배척으로 나타난다.

사회적 총자본이 수많은 개별 자본으로 분열하거나 또는 그 분열한 조각들이 상호 배척하는 것은 그들 사이의 흡수에 의해 상쇄된다. 자본들의 흡수는 생산수단과 노동지휘의 단순한 집적[축적과 동일한 의미의 집적]이 아니다. 그것은 이미 형성된 자본의 집적이며, 그 개별적 독립성의 파괴이고, 자본가에 의한 자본가의 수탈expropriation이며, 다수의 소자본을 소수의 대자본으로 전환시키는 것이다. 이 흡수과정이 앞의 집적과정과 다른 점은, 흡수과정은 이미 존재하고 기능하는 자본들의 분배 변화만을 전제하며, 따라서 그 작용범위는 사회적 부의 절대적 증대 또는 축적의 절대적 한계에 의해 제한 받지 않는다는 점이다. 한 곳에서 어떤 한 사람의 수중에 자본이 대량으로 증대하는 것은 다른 곳에서 많은 사람들이 자본을 잃어버렸기 때문이다. 이것이 축적·집적과 구별되는 진정한 집중이다.

이 자본집중의 법칙 또는 자본이 자본을 흡수하는 법칙을 여기에서 전개할 수는 없다. 몇 가지 사실을 지적하는 것만으로 충분할 것이다. 경쟁전은 상품 값을 싸게 하는 방식으로 진행된다. 상품 값이 싸지는 것은, 기타 조건이 같다면, 노동생산성에 의존하며, 노동생산성은 생산규모에 의존한다. 그러므로 대자본은 소자본을 격파한다. 또한 우리는 자본주의적 생산방식의 발전에 따라 정상적인 조건에서 사업을 경영하는 데 필요한 개별자본의 최소금액이 증대한다는 것을 기억하고 있다. 그러므로 비교적 작은 자본은 대공업이 산발적으로나 불완전하게 장악하고 있는 그런 생산부문으로 몰려든다. 여기의 경쟁은 적대적인 자본들의 수에 정비례하고 그 크기에 반비례해 격렬해진다. 경쟁은 언제나 다수의 소자본가의 멸망으로 끝나는데, 그들의 자본은 부분적으로는 승리자의 수중으로 넘어가고 부분적으로는 사라진다. 그뿐 아니라 자본주의적 생산의 발전과 함께 전혀 새로운 힘인 신용제도가 등장한다. {엥겔스: ⎡이하는 마르크스가 불어판에 넣은 내용을 바탕으로 엥겔스가 제4독어판에 추가한 것이다. CW 35(Progress Publishers, 1996년)에는 이 추가분 전체가 CW 편집자의 실수로 빠져있다.⎦ 이 신용제도는 처음에는 축적의 겸손한 조수로 은밀히 기어 들어와, 사회의 표면에 거액 또는 소액으로 흩어져 있는 화폐재원을 보이지 않는 실에 의해 개별 자본가 또는 연합한associated 자본가들 ⎡예컨대 주식회사⎦의 수중으로 끌어들인다. 그러나 신용제도는 곧 경쟁전에서 새로운 무서운 무기로 되며, 결국에는 자본집중을 위한 거대한 사회적 기구로 전환된다.

자본주의적 생산과 축적의 발전에 비례해 집중의 가장 강력한 두 지렛대인 경쟁과 신용도 발전한다. 이와 더불어 축적의 진전은 집중될 소재

즉 개별 자본을 증대시킨다. 동시에 자본주의적 생산의 확대는 한편으로는 거대한 사업[이것의 실현을 위해서는 선행된 자본집중이 필요하다]에 대한 사회적 욕구를 만들어 내고, 다른 한편으로는 그것에 필요한 기술적 수단을 만들어낸다. 그러므로 오늘날 개별 자본들을 끌어 모으는 흡수력과 집중의 경향은 과거 어느 때보다도 강하다. 비록 집중운동의 상대적 크기와 힘은 어느 정도까지는 이미 달성한 자본주의적 부의 크기와 경제기구의 우월성에 의해 결정된다 하더라도, 집중의 진전은 결코 사회적 자본규모의 적극적 증대에 의존하는 것은 아니다. 그리고 특히 다음이 집중과 집적의 차이점인데, 집적은 확대재생산의 다른 명칭에 불과하지만, 집중은 단순히 기존 자본의 분배를 변화시킴으로써, 다시 말해 사회적 자본의 구성부분들의 양적 편성을 단순히 변경시킴으로써 일어날 수 있다. 한 곳에서 한 사람의 수중에 자본이 거대한 양으로 증대할 수 있는데, 이것은 다른 곳에서 많은 사람들의 수중에서 자본이 강제로 빼앗겼기 때문이다. 어떤 일정한 산업부문에서, 거기에 투하된 모든 개별자본이 단 하나의 자본으로 합병한다면 집중은 극한에 도달할 것이다.[10] 일정한 사회에서는 사회적 자본 전체가 한 사람의 자본가 또는 하나의 자본주의적 기업의 수중으로 통합될 때에만 이런 극한에 도달할 것이다.

　집중은 산업자본가들에게 그들의 사업규모를 확대할 수 있게 함으로써 축적을 보완한다. 이 사업규모의 확대가 축적의 결과이든 집중의 결과이든, 또는 집중이 합병이라는 폭력적 방법으로 수행되든[이 경우 어떤 자본이 다른 자본들을 흡수하는 주도적인 중심이 되어 다른 자본들의 개별적 응집력을 파괴하고 그 다음에 각각의 파편들을 끌어 모은다], 또는 이미 형성되었거나 형성과정에 있는 다수 자본들의 융합이 주식회사

---

10) {엥겔스: 최근 영국과 미국의 '트러스트들trusts'은 하나의 산업부문에서 적어도 모든 대규모 기업들을 [실질적인 독점력을 가진] 하나의 큰 주식회사로 통합하려고 함으로써 벌써 이런 목표를 향해 나가고 있다.}

의 설립이라는 더 부드러운 방법으로 진행되든, 그 경제적 효과는 마찬가지다. 어디에서나 기업체들의 규모 확장은 많은 사람들의 집단노동을 더 포괄적으로 조직하기 위한 출발점으로 되며, 또 그들의 물질적 추진력을 더 광범히 발전시키기 위한 출발점으로 된다. 즉 관습적인 방식으로 운영되는 고립적인 생산과정을 사회적으로 결합되고 과학적으로 설계되는 생산과정으로 점차적으로 전환시키기 위한 출발점이 된다.

그러나 축적[이것은 재생산이 원형운동에서 나선형운동으로 이행하면서 자본을 점차적으로 증대시키는 것이다]은 집중[이것은 사회적 자본의 구성부분들의 양적 편성을 변경시키기만 하면 된다]에 비해 분명히 매우 느린 과정이다. 약간의 개별 자본들이 축적에 의해 증대되어 철도를 부설할 때까지 기다릴 수밖에 없었다면 세계에는 아직도 철도가 없을 것이다. 그러나 집중은 주식회사에 의해 순식간에 이것을 수행했다. 그리고 집중은 이와 같이 축적의 작용을 강화하고 촉진함과 동시에, 자본의 기술적 구성의 변혁[이것은 자본의 가변부분을 희생시키면서 불변부분을 증대시키며, 따라서 노동에 대한 수요를 상대적으로 감소시킨다]을 확대하고 촉진한다.

집중에 의해 하룻밤 사이에 융합되는 자본량은, 다른 자본량과 마찬가지로 [물론 더 급속하게] 재생산되고 증대하며, 이리하여 사회적 축적의 강력한 새로운 지렛대가 된다. 따라서 사회적 축적의 진전에 관해 말할 경우, 우리는 오늘날에는 거기에 집중의 작용을 암암리에 포함하고 있다.

정상적 축적과정에서 형성된 추가자본(제24장 제1절을 보라)은 특히 새로운 발견과 발명, 그리고 산업적 개량 일반의 이용을 위한 수단으로 기능한다. 그러나 옛날 자본도 언젠가는 완전히 갱신되어야 할 시기에 도달하게 되는데, 그때에는 옛날 자본도 종래의 탈을 벗고 기술적으로 완성된 모습을 가지고 다시 태어난다. 이렇게 되면 더 많은 기계와 원료를 움직이는 데 더 적은 노동으로 충분하게 된다. 이로부터 필연적으로 일어나는 노동에 대한 수요의 절대적 감소는, 이 갱신과정을 통과하는 자본이 자본의 집중운동에 의해 이미 집중되어 있으면 있을수록, 분명히 그만큼 더 심하게 된다.}

따라서 한편으로는 축적과정에서 형성된 추가자본은 그 크기에 비해 더욱더 소수의 노동자를 흡수한다. 다른 한편으로는 새로운 구성으로 주기적으로 재생산되는 옛날 자본은 종전에 고용했던 노동자들을 더욱더 많이 쫓아낸다.

제3절   상대적 과잉인구 또는 산업예비군이 점점 더 생김

최초에는 양적 확대로서만 나타난 자본축적은, 이미 본 바와 같이, 자본구성의 누진적 질적 변화[즉 자본의 가변적 구성부분을 희생시키면서 불변적 구성부분을 끊임없이 증가시키는 것]를 수반하면서 진행된다.[11]

진정한 자본주의적 생산방식, 이에 대응한 노동생산성의 발전, 그리고 이것에서 나타나는 자본의 유기적 구성의 변동은, 축적의 진전 또는 사회적 부의 증가와 보조를 맞추는 것이 아니라 그보다 훨씬 더 빠른 속도로 전개된다. 왜냐하면 단순한 축적[즉 사회적 총자본의 절대적 증대]은 총자본의 개별 요소들의 집중을 수반하며, 또 추가자본의 기술적 구성의

---

11) {엥겔스: 마르크스 자신이 가지고 있던 책에는 이곳의 여백에 다음과 같은 주가 기록되어 있다. "나중의 연구를 위해 지적해 둔다. 즉 확대가 다만 양적이라면 동일한 생산부문의 자본이 크든 작든 이윤은 투하자본의 크기에 비례한다. 만약 양적 확대가 질적 변화를 야기하면 더 큰 자본의 이윤율은 또한 상승한다."}

변혁은 최초자본의 기술적 구성의 변혁을 수반하기 때문이다. 그리하여 축적의 진전에 따라 불변자본 부분과 가변자본 부분의 비율은 변한다. 최초에는 1 : 1이었으나 이제는 2 : 1, 3 : 1, 4 : 1, 5 : 1, 7 : 1 등등으로 된다. 따라서 자본의 증가에 따라 노동력으로 전환되는 것은 총자본가치의 $\frac{1}{3}$, $\frac{1}{4}$, $\frac{1}{5}$, $\frac{1}{6}$, $\frac{1}{8}$ 따위로 줄어들게 되고, 생산수단으로 전환되는 것은 $\frac{2}{3}$, $\frac{3}{4}$, $\frac{4}{5}$, $\frac{5}{6}$, $\frac{7}{8}$ 따위로 늘어나게 된다. 노동에 대한 수요는 총자본량에 의해 결정되는 것이 아니라 총자본의 가변적 구성부분에 의해 결정되는 것이므로, 그 수요는 우리가 제1절에서 가정한 바와 같이 총자본의 증가에 비례해 증대하는 것이 아니라, 오히려 점차로 감소한다. 그 수요는 총자본의 크기에 비해 상대적으로 감소하며 또 총자본의 증가에 따라 그 상대적 감소는 가속화한다. 총자본의 증가에 따라 그 가변적 구성부분[즉 총자본에 결합되는 노동력]도 증가하기는 하지만, 그 구성비는 끊임없이 감소한다. 축적이 일정한 기술적 토대 위에서 단순한 생산 확대로 작용하는 중간기간은 단축된다. 추가노동자를 흡수하기 위해, 또는 심지어 [옛날 자본의 끊임없는 형태 변화 때문에] 이미 기능하고 있는 노동자의 취업을 유지하기 위해서도, 총자본의 가속적 축적이 필요하게 된다. 그런데 이번에는 이 증가하는 축적과 집중이 자본구성의 새로운 변동[즉 자본의 불변적 부분에 대비한 가변적 부분의 가속적인 감소]의 원천으로 된다. [총자본의 증가에 따라 촉진되며 총자본 자체의 증가보다 빠른 속도로 촉진되는] 가변자본의 상대적 감소는 오히려 [가변자본 또는 고용수단의 증가보다 언제나 급속하게 증가하는] 노동인구의 절대적 증가라는 거꾸로 된 형태를 취하고 있다. 그러나 사실은 자본주의적 축적 그 자체가 상대적으로 과잉인, 즉 자본의 평균적인 자기증식욕에 필요한 노동인구를 초과하는 노동인구를 [자기 자신의 정력과 규모에 비례해] 끊임없이 생산해 내고 있는 것이다.

사회적 총자본을 고찰하면, 이 축적운동은 때로는 주기적으로 상이한 국면들[제1절과 제2절의 국면들] 을 통과하기도 하고, 때로는 그 상이한 국면들을 동시에 각각의 생산부문으로 분배하기도 하는 것을 본다. 일부 부문들에서는 자본구성의 변동이 자본의 절대적 증가 없이 단순한 집중의 결과로 일어난다. 다른 부문들에서는 자본의 절대적 증가가 그 가변적 구성부분[또는 그것이 흡수하는 노동력]의 절대적 감소와 결부되어 있다. 또 약간의 부문들에서는 자본이 일정한 기술적 토대 위에서 계속 증가하며 그 증가에 비례해 추가노동력을 흡수하기도 하고, 다른 시기에는 유기적 변동을 겪어 자본의 가변적 구성부분이 수축되기도 한다. 모든 부문에서 가변자본 부분의 증가, 따라서 또 가변자본이 고용하는 노동자 수의 증가는 언제나 격심한 동요와 일시적인 과잉인구의 생산과 결부되어 있다. 그런데 이 과잉인구의 생산은 이미 취업하고 있는 노동자들의 축출이라는 훨씬 눈에 띄는 형태를 취하거나, 추가적 노동인구를 통상적인 통로를 통해 흡수하는 것이 더욱 곤란해지는 [그렇게 눈에 띄지는 않으나 효과에서는 그에 못지않은] 형태를 취한다.[12] 이미 기능하

---

12) 잉글랜드와 웨일스의 인구조사는 특히 다음과 같은 것을 보여주고 있다. 농업에 종사하는 전체 인구(지주·차지농업가·원예가·양치기 등등을 포함)는 1851년 2,011,447명, 1861년 1,924,110명(즉 87,337명 감소). 모방적업에서는 1851년 102,714명, 1861년 79,242명. 견직업에서는 1851년 111,940명, 1861년 101,678명. 날염공업은 1851년 12,098명, 1861년 12,556명인데, 사업이 크게 확장되었는데도 이렇게 적게 증가한 것은 취업노동자 수의 커다란 상대적 감소를 의미한다. 모자 제조업은 1851년 15,957명, 1861년 13,814명. 밀짚모자와 여자용 모자 제조업은 1851년 20,393명, 1861년 18,176명. 엿기름 제조업은 1851년 10,566명, 1861년 10,677명. 양초 제조업은 1851년 4,949명, 1861년 4,686명인데, 이 감소는 특히 가스에 의한 조명 때문이다. 빗 제조업은 1851년 2,038명, 1861년 1,478명. 제재업은 1851년 30,552명, 1861년 31,647명인데 이 적은 증가는 기계톱이 보급된 결과다. 못 제조업은 1851년 26,940명, 1861년 26,130명인데, 이 감소는 기계와 경쟁한 결과다. 주석과 구리 광산업은 1851년 31,360명, 1861년 32,041명. 이와는 반대로 면방적과 면방직업에서는 1851년 371,777명, 1861년 456,646명. 탄광에서는 1851년

고 있는 사회적 자본의 크기와 증가율에 따라, 생산규모와 기능하는 노동자 수의 확장에 따라, 노동자들의 노동생산성의 발전에 따라, 그리고 부의 모든 원천이 확대하고 증가함에 따라, 자본이 노동자를 흡수하거나 축출하는 규모도 증대하며, 자본의 유기적 구성과 기술적 구성의 변동속도도 빨라지며, 그리고 때로는 동시적으로 때로는 교대로 이 변동을 겪게 되는 생산부문들의 수도 증대한다. 따라서 노동인구는 그들 자신이 생산하는 자본축적에 의해 그들 자신을 상대적으로 불필요하게 만드는 [즉 상대적 과잉인구로 만드는] 수단을 점점 더 큰 규모로 생산한다.[13]

183,389명, 1861년 246,613명. "노동자의 증가는 1851년 이래, 기계가 아직 성공적으로 사용되지 못한 부문들에서 대체로 가장 크다."(『1861년도 잉글랜드와 웨일즈의 인구조사』. 제3권. 런던 1863: 35~39)

13) {엥겔스: [불어판에서] 약간의 탁월한 고전파 경제학자들은 가변자본의 상대적 크기의 누진적 감소의 법칙과 이것이 임금노동자 계급의 형편에 미치는 영향을 이해했다기보다 오히려 추측하고 있었다. 이에 대해서는 바틴이 가장 크게 기여했다. 물론 그도 기타의 모든 고전파 경제학자들처럼 불변자본을 고정자본으로, 가변자본을 유동자본으로 혼동하고 있다. 그는 다음과 같이 말한다.} "노동에 대한 수요는 고정자본이 아니라 유동자본의 증가에 의존한다. 이 두 종류의 자본 사이의 비율이 어느 때 어느 상황에서도 동일하다는 것이 사실이라면, 취업노동자의 수는 나라의 부에 비례한다는 결론이 나온다. 그러나 이와 같은 가정은 불가능한 것 같다. 기술이 발전하고 문명이 보급됨에 따라 고정자본은 유동자본에 비해 점점 더 큰 몫을 차지한다. 한 필의 영국제 면직물의 생산에 사용된 고정자본은 같은 한 필의 인도제 면직물에 사용된 것보다 적어도 백 배나, 아마도 천 배나 클 것이다. 그런데 유동자본의 몫은 백 분의 1 또는 천 분의 1정도다…연간의 저축총액이 고정자본에 첨가되면 노동에 대한 수요의 증가에는 아무런 영향도 주지 않을 것이다."(바틴, 『사회의 노동자계급의 형편에 영향을 미치는 여러 사정들의 고찰』. 런던 1817: 16~17) "그 나라의 순수입net revenue을 증가시킬 수 있는 것과 동일한 원인이 동시에 인구를 과잉하게 하고 또 노동자의 상태를 악화시킬 수도 있다는 것은 당연한 귀결이다."(리카도, 『정치경제학 및 과세의 원리』: 471) 자본의 증대에 따라 "수요"(노동에 대한)"는 체감할 것이다."(같은 책: 479, 주)

이것이 자본주의적 생산양식에 특유한 인구법칙이다. 사실 모든 특수한 역사적 생산양식은 자기 자신의 특수한 [자기의 한계 안에서만 역사적으로 타당한] 인구법칙을 가지고 있다. 추상적 인구법칙이란 식물과 동물에 대해서만, 그것도 인간이 간섭하지 않는 한에서만, 존재한다.

그런데 과잉 노동인구가 축적의 필연적 산물 또는 자본주의적 토대 위에서 부의 발전의 필연적 산물이라면, 이번에는 이 과잉인구가 자본주의적 축적의 지렛대로, 심지어는 자본주의적 생산양식의 생존조건이 된다. 과잉 노동인구는 [마치 자본이 자기의 비용으로 육성해 놓은 것처럼] 절대적으로 자본에 속하며 자본이 마음대로 처분할 수 있는 산업예비군을 형성한다. 현실적 인구증가의 한계와는 관계없이, 산업예비군은 자본의 변동하는 가치증식욕을 위해 언제나 착취할 수 있게 준비되어 있는 인간재료를 이룬다. 축적과 이에 따르는 노동생산성의 발전에 따라 자본의 갑작스러운 확장력도 증대한다. 왜냐하면 이미 기능하고 있는 자본의 신축성이 증대하고 사회의 절대적 부[자본은 이 부의 신축성 있는 한 부분에 불과하다]가 증대하기 때문이며, 또 신용제도가 특별한 자극을 받을 때마다 즉시로 이 부의 매우 큰 부분을 추가자본의 형태로 생산의 처분에 맡기기 때문이고, 또한 생산과정의 기술적 조건[즉 기계·운송수단 등]에 의해 잉여생산물이 추가적 생산수단으로 매우 급속히 전환될 수 있기 때문이다. [축적의 진전에 따라 팽창되어 추가자본으로 전환될 수 있는] 사회적 부는 시장이 갑자기 확대되는 종래의 생산부문으로 밀려들

"노동의 유지에 충당되는 자본액은 자본총액의 변동과는 관계없이 변동할 것이다.…취업자 수의 심한 증감과 막대한 고통은 자본 자체가 더 풍부하게 됨에 따라 더 빈번해질 수 있다."(존스, 『정치경제학 입문 강의』. 런던 1833: 13) "수요"(노동에 대한)"는…총자본의 축적에 비례해 증대하지는 않을 것이다…그러므로 재생산에 돌려진 한 나라 자본의 어떤 증가도 사회의 진보에 따라 노동자들의 형편에 점점 더 적은 영향을 주게 된다."(람지, 『부의 분배에 관한 평론』: 90~91)

든가, 또는 [종래의 생산부문들의 발전에 따라 이제 필요하게 되는] 새로 형성된 부문들(예컨대 철도)로 맹렬하게 밀려든다. 이런 모든 경우 다른 부문의 생산규모에 해를 끼치지 않으면서 결정적인 부문에 신속하게 많은 사람들을 투입할 수 있어야 한다. 과잉인구가 그 사람들을 제공한다. 근대산업의 특징적인 진행과정, 즉 평균수준의 호황·활황·공황·침체로 이루어지는 10년을 1주기로 하는 순환(더 작은 규모의 변동에 의해 중단되기도 하지만)은 산업예비군 또는 과잉인구의 끊임없는 형성, 다소간의 흡수와 재형성에 의존하고 있다. 반대로 이번에는 산업순환의 국면교체가 과잉인구를 보충하며, 또 그것의 재생산을 위한 가장 강력한 요인들 중의 하나가 된다. 인류 역사의 이전 시기에는 없었던 근대산업의 이 독특한 순환과정은 자본주의적 생산의 유년기에도 없었다. 그 당시에는 자본의 구성은 매우 천천히 변동했을 따름이다. 따라서 대체로 자본의 축적에 따라 노동에 대한 수요도 이에 대응해 뒤따랐다. 자본축적의 진전이 지금에 비해 완만했는데도 착취할 수 있는 노동인구의 자연적 한계에 부딪쳤으며, 이 한계는 뒤에서 언급하게 될 폭력적 수단에 의해서만 제거될 수 있었다. 생산규모의 돌발적·비약적 확대는 생산규모의 돌발적 축소의 전제조건이다. 축소는 이번에는 확대를 일으키지만, 마음대로 처분할 수 있는 인간재료 없이는, 즉 인구의 절대적 증가에 의존하지 않는 노동자 수의 증가 없이는, 확대는 불가능하다. 이런 노동자 수의 증가는 노동자들의 일부를 끊임없이 '풀려나게 하는' 단순한 과정에 의해, 생산증가에 대비해 취업노동자의 수를 감소시키는 방법에 의해 달성된다. 따라서 근대산업의 모든 운동형태는 노동인구의 일부를 끊임없이 실업자 또는 반#취업자로 전환시키는 것에 의존하고 있다. 정치경제학의 천박성은 [산업순환의 주기적 변동의 징조에 불과한] 신용의 확대와 축소를 산업순환의 원인으로 보고 있다는 사실에서 드러나고 있다. 천체가 일단 어떤 특정한 운동에 들어가면 끊임없이 그 운동을 반복하는 것과 마찬가지로, 사회적 생산도 일단 확대와 축소가 교체되는 이 운동에 들어가면 끊임없이 그 운동을 반복한다. 결과가 이번에는 원인으로 되며, 그리하여 [자기 자신의 조건을 끊임없이 재생산하는] 전체 과정의 교체되는 국면들이 주기성의 형태를 취하게 된다.* 이 주기성이 일단 확고해지면 정치경제학까지도 상대적 과잉인구 [즉 자본의 평균적 증식욕에 대비해 과잉인 인구]의 생산을 근대산업의 필요조건으로 이해한다.

이전에는 옥스퍼드 대학의 정치경제학 교수였고 뒤에는 영국 식민성의 관리였던 메리베일은 다음과 같이 말하고 있다.

"이런 공황기에 국민이 궐기해 수십만 명의 과잉노동자를 국외로 이민시킴으로써 그들을 처리하려고 노력한다고 하자. 그러면 그 결과는 무엇일까? 노동에 대한 수요가 회복되자마자 노동부족이 생길 것이다. 인간의 재생산이 아무리 빨리 진행된다 하더라도 성인 노동자를 보충하기 위해서는 어쨌든 한 세대라는 기간이 필요하다. 그런데 우리 공

---

* 마르크스는 불어판 이곳에 다음과 같은 문장들을 삽입했다. "그러나 다음과 같은 일들이 일어난 뒤에만, 자기영속적인 반복되는 순환[순차적인 국면들이 몇 년을 포괄하며, 순환은 항상 일반적 공황에서 그 정점에 도달하는데, 일반적 공황은 하나의 순환의 종점일 뿐 아니라 다른 하나의 순환의 출발점이기도 하다]이 시작될 수 있다. 즉, 기계제공업이 확립되어 국내의 생산 전체에 지배적인 영향을 미치게 되었을 것, 기계제공업의 덕택으로 해외무역이 국내상업을 추월하기 시작했을 것, 세계시장이 신대륙·아시아·오스트레일리아의 광대한 영역을 차례차례 포섭해 버렸을 것, 그리고 끝으로 다수의 공업국들이 세계시장에서 경쟁에 참가했을 것 등이다. 지금까지 이러한 순환들의 주기[공황에서 다음 공황까지의 기간]는 10~11년이었지만, 이 주기가 불변이라고 생각할 아무런 이유도 없다. 오히려 반대로 지금 설명한 자본주의적 생산의 법칙들로부터 우리들은 순환의 주기는 가변적이며 또 점차로 단축되리라고 결론지을 수 있다."

장주들의 이윤은 수요가 왕성한 호경기를 이용해 불황기의 손실을 보상하는 능력에 주로 달려 있다. 이 능력은 기계와 육체노동에 대한 지배력에 의해서만 그들에게 보장된다. 그들은 자기들이 마음대로 할 수 있는 노동자들을 항상 구할 수 있어야 하며, 시장 상황에 따라 필요하다면 노동자들의 작업 활동을 증가시키거나 감소시킬 수 있어야 한다. 그렇지 않으면 공장주들은 결코 치열한 경쟁 속에서 [이 나라의 부가 달려 있는] 우위를 유지할 수 없을 것이다.”14)

맬더스조차도 과잉인구를 근대산업의 하나의 필요조건이라는 것을 인정하고 있다. 물론 그는 과잉인구를 노동인구의 일부가 상대적으로 너무 많아졌다고 말하지 않고 노동인구의 절대적 번식과잉이라는 식으로 편협하게 설명하고 있다. 그는 다음과 같이 말한다.

“공업과 상업에 주로 의존하는 나라의 노동자계급 사이에서 결혼 억제가 상당한 정도로 실시된다면, 그 나라에 해로울 수 있다…특수한 수요 증대에 대응해 노동자를 시장에 제공할 수 있으려면 인구의 성질상 16~18년이 지나야 하는데, 수입이 자본으로 전환하는 것은 저축에 의해 그보다 훨씬 더 빠르게 행해질 수 있다. 한 나라는 언제나 노동기금이 인구보다 급속히 증가하는 경향이 있다.”15)

---

14) 메리베일, 『식민과 식민지에 관한 강의』. 전2권. 런던 1841과 1842. 제1권: 146.

15) 맬더스, 『정치경제학 원리』: 215, 319~320. 이 저서에서 맬더스는 드디어 시스몽디의 도움을 받아 자본주의적 생산의 훌륭한 삼위일체, 즉 과잉생산·과잉인구·과잉소비를 발견했다. 이것이야말로 실로 대단히 미묘한 세 개의 괴물이다! 『독불연보』(파리 1844: 107 이하)에 발표된 엥겔스의 『국민경제학 비판 개요』[CW 3: 435-440] 참조.

정치경제학은 이와 같이 상대적으로 과잉인 노동인구의 끊임없는 생산을 자본주의적 축적의 하나의 필요조건이라고 선언한 다음에, 곧 자기의 최고 이상인 자본가의 시녀가 되어 자본가로 하여금 [노동자들 자신의 창조물인 추가자본에 의해 길거리로 내던져진] '과잉' 노동자들에게 다음과 같은 말을 하도록 한다.

"우리 공장주들은 그대들의 생존에 필요한 자본을 증가시킴으로써 그대들을 위해 할 수 있는 모든 것을 하고 있다. 그러니 그대들은 그대들의 수를 생존수단에 맞춤으로써 나머지 일을 해야만 한다."16)

자본주의적 생산은 자연적 인구증가가 제공하는 자유로이 처분할 수 있는 노동력의 양에 결코 만족할 수 없다. 자본주의적 생산은 자기의 자유로운 활동을 위해 이 자연적 제한에서 해방된 산업예비군을 요구한다.

이제까지 우리는 가변자본의 증감은 취업노동자 수의 증감과 정확히 일치한다고 가정했다.

그러나 가변자본이 증가할 때도 자본의 지배 아래 있는 노동자 수는 불변이거나 심지어 감소할 수도 있다. 개별 노동자가 더욱 많은 노동을 제공하고, 따라서 그의 임금이 증가하는 경우 그렇게 된다. 노동의 가격〔1시간 노동에 대한 보수〕이 불변이든가 심지어 떨어지더라도, 그 인하 속도가 노동량의 증대 속도보다 느리기만 하면, 임금은 증가한다. 이런 경우 가변자본의 증가는 더 많은 노동량의 지표는 되지만 더 많은 수의 취업노동자의 지표로 되지는 않는다. 일정한 노동량을 더 많은 수의 노동자로부터가 아니라 더 적은 수의 노동자로부터 짜내는 것이, 만약 그 비용이 대체로 같다면, 모든 자본가에게 절대적으로 유리하다. 전자의 경우에

---

16) 마티노, 「맨체스터의 파업」, 런던 1832: 101.

는 불변자본 [예: 공장건물, 기계] 의 지출이 노동자 수에 비례해 증가하지만 후자의 경우에는 이보다 훨씬 적게 증가한다. 생산 규모가 커지면 커질수록 이 동기 [불변자본의 절약] 는 그만큼 더 결정적인 의의를 가지게 된다. 이 동기는 자본의 축적에 따라 증가한다.

이미 본 바와 같이, 자본주의적 생산방식의 발전과 노동생산성의 발전 [이것은 축적의 원인인 동시에 결과다]으로 자본가는 개별 노동력의 착취(외연적 또는 내포적)를 증대시킴으로써 종전과 동일한 양의 가변자본의 지출로 더 많은 노동량을 움직이게 할 수 있다. 또 앞에서 본 바와 같이, 자본가는 숙련노동자를 미숙련노동자로, 성숙노동자를 미성숙노동자로, 남성노동자를 여성노동자로, 성인노동자를 미성년자나 아동으로 교체함으로써, 동일한 자본가치로 더 많은 양의 노동력을 구매한다.

그리하여 축적이 진행됨에 따라, 한편으로 더 큰 가변자본이 노동자의 수를 증가시키지 않으면서 더 많은 노동량을 운동시키며, 다른 한편으로 같은 크기의 가변자본이 같은 양의 노동력으로 더 많은 노동량을 운동시키며, 그리고 끝으로 더 숙련된 노동력 대신 질 낮은 더욱 큰 수의 노동력을 운동시킨다.

그러므로 상대적 과잉인구의 생산[또는 노동자들의 풀려남]은 [축적의 진전에 따르거나 이것에 의해 촉진되는] 생산과정의 기술적 변혁보다 더욱 급속히 진행되며, 또 [기술적 변혁에 대응하는] 불변자본 부분에 대비한 가변자본 부분의 상대적 감소보다 더욱 급속히 진행된다. 생산수단은 그 규모와 작용력이 증대함에 따라 노동자들의 취업수단이 되는 정도가 훨씬 줄어드는데, 이 관계 자체는 노동생산성이 증대함에 따라 자본은 노동자에 대한 수요보다 더 급속하게 노동의 공급을 증가시킨다[노동자가 더 많은 노동을 한다] 는 사실에 의해 다시 수정된다. 이리하여 노동자계급 중 취업자들의 과도노동은 그 예비군을 증가시키고, 거꾸로 예비군이 경쟁을 통해 취업자들에게 가하는 압박의 강화로 취업자는 과도노동을 하지 않을 수 없고 자본의 명령에 복종하지 않을 수 없다. 노동자계급의 일부에게 과도노동을 시킴으로써 나머지 부분을 강요된 나태에 빠지게 하는 것과, 또 그 반대로 산업예비군 때문에 취업자가 과도노동을 하지 않을 수 없는 것은, 개별 자본가들의 치부수단으로 되며,[17] 동시에 사회적 축적의 진전에 대응하는 규모로 산업예비군의 생산을 촉진한다. 이 점이 상대적 과잉인구의 형성에서 얼마나 중요한지를 보여주는 예를 영국에서 찾을 수 있다. 영국에는 노동의 '절약'을 위한 기술적 수단이 매

---

[17] 1863년의 면화기근 중에도 블랙번의 면방적공들의 한 팸플릿에서는 과도노동—이것은 공장법 덕분으로 물론 성인 남성노동자들에게만 해당되는 일이었지만—을 맹렬히 비난하고 있다. "자기의 가족을 부양하고 동료들이 과도노동으로 일찍 죽는 것을 구제하기 위해, 기꺼이 파트타임 노동이라도 하려는 수백 명의 실직노동자들이 있는데도, 이 공장에서는 성인노동자들에게 하루 12~13시간 노동할 것을 요구하고 있다." 또 계속해 다음과 같이 말한다. "우리는 소수 노동자들에 의한 시간외 노동이 공장주와 노동자들 사이에 우호적인 관계를 만들어낼 것인지 아닌지를 묻고 싶다. 시간외 노동을 하는 사람들도 실직자들과 마찬가지로 부당함을 느끼고 있다. 이 지방에서는 노동이 공정하게 분배된다면 모든 사람들을 부분적으로 취업시킬 정도의 일은 충분히 있다. 우리는 고용주들에게, 일부 노동자들은 일이 없어 자선에 의해 연명하고 있는데 다른 일부 노동자들에게는 과도노동을 시킬 것이 아니라, 사태가 개선될 때까지 전반적으로 단축시간 노동제도를 실시할 것을 요청하는데, 우리는 오직 정의로운 것을 요구할 뿐이다."(『공장감독관 보고서. 1863년 10월 31일』: 8) 『상공업에 관한 평론』의 저자는 평소의 확실한 부르주아적 본능에 의해 상대적 과잉인구가 취업노동자에게 미치는 영향을 이해하고 있다. "이 나라의 느리고 게으름의 또 하나의 원인은 노동자 수가 충분히 많지 않다는 것이다…제품에 대한 어떤 비상한 수요로 말미암아 노동이 부족하게 될 때마다, 노동자들은 그들 자신의 중요성을 느끼며 또 그들의 고용주들에게도 그것을 느끼게 하려고 하는데, 이것은 놀랄 만한 일이다. 그러나 이 노동자들의 근성은 아주 타락했기 때문에 이와 같은 경우 노동자 집단은 단결해 하루종일 일하지 않고 빈둥거림으로써 고용주들을 곤경에 빠뜨리고 있다."(『상공업에 관한 평론』: 27~28) 이 노동자들은 실제로는 임금 인상을 요구하고 있었던 것이다!

우 많다. 그러나 내일 아침에라도 노동을 전반적으로 합리적인 양으로 제한하고 그것을 노동자계급의 각층에게 나이와 성별에 알맞게 배정한다면, 국민적 생산을 현재의 규모로 진행하기 위해서는 현재의 노동인구로는 절대로 부족할 것이다. 현재의 '비생산적'노동자의 대다수가 '생산적' 노동자로 되지 않으면 안 될 것이다.

임금의 일반적 변동은, 전체적으로 보면, 산업순환의 국면 교체에 대응하는 산업예비군의 팽창과 수축에 의해 전적으로 규제된다. 따라서 임금의 일반적 변동은, 노동인구의 절대수의 변동에 의해서가 아니라, 노동자계급이 현역군과 예비군으로 분할되는 비율의 변동에 의해, 과잉인구의 상대적 규모의 증감에 의해, 그리고 또 과잉인구가 때로는 흡수되며 때로는 다시 축출되는 정도에 의해 결정된다. 10년 주기의 순환과 각 순환의 상이한 국면들[축적의 진행에 따라 각 국면들은 더욱더 빨리 서로의 뒤를 따르는 불규칙적 진동에 의해 복잡해지고 있다]을 통과하는 근대산업에 대해서, 자본의 확장과 수축의 교체[즉 그때그때의 자본의 증식욕의 크기]가 노동의 수요와 공급을 규제한다는 법칙, 즉 자본이 팽창하기 때문에 노동시장이 때때로 상대적으로 공급부족이 되고 자본이 수축하기 때문에 노동시장이 때때로 상대적으로 공급과잉이 된다는 법칙이 아니라, 자본의 운동이 단순히 인구의 운동에 종속되고 있는 것처럼 꾸미는 법칙은 정말 매우 아름다운 [엉터리] 법칙일 것이다. 그런데도 바로 이것이 경제학자들의 교리다. 이 교리에 따르면, 자본축적의 결과로 임금은 인상되고, 임금인상은 노동인구로 하여금 더 급속하게 번식하도록 자극하며, 이 사태는 노동시장이 공급과잉으로 될 때까지 [즉 자본이 노동자 공급에 비해 불충분하게 될 때까지] 계속된다. 이제 임금이 인하되고 사태가 거꾸로 된다. 임금인하의 결과로 노동인구는 점차 감소하며, 그리하여 노동인구에 비해 자본이 다시 과잉으로 된다. 또는 다른 사람들이 설명하듯이, 임금인하와 이에 따른 노동자들에 대한 착취강화는

다시 축적을 촉진하고, 다른 한편으로는 임금의 낮은 수준이 노동자계급
의 증식을 억제한다. 그리하여 노동자의 공급이 수요보다 적고 임금이
인상되는 시기가 또다시 찾아온다. 참으로 이것은 발전된 자본주의적 생
산의 아주 훌륭한 운동방식이다! 〔그러나 사실은 그렇지 않다.〕 임금상승이
〔실제로 노동할 수 있는〕 인구의 그 어떤 적극적인 증가를 낳기 이전에
〚새로 태어난 아이가 성년이 되기 전에〛, 산업전쟁〚노동자의 부족을 해결하려는
고용주들의 조직적 활동〛이 진행되고 전투가 벌어지고 승패가 결정되지 않
으면 안 될 기간이 여러 번 경과해 버렸을 것이다.

　　1849년과 1859년 사이에 영국의 농업지방에서는 사실상 미미한 정도
의 임금인상〔곡물가격의 하락을 동반하고 있었다〕이 있었는데, 예컨대
윌트셔에서는 주급이 7실링에서 8실링으로, 도싯셔에서는 7실링 또는 8
실링에서 9실링으로 인상되었다. 이것은 전쟁*을 위한 노동수요, 철도부
설, 공장·광산 등의 대확장으로 말미암아 과잉농업인구가 예외적으로
많이 빠져나간 결과였다. 임금이 낮으면 낮을수록 매우 미미한 임금인상
이라도 그것이 표현하는 인상률은 그만큼 더 높아진다. 예컨대 주급이
20실링이던 것이 22실링으로 인상된다면 10% 인상된 것으로 되는데, 7실
링에 불과하던 것이 9실링으로 인상되면 $28\frac{4}{7}$ % 인상된 것으로 되어 매
우 많이 인상된 것처럼 보인다. 어쨌든 차지농업가들은 아우성쳤고, 런던
『이코노미스트』지까지도 아주 진지하게 이 기아수준의 임금에 대해 '전반
적이며 대단한 임금인상'[18]이라고 떠들어대었다. 그러면 차지농업가들

---

*　영국은 1849년과 1859년 사이에 몇 개의 전쟁, 즉 크리미아 전쟁(1853~
　1856), 중국에 대한 침략전쟁(1856~1858, 1859~1860), 페르시아에 대한 침략
　전쟁(1856~1857)에 참가했다. 뿐만 아니라 영국은 1849년에 인도의 정복을
　완료했으며, 1857~1859년에는 인도의 민족항쟁(세포이 반란)을 진압하기 위
　해 군대를 투입했다.

18) 『이코노미스트』. 1860년 1월 21일자.

은 이제 무엇을 했는가? 그들은 [교조적인 경제학자들의 두뇌가 생각한 바와 같이] 그런 훌륭한 임금인상의 결과 농업노동자들이 증식되어 그들의 임금이 다시 하락하지 않을 수 없을 때까지 기다렸는가? 아니다. 그들은 더 많은 기계를 도입했으며, 그리하여 노동자들은 순식간에 차지농업가들도 만족할 정도로 또다시 너무 많게 되었다. 이제는 종전보다 '더 많은 자본'이 농업에, 그것도 더욱 생산적인 형태로 투하되었다. 이렇게 됨으로써 노동에 대한 수요는 상대적으로 뿐 아니라 절대적으로도 감소했다.

위에 말한 경제학적 허구 [즉 임금상승→인구증가→임금하락] 는 임금의 일반적 운동, 또는 노동자계급[즉 총노동력]과 사회적 총자본 사이의 비율관계를 규제하는 법칙과, 노동인구를 상이한 생산부문들에 배분하는 법칙을 혼동하고 있다. 예컨대 만약 호경기의 결과 어느 특수한 생산부문에서 축적이 특히 활발하게 이루어지고 이윤이 평균이윤보다 높아 추가자본이 이 부문으로 밀려들어오면, 물론 노동에 대한 수요는 증가하고 임금은 인상된다. 더 높은 임금은 노동인구의 더 많은 부분을 경기가 좋은 이 부문으로 끌어들이며, 드디어 이 부문은 노동력으로 포화상태가 된다. 그러면 임금은 결국 다시 종전의 평균수준으로, 또는 노동력이 너무 많이 밀려든 경우에는 그 이하로 떨어진다. 이때에는 이 산업부문으로 노동자들의 유입은 정지될 뿐 아니라 유출하기까지 한다. 이 경우 정치경제학자는 임금의 상승에 따라 노동자 수의 절대적 증가가 일어나며, 노동자 수의 절대적 증가에 따라 임금의 인하가 일어난다고 생각하게 된다. 그러나 그가 실제로 보고 있는 것은 특수한 어떤 생산부문에서 노동시장의 부분적 움직임에 불과하며, 그리고 자본의 필요가 변화함에 따라 상이한 자본투하부문으로 노동인구가 분배되는 것에 의해 나타나는 현상에 불과하다.

산업예비군 [즉 상대적 과잉인구] 은 침체기와 평균 정도의 호황기에는 현역 노동자 군대에 압력을 가하고, 과잉생산과 열광적인 확장기에는 현역군의 요구 ▮ 예: 임금인상 ▮를 억제한다. 따라서 상대적 과잉인구는 노동의 수요와 공급의 법칙이 작용하는 배경이며, 이 수요·공급 법칙의 작용범위를 자본의 노동자에 대한 착취욕과 지배욕에 절대적으로 유리한 한계 안에 국한시킨다.

이제 경제학적 변호론의 훌륭한 업적 중 하나로 돌아가도록 하자. 우리가 기억하고 있는 바와 같이, 새로운 기계의 도입 또는 낡은 기계의 확장에 의해 가변자본의 일부가 불변자본으로 전환되면, 경제학적 변호론자들은 [자본을 기계에 '묶어 놓고' 또 바로 그렇게 함으로써 노동자들을 '풀려나게' 하는] 이 활동을 정반대로 노동자들을 위해 자본을 풀려나게 하는 것이라고 해석한다 ▮ 제15장 제6절을 보라 ▮. 이제야 비로소 우리는 변호론자들이 얼마나 파렴치한가를 완전히 알 수 있다. 풀려나는 것은, 기계에 의해 직접 쫓겨나는 노동자들뿐 아니라 장래에 그들을 대체할 자라나는 세대의 보충인원도 풀려나며, 또 사업이 종전의 토대 위에서 정상적으로 확장될 때 규칙적으로 흡수되었을 추가인원도 풀려난다. 이제는 그들 모두가 '풀려났'으며, 따라서 투자할 곳을 찾는 새로운 자본은 그들을 자유로이 처분할 수 있다. 이 자본이 흡수하는 것이 그들이든 또는 다른 사람이든, 만약 이 자본이 [기계가 시장에 내던진 노동자들과] 동일한 수의 노동자를 노동시장에서 끌어낸다면 ▮ 취업시킨다면 ▮, 전반적인 노동수요는 영향을 받지 않는다. 만약 이 자본이 더 적은 노동자를 취업시킨다면 '과잉노동자'의 수는 증가하고, 더 많은 노동자를 취업시킨다면, 전반적인 노동수요는 [취업자의 수가 '풀려난' 수를 초과하는 만큼] 증가한다. 따라서 투자할 곳을 찾는 추가자본이 전반적인 노동수요를 촉진하는 성과는, 언제나 기계에 의해 길에 내던져진 노동자들이 모두 흡수될 때까지는 아무 것도 없다. 결국 자본주의적 생산의 기구 ▮ 메커니즘 ▮는 자본의 절대적 증가가 전반적인 노동수요의 상응하는 증대를 수반하지 않도록 배려하고 있는 것이다. 그런데 이것 ▮ 추가자본이 실직자를 다시 고용하는 것] 을 변호론자는 노동자들이 쫓겨나서 산업예비군으로 있는 과도기에 겪는 빈궁과 고난과 [있을 수 있는] 사망에 대한 보상 [제15장 6절을 참조하라] 이라고 부른다! 노동에 대한 수요는 자본의 증가와 동일한 것이 아니며, 노동의 공급은 노동자계급의 증가와 동일한 것이 아니다. 여기에서는 서로 독립된 두 개의 힘 [자본과 노동] 이 상호작용하는 것이 아니다. 한 쪽이 무겁게 되어 있는 주사위처럼, 자본은 두 측면 모두에서 동시에 작용한다. 자본의 축적이 한편으로 노동에 대한 수요를 증가시킨다면, 다른 한편으로는 노동자를 '풀려나게' 해서 노동자의 공급을 증대시키고, 동시에 실업자들의 압력은 취업자들로 하여금 더 많은 노동을 수행하지 않을 수 없게 하며, 따라서 일정한 정도까지는 노동의 공급을 노동자의 공급과 무관한 것으로 만든다. 이런 토대 위에서 행해지는 노동의 수요·공급 법칙의 작용은 자본의 독재를 완성한다. 그러므로 노동자들이 일을 많이 하면 할수록 타인의 부가 그만큼 더 많아지며, 그리고 그들의 노동생산성이 증가하면 할수록, 자본의 가치증식 수단으로서 자기들의 기능조차 그만큼 더 위태롭게 되는 이유에 대한 비밀을 알게 되자마자; 또 그들이 자기들 사이의 경쟁 강도는 전적으로 상대적 과잉인구의 압력에 달려있다는 것을 알게 되자마자; 또 그들이 자본주의적 생산의 이 자연법칙이 자기들 계급에 미치는 파멸적 영향을 제거하거나 약화시키기 위해 노동조합의 설립 등을 통해 취업자와 실업자 사이의 계획된 협력을 조직하려고 노력하자마자; 자본과 그의 아첨꾼인 정치경제학은 '영원한' 그리고 이른바 '신성한' 수요·공급 법칙에 대한 침해라고 떠들어댄다. 취업자와 실업자 사이의 어떤 단결도 이 법칙의 '조화로운' 작용을 교란시킨다는 것이다. 그러나 다른 한편으로 (예컨대 식민지에서) 불리한 사정들이 산업예비군의 형성과 이에 따르는 자본가계급에 대한 노동자계급의 절대적 종속을 방해하자마자, 자본은 자기의 세속적인 산초 판사 [아첨하는 경제학자] 와 함께 수요·공급의 '신성한' 법칙에

반기를 들고 강제수단과 국가개입을 통해 그 법칙의 작용을 저지하려고
한다.〖제33장에 있는 웨이크필드의 '조직적 식민'을 참조하라.〗

제4절 상대적 과잉인구의 상이한 존재형태. 자본주의적 축적의 일반법칙

상대적 과잉인구는 매우 다양한 형태로 존재한다. 각 노동자는 부분적
으로 취업하고 있거나 전혀 취업하고 있지 않는 기간에는 상대적 과잉인
구에 속한다. 산업순환의 국면 교체에 의해 상대적 과잉인구가 주기적으
로 대규모로 취하는 형태들[공황기에는 급성의 형태, 불황기에는 만성의
형태]을 도외시하면, 과잉인구는 언제나 세 가지의 형태, 즉 유동적, 잠
재적, 정체적 형태를 띠고 있다.

근대산업의 중심인 공장·매뉴팩처·제철소·광산 등에서는 노동자들
이 때로는 대규모로 축출되고 때로는 대규모로 다시 흡수되어, 전체적으
로 보아 취업자의 수는, 비록 생산규모에 비해 끊임없이 감소하는 비율
이긴 하지만, 증대한다. 과잉인구는 이 경우 유동적 형태로 존재한다.

[기계가 하나의 요소로 사용되거나 근대적 분업만이 실시되고 있는]
대작업장에서와 마찬가지로, 자동화된 공장에서는 수많은 소년들이 성
인이 될 때까지 고용되고 있다. 일단 성인이 되면 동일한 사업부문에 계
속 남아있는 사람은 극소수에 불과하고 대다수는 으레 해고된다. 이들은
유동적 과잉인구의 한 요소를 이루는데 해당사업부문의 확대에 따라 증
가한다. 그들의 일부는 국외로 이주하는데, 사실은 국외로 나간 자본의
뒤를 따라가는 데 불과하다. 다른 결과는 여성 노동인구가 남성에 비해
더욱 급속히 증가하는 것인데, 그 예를 영국에서 볼 수 있다. 노동자 수

의 자연적 증가는 자본의 축적욕을 만족시키지 못하면서도 동시에 그 축적욕을 초과한다는 사실은 자본의 운동 그 자체가 지닌 하나의 모순이다. 이것은 자본이 연소한 노동자를 더 많이 요구하며 성인 노동자는 더 적게 요구하기 때문이다. 또한 수천 명이 실직하고 있는 바로 그때에 '일손'이 부족하다고 한탄하는 소리가 들려오는 것도 모순임에 틀림없다. 왜냐하면 분업의 결과로 실업자는 일정한 생산부문 이외에는 갈 데가 없기 때문이다.[19)]

자본에 의한 노동력의 소모가 너무나 급격하기 때문에 중년의 노동자가 벌써 다소간 노쇠하게 된다. 그는 과잉인구의 대열로 떨어지든가, 또는 높은 등급에서 낮은 등급으로 밀려 내려온다. 노동자들의 수명이 가장 짧은 곳은 바로 대공업이다. 맨체스터 보건관리 리의 말에 따르면,

"맨체스터의 평균수명은…상층중간계급이 38세인 데 비해 노동자계급은 17세에 불과하다. 리버풀에서는 전자는 35세, 후자는 15세다. 따라서 부유한 계층의 수명은 더 불리한 조건에 있는 시민들의 수명에 비해 2배 이상 길다."[20)]

이런 상황에서도 프롤레타리아트 중 대공업 노동자의 절대적 증가가 필요하다는 사실은, 그 개별 구성요소들의 급속한 소멸에도 불구하고, 그 수가 팽창한다는 형태를 취하지 않을 수 없다. 그러므로 노동자 세대의

---

19) 1866년 후반기에 런던의 실업자는 8~9만 명이었는데, 그 해 후반기의 공장 보고서는 다음과 같이 말하고 있다. "수요는 언제나 바로 필요한 순간에 공급을 만들어낸다고 말하는 것은 절대적으로 옳은 것 같지는 않다. 노동의 경우는 그렇지 않았다. 왜냐하면 지난 해 일손의 부족으로 많은 기계가 쉬었기 때문이다."(『공장감독관 보고서. 1866년 10월 31일』: 81)

20) {엥겔스: 이것은 1875년 1월 14일 버밍엄 보건회의에서 한 챔벌린의 개회사인데, 그는 당시 그 도시의 시장이었고, 현재(1883년)는 상무장관이다.}

급속한 교체가 요구된다(이 법칙은 인구 중 다른 계급들에게는 적용되지 않는다). 이 사회적 요구는 [대공업 노동자들의 생활환경의 필연적 결과인] 조혼과 [아동노동의 착취가 아동의 생산에 주는] 장려금 [아동이 벌어오는 임금 때문에 아이들을 많이 가지려고 한다는 것]에 의해 충족된다.

자본주의적 생산이 농업을 장악하자마자, 그리고 그것을 장악한 정도에 비례해서, 농업에 투하한 자본의 축적이 진전하는 동안 농촌노동인구에 대한 수요는 절대적으로 감소한다. 여기에서는 [다른 비농업 산업에서와는 달리] 노동자의 축출은 더 큰 흡수에 의해 보상되지 않는다. 그러므로 농촌인구의 일부는 끊임없이 도시 프롤레타리아트나 비농업 프롤레타리아트로 전환되는 상태에 있으며, 또한 이 전환에 유리한 조건을 기다리고 있다.[21] 그리하여 상대적 과잉인구의 이 원천으로부터 끊임없는 이동이 생긴다. 그러나 그들이 도시로 끊임없이 이동한다는 것은 농촌 자체 안에 항상적인 잠재적 과잉인구가 있다는 것을 전제하는 것이며, 이 잠재적 과잉인구의 규모는 그 출구가 예외적으로 넓게 열릴 때에만 눈에 띈다. 그리하여 농촌노동자는 최저한도의 임금수준으로 밀려 떨어지고, 그들의 한쪽 다리는 이미 극빈자의 늪 속에 빠져 있다.

상대적 과잉인구의 제3 범주인 정체적 과잉인구는, 취업이 매우 불규칙한 현역 노동자집단의 일부를 이루고 있다. 따라서 이 정체적 과잉인

---

21) 1861년의 인구조사에 따르면, 잉글랜드와 웨일즈에는 "10,960,998명의 주민을 가진 781개의 도시가 있고, 촌락과 농촌 교구에는 주민이 9,105,226명에 불과하다. 1851년의 인구조사에서는 580개의 도시가 있었으며 그 인구는 그 주위의 농촌지방의 인구와 거의 같았다. 그 뒤 10년 사이에 농촌지방들에서는 인구가 겨우 50만 늘었는데, 580개의 도시에서는 1,554,067명이나 늘었다. 농촌 교구들의 인구증가는 6.5%인데 도시들에서는 17.3%이다. 증가율의 차이는 농촌으로부터 도시로 이주했기 때문에 일어난 것이다. 인구 총 증가의 3/4은 도시에서 일어났다."(『잉글랜드와 웨일즈의 인구조사』, 제3권: 11~12)

구는 자본에게 마음대로 처분할 수 있는 노동력의 한없이 큰 저수지를 제공한다. 그들의 생활형편은 노동자계급의 정상적인 평균수준 이하로 떨어지며, 바로 이 사실로 말미암아 그들은 자본주의적 착취의 특수부문들을 위한 광범한 기초가 된다. 그들의 특징은 최대한도의 노동시간과 최소한도의 임금이다. 그들의 주요 형태를 우리는 이미 가내공업의 항목에서 보았다. 이 정체적 과잉인구는 대공업과 농업의 과잉노동자로부터 끊임없이 보충되며, 또 특히 [수공업적 생산이 매뉴팩처적 생산에, 그리고 매뉴팩처적 생산이 기계제 생산에 정복당하여] 몰락하고 있는 공업부문으로부터 보충된다. 그들의 규모는, 축적의 규모, 활력의 증대와 함께 과잉인구의 창출이 진전됨에 따라 증대한다. 그러나 동시에 그들은 노동자계급 중 자기 자신을 재생산하고 영구화하는 요소며, 노동자계급의 총증가 중에서 다른 요소들보다 상대적으로 큰 비율을 차지하는 요소다. 사실상 출생자 수와 사망자 수뿐 아니라 가족의 절대적 크기도 임금의 크기[따라서 상이한 범주의 노동자들이 처분할 수 있는 생활수단의 양]에 반비례하고 있다. [다시 말해 임금이 낮으면 낮을수록, 출생자와 사망자의 수가 그만큼 더 커지고, 가족의 구성원 수도 그만큼 더 커진다.] 자본주의 사회의 이 법칙은 야만인이나 심지어 문명화된 식민지 사람들에게도 괴상하게 들릴 것이다. 그것은 개별적으로는 힘이 없어 항상 쫓겨 다니는 동물류의 거대한 종족번식을 연상시킨다.22)

---

22) "빈곤은 심지어 출산에 유리한 것처럼 보인다."(『국부론』(상): 102~103) 멋쟁이며 재치 있는 신부 갈리아니의 의견에 따르면, 이것은 신의 특히 현명한 섭리이기도 하다. "가장 유용한 일을 하는 사람들이 가장 많은 애를 낳는 것은 신의 섭리다."(갈리아니, 『화폐에 대해』: 78) "극도의 기아와 전염병까지도 포함해 빈궁은 인구 증가를 억제하는 것이 아니라 오히려 인구를 증가시키는 경향이 있다."(랑, 『국민적 재난』, 1844: 69) 랑은 이것을 통계적으로 증명한 다음, 계속해 다음과 같이 말하고 있다. "사람들이 모두 편안한 환경에 있게 되면 세계의 인구는 순식간에 감소할 것이다."

끝으로 상대적 과잉인구의 최하층은 구호 빈민pauperism 상태에 있다. 부랑자·죄인·매춘부, 즉 간단히 말해 본래의 룸펜프롤레타리아트를 제외하면, 이 사회계층은 세 개의 범주로 구성된다. 첫째는 노동할 수 있는 사람이다. 영국의 구호 빈민에 대한 통계를 피상적으로 얼핏 보기만 해도 알 수 있는 바와 같이, 구호 빈민의 수는 공황기에는 언제나 증가하고 회복기에는 언제나 감소한다. 둘째는 고아와 구호 빈민의 아이들이다. 이들은 산업예비군의 후보인데, 예컨대 1860년과 같은 산업의 대호황기에는 그들은 급속히 그리고 대량으로 현역 노동자군에 편입된다. 셋째는 타락한 사람들, 지친 사람들, 노동할 수 없는 사람들이다. 이들은 특히 분업으로 말미암아 직업을 바꿀 능력이 없기 때문에 몰락한 사람들, 그리고 위험한 기계·광산·화학공장 따위의 증가에 따라 그 수가 점점 증가하는 산업재해자들인 불구자·병자·과부 등이다. 구호 빈민은 현역 노동자군의 폐인수용소이고 산업예비군의 고정구성원이다. 구호 빈민의 생산은 상대적 과잉인구의 생산에 포함되어 있으며, 전자의 필연성은 후자의 필연성에 포함되어 있다. 구호빈민은 상대적 과잉인구와 더불어 부의 자본주의적 생산과 발전이 존재할 수 있는 조건을 이룬다. 구호 빈민은 자본주의적 생산의 공비空費〔생산에 직접 공헌하지 않는 비용〕의 일부를 이룬다. 그러나 자본은 그 비용 부담의 대부분을 자기 자신의 어깨로부터 노동자계급과 하층중간계급의 어깨로 전가하는 방법을 알고 있다.

사회의 부, 기능하는 자본, 기능자본 증대의 규모와 활력, 이리하여 또 프롤레타리아트의 절대수와 그들 노동의 생산력이 크면 클수록, 산업예비군은 그만큼 더 커진다. 자본의 확장력을 발전시키는 원인들 바로 그것이 또한 자본이 마음대로 이용할 수 있는 노동력을 증가시킨다. 다시 말해 산업예비군의 상대적 크기는 부의 잠재적 활력과 함께 증대한다. 그런데 이 산업예비군이 노동자 현역군에 비해 크면 클수록, 고통스러운 노동을 하지 않으면 더욱 빈곤해지는 고정적 과잉인구는 그만큼 더 많아진다. 끝으로, 노동자계급의 극빈층과 산업예비군이 크면 클수록, 공식적인 구호 빈민은 그만큼 더 많아진다. 이것이 자본주의적 축적의 절대적 일반법칙이다. 다른 모든 법칙과 마찬가지로, 이 법칙도 이것의 실현에서는 여러 가지 사정에 의해 수정되는데, 이런 사정을 분석하는 것은 여기에서 우리의 관심사가 아니다.

노동자들을 향해 그들의 수를 자본의 증식욕구에 적응시키라고 설교하는 경제학적 지혜의 어리석음은 이제 명백하다. 자본주의적 생산과 축적의 메커니즘이 이 수를 끊임없이 자본의 증식욕구에 적응시키고 있기 때문이다. 이 적응의 첫 번째 결과는 상대적 과잉인구 또는 산업예비군의 창출이고, 그 마지막 결과는 노동자 현역군 중 끊임없이 증대하는 부분의 빈곤과 구호 빈민이다.

점점 더 증가하는 양의 생산수단이, 사회적 노동의 생산력 증가로 말미암아, 더욱더 적은 인간 힘의 지출로 가동된다는 법칙은, 노동자가 생산수단을 사용하는 것이 아니라 생산수단이 노동자를 사용하는 자본주의 사회에서는 완전히 전도되어 다음과 같이 나타난다. 즉 노동생산력이 높으면 높을수록 노동자들이 취업수단 [일자리] 에 가하는 압력은 그만큼 더 커지며, 따라서 그들의 생존조건, 즉 타인의 치부 또는 자본의 가치증식을 위해 그들 자신의 노동력을 파는 것은 그만큼 더 불확실하게 된다는 것이다. 이리하여 생산수단과 노동생산력이 생산적 인구보다 더 빨리 증가한다는 사실이 자본주의 사회에서는 거꾸로 노동인구는 언제나 자본의 가치증식욕구보다 더 빨리 증가하는 것으로 표현된다.

제4편에서 상대적 잉여가치의 생산을 분석할 때 본 바와 같이, 자본주의체제 안에서는 노동의 사회적 생산력을 향상시키기 위한 모든 방법은 개별 노동자의 희생 위에서 이루어진다. 생산을 발전시키는 모든 수단들은 생산자를 지배하고 착취하는 수단으로 전환되며, 노동자를 부분인간으로 불구화하고, 노동자를 기계의 부속물로 떨어뜨리며, 그의 노동의

멋있는 내용을 파괴함으로써 노동을 혐오스러운 고통으로 전환시키고, 과학이 독립적인 힘으로 노동과정에 도입되는 정도에 비례해 노동과정의 지적 잠재력을 노동자로부터 소외시킨다. 또한 노동생산력을 향상시키는 모든 방법과 수단은 노동자의 노동조건을 악화시키며, 노동과정에서 비열하기 때문에 더욱 혐오스러운 자본의 독재에 노동자를 굴복시키고, 노동자의 전체 생활시간을 노동시간으로 전환시키며, 그의 처자를 자본이라는 쟈거노트의 수레바퀴 밑으로 [자본을 위해 희생시키려고] 질질 끌고 간다. 그런데 잉여가치를 생산하는 모든 방법은 동시에 축적의 방법이며, 그리고 축적의 모든 확대는 다시 이 방법을 발전시키는 수단으로 된다. 따라서 자본이 축적됨에 따라 노동자의 상태는, 그가 받는 임금이 많든 적든, 악화되지 않을 수 없다는 결론이 나온다. 끝으로, 상대적 과잉인구 또는 산업예비군을 언제나 축적의 규모와 활력에 알맞도록 유지한다는 법칙은, 헤파이스토스의 쐐기가 프로메테우스를 바위에 결박시킨 것보다 더 단단하게 노동자를 자본에 결박시킨다. 이 법칙은 자본의 축적에 대응하는 빈곤의 축적을 필연적인 것으로 만든다. 따라서 한 쪽 끝의 부의 축적은 동시에 반대 편 끝, 즉 자기 자신의 생산물을 자본으로 생산하는 노동자계급 측의 빈곤 · 노동의 고통 · 노예상태 · 무지 · 잔인 · 도덕적 타락의 축적이다.

　자본주의적 축적의 이 적대적 성격은23) 정치경제학자들에 의해 각종

---

23) "그리하여 날이 갈수록 다음과 같은 것이 더욱더 명백해진다. 즉 [그 테두리 안에서 부르주아지가 행동하고 있는] 생산관계는 결코 단일하고 단순한 성격을 가지고 있는 것이 아니라 이중의 성격을 가지고 있다는 것, 부가 생산되는 그 동일한 생산관계 안에서 빈곤도 또한 생산된다는 것, 생산력의 발전이 진행되는 그 동일한 생산관계 안에서 그 발전을 억제하는 힘도 또한 발전한다는 것, 그리고 이런 생산관계는 부르주아 계급의 개별 구성원의 부를 끊임없이 파괴하며 [자본의 집중을 지적함] 프롤레타리아트를 끊임없이 증대시킴으로써만 부르주아적 부[즉 부르주아 계급의 부]를 생산한다는 것이 명백해진다."

형태로 언급되었다. 그러나 그들은 이것을 전前 자본주의적 생산방식 아래의 현상들[부분적으로는 유사하지만 본질적으로 다르다]과 혼동하고 있다.

18세기의 위대한 경제학 저술가의 한 사람인 베니스의 수도승 오르테스는 자본주의적 생산의 적대관계를 사회적 부의 일반적 자연법칙으로 보고 있다.

"경제적 선과 경제적 악은 한 나라 안에서는 항상 균형을 이룬다. 어떤 사람들의 부의 풍족은 언제나 다른 사람들의 부의 결핍과 그 크기가 같다. 몇 사람의 거대한 부는 항상 더 많은 다른 사람들의 생활필수품의 절대적 박탈을 수반한다. 한 국민의 부는 그 인구에 대응하며 그 빈곤은 그 부에 대응한다. 어떤 사람들의 근면은 다른 사람들의 나태를 강요한다. 가난한 사람과 게으른 사람은 부자와 부지런한 사람의 필연적 결과다."기타.24)

오르테스보다 약 10년 뒤에 영국국교의 목사 타운센드는 아주 난폭하게 빈곤을 부의 필요조건이라고 찬미했다.

"법에 의한 노동의 강제는 너무나 큰 분쟁·폭력·물의를 수반하는데…굶주림은 근면과 노동에 대한 평화적이고 조용하며 끊임없는 압력일 뿐 아니라 가장 자연적인 동기를 주어 최대의 노력을 불러일으킨

(마르크스, 『철학의 빈곤』[CW 6: 176])

24) 오르테스, 『국민경제학』. 전6권(1774). 쿠스토디 편찬, 『이탈리아 정치경제학 고전집』(1804). 근대편. 제21권: 6, 9, 22, 25 등. 오르테스는 같은 책: 32에서 다음과 같이 말하고 있다. "국민을 행복하게 만든다는 쓸모없는 체제를 고안해 내는 대신, 나는 그들이 불행한 원인을 연구하는 데 국한하려 한다."

다.”

따라서 결국 모든 것은 노동자계급의 굶주림을 영구화하는 데 달려있으며, 타운센드의 의견에 따르면, 이것은 특히 빈민들 사이에 적용되는 인구법칙에 의해 제공되고 있다.

“빈민은 어느 정도 선견지명이 없고”(즉 은수저를 입에 물고 태어날 만한 선견지명이 없고)“그리하여 사회의 가장 천하고 가장 더럽고 가장 열등한 직능을 행하는 사람이 항상 있다는 것은 하나의 자연법칙이라고 생각된다. 이로 말미암아 인류의 행복 총량은 매우 증가하며, 더 점잖은 사람들은 고역에서 해방되어 … 아무런 지장도 받지 않고 더 고상한 직업에 종사할 수가 있다 … 구빈법은 하느님과 자연이 세상에 세우신 이 체제의 조화와 아름다움, 균형과 질서를 파괴하는 경향이 있다.”25)

베니스의 수도승은 빈궁이 영구화될 수밖에 없는 운명 속에서 기독교

---

25) 『구빈법론. 인류의 행복을 원하는 사람의 저서』(1786). 2판. 런던 1817: 15, 39, 41. 이 ‘점잖은’ 목사 [바로 위의 그의 저서와 또 그의 『스페인 여행기』로부터 맬더스는 자주 몇 쪽씩이나 베껴 쓰고 있다]는 자기 교리의 대부분을 제임스 스튜어트로부터 빌려왔는데 그나마도 왜곡하고 있다. 예컨대 스튜어트는 “노예제에서는”(일하지 않는 사람들을 위해)“사람들을 근면하게 하는 폭력적 방법이 있었다…그때에는 사람들은 타인의 노예였으므로 노동”(즉 타인을 위한 무상노동)“을 강요당했다. 그런데 지금은 사람들은 자기의 욕망의 노예이므로 노동”(즉 일하지 않는 사람들을 위한 무상노동)“을 강요당한다.”고 말한다. 그러나 그는 이로부터 [위의 살찐 목사의 말과 같이] 임금노동자들은 언제나 굶주려야 한다는 결론을 내리지 않는다. 도리어 그는 노동자들의 욕망을 증가시킬 것과, 그렇게 함으로써 그들이 ‘점잖은 사람들’을 위해 더욱 많은 노동을 하게 되는 것을 바란 것이다.

적 자선·독신·수도원·성당의 존재이유를 발견했다면, 반대로 신교 목사는 거기에서 영국의 구빈법[이 법 덕택에 빈민들은 쥐꼬리만한 공적 구호를 받을 권리를 가지게 되었다]을 비난할 구실을 발견했다.

슈토르히는 다음과 같이 말하고 있다.

"사회적 부의 발전은 이 유용한 사회계급을 만들어낸다…이 계급은 가장 무미건조하고 가장 천하며 가장 싫증나는 일들을 하는데, 한마디로 말해 생활에서 불쾌하고 비굴한 일은 모두 자신의 어깨에 짊어지고 있으며, 바로 그렇게 함으로써 다른 계급들에게 여가, 정신의 안정, 관습적인"(훌륭한 말이다!)"품위를 보장해 준다."26)

슈토르히는, 그렇다면 대중의 빈궁과 타락을 수반하는 자본주의적 문명이 야만보다 우월한 점은 도대체 어디에 있단 말인가? 하고 자기 자신에게 묻는다. 그가 발견한 오직 하나의 대답은 안전 보장이다!

시스몽디는 이렇게 말한다.

"산업과 과학의 진보에 의해 모든 노동자는 매일 자신의 소비에 필요한 것보다 훨씬 더 많은 것을 생산할 수 있다. 그러나 동시에, 그의 노동이 부를 생산하지만, 만약 그 자신이 그것을 소비하게 된다면, 그 부는 그를 노동에 적합하지 않게 만들 것이다…사람들"(즉 노동자가 아닌 사람들)"이 예술작품이나 [공업이 제공하는] 향락품들을 얻기 위해 노동자들처럼 끊임없이 노동해야만 한다면, 그들은 그 모든 것들을 가지지 않고 살아가는 편을 택할 것이다…오늘날에는 노동이 그 보상과 분리되어 있다. 동일한 사람이 먼저 일하고 다음에 휴식하는 것이

---

26) 슈토르히, 『정치경제학 강의』. 제3권: 223.

아니라, 어떤 사람이 일을 하기 때문에 비로소 다른 사람이 휴식할 수 있게 되어 있다…따라서 노동생산력의 무한한 증가는 놀고먹는 부자들의 사치와 향락의 증가 외의 다른 어떤 결과도 가져올 수 없다."27)

끝으로, 냉담한 부르주아 공리공론가인 데스튀트 드 트라시는 난폭하게도 다음과 같이 말한다.

"가난한 나라에서는 대중들이 편안하게 살아가고, 부유한 나라에서는 대중들이 일반적으로 가난하다."28)

제5절　자본주의적 축적의 일반법칙을 증명하는 예들

A. 1846~1866년의 잉글랜드

근대사회에서 최근 20년만큼 자본주의적 축적의 연구에 편리한 기간은 없다. 그것은 마치 포르투나투스의 보물주머니 ['인명해설' 참조]를 발견한 것과 같다. 그런데 모든 나라 중에서 잉글랜드가 또다시 고전적 예를 제공한다. 왜냐하면 잉글랜드는 세계시장에서 제1위를 유지하고 있으며, 잉글랜드에서만 자본주의적 생산이 충분히 발전했고, 또 끝으로 1846년 이래 자유무역이라는 천년왕국의 도래 [곡물법의 폐지]가 속류경제학의 마지막 도망 길을 막았기 때문이다. [속류경제학은 자유무역만 실현되면

---

27) 시스몽디, 『신 정치경제학 원리』. 제1권: 79~80, 85.
28) 데스튀트 드 트라시, 『의지와 의지작용론』: 231.

노동자계급의 상태는 급격히 개선될 것이라고 선전하고 있었다.] 생산의 굉장한 발전—이 20년간의 후반 10년간은 전반 10년간을 훨씬 능가하고 있다—에 대해서는 이미 제4편에서 충분히 지적했다.

최근 반세기에 잉글랜드 인구의 절대적 증가는 대단히 큰 것이었지만, 상대적 증가 즉 증가율은 공식 인구조사에서 빌려온 다음의 표가 보여주는 바와 같이 계속 떨어졌다.

잉글랜드와 웨일즈 인구의 연평균 증가율을 10년 단위로 보면 다음과 같다.

1811~1821	1.533%
1821~1831	1.446%
1831~1841	1.326%
1841~1851	1.216%
1851~1861	1.141%

다른 한편으로 부의 증대를 보기로 하자. 여기에서 가장 믿을 만한 근거로 되는 것은 소득세가 부과되는 이윤·지대 등의 변동이다. 소득세가 부과되는 이윤(차지농업가와 기타 약간의 범주는 포함되지 않음)의 증가는 1853~1864년 사이 영국에서 50.47%[즉 연평균 4.58%]였고,[29] 인구의 증가는 같은 기간에 약 12%였다. 세금이 부과되는 지대(가옥·철도·광산·어장 등을 포함)의 증가는 1853~1864년 사이에 38%[즉 연평균 3.45%]였는데, 그 중에서도 다음 항목들이 가장 많이 증가했다.[30]

---

29) 『국세청 조사위원회. 제10차 보고』. 런던 1866: 38.
30) 같은 책.

1853년에 대비한 1864년의 연간 지대소득

	총증가율%	연평균 증가율%
가옥	38.60	3.50
채석장	84.76	7.70
광산	68.85	6.26
제철소	39.92	3.63
어장	57.37	5.21
가스공장	126.02	11.45
철도	83.29	7.57

1853~1864년의 기간을 4년을 단위로 세 그룹으로 나누어 보면, 소득의 증가율이 끊임없이 증대되고 있음을 알 수 있다. 예컨대 이윤에서 나오는 소득의 증가율은 1853~1857년 연 1.73%, 1857~1861년 연 2.74%, 1861~1864년 연 9.30%이다. 소득세가 부과된 소득총액은 영국에서 1856년 £307,068,898, 1859년 £328,127,416, 1862년 £351,745,241, 1863년 £359,142,897, 1864년 £362,462,279, 1865년 £385,530,020 였다.[31]

자본의 축적은 동시에 자본의 집적과 집중을 수반했다. 잉글랜드에는 공식적인 농업통계가 없으나(아일랜드에는 있다), 10개 주county는 그것을 자발적으로 제공했다. 이 통계에 따르면, 1851~1861년에 100에이커 이

---

31) 이 숫자들은 연간 비교를 위해서는 충분하나 절대액은 정확하지 않다. 왜냐하면 아마도 £1억의 소득은 매년 신고되지 않고 있기 때문이다. 특히 상공업자들의 체계적인 기만에 대한 국세청 조사위원회의 불평이 그들의 모든 보고서에서 반복되고 있다. 예컨대 "한 주식회사는 과세할 수 있는 이윤을 £6,000라고 신고했는데, 세무관은 그것을 £88,000라고 판정해 결국 이 금액에 대한 세금이 납부되었다. 다른 또 하나의 회사는 £190,000라고 신고했는데 실제 금액은 £250,000임을 인정하지 않을 수 없었다."(같은 책: 42)

하의 차지농장수는 31,583개에서 26,567개로 감소해, 5,016개의 차지농장이 더 큰 차지농장으로 합병되었다는 결과가 나왔다.32) 1815~1825년에는 상속세가 부과된 동산으로서 £100만 이상의 것은 1건도 없었는데, 1825~1855년에는 8건이 있었으며, 1855년부터 1859년 6월까지 즉 4년 반 동안에 4건이 있었다.33) 그러나 집중은 1864년과 1865년의 소득세표 D항(차지농업가 등을 제외한 이윤)을 분석해 보면 가장 잘 알 수 있을 것이다. 먼저 지적할 것은, 이 원천에서 얻는 소득 중 £60 이상인 모든 소득에 대해 소득세가 부과된다는 점이다. 과세대상 소득은 잉글랜드, 웨일즈 및 스코틀랜드에서 1864년에는 £95,844,222, 1865년에는 £105,435,787이었다.34) 납세자 수는 1864년에는 총인구 23,891,009명 중 308,416명, 1865년에는 총인구 24,127,003명 중 332,431명이었다. 다음의 표는 2년 동안 이 소득의 분포상태를 보여주고 있다.

이윤소득의 분포

1864년 4월 5일에 끝나는 연도		1865년 4월 5일에 끝나는 연도	
납세자의 누적	이윤소득의 누적 (단위: £)	납세자의 누적	이윤소득의 누적 (단위: £)
308,416	95,844,222	332,431	105,435,787
22,334	57,028,290	24,075	64,554,197
3,619	36,415,225	4,021	42,535,576
832	22,809,781	973	27,555,313
91	8,744,762	107	11,077,238

---

32) 『…인구조사』. 제3권: 29. 150명의 지주가 잉글랜드 토지의 절반을 소유하고 있고, 12명의 지주가 스코틀랜드 토지의 절반을 소유하고 있다는 브라이트의 주장에 대한 반박이 아직까지 없었다.

33) 『국세청…제4차 보고』. 런던 1806: 17.

34) 이것은 법률상 허용하는 일정한 공제액을 제외한 순소득이다.

영국에서 생산된 석탄은 1855년에는 61,453,079톤, £16,113,267이었고, 1864년에는 92,787,873톤, £23,197,968이었으며, 선철의 생산은 1855년에 3,218,154톤, £8,045,385이었고, 1864년에는 4,767,951톤, £11,919,877이었다. 영국에서 사용하고 있는 철도는 1854년에 연장延長 8,054마일, 불입자본은 £286,068,794이었고, 1864년에는 연장 12,789마일, 불입자본은 £425,719,613이었다. 영국의 수출입 총액은 1854년에 £268,210,145이었고, 1865년에는 £489,923,285이었다. 다음 표는 수출 증가를 보여주고 있다.

1847년 ·	£ 58,842,377
1849년 ·	£ 63,596,052
1856년 ·	£115,826,948
1860년 ·	£135,842,817
1865년 ·	£165,862,402
1866년 ·	£188,917,536[35]

이상의 약간의 자료로부터 영국 호적청장의 다음과 같은 승리의 환호성을 이해할 수 있을 것이다.

"인구가 급속히 증가하기는 했으나 그것은 공업과 부의 발전에는 따라가지 못했다."[36]

---

35) 지금 이 순간(1867년 3월) 인도와 중국 시장은 또다시 영국의 면공업 공장주들의 위탁판매품에 의해 범람하고 있다. 1866년에 면공업 노동자들의 임금이 5% 삭감되었고, 1867년에는 이와 비슷한 조치의 결과 프레스톤에서 20,000명의 파업이 있었다. {엥겔스: 이것은 바로 뒤이어 일어난 공황[1866~1868년의 공황]의 서곡이었다.}

이제는 이 공업의 직접적인 담당자들 또는 이 부의 생산자들 즉 노동자계급을 보기로 하자. 글래드스턴은 다음과 같이 말하고 있다.

"현재 국민의 소비력은 줄고"(노동자계급의)"궁핍과 빈곤은 커지고 있는데, 이와 동시에 상층계급의 부는 끊임없이 축적되고 그들의 사치 풍조와 향락수단은 증가하고"(자본은 끊임없이 증대하고)"있다는 것을 부정할 수 없다는 것은 이 나라 사회상태의 가장 암울한 현상들 중의 하나다."[37)

자못 감동한 듯한 이 장관은 1843년 2월 13일 하원에서 이상과 같이 말했다. 그는 20년 뒤인 1863년 4월 16일 예산안 제안연설에서 다음과 같이 말했다.

"1842년부터 1852년까지 이 나라의 과세대상 소득은 6% 증가했다…1853년부터 1861년까지의 8년간에는 1853년을 기준으로 20% 증가했다! 이 사실은 너무나 놀랄 만한 것이기 때문에 거의 믿기 어려울 정도다…이 실신할 정도의 부와 권력의 증대는…전적으로 재산소유자 계급에 국한되어 있지만… 그것은 일반 소비재의 값을 싸게 하기 때문에 노동인구에게도 간접적 이익을 가져옴에 틀림없다. 부자는 더욱 더 부유하게 되었고 가난한 사람은 덜 가난하게 되었다. 그러나 어쨌든 나는 극단의 빈곤이 감소되었는지 어떤지에 대해서는 감히 말하려 하지 않겠다."[38)

---

36) 『…인구조사』. 제3권: 11.

37) 1843년 2월 13일 하원에서 한 글래드스턴의 연설(1843년 2월 14일 『더 타임즈』)

38) 1863년 4월 16일 하원에서 한 글래드스톤의 연설(4월 17일 『모닝 스타』)｜이

이 얼마나 용두사미격인가! 만약 노동자계급이 여전히 '가난'하며, 재산소유자계급을 위해 '실신할 정도의 부와 권력의 증대'를 생산해 내었는데도 '덜 가난'해진 데 불과하다면, 그들은 상대적으로 종전과 마찬가지로 여전히 가난한 것이다. 극단의 빈곤이 감소하지 않았다면 그것은 증대한 것이다. 왜냐하면 극단의 부가 증대했기 때문이다. 생활수단의 가격이 싸진 것에 관해 말한다면, 공식통계 예컨대 런던 고아원의 자료는 1860~1862년의 3년간의 평균가격이 1851~1853년의 3년간과 비교해 20% 등귀했다는 것을 보여주고 있다. 그 다음 3년간 즉 1863~1865년에는 육류·버터·우유·설탕·소금·석탄·기타 많은 생활필수품들이 점차적으로 비싸지고 있다.39) 그 다음해인 1864년 4월 7일의 글래드스턴의 예산안 제안연설은 잉여가치 착취의 진전과 '빈곤에 의해 경감된' 국민의 행복에 대한 핀다로스풍의 열렬한 찬가다. 그는 '구호대상 극빈자로 될 지경에 있는' 대중에 관해, 그리고 '임금이 오르지 않은' 생산부문들에 관해 말하고, 끝으로 노동자계급의 행복을, "인생이란 십중팔구는 생존투쟁에 불과하다."40)는 말로 총괄하고 있다.

인용문의 진실 여부를 둘러싼 논쟁에 관해서는 제4독어판의 엥겔스 서문을 참조하라. 』

39) 정부문서인 『영국의 기타 통계(제6부)』, 런던 1866: 260~273 이곳저곳의 공식자료를 보라. 고아원 등의 통계 대신 왕실 자녀들의 혼수에 관한 내각 간행물의 주장도 증거자료로 될 수 있을 것이다. 왜냐하면 거기에서는 생활수단의 등귀를 결코 망각하지 않기 때문이다.

40) 1864년 4월 7일 하원에서 한 글래드스턴의 연설. 『핸서드』『영국 의회의 의사록』에 따르면 이 문장은 다음과 같이 되어 있다. "또 더 일반적으로 말하면, 인생이란 대다수의 경우 생존투쟁에 불과하다." 1863년과 1864년의 글래드스턴의 예산안 제안연설에 나타난 끊임없는 놀라운 모순들을 특징짓기 위해, 영국의 한 저술가는 부알로-데프레오『풍자시 8』로부터 다음과 같이 인용하고 있다.

"여기에 실제로 이런 인간이 있다. 그는 백白에서 흑黑으로 옮아간다.

포세트 교수는 공적 입장을 고려하지 않을 수 없는 글래드스턴과는 달리 노골적으로 다음과 같이 말하고 있다.

"나는 물론 자본의 이런 증대"(최근 10년간)"에 따라 화폐임금도 올랐음을 부인하지 않으나, 이 외견상의 이득은 대부분 상실되고 있다. 왜냐하면 많은 생활필수품의 값이 비싸지기 때문이다."(그의 의견에 따르면, 이것은 귀금속의 가치하락 때문이다.)"부자들은 급속하게 더 부유해지는데 근로계급의 생활에는 눈에 띄는 개선이 조금도 없다… 노동자들은 그들에게 돈을 빌려주고 있는 소매상들의 노예에 가깝게 되고 있다."[41]

영국의 노동자계급이 어떤 조건에서 재산소유자계급을 위한 '실신할 정도의 부와 권력의 증대'를 창조했는가는 '노동일'과 '기계'에 관한 장들에서 이미 보았다. 그러나 거기에서 주로 다룬 것은 사회적 기능을 행하고 있을 때의 노동자였다. 자본주의적 축적의 법칙을 완전히 해명하기 위해서는, 작업장 밖의 노동자 형편, 즉 그의 식생활과 주거의 조건들도 고려할 필요가 있다. 이 책에는 제한이 있으므로 여기에서는 노동자계급의 대다수를 차지하는 공업프롤레타리아트와 농업노동자 중에서 가장 낮은 임금을 받는 부분을 다루지 않을 수 없다.

그러나 그보다 먼저 공인된 극빈자들, 즉 노동자계급 중에서 생존조건

저녁에는 시인하고 아침에는 비난한다.
다른 모든 사람들을 귀찮게 하고 자기도 불편하게 되건만,
옷을 바꿔 입듯이 끊임없이 생각도 바꾼다."

                                   (H. 로이, 『거래소이론』, 런던 1864: 135)
41) 포세트, 『영국 노동자의 경제적 지위』, 런던 1865: 67, 82. 노동자들이 소매상에게 더욱 얽매이게 되는 이유는, 노동자들의 취업이 점점 더 불안정해지고 자주 중단되기 때문이다.

(노동력의 판매)을 박탈당하고 사회적 구호금에 의해 연명하고 있는 부분에 관해 한마디 하려고 한다. 잉글랜드[42]에서 공인된 극빈자의 수는 1855년에 851,369명, 1856년에 877,767명, 1865년에 971,433명이었다. 면화 기근의 결과 이 수는 1863년과 1864년에는 1,079,382명과 1,014,978명으로 늘었다. 그런데 런던에 가장 격심한 타격을 준 1866년의 공황으로 말미암아 [스코틀랜드보다도 주민이 많고 세계시장의 중심지인] 런던에서 극빈자의 수는 1866년에는 1865년에 비해 19.5%, 1864년에 비해 24.4% 증가했고, 1867년의 첫 몇 개월 동안에는 1866년에 비해 더욱더 증가했다. 극빈자 통계의 분석으로부터 다음과 같은 두 가지 점이 부각되고 있다. 즉 한편으로는 극빈자 수의 증감은 산업순환의 주기적 변동을 반영한다. 다른 한편으로는 자본의 축적과 함께 계급투쟁, 그리하여 또 노동자들의 계급의식이 발전함에 따라 공식통계는 극빈자의 현실적 규모를 더욱더 왜곡한다. 예컨대 최근 2년간 영국의 신문 (『더 타임즈』, 『팔말 가제트』 등)이 그렇게도 크게 떠들어댔던 극빈자 취급상의 야만성은 오래된 현상이다. 1844년에 엥겔스는 똑같은 잔혹행위와 '선동적인 출판물'의 똑같은 일시적이며 위선적인 부르짖음을 지적한 바 있다. 그러나 최근 10년 동안 런던에서 굶어죽는 사람 수의 소름끼치는 증가는 구빈원 workhouse[43]의 노예상태에 대한 노동자들의 공포심 증가를 분명히 증명한다. [구빈원 즉 빈민형무소에 가기보다는 오히려 굶어죽을 정도로 구빈원을 무서워한다는 뜻이다.]

---

42) 여기에서는 웨일즈도 잉글랜드에 포함시킨다.

43) A. 스미스가 구빈원workhouse이라는 용어를 때때로 공장과 같은 의미로 썼다는 사실은 그의 시대 이래 이루어진 진보에 독특한 빛을 던져주고 있다. 예컨대 분업에 관한 장의 서두에 그는 다음과 같이 쓰고 있다. "대규모 제조업에서는, 작업의 각 부문이 매우 많은 노동자들을 고용하기 때문에, 그들 모두를 동일한 작업장workhouse으로 모을 수 없다." [『국부론』(상): 7]

B. 영국 공업노동자계급 중 낮은 임금을 받는 계층

이제는 공업노동자계급 중에서 낮은 임금을 받는 계층으로 넘어가자. 1862~1863년의 면화기근 때에 추밀원은 E.스미스에게 랭커셔와 체셔의 빈궁에 쪼들린 면공업 노동자들의 영양상태에 관한 조사를 위임했다. 그 이전의 다년간에 걸친 관찰의 결과 그는 다음과 같은 결론을 이미 얻고 있었다. 즉 '굶음으로 말미암은 병을 예방하기 위해서는' 여성노동자 1명의 1일분 식사는 적어도 평균 3,900그레인 [253g] 의 탄소와 180그레인 [12g] 의 질소를 포함해야 하며, 남성 1명의 1일분 식사는 적어도 평균 4,300그레인 [279g] 의 탄소와 200그레인 [13g] 의 질소를 포함해야 한다. 다시 말해 여성들에게는 2파운드 [907g] 의 질 좋은 밀가루 빵에 포함되어 있는 것과 거의 같은 양의 영양분이 필요하고, 남성들에게는 그보다 $\frac{1}{9}$ 이 더 필요하며, 성인 남녀에게는 주당 평균 적어도 28,600그레인 [1,853g] 의 탄소와 1,330그레인 [86g] 의 질소가 필요하다. 그의 숫자는 빈궁으로 말미암아 그 소비가 저하된 면공업 노동자들의 보잘것없는 식사량과 일치했으며, 이에 따라 그의 계산은 실제로 확증되었다. 그들은 1862년 12월에 주당 29,211그레인 [1,893g] 의 탄소와 1,295그레인 [84g] 의 질소를 섭취하고 있었던 것이다.

1863년에 추밀원은 영국의 노동자계급 중 영양이 가장 나쁜 계층의 참담한 처지에 관한 조사를 명령했다. 추밀원의 의무관 사이먼은 앞에서 말한 스미스를 이 업무에 선임했다. 그의 조사는 한편으로는 농업노동자, 다른 한편으로는 견직공 · 여성 재봉공 · 가죽장갑공 · 양말공 · 장갑 편직공 · 제화공을 포괄하고 있다. 후자의 분류는 양말공을 제외하면 전적으로 도시거주자들이다. 조사의 기준으로 된 것은 각 부류에서 가장 건강하고 또 상대적으로 가장 형편이 좋은 가족들이었다.

이 조사의 전체적인 결론은 다음과 같다.

"조사한 도시노동자 부류 중 질소의 섭취량이 그 절대적 최저한도"(그 이하가 되면 굶음으로 말미암은 병이 발생한다)"를 다소나마 초과하는 것은 단 한 부류에 불과했고, 다른 한 부류는 겨우 그 최저한도에 이르고 있었고, 나머지 두 부류는 질소성 식사나 탄소성 식사 모두 그 섭취가 부족하고, 그 중 한 부류는 대단히 부족했다. 조사한 농업인구의 $\frac{1}{5}$ 이상이 필요량 이하의 탄소성 식사를 하고 있었고, $\frac{1}{3}$ 이상이 필요량 이하의 질소성 식사를 하고 있었으며, 세 개의 주(버크셔, 옥스퍼드셔, 서머셋셔)에서는 질소성 식사의 최저량에도 미치지 못하는 것이 일반적 현상이었다."[44]

농업노동자들 중에서는 영국의 가장 부유한 지역인 잉글랜드의 농업노동자들의 영양상태가 가장 나빴다.[45] 농업노동자들 중 일반적으로 영양이 부족한 사람은 주로 부인과 아이들이었는데, 그 이유는 "성인 남자는 일을 하기 위해 먹지 않으면 안 되었기"때문이다. 조사한 도시노동자 부류들에서는 부족의 정도가 더욱 심했다. "그들의 영양은 대단히 나빠 많은 경우 비참하고 건강을 해치는 궁핍 상태에 있음에 틀림없다."[46](이 모든 것은 자본가의 '절욕', 즉 그의 노동자들이 겨우 연명하는 데 절대적으로 필요한 생활수단의 지급에 대한 절욕 때문이다.)

다음 표는 위에서 말한 순전히 도시노동자(남녀 모두)에 속하는 부류들의 영양상태를, 스미스가 최저한도라고 인정하고 있는 양과, 면공업 노동자들의 가장 곤궁했던 시기의 영양상태와 대비하고 있다.[47]

---

44) 『공중보건. 제6차 보고. 1863년』. 런던 1864: 13.
45) 같은 책: 17.
46) 같은 책: 13.

	주당 평균 탄소섭취량 (단위: 그레인)	주당 평균 질소섭취량 (단위: 그레인)
5부문의 도시노동자	28,876	1,192
랭커셔의 실업노동자	29,211	1,295
랭커셔 노동자의 최저 필요량	28,600	1,330

조사한 공업노동자 부류의 반, 즉 $\frac{60}{125}$ 은 전혀 맥주를 마시지 않았고, 28%는 전혀 우유를 마시지 않았다. 가족들 중에서도 액체상태 영양물의 주당 평균소비량은 여성 재봉공의 7온스로부터 양말공의 $24\frac{3}{4}$ 온스에 이르기까지 다양했다. 전혀 우유를 마시지 않는 사람들의 다수는 런던의 여성 재봉공들이었다. 매주 소비되는 빵의 양은 여성 재봉공의 $7\frac{3}{4}$ 파운드로부터 제화공의 11 1/4파운드에 이르기까지 다양했고, 성인의 총 평균은 주당 9.9파운드였다. 설탕(당밀 등등)은 가죽장갑공의 주당 4온스로부터 양말공의 11온스에 이르기까지 다양했으며, 모든 부류의 총 평균은 매주 성인 1명당 8온스였다. 버터류(지방 등등)의 매주 총 평균량은 성인 1명당 5온스였다. 육류(베이컨 등등)의 매주 평균량은 성인 1명당 견직공의 $7\frac{1}{4}$ 온스로부터 가죽장갑공의 $18\frac{1}{4}$ 온스에 이르기까지 다양했으며, 각종 부류들의 총 평균량은 13.6온스였다. 성인 1명당 매주 평균 식사비용은 다음과 같다. 견직공은 2실링 $2\frac{1}{2}$ 펜스, 여성 재봉공은 2실링 7펜스, 가죽장갑공은 2실링 $9\frac{1}{2}$ 펜스, 제화공은 2실링 $7\frac{3}{4}$ 펜스, 양말공은 2실링 $6\frac{1}{4}$ 펜스. 매클즈필드의 견직공의 평균비용은 주당 불과 1실링 $8\frac{1}{2}$ 펜스였다. 영양이 가장 나쁜 부류는 여성 재봉공, 견직공 및 가죽장갑공이었다.[48]

사이먼은 자기의 "보건에 관한 종합보고" 중에서 이런 영양상태에 관

---

47) 같은 책. 부록: 232.

48) 같은 책: 232~233.

해 다음과 같이 말했다.

　"영양부족이 병을 발생시키거나 악화시키는 경우가 매우 많다는 것은 구빈법의 의료사업을 잘 알거나 [입원환자이든 외래환자이든] 병원 환자들의 사정을 잘 아는 사람은 누구나 확인할 수 있다…그러나 여기에 또 하나 매우 중요한 사정 즉 위생의 관점이 추가되어야 한다. 일반적으로, 온갖 다른 궁핍들 [예: 의복과 연료의 부족]이 먼저 나타난 뒤 음식물의 궁핍이 뒤따라온다는 것과, 따라서 음식물의 결핍을 참아내는 것은 최후의 궁핍이라는 것을 상기하지 않으면 안 된다. 영양부족이 건강에 영향을 미치기 훨씬 전에, 그리고 생리학자가 삶과 굶어죽음의 경계선을 이루는 질소와 탄소의 소비량을 계산해야겠다고 생각해 내기 훨씬 전에, 살림살이에서 물질적인 위안은 모두 사라져 버린다. 의복과 연료는 음식물보다도 더 모자란다. 혹한을 충분히 막아낼 수 없으며, 거주면적은 병을 발생시키거나 악화시킬 정도로 좁으며, 가구는 거의 남아 있지 않고, 청소하는 것조차 사치스러운 일이거나 어려운 일로 된다. 비록 아직도 자존심이 있어 깨끗이 하려고 하더라도 그런 모든 시도는 굶주림의 고통만 더욱 심하게 할 따름이다. 주택은 그것을 가장 값싸게 얻을 수 있는 그런 곳[즉 위생단속도 거의 효과가 없으며, 하수도도 변변치 못하며, 교통도 불편하며, 오물은 산더미같이 쌓여 있으며, 급수상태는 아주 나쁘거나 거의 급수되지 않는 구역]에, 그리고 도시라면 햇빛과 공기가 아주 부족한 그런 구역들에 있을 것이다. 음식물이 부족할 정도의 빈궁은 반드시 이런 위생상의 위험에 처하게 한다. 이런 모든 것들이 생명에 무시무시한 나쁜 영향을 미치지만, 영양부족 그 자체만으로도 매우 심각한 문제다…이런 빈궁이 게으름에서 오는 당연한 빈궁이 아니라는 것을 생각하면 너무나 가슴 아픈 일이다. 모든 경우, 그것은 노동인구 모두의 빈궁이다. 사실,

도시노동자들이 얼마 안 되는 음식물을 얻기 위해 하는 노동은 대체로 지나치게 장시간이다. 노동으로 자활할 수 있다고 말하는 것은 매우 제한된 의미에서 뿐이다…대체로 이 명목상의 자활은 다만 길든 짧든 구호 빈민의 상태에 이르는 우회로일 따름이다."[49]

매우 근면한 노동자층의 굶주림 고통과, 자본주의적 축적에 토대를 두는 부자들의 거칠은 또는 세련된 낭비 사이의 밀접한 관련은 오직 경제법칙을 이해할 때에만 밝혀진다. 그러나 빈민들의 주택문제는 사정이 완전히 다르다. 공정한 관찰자라면 누구나 인정하듯이, 생산수단의 집중이 심하면 심할수록 이에 따라 노동자들은 일정한 공간에 그만큼 더 집중되며, 따라서 자본주의적 축적이 빠르면 빠를수록 노동자들의 주택사정은 그만큼 더 비참해진다. 부의 증대에 따르는 도시의 '개량'—불량주택 지역의 철거, 궁전과 같은 은행과 백화점 등의 건설, 영업용 운송수단과 사치스러운 마차나 전차의 도입 등을 위한 도로의 확장 —은 빈민들을 더욱 불결하고 더욱 비좁은 빈민굴로 몰아낸다. 다른 한편, 누구나 다 아는 바와 같이 집세는 그 질에 반비례해 비싸고, 또한 주택투기꾼들은 빈곤이라는 광산을 포토시의 은 광산채굴보다 더 많은 이윤과 더 적은 비용으로 채굴하고 있다. 자본주의적 축적, 따라서 자본주의적 소유관계 일반의 적대적 성격[50]은 여기에서는 아주 명백하기 때문에, 주택사정에 관한 영국의 공식보고까지도 '소유와 소유권'에 대한 이단자적 공격으로 가득차 있을 정도다. 이 폐해가 공업의 발전, 자본의 축적, 도시의 성장과

---

49) 같은 책: 14~15.

50) "노동자계급의 주택사정에서처럼 사람들의 권리가 공공연히 또 무자비하게 재산에 의해 희생되는 경우도 없다. 대도시는 모두가 다 인간의 희생 장소며, 해마다 수천 명이 탐욕의 신을 위한 제물로 불에 던져지는 제단이다." (랑, 『국민적 재난』: 150)

‘개량’과 더불어 널리 파급되기 때문에, ‘상류사회’에도 예외 없이 전파되는 전염병에 대한 단순한 공포로 말미암아 1847~1864년에 10개 이상의 위생법규가 의회에서 나오게 되었으며, 리버풀, 글래스고 등 일부 도시의 겁에 질린 중간계급은 그들의 시 당국을 통해 이 폐해를 다룰 강력한 조치를 취했다. 그러나 사이먼은 1865년의 보고에서, “일반적으로 말해 이 폐해는 영국에서 아무런 규제를 받지 않고 있다.”고 말하고 있다. 추밀원의 명령에 의해 1864년에는 농촌노동자의, 그리고 1865년에는 도시 하층빈민계급의 주택사정에 대한 조사가 진행되었다. 『공중보건』에 관한 제7차(1865년)와 제8차 보고(1866년)에는 헌터의 훌륭한 연구 성과들이 들어 있다. 농촌노동자들에 대해서는 뒤에 말할 것이다. 도시의 주택사정에 대해 나는 사이먼의 다음과 같은 일반적 의견을 먼저 인용하고자 한다. 그는 다음과 같이 말하고 있다.

“나의 공적 견해는 오로지 의사로서의 것이지만, 보통 사람으로서도 이 죄악의 다른 측면을 무시할 수 없게 된다…이것”(집이 사람으로 초만원이 되는 것)“의 정도가 심하게 되면 거의 필연적으로 인간이라기보다는 오히려 짐승처럼, 예의범절은 무시되고, 육체와 육체적 기능은 불결하게 혼잡해지며, 발가벗겨져 치부까지도 드러내놓게 된다. 이런 영향을 받는 것이 곧 타락인 바, 타락한 상태가 오랫동안 지속되면 될수록 그 타락의 정도도 심해진다. 이런 저주스러운 상태에서 태어난 아이들에게는 그 타락은 바로 그릇된 행위를 위한 세례와 마찬가지다. 또한 이런 상태에 있는 인간이 육체적·도덕적 순결을 그 본질로 삼고 있는 문명의 분위기를 다른 측면에서 열망하기를 바라는 것은 아무래도 가망이 없는 일이다.”51)

---

51) 『공중보건. 제8차 보고』. 런던 1866: 14, 주.

인간이 살아가기에 절대적으로 부적합한 초만원 상태의 주거라는 점
에서 제1위는 런던이 차지하고 있다. 헌터는 이렇게 말한다.

"두 가지 사정은 분명하다. 첫째로 런던에는 각각 약 10,000여명의
주민을 가진 약 20개의 큰 주거지역이 있는데, 그 참담한 상태는 잉글
랜드의 어느 곳에서도 그 유례가 없으며, 또 이와 같은 상태는 거의
전적으로 가옥설비가 나쁜 결과다. 둘째로 이 주거지역들에 있는 가옥
들이 초만원이 되고 또 낡아버린 상태는 20년 전보다도 훨씬 더 악화
되어 있다."52) "런던과 뉴캐슬의 몇몇 지역들의 생활은 지옥과 같다고
말해도 과언이 아닐 것이다."53)

더욱이 런던에서는 '개량'이 진행되고 이와 더불어 낡은 거리들과 가
옥들의 철거가 진행됨에 따라, 그리고 또 공장들이 새로 설립되고 사람
들의 유입이 증가함에 따라, 끝으로 또 도시의 집세가 도시지대의 상승
때문에 인상됨에 따라, 노동자계급 중 비교적 처지가 나은 부분도 소매
상들·하층 중간계급들과 함께 이 더러운 주택사정의 재앙 속으로 점점
더 빠져들고 있다.

"집세는 엄청나게 비싸 방 한 칸 이상을 빌릴 수 있는 노동자는 거
의 없다."54)

---

52) 같은 책: 89. 이 주거지역의 아동들에 관해 헌터는 이렇게 말하고 있다. "빈
민들이 지금과 같이 밀집해 살기 이전에는 아동들이 어떻게 자랐는지 모르지
만, 이 나라에서는 전례 없는 조건에서 온갖 나이의 술주정꾼, 상스러운 인간
들, 싸움패들과 함께 한밤중까지 지냄으로써, '위험한 계급'으로 장래의 실천
을 위한 교육을 받고 있는 이 아동들로부터 어떤 행동을 기대할 수 있겠는가
에 답할 수 있는 사람은 아마 대담한 예언자일 것이다."(같은 책: 56)
53) 같은 책: 62.

런던에 있는 집 치고 여러 명의 중개인들의 손을 거치지 않은 집이라고는 거의 하나도 없다. 왜냐하면 런던의 토지가격은 언제나 그 토지의 연간 수입에 비해 매우 높고, 따라서 모든 토지구매자들이 구입한 토지를 '감정가격'(토지를 수용할 때 감정관이 매기는 가격)으로 되팔기 위해 투기를 하거나, 또는 어떤 큰 기업이 이웃에 들어섬으로써 일어나는 토지가격의 비정상적 상승을 노리고 투기를 하기 때문이다. 그 결과 만기가 얼마 남지 않은 임대계약을 사들이는 것이 정규적인 거래로 되고 있다.

> "이런 일에 종사하고 있는 신사들에게 기대할 수 있는 것이라고는, 그들이 현재 하고 있는 방식대로 앞으로도 하리라는 것, 즉 집을 소유하고 있는 동안에는 세든 사람들로부터 가능한 한 많이 짜내고, 다음 세입자들을 위해서는 [가구 등을] 가능한 한 적게 남겨둔다는 것이다."[55]

집세는 매주 지불되므로 이 신사들에게는 전혀 위험부담이 없다. 런던의 시티the City [금융중심지]에 철도가 부설된 결과,

> "최근 어느 토요일 저녁 런던의 동부에서 여러 가족들이 자기들의 보잘것없는 세간살이들을 등에 짊어진 채, 구빈원 이외에는 아무데도 갈 곳이 없어 방황하고 있는 것을 볼 수 있었다."[56]

구빈원들은 벌써 만원이었으며, 의회가 이미 허가한 '개량'도 겨우 착

---

54) 『세인트 마틴즈-인-더-필즈의 의무관 보고』, 1865년.
55) 『공중보건. 제8차 보고』, 런던 1866: 91.
56) 같은 책: 88.

수되었을 뿐이었다. 노동자들은 자기들이 살던 옛 집이 철거되어 쫓겨나더라도 자기들의 교구를 버리지 않거나 또는 기껏 멀리 간다 해도 그 교구와 가장 가까운 교구로 이사간다.

"그들은 당연히 가능한 한 일터와 가까운 곳으로 이사 가려고 애쓴다. 그들은 두 칸짜리 셋방을 포기하고 한 칸짜리 셋방에 들면서, 그리하여 더욱 비좁게 살더라도 같은 교구나 이웃 교구를 떠나지 않는다… 더 많은 집세를 지불하더라도, 그전의 초라한 셋방만한 것도 얻을 수 없게 된다…스트랜드에 사는 노동자들의 50%는 이제 작업장까지 가려면 2마일을 걸어가야 한다."

외국 사람들에게 런던의 부에 대한 강렬한 인상을 주는 주요 거리인 이 스트랜드는 런던에서 인구밀도가 어떻게 그렇게 조밀하게 되는가를 보여주는 한 예로 될 수 있을 것이다. 공중위생 관리의 계산에 따르면, 스트랜드의 어떤 교구의 인구는, 템즈 강폭의 절반이 이 교구에 포함되고 있는데도, 에이커당 581명이었다. 지금까지 런던에서 채택했던 공중위생의 개선을 위한 모든 조치는 살아가기에 부적당한 집들을 철거함으로써 노동자들을 한 구역에서 쫓아내고 그리하여 다른 구역을 그만큼 더 조밀하게 했을 뿐이라는 것은 자명하다. 헌터는 이렇게 말하고 있다.

"이 모든 조치는 불합리한 것이므로 반드시 중지되어야 한다. 또는 이제는 과장 없이 국민적 의무라고 부를 수 있는 의무—즉 자금이 부족해서 자기 힘으로 집을 살 수는 없으나 정기적으로 집세는 지불할 수 있는 사람들에게 집을 제공해야 하는 의무—에 대해 사회적 동정심(!)이 반드시 환기되어야 한다."[57]

이 경탄할 만한 자본주의적 정의! 토지 소유자, 집 주인, 사업가는 철도부설, 도로의 신설 등과 같은 '개량'에 의해 수용을 당할 때는 충분한 보상을 받을 뿐 아니라, 그밖에도 그들은 자기들의 의무적인 '절욕'에 대해 하느님과 인간의 법에 의해 엄청난 이윤으로써 위안을 받아야만 한다. 그런데 노동자들은 처자와 소지품과 함께 거리로 내쫓기며, 그리고 만약 그들이 [지방자치 당국이 예의를 강조하는] 어떤 지역으로 큰 떼를 지어 몰려 들어가면 그들은 공중위생의 이름 아래 기소당한다!

19세기 초 잉글랜드에서 주민 100,000명을 헤아리는 도시로는 런던 하나뿐이었다. 50,000명 이상도 다섯에 불과했다. 그러나 현재는 50,000명 이상의 주민을 가진 도시가 28개나 된다.

"이런 변화의 결과 도시 인구는 크게 증가했을 뿐 아니라 이전의 조밀한 소도시들이 이제는 사방에 건물이 들어차서 신선한 공기가 통할 수 없는 중심지로 되었다. 이 도시들은 이제는 부자들에게 쾌적한 생활을 더 이상 제공할 수 없기 때문에 그들은 그곳을 버리고 더욱 상쾌한 교외로 이주한다. 그들이 살던 자리에 들어오는 사람들은 큰 집에서 한 가족이 한 방씩 차지한다 … 흔히 가족 외에 두 세 명의 하숙인들을 넣고 있다 … 그리하여 그들을 위해 건축된 것도 아니며 또 그들에게 전혀 적합하지도 않은 집으로 사람들이 밀려들고 있는데, 그 환경은 실로 성인에게는 타락으로, 아동에게는 파멸로 인도한다."[58]

어떤 공업도시나 상업도시에서 자본이 급속히 축적되면 될수록, 착취할 수 있는 인간재료는 그만큼 더 급속히 밀려들어오며, 갑자기 세워진

---

57) 같은 책: 89.
58) 같은 책: 55~56.

노동자들의 주택은 그만큼 더 비참하게 된다.

생산이 점차 증대하고 있는 석탄·제철지방의 중심지 뉴캐슬-언-타인은 주택지옥이라는 점에서 런던 다음으로 제2위를 차지하고 있다. 그곳에서는 단칸방 살림을 하는 사람이 34,000명 이상이나 된다. 최근 뉴캐슬과 게이츠헤드에서는 공공의 안녕과 질서에 절대적으로 위험하다는 이유로 많은 가옥이 당국에 의해 철거되었다. 가옥의 신축은 매우 완만하게 진행되는데 공업은 매우 빠르게 발전한다. 그 때문에 그 도시는 1865년에 종전의 어느 때보다도 인구가 조밀하게 되었다. 방 한 칸을 빌릴 수가 없었다. 뉴캐슬 열병병원의 의사 엠블턴은 다음과 같이 말하고 있다.

> "티푸스가 계속 만연하고 있는 주된 원인이 사람들이 밀집해 있고 그들의 주택이 불결한 데 있다는 것은 조금도 의심할 바 없다. 노동자들이 보통 살고 있는 가옥은 비좁고 불결한 뒷골목이나 울타리 안에 있고, 햇빛·공기·청결이라는 점에서 본다면 불충분하고 비위생적인 것의 표본이며 문명사회의 치욕이다. 거기에서 밤에는 남녀, 아동 모두가 뒤섞여 잔다. 남자들에 관해 말한다면, 낮교대에서 일하는 사람과 밤교대에서 일하는 사람이 끊임없이 서로 교대해서 자기 때문에 침대가 식을 사이가 없다. 그 가옥은 급수가 잘 안 되고 변소는 더욱 나쁘며 불결하고 환기는 되지 않아 전염병이 발생하기 쉽다."[59]

이런 형편없는 집도 집세가 주 8펜스에서 3실링까지다. 헌터는 다음과 같이 말하고 있다.

---

59) 같은 책: 149.

"뉴캐슬-언-타인은 우리 동포 중 가장 우량한 종족의 하나가 주택이
나 거리와 같은 외부적 사정에 의해 거의 야만 상태에까지 타락하고
있는 하나의 실례를 보여주고 있다."[60]

자본과 노동이 밀려들고 밀려나가는 결과, 공업도시의 주택형편은 오
늘은 참을만하지만 내일은 도저히 참을 수 없는 것으로 된다. 또는 시
당국이 가장 심한 악폐를 제거하기 위해 분발할지도 모른다. 그러나 내
일이면 누더기를 걸친 아일랜드사람이나 몰락한 잉글랜드 농업노동자들
이 메뚜기 떼와 같이 몰려 들어온다. 그들은 지하실이나 다락으로 몰려
들어가든가, 그렇지 않으면 그때까지는 쓸 만하던 노동자 가옥을 여인숙
으로 만들어버리는데, 여기에 거주하는 사람들의 교체는 30년 전쟁 당시
민간 막사에서 병사들이 교체하는 것처럼 급속하다. 그 한 예가 요크셔
의 브래드퍼드다. 거기에서는 시 당국의 속물들이 도시개량에 종사하고
있었다. 그래도 그곳에는 1861년에 아직 빈 집이 1,751채나 있었다. 그
런데 지금 온건파 자유당원이며 흑인노예의 벗인 포스터가 최근 그렇게
도 감격해 마지않았던 호경기가 도래했다. 호경기와 더불어 끊임없이 흘
러 들어오는 '예비군' 즉 '상대적 과잉인구'의 물결로 홍수가 났다. 헌터
가 어떤 보험회사의 대리인으로부터 입수한 표[61]에 등록된 소름끼칠 정

---

60) 같은 책: 50.
61) 같은 책: 111. 브래드퍼드의 어떤 보험회사 대리인이 작성한 표.
   (가옥)

벌칸 스트리트, 122번지	1실	16명
럼리 스트리트, 13번지	1실	11명
바우어 스트리트, 41번지	1실	11명
포틀랜드 스트리트, 112번지	1실	10명
하디 스트리트, 17번지	1실	10명
노스 스트리트, 18번지	1실	10명
노스 스트리트, 17번지	1실	10명

도의 지하실과 방들은 대개 높은 보수를 받고 있는 노동자들이 차지하고 있었다. 그들은 더 좋은 집이 있기만 하면 즐겨 빌리겠다고 말하고 있었다. 그러는 동안에 이 노동자들은 모두 한결 같이 타락하고 병들고 있는데, 다른 한편에서는 국회의원인 온건파 자유당원 포스터는 자유무역의 축복과 브래드퍼드 명사들이 양모업에서 벌고 있는 이윤에 감격의 눈물을 흘리고 있다. 1865년 9월 5일자 보고서에서 브래드퍼드의 구빈의사인 벨은 자기의 담당구역에서 열병환자의 무서운 사망률이 주택사정에 원인이 있다고 말하고 있다.

"1,500입방 피트의 한 좁은 지하실에서 10명이 살고 있다…빈센트 스트리트, 그린 에어 프레이스 및 리즈에는 1,450명의 주민, 435개의

와이머 스트리트, 19번지	1실	8명(성인)
조에트 스트리트, 56번지	1실	12명
조지 스트리트, 150번지	1실	3가족
라이플 코트, 메어리게이트, 11번지	1실	11명
마샬 스트리트, 28번지	1실	10명
마샬 스트리트, 49번지	3실	3가족
조지 스트리트, 128번지	1실	18명
조지 스트리트, 130번지	1실	16명
에드워드 스트리트, 4번지	3실	17명
조지 스트리트, 49번지	1실	2가족
요크 스트리트, 34번지	1실	2가족
솔트 파이 스트리트(끝) (지하실)	2실	26명
리전트 스퀘어	1실	8명
에이커 스트리트	1실	7명
로버츠 코트, 33번지	1실	7명
백 프레드 스트리트, 놋쇠세공점으로 이용	1실	7명
에버니저 스트리트, 27번지	1실	6명

침대 및 36개의 변소를 가진 223채의 집이 있다…하나의 침대[여기에
는 더러운 누더기를 말아놓은 것이나 한 아름의 대패 밥도 포함된다]
에 평균 3.3명, 때로는 5~6명이 자는데, 침대가 없는 사람들도 있다.
젊은 남녀들이 기혼자이건 미혼자이건 할 것 없이 방바닥에서 옷을 입
은 채로 한 데 겹쳐 자는 경우도 있다. 집이라는 것이 대개는 컴컴하고
습기 차고 더럽고 냄새나는, 사람이 살기에는 전혀 적합하지 않은 누
추한 구멍이라는 것을 부언할 필요가 있겠는가. 그 집들이 중심이 되
어 병과 죽음이, 훨씬 나은 환경의 잘 사는 사람들에게 전파되는데,
잘 사는 사람들이 이런 폐해가 우리 도시의 한 가운데서 곪도록 허용
했던 것이다."[62]

주택사정이 비참하다는 면에서 런던 다음으로 제3위를 차지하는 곳은
브리스틀이다.

"유럽의 가장 부유한 도시인 브리스틀에 극심한 빈곤과 비참한 주택
사정이 너무 심하다."[63]

C. 유랑민

이제는 출신은 농촌이지만 직업은 대부분 공업인 한 계층을 보기로 하
자. 그들은 자본의 경보병으로서 자본의 필요에 따라 이곳저곳으로 던져
진다. 그들은 행군을 하지 않을 때는 진을 친다. 유랑노동자는 각종 건설
공사와 배수공사, 벽돌 생산, 석회 굽기, 철도공사 따위에 고용된다. 이

---

62) 『공중보건. 제8차 보고』. 런던 1866: 114.
63) 같은 책: 50.

노동자들은 전염병의 유격대와도 같이 그들이 진을 치고 있는 부근 일대에 천연두·티푸스·콜레라·성홍열 기타를 끌어들인다.[64] 철도부설 등과 같이 대규모 자본을 투하하는 사업들에서는 대개 청부업자 자신이 자기 군대에게 목조 숙소 등을 제공하는데, 갑자기 세워진 부락들은 위생시설이란 하나도 없고 지방 당국의 통제도 받지 않으며, 청부업자들에게는 매우 유리하다. 왜냐하면 이들은 노동자들을 산업의 병사로서 그리고 세입자로서 이중으로 착취하기 때문이다. 목조로 된 임시숙소에 있는 굴 같은 방이 하나인가 둘인가 또는 셋인가에 따라 인부 등의 거주자는 방세로 주에 2, 3, 또는 4실링을 지불하지 않으면 안 된다.[65] 하나의 예를 드는 것으로 충분할 것이다. 사이먼의 보고에 따르면, 1864년 9월에 내무장관 조지 그레이는 세븐옥스 교구의 공중위생위원회 위원장으로부터 다음과 같은 고발을 받았다.

"12개월 전까지만 해도 우리 교구에서는 천연두를 전혀 알지 못했다. 그때보다 조금 전에 루이샴에서 턴브리지에 이르는 철도건설공사가 개시되었는데, 주요 공사가 이 도시의 바로 부근에서 진행되었을 뿐 아니라 전체 공사의 본부가 이 도시에 설치되었으므로 여기에서 수많은 노동자들이 일을 하게 되었다. 그들 전부를 넣을 수 있는 오두막집이 없었으므로 청부업자 제이는 공사장의 이곳저곳에 임시숙소를 세우고 노동자들을 살게 했다. 이 임시숙소들은 환기장치도 없고 하수도도 없으며 더욱이 또 초만원이 되지 않을 수 없었다. 왜냐하면 세입자는 자기 가족이 몇 명이든, 그리고 셋집에 방이 둘밖에 없는데도 하숙인을 받지 않으면 안 되었기 때문이다. 우리가 받은 의사의 보고서에

---

64)『공중보건. 제7차 보고』. 런던 1865: 18.
65) 같은 책: 165.

따르면, 이 때문에 이 불행한 사람들은 밤이면 더러운 물구덩이와 바로 창 밑에 있는 변소로부터 풍기는 유독한 악취를 마시지 않으려고 질식의 고통을 참지 않을 수 없었다. 본위원회는 이 임시숙소들을 방문할 기회가 있었던 한 의사로부터 드디어 고발을 받았다. 그는 주택상태를 아주 비통한 언어로 말했으며, 만약 약간의 위생대책이 취해지지 않는다면 매우 무서운 결과가 생길 것이라고 걱정했다. 거의 1년 전에 청부업자 제이는 자기 임금노동자들이 전염병에 걸렸을 때 즉시 격리할 수 있는 한 채의 가옥을 세울 것을 약속했다. 그는 이 약속을 지난 7월 23일에 되풀이했다. 지난번의 약속 이후 천연두가 여러 건 있었으며 그 결과 사망이 두 건 있었는데도 그는 약속을 이행하기 위한 어떤 조치도 취하지 않고 있다. 9월 9일에 의사 켈슨은 나에게 동일한 임시숙소들에서 천연두가 또 발생했다고 보고했으며, 그곳 형편은 처참하다고 써 보냈다. 각하"(내무장관)"에게 덧붙여 알려드리고자 하는 것은, 우리 교구민들이 그곳에서 치료를 받고 있는데, 이 격리소는 지금 수개월째 환자들로 계속 만원이라는 것, 금년 4월 1일부터 9월 1일까지에 천연두로 인한 사망이 10건 이상이나 되는데, 그 중 4건은 전염병의 원천인 위의 임시숙소에서 생겼다는 것, 그리고 병이 발생한 가족들은 될 수 있는 대로 이것을 비밀에 붙이려 하기 때문에 병에 걸린 사람의 수를 정확히 파악하기가 불가능하다는 것 등이다."[66]

---

66) 같은 책: 18, 주. 채플-앙-르-프리스 교구연합의 구빈관은 호적등기소 소장에게 다음과 같이 보고하고 있다. "더브홀즈에서는 석회로 된 큰 언덕 속에 수많은 작은 굴들이 생겼는데, 이 굴들은 철도부설에 종사하는 노동자와 기타 사람들의 주택으로 되고 있다. 굴들은 좁고 습기가 차 있으며 하수도도 없고 변소도 없다. 여기에는 굴뚝 역할을 하는 천장에 난 구멍 이외에는 어떤 환기 시설도 없다. 이런 결함 때문에 천연두가 창궐해 이미 여러 건의 사망자"(동굴 속에 사는 사람들 사이에서)"를 내고 있다."(같은 책: 주2)

탄광노동자와 기타 광산노동자들은 영국 프롤레타리아트 중 가장 높은 보수를 받는 부류에 속한다. 그들이 어떤 대가를 치르고 임금을 받는가는 이미 앞에서 말했다.[67] 나는 여기에서는 그들의 주택형편을 간단히 보려고 한다. 대체로 채광업자는 [광산의 소유자이든 임차인이든] 자기 노동자들에게 제공할 일정한 수의 오두막집을 짓는다. 노동자들은 오두막집과 난방용 석탄을 '무료로' 받는다. 즉 이것들은 현물로 지급되는 임금의 일부다. 이런 방식으로 숙소를 얻지 못하는 노동자들은 그 대신 연간 £4를 받는다. 광산지방은 광산노동자들 자신과 그들의 주위에 모여드는 수공업자·소매상 등 많은 인구를 빠르게 끌어들인다. 인구밀도가 높은 곳에서는 어디에서나 그러하듯이 이곳에서도 지대는 높다. 그렇기 때문에 광산고용주는 가능하기만 하면 갱구 부근의 좁은 공간에 노동자들과 그 가족들을 밀어 넣기 위해 꼭 필요한 만큼의 오두막집을 세우려고 한다. 새로운 갱이 가까운 곳에 개발되거나 낡은 갱이 다시 채굴되기 시작하면 더욱더 좁아진다. 오두막집을 세울 때 오직 한 가지 관점만이 결정적 의의를 가지는데, 그것은 절대적으로 불가피한 것 이외의 모든 지출에 대한 자본가의 '절욕'이다. 헌터는 다음과 같이 말하고 있다.

"노섬벌랜드와 더럼의 탄광들에서 일하는 광부와 기타 노동자의 주택은 아마도 일반적으로 보아, 몬머스셔의 비슷한 지방을 제외한다면, 영국에서 널리 볼 수 있는 이런 것들 중에서 가장 나쁘고 가장 비싸다. 그 형편이 매우 나쁜 점은 한 방에 많은 사람들을 집어넣고 있는 것, 대지는 좁은데 그 위에 많은 가옥들을 세운 것, 용수의 부족과 변소의

---

67) 제15장 9절 뒷부분에서 인용한 상세한 것들은 주로 탄광노동자들에 관한 것들이다. 그보다 더 나쁜 금속광산들의 형편에 관해서는 『빅토리아 여왕 제23년과 제24년의 법률 151호의 규정이 적용되지 않는 영국의 모든 광산의 상태를 조사하는 위원회의 보고』(런던 1864)를 보라.

부재, 흔히는 가옥을 첩첩으로 세우든가 그것을 여러 층의 다락들로 나누는 것 등에 있다…세든 사람들은 전체 부락이 마치 주거를 위한 것이 아니라 야영인 것처럼 행동하고 있다."[68]

스티븐즈는 다음과 같이 말하고 있다.

"내가 받은 지시를 수행하는 중에 나는 더럼 교구연합의 큰 탄광부락들을 대부분 방문했다…매우 적은 소수를 제외하면 어디에서나 거주자들의 보건을 위한 대책은 아무것도 마련되어 있지 않다고 말할 수 있다…전체 광부들은 광산임차인 또는 광산소유자에게 12개월간 묶여 bound 있다."('bound'는 'bondage'와 마찬가지로 농노제시대로부터 내려온 표현이다.)"만약 그들이 불만의 빛을 보이든가 감독의 비위를 거스르면 감독은 그들의 이름을 기록해 두었다가 다음해 '계약' 때에 그들을 해고한다…'현물지급제도' 중 인구가 조밀한 이 지방들에서 실시되고 있는 것보다 더 나쁜 것은 있을 수 없다고 나는 생각한다. 노동자는 고용조건의 일부로 나쁜 환경의 집을 받지 않으면 안 된다. 그의 고용주 이외에 그를 도와줄 수 있는 사람이 누가 있을지 의심스럽다. (그는 어느 점으로 보든 농노다.) 그런데 이 고용주는 무엇보다도 자기의 손익계산에 의해서만 행동한다. 따라서 결과는 예측하기 어렵지 않다. 노동자는 또 고용주에게서 물도 공급받는다. 물이 좋든 나쁘든 노동자는 그 값을 지불하지 않으면 안 된다. 더 정확히 말하면, 임금에서 그만큼 뺀다."[69]

---

68) 『공중보건. 제7차 보고』. 런던 1865: 180, 182.
69) 같은 책: 515, 517.

자본은 '사회의 여론' 또는 심지어 위생단속 관리들과 충돌하는 경우
에는, 자기가 노동자의 노동생활과 가정생활에 강요한 부분적으로는 위
험하고 부분적으로는 타락하게 하는 조건들을 자기의 이윤추구에 필요한
것들이라는 이유로 '정당화'하는 데 전혀 주저하지 않는다. 자본이 공장
에서 위험한 기계에 대한 보호시설을 '절제'하는 것이나, 광산 등에서 환
기·안전시설을 절제하는 것이나 사정은 마찬가지다. 그리고 광산노동
자의 주택에 관해서도 그러하다. 추밀원 의무관 사이먼은 자기의 공식보
고서에서 다음과 같이 말하고 있다.

"불량한 주택조건들을 변명하는 이유들은…광산이 보통 임차방식으
로 채굴된다는 것, 임차계약기간(탄광에서는 대개 21년)이 길지 않아
자기의 노동자와 [그 사업이 끌어들인] 상인과 기타의 사람들을 위해
좋은 시설을 갖춘 주택을 건설하는 것은 할 만한 일이라고는 생각되지
않는다는 것, 자기 자신은 이 점에서 인색하지 않으려 하더라도 토지
소유자 때문에 수포로 돌아간다는 것 등이다. 왜냐하면 토지소유자는
자기의 지하 소유물을 채굴하는 노동자들이 살게 되는 아담하고 또 기
분이 좋은 부락을 지상에 설치하는 특권의 대가로 엄청나게 높은 지대
를 추가로 받으려고 하기 때문이라는 것이다. 이 금지적인 가격 ‖ 터무
니없이 높은 지대 ‖ 은 (실질적인 금지는 아니더라도) 그런 조건만 없다면
아담한 주택을 세우려고 할 다른 사람들을 또한 억제하고 있다는 것이
다…이 변명의 장단점에 관해 논의하는 것은 이 보고의 목적이 아닐
것이다. 또한 아담한 주택의 건설을 위한 추가지출이 결국은 누구의
부담으로 되는가, 즉 토지소유자·광산임차인·노동자·사회 중 누구
의 부담으로 되는가 하는 문제를 논의할 필요도 없다. 그러나 첨부한
보고들"(헌터, 스티븐즈 기타의)"에서 나타나고 있는 그 수치스러운 사
실들에 비추어 그것들을 제거할 대책을 취할 필요가 있다…토지소유

권이 여기에서는 큰 사회적 불의를 저지르기 위해 사용되고 있다. 토지소유자는 광산소유자로서 자기 소유지에서 노동할 공업부락을 불러오지만, 그 다음에는 지면의 소유자로서 그가 불러들인 노동자들이 거주할 적합한 주택을 짓는 것을 불가능하게 한다. 광산임차인"(자본주의적 채굴자)"은 이와 같은 이중적 거래에 반대할 어떤 금전적 이해관계도 없다. 왜냐하면 그는 토지소유자의 두 번째 요구가 과도하다 하더라도 그 결과들은 자기 부담으로 되지 않는다는 것, 그것들을 부담하게 되는 노동자들은 너무나 무식해 자기들의 위생권의 가치도 모른다는 것, 매우 혐오스러운 주택이나 매우 더러운 음료수는 결코 '파업'의 동기로 되지 않는다는 것을 잘 알고 있기 때문이다."[70]

D. 노동자계급 중 최고의 임금을 받는 계층에 대한 공황의 영향

진정한 농업노동자로 넘어가기 전에 공황이 노동자계급 중 최고의 임금을 받는 계층, 즉 노동자계급의 귀족에게까지도 어떤 영향을 미치는가 하는 하나의 예를 들고자 한다. 우리가 기억하고 있는 바와 같이, 1857년에는 산업순환의 종결점인 거대한 공황이 있었다. 그 다음 공황은 1866년에 있었다. [많은 자본을 일상적인 투자분야에서 화폐시장의 대중심지로 몰아낸] 면화기근으로 말미암아 진정한 공장지방들에서는 이미 어느 정도 약화된 1866년의 공황은 이번에는 주로 금융적 성격을 띠었던 것이다. 1866년 5월에 그 발발의 신호로 된 것은 런던의 어느 대은행의 파산이었으며, 그 뒤를 이어 수많은 투기회사들이 무너졌다. 파국에 빠진 런던의 큰 생산부문 중 하나는 철제 조선업이었다. 이 공업부문의 큰 조선소들은 투기적 호황기에 무제한으로 과잉생산을 했을 뿐 아니라, 그밖에 신용이

---

70) 같은 책: 16.

앞으로도 여전히 계속 풍부하리라는 예상 아래 방대한 계약을 체결했다. 그런데 무서운 반작용이 일어나서 조선업과 기타 런던공업부문을 지금까지 (즉 1867년 3월 말까지) 괴롭히고 있다.[71] 노동자들의 형편을 알아보기 위해 1866년 말과 1867년 초에 불황의 주요 중심지를 방문한『모닝스타』지의 한 통신원의 상세한 보도에서 다음을 인용하려 한다.

"런던 이스트 엔드의 포플러, 밀월, 그리니치, 뎁트퍼드, 라임하우스, 캐닝타운 지역들에서는 적어도 15,000명의 노동자가 가족들과 함께 극도의 궁핍상태에 빠져 있었고, 그 중 3,000명의 숙련 기계공들은 (6개월 동안의 실업 이후에) 구빈원 마당에서 돌을 깨고 있었다…나는 구빈원 문 앞에까지 가는 데도 매우 힘이 들었다. 왜냐하면 그곳은 굶주린 군중들로 둘러싸여 있었기 때문이다. 군중은 배급표를 기다리고 있었는데 아직 그것을 나누어 줄 시간이 안 된 것이었다. 마당은 큰 사각형을 이루고 사방에는 차양이 쳐져 있었다. 큰 눈더미들이 마당 가운데 있는 포장용 돌들을 덮고 있었다. 마당은 버드나무 울타리로 양의 우리와 같이 작은 칸들로 나누어져 있었는데, 날씨가 좋으면 사람들이 여기서 일을 한다. 내가 찾아간 날은 그 우리들이 눈에 덮여

---

71) "런던 빈민 대부분의 굶주림 상태…최근 며칠 동안 다음과 같은 주목할 만한 문구를 쓴 대자보들이 런던에 나붙었다. "살찐 소들, 굶주린 사람들! 살찐 소들은 그들의 유리 집을 나와 호사스러운 집들에 사는 부자들을 살찌게 하는데, 굶주린 사람들은 비참한 굴속에서 썩어가며 죽어가고 있다." 이런 불길한 문구를 쓴 대자보들은 일정한 간격을 두고 붙어 있다. 한 쌍의 벽보를 찢어버리고 덮어 버리자마자 새로운 벽보들이 같은 장소 또는 역시 눈에 잘 띄는 장소에 또 나타난다…이것은 프랑스 국민에게 1789년의 사태를 준비시킨 비밀 혁명결사를 상기시킨다…영국 노동자들이 그 처자들과 함께 추위와 배고픔에 쓰러지고 있는 이 순간에, 영국 노동의 산물인 수백만 영국화폐는 러시아, 스페인, 이탈리아, 기타 외국의 기업들에 투자되고 있다."(『레이놀즈 신문』. 1867년 1월 20일자)

있어 아무도 그 안에 앉을 수가 없었다. 사람들은 처마 밑에서 포장용 돌을 깨고 있었다. 제각기 큰 포장돌 위에 앉아 무거운 망치로 서리가 덮인 화강암을 자갈 크기로 깨고 있었는데, 그 자갈들이 5부셸![182리터]이 되어야 그의 하루 작업이 끝나고 그는 3펜스와 식량배급표를 받는다. 마당의 또 한 쪽에는 쓰러질 듯한 작은 목조 가옥이 서 있었다. 문을 열어보니 거기에는 남자들이 가득 차 있었는데, 그들은 서로 등을 기대어 몸을 녹이고 있었다. 그들은 낡은 로프를 푸는 작업을 하면서 그들 중 누가 가장 적게 먹고 가장 오래 일할 수 있는가에 대해 논쟁하고 있었는데, 그 이유는 인내가 여기에서는 가장 명예로운 일이었기 때문이다. 이 구빈원에서만도…7,000명이…구호를 받고 있었는데, 그 중 수백 명은…6~8개월 전만 해도 이 나라에서 숙련노동자에게 지급되는 최고임금을 받고 있었다. 만약 저축해 놓은 돈을 다 써버리고도 아직 저당을 잡힐 만한 물건이 남아 있어 교구의 구호를 받기를 거부하고 있는 사람들까지 계산에 넣는다면, 그 숫자는 2배나 더 컸을 것이다. 나는 구빈원을 나와 대부분 단층 가옥이 늘어선 거리를 지나갔는데, 포플러에는 이런 집이 많았다. 나의 안내자는 실업대책위원회의 위원이었다…우리가 들어간 첫째 집은 이미 27주 동안이나 실업상태에 있는 제철공의 집이었다. 그때 그는 모든 가족들과 함께 뒷방에 앉아 있었다. 방에는 아직 이런저런 가구가 남아 있었고 또 따뜻한 불기운도 있었다. 몹시 추운 날이었으므로 어린애들의 벗은 발이 동상에 걸리지 않도록 하기 위해서는 불기운이 필요했다. 불 맞은 편에 놓여 있는 대야에는 낡은 로프가 들어 있었는데, 이것을 부인과 아이들은 구빈원에서 받은 구호의 대가를 지불하기 위해 풀고 있었다. 주인은 바로 위에서 말한 구빈원의 마당에서 일하고 하루에 식량배급표와 3펜스를 받고 있었다. 그는 [쓴웃음을 지으면서 우리에게 말한 바와 같이] 너무나 배가 고파 지금 막 점심을 먹으러 집에 온 것이다. 그의 점심은 돼지기름을 바른 몇 개의 **빵** 조각과 우유를 넣지 않은 한 잔의 차였다…우리가 다음 집에 가서 문을 두드리니 중년 부인이 문을 열어 주었는데, 그녀는 한 마디 말도 없이 조그마한 뒷방으로 우리를 안내했다. 거기에는 온 가족이 금방 죽어가는 난로를 들여다보면서 잠자코 앉아 있었다. 이 사람들의 얼굴과 그 조그마한 방은 [다시는 그런 장면을 보고 싶지 않을 정도의] 비애와 절망으로 덮여 있었다. 부인은 어린 애들을 가리키면서 이렇게 말했다. '저 애들은 26주 동안이나 전혀 벌이가 없었습니다. 그리고 우리 부부가 불경기 때에 연명이나 할까 생각해 경기가 좋은 시절에 저축해 둔 돈 £20도 몽땅 없어졌습니다. 자보십시오.'하고 거의 외치다시피 말하면서 입금과 출금이 모두 제대로 기입되어 있는 저금통장을 내보여 주었으므로 우리는 그 적은 재산이 5실링의 최초 예금에서 시작해 어떻게 조금씩 불어 £20까지 되었으며, 그 다음은 어떻게 파운드 스털링으로부터 실링으로 줄기 시작해 드디어 마지막 기입으로 통장이 한 푼의 값어치도 없는 흰 종이쪽지가 되었는가를 볼 수 있었다. 이 가족은 구빈원으로부터 구호를 받고 있는데, 그 구호는 하루에 한 번 제공하는 빈약한 식사였다…우리가 그 다음으로 방문한 곳은 조선소에서 일했던 한 아일랜드사람의 부인이 거처하는 곳이었다. 그 부인은 영양부족으로 앓고 있었는데 옷을 입은 채로 한 조각의 천을 걸치고 요 위에 누워 있었다. 왜냐하면 침구는 모두 저당 잡혀 집에 없었기 때문이다. 불행한 아이들이 그를 간호하고 있으나 아이들 자신도 어머니와 마찬가지로 누군가가 돌보아 주어야 할 형편이었다. 19주간의 강요된 무위도식이 그들을 이런 처지에까지 이르게 했는데, 부인은 가슴 저리는 과거사를 이야기하면서 더 나은 미래에 대해 모든 희망을 잃은 듯이 신음했다…그 집을 나왔을 때 어떤 젊은 사람이 우리에게 달려와서 자기 집에 좀 들러서 자기를 위해 무엇이고 해 줄 수 없겠는지를 보아 달라는 것이었다. 젊은 처,

귀여운 두 어린애들, 한 줌의 전당표 뭉치, 전혀 아무것도 없는 방—이 것이 그가 보여 줄 수 있었던 전부였다.”(『모닝 스타』, 1867년 1월 7 일자)

1866년의 공황이 남겨놓은 고통에 대해 토리당 계통의 한 신문으로부 터 다음과 같은 발췌를 인용하자. 여기에 언급되고 있는 런던의 이스트 엔드는 위에서 이미 언급한 철제 조선업의 장소일 뿐 아니라 언제나 최 저수준 이하의 임금을 받는 이른바 ‘가내공업’의 중심지이기도 하다는 것 을 잊어서는 안 된다.

　“어제 수도의 한 부분에서 무서운 광경이 벌어졌다. 이스트 엔드의 수천 명 실업자들이 흑색 조기를 들고, 대중시위를 한 것은 아니지만, 그 인파는 정말 사람들을 짓눌렀다. 이 사람들이 얼마나 고통을 받고 있는가를 생각해 보라. 그들은 굶어 죽어가고 있다. 이것은 단순하면 서도 무서운 사실이다. 이런 사람들이 4만 명이나 된다…우리의 눈앞 에서, 이 훌륭한 수도의 한 구역에서, 이때까지 이 세계가 보지 못한 미증유의 방대한 부의 축적과 나란히 4만 명의 인간이 어쩔 도리 없이 죽어가고 있다. 이런 수천 명이 지금 다른 구역에 침입하고 있다. 항상 반 굶주리고 있는 그들은 우리 귀에다 자기들의 참상을 고함치며 하늘 을 향해 절규한다. 그들은 자기들의 비참한 주택에서 시작해서, 일자 리도 발견할 수 없고 구걸을 해도 소용이 없다는 점을 우리에게 이야 기한다. 지방세 납부의무자들 자신도 교구 측이 요구하는 구빈세 부담 때문에 극빈자가 될 지경에 처하고 있다.”(『스탠다드』, 1867년 4월 5 일자)

영국 자본가들 사이에서는 벨기에를 노동자의 낙원으로 묘사하는 것이 유행하고 있다. 왜냐하면 거기에서는 '노동의 자유'[즉 같은 말이지만 '자본의 자유']가 노동조합의 독재에 의해서도 또 공장법의 족쇄에 의해서도 제한받지 않기 때문이다. 그러므로 여기에서 벨기에 노동자의 '행복'에 대해 몇 마디 말하겠다. 아마도 벨기에의 감옥과 자선단체들의 총감독관이며 벨기에 중앙통계위원회의 위원인 고故 뒤크페티오보다 이 행복의 비밀을 더 잘 알고 있는 사람은 없을 것이다. 그의 저서 『벨기에 노동자계급의 가계부』(브뤼셀 1855)를 살펴보자. 여기에는 무엇보다도 벨기에의 표준적 노동자 가족의 연간 수입과 지출이 아주 정확한 자료에 의해 계산되어 있으며, 그 다음에는 그들의 영양상태를 병사 · 선원 · 죄수의 영양상태와 비교하고 있다. 그 가족은 "아버지, 어머니와 4명의 아동이다."이 6명 중 "4명은 일 년 내내 벌이가 있다.""그 중에는 병자도 노동불능자도 없으며,"또 "매우 적은 교회헌금을 제외하면 종교적 · 도덕적 · 지적 목적을 위한 지출도 없으며,"또 저축은행이나 연금기관에 예금하지도 않으며, 또 "사치스러운 지출이나 기타 쓸데없는 지출도 없다."는 것이 전제되어 있다. 그러나 아버지와 장남은 담배를 피우며 일요일에는 맥주 집에 가고, 그 때문에 그들은 매주 86상팀 ﹝상팀은 1프랑의 1/100﹞이나 지출해야 한다.

"각종 생산부문의 노동자들이 받는 임금을 종합해 보면…최고임금의 하루 평균은 남자 1프랑 56상팀, 부인 89상팀, 소년 56상팀, 소녀 55상팀이다. 이에 따라 계산하면 가족의 연간 수입은 가장 많아야 1,068프랑이 될 것이다…우리는 전형적인 가계의 있을 수 있는 모든 수입의 총계를 계산했다. 그러나 만약 어머니도 임금을 받는다고 가정하면 살림살이를 보살필 사람이 없게 된다. 그렇게 되면 누가 집을 보살피고 누가 아이들을 돌보아 줄 것인가? 누가 식사를 준비하고 세탁을 하고 옷을 수선할 것인가? 이런 문제가 노동자들 앞에 매일같이 제기된다."

그리하여 이 가족의 연간 수입은 다음과 같다.

아버지 ——	1.56프랑씩	300노동일 ——	468프랑
어머니 ——	0.89프랑씩	300노동일 ——	267프랑
아 들 ——	0.56프랑씩	300노동일 ——	168프랑
딸 ——	0.55프랑씩	300노동일 ——	165프랑
		합계 ……	1,068프랑

노동자가 선원·병사·죄수의 식사를 한다고 하면 이 가족의 연간 지출액과 부족액은 다음과 같이 될 것이다.

선원의 식사를 하는 경우…연간 지출액 1,828프랑…부족액 760프랑
병사의 식사를 하는 경우…연간 지출액 1,473프랑…부족액 405프랑
죄수의 식사를 하는 경우…연간 지출액 1,112프랑…부족액 44프랑

"여기서 보는 바와 같이, 선원이나 병사는 고사하고 죄수의 영양조차 취할 수 있는 노동자가족이란 거의 없다. 1847~1849년에 벨기에 죄수는 평균하여 하루에 63상팀의 비용이 들었는데, 노동자의 하루 생계비와 비교하면 13상팀이나 더 많다. 물론 죄수의 비용계산에는 감옥의 행정비와 감시비가 들어가지만, 그 반면에 죄수는 집세를 물지 않아도 된다는 점에 유의해야 한다…그러나 다수—아니 대다수라고 우리는 말할 수 있다—의 노동자가 죄수보다 더 가난하게 살고 있다는 것을 어떻게 설명할 것인가? 그것은 노동자들만이 그 비결을 알고 있는 다음과 같은 방도를 취하기 때문이다. 즉 그들은 매일 먹는 양을

줄인다. 밀 빵 대신 호밀 빵을 먹는다. 고기를 적게 먹든가 전혀 안 먹는다. 버터와 채소도 마찬가지다. 가족들을 한 방이나 두 방에 몰아 넣는다. 거기에서는 흔히 하나의 요 위에서 젊은 남녀들이 같이 잔다. 그들은 의복이나 세탁이나 청결에 드는 돈을 절약한다. 그들은 휴일의 소풍도 단념한다. 간단히 말해 매우 고통스러운 내핍생활을 하는 것이다. 일단 노동자가 이 마지막 한계에 도달하면 식료품 가격의 아주 사소한 인상이라든가, 일자리를 아주 짧게 잃게 된다든가, 아주 사소한 병이 난다 하더라도 그의 빈궁은 증대하고 그는 아주 몰락하게 된다. 빚은 쌓이고 돈을 빌릴 길은 막히고 매우 필요한 의복과 가구는 전당포로 간다. 그리하여 드디어 가족들은 구호 빈민 명단에 등록하게 된다."72)

사실, 이 '자본가들의 낙원'에서는 생활필수품의 가격이 조금만 변동하더라도 사망자 수와 범죄 건수에 변동이 일어난다! (협회의 선언문: 「플랑드르사람들이여 앞으로!」 브뤼셀 1860: 13, 14). 전체 벨기에 세대수는 930,000세대인데, 공식통계에 따르면, 그 중 부유한 세대(선거권자)는 90,000세대로 인원수는 450,000명이며, 도시와 농촌의 하층 중간계급은 390,000세대로 인원수는 1,950,000명인데, 후자의 대부분은 끊임없이 프롤레타리아트의 대열로 떨어지고 있다. 끝으로, 노동자는 450,000세대로 그 인원수는 2,250,000명인데, 그 중 전형적인 세대가 뒤크페티오가 서술한 행복을 누린다. 노동자 세대 450,000 중 200,000 이상이 구호 빈민 명단에 올라 있다!

---

72) 뒤크페티오, 같은 책: 151, 154, 155~156.

E. 영국의 농업프롤레타리아트

자본주의적 생산과 축적의 적대적 성격은 영국의 농업경영(축산을 포함)의 진보와 농업노동자의 퇴보라는 현상에서보다 더욱 잔인하게 실증되는 곳은 없다. 나는 그들의 현재의 사정으로 넘어가기 전에 잠시 과거를 돌이켜 보려고 한다. 생산방식 변화의 토대인 토지소유관계의 변혁은 훨씬 이전의 시기에 속하지만, 영국의 근대적 농업은 18세기 중엽부터 시작된다.

1771년의 농업노동자들에 관한 아더 영[그는 피상적 사상가이기는 했지만 정확한 관찰사였다]의 진술에 따르면, 그들은 '도시와 농촌에서 잉글랜드 노동자들의 황금시대인' 15세기의 선조는 말할 것도 없고, '노동자들이 여유 있게 살고 또 부를 축적할 수 있었던'[73] 14세기 말의 선조들과 비교하더라도 매우 보잘것없는 구실을 했다는 것이다. 그러나 그렇게 먼 과거로 되돌아갈 필요는 없다. 내용이 매우 풍부한 1777년의 한 저술에는 다음과 같이 쓰여 있다.

"큰 차지농업가는 거의 젠틀맨[부농]의 수준까지 올라갔는데, 가난한 노동자는 억눌려 거의 땅바닥까지 떨어지고 있다. 노동자의 불행한 형편은 오늘날과 40년 전의 생활조건들을 비교해 보면 명백해진다…토지소유자와 차지농업가는 결탁해 노동자를 억압한다."[74]

---

73) 제임스 로저스(옥스퍼드대학 정치경제학 교수), 『잉글랜드의 농업과 가격의 역사』. 제1권: 690. 성실하게 쓴 이 저작은 현재까지 발간된 최초의 두 권에서 오직 1259~1400년의 기간을 포괄하고 있을 뿐이며, 제2권은 전적으로 통계자료들이다. 이 저작은 우리가 가지고 있는 최초의 믿을 만한 그 시기의 '가격의 역사'다.

이어서 저자는 농촌에서 실질임금이 1737년과 1777년 사이에 거의 $\frac{1}{4}$ 즉 25%나 하락했음을 상세히 입증하고 있다. 같은 시대의 리처드 프라이스는 다음과 같이 말하고 있다.

"근대정치는 국민의 상층계급에게 더욱 유리하다. 그 결과 조만간 영국의 전체 주민은 다만 젠틀맨과 거지로, 또는 귀족과 노예로 이루어질 것이다."75)

그런데도 1770~1780년의 영국 농업노동자의 형편은 그의 식사 · 주택의 측면에서 그리고 자존심 · 오락 등의 측면에서 그 이후로는 다시 도달하지 못한 이상으로 되어 있다. 1770~1771년의 농업노동자의 평균임금은 밀의 양으로 표현해 90파인트 [1파인트는 약 0.57리터] 였는데, 이든의 시대(1797년)에는 이미 65파인트에 불과했고 1808년에는 겨우 60파인트였다.76)

반反 자코뱅 전쟁—이 기간 [1792-1815년] 에 토지귀족 · 차지농업가 · 공장주 · 상인 · 은행가 · 주식투기꾼 · 군수품 조달자 등은 엄청나게 치부했다—말기의 농업노동자들의 형편에 관해서는 이미 앞에서 언급했다.

---

74) [『최근의 구빈세 인상 이유, 또는 노동가격과 식량가격의 비교 고찰』.] 런던 1777: 5, 11.

75) 프라이스, 『연금지불에 대한 고찰』. 제6판. W. 모간 편찬. 제2권. 런던 1803: 158~159. 프라이스는 159쪽에서 다음과 같이 지적하고 있다. "현재 노동일의 명목임금은 1514년에 비해 약 4배 또는 가장 많아도 5배를 넘지 않는다. 그러나 곡물가격은 7배, 육류와 의류는 약 15배나 높다. 그러므로 노동가격은 생활비의 증가에 대응해 증가하지 않았으며, 노동가격과 생활비 사이의 비율은 종전에 비해 절반도 안 될 것이다."

76) 바턴, 『사회의 노동자계급의 상태에 영향을 주는 여러 사정들의 고찰』 (1817): 26. 18세기 말에 대해서는 이든의 『빈민의 상태』(1797)를 보라.

명목임금은 부분적으로는 은행권의 가치 저하의 결과로, 부분적으로는
이와는 관계없는 주요 생활수단의 가격 등귀의 결과로, 인상되었다. 그
러나 실질임금의 변동은 [여기에서는 불필요한 세부항목으로 들어가지
않고서도] 매우 간단하게 증명할 수 있다. 구빈법은 1795년이나 1814년
이나 동일했고, 동일하게 운영되었다. 이 법이 어떻게 농촌에 적용되었
는가를 상기해 보자. 교구는 노동자들이 겨우 연명하는 데 필요한 명목
액수가 되도록 구호금의 형태로 명목임금을 보충해 주었다. 차지농업가
가 지급한 임금과 교구가 보충한 그 부족액 사이의 비율은, 첫째로 임금
이 그 최저한도 이하로 하락한 것을 폭로하며, 둘째로 농업노동자가 임
금노동자이면서 동시에 구호 빈민이 된 정도, 또는 농업노동자가 그 교
구의 농노로 전환된 정도를 표시한다. 다른 모든 주를 대표할 만한 전형
적인 한 주를 택해 보자. 1795년에 노샘프턴셔의 주 평균임금은 7실링s.
6펜스d.였고, 6명 가족의 연간 총지출액은 £36 12s. 5d., 그의 총수입
은 £29 18s., 교구가 보충하는 부족액은 £6 14s. 5d.였다. 1814년의
주 임금은 12s. 2d., 5명 가족의 연간 총지출액은 £54 18s. 4d., 그의
총수입은 £36 2s., 교구가 보충하는 부족액은 £18 16s. 4d.였다.[77] 그
러므로 1795년에는 부족액이 임금의 1/4 이하였는데 1814년에는 절반
이상이다. 이런 사정에서는, 이든이 그때까지도 농업노동자의 오막살이
에서 발견했던 초라한 위안들조차 1814년에는 소멸해 버린 것이 명백하
다.[78] 차지농업가가 가지고 있는 모든 동물 중에서 '말하는 도구'인 노동
자는 그때부터 가장 혹사당하며 가장 나쁘게 사육되고 또 가장 난폭하게
취급된 것이다.

　이런 사태는 "1830년의 스윙 폭동Swing riots*이 곡물더미에 타오르는

---

77) 패리, 『현행 곡물법의 필요성에 관한 문제』. 런던 1816: 80.

78) 같은 책: 213.

불빛을 통해 우리에게"(즉 지배계급에게)"빈궁과 불온한 불만이 공업에서와 같이 농업의 표면 아래에서도 사납게 타오르고 있다는 것을 폭로한"79) 그때까지는 평온하게 지속되었다. 당시 새들러는 하원에서 농업노동자를 '백색노예'라고 부르고, 대주교의 한 사람은 상원에서 이 명칭을 되풀이해 사용했다. 당시의 가장 저명한 정치경제학자 웨이크필드는 다음과 같이 말하고 있다.

"남부 잉글랜드의 빈농peasant은...자유민도 아니요 노예도 아니다. 그는 거지다."80)

곡물법이 폐지되기 직전의 시기에는 농업노동자들의 상태에 관한 새로운 것이 많이 알려졌다. 왜냐하면 한편으로는 곡물법이 현실의 곡물생산자들 [농업노동자들] 을 거의 보호하지 않는다는 것을 입증하는 것이 부르주아 선동가들의 이익으로 되었기 때문이며, 다른 한편으로는 공업 부르주아지는 공장제도에 대한 토지귀족들의 비난에 대해, 그리고 [이 철저하게 부패하고 몰인정하고 점잔빼는] 무위도식자들이 공장노동자들의 고통에 대해 베푸는 가짜 동정에 대해, 그리고 또 공장입법에 대한 그들의 '외교적 열성' [공장노동자를 지원했다] 에 대해 격심한 분노를 느끼고 있었기 때문이다. "도둑놈끼리 싸우게 되면 정직한 사람이 어부지리를 얻게 된다."는 영국 속담이 있다. 사실, 지배계급의 두 분파 사이에서 벌

---

* 탈곡기의 사용을 반대하고 임금 인상을 요구하면서 1830~1833년에 일어난 영국 농업노동자의 운동. 그들은 목적을 달성하기 위해 '캡틴 스윙Captain Swing'이라는 가명으로 협박장을 지주와 차지농업가에게 보내거나, 곡물창고를 불태우거나 탈곡기를 부수었다.

79) 랑, 『국민적 재난』: 62.

80) 『잉글랜드와 미국』. 제1권. 런던 1833: 47.

어진 싸움, 즉 그들 중 누가 더욱 파렴치하게 노동자들을 착취하는가 하는 문제에 관한 소란스럽고 격렬한 싸움은 두 분파 모두에 의한 착취를 해명하는 데 큰 도움을 주었다. 샤프츠베리 백작[당시는 애쉬리 경]은 귀족의 박애주의적 반反 공장 진영의 총사령관이었다. 그렇기 때문에 1844년과 1845년에 그는 농업노동자들의 형편에 관한『모닝 크로니클』지의 폭로기사의 단골손님이었다. 이 신문은 당시 가장 저명한 자유당 기관지로 농촌지방에 자기의 특파원들을 파견했는데, 이들은 일반적 묘사나 통계로는 결코 만족하지 않고 조사한 노동자 가족들과 그들을 고용한 지주들의 이름을 공표했다. 다음 표81)는 블랜퍼드, 윔본, 풀 근방의 세 농촌에서 지급한 임금표다. 이 촌락들은 뱅크스와 샤프츠베리 백작의 소유다. 저교회파Low Church의 교황[즉 영국 경건파의 두목]인 샤프츠베리는 그의 동료 뱅크스와 마찬가지로 집세라는 구실로 노동자들의 형편없는 임금의 상당부분을 빼앗고 있다는 것을 지적해야 하겠다.

곡물법의 폐지는 영국 농업에 엄청난 충격을 주었다. 매우 큰 규모의 배수공사,82) 축사에서 가축사육, 사료작물의 인공 재배, 기계 시비장치의 도입, 점토질 토양의 새로운 처리방법, 광물성 비료의 사용 증가, 증기기관과 기타 각종 새 작업기의 사용 따위, 일반적으로 더 집약적인 재배가 특징적으로 나타났다. 왕립농업협회 회장 퓨지는 이 새로운 기계들의 도입으로 농업경영의 (상대적인) 비용이 거의 반으로 줄었다고 주장하고 있다. 다른 한편으로 토지의 수확은 실제로 급속히 증대했다. 에이커당 증대되는 자본투하액, 그리고 더욱 급속한 차지농장의 집중이 새로

---

81)『이코노미스트』, 런던, 1845년 3월 29일: 290.

82) 이것을 위해 토지귀족들 자신은 대장성으로부터 [물론 의회를 통해서이긴 하지만] 낮은 금리로 자금을 대부 받았으며, 이 자금을 다시 그 2배의 금리로 차지농업가에게 대부했다.

<농업노동자들의 상태>

아동 수	가족 수	성인 남자의 주 임금		아동의 주 임금		가족 전체의 주 임금		주간 집세		집세를 뺀 주 총임금		1명당 주 소득	
		실링	펜스	실링	펜스	실링	펜스	실링	펜스	실링	펜스	실링	펜스
제 1 마 을													
2	4	8	0	–		8	0	2	0	6	0	1	6
3	5	8	0	–		8	0	1	6	6	6	1	$3\frac{1}{2}$
2	4	8	0	–		8	0	1	0	7	0	1	9
2	4	8	0	–		8	0	1	0	7	0	1	9
6	8	7	0	1 / 2	6 / 0	10	6	2	0	8	6	1	$\frac{3}{4}$
3	5	7	0	–		7	0	1	4	5	8	1	$1\frac{1}{2}$
제 2 마 을													
6	8	7	0	1 / 1	6 / 6	10	0	1	6	8	6	1	$\frac{3}{4}$
6	8	7	0	–		7	0	1	$3\frac{1}{2}$	5	$8\frac{1}{2}$	0	$8\frac{1}{2}$
8	10	7	0	–		7	0	1	$3\frac{1}{2}$	5	$8\frac{1}{2}$	0	7
4	6	7	0	–		7	0	1	$6\frac{1}{2}$	5	$5\frac{1}{2}$	0	11
3	5	7	0	–		7	0	1	$6\frac{1}{2}$	5	$5\frac{1}{2}$	1	1
제 3 마 을													
4	6	7	0	–		7	0	1	0	6	0	1	0
3	5	7	0	2 / 2	0 / 6	11	6	0	10	10	8	2	$1\frac{3}{5}$
0	2	5	0	–		5	0	1	0	4	0	2	0

운 방법을 적용하기 위한 기본조건이었다.[83] 동시에 토끼 사육장과 빈약

83) 중간규모 차지농업가의 감소는 특히 인구조사의 항목들 중에서 '차지농업가의 아들·손자·형제·조카·딸·손녀·자매·조카 딸'(간단히 말해 차지농

한 목장에서 풍성한 밀밭으로 전환된 동부 주들의 대부분을 제외하더라도, 경지면적이 1846~1856년에 464,119에이커나 확장되었다. 그런데 농업의 취업자 총수는 감소했다는 것을 우리는 이미 알고 있다. 남녀노소의 실제의 농업노동자의 수는 1851년의 1,241,269명으로부터 1861년의 1,163,217명으로 줄었다.[84] 그러므로 잉글랜드의 호적청장은 정당하게도 다음과 같이 지적하고 있다.

"1801년 이래 차지농업가와 농업노동자 수의 증가는…농업생산물의 증가와 전혀 비례하지 않는다."[85]

이런 불비례는 최근 시기에 더욱 심화되었다. 왜냐하면 경지면적의 확대, 재배의 집약화, 토지에 투하되어 토지의 경작에 사용된 자본의 한 번도 있어본 적이 없는 대규모 축적, 영국 농업사에 비슷한 예가 없는 토지생산물의 증대, 지주들의 지대수입 증대, 자본주의적 차지농업가의 부 증대 따위가 농업인구의 절대적 감소와 더불어 진행되었기 때문이다. 위의 사실을 판매시장의 급속하고 중단 없는 확장[즉 도시의 성장과 자유무역의 지배]과 결부시킨다면, 농업노동자들은 결국 많은 우여곡절을 거

업가가 고용하는 자기 자신의 가족 구성원들)이란 항목에서 찾아볼 수 있다. 이 항목에 1851년에는 216,851명이었는데 1861년에는 176,151명에 불과했다. 1851~1871년에 20에이커 이하의 차지농장은 900개 이상 감소했고, 50~75에이커의 차지농장은 8,253개로부터 6,370개로 감소했으며, 100에이커 이하의 기타 모든 차지농장들도 마찬가지였다. 이와는 반대로, 이 20년간에 큰 차지농장수는 증가했다. 즉 300~500에이커의 것은 7,771개로부터 8,410개로, 500에이커 이상의 것은 2,755개로부터 3,914로, 1,000에이커 이상의 것은 492개로부터 582개로 증가했다.

84) 양치기의 수는 12,517명으로부터 25,559명으로 증가했다.

85) 『…인구조사』. 제3부: 36.

친 뒤에 속류경제학의 교리 그대로 행복 [사실은 불행] 에 빠질 수밖에 없는 상태에 놓인 것이다.

그런데 로저스 교수의 결론에 따르면, 오늘날 잉글랜드 농업노동자의 형편은 14세기의 후반과 15세기의 그것과는 비교할 것도 없고 1770~1780년의 그것과 비교하더라도 매우 현저히 악화되어 "소농들은 다시 농노로 되었으며," 그것도 식사와 의복에서 더욱 열악한 농노로 되었다는 것이다.86) 헌터는 농업노동자들의 주택에 관한 자기의 획기적인 보고서에서 다음과 같이 말하고 있다.

"농업노동자의 생활비는 그가 목숨을 겨우 유지할 수 있는 최저수준에 고정되어 있다…그에 대한 임금과 주택의 제공은 그로부터 나오게 될 이윤에 의해 계산되는 것이 아니다. 그는 차지농업가의 계산에서는 0이다87)…그의 생존수단은 언제나 고정된 양으로 취급되고 있다."88) "그의 소득이 더욱 삭감된다 하더라도 그는 '아무것도 가진 것이 없으니 아무 걱정도 없다.'고 말할지도 모른다. 그에게는 자기 생존에 절대적으로 필요한 것밖에는 아무것도 가진 것이 없으므로 그는 미래에 대해 조금도 두려워하지 않는다. 그는 차지농업가의 계산의 출발점인 0의 수준에 와 있다. 무엇이 어떻게 되든, 호황이든 불황이든, 그와는 상관이 없다."89)

---

86) 로저스, 앞의 책: 693. 로저스는 자유무역파에 속하며 콥덴과 브라이트의 친구다. 따라서 '과거의 좋은 시절'의 찬미자는 결코 아니다.

87) 『공중보건. 제7차 보고』. 런던 1865: 242. 그러므로 가옥 주인이 노동자의 임금이 많아졌다는 소문을 듣고 집세를 올리든, 차지농업가가 "그의 처가 일자리를 발견했다"는 이유로 노동자의 임금을 내리든, 이것은 전혀 이상하지 않다.

88) 같은 책: 135.

89) 같은 책: 134.

1863년에 귀양과 징역의 처분을 받은 죄수의 급식과 작업조건에 관한 공적 조사가 있었다. 그 결과가 두 권의 두터운 청서에 기록되어 있다. 거기에는 다음과 같은 말이 있다.

"형무소에 수감되어 있는 죄수의 식사와, 구빈원 극빈자와 자유로운 농업노동자의 식사를 자세히 비교해 보면, 죄수가 극빈자나 농업노동자보다 더 잘 먹고 있다는 것을 알 수 있다."[90] 그런데 "징역을 받고 있는 죄수에게 요구되는 노동량은 보통의 농업노동자가 수행하는 것의 절반 정도다."[91]

약간의 특징적 증언을 인용해 보자. 에든버러 형무소 소장 존 스미스의 증언.

"제5056호. 영국 죄수의 식사는 보통의 농업노동자의 그것보다 훨씬 좋다." "제5057호. 스코틀랜드의 보통 농업노동자가 고기를 먹는 것은 매우 드물다." "제3047호. 당신은 죄수에게 보통의 농업노동자들보다 훨씬 더 잘 먹일 필요가 있는 그 어떤 이유를 아는가?—물론 모른다." "제3048호. 당신은 공공사업에 동원되는 징역수의 식사를 자유로운 농업노동자의 식사와 비슷하게 하기 위한 실험을 앞으로 더 하는 것이 합당하다고 생각하지 않는가?"[92]… "농업노동자는 이렇게 말할 수도 있다. '나는 고되게 일하고도 충분히 먹지 못한다. 내가 형무소에 있었을 때는 그렇게 고되게 일하지 않고도 배불리 먹었다. 그렇기 때문에 나는 여기에 있는 것보다 다시 형무소에 가 있는 편이 좋다'고."[93]

90) 『유배와 징역에 관한…위원회의 보고』, 런던 1863: 42, 제50호.
91) 같은 책: 77. "수석재판관의 각서."
92) 같은 책. 제2권. 증언.

보고서의 제1권 부록에 첨부되어 있는 표에서 다음과 같은 전체적인 대조표를 작성할 수 있다.[94]

1주의 영양

(단위: 온스)

	질 소 성 분	비(非) 질소 성 분	광물성 성 분	총 량
포틀랜드의 죄수 …………	28.95	150.06	4.68	183.69
해군 수병 ……………	29.63	152.91	4.52	187.06
병사 ……………………	25.55	114.49	3.94	143.98
마차제작 노동자 …………	24.53	162.06	4.23	190.82
식자공 ………………	21.24	100.83	3.12	125.19
농업노동자 ……………	17.73	118.06	3.29	139.08

국민 중 영양이 가장 나쁜 계급의 영양상태에 관한 1863년 보건위원회 조사의 일반적 결과를 독자들은 이미 알고 있다. 독자들이 기억하는 바와 같이, 대부분의 농업노동자 가족들의 식사는 '굶주림병을 방지하기에' 필요한 최저한도 이하다. 특히 콘월, 데본, 서머셋, 윌트셔, 스태퍼드셔, 옥스퍼드셔, 버크셔, 허트퍼드셔 등 모든 순수한 농업지방에서 그러하다. 의사 스미스는 다음과 같이 말하고 있다.

"농업노동자가 섭취하는 영양은 평균량이 표시하는 것보다는 많다. 왜냐하면 노동자 자신은 노동을 하기 위해…나머지 가족 구성원들보다 음식의 훨씬 많은 부분을 먹지 않을 수 없기 때문이다. 더 가난한 지방들에서는 고기 또는 베이컨은 거의 모두 노동자 자신이 차지한

---

93) 같은 책. 제1권. 부록: 280.
94) 같은 책: 274, 275.

다…많은 경우에, 그리고 거의 모든 주에서, 처와 한창 성장할 나이의 아동들이 섭취하는 영양은 부족하며 특히 질소분이 부족하다."[95]

차지농업가들 자신의 집에 거주하는 남자·여자 일꾼들은 잘 먹고 있다. 그들의 수는 1851년에는 288,272명이었으나 1861년에는 204,962명으로 감소했다. 스미스는 다음과 같이 말하고 있다.

"여성의 농업노동은, 아무리 해로운 측면이 있다 하더라도, 현재의 사정에서는 가족에게 큰 이익을 준다. 왜냐하면 그들에게 신발·의복을 얻게 해 주고 집세를 지불할 수입을 보태 주며, 또 그렇게 해서 좀 더 잘 먹을 수 있는 가능성을 주기 때문이다."[96]

이 조사의 가장 주목할 만한 결과의 하나는 잉글랜드의 농업노동자가 영국의 기타 지역들의 농업노동자보다 훨씬 못 먹고 있다는 사실이다. 이것은 다음 표가 보여주고 있다.[97]

---

95) 『공중보건. 제6차 보고』. 1864: 238, 249, 261, 262.

96) 같은 책: 262.

97) 같은 책: 17. 잉글랜드의 농업노동자는 아일랜드의 농업노동자가 받는 우유의 불과 1/4, 빵의 불과 1/2 밖에 받지 못한다. 영은 19세기 초에 '아일랜드를 여행하면서' 아일랜드 농업노동자의 영양상태가 더 나은 것을 보았다.[그의 책 『아일랜드 여행기』의 2판이 1780년에 발간되었으므로 '19세기 초'라는 말은 옳지 않다.] 이유는 간단하다. 즉 아일랜드의 가난한 차지농업가가 잉글랜드의 부유한 차지농업가보다 오히려 훨씬 더 인간적이기 때문이다. 웨일즈에 관해 말한다면, 본문에 인용한 자료[웨일즈는 잉글랜드보다 낫다는 것]는 그 서남부에는 해당되지 않는다. "그 지방의 모든 의사들은 결핵과 연주창 기타로 인한 사망률의 심한 증가가 주민의 건강상태 악화와 관련이 있다."는 것을 이구동성으로 인정하고 있으며, 또 이 악화는 빈곤 때문이라고 모두 말하고 있다. "그곳에서는 농업노동자의 하루 생활비는 5펜스로 규정되어 있다. 그런데 많

은 지방들에서 차지농업가들[그들 자신이 매우 가난하다]은 그보다도 적게 지불한다…한 조각의 소금에 절인 고기나 베이컨…소금에 절여 마호가니 나무조각 같이 말린 것으로 힘든 소화과정을 거쳐도 소화될 것 같지도 않은 것이…양만 많은 수프나 묽은 죽 또는 귀밀가루 죽의 양념으로 사용된다. 이런 것이 농업노동자의 그날그날의 점심의 전부다." 공업의 진전이 [여기에서와 같이 사납고 습기 찬 기후에서] 농업노동자들에게 가져온 것은 "집에서 짠 질긴 옷이 값싼 면제품에 의해 밀려나고" 또 진한 음료가 이른바 차에 의해 밀려났다는 것이다. "농민은 여러 시간 비바람을 맞으며 일한 뒤에 오두막집으로 돌아와 토탄불이나 [진흙과 석탄재로 만들었기 때문에 태우면 탄산가스와 유황가스 연기가 나는] 연탄불가에 앉아서 쉰다. 오두막집의 벽은 진흙과 돌이고 바닥은 [오두막집이 세워지기 전에 있던] 땅바닥 그대로이며, 지붕은 전혀 엮지 않은 짚 뭉치 그대로다. 따뜻함을 유지하기 위해 틈이란 틈을 다 막았으며, 그리하여 무서운 악취 속에서, 진흙 땅바닥 위에서, 한 벌밖에 없는 옷을 입은 채로 말리면서, 그는 처자들과 저녁을 먹으며 또 잔다. 이런 오두막집에서 밤 한 때를 보내지 않을 수 없었던 산부인과 의사들이 쓴 것을 보면, 그들의 발은 땅바닥의 진흙에 빠졌고, 또 그들은 조금이라도 신선한 공기를 마시기 위해 벽에 구멍을 뚫지 않을 수 없었다(어렵지 않은 일이다)는 것이다. 수많은 각종 증인들의 증언에 따르면, 먹는 것이 부족한 농민들은 밤마다 이런 건강에 해로운 영향을 받게 되며 그 결과 쇠약해지고 연주창에 걸리기 쉽다는 것을 입증하기에 충분하다…카마덴셔와 커디간셔의 구빈관들의 진술은 이런 상태를 확증하고 있다. 거기에 백치idiots의 만연이라는 더 큰 재앙이 첨가된다." 기후조건에 대해 한마디 말해 두고자 한다. "연중 8~9월에는 강한 서남풍이 웨일즈 전체를 휩쓸며 그에 동반해 폭우가 내리는데, 이것은 특히 구릉 서쪽 경사면에 쏟아진다. 나무들은 비바람을 가려줄 것이 있는 장소들에서만 드문드문 볼 수 있다. 그렇지 않은 곳에서는 나무가 바람으로 흔적도 없이 날아가고 만다. 오두막집들은 보통 비탈 밑에 있으며, 종종 계곡이나 채석장에 있다. 이 목장들에 살 수 있는 것은 다만 아주 작은 양들과 재래종 소들뿐이다…젊은이들은 글라모간과 먼머스의 동부 광산지방으로 간다. 카마덴셔는 광부의 양성소이며 또 그들의 병원이다. 따라서 주민의 숫자는 겨우 유지되고 있다." 예컨대 카디간셔에서는 다음과 같다.

1주간 성인 농업노동자 1명당 탄소·질소성분의 평균섭취량

(단위: 그레인)

	탄소	질소
잉글랜드 ··············	40,673	1,594
웨일즈 ··············	48,354	2,031
스코틀랜드 ············	48,980	2,348
아일랜드 ·············	43,366	2,434

사이먼은 자기의 공식 위생보고서에서 다음과 같이 말하고 있다.

"헌터 보고의 거의 모든 쪽은 우리 농업노동자의 주택이 양적으로 부족하며 질적으로 나쁘다는 것을 입증하고 있다. 그리고 이미 다년간 주택상태는 이 점에서 끊임없이 악화되어 왔다. 농업노동자가 거주할 방을 찾는 것은 아마도 과거 수세기 동안에 비해 지금은 훨씬 더 어렵고, 또 찾는다 하더라도 그것은 그의 필요에 훨씬 덜 적합할 것이다. 특히 이 곤란은 최근 20년 사이 또는 30년 사이에 급격히 악화되고 있으며, 농업노동자의 주택사정은 매우 처참하다. 만약 이들의 노동에 의해 부유하게 되는 사람들이 일종의 동정적인 아량을 가지지 않는다면, 주택문제에서 농업노동자들은 완전히 절망적이다. 노동자가 자신이 경작하는 토지에서 주택을 찾아내느냐, 또 그 주택이 인간을 위한 주택일 것이냐 아니면 돼지우리일 것이냐, 또 그 주택에 빈곤의 압박을 크게 경감시켜 줄 조그마한 채마밭이 붙어 있느냐 하는 이 모든 것

	1851년	1861년
남자 ···········	45,155	44,446
여자 ···········	52,459	52,955
	97,614	97,401

(『공중보건. 제7차 보고』. 런던 1865: 498~502의 이곳저곳에 있는 헌터의 보고).

은, 그가 아담한 집에 대해 집세를 낼 용의와 능력이 있느냐 없느냐에 달려 있는 것이 아니라, 다른 사람이 '자기의 재산을 마음대로 처분할 수 있는 권리'를 어떻게 행사하느냐에 달려 있다. 차지농장이 아무리 크다 할지라도 거기에 노동자를 위한 일정한 수의 주택이 (사람이 살 만한 주택은 고사하고라도) 있어야 한다고 규정한 법률은 하나도 없다. 법률은 또한 그 토지[이 토지에 대해서는 노동자의 근면이 햇빛이나 비처럼 필수적이다]에 대한 노동자의 권리는 전혀 인정해 주지 않고 있다…또 하나의 외부적인 사정이 그에게 크게 불리하게 작용하고 있다…이것은 거주지와 구빈세의 부과에 관한 구빈법의 규정이다.[98] 이 법에 따르면, 어느 교구에서나 교구 안에 거주하는 농업노동자의 수를 최소한도로 제한하는 것이 금전적으로 유리하게 된다. 왜냐하면 농업노동은 피땀 흘려 일하는 노동자와 그의 가족에게 확고하고 항구적인 독립성을 보장해 주는 것이 아니라, 불행하게도 대부분의 경우에는 그들을 조만간에 구호 빈민의 상태로 빠뜨리는 우회로이며[사실상 농업노동자는 사소한 병이 나거나 일시적으로 실업할 때라도 곧 교구의 구호를 요청해야 할 정도로 항상 빈곤하다], 따라서 어떤 교구에서 농업노동자들의 거주는 그 교구의 구빈세를 증가시킬 것이 명백하기 때문이다…대토지 소유자들[99]은…자기들의 소유지에 어떤 노동자 주택도 있을 수 없다고 결심하기만 하면 된다. 그러면 그들은 당장에 구호 빈민들에 대한 자기들의 책임의 절반은 면제받게 된다. '자기 재산

---

98) 1865년에 이 법은 약간 개선되었다. 그런 종류의 미봉책이 아무 도움도 주지 않으리라는 것은 얼마 가지 않아 경험이 보여줄 것이다.

99) 다음에 말하는 것을 이해하기 위해 덧붙여 말해 둔다. '폐쇄촌close village'이란 한 두 명의 대지주가 소유하고 있는 촌락을 말하고, '개방촌open village'이란 그 토지가 다수의 소규모 소유자들에게 속하고 있는 것을 가리킨다. 건축 투기업자들이 오두막집과 하숙집들을 세울 수 있는 곳은 바로 후자다.

을 마음대로 처분할' 수 있는 지주로 하여금 토지경작자들을 외부인으로 취급해 그들을 자기의 영지에서 추방할 수 있게 하는 무조건적 토지소유권의 제정을 영국의 헌법과 법률에서 얼마나 기도했는가 하는 문제에 대해서는 여기에서 말하지 않겠다…이 추방권은…단순히 이론상으로만 존재하고 있는 것은 아니다. 그것은 실제로 아주 대규모로 행사되고 있다…이것이 농업노동자의 주택상황에 결정적인 영향을 주고 있는 사정의 하나다…이 폐해의 규모는 최근의 인구조사에서 수집한 헌터의 증거를 참조하면 충분할 것이다. 그것에 따르면, 최근 10년 동안 가옥에 대한 지방의 수요 증대에도 불구하고 가옥의 파괴가 잉글랜드의 821개 교구나 도시에서 진행되었다. 그리하여 부득이 (자기가 일하는 교구의) 비거주자로 된 사람들을 도외시하더라도, 이 교구와 도시들은 1861년에는 1851년에 비해 $5\frac{1}{3}$%나 많은 인구를 $4\frac{1}{2}$%나 감소된 주택에 받아들이게 되었다…인구감소 과정이 끝날 때, 헌터의 말에 따르면, 그 결과로 생겨나는 것은 오두막집이 조금밖에 남아 있지 않은 전시촌락show-village인데, 거기에 살도록 허가되어 있는 사람이라고는 양치기·정원사·사냥터지기와 같은 사람들뿐이며, 이들은 보통 주인들로부터 좋은 대접을 받는 정규 하인들이다.[100] 그러나 토지는 경작되어야 하므로 이에 종사하는 노동자들은 이제는 토지소유자의 주택을 빌리지 못하고 아마도 3마일이나 먼 곳에 있는 개방촌[즉 폐쇄촌에서

---

100) 그런 전시촌락이 보기에는 매우 훌륭한 듯하나 러시아의 예카테리나 2세가 크리미아를 여행했을 때 본 촌락과 같이 그것들은 진짜가 아니다. 최근에는 양치기들도 이 전시촌락에서 자주 추방당한다. 예컨대 마케트 하버러 부근에는 거의 500에이커나 되는 목양장이 있는데, 이것을 한 사람의 노동자가 관리한다. 레스터와 노샘프턴의 아름다운 목초지인 이 넓은 들판을 지나는 먼 발걸음을 줄이기 위해 양치기에게 농장 안의 오두막집을 제공하는 것이 상례로 되어 있었다. 그런데 지금 양치기는 숙박비로 주당 1/13실링을 내야 하므로 멀리 떨어진 '개방촌'에서 숙소를 구하지 않으면 안 되게 되었다.

노동자들의 오두막집이 파괴된 뒤에 다수의 소가옥 소유자들이 노동자들을 받아들인 촌락]에서 왕래하게 될 것이다. 사정이 이런 방향으로 나아가는 추세에 있는 폐쇄촌에서는, 수리도 하지 않은 채 초라한 모습으로 남아 있는 오두막집은 곧 소멸되어 없어질 운명에 있다. 이 오두막집들은 상이한 자연적 마멸단계에 있다. 지붕이 붙어 있는 동안에는 노동자에게 임차가 허용되는데, 그는 그것을 허용받기만 하면 비록 좋은 주택을 임차할 때와 같은 가격을 지불하지 않을 수 없더라도 대단히 기뻐한다. 그런데 이 경우에도 한 푼 없는 세입자 자신이 할 수 있는 수리 이외에는 어떤 수리도 수선도 집주인이 하지 않는다. 그리고 결국 집이 전혀 거주할 수 없게 될 때는 이것은 오두막집이 한 채 더 파괴된 것일 뿐이며, 그리고 그만큼 앞으로 구빈세는 적어질 것을 의미할 뿐이다. 이와 같이 대토지 소유자들이 자기들의 통제 아래 있는 토지에서 주민들을 축출함으로써 구빈세를 면할 때, 다른 한편에서는 인접한 소도시들이나 개방촌들이 추방된 노동자들을 받아들인다. 인접이라고 내가 말하지만 이 '인접'이란 노동자가 매일 일해야 하는 농장에서 3~4마일이나 떨어져 있는 곳이다. 이와 같이 그의 하루 노동에는 [그날그날의 빵을 벌기 위해] 매일 6~8마일을 걷는 것이 마치 아무것도 아닌 것처럼 첨가된다. 그의 처자들이 하는 모든 농업노동도 이제는 이와 동일한 곤란한 조건에서 행해진다. 그러나 이것은 [작업장이 멀어진 데서 오는] 곤란의 전부는 아니다. 개방촌에서는 건축투기업자들이 땅 조각을 사들여 거기에다가 세상에서 두 번 다시 볼 수 없을 정도의 가장 싸구려 오두막집을 가능한 한 빈틈없이 세운다. 그리하여 이런 처참한 주택들(비록 농촌의 광활한 들판 옆에 세워져 있기는 하지만, 가장 나쁜 도시주택이 가지고 있는 가장 나쁜 특징들을 모두 가지고 있다)에 잉글랜드의 농업노동자들이 떼를 지어 살고 있다101)…다른 한편으로 자기가 경작하고 있는 토지에서 살고 있는

노동자도 생산적 노동에 종사하는 그의 생활에 합당한 주택을 그곳에
서 얻고 있다고 결코 생각해서는 안 된다. 웅장한 농장에서조차…노동
자들의 오두막집은 매우 처참하다. 자기들의 노동자와 그 가족들에게
는 외양간도 과분하다고 생각하면서도, 그런 집에서 될 수 있는 대로
많은 집세를 뽑아내는 것을 수치스럽게 생각하지 않는 지주들이 있
다.102) 주택이 침실 하나밖에 없으며, 아궁이도 없고, 변소도 없으며,

---

101) "노동자들의 집"(개방촌에 있고 물론 언제나 초만원 상태다)"은 보통 건축
투기업자가 자기의 것이라고 부를 수 있는 땅의 가장자리를 배경으로 나란
히 세워진다. 그러므로 광선과 공기는 전면으로부터 들어올 수밖에 없다."
(『공중보건. 1864년 제7차 보고』: 135 중의 헌터의 보고) 촌락의 맥주집이
나 소매상이 동시에 셋집 주인인 경우가 매우 많다. 이런 경우 그들은 농업
노동자에게는 차지농업가 다음가는 제2의 주인이다. 노동자는 세입자임과
동시에 그들의 고객이 되어야 한다. "노동자는 1주에 10실링을 받는데, 연
간 집세로 £4를 빼고 일정한 양의 차·설탕·밀가루·비누·양초·맥주를
소매상이 마음대로 매긴 가격으로 사야 할 의무가 있다."(같은 책: 132) 이
개방촌들은 사실상 잉글랜드 농업 프롤레타리아트의 '형무소'다. 오두막집
의 다수는 순전히 하숙집이며 거기에는 부근의 모든 부랑자들이 출입한다.
[가장 추악한 조건에서도 가끔 참으로 경탄할 만한 노동능력과 품성의 순결
성을 유지해 온] 농민과 그 가족도 여기에서는 완전히 타락하고 만다. 물론
귀족 샤일록들 사이에서는 건축투기업자, 소토지소유자, '개방촌'에 대해 위
선적으로 눈살을 찌푸리는 것이 유행으로 되어 있다. 그들은 자기들의 '폐쇄
촌'과 '전시촌락'이 '개방촌'의 발생 이유며, 또 전자가 없이는 후자가 존재
할 수 없다는 것을 아주 잘 알고 있다. "개방촌의 소토지소유자들이 아니라
면 대부분의 농업노동자들은 그들이 일하고 있는 농장의 나무 아래에서라도
자지 않을 수 없을 것이다."(같은 책: 135) '개방촌'과 '폐쇄촌'제도는 잉글
랜드 중부 전체와 동부 전체에서 성행하고 있다.

102) "고용주는…자기가 1주에 10실링씩 지급하는 사람의 노동에 의해 직접 간접
으로 치부하고, [진정으로 자유로운 시장에서는 £20도 되지 않는] 집에 대해
연간 £4~5를 집세로 빼앗는다. 이렇게 높은 인위적인 집세를 유지할 수 있
는 것은 '내 집에 들든가 그렇지 않으면 나의 노동증명서 없이 어디 다른 일자
리를 찾아보아라.'고 할 수 있는 집주인의 권력 때문이다…어떤 사람이 형편을

여는 창문도 없고, 웅덩이 이외에는 물도 없으며, 또 마당도 없는 다 쓰러져 가는 오두막집일지라도 이런 불의에 대해 노동자는 어찌할 도리가 없다…그러니 우리의 위생법은 죽은 문서에 불과하다. 왜냐하면 그것의 시행이 바로 이런 움집들을 세놓고 있는 오두막집 소유자 자신들에게 위임되고 있기 때문이다…우리의 관심을 [더 밝은 그러나 예외적인 광경으로부터] 다시 영국 문명의 치욕이 되고 있는 압도적으로 많은 사실들로 돌려야만 공정을 도모할 수 있다. 현재의 주택들이 그 질에서 형편없는데도, 권위 있는 관찰자들은 주택의 일반적인 질적 불량은 그것의 수적 부족에 비하면 훨씬 덜 긴급한 폐해라고 공통적으로 결론짓고 있는데, 이것은 참으로 한탄스러운 일이다. 이미 수 년 동안에 걸쳐 농촌노동자의 주택들이 지나치게 비좁은 것은 [보건에 관해 걱정하는 사람들뿐 아니라 예절 있고 도덕적인 생활을 존중하는 사람들에게] 심각한 우려의 대상으로 되어 왔다. 왜냐하면 농촌지방들에서 전염병이 퍼지는 것에 관한 조사자들은, 판에 박은 듯한 한결같은 표현으로, 주택의 초만원 상태가 [일단 발생한 전염병의 만연을 방지하기 위한] 모든 시도를 완전히 실패하게 하는 원인이라고 여러 번 지적하고 있기 때문이다. 농촌생활이 많은 점에서 건강에 유익한데도, 전염병이 퍼지는 것을 촉진하는 인구의 밀집상태는 비非전염병들의 발생까지도 부추긴다는 사정 역시 여러 번 지적되고 있다. 또 이런 상태를 비난한 사람들은 기타의 폐해에 대해서도 입을 다물지 않았다. 처음에

개선해 보려고 철도의 선로 노동자가 되거나 채석장으로 가려고 하면, 동일한 권력이 당장 이렇게 말한다. '이 낮은 임금으로 나를 위해 일하든가 그렇지 않으면 1주일 전에 예고를 하고 떠나가라. 돼지도 함께 가지고 가라. 그리고 너의 채마밭에서 자라고 있는 감자도 캐어 가지고 가라.' 그대로 있는 편이 노동자에게 더 유리한 것처럼 보이면 소유주"(또는 차지농업가)"는 자기에게서 떠나려고 한 징벌로 집세를 올리는 일이 종종 있다."(헌터, 같은 책: 132)

는 보건만을 문제로 삼은 경우에조차 그들은 흔히 보건과 관련된 다른
문제에도 개입하지 않을 수 없었다. 그들의 보고는 기혼이거나 미혼인
성인 남녀들이 비좁은 침실에서 뒤섞여 자는 일이 얼마나 빈번한가를
지적함으로써, 예절은 언제나 짓밟히고 도덕은 불가피하게 망가진다
는 것을 확신시켰다.[103) 예컨대 나의 지난 보고서의 부록 중에 있는
버킹엄셔 윙의 열병 발생에 관한 보고서에서 오드는 어떻게 한 청년이
윙그레이브에서 열병을 끌고 윙으로 왔는가에 대해 말하고 있다. "발
병 첫 며칠간 그는 9명의 다른 사람들과 한 방에서 잤다. 두 주일이
지나는 동안 그들 중 몇 사람이 병에 걸렸으며, 수주일 안에 9명 중
5명이 열병을 앓고 한 명은 죽었다!"…전염병이 돌고 있을 때 왕진을
위해 윙을 방문한 세인트 조지 병원의 의사 하비로부터도 앞의 보고와
동일한 내용의 보고를 받았다. "열병에 걸린 한 젊은 부인은 밤에 같은
방에서 그녀의 아버지와 어머니, 자기의 사생아, 자기의 형제들인 두
청년, 사생아를 하나씩 가진 자기의 두 자매, 이렇게 해서 모두 10명이
같이 잤다. 몇 주일 전에는 같은 방에서 13명의 사람들이 잤다."[104)

헌터는 순수한 농업지방들뿐 아니라 잉글랜드 전체 주들에서 농업노

---

103) "신혼부부는 한 방에서 같이 자는 다 큰 형제자매들에게는 결코 유익한 교훈
    을 줄 수가 없다. 근친상간의 죄를 범한 여자가 큰 고통을 당하고 때로는 죽기
    까지 한다는 주장에 대해, 실례를 기록해서는 안 되지만 그 주장을 인정할 수
    있는 자료는 충분히 있다."(헌터, 같은 책: 137) 런던의 불량구역들에서 수년
    간 형사생활을 한 바 있는 농촌경찰관 한 사람은 자기 마을의 처녀들에 관해
    다음과 같이 말하고 있다. "그들의 철면피함과 방탕에 비할 만한 것을 런던의
    가장 불량한 구역들의 형사생활에서도 볼 수 없었다…그들은 돼지같이 살고
    있어서 다 큰 소년들과 소녀들, 어머니와 아버지가 모두 한 방에서 같이 잔
    다."(『아동노동 조사위원회. 제6차 보고』. 런던 1867. 부록: 77, 제155호)
104) 『공중보건. 제7차 보고』: 9~14 이곳저곳.

동자의 오두막집 5,375채를 조사했다. 이 중에서 2,195채는 침실이 하나밖에 없었다(이 침실은 동시에 식사를 하는 방으로도 된다). 2,930채는 침실이 두 개씩이고 250채는 둘 이상이었다. 나는 12개 주로부터 발췌한 몇 개의 견본들을 소개하고자 한다.

(1) 베드퍼드셔

레슬링워스: 길이가 약 12피트이고 폭이 10피트인 침실[이보다 작은 것이 많기는 하지만]. 단층의 오두막집은 흔히 판자에 의해 두 개의 침실로 나누어져 있으며, 이 중 한 개의 침대는 높이 5피트 6인치의 부엌에 놓여 있다. 집세는 연간 £3. 변소는 세든 사람 자신이 지어야 하며, 집주인은 웅덩이를 제공할 뿐이다. 한 사람이 변소를 짓자마자 이웃 사람들이 모두 이용하는 일이 종종 있다. 리처드슨이란 이름의 한 가족이 거주하는 집은 도저히 가까이 다가갈 수 없으리만큼 '훌륭'했다. "그 집의 석회벽은 [무릎을 굽혀 절을 할 때의 부인복처럼] 부풀어 올라 있었다. 지붕 한 쪽은 불룩 튀어나오고 다른 쪽은 우묵하게 꺼졌는데 그쪽으로는 불행히도 진흙과 나무로 만든 [코끼리 코와 같이 구부러진] 굴뚝이 서 있었다. 굴뚝이 쓰러지지 않도록 긴 막대기를 받치고 있었다. 문과 창은 찌그러져 있었다." 방문한 17채의 가옥 중 하나 이상의 침실이 있는 집은 불과 4채뿐이었는데, 이 4채는 모두 초만원이었다. 침실이 하나밖에 없는 어떤 집에서는 어른이 3명, 아이가 3명 살고 있었고, 또 어떤 집에서는 부부와 아이 6명이 살고 있었다. 등등.

던턴: £4 내지 £5의 높은 집세. 성인 남자들의 주급은 10실링. 그들은 가족들이 종사하는 밀짚세공업 수입으로 집세를 지불하려고 한다. 집세가 비싸면 비쌀수록, 집세를 물기 위해 한 집에서 같이 일해야 할 사람들의 수는 그만큼 더 많아진다. 한 침실에서 4명의 아이와 함께 자는 6명

의 어른들이 방세로 £3 10s.을 지불하고 있다. 던턴에서 제일 싼 집은 외벽의 길이가 15피트, 폭은 10피트인데, 집세가 £3다. 조사한 가옥 14채 중 침실이 두 개 있는 것은 한 집뿐이었다. 마을 앞에서 약간 떨어져 한 채의 집이 있는데, 그 집에 사는 사람들은 '그 집 담벼락에 대소변을 보았고', 문짝의 아래 9인치는 완전히 썩어 없어졌다. 출입구는 하나밖에 없는데, 밤에는 여기에다 몇 장의 벽돌을 쌓아올려 막고 거적을 친다. 창문의 반쪽은 유리도 창틀도 없다. 여기에 3명의 어른과 5명의 아이가 가구도 없이 비좁게 살고 있었다. 던턴은 비글즈웨이드 연합교구의 나머지 구역들보다 더 나쁘지는 않다.

(2) 버크셔

비남: 1864년 6월 단층 오두막집에 부부와 4명의 아이가 살고 있었다. 딸이 성홍열에 걸려 일자리에서 돌아왔다. 그 딸은 죽었다. 아이 하나가 또 앓다가 죽었다. 헌터가 불려갔을 때는 어머니와 다른 아이가 티푸스를 앓고 있었다. 아버지와 한 아이는 집 밖에서 자고 있었다. 그러나 격리시킨다는 것이 얼마나 어려운 일인가를 곧 알게 되었다. 왜냐하면 비참한 이 마을의 시장바닥에는 환자 집의 빨래 감들이 세탁하기 위해 놓여 있었기 때문이다. H집의 집세는 주 1s.이었는데, 부부와 6명의 아이가 사용할 침실이 하나뿐이었다. 한 집은 길이 14피트 6인치 폭 7피트인데, 집세는 1주에 8d.였다. 부엌은 높이 6피트, 침실에는 창문도 화로도 없으며 복도로 터진 것 이외에는 문이나 출구도 없고 마당도 없다. 얼마 전에 여기에 한 사람이 두 명의 다 큰 딸과 한 명의 다 큰 아들을 데리고 살았다. 아버지와 아들은 침대에서 자고 딸들은 복도에서 잤다. 그 가족이 여기서 살고 있는 동안에 딸들은 각각 아이를 낳았다. 그런데 한 딸은 구빈원으로 가서 해산을 하고 돌아왔다.

(3) 버킹엄셔

1,000에이커의 땅 위에 있는 30채의 오두막집에서 약 130~140명이 살고 있다. 브래드남 교구는 1,000에이커인데 1851년에는 여기에 가옥이 36채, 주민으로 남자 84명, 여자 54명이 있었다. 남녀 수의 이 불균등은 1861년에는 부분적으로 완화되어 남자 98명, 여자 87명으로 되었다. 즉 10년 동안에 남자 14명과 여자 33명이 늘었다. 그런데 같은 기간에 가옥 수는 한 채 줄었다.

원슬로: 그 대부분은 훌륭한 모습으로 새로 지었다. 집에 대한 수요가 큰 것으로 보였다. 왜냐하면 아주 빈약한 단층 오두막집의 집세가 주 1s. 내지 1s. 3d.나 되기 때문이다.

워터 이튼: 여기에서는 지주들이 인구가 증가하는 것을 보고 기존 가옥의 약 20%를 파괴해 버렸다. 한 가난한 노동자는 약 4마일이나 떨어진 작업장까지 걸어 다니지 않으면 안 되었는데, 근방에 오두막집을 구할 수 없었느냐고 묻는 말에 대해, "없었다. 그들은 나와 같이 가족 수가 많은 사람들에게는 집을 세놓지 않는다."고 대답했다.

팅커즈 엔드: 원슬로 부근. 한 침실은 길이 11피트 폭 9피트, 가장 높은 데가 6피트 5인치인데, 4명의 어른과 4명의 아이가 산다. 또 하나의 침실은 길이 11피트 7인치, 폭 9피트, 높이 5피트 10인치인데 6명이 산다. 이 가족의 1인당 공간은 죄수 한 사람에게 필요한 공간보다 작다. 침실이 둘 이상 있는 집은 하나도 없으며, 뒷문이 있는 집도 하나도 없고, 물은 대단히 귀하다. 집세는 한 주에 1s. 4d. 내지 2s. 조사한 16집 중 주 10s.의 벌이가 있는 사람은 단 한 사람뿐이었다. 위에서 말한 환경에서 한 사람당 공기량은 [그가 가로 세로 높이가 각각 4피트인 상자 속에 밤새도록 갇혀 있을 때] 그에게 제공되는 양과 같다. 그러나 고대의

소굴 같은 이 오두막집은 어느 정도 자연적으로 환기가 된다.

(4) 케임브리지셔

갬블링게이는 몇 사람 지주들의 소유다. 이곳에는 어디에서나 볼 수 있는 가장 처참한 단층 오두막집들이 있다. 많은 사람들이 밀짚세공업에 종사한다. '죽은 듯한 피로상태, 불결로 변해 버린 절망'이 갬블링게이를 지배하고 있다. 중심부에서 보게 되는 가옥관리에 대한 태만은 가옥들이 점점 썩어 무너지고 있는 남부와 북부로 가면 극도의 모욕으로 변한다. 부재지주들은 이 빈민굴로부터 마음대로 빼앗는다. 집세도 대단히 비싸다. 침실 하나에 8~9명을 처넣는다. 작은 하나의 침실에 각각 아이 1~2명씩을 데리고 있는 성인 6명이 살고 있는 경우도 둘이나 있었다.

(5) 에식스

이 주의 많은 교구들에서는 오두막집의 감소가 주민수의 감소와 병행하고 있다. 그러나 22개 이상의 교구들에서는 가옥의 파괴가 주민수의 증가를 억제하지 못했으며, '도시로 이주'라는 이름 아래 도처에서 진행되고 있는 주민 추방을 달성하지도 못했다. 3,443에이커의 핑그링호 교구에는 1851년에 145채의 집이 있었는데 1861년에는 110채 뿐이었다. 그러나 주민은 떠나가려 하지 않았으며, 이런 상황에서도 계속 증가했다. 램즈든 크레그즈에는 1851년에 가옥 61채에 252명이 살고 있었으나 1861년에는 49채의 가옥에 262명이나 빽빽하게 들어 있었다. 배질든에서는 1851년에 1,827에이커의 땅에 있는 35채의 집에 157명이 살고 있었으나, 10년 뒤에는 27채의 집에서 180명이 살았다. 핑그링호, 사우스 판브리지, 윗퍼드, 배질든, 램즈든 크레그즈 교구들에서는 1851년에

8,449에이커의 땅에 있는 316채의 집에서 1,392명이 살고 있었는데, 1861년에는 같은 면적 위에 있는 249채의 집에서 1,473명이 살았다.

(6) 해리퍼드셔

이 작은 주는 잉글랜드의 다른 어느 주보다도 '추방정신' 때문에 고통을 더 받았다. 매들리에서는 침실이 두 개뿐인, 사람들로 가득찬 오두막집들은 대부분 차지농업가들의 소유물이다. 이들은 으레 연 £3 내지 £4의 집세를 받고 있으면서도 주급으로는 9s.밖에 지불하지 않고 있다!

(7) 헌팅던셔

하트포드에는 1851년에 가옥이 87채 있었는데 그 뒤 얼마가지 않아 1,720에이커의 이 좁은 교구에서 19채의 오두막집이 파괴되었다. 주민은 1831년에 452명, 1851년에 382명, 1861년에 341명이었다. 각각 침실 하나씩 있는 14채의 단층 오두막집을 조사했다. 그 중 한 집에는 부부와 3명의 다 큰 아들, 1명의 다 큰 딸, 4명의 아이, 합계 10명이 살고 있었고, 다른 집에는 3명의 어른과 6명의 아이가 살고 있었다. 이런 방들 중의 하나에는 8명이 잠을 자는데, 그 길이가 12피트 10인치, 폭 12피트 2인치, 높이 6피트 9인치였다. 방안의 불룩 튀어나온 곳들을 빼지 않더라도 평균 1인당 약 130입방 피트였다. 총 14개의 침실에 34명의 어른과 33명의 아이가 살고 있었다. 이 오두막집 중 채마밭이 붙어 있는 것은 드물었으나 많은 거주자들에게는 루드rood(1/4에이커)당 10~12s.으로 작은 땅을 경작할 수 있었다. 이 땅들은 집에서 멀리 떨어져 있고 집에는 변소가 없다. 식구들은 '변을 보러 자기의 땅까지 가든가', 그렇지 않으면, 실례의 말이지만, 여기에서 보통 그렇게 하고 있는 바와 같이, 장롱 서랍과 같은 용기를 변소로 사용하고, 가득 차면 그것을 빼서 그 내용물을 필요로 하는 땅에 가져가서 쏟아버린다. 일본에서도 배설물의 처리는 이보다는 더 깨끗하게 이루어진다.

(8) 링컨셔

랭토프트: 어떤 사람이 이곳의 라이트라는 사람 집에 자기 처와 장모와 5명의 아이와 함께 살고 있다. 집에는 앞쪽으로 부엌과 설거지하는 곳이 있고 부엌 위에 침실이 있다. 부엌과 침실은 길이 12피트 2인치, 폭 9피트 5인치이며, 아래층의 면적은 길이 21피트 3인치, 폭 9피트 5인치이다. 침실은 다락방이다. 벽은 위로 갈수록 좁아져서 볏짚가리 모양의 원뿔꼴로 되어 천장에 이르면 맞닿게 되어 있고, 들창 하나가 전면에 나 있다. 그는 무엇 때문에 여기에서 살고 있는가? 채마밭 때문인가? 아니다. 채마밭은 너무나 작다. 집세 때문인가? 그것도 아니다. 집세는 비싸 한 주에 1s. 3d.나 된다. 일터가 가깝기 때문인가? 아니다. 6마일이나 떨어져 있으므로 그는 매일 왕복 12마일을 걸어야 한다. 그가 여기에 살고 있는 것은 이 단층 오두막집이 셋집이었기 때문이며, 또 [어디에 있든 세가 얼마나 되든 어떤 상태에 있든] 자기 혼자 쓸 수 있는 집을 구하고자 했기 때문이다. 다음의 표는 랭토프트의 12개의 침실, 38명의 성인 및 36명의 아이가 있는 12채의 가옥에 관한 통계자료다.

랭토프트의 12채 가옥

가옥 번호	침실 수	어른 수	아이 수	총인원 수	가옥 번호	침실 수	어른 수	아이 수	총인원 수
1	1	3	5	8	7	1	3	3	6
2	1	4	3	7	8	1	3	2	5
3	1	4	4	8	9	1	2	0	2
4	1	5	4	9	10	1	2	3	5
5	1	2	2	4	11	1	3	3	6
6	1	5	3	8	12	1	2	4	6

(9) 켄트

케닝턴의 인구는 1859년[이 해에 디프테리아가 발생했고, 또 교구 의
사가 빈민계급들의 형편에 관한 의료조사를 실시했다]에는 매우 심각할
정도로 많았다. 교구 의사는 노동이 대량으로 고용되는 이 지방에서 여
러 채의 단층 오두막집이 파괴되었고 새 집은 한 채도 세워지지 않았다
는 것을 발견했다. 한 구역에 닭장이라고 부르는 4채의 집이 있었는데,
각각 다음과 같은 길이와 폭과 높이를 가진 4개의 방을 가지고 있었다.

부엌················ 9 ft 5 inch × 8 ft 1 inch × 6 ft 6 inch
설거지 하는 곳········ 8 ″ 6 ″   × 4 ″ 6 ″   × 6 ″ 6 ″
침실················ 8 ″ 5 ″   × 5 ″ 10 ″   × 6 ″ 3 ″
침실················ 8 ″ 3 ″   × 8 ″ 4 ″   × 6 ″ 3 ″

(10) 노샘프턴셔

브린워스, 픽포드, 플로어: 이 마을들에서는 겨울에는 일자리가 없는
20~30명의 노동자들이 거리에서 방황한다. 차지농업가들은 곡물과 뿌
리채소류를 재배하는 경지를 항상 충분히 경작하고 있다고는 할 수 없으
며, 지주는 빌려 주고 있는 토지를 두 개나 세 개로 통합하는 것이 제일
좋다는 것을 알았다. 이 때문에 일자리가 부족하게 되었다. 울타리 저편
에서는 일꾼을 부르는 토지가 있는데, 이편에서는 일자리를 잃은 노동자
들이 그곳으로 갈망의 눈초리를 던지고 있다. 여름에는 미칠 듯이 과도
한 노동을 하고 겨울에는 반¼ 굶주림상태다. 그러므로 그들 특유의 사투
리로 "목사놈들과 귀족놈들이 짜가지고 우리를 죽도록 고생시킨다."고

말하는 것은 조금도 이상한 일이 아니다.

플로어에서는 아주 작은 침실 한 방에서 한 쌍의 부부가 4, 5, 6명의 아이를 데리고 살고 있으며, 또는 3명의 성인이 5명의 아이를 데리고 살고 있으며, 또는 한 쌍의 부부가 조부와 성홍열에 걸린 6명의 아이와 같이 살고 있는 따위의 예들이 있다. 침실 2개가 있는 2채의 가옥에는 각각 성인 8명과 9명이 살고 있다.

(11) 윌트셔

스트래턴: 조사한 가옥은 31채인데 그 중 8채는 침실이 하나뿐이다. 같은 교구의 펜힐에서는 단층 오두막집 한 채의 집세가 한 주에 1s. 3d.인데 거기에 4명의 성인과 4명의 아이가 살고 있다. 그 집은 벽만 괜찮을 뿐이고 거칠게 다듬은 돌로 된 바닥에서 썩은 밀짚지붕에 이르기까지 괜찮은 것이라고는 아무것도 없다.

(12) 우스터셔

가옥의 파괴는 여기에서는 그다지 심하지 않았다. 그러나 1851년부터 1861년까지 가옥 1채당 인원수는 4.2명에서 4.6명으로 증가했다.

뱃시: 여기에는 단층 오두막집과 채마밭이 많다. 일부 차지농업가들은 말하기를, "단층 오두막집들은 큰 말썽거리다. 왜냐하면 그것들이 빈민들을 끌어모으고 있기 때문이다." 한 부농은 다음과 같이 말하고 있다.

"빈민들은 이 때문에 조금도 나아지지 않는다. 500채의 오두막집을 지어도 금방 세가 다 나갈 것이다. 사실 더 많이 지으면 지을수록 더 필요하게 된다."

따라서 그의 의견에 따르면, 집이 거주자들을 낳으며 그들이 이번에는 자연법칙에 의해 '거주수단'을 압박한다는 것이다. 이에 대해 헌터는 다음과 같이 말하고 있다.

"그러나 이 빈민들은 어딘가로부터 온 것이 틀림없다. 그리고 뱃시에 그 어떤 구호금과 같은 특별한 매력이 있는 것도 아니므로, 그들을 이곳으로 보내는 것은 그 어떤 더 불편한 곳에서 도피한 것임에 틀림없다. 만약 각자가 일자리에 가까운 곳에 단층 오두막집과 채마밭을 발견할 수 있다면, 그는 [손바닥만한 땅 조각에 대해 차지농업가가 지불하는 것의 2배를 지불해야 되는] 뱃시로 기꺼이 오지는 않을 것이다."

차지농장의 집중, 농경지가 목장으로 전환, 기계사용 따위에 의해 농촌에서 과잉인구가 계속적으로 형성, 오두막집의 파괴가 농촌 주민을 끊임없이 추방, 그리고 도시에 계속적으로 이주 등은 나란히 진행된다. 어떤 지역이 텅 비게 되면 될수록, 그곳의 '상대적 과잉인구'는 그만큼 더 많아지고, 취업수단에 대한 과잉인구의 압박은 그만큼 더 심해지며, 거주수단을 초과하는 농촌인구의 절대적 과잉이 그만큼 더 커지고, 따라서 개방촌의 국지적 과잉인구와 [전염병의 온상인] 인간 밀집은 그만큼 더 심해진다. 흩어져 있는 작은 마을들과 지방 소도시들에서 인구가 조밀해지는 것은 농토에서 인간을 폭력적으로 내쫓기 때문이다. 농업노동자들의 수가 감소하고 그들의 생산물 양은 증가하는데도, 그들이 끊임없이 과잉인구로 전환되는 것이 구호 빈민의 발생 원인이다. 그들의 극빈상태가 그들을 추방하는 동기 [구빈세를 회피하려는 유산자들의 동기] 로 되며, 그들의 주택난의 주된 원인으로 되는데, 이 주택난은 그들의 마지막 저항력까지 분쇄하며, 그들을 토지소유자105)와 차지농업가의 단순한 노예로 만들며, 그리하여 최저한도의 임금이 그들에게는 자연법칙으로 되는 것이다. 다른 한편으로 농촌은 항상 존재하는 '상대적 과잉인구'에도 불구하고 동시에 인구가 부족하기도 하다. 이것은 [인구가 도시와 광산과 철도부설 등으로 너무 급속히 흘러나가는] 그런 지역들에서만 나타나는 현상이 아니라, 봄철이나 여름철과 마찬가지로 수확철에 매우 집약적인 잉글랜드 농업이 추가적 일손을 요구하는 그런 순간들에는 어디에서나 볼 수 있는 현상이다. 보통의 경작이 필요로 하는 일손보다는 언제나 너무 많지만, 예외적이거나 임시적인 필요에 대해서는 언제나 너무 적다.106) 그러므로 공식문서들

---

105) "농업노동자의 천부의 직업은 그의 지위에도 위엄을 부여한다. 그는 노예가 아니고 평화의 전사이므로, 그는 마땅히 지주로부터 기혼자에 합당한 주택을 제공받을 자격이 있다. 왜냐하면 지주는 [국가가 병사에게 요구하는 것과 같은] 그런 강제노동을 그에게 요구하기 때문이다. 농업노동자는 노동에 대해 병사와 마찬가지로 시장가격을 받지 못한다. 그는, 병사와 마찬가지로, 나이가 어려 겨우 자기 자신의 직업과 자기 자신의 지방밖에 모르는 무식한 때에 붙잡힌다. 조혼과 각종 거주법들이 그에게 미치는 영향은, 징병과 군법이 병사에게 미치는 영향과 같다."(헌터, 『공중보건. 제7차 보고』, 런던 1865: 132) 때로는 예외적으로 마음 약한 지주는 제 자신이 만들어낸 황폐에 대해 슬픔과 설움의 감정에 잠기는 일도 있다. 레스터 백작은 사람들이 호감성의 완성을 축하했을 때 다음과 같이 말했다. "자기의 영지에 홀로 서 있는 것은 우울한 일이다. 둘러보아도 내 집밖에는 집 하나 보이지 않는다. 나는 거대한 성의 거인으로 나의 이웃 사람들을 모두 잡아먹었다."

106) 최근 수십 년 동안 프랑스에서도 비슷한 사태가 전개되었다. 자본주의적 생산이 농업을 정복함에 따라 '과잉'농업인구를 도시로 몰아내고 있다. '과잉인구'를 도시로 축출함에 따라 위와 비슷한 현상을 볼 수 있다. 거기에서도 역시 '과잉인구' 형성의 근원지[농촌]에서 주택과 기타 조건들이 악화하고 있다. 토지의 분할이 낳은 독특한 '토지를 소유하는 프롤레타리아트'에 관해서는 앞에서 인용한 콜랭의 저서『정치경제학. 혁명과 이른바 사회주의적 유토피아의 원천』(파리 1857)과 마르크스의『루이 보나파르트의 브뤼메르 18일』, 2판(함부르크 1869년)[CW 11: 187 이하]를 보라. 1846년 프랑스의 총인구 중 도시인구는 24.42%, 농촌인구는 75.58%였는데, 1861년에는 도시인구 28.86%, 농촌인구 71.14%였다. 최근 5년간 농촌인구의 백분율의 감소는 더욱 현저하다. 이미 1846년에 뒤퐁은 '노동자의 노래'에서 다음과 같이 썼다:

에는 동일한 지방에서 동시에 노동부족과 노동과잉에 대한 모순되는 하소
연이 기록되어 있다. 임시적 또는 지방적 노동부족은 임금인상을 가져오
는 것이 아니라, 오직 여성들과 소년들을 농업노동자로 끌어들이며 노동
자들의 나이를 끊임없이 저하시키는 결과를 가져온다. 여성과 소년의 착
취가 대규모로 행해지면, 그것은 이번에는 성인 남성 농업노동자를 과잉
으로 만들어 그들의 임금을 저하시키는 새로운 수단이 된다. 잉글랜드의
동부에는 이런 악순환의 훌륭한 열매인 이른바 노동부대 제도가 성행하고
있는데, 이에 관해 나는 여기에서 간단히 설명하고자 한다.[107]

노동부대 제도는 링컨, 헌팅던, 케임브리지, 노포크, 서포크, 노팅엄
에서는 거의 전적으로 실시되고 있으며, 노샘프턴, 베드퍼드, 러틀랜드
의 인접 주들에서는 드문드문 실시되고 있다. 링컨셔를 한 예로 들어 보
자. 이 주의 대부분은 종전에는 늪이었던 새로운 토지거나, 위에서 열거
한 기타 동부의 주들과 마찬가지로 바다를 막아 만든 간척지다. 증기기
관은 배수작업에서 기적을 낳았다. 종전에는 늪이거나 모래땅이었던 곳
이 지금은 풍부한 곡물을 생산하며 매우 높은 지대를 받는다. 액스홈 섬
과 트렌트 강변의 기타 교구들에서와 같은, 인력으로 개척된 충적층의
토지에서도 사정은 마찬가지다. 새로운 차지농장들이 생김에 따라 새 오
두막집들이 세워지기는커녕 낡은 것들이 철거되었으며, 노동자들은 수
마일이나 떨어져 있는 개방촌으로부터 언덕허리를 따라 구불구불 뻗어
있는 먼 길을 통해 오게 된다. 주민들은 겨울철의 끊임없는 홍수를 오직

"남루한 옷을 걸치고 우리는 산다
굴속에서 다락방에서 폐허 속에서
부엉이와 도둑들과 함께
어둠을 벗삼아."

107) 1867년 3월 말에 발표된 아동노동 조사위원회의 제6차이자 마지막 보고서
는 농업의 노동부대 제도만을 취급하고 있다.

이 개방촌에서만 피할 수 있었던 것이다. 400 내지 1,000에이커의 차지
농장들에 거주하는 노동자들(그들을 '감금된 노동자'라고 부른다)은 오로
지 쉴 새 없이 고된, 말의 도움을 받는 농업노동에만 종사한다. 100에이
커당 평균 한 채의 오두막집이 있을까말까 하다. 예컨대 어떤 늪지대의
차지농업가는 조사위원회 앞에서 다음과 같이 증언하고 있다.

> "나의 농장은 320에이커인데 전부 경작지다. 나의 차지농장에는 한
> 채의 오두막집도 없다. 나의 차지농장에는 현재 한 명의 노동자가 살
> 고 있을 뿐이다. 말을 부리는 4명의 노동자는 근방에 살고 있다. 일손
> 이 많이 드는 쉬운 일은 노동부대에 맡기고 있다."[108]

토지는 예컨대 제초작업 · 괭이질하기 · 시비작업 · 돌을 치우는 작업 등
과 같은 비교적 쉬운 들일을 많이 요구한다. 이런 일들은 개방촌에 살고
있는 노동부대[즉 조직된 집단]에 의해 행해진다.

노동부대는 10명 내지 40명 또는 50명의 부인들과 남녀 미성년자들
(13~18세)—소년들은 13세에 달하면 대개는 노동부대에서 제외되지만
—과 남녀 아동들(6~13세)로 구성되어 있다. 맨 위에는 노동부대 대장
이 있는데, 그는 언제나 보통의 농업노동자로서 대개는 이른바 불량배
[즉 방탕하며 난폭한 술주정뱅이]이기는 하지만 일종의 기업심과 수완을
가지고 있다. 그가 노동부대를 모집하는데, 이 노동부대는 차지농업가의
지휘를 받는 것이 아니라 대장의 지휘를 받는다. 그는 차지농업가와 대
개는 도급제로 계약하며, 그의 수입은 평균해 보통의 농업노동자들의 수
입보다 그다지 많지 않다.[109] 그의 수입은 전적으로 자기의 노동부대로

---

108) 『아동노동 조사위원회. 제6차 보고』. 증언: 37, 제173호.
109) 그러나 일부 노동부대 대장들은 500에이커의 차지농업가로 되거나 많은 가
　　옥의 소유자가 된 경우도 있다.

부터 최단시간 안에 가능한 한 많은 노동을 짜낼 수 있는 자기의 수완 여하에 달려 있다. 차지농업가들은 여성들이 남성의 지휘 밑에서만 일을 잘 한다는 것, 그리고 여성과 아동들은 한번 일을 하기 시작하면 참으로 맹렬하게 자기의 생명력을 지출하는데[푸리에는 이미 이것을 알고 있었다] 성인 남성노동자는 교활해 가능한 한 힘을 아끼려 한다는 것을 발견했다. 노동부대 대장은 자기의 노동부대를 한 농장에서 다른 농장으로 끌고 다니면서 1년에 6~8개월 일을 시킨다. 그러므로 노동자 가족으로서는, 아동들에게 드문드문 일을 맡길 따름인 개별 차지농업가보다는 노동부대 대장에게 붙어서 일하는 것이 훨씬 유리하고 또 확실하다. 이런 사정 때문에 개방촌들에서 그의 영향력은 확고하며, 그를 통하지 않고서는 대체로 아동들을 고용할 수 없을 정도다. 아동들을 노동부대에서 떼어서 개별적으로 '빌려주는 것'이 대장의 부업이 되고 있다. 이 제도의 '결함'은 아동과 미성년자들의 과도한 노동, 매일 5~6마일 때로는 7마일이나 떨어진 농장으로 왕래하는 엄청난 보행, 그리고 '노동부대'의 풍기문란이다. 노동부대 대장[일부 지방에서는 '몰이꾼'이라고 부른다]은 긴 막대기를 가지고 다니지만 그것을 사용하는 일은 매우 드물며, 가혹한 취급을 했다는 불평은 거의 없다. 그는 민주적인 황제이거나 하멜른의 피리 부는 사나이[마을 안의 쥐를 전부 퇴치했는데도 사례금을 받지 못하자 그 앙갚음으로 마을 아이들을 피리로 꾀어내어 무인도에 감추었다는 독일 전설속의 인물] 와 비슷하다. 따라서 그는 자기 부하들 사이에서 인기가 있어야 하며, 그리하여 자기 보호 아래 집시생활의 매력으로 그들을 자신에게 묶어 놓는다. 난폭한 방종, 떠들썩한 장난, 음담패설이 노동부대의 매력이다. 노동부대 대장은 보통 선술집에서 술값을 치르며, 그리고 좌우에서 늠름한 두 여자의 부축을 받아가며 자기 대원들의 앞장을 서서 비틀거리면서 집으로 돌아온다. 아동들과 미성년자들은 뒤에서 시끄럽게 떠들면서 야유의 노래와 음탕한 노래를 불러댄다. 돌아오는 도중에는 푸리에가

'자유로운 성생활'〔혼음을 의미함〕이라고 말한 것이 예사로 벌어진다. 13~14세의 소녀들이 같은 나이 또래의 사내아이들에 의해 임신하는 일이 빈번하다. 노동부대의 보충지인 개방촌은 소돔과 고모라〔타락이 극에 달해 신이 멸망시켰다는 구약성서의 지명〕가 되며,110) 영국의 나머지 지방의 2배나 되는 사생아를 낳고 있다. 이런 환경에서 교육을 받은 소녀들이 부인으로 되었을 때 도덕적으로 어떻게 되겠는가에 대해서는 이미 앞에서 지적한 바 있다. 그들의 아이는 아편으로 말미암아 죽지 않는 한 노동부대의 후보로 될 뿐이다.

방금 말한 고전적 형태의 노동부대는 공공의, 공동적 또는 방랑하는 노동부대라고 부른다. 그 외에 사적 노동부대도 있다. 그 구성은 공동적 노동부대와 같으나 인원 수가 더 적고 또 노동부대 대장의 지휘 아래 일하는 것이 아니라 차지농업가의 늙은 머슴[차지농업가가 볼 때 그는 다른 할 일이 없다] 밑에서 일한다. 여기에서는 집시생활의 기풍은 없으나, 모든 증언에 의하면, 아동들의 보수와 취급은 더욱 나쁘다.

노동부대 제도는 최근 수년 동안 끊임없이 확대되고 있는데111) 노동부대 대장의 이익을 위해 존재하는 것이 아니라 대차지농업가들112) 그리고 간접적으로 지주들113)의 치부를 위해 존재한다. 차지농업가로서는, 자기

---

110) "러드포드 소녀들의 절반은 나돌아 다닐 때"(노동부대에 있을 때)"타락했다."(같은 책. 증언: 6, 제32호)

111) "그들"(노동부대)"은 최근 몇 년 동안 매우 널리 보급되었다. 일부 지방들에서는 비교적 최근에 도입되었고, 오래 전부터 도입되고 있던 다른 지방들에서는 노동부대에 많은 아동들이 끌려 들어가고 있으며, 또한 그들의 나이는 점점 낮아지고 있다."(같은 책: 79, 제174호)

112) "작은 차지농업가들은 노동부대의 노동을 사용하지 않는다.""그들은 나쁜 토지에서는 사용되지 않고 에이커당 40실링 내지 50실링의 지대를 지불하는 토지에서 사용된다."(같은 책: 17, 14)

113) 자기 지대의 맛에 홀린 어느 한 부농은 조사위원회 앞에서 분개해 말하기를, 모든 시끄러운 잡음은 제도의 명칭 때문에 생기는 것이므로, '노동부대'라고

의 노동자 수를 정상 수준보다 훨씬 적은 수준에서 유지하면서도 모든 추가적 작업을 할 준비가 되어 있는 추가적 일손을 준비해 두고, 가능한 한 적은 돈으로 가능한 한 많은 노동을 짜내며,114) 그리하여 성인 남자노동자들을 '과잉'으로 만드는 방법보다 더 나은 방법은 없다. 이상의 설명으로부터, 한편으로는 대체로 농업 노동자들이 할 수 있는 일거리가 없어졌다고 말하면서도, 다른 한편으로는 성인 남자노동의 부족과 그들의 도시 이주 때문에 노동부대 제도가 '필요'하다고 말하는 이유를 이해할 수 있을 것이다.115) 링컨셔의 잡초 없는 청결한 논밭과, 불결한 인간 잡초 [타락한 노동부대]가 자본주의적 생산의 대조적인 두 측면이다.116)

부르지 말고 '농촌 미성년자 근로 자조조합Self-supporting Association'이라고 부르면 만사는 다 잘될 것이다.

114) "노동부대의 노동은 다른 어떤 노동보다도 싸다. 바로 이 점 때문에 그것이 사용된다."고 이전에 노동부대 대장이었던 한 사람은 말하고 있다.(같은 책: 17, 제14호) "노동부대 제도는 차지농업가에게는 진짜로 가장 값싼 것이고 아동들에게는 역시 진짜로 가장 해로운 것"이라고 한 차지농업가는 말하고 있다. (같은 책: 16, 제3호)

115) "의심할 바 없이, 노동부대의 아동이 현재 하고 있는 작업의 많은 것을 이전에는 성인 남녀 노동자들이 했다. 여성노동과 아동노동이 고용되는 곳에서는 종전보다 더 많은 성인 남자들이 일자리를 잃고 있다."(같은 책: 43, 제202호) 그러나 다른 한편으로 다음과 같이 말하는 사람도 있다. "다수의 농업지방들, 특히 곡물생산 지방들의 노동문제는, [성인 남녀 노동자들이] 다른 지방으로 이주한 결과 또는 철도에 의해 먼 대도시로 나가는 것이 쉽게 된 결과 심각하게 되었으므로, 나는"(이 '나'라고 하는 사람은 어떤 대지주의 집사다)"아동노동이 절대로 필요하다고 생각한다."(같은 책: 80, 제180호) 그런데 잉글랜드 농업지방의 '노동문제'란 기타 문명세계와는 달리 지주와 차지농업가의 문제다. 즉 농촌인구가 끊임없이 증대하는 규모로 유출하는데도, 어떻게 하면 농촌에 충분한 상대적 과잉인구를 유지하고, 따라서 농촌노동자들에 대한 임금을 최저수준으로 유지할 수 있는가 하는 문제다.

116) 내가 이미 인용한 바 있는 『공중보건에 관한 보고』는 아동의 사망률 문제를 취급하면서 노동부대 제도에도 언급하고 있는데, 이 보고는 신문지상에 발표

F. 아일랜드

이 절을 끝맺으면서 아일랜드 ‖ CW 21: 189-206 참조 ‖를 간단히 보지 않을 수 없다. 먼저 여기에서 문제로 되는 사실들을 들어보자.

되지 않았고, 따라서 영국의 국민 대중에게는 알려지지 않았다. 이와는 반대로, "아동노동 조사위원회"의 최근 보고는 신문에서 대환영을 받는 '선동적' 자료를 제공했다. 자유당의 신문은 링컨셔에 가득 찬 점잖은 신사 숙녀들과 국교 목사들[특히 '남양南洋 섬사람들의 도덕 개선을 위해' 선교사들을 지구 저편으로 파견한 인물들]이 어떻게 그와 같은 제도를 그들의 농장에서, 그들의 목전에서 허용할 수 있었는가를 힐문하고 있는데, 한편 더 세련된 ‖ 토지귀족의 ‖ 신문은 자기 자식들을 팔아 그런 노예상태에 빠뜨리는 농민들의 야비한 타락에 관해서만 논의했다! '고상한 사람들'이 농업노동자를 몰락시킨 그 저주스러운 상태에서는 농업노동자가 자기 자식을 잡아먹었다 하더라도 놀라운 일이 아닐 것이다. 참으로 놀라운 일은, 대부분의 농업노동자들이 그대로 간직하고 있는 건전한 품성이다. 공식 보고서의 작성자들은 노동부대 제도를 이용하고 있는 지방들에서도 부모들은 그 제도를 싫어하고 있다는 것을 지적하고 있다. "우리가 수집한 증언 중에서 풍부한 증거를 찾아볼 수 있는 바와 같이, 부모들은 자기들이 가끔 받게 되는 유혹과 압력에 대항할 수 있는 강제법이 나온다면 그것에 대해 많은 경우 감사를 드릴 것이다. 때로는 교구 관리가, 때로는 고용주가 그들을 해고하겠다고 위협하면서 그들로 하여금 아동들을 학교 대신 일터로 보내도록 한다…시간과 힘의 모든 낭비, 농민과 자기 아동들이 과도한 그리고 무익한 피로로 말미암아 받는 모든 고통, 부모들이 자기 아동들의 도덕적 파멸을 오두막집이 비좁아 예의가 없어졌기 때문이거나 노동부대 제도의 퇴폐적 영향 때문이라고 주장하는 것—이 모든 것은 노동빈민들의 가슴속에 [우리가 쉽게 이해할 만하며 또 더 상세하게 언급할 필요가 없는] 감정을 불러일으켰음에 틀림없다. [그들에게는 아무런 책임이 없는, 그리고 만약 그들이 할 수만 있었다면 결코 동의하지 않았을, 또한 그리고 거기에 대항해 투쟁하기에는 그들이 너무나 무력한] 그런 사정들이 그들의 육체적·정신적 고통의 원인임을 그들은 의식하고 있다."(같은 책, 부록: 20, 제82호; 23, 제96호)

아일랜드의 인구는 1841년에 8,222,664명에 달했다가 1851년에는 6,623,985명으로 감소했고, 1861년에는 5,850,309명으로, 그리고 1866년에는 550만 명으로, 즉 거의 1801년 수준으로 떨어졌다. 인구 감소는 1846년의 흉작과 더불어 시작되었고, 그리하여 아일랜드는 20년도 못되는 기간에 인구의 5/16 이상을 잃었다.[117] 이민의 총수는 1851년 5월부터 1865년 7월까지 1,591,487명이었으며, 1861년부터 1865년까지의 이민은 50만 명 이상이었다. 주택은 1851~1861년 사이에 52,990채나 감소했다. 1851~1861년에 15~30에이커의 차지농장수는 61,000개나 증가했으며, 30에이커 이상의 차지농장수는 109,000개나 증가했는데, 각종 규모의 차지농장 총수는 120,000개나 감소했다. 이 감소는 전적으로 15에이커 이하의 차지농장들의 소멸, 즉 그것들의 집중 때문이었다.

인구 감소는 물론 대체로 생산량 감소를 낳았다. 우리의 목적을 위해서는 1861~1865년의 5개년을 고찰해 보는 것으로 충분한데, 이 기간에 50만 명 이상이 이민했으며 절대적 인구수가 33만 명 이상이나 감소했다.

<표 A> 가축의 마리수

연 도	말		소	
	총 수	증감	총 수	증감
1860	619,811	–	3,606,374	–
1861	614,232	△5,579	3,471,688	△134,686
1862	602,894	△11,338	3,254,890	△216,798
1863	579,978	△22,916	3,144,231	△110,659
1864	562,158	△17,820	3,262,294	118,063
1865	547,867	△14,291	3,493,414	231,120

---

117) 아일랜드의 인구: 1801년-5,319,867명, 1811년-6,084,996명, 1821년-6,869,544명, 1831년-7,828,347명, 1841년-8,222,664명.

연 도	양		돼 지	
	총 수	증 감	총 수	증감
1860	3,542,080	–	1,271,072	–
1861	3,556,050	13,970	1,102,042	△169,030
1862	3,456,132	△99,918	1,154,324	52,282
1863	3,308,204	△147,928	1,067,458	△86,866
1864	3,366,941	58,737	1,058,480	△8,978
1865	3,688,742	312,801	1,299,893	241,413

위의 표로부터 〚 1860~1865년에는 〛 다음과 같은 결과가 나온다.[118]

말	소	양	돼 지
절대적 감소	절대적 감소	절대적 증가	절대적 증가
71,944마리	112,960마리	146,662마리	28,821마리

그러면 이제는 가축과 인간에게 생존수단을 제공하는 농업을 보자. 다음의 〈표 B〉에서는 그 전년도에 대비한 각 연도의 경작지와 초원(또는 목장) 면적의 증감이 계산되어 있다. 곡물류에 속하는 것은 밀·귀밀·보리·호밀·콩·완두이며, 채소류에 속하는 것은 감자·무·사탕무·사료용 사탕무·양배추·당근·시금치·살갈퀴 따위다.

---

118) 더 이전으로 소급해 올라가면 결과는 더 좋지 않을 것이다. 예컨대 양은 1856년에는 3,694,294마리였지만 1865년에는 3,688,742마리가 되었고, 돼지는 1858년에는 1,409,883마리였지만 1865년에는 1,229,893마리가 되었다.

<표 B> 곡물류와 채소류의 경작면적 증감

(단위: 에이커)

연 도	곡물류	채소류	목초와 클로버	아 마	총 경작면적
1861	△15,701	△36,974	△47,969	19,271	△81,373
1862	△72,734	△74,785	6,623	2,055	△138,841
1863	△144,719	△19,358	7,724	63,922	△92,431
1864	△122,437	△2,317	47,486	87,761	10,493
1865	△72,450	25,421	68,970	△50,159	△28,218
1861~ 1865	△428,041	△108,013	82,834	122,850	△330,370

1865년에 127,470에이커가 '초지'에 추가되었는데, 이것은 주로 '늪과 황무지'에 속한 면적이 101,543에이커나 감소되었기 때문이다. 1865년을 1864년과 비교하면, 곡물류 수확량의 감소는 246,667쿼터인데, 그 중밀이 48,999쿼터, 귀밀이 166,605쿼터, 보리가 29,892쿼터 등이며, 감자의 경우에는 그 경지면적은 1865년에 증가했는데도 그 수확고는 446,398톤이나 감소했다(<표 C>를 보라).

---

119) 이 자료는『아일랜드. 농업통계 개요』(더블린 1860년 이후),『아일랜드. 농업통계표』(더블린 1866년)를 기초자료로 작성한 것이다. 이것은 매년 의회에 제출하는 공식통계다. 최근의 공식통계는 경지 면적이 1872년에는 1871년에 비해 134,915에이커나 감소된 것을 보여주고 있다. 채소류, 사료용 무, 사탕무 등의 경지면적은 증가했으나, 농작물 경지 면적은 각각 다음과 같이 감소했다. 즉 밀 16,000에이커, 귀밀 14,000에이커, 보리와 호밀 4,000에이커, 감자 66,632에이커, 아마 34,667에이커, 목초 · 클로바 · 살갈퀴 · 평지 rape-seed 등 30,000에이커. 최근 5년 사이에 밀 경작면적은 다음과 같이 점차적으로 감소했다. 1868년 285,000에이커, 1869년 280,000에이커, 1870년 259,000에이커, 1871년 244,000에이커, 1872년 228,000에이커. 1872년에 증가한 것(대략적인 숫자)은 말 2,600마리, 소 80,000마리, 양 68,609마리이며, 감소한 것은 돼지 236,000마리다.

〈표 C〉 경작지 면적, 에이커당 생산량, 총생산량[119]

생산물	경지 면적 (단위: 에이커)			에이커당 생산량				총생산량		
	1864	1865	증감		1864	1865	증감	1864	1865	증감
밀	276,483	266,989	△9,494	밀(cwt)	13.3	13	△0.3	875,782 (쿼터)	826,783	△48,999
귀리	1,814,886	1,745,228	△69,658	귀리 〃	12.1	12.3	0.2	7,826,332 〃	7,659,727	△166,605
보리	172,700	177,102	4,402	보리 〃	15.9	14.9	△1.0	761,909 〃	732,017	△29,892
맥주용보리 호밀	8,894	10,091	1,197	맥주용보리 〃	16.4	14.8	△1.6	15,160 〃	13,989	△1,171
				호밀 〃	8.5	10.4	1.9	12,680 〃	18,364	5,684
감자	1,039,724	1,066,260	26,536	감자(톤)	4.1	3.6	△0.5	4,312,388 (톤)	3,865,990	△446,398
사료용 무	337,355	334,212	△3,143	사료용 무 〃	10.3	9.9	△0.4	3,467,659 〃	3,301,683	△165,976
사탕무	14,073	14,389	316	사탕무 〃	10.5	13.3	2.8	147,284 〃	191,937	44,653
양배추	31,821	33,622	1,801	양배추 〃	9.3	10.4	1.1	297,375 〃	350,252	52,877
아마	301,693	251,433	△50,260	아마(st)	34.2	25.2	△9.0	64,506 (st)	39,561	△24,945
건초	1,609,569	1,678,493	68,924	건초(톤)	1.6	1.8	0.2	2,607,153 (톤)	3,068,707	461,554

아일랜드의 인구와 농업생산의 변동에서 아일랜드의 지주, 대차지농
업가와 공업자본가들의 소득 변동으로 넘어가자. 이 변동은 소득세의 증
감에 반영되고 있다(〈표 D〉를 보라). 이 표를 이해하기 위해 지적해 둘
필요가 있는 것은, D항(차지농업가의 이윤을 제외한 이윤)에는 이른바
'자유직업인들'의 이윤, 즉 변호사·의사 등등의 소득이 포함되어 있으
며, 이 표에서 따로 열거하고 있지 않는 C와 E항에는 공무원·장교·무
임소관리·국채소유자 등의 소득이 포함되어 있다는 점이다.

D항에서 1853~1864년 소득의 연평균증가율은 불과 0.93%인데, 영국
전체Great Britain〔 잉글랜드, 웨일즈, 스코틀랜드, 아일랜드를 포함〕에서는 같은
기간에 4.58%에 달했다. 다음의 〈표 E〉는 1864년과 1865년의 이윤(차지
농업가의 이윤은 제외)의 분포를 표시한다.

〈표 D〉 소득세가 부과되는 소득[120]

(단위: £)

	A 지 대	B 차지농업가의 이윤	D 공업이윤 등	A~E의 총 액
1860	12,893,829	2,765,387	4,891,652	22,962,885
1861	13,003,554	2,773,644	4,836,203	22,998,394
1862	13,398,938	2,937,899	4,858,800	23,597,574
1863	13,494,091	2,938,923	4,846,497	23,658,631
1864	13,470,700	2,930,874	4,546,147	23,236,298
1865	13,801,616	2,946,072	4,850,199	23,930,340

---

120) 『국세청 조사위원회. 제10차 보고』. 런던 1866년.

〈표 E〉 D항 소득의 분포(£60 이상)[121]

	1864		1865	
	£	인원수	£	인원수
연간 총소득	4,368,610	17,467	4,669,979	18,081
£60~£100	238,726	5,015	222,575	4,703
중간소득	1,979,066	11,321	2,028,571	12,184
고소득	2,150,818	1,131	2,418,833	1,194
그 중 ……	{ 1,073,906	1,010	1,097,927	1,044
	1,076,912	121	1,320,906	150
	{ 430,535	95	584,458	122
	646,377	26	736,448	28
	262,819	3	274,528	3

잉글랜드[발전한 자본주의적 생산국이고 주된 공업국이다]에서 아일랜드가 겪은 바와 같은 인구 유출이 있었다면 치명적 타격을 입어 망했을 것이다. 그런데 현재 넓은 해협을 사이에 두고 잉글랜드와 떨어져 있을 뿐인 아일랜드는 잉글랜드에 곡물·양모·소와, 공업상·군사상 보충병을 제공하는 농업지방에 불과하다.

아일랜드에서는 인구 감소의 결과 넓은 토지가 경작되지 않게 되었고 농산물은 크게 감소했으며,[122] 또 축산 면적은 확장되었음에도 일부 부문에서는 생산이 절대적으로 감소했고 기타 부문들에서도 증가라고 할 만한 가치조차 없는 정도의 증가가 있었으나 그것조차도 퇴보에 의해 끊임없이 중단되었다. 그런데도 지대와 차지농업가의 이윤은 계속 증가했다 [비록 인구 감소처럼 급속하지는 않지만]. 그 이유는 쉽게 이해할 수

---

121) D항의 연간 총소득이 앞의 표와 차이가 있는 것은 법률상 허용된 약간의 공제 때문이다.

122) 1에이커당 생산량도 역시 감소하고 있다면, 그것은 잉글랜드가 [아일랜드 농민들에게 소모된 토지성분을 보충할 수단조차 남겨주지 않음으로써] 지난 150년 동안 간접적으로 아일랜드 토지를 수출했다는 것을 가리키는 것이다.

있다. 한편으로 작은 차지농장들이 집중되고 경작지가 목장으로 전환되어, 총생산물 중 더욱 많은 부분이 잉여생산물로 전환되었기 때문이다. 잉여생산물을 포함한 총생산물은 감소했으나 잉여생산물은 증가했다. 다른 한편으로 이 잉여생산물의 화폐가치는 생산량보다 더 급속히 증가했는데, 그것은 잉글랜드 시장에서 육류·양모 등의 가격이 최근 20년 동안, 특히 지난 10년 동안 등귀했기 때문이다.

생산자 자신에게 고용수단과 생존수단으로 봉사하는 분산된 생산수단은, 타인 노동을 흡수해 자기 자신의 가치를 증식시키지 않으므로 자본이 아니다. 그것은 마치 생산자 자신이 소비하는 생산물이 상품이 아닌 것과 마찬가지다. 인구 감소와 함께 농업에 사용되는 생산수단의 양은 감소했지만, 농업에 사용되는 자본량은 증가했다. 왜냐하면 종전에는 분산되어 존재하던 생산수단의 일부가 자본으로 전환되었기 때문이다.

농업분야를 제외한, 공업과 상업에 투하된 아일랜드의 총자본은 최근 20년 동안 서서히 그리고 끊임없이 큰 변동을 보이면서 축적되었다. 총자본의 개별적 구성부분의 집적은 더욱더 급속하게 발전했다. 또 그 절대적 증가는 아무리 작다 하더라도, 감소하는 인구에 대비한다면 그 상대적 증가는 매우 컸다.

그러므로 여기 우리의 눈앞에서, 정통파 경제학이 자기의 교리—즉 빈궁은 절대적 과잉인구에서 생기며 그리고 그 균형은 인구 감소에 의해 다시 회복된다는 교리—를 지지할 수 있는 가장 좋은 증거가 대규모로 전개되고 있다. 이것은 맬더스주의자들이 그렇게도 찬미한 14세기 중엽의 흑사병보다 훨씬 더 중요한 실험이다. 말이 난 김에 말하지만, 19세기의 생산조건과 인구조건에 14세기의 척도를 적용한다는 것 자체가 학교 선생답게 소박한 것이지만, 이 소박성은 또한 다음과 같은 사실—영국해협의 이쪽 영국에서는 흑사병과 이에 따른 인구감소의 뒤를 이어 농민해방과 치부가 있었지만, 저쪽 프랑스에서는 예속의 심화와 빈곤의 증가

가 뒤따랐다는 사실―을 빠뜨리고 있다.[123]

아일랜드에서는 1846년의 기근으로 100만 명 이상이 죽었는데 그들은 모두 빈민들이었다. 이 기근은 나라의 부에는 조금도 손해를 끼치지 않았다. 그 뒤 계속된 20년 동안의 이민[그리고 지금도 꾸준히 증가하고 있는 이민]은, 30년 전쟁과는 달리, 사람들의 수와 함께 그들의 생산수단을 감소시키지는 않았다. 아일랜드사람들의 천재적인 머리는 [요술과 같이 빈민들을 그들의 빈곤 무대로부터 수천 마일이나 떨어진 곳으로 추방해 버리는] 전혀 새로운 방법을 고안해 냈다. 미국으로 이주한 사람들은 고향에 남아 있는 사람들의 이민 여비를 매년 송금하고 있다. 어느 한 해에 이주한 집단은 다음 해에는 새로운 집단을 불러들인다. 그러므로 이민은 아일랜드에게 아무런 비용도 들게 하지 않을 뿐 아니라 아일랜드 수출업의 가장 수지맞는 한 부분을 이루고 있다. 끝으로 이민은 조직적인 과정으로써 [일정한 인구에 일시적인 틈을 낼뿐 아니라 출생에 의해 보충되는 것보다 더 많은 사람들을 빨아들임으로써] 매년 인구의 절대적 감소를 가져오고 있다.[124]

국내에 남아 있는, 즉 과잉인구에서 해방된 아일랜드 노동자들에게 나타난 결과는 무엇이었나? 그 결과는, 상대적 과잉인구는 오늘날에도 1846년 이전만큼 크다는 것, 임금은 역시 매우 낮다는 것, 노동자에 대한 억압은 증대되었다는 것, 빈궁은 다시 새로운 위기를 폭발시킬 우려가 있다는 것 등이다. 원인은 매우 간단하다. 농업혁명이 이민과 보조를 맞

---

123) 아일랜드는 '인구법칙'의 성지로 주목받고 있으므로, 새들러는 인구에 관한 자기 저작을 발표하기 전에 유명한 책, 『아일랜드: 그 재난과 구제책』(2판. 런던 1829년)을 발간했다. 거기에서 그는 각 지방별 그리고 [각 지방에서는] 각 주별 통계자료를 비교하면서, 아일랜드의 빈궁은 맬더스가 바라듯이 인구 수에 정비례하는 것이 아니라 반비례한다는 것을 증명하고 있다.

124) 1851~1874년에 이민 총수는 2,325,922명에 달했다.

추어 진행되었고, 상대적 과잉인구의 생산은 인구의 절대적 감소보다 더 빠르게 진행되었기 때문이다. 〈표 B〉를 얼핏 보아도 알 수 있는 바와 같이, 경지가 목장으로 전환하는 것이 아일랜드에서는 잉글랜드에서보다 더욱더 심각하게 작용하고 있음에 틀림없다. 잉글랜드에서는 축산과 더불어 채소 재배가 증가하고 있으나 아일랜드에서는 채소 재배가 감소하고 있다. 종전 경작지의 큰 부분이 놀려지거나 영원히 초원으로 전환되고 있는 한편, 종전에는 이용하지 않고 있던 황무지와 이탄지의 큰 부분이 목축업의 확대에 기여하고 있다. 중소농민들—나는 100에이커를 넘지 않는 토지를 경작하는 모든 농민들을 여기에 포함시킨다—은 아직도 농민 총수의 거의 8/10을 이루고 있다.[125] 그러나 그들은 이제 자본주의적 농업생산과의 경쟁에서 종전과는 비교도 되지 않을 규모로 하나씩 몰락하고 있으며, 따라서 그들은 임금노동자 계급에게 끊임없이 새로운 보충병을 제공한다. 아일랜드의 유일한 대공업인 아마 매뉴팩처는 성인 남성노동자를 비교적 적게 필요로 하므로, 1861~1866년 면화가격이 등귀한 이래 확장되었는데도 인구 중 비교적 적은 부분만을 취업시키고 있을 따름이다. 다른 모든 대공업과 마찬가지로 아마공업도, 흡수하는 노동자수가 절대적으로 증가했지만, 그 자체의 끊임없는 변동[새로운 기계 도입, 경기변동 등]으로 말미암아 상대적 과잉인구를 끊임없이 생산한다. 농촌 주민의 빈궁은 대규모 내의공장의 토대를 이루고 있는데, 그 노동자집단의 대부분은 농촌에 흩어져 있다. 우리는 여기에서 또다시 앞에서 말한 바 있는 '가내공업' 제도를 보게 되는데, 이 제도는 낮은 임금과 과도한 노동으로 과잉노동자를 체계적으로 만들어내고 있다. 끝으로, 인구감소가 여기에서는 자본주의적 생산이 발전한 나라에서와 같이 그렇게 파괴

---

125) 머피의 『아일랜드의 산업·정치·사회』(1870년) 중 한 표에 따르면, 토지의 94.6%는 100에이커 미만의 농장들이며 5.4%는 100에이커 이상의 농장들이다.

적 결과를 가져오지는 않는다 하더라도, 국내시장에 끊임없이 반작용한
다. 이민에 의해 만들어지는 빈틈은 노동에 대한 지방적 수요를 제한할
뿐 아니라 소매상·수공업자·상인 일반의 소득도 제한한다. 〈표 E〉에
서 £60~£100 사이의 소득이 감소한 원인은 여기에 있다.

아일랜드 농업노동자들의 형편에 대한 명쾌한 서술은『아일랜드 구빈
법 감독관들의 보고』(1870년)에서 볼 수 있다.[126] 총칼과 때로는 공공연
하고 때로는 위장된 계엄 상태의 도움을 받아야만 유지되는 정부의 공직
자인 감독관들은, 잉글랜드의 그들 동료가 경멸하는 언어상의 조심성을
지키지 않으면 안 된다. 그런데도 그들은 자기들 정부로 하여금 환상에
잠기는 것을 결코 허용하지 않고 있다. 그들의 보고서에 따르면, 농촌의
임금수준은 여전히 매우 낮지만 최근 20년 사이에 50~60%나 인상되었
으며 현재는 평균 주 6~9실링이나 된다. 그러나 이 외견상의 임금인상
은 임금의 실질적 저하를 숨기고 있다. 왜냐하면 그 인상은 그 사이에
일어난 생활필수품의 가격 등귀를 결코 상쇄하지 못하기 때문이다. 이것
의 증거로 아일랜드 한 구빈원의 공식통계에서 발췌한 다음과 같은 숫자
를 들 수 있다.

주 평균생활비(1인당)

	음 식 물	의 류	합 계
1848년 9월 29일부터 1849년 9월 29일까지	1실링 $3\frac{1}{4}$ 펜스	3펜스	1실링 $6\frac{1}{4}$ 펜스
1868년 9월 29일부터 1869년 9월 29일까지	2실링 $7\frac{1}{4}$ 펜스	6펜스	3실링 $1\frac{1}{4}$ 펜스

---

126)『아일랜드 농업노동자의 임금에 관한 구빈법 감독관의 보고』. 더블린 1870
년. 또『농업노동자(아일랜드). 1861년 3월 8일 하원 질문에 대한 보고』. 런
던 1862를 보라.

이와 같이 20년 전에 비하면 필요생존수단의 가격은 2배 이상, 그리고 의류가격은 꼭 2배 올랐다.

이와 같은 불균형을 무시하더라도, 화폐로 표현된 임금수준의 비교만으로는 정확한 결론을 얻을 수가 없을 것이다. 기근 [1846년] 이 있기 전에는 농촌 임금은 대부분 현물로 지급되었고 화폐로 지급된 것은 아주 적은 부분에 불과했으나, 현재는 화폐지급이 지배적이다. 이로부터 실질임금액이 얼마이든 화폐임금은 인상되지 않을 수 없었다는 결론이 나온다.

> "기근 전에는 농업노동자들은 한 루드 [약 1/4에이커] 나 반 에이커 또는 1에이커의 토지를 가지고…거기에 감자도 심으면서…오막살이를 할 수 있었다. 그는 돼지도 키우고 닭도 칠 수 있었다…그러나 지금 그들은 빵도 사서 먹어야 하며 돼지나 닭에게 먹일 음식찌꺼기도 가지고 있지 않다. 그래서 결과적으로 돼지나 닭 또는 달걀을 팔아 얻고 있던 수입도 없어졌다."127)

사실상 종전에는 농업노동자들은 최소규모의 농업을 겸업하고 있었으며, 대개는 그들을 고용하는 중규모와 대규모 차지농업가들의 일종의 후방부대이었다. 1846년의 기근 이후 비로소 그들은 순수한 임금노동자 계급[즉 오로지 화폐관계를 통해서만 자기들의 고용주와 관련을 맺는 특수한 계급]의 일부를 이루기 시작했다.

1846년 당시 그들의 주택형편이 어떠했는가는 우리가 이미 알고 있다. 그 뒤 주택사정은 한층 더 악화되었다. 매일 감소하고 있는 농업노동자의 일부는 아직도 차지농업가의 땅 위에 세워진 비좁은 오두막집에 살고

---

127) 같은 책: 29, 1.

있는데, 그 처참한 꼴은 우리가 잉글랜드 농촌지방에서 본 최악의 것보다 훨씬 더 나쁘다. 그리고 이런 상태는 얼스터의 일부 지역을 제외하고는 전반적으로 그렇다. 즉 남부에서는 코크, 리머리크, 킬케니 등의 주들에서, 동부에서는 위클로, 웩스포드 등지에서, 중부에서는 킹즈, 퀸즈의 두 주와 더블린 등지에서, 북부에서는 다운, 앤트림, 티론 등지에서, 서부에서는 슬라이고, 로스코먼, 메이오, 골웨이 등지에서 그렇다. 한 감독관은 다음과 같이 소리치고 있다. "농업노동자의 오두막집은 기독교와 우리나라의 문명에 대한 치욕이다."128) 날품팔이 노동자들을 이런 움집으로 더욱 끌어들이기 위해 태고 때부터 그들의 소유였던 한 조각의 땅마저 체계적으로 몰수한다.

> "농업노동자들이 지주와 그 관리인들의 이런 몰수에 복종하면서 살고 있다는 단순한 의식은…농촌노동자들의 마음속에, 자기들을 아무런 권리도 없는 인종으로 취급하고 있는 사람들에 대한 적대와 증오의 감정을 불러일으켰다."129)

농업혁명의 제1막은 농장에 있는 오두막집들을 대규모로, 그리고 위로부터의 지시에 따르는 것처럼 하여, 철거해 버리는 것이었다. 그리하여 많은 노동자들은 촌락과 도시에서 주거지를 구하지 않을 수 없었는데, 거기에서 그들은 쓸모없는 폐물처럼 가장 나쁜 구역의 다락방·움집·지하실 그리고 구석진 곳에 던져졌다. 민족적 편견에 사로잡힌 잉글랜드사람의 증언에 따르더라도, 가정의 단란함에 대한 보기 드문 애착과 아무 근심 없는 명랑성과 가정생활의 순결성으로 유명한 아일랜드사람의 수천

---

128) 같은 책: 12.
129) 같은 책: 12.

가족들이 돌연히 죄악의 온실 속으로 들어가게 되었다. 남성들은 이제는 부근의 차지농장들에서 일자리를 구하지 않으면 안 되는데, 그것도 날품 팔이 노동자로서만, 그리하여 가장 불안정한 임금형태에서만 고용되었 다. 따라서

"그들은 먼 곳에 있는 농장을 왕래하지 않을 수 없으며, 종종 비에 젖기도 하며 많은 곤란들을 겪는데, 그 결과 몸이 쇠약해지고 병들고 따라서 가난에 쪼들리게 되는 일이 많다."130)

"도시는 농촌지방에서 과잉으로 된 노동자들을 매년 수용해야 했다."131) "도시와 읍에서는 노동자가 과잉인데 농촌에서는 노동자가 부족하다."132) 는 것을 아직도 의아하게 생각하는 사람들이 있다. 그러나 사실은, 이 부 족을 느낄 수 있는 것은 다만 "농번기, 즉 봄철과 가을철뿐이고, 연중 나 머지 시기는 많은 일손들이 놀고 있다."는 것,133) "10월의 감자 수확이 끝나면 다음해 봄까지 일거리가 없다는 것,"134) 그리고 일할 때도 "종종 며칠씩이나 일이 없든가 각종 작업 중단을 당하게 된다."는 것이다.135)

농업혁명의 이런 결과—즉 경작지의 목장화, 기계사용, 엄격한 노동 절약 등—는 자기들의 지대를 외국에 가서 소비하지 않고 검소하게도 아일랜드의 자기 영지에서 살아가는 모범적인 지주들에 의해 더욱더 격

---

130) 같은 책: 25.
131) 같은 책: 27.
132) 같은 책: 26.
133) 같은 책: 1.
134) 같은 책: 32.
135) 같은 책: 25.

화된다. 수요공급의 법칙이 파괴되지 않도록, 이 지주들은,

"자기들에게 필요한 거의 모든 노동을…자기들의 소규모 차지인들
로부터 공급받고 있다. 이 소규모 차지인들은 지주를 위해 일하지 않
을 수 없는데, 이 때문에 파종기나 수확기와 같은 매우 중요한 시기에
자기 밭을 내버려두어야 하는 불편과 손실은 제외하더라도, 일반적으
로 보통의 일용노동자의 임금보다 훨씬 낮은 임금을 받는다."136)

취업의 불확실성과 불규칙성, 그리고 빈번하고도 장기적인 실업은 상
대적 과잉인구의 모든 징조들이며, 따라서 그것들은 아일랜드 농업프롤
레타리아트를 한없이 고통스럽게 하는 것으로 구빈법 감독관들의 보고들
에 나타나고 있다. 우리는 잉글랜드 농업프롤레타리아트에게도 이와 비
슷한 현상들이 있다는 것을 기억하고 있다. 그러나 차이점은, 공업국인
잉글랜드에서는 공업예비군이 농촌에서 보충되는데, 농업국인 아일랜드
에서는 농업예비군이 [토지에서 추방된 농업노동자들의 도피처인] 도시
에서 보충된다는 것이다. 잉글랜드에서는 농촌의 과잉노동자들이 공장
노동자로 되는데, 아일랜드에서는 도시로 추방된 사람들이 [도시의 임금
에 압박을 가하면서도] 동시에 농업노동자이며 일자리를 구해 끊임없이
농촌으로 돌아온다.

공식보고의 작성자들은 농업노동자들의 물질적 형편에 관한 자기들의
결론을 다음과 같이 요약하고 있다.

"그들은 매우 검소하게 생활하지만 그들의 임금은 보통 규모의 가족
들의 식비와 주거비를 겨우 충당할 수 있을 뿐이다. 노동자 자신과 부

---

136) 같은 책: 30.

인 그리고 아이들의 옷을 장만하려면 다른 수입원이 있어야 한다…그들의 이런 오두막집들의 환경은 다른 결핍들과 함께 이 계급을 특히 티푸스와 폐병에 걸리기 쉽게 하고 있다."137)

그렇다면, 보고서 작성자들의 일치된 증언대로, 음침한 불평이 이 계급의 대열에 침투하고 있다는 것, 이 계급이 과거를 그리워하며 현재를 증오하고 미래에 대해 절망적이며 '선동가들의 나쁜 영향에' 자신들을 내맡기게 된다는 것, 그리고 미국으로 이민가려는 단 한 가지 생각에 집착하게 된다는 것 등은 조금도 이상한 일이 아니다. 맬더스의 위대한 만병통치약인 인구감소가 초록색 아일랜드를 위와 같은 [비참한] 이상향으로 전환시킨 것이다!

아일랜드의 공업노동자가 얼마나 안락한 생활을 하고 있는가에 대해서는 다음과 같은 한 가지 실례를 드는 것으로 충분할 것이다. 잉글랜드의 공장감독관 베이커는 다음과 같이 말하고 있다.

"최근에 내가 아일랜드 북부를 방문했을 때, 아일랜드의 어떤 숙련노동자가 자기 아이들을 교육시키려고 애쓰는 것을 보았다. 나는 그가 말한 그대로 그의 이야기를 전하려 한다. 그가 숙련공이라는 것은 그가 맨체스터 시장으로 보낼 상품을 만드는 데 고용되고 있다는 것을 보면 알 수 있을 것이다. 존슨은 다음과 같이 말한다. '나는 타포공打布工인데, 월요일부터 금요일까지는 아침 6시부터 밤 11시까지 일하고, 토요일에는 오후 6시에 마치며, 식사와 휴식을 위해 3시간을 가진다. 자식들은 모두 5명이다. 이렇게 일하고 나는 한 주에 10실링 6펜스를 받으며, 나의 처도 역시 여기에서 일하는데 한 주에 5실링을 받는다.

---

137) 같은 책: 21, 13.

12살 난 맏딸이 집안일을 돌본다. 그 애는 요리사이자 우리 집안의 유일한 봉사자다. 그 애가 어린 것들을 학교에 보낼 채비를 해 준다. 우리 집 앞을 지나가는 한 소녀가 아침 5시 반에 나를 깨워준다. 나의 아내는 나와 함께 일어나 나와 같이 출근한다. 공장으로 가기 전에 우리는 아무것도 먹지 않는다. 12살 난 아이가 하루 종일 어린애들을 보살펴 준다. 우리는 8시에 아침을 먹을 때까지 아무것도 먹지 않는다. 8시 우리는 집으로 돌아온다. 차를 마시는 것은 1주일에 한 번이며 다른 때는 죽을 먹는데, 구할 수 있는 대로 때로는 귀밀 죽, 때로는 강낭 죽을 먹는다. 겨울에는 강낭 죽에 사탕을 조금 넣고 물을 붓는다. 여름에는 조그마한 채마밭에서 우리가 직접 심은 얼마 안 되는 감자를 먹는다. 그것이 떨어지면 다시 죽으로 돌아간다. 우리는 그날그날 일요일이건 다른 날이건 언제나 일 년 열두 달 그렇게 지낸다. 일을 마치고 나면 언제나 밤에 몹시 피로를 느낀다. 우리는 한 조각의 고기를 얻어 먹을 때도 있으나 그것은 매우 드문 일이다. 아이들 중 셋이 학교에 다니는데, 한 아이에 주 1페니씩 든다. 집세는 1주에 9펜스다. 연료용 토탄 값은 2주일에 적어도 1실링 6펜스가 든다."138)

이것이 아일랜드사람의 임금이며 이것이 아일랜드사람의 생활이다!

사실 아일랜드의 빈곤은 또다시 영국에서 당면문제로 되었다. 아일랜드 토지귀족의 한 사람인 더퍼린이 1866년 말과 1867년 초에 『더 타임즈』지에서 이 문제의 해결에 나섰다. "이와 같은 대신사야말로 얼마나 인간다운가!"

〈표 E〉에서 본 바와 같이, 1864년에 총이윤 £4,368,610 중에서 3명의 잉여가치 취득자가 차지한 것은 £262,819이었는데, 1865년에는 같은 3

---

138) 『공장감독관 보고서. 1866년 10월 31일』: 96.

명의 '절욕' 대가가 총이윤 £4,669,979 중에서 £274,528를 자기들 주머니 속에 집어넣었다. 1864년에는 26명의 잉여가치 취득자가 £646,377를, 1865년에는 28명이 £736,448를, 그리고 1864년에는 121명이 £1,076,912를, 1865년에는 150명이 £1,320,906를 차지했으며, 그리고 1864년에는 1,131명이 £2,150,818를, 즉 연간 총이윤의 거의 절반을, 1865년에는 1,194명이 £2,418,833를, 즉 연간 총이윤의 거의 절반 이상을 자기 주머니 속에 집어넣었다. 그런데 연간 지대소득 중 잉글랜드·스코틀랜드·아일랜드에 있는 한 줌도 안 되는 소수의 토지귀족들이 삼켜버리는 몫은 너무나 엄청나므로, 현명한 영국정부는 지대분포에 대해서는 이윤분포에 대한 통계와 같은 통계자료를 제공하지 않는 것이 적절하다고 보고 있다. 더퍼린은 이런 토지귀족 중의 한 사람이다. 그에게는, 지대와 이윤이 '너무 많을' 수 있다든가 또는 그것들의 '과다'가 국민의 빈곤 심화와 어떻게든 관련이 있다는 생각은 물론 '불손하며' 또 '불건전한' 생각이다. 그는 사실에 집착한다. 사실이란 아일랜드의 인구가 감소함에 따라 아일랜드의 지대는 증가한다는 것, 인구 감소는 토지소유자에게 '유리'하며 따라서 또 토지에도 유리하며 따라서 또 [토지의 부속물에 불과한] 국민에게도 유리하다는 것이다. 그래서 그는 선언하기를, 아일랜드는 아직도 인구과잉이며 이민의 흐름은 아직도 너무나 완만하여 완전한 행복에 도달하려면 아일랜드는 적어도 100만 명 노동자의 1/3을 더욱 방출해야 한다고. 시인이기도 한 이 귀족을 단순히 상그라도과 의사[자기 환자의 병이 차도가 없음을 발견할 때마다 계속 피를 빼라고 지시해 드디어 그 환자의 피도 병도 남지 않게 만드는 의사]의 한 사람이라고 생각하지 말라. 더퍼린은 약 200만 명이 아니라 불과 100만 명의 1/3의 새로운 출혈을 요구하고 있는데, 사실은 200만 명쯤 내쫓지 않고서는 아일랜드에 천년왕국을 세울 수는 없다. 그 증거는 다음과 같이 쉽게 얻을 수 있다.

1864년 아일랜드 농장의 수와 규모

농장 규모	수(개)	면적(에이커)
1 에이커 미만	48,653	25,394
1이상~ 5미만	82,037	288,916
5 ~ 15	176,368	1,836,310
15 ~ 30	136,578	3,051,343
30 ~ 50	71,961	2,906,274
50 ~ 100	54,247	3,983,880
100 에이커 이상	31,927	8,227,807
총 계	−	20,319,924*

* 총계에는 토탄지와 황무지가 포함되어 있다.

집중은 1851~1861년에 주로 15에이커 미만의 첫 세 부류의 농장들을 소멸시켰다. 그 결과 307,058명의 농민들이 '과잉'으로 되어, 한 가족 평균 4명으로 낮추어 계산하더라도 대략 1,228,232명의 인구가 과잉으로 된다. 농업혁명이 완수되면 그들 중 1/4이 다시 흡수될 것이라는 터무니없는 가정 아래에서도 여전히 921,174명은 이민가야 할 것이다. 15에이커 이상 100에이커 미만은, 잉글랜드에서 오래 전부터 알려지고 있는 바와 같이, 자본주의적 곡물경작에는 너무나 작고 더욱이 목양에는 말도 되지 않을 정도의 작은 규모다. 따라서 동일한 가정 아래에서는 인구 788,358명이 더 이민가야 하며, 결국 합계 1,709,532명이 이민가야 한다. 그런데 식욕은 먹는 도중에 왕성해지는 법이므로, 대규모 토지소유자들은 아일랜드 인구가 350만 명이어서는 너무 과다해서 빈곤하게 될 수밖에 없으며, 따라서 아일랜드가 잉글랜드를 위한 목양장과 가축 목장이라는 자기의 참다운 사명을 수행할 수 있기 위해서는 그 인구감소는 훨씬 더 진전되어야 한다는 것을 머지않아 발견하게 될 것이다.[139]

호사다마라고 할까. 이 수익 많은 방법에도 결점이 있다. 아일랜드에서 지대가 축적하는 것과 동시에 미국에서 아일랜드사람이 축적되고 있다. 양과 소 때문에 쫓겨난 아일랜드사람들은 대서양 저편에서 페니언 Fenian [아일랜드 독립을 목적으로 주로 재미 아일랜드 사람들로 이루어진 비밀결사 회원] 이 되어 일어서고 있다. 그리하여 바다의 늙은 여왕 [영국] 에 대립해 젊은 거대한 공화국이 점점 더 위협적으로 일어서고 있다:

---

139) 개별 토지소유자들과 영국 의회가 농업혁명을 폭력적으로 수행하고 아일랜드 인구를 지주들에게 유리한 규모로 줄이기 위해 기근과 그 결과들을 어떻게 계획적으로 이용했는가 하는 것을 나는 이 저작 제3권의 토지소유에 관한 곳에서 더 상세하게 밝힐 것이다. 거기에서 나는 또 소농들과 농업노동자들의 상태에 대해 언급할 것이다. 여기에서는 한 가지만 인용하려 한다. 시니어는 그의 사후의 저서 『아일랜드에 관한 일기 · 대화 · 평론』(전2권. 런던 1868년), 제2권: 282에서 특히 다음과 같이 말하고 있다. "G 박사는 정당하게도 다음과 같이 지적하고 있다. '우리는 지주가 승리하도록 하기 위한 강력한 도구로 구빈법을 가지고 있다. 또 하나의 더욱 강력한 도구는 이민이다…아일랜드의 벗이라면 누구나 전쟁'(지주들과 켈트사람인 소농들 사이) '이 오래 가는 것을 바랄 리가 없을 것이며, 더구나 전쟁이 농민들의 승리로 끝나는 것을 바랄 리가 없을 것이다. 전쟁이 빨리 끝나면 끝날수록, 즉 아일랜드가 빨리 목장의 나라로 되고 그 인구가 목장의 나라에 필요한 정도로 감소되면 될수록 모든 계급들을 위해 그만큼 더 좋을 것이다.'" 1815년의 영국 곡물법은 영국으로 곡물을 자유롭게 수출하는 독점권을 아일랜드에게 보장했다. 그리하여 그것은 인위적으로 곡물경작을 장려했다. 1846년 곡물법의 폐지와 함께 이 독점권은 갑자기 소멸되었다. 아일랜드 경작지를 목장으로 전환하고 농장들을 집중시키며 소농들을 추방하는 것을 강력히 전개하기 위해서는 [다른 모든 사정들은 무시하고라도] 이 한 사건만으로 충분했다. 즉 1815~1846년에는 영국의 농학자 · 경제학자 · 정치가들이 아일랜드 토지가 비옥하다는 것을 찬양하고 그 토지는 천연적으로 밀 재배에만 적합하다고 소리높여 외쳤는데, 이제 와서 그들은 갑자기 그 토지가 목초생산 이외에는 아무데도 적합하지 않다는 것을 발견한 것이다! 라베르뉴는 영국해협 저편[프랑스]에서 서둘러 이 주장을 반복하고 있다. 이처럼 유치한 수작에 넘어가기 위해서는 라베르뉴와 같은 '진지한[약삭빠른]'인간이 될 필요가 있을 것이다.

"가혹한 운명과 동포살해의 죄가 로마인을 괴롭힌다."〔호라티우스,
『서정시』. 7〕

제8편
이른바 시초축적

제 26 장 시초축적의 비밀

제 27 장 농민들로부터 토지를 빼앗음

제 28 장 15세기 말 이후 토지를 빼앗긴 사람들에 대해
잔인한 법률을 제정. 임금을 인하하는 법령들

제 29 장 자본주의적 차지농업가의 탄생

제 30 장 공업에 대한 농업혁명의 영향.
산업자본을 위한 국내시장의 형성

제 31 장 산업자본가의 탄생

제 32 장 자본주의적 축적의 역사적 경향

제 33 장 근대적 식민이론

제26장
시초축적의 비밀

우리는 화폐가 어떻게 자본으로 전환되는가, 자본은 어떻게 잉여가치를 생산하는가, 그리고 잉여가치로부터 어떻게 더 많은 자본이 만들어지는가를 보았다. 그런데 자본의 축적은 잉여가치를 전제하고, 잉여가치는 자본주의적 생산을 전제하며, 자본주의적 생산은 상품생산자들 수중에 상당한 양의 자본과 노동력이 이용 가능한 형태로 존재하는 것을 전제한다. 그러므로 이 모든 운동은 끝없는 순환 속에서 빙빙 돌고 있는 것같이 보이는데, 여기로부터 벗어나기 위해서는 우리는 자본주의적 축적에 선행하는 시초축적始初蓄積primitive accumulation(애덤 스미스가 말하는 '이전의 축적previous accumulation'), 즉 자본주의적 생산양식의 결과가 아니라 그것의 출발점인 축적을 상정하지 않으면 안 된다.

이 시초축적이 정치경제학에서 하는 구실은 원죄가 신학에서 하는 구실과 거의 동일하다. 아담이 사과를 따먹자 이와 동시에 죄가 인류에게 떨어졌다고 이야기하는 것과 마찬가지로, 시초축적도 세상에 알려지지 않은 옛날의 역사적 사실로 설명되고 있다. 아득한 옛날에 한편에는 근면하고 영리하며 특히 절약하는 특출한 사람이 있었고, 다른 한편에는 게으르고 자기의 모든 것을 탕진해 버리는 불량배가 있었다는 것이다.

그런데 신학상의 원죄에 관한 전설은 인간이 어떻게 스스로 이마에 땀을 흘리면서 밥을 얻어먹지 않으면 안 될 운명에 빠지게 되었는가를 우리에게 이야기해 주고 있지만, 경제학상의 원죄의 역사는 이마에 땀을 흘릴 필요가 전혀 없는 인간들[예: 자본가계급]이 어떻게 나타나게 되었는가를 우리에게 밝혀준다. 이 서로 다른 원죄 이야기는 어찌 되었든, 근면하고 절약하는 사람은 부를 축적했으며 게으른 불량배는 결국 자기 자신의 가죽 이외에는 아무것도 팔 것이 없게 되었다는 것이다. 그리고 이 원죄로부터 대다수의 빈곤[계속 노동했는데도 여전히 자기 자신 이외에는 아무것도 팔 것이 없는 빈곤]과 소수의 부[훨씬 오래 전에 노동을 그만두었는데도 끊임없이 증대하는 부]가 유래하고 있다는 것이다. 이 낡아빠진 어린애 같은 이야기가 소유property [재산]를 옹호하기 위해 매일 우리에게 설교되고 있다. 예컨대 티에르는 아직도 정치가다운 엄숙성을 가지고 한때는 그렇게도 재치 있던 프랑스사람들에게 이와 같은 유치한 이야기를 지루하게 되풀이하고 있다. 그러나 일단 소유에 관한 문제가 무대에 등장하면, 이 유치원 이야기의 관점이 모든 나이와 모든 발육단계의 사람들에게 가장 적합하다고 주장하는 것이 신성한 의무가 된다. 잘 아는 바와 같이, 현실의 역사에서는 정복이라든가, 노예화라든가, 강탈이라든가, 살인이라든가, 한 마디로 말해 폭력force이 큰 역할을 했다. 그러나 정치경제학의 부드러운 역사에서는 옛날부터 소박하고 전원적인 말투가 지배했다. 정의와 '노동'은 옛날부터 유일한 치부수단이었다. 물론 '금년'은 항상 예외였지만. 그런데 시초축적의 방법들은 사실상 전혀 목가적인 것이 아니다.

화폐와 상품 그 자체가 결코 처음부터 자본이 아니듯이, 생산수단과 생활수단도 결코 처음부터 자본은 아니다. 그것들은 자본으로 전환될 필요가 있다. 그러나 이 전환 자체는 일정한 사정 아래에서만 가능한데, 그 사정은 요컨대 다음과 같은 것이다. 즉 아주 다른 두 종류의 상품소유자들이 서로 마주하고 접촉해야 한다. 한편은 화폐·생산수단·생활수단의 소유자들인데, 그들은 타인 노동력의 매입을 통해 자기가 소유하고 있는 가치액을 증식시키기를 갈망한다. 다른 한편은 자유로운 노동자, 자기 자신의 노동력의 판매자, 따라서 노동의 판매자들이다. 자유로운 노동자 free workers라 함은 두 가지 의미를 가지고 있다. 즉 그들 자신은 노예·농노 등과는 달리 생산수단의 일부가 아니라는 ﹝자유로운free 사람들이라는﹞ 의미와, 자영농민 등과는 달리 자기 자신의 생산수단을 가지지도 않으며 따라서 생산수단으로부터 분리되고 자유롭다는free from 의미를 가지고 있다. 상품시장의 이와 같은 양극 분화와 함께 자본주의적 생산의 기본 조건들이 주어진다. 자본주의체제는 노동자가 자기의 노동을 실현할 수 있는 조건들의 소유로부터 완전히 분리되어 있는 것을 전제한다. 자본주의적 생산이 일단 자기 발로 서게 되면, 자본주의체제는 이 분리를 유지할 뿐 아니라 끊임없이 확대되는 규모에서 재생산한다. 그러므로 자본주의체제를 창조하는 과정은 노동자를 자기가 소유하던 노동조건으로부터 분리하는 과정 — 한편으로는 사회적 생활수단과 생산수단을 자본으로 전환시키며, 다른 한편으로는 직접적 생산자를 임금노동자로 전환시키는 과정 — 이외의 어떤 다른 것일 수가 없다. 따라서 이른바 시초축적은 생산자와 생산수단 사이의 역사적 분리과정 이외의 아무것도 아니다. 그것이 '시초적'인 것으로 나타나는 것은 그것이 자본의 이전 역사단계, 그리고 자본에 대응하는 생산양식의 이전 역사단계를 이루기 때문이다.

자본주의 사회의 경제구조는 봉건사회의 경제구조에서 성장했다. 후자의 해체는 전자의 요소들을 해방시켰다.

직접적 생산자인 노동자는, 자기가 토지에 묶여있지 않고 또 타인의 노예나 농노이기를 멈춘 뒤에야 비로소 자기의 몸을 자유롭게 처분할 수 있었다. 또한 그가 노동력의 자유로운 판매자가 되어 자기의 상품﹝노동력﹞에 대한 수요가 있는 곳이면 어디든지 그것을 가지고 갈 수 있기 위

해서는, 길드 [동업조합] 의 지배에서, 도제와 직인에 관한 길드의 규약에
서, 그리고 길드의 구속적인 노동규제에서 벗어나지 않으면 안 되었다.
그리하여 생산자를 임금노동자로 전환시키는 역사적 과정은 한편으로 농
노적 예속과 길드의 속박에서 그들이 해방되는 것으로 나타나는데, 우리
의 부르주아 역사가들은 이 측면만을 중요하게 생각한다. 그러나 다른
한편으로 이 새로 해방된 사람들은, 그들의 모든 생산수단을 빼앗기고
또 종래의 봉건제도가 제공하던 모든 생존보장을 빼앗긴 뒤에야, 비로소
그들 자신을 판매할 수 있게 되는데, 이 수탈의 역사는 피와 불의 문자로
인류의 연대기에 기록되어 있다.

산업자본가라는 이 새로운 패권자 측은 길드의 수공업적 장인 [마스
터] 들뿐 아니라 부의 원천을 장악하고 있는 봉건영주들도 축출하지 않
으면 안 되었다. 이 측면에서 보면, 산업자본가의 등장은 봉건세력과 이
들의 밉살스러운 특권에 반대하는 투쟁, 그리고 길드와 [이 길드가 생산
의 자유로운 발전과 인간에 의한 인간의 자유로운 착취를 제한해온] 속
박을 반대하는 투쟁이 승리한 성과로 나타난다. 그러나 산업의 기사들은
그들 자신이 전혀 관여하지 않은 사건들을 이용함으로써만 칼을 쥔 기사
들을 축출할 수 있었다. 그들은 [옛날 로마의 자유민이 한때 자기의 보호
자였던 사람들을 지배하기 위해 사용한 것과 동일한] 비열한 방법으로
패권을 잡게 된 것이다.

임금노동자와 함께 자본가를 탄생시킨 발전의 출발점은 노동자의 예
속상태였다. 이 출발점에서 앞으로 나아가는 전진은 노동자의 예속형태
의 변화, 즉 봉건적 착취를 자본주의적 착취로 전환시키는 데 있었다. 이
전환과정을 이해하기 위해 그다지 멀리까지 소급할 필요는 전혀 없다.
자본주의적 생산의 최초 단서는 이미 14세기나 15세기에 지중해 연안의
일부 도시들에서 드문드문 볼 수 있었지만, 자본주의 시대는 16세기부터
비로소 시작된다. 자본주의 시대가 출현하는 곳에서는 어디에서나 이미

오래 전에 농노제가 철폐되어 있었고, 또 중세의 절정을 이루는 독립적인 자유도시도 이미 오래 전에 시들어 버렸다.

시초축적의 역사에서는, 자본가계급의 형성에 지렛대로 기능한 모든 변혁들은 획기적인 것이었지만, 무엇보다도 획기적인 것은, 많은 인간이 갑자기 그리고 폭력적으로 그들의 생존수단에서 분리되어 무일푼의 자유롭고 '의지할 곳 없는' 프롤레타리아들로 노동시장에 투입되는 순간이었다. 농업생산자인 농민으로부터 토지를 빼앗는 것은 전체 과정의 토대를 이룬다. 이 수탈의 역사는 나라가 다름에 따라 그 광경이 다르며, 그리고 이 역사가 통과하는 각종 국면들의 순서와 시대도 나라마다 다르다. 그 것이 전형적인 형태를 취하고 있는 것은 잉글랜드에서 뿐이며, 그렇기 때문에 우리는 이 나라를 예로 든다.[1]

---

1) 자본주의적 생산이 가장 일찍 발달한 이탈리아에서는 농노제의 해체도 가장 먼저 일어났다. 거기에서 농노는 토지의 장기점유에 근거하여 토지에 대한 어떤 권리를 얻기도 전에 해방되었다. 따라서 농노의 해방은 즉시로 그들을 보호 받지 않는 자유로운 프롤레타리아들로 전환시켰는데, 거기다가 이 프롤레타리아들은 [이미 그 대부분이 로마시대로부터 내려오는] 도시들에서 그들을 맞이할 준비가 되어 있는 새로운 주인을 발견했다. 그런데 15세기 말 세계시장의 혁명 ‖인도항로의 발견, 서인도제도와 아메리카 대륙의 발견에 의해 통상로가 크게 변화한 것‖이 북부 이탈리아의 상업상 패권을 뒤집어엎었을 때는 반대방향의 운동이 시작되었다. 즉 도시의 노동자들은 대규모로 농촌으로 축출되어 거기에서 원예적 방식으로 경영되는 소규모 경작을 일찍이 없었던 정도로 발전시켰다.

제27장
농민들로부터 토지를 빼앗음

잉글랜드에서는 농노제가 14세기 말에 사실상 소멸했다. 당시에는 주민의 압도적 대다수가,[1] 그리고 15세기에는 그보다 더 많은 수가 자유로운 자영농민[봉건적 직함들이 그들의 소유권을 아무리 은폐하고 있었다 할지라도]으로 구성되어 있었다. 비교적 대규모 영지에서는 [그 자신도 농노였던] 베일리프bailiff [영주 토지의 관리인]가 자유로운 차지농민에 의해 대체되었다. 농업의 임금노동자는 부분적으로 농민들[자기의 여가시간을 이용해 대토지소유자의 토지에서 노동했다]로 구성되어 있었으며,

1) "자기 손으로 자기 자신의 밭을 경작하면서 소박한 생활을 즐긴 소토지소유자들은…당시에는 지금보다 인민 중 훨씬 더 큰 부분을 이루고 있었다. 그 당시에 관한 가장 믿을 만한 통계에 따르면, 160,000명 이상의 토지소유자들[그들의 가족을 합하면 총인구의 1/7 이상에 달할 것이 틀림없다]은 자기의 작은 자유보유지free hold estates [토지에 대한 소유권이 완전히 자기에게 있는 토지]를 경작해 생활했다. 이 소토지소유자들의 연평균 수입은 £60 내지 £70으로 추정된다. 자기 자신의 소유지를 경작한 사람의 수는 타인의 토지를 빌린 차지농민들의 수보다 크다고 추산되었다."(매콜리, 『잉글랜드 역사』, 제1권: 333~334) 17세기 마지막 1/3에도 아직 잉글랜드 인구의 4/5는 농민이었다.(같은 책: 413) 내가 매콜리를 인용하는 것은 그가 역사의 체계적인 왜곡자로서 이런 종류의 사실을 가능한 한 '축소' 하는 경향이 있기 때문이다.

또 부분적으로는 진정한 임금노동자의 독자적 계급[상대적으로나 절대적으로나 소수였다]으로 구성되어 있었다. 그런데 후자도 또한 사실상 농민이었다. 왜냐하면 그들은 임금 이외에 4에이커 이상의 경작지와 오두막집을 제공받고 있었기 때문이다. 그뿐 아니라 그들은 다른 농민과 함께 공유지共有地 common land를 이용했는데, 거기에서 그들은 가축을 방목했고 재목이나 장작이나 토탄 등을 조달했다.[2] 유럽의 모든 나라에서 봉건적 생산은 가능한 한 많은 신하들 사이에 토지를 분할하는 것이 특징이다. 봉건영주의 권력은 모든 주권자의 권력과 마찬가지로, 그들의 지대 크기에 의해 규정되는 것이 아니라 그들의 신하·백성의 수에 의해 규정되는데, 이 수는 자영농민의 수에 의존했다.[3] 그러므로 잉글랜드의 토지는 비록 노르만 정복[1066년] 이후 거대한 남작령으로 분할되어 그 중 하나가 900개의 옛날 앵글로색슨 귀족령을 포함하는 것도 있었지만, 거기에서도 소농 경영이 여전히 뒤덮고 있었으며, 다만 여기저기에 비교적 큰 영주 직영지가 끼어 있었다. 이와 같은 사정은 15세기의 특징인 도시의 번영과 함께 대법관 포테스큐가 자기 저서『잉글랜드법의 찬미』에서 그렇게도 웅변적으로 묘사하고 있는 인민의 부를 발달하게 했다. 그러나 이 사정은 자본주의적 부의 가능성을 허락하지 않았다.

---

2) 농노까지도 자기 집에 붙은 조그마한 토지의 소유자—비록 공납의 의무가 있는 소유자였지만—이었을 뿐 아니라 공유지의 공동소유자이기도 했다는 것을 잊어서는 안 된다. "그곳"(실레지아)"의 농민들은 농노다." 그러나 이 농노들은 공유지를 소유하고 있다. "아직까지 실레지아 사람들로 하여금 공유지를 분할하게 하지는 못했으나, 노이마르크에서는 이 분할이 크게 성공적으로 이루어지지 않은 촌락은 없었다."(H. 미라보,『프로이센 왕국에 대해』, 제2권: 125~126)

3) 토지소유의 순수 봉건적 조직과 발전한 소농 경영을 가진 일본은, 부르주아적 편견으로 대부분 서술된 우리의 모든 역사서적보다 유럽 중세의 진정한 모습을 훨씬 더 잘 묘사하고 있다. 중세를 욕함으로써 '자유주의자'가 되는 것은 너무나도 쉬운 일이다.

자본주의적 생산양식의 토대를 놓는 변혁의 서곡은 15세기 마지막 1/3 과 16세기 첫 십년에 연주되었다. 제임스 스튜어트가 적절하게 말한 바와 같이, '곳곳마다 쓸모없이 저택과 성에 가득차 있던' 봉건적 가신집단이 해체됨으로써, 대량의 무일푼의 자유로운 프롤레타리아들이 노동시장에 투입되었다. [그 자체가 부르주아적 발전의 산물인] 왕권은 절대적 주권을 획득하려 노력하면서 이 가신집단의 해체를 폭력적으로 촉진했지만, 왕권은 결코 이 해체의 유일한 원인은 아니었다. 오히려 대규모 봉건영주 자신이 왕권과 의회에 가장 완강하게 대항하면서 농민들[이들은 영주 자신과 마찬가지로 토지에 대해 동일한 봉건적 권리를 가지고 있었다]을 그 토지로부터 축출함으로써, 그리고 공유지를 횡령함으로써, 비교할 수 없을 만큼 더 큰 프롤레타리아트를 만들어 내었다. 이 일에 직접적으로 자극을 준 것은 특히 플랑드르* 양모 매뉴팩처의 번영과 이에 뒤따르는 잉글랜드 양모가격의 등귀였다. 종래의 봉건귀족은 거대한 봉건전쟁들로 말미암아 소멸되고, 새로운 귀족은 화폐가 모든 권력 중의 권력으로 된 그 시대의 자식이었다. 따라서 경작지를 목양지로 바꾸는 것이 그들의 구호가 되었다. 해리슨은 저서 『잉글랜드의 묘사』(1587) 중에서 소농의 수탈이 국토를 얼마나 파괴했는가를 기록하고 있다. "우리의 대약탈자들이 그 무엇을 꺼릴소냐!" 농민의 주택과 노동자의 오두막집을 폭력적으로 헐어버리거나 허물어지게 내버려두었다. 해리슨은 이렇게 말하고 있다.

"만약 어느 기사령騎士領의 현재 상태를 과거의 재산목록과 비교해 본다면…17, 18 또는 20채의 가옥이 없어져 버렸다는 것…잉글랜드에는 지금보다 더 적은 사람이 산 적이 없다는 것 등을 보게 될 것이다…

---

* 벨기에 서부를 중심으로 북부 프랑스와 남부 네덜란드의 일부를 포함하는 지방.

도시와 읍 중 어떤 것은 여기저기 약간 증대했지만 대체로 완전히 몰락했거나 1/4 또는 1/2 이상이 축소되었고, 읍 중 파괴당해 목양지로 되어 영주의 저택밖에 남아 있지 않은 것에 관해…나는 말하지 않을 수 없다."

이런 옛 연대기 편집자의 한탄은 항상 과장되어 있지만, 그것은 생산관계들의 혁명이 같은 시대의 사람들에게 준 인상을 정확하게 표현하고 있다. 대법관 포테스큐와 토마스 모어의 저술을 비교하면 15세기와 16세기 사이의 차이를 똑똑히 볼 수 있다. 손턴이 적절하게 말하는 바와 같이, 잉글랜드 노동계급은 어떤 과도적 중간단계도 없이 그의 황금시대로부터 철기시대로 추락한 것이다.

입법부는 이 거대한 변혁에 놀랐다. 입법부는 아직 '국민의 부'―즉 자본의 형성, 국민대중에 대한 무자비한 착취와 국민대중의 궁핍화―가 모든 국가정책의 극치로 여겨지는 높은 문명수준에는 도달하고 있지 않았던 것이다. 베이컨은 자기 책 『헨리 7세의 통치사』(1870)에서 이렇게 말하고 있다.

"당시"(1489년)"엔클로저enclosure[울타리 치기]는 점점 더 자주 행해지기 시작했다. 사람들에 의거하지 않고서는 경작될 수 없는 경작지가 소수의 양치기에 의해 쉽게 관리되는 목장으로 전환되었다. 계약기간을 종신, 1년 또는 마음대로 정하는 차지농장들―자영농민yeomanry의 대부분은 여기에서 살고 있었다―은 영주의 직영지로 전환되었다. 이로 말미암아 인민은 쇠약해졌으며 도시·교회·십일조도 쇠퇴했다…이 폐해를 시정하는 데 당시의 왕과 의회의 지혜는 경탄할 만했다…그들은 인구를 감소시키는 엔클로저와 목장경영에 대처할 대책을 세웠다."

1489년 헨리 7세의 한 법령의 제19장은 적어도 20에이커의 토지에 붙어 있는 '농민가옥'의 파괴를 일체 금지했다. 헨리 8세의 통치 제25년의 한 법령은 위의 법령을 갱신하고 있다. 이 법령은 특히, 다수의 차지농장과 수많은 가축 특히 양이 소수인의 수중에 집중되고 있으며 이로 말미암아 지대는 크게 증대했으나 경작은 크게 쇠퇴하고, 교회와 가옥들은 파괴되었으며, 놀랄 만큼 많은 인민 대중은 자기 자신과 가족을 유지할 수 있는 수단을 빼앗겼다는 것을 지적했다. 이리하여 이 법령은 피폐한 농장의 재건을 명령하며, 곡물 경작지와 목장지 사이의 비율을 규정했다.

1533년의 한 법령은, 몇몇의 사람들이 24,000마리에 달하는 양을 소유하고 있는 것을 지적하며 그 소유 두수를 2,000마리로 제한하고 있다.[4] 그러나 헨리 7세 이래 150년에 걸쳐 소규모 차지농업가와 농민을 수탈하는 것을 반대한 국민들의 원성이나 입법도 다 같이 성과를 거두지 못했다. 이와 같이 성과를 거두지 못한 그 비밀을 베이컨은 자기도 모르게 우리에게 누설하고 있다. 그는 자기 저서『도덕론과 정치론』제 29장에서 다음과 같이 쓰고 있다.

"헨리 7세의 법령은 일정한 표준의 농장과 농가를 만들어 내었다는 점에서 사려 깊고 경탄할 만한 것이었다. 즉 농장과 농가에 일정한 비율의 토지를 보유하게 함으로써 신민들로 하여금 풍족하게 살고, 노예의 상태에 빠지지 않게 하며, 또 쟁기를 단순한 일꾼의 수중이 아니라 그 소유자의 수중에 유지할 수 있게 했던 것이다."[5]

---

4) 토마스 모어는 자기 저서『유토피아』에서 '양이…사람을 잡아먹는' 괴상한 나라에 관해 말하고 있다. (『유토피아』(라틴어. 1516). 로빈슨 영역. 런던 1869: 41)

5) 다른 곳에서 베이컨은 자유롭고 풍족한 농민과 우수한 보병 사이의 관련을 설명하고 있다. "유능한 사람들이 근심 없이 생활하기에 충분한 규모의 농장을

그러나 자본주의체제가 요구한 것은 이와는 반대로 국민대중의 예속상태이며, 국민대중을 고용되는 사람으로 전환시키고 그들의 노동수단을 자본으로 전환시키는 것이다. 이 과도기에 입법은 또한 농촌 임금노동자의 오두막집에 최소한 4에이커의 토지를 보장하려고 노력했으며, 자기의 오두막집에 하숙인을 받아들이는 것을 금지했다. 1627년 찰스 1세의 통치기에 폰트밀의 로져 크로커는 폰트밀에 있는 자기 토지에 4에이커의 영구 채마밭이 없는 오두막집을 세운 탓으로 처벌받았으며, 또 1638년 찰스 1세의 통치기에 옛날 법령들[특히 4에이커의 토지에 관한 법령]의 준수를 강요하기 위한 칙명위원회가 임명되었으며, 그리고 크롬웰까지도 런던 주변 4마일 이내에 4에이커의 채마밭이 없는 가옥의 건축을 금지했다. 18세기의 선반까지만 해도 농촌노동자의 오두막집에 1~2에이커의 채마밭이 없을 때는 소송을 제기했다. 그러나 현재는 자기 오두막집에 작은 뜰이 붙어 있거나 자기 오두막집에서 멀리 떨어진 곳에라도 작은 토지나마 빌릴 수 있다면 그는 다행이다. 헌터는 이렇게

가지며, 이 나라 토지의 큰 부분을 자영농민(즉 귀족과 오막살이 농민·빈농 사이의 중간적 지위에 있는 사람들)의 소유로 확보한다는 것은 이 나라 권력과 위세의 유지에 매우 중요한 것이었다…왜냐하면 군대의 주력이 보병에 있다는 것은…모든 가장 권위 있는 군사 전문가들의 일치되는 견해이기 때문이다. 우수한 보병을 만들기 위해서는 노예처럼 또는 가난하게 자라난 사람이 아니라 자유롭고 어느 정도 풍족하게 자라난 사람들이 필요하다. 그러므로 나라에서 귀족과 부농들이 지나치게 중요시되는 한편, 농민과 경작자들은 그들의 노동자나 예속농에 불과하든가 또는 오막살이 농민(즉 집 있는 거지)에 불과하다면, 이와 같은 조건에서는 아마 우수한 기마병은 가질 수 있을지 모르나 결코 우수하고 강한 보병은 가질 수 없을 것이다…이것은 프랑스와 이탈리아 및 기타 일부 외국에서 볼 수 있는데, 그 나라들에서는 사실상 모두가 귀족 아니면 가난한 농민이며…그렇기 때문에 그들은 자기 나라의 보병으로 스위스사람이나 기타 외국인을 용병으로 고용하지 않을 수 없다. 그렇기 때문에 결국 이 나라들은 국민은 많으나 병사는 얼마 안 된다.”(『헨리 7세의 통치사』(케니트가 쓴 『잉글랜드』(1719)의 발췌본), 런던 1870: 308)

말하고 있다.

"지주와 차지농업가는 이 점에서는 서로 손을 잡는다. 즉 오두막집에 붙어 있는 몇 에이커의 토지는 노동자를 너무 독립적으로 만들 것이다."[6]

국민 대중에 대한 폭력적 수탈과정은 16세기의 종교개혁과 이에 뒤따르는 교회재산의 방대한 횡령에서 무서운 새 자극을 받았다. 종교개혁 당시 가톨릭 교회는 영국 토지의 많은 부분을 가진 봉건적 소유자였다. 수도원 등의 해산은 그곳 주민들을 프롤레타리아트로 전환시켰다. 교회 토지는 그 대부분 왕의 총애를 받는 탐욕스러운 신하들에게 증여되거나, 투기적인 차지농업가와 도시 부르주아에게 헐값으로 팔렸는데, 이들은 종전의 세습적 소작인들을 대량으로 축출하고 그들의 경영지를 통합해 버렸다. 교회 십일조의 일부에 대한 가난한 농민들의 소유권은 법적으로 보장되고 있었는데 이것도 암암리에 몰수되었다.[7] 엘리자베스 여왕은 잉글랜드를 한 번 돌아본 뒤, '도처에 거지'라고 외쳤다. 여왕의 통치 제43년 [1601년] 에 정부는 드디어 구빈세poor-rate를 도입함으로써 극빈자의 존재를 공식적으로 인정하지 않을 수 없게 되었다.

"이 법령의 작성자들은 이 법령의 이유를 말하는 것을 수치로 생각

---

6) 헌터, 『공중보건. 1864년의 제7차 보고』, 1865: 134. 옛날 법령에 의해 "분배 받은 토지 규모가 지금에 와서는 노동자들에게 지나치게 커서 오히려 그들을 작은 차지농업가로 전환시킬 만하다고 보고 있다."(로버츠, 『최근 수세기 잉글 랜드 남부지방 인민들의 사회사』: 184~185)

7) "교회 십일조의 일부에 대한 빈민의 권리는 고대 법규의 취지에 의해 확립되어 있다."(터케트, 『노동인구의 과거 · 현재 상태의 역사』. 제2권: 804~805)

했으며, 그렇기 때문에"(모든 관례를 벗어나)"어떤 전문도 붙이지 않고 그것을 공포했다."[8]

이 구빈세는 찰스 1세의 통치 제16년[1641년]의 제4조례에 의해 항구적인 것으로 선언되었고, 사실 1834년에 이르러서야 비로소 더 강하고 새로운 형태를 취하게 되었다.[9] 종교개혁의 이런 직접적인 결과는 그것

---

8) 코베트, 『잉글랜드와 아일랜드의 신교 개혁의 역사』. 제471절.

9) 특히 다음과 같은 사실에서 신교Protestantism '정신'을 찾아볼 수 있을 것이다. 잉글랜드 남부의 일부 지주들과 부유한 차지농업가들은 머리를 맞대고 협의해 엘리자베스의 구빈법을 어떻게 해석하는 것이 정당한 것인지에 대해 10개 항목의 질문을 제기하고, 이에 대해 당시의 저명한 법률가인 스니그(뒤에 제임스 1세 치하에서는 판사)의 의견을 물었다. "제9항의 질문: 우리 교구 안의 일부 부유한 차지농업가들은 이 법 실시상의 모든 혼란을 제거할 수 있는 좋은 안을 생각해 냈다. 그들은 교구 안에 감옥을 건설할 것을 제의하고 있다. 이 감옥에 감금되기를 바라지 않는 빈민들에게는 구호를 거부할 것이다. 다음으로, 만약 이 교구의 빈민을 빌릴 의향이 있는 사람은 그 빈민을 우리에게서 인수하려는 최저가격을 적은 봉인된 신청서를 일정한 기일에 제출하라는 광고를 근방에 낸다. 이 안의 작성자들은, 근방의 주들에 사는 사람들 중에서 노동하기를 싫어하면서, 그렇다고 노동하지 않고도 생활할 만한 농장이나 배ship를 얻을 재산이나 신용을 가지지도 않은 사람이 틀림없이 교구에 대단히 유리한 신청을 하리라고 생각한다. 만약 이 계약자의 보호 아래에서 빈민이 죽는 경우에도 그 죄는 계약자 측에 있게 될 것이다. 왜냐하면 교구는 이 빈민들에 대한 자기의 의무를 다 했기 때문이다. 그러나 우리가 걱정하는 것은, 현행의 법이 이와 같은 종류의 분별 있는 대책을 허용하지 않을지도 모른다는 점이다. 그러나 당신이 알아두어야 할 것은, 우리 주와 인접 주들의 모든 자유토지소유자들도 우리에게 가담해 하나의 법률안, 즉 빈민들을 가두어 놓고 강제노동을 시키려는 사람에게 교구가 계약할 수 있도록 허용해 주며, 그리고 감금되어 노동하기를 거부하는 빈민에게는 어떤 구호도 받을 권리를 주지 않는 법률안을 제안하도록 자기들의 하원의원들에게 촉구할 것이라는 사실이다. 이렇게 되면 빈곤한 사람들이 구호를 요구하지 않을 것이며 교구는 잘 유지되리라고 우리는 기대한다."(블레이키, 『가장 오래된 고대 이래 정치문헌의 역사』. 제2권: 84~85) 스

의 가장 오래 지속된 영향은 아니었다. 교회의 재산은 전통적 토지소유 관계의 종교적 보루로 되어 있었으므로, 이 보루가 무너짐에 따라 그 토지소유관계도 더 이상 유지될 수 없었던 것이다.[10]

17세기의 마지막 십년에도 자영농민층은 차지농업가 계급보다 그 수가 더 많았다. 그들은 크롬웰의 주력을 이루고 있었으며, 매콜리의 고백에 의하더라도 주정뱅이 귀족이나 이들에게 봉사하는 농촌목사들(이들은 귀족의 버림을 받은 애첩과 결혼하지 않으면 안 되었다)에 비하면 형편이 더 나았다. 또 농촌의 임금노동자들까지도 공유지의 공동소유자였다. 그러나 1750년 경에 이르면 자영농민층은 사라졌고,[11] 18세기의 마지막

코틀랜드에서는 농노제의 폐지가 잉글랜드보다 몇 세기 늦게 실시되었다. 1698년에도 솔툰의 플레쳐는 스코틀랜드 의회에서 다음과 같이 선언했다. "스코틀랜드에서 거지수는 200,000명 이상으로 계산되고 있다. 원칙상 공화주의자인 내가 제안할 수 있는 유일한 구제책은 이전의 농노제를 부활하는 것이며, 자기의 생계를 독자적으로 보장할 능력이 없는 사람들을 모두 노예로 만들어야 한다는 것이다." 또한 이든도 『빈민의 형편』, 제1권 제1장: 60~61에서 다음과 같이 말하고 있다. "농노의 해방은 불가피하게 빈민을 낳는다. 매뉴팩처와 상업은 우리나라 빈민들을 만들어낸 두 가지 요인이다." 이든과 위에서 인용한 스코틀랜드의 '원칙상 공화주의자'는 농민을 프롤레타리아 또는 빈민으로 만든 것은 농노제의 폐지가 아니라 농민의 토지소유를 폐지한 것 때문이라는 것을 알지 못하고 있다. 수탈이 다른 방식으로 진행된 프랑스에서는 잉글랜드 구빈법에 해당하는 것은 1571년의 물랑 법령과 1656년의 칙령이다.

10) 로저스는 당시 신교 정통파의 중심이었던 옥스퍼드 대학의 정치경제학 교수이었지만, 『잉글랜드의 농업과 가격의 역사』(1866)의 서문에서 종교개혁에 의해 국민대중이 극빈자로 된 사실을 강조하고 있다.

11) 『구빈세와 식료품의 높은 가격에 대해 T. C. 반베리 경에게 보내는 편지』: 4. 대규모 차지농업제도의 광신적 옹호자인 『식료품의 현재 가격과 농장 규모 사이의 관계 연구』의 저자 [아버스노트] 까지도 자기 저서의 139쪽에서 이렇게 말하고 있다. "나는 이 나라의 독립을 진실로 유지한 사람들인 자영농민층을 상실한 것을 개탄해마지 않는다…그리고 그들의 토지가 지금에는 독점적 지주의 수중에 있으며 그것이 소규모 차지농업가[좋지 않은 일이 있을 때

십년에 이르면 농업노동자의 공유지는 흔적조차 없어졌다. 여기에서 우리는 이 농업혁명의 순수경제적 추진력은 무시하며, 다만 이 혁명의 폭력적 수단만을 문제로 삼을 것이다.

스튜어트 왕정복고[1603년] 뒤에 토지소유자들은 법적 절차를 밟아 약탈을 감행했다[유럽대륙에서는 어디에서나 법적 절차를 밟지 않고 수행되었다]. 그들은 봉건적 토지제도를 철폐했다. 즉 국가에 대한 토지의 모든 공납의무를 없애 버렸으며, 그 대신 농민층과 기타 국민 대중에 대한 과세로 국가에 '배상'했고, 또한 토지소유자들은 봉건적 권리밖에 가지고 있지 않았던 토지에 대해 근대적 사유권을 확립했으며, 끝으로 거주법[거주이동 금지법]을 제정했는데 이것은 타타르 사람 보리스 고두노브의 칙령이 러시아 농민층에 준 것과 동일한 영향[필요한 변경을 가하면]을 잉글랜드 농촌노동자들에게 주었다고 말할 수 있다.

"명예혁명"[1688년]은 오렌지공公 윌리엄 3세[12]와 더불어 지주적·자본가적 잉여가치 취득자들을 지배자로 만들었다. 그들은 지금까지는 다만 조심스럽게 해오던 국유지 횡령을 방대한 규모로 실시함으로써 새로운 시대를 열었다. 국유지는 증여되거나 헐값으로 팔리거나 또는 직접적 횡령에 의해 사유지에 병합되었다.[13] 이 모든 것은 법적 형식을 조금

마다 곧 불려가는 가신이나 다름없는 조건으로 차지권을 보유하고 있다]에게 임대되는 것을 보는 것은 유감스러운 일이다."

12) 이 부르주아적 영웅의 도덕성에 관해서는 다음과 같이 묘사되고 있다. "1695년 아일랜드의 광대한 토지가 오크니부인에게 증여된 것은 국왕의 총애가 얼마나 지극했으며 부인의 세력이 얼마나 컸는가에 대한 공개된 증거다…오크니 부인의 귀중한 봉사는 아마도 입술에 의한 추악한 봉사였을 것이다."(대영박물관에 있는 슬론의 원고수집 중의 제4224호. 이 원고의 표제는 『서머즈, 헬리팩스, 옥스퍼드, 버논 따위가 슈루즈베리 공작에게 보낸 친서에서 볼 수 있는 왕王 윌리엄, 선더랜드 기타의 성격과 품성』으로 되어 있다. 거기에는 진기한 일들로 가득 차 있다.)

13) "일부는 매각에 의해 일부는 증여에 의해 왕령王領을 불법으로 양도한 것은

도 고려하지 않고 수행되었다. 이와 같이 사기와 횡령으로 취득한 국유
지는 교회로부터 약탈한 토지—그것이 17세기 중엽의 내전에서 상실되
지 않은 한—와 함께 잉글랜드 과두지배층의 현재 귀족령의 기초를 이루
고 있다.14) 부르주아적 자본가는, 이런 활동이 특히 토지를 자유매매의
대상으로 전환시키고, 대규모 농업생산의 영역을 확대하며, 농촌으로부
터 무일푼의 자유로운 프롤레타리아들의 공급을 증가시키기 때문에, 적
극 지지했다. 이뿐 아니라 새로운 토지귀족은 새로운 은행귀족, 방금 알
에서 깨어난 대금융업자, 그리고 당시 보호관세에 의해 보호되고 있던
대매뉴팩처 소유자들의 자연적 동맹자였다. 잉글랜드의 부르주아지는
스웨덴의 도시 부르주아들과 마찬가지로 자신의 이익을 위해 아주 현명
하게 행동했다. 그런데 다른 것은, 스웨덴의 부르주아지는 오히려 자기
의 경제적 세력의 보루인 농민층과 손을 잡고 왕들이 과두지배층으로부
터 왕령을 폭력적으로 탈환하는 것을 [1604년 이후부터 칼 10세와 칼 11
세의 치하까지] 지지했다는 점이다.

공유지는 [방금 고찰한 국유지와는 전혀 다른 것으로] 봉건주의의 덮
개 밑에 존속한 고대 게르만적 제도였다. 우리가 이미 본 바와 같이, 공
유지에 대한 폭력적 약탈은 대개는 경작지를 목양지로 전환시키는 것을
수반하면서 15세기 말엽에 시작되었으며 16세기에도 계속되었다. 그러
나 그 당시 이 과정은 개인적 폭행의 형태로 수행되었으며, 이에 대해
법률은 150년 동안 싸웠지만 효과를 거두지 못했다. 18세기에는 법률 자

잉글랜드 역사의 수치스러운 한 장이며…국민에 대한 거대한 사기다.”(뉴먼,
『정치경제학 강의』: 129~130) {엥겔스: 오늘의 잉글랜드 대토지소유자들이
어떻게 그렇게 되었는가에 대한 상세한 자료는 에반즈,『우리나라 옛날 귀족』
(런던 1879)을 보라.}

14) 예컨대 베드포드 공작가족— ‘자유주의의 작은 새’인 러셀은 이 가족의 후손
이다—에 관한 버크의 소책자를 보라.

체가 국민의 공유지를 약탈하는 도구로 되었다는 점에서 진전이 있었다. 그렇다고 해서 대규모 차지농업가들이 자기 나름대로의 별개의 사적 방법들을 포기한 것은 아니다.[15] 이 약탈의 의회적 형태는 '공유지 엔클로저법', 다시 말해 지주[국회의원들]가 인민의 토지를 사유지로 자기 자신에게 증여하는 법령, 인민 수탈의 법령이다. 이든은 공유지를 봉건영주를 대신한 대규모 토지소유자의 사유지라고 설명하는 자기의 교활한 변호론을 스스로 반박하고 있다. 왜냐하면 그 자신이 '공유지 엔클로저에 관한 일반적 의회법령'을 요구함으로써 공유지를 사유지로 전환시키기 위해서는 의회적인 쿠데타가 필요하다는 것을 인정하고, 그리고 더욱이 공유지를 빼앗긴 빈민에 대해 '손해를 배상할' 것을 입법부에 요구하고 있기 때문이다.[16]

한편에서는 독립적 자영농민 대신 임의 차지농업가[즉 1년 계약에 의해 토지를 빌리며 지주의 독단적인 의사에 좌우되는 예속적인 소규모 차지농업가]가 등장했고, 다른 한편에서는 공유지의 체계적 횡령은 국유지의 약탈과 함께 18세기에 자본농장[17] 또는 상인농장[18]이라고 부르는 대

---

15) "대차지농업가들은 오두막집의 노동자들이 그들 자신과 가족 이외에는 어떤 짐승도 보유하는 것을 금지하고 있는데, 그 구실은 만약 그들이 가축을 기르게 된다면 대차지농업가들의 곳간에서 사료를 훔치게 될 것이라는 것이다. 대차지농업가들은 또한 오두막집의 노동자들을 근면하게 하려면 그들을 가난한 상태에 묶어두어야 한다고 말하고 있다. 그러나 실제로 대차지농업가들이 의도하는 것은 오두막집 농민들에게 가축을 기르기 위해 공유지를 사용하는 것을 금지함으로써 공유지에 대한 오두막집 농민들의 모든 권리를 탈취하려는 것이다."(『황무지 울타리 치기의 결과들과 현재 푸줏간 고기들의 높은 가격의 원인들에 관한 정치적 고찰』: 75)

16) 이든, 앞의 책. 서문.

17) 『곡분 거래와 곡물의 높은 가격에 관한 두 편지』: 19~20.

18) 『현재 식료품의 가격이 높은 원인에 관한 연구』: 111, 주. 익명으로 출판된 이 우수한 저서의 필자는 포스터다.

규모 농장의 팽창을 크게 조장했으며, 그리고 농촌인구가 공업을 위한 프롤레타리아트로 '풀려나는' 것을 촉진했다.

그러나 18세기에는 나라의 부와 대중의 빈곤이 동일한 것이라는 사실은 아직 19세기에서처럼 완전히 인식되지 못했다. 이리하여 당시의 경제문헌에서는 '공유지 엔클로저'에 관한 논쟁이 격렬하게 일어난 것이다. 나의 수중에 있는 방대한 자료 중에서 당시의 상태를 특히 생생하게 알려주는 약간의 발췌를 인용하려 한다. 그들은 다음과 같이 쓰고 있다.

한 격분한 필자는 "하트포드셔의 많은 교구에서는 평균 50~150에이커나 되는 24개의 농장이 3개의 농장으로 합병되었다."[19]고 쓰고 있다. "노샘프턴셔와 레스터셔에서는 공유지 엔클로저가 대단히 성행했으며, 엔클로저에 의해 생긴 새로운 영지들은 대부분 목장으로 되었다. 그 결과 이전에는 1,500에이커나 경작되었던 많은 영지들이 지금은 50에이커도 경작되지 않고 있다…이전의 주택·곳간·외양간 따위의 폐허"는 이전 주민들이 남겨 놓은 유일한 흔적이다. "몇몇의 개방경지촌락에서는 100호의 집과 가족들이 불과 8~10호로 감소되었다…15년 또는 20년 전부터 비로소 엔클로저가 진행된 대부분의 교구들에서는 토지소유자는 엔클로저 이전의 개방경지시대의 토지소유자들에 비하면 매우 소수다. 이전에는 20~30명의 차지농업가와, 동일한 수의 소규모 소작인과 소유자의 수중에 있었던 큰 영지들이 엔클로저가 진행되어 4, 5인의 부유한 목축업자에 의해 횡령되는 것은 결코 드문 일이 아니다. 그들은 모두 자기의 가족과 또 자기들이 고용하고 먹여 살린 다수의 다른 가족과 함께 자기들의 점유지에서 쫓겨났다."[20] 엔클로저의 구실 아래 인접한 지주들이

---

19) 라이트, 『대규모 농장의 독점과 관련해 대중에게 한 간단한 연설』: 2~3.
20) 애딩턴, 『개방지 엔클로저에 대한 찬성과 반대 이유의 연구』: 37~43 이곳저곳.

합병한 것에는 휴경지뿐 아니라, 공동으로 경작하든가 또는 공동체에게 일정한 지대를 지불하고 경작하는 토지도 흔히 있었다. 프라이스는 다음과 같이 말하고 있다. "나는 여기에서 개방경지와 이미 개간된 토지의 엔클로저를 염두에 두고 말한다. 엔클로저를 옹호하는 저술가들까지도 엔클로저가 대규모 농장의 독점을 강화하며, 생활수단의 가격을 높이고, 인구를 감소시킨다는 것을 인정하고 있다…그리고"(현재 실시되고 있는) "황무지의 엔클로저도 빈민으로부터 그의 생활수단의 일부를 약탈하며, 그렇지 않아도 원래 지나치게 큰 농장을 더욱 크게 만든다."21) "토지가 소수의 대규모 농민의 수중에 들어가면, 작은 농민들"(이들은 "그들 자신이 경작하는 토지의 생산물과, 공유지에서 키우는 양이나 닭, 돼지 따위에 의해 그들 자신과 가족의 생활을 유지하고, 따라서 생활수단을 살 필요가 거의 없는 다수의 소규모 토지소유자와 소규모 차지농업가들"이다)"은 타인을 위한 노동에 의해 자기 생활을 유지하지 않으면 안 되며, 자기에게 필요한 모든 것을 시장에서 사지 않으면 안 된다…노동에 대한 더 많은 강제가 실시되기 때문에 아마도 더 많은 노동이 수행될 것이다…도시와 매뉴팩처는 성장할 것이다. 왜냐하면 거주지와 일터를 구해 많은 사람이 그곳으로 몰려가기 때문이다. 이것이 바로 농장의 집중이 필연적으로 일으키는 결과며 또한 실제로 수년 동안 이 나라에서 그런 결과가 일어나고 있다."22) 프라이스는 엔클로저의 결과들을 다음과 같이 총괄하고 있다. "전체적으로 보아, 하층계급의 상태는 거의 모든 점에서 악화되었으며, 소규모 토지소유자와 소규모 차지농업가는 날품팔이와 고용된 사람의 처지로 떨어졌으며, 동시에 그들의 생활유지는 더욱 곤란

---

21) 프라이스, 『연금에 대한 고찰』 제2권: 155~156. 포스터, 애딩턴, 켄트, 프라이스, 제임스 앤더슨의 것을 읽고, 이것을 매컬록의 목록 『정치경제학 문헌』(런던 1845년) 중 그의 가련한 아첨하는 잡담과 비교해 보라.

22) 프라이스, 같은 책: 147.

하게 되었다."23)

실제로 공유지의 횡령과 이에 수반한 농업혁명은 농업노동자의 상태에 심각한 영향을 주었기 때문에, 이든 자신의 말에 의하더라도, 그들의 임금은 1765년과 1780년 사이에 최저한도 이하로 떨어지기 시작했으며 공적 빈민 구호금에 의해 보충되어야만 했다. 그는 말하기를, 그들의 임금은 "절대적으로 필요한 생활상의 필요를 겨우 충족시킬 따름이었다."

이제는 잠시 엔클로저를 옹호하며 프라이스를 반대하는 사람의 말을 들어보자.

"개방경지에서 자기의 노동을 낭비하고 있는 사람들이 보이지 않는다

---

23) 같은 책: 159. 이것은 고대 로마를 생각나게 한다. "부자들은 분할되지 않은 토지의 대부분을 장악했다. 그들은 당시의 사정으로 보아 이 토지들을 다시 빼앗기지 않으리라고 믿었으며, 그리하여 부근에 있는 빈민들의 땅 조각들을 합의하여 구입하든가 폭력으로 탈취했으며, 그 결과 지금에 와서는 그들은 격리되어 있는 경지가 아니라 광대한 영지를 경작하게 되었다. 여기에서 그들은 노예를 경작과 목축에 사용했다. 왜냐하면 자유민은 병역에 복무하게 되므로 그들에게 일을 시킬 수 없었기 때문이다. 노예는 병역에서 면제되어 있었기 때문에 마음 놓고 번식할 수 있었으며, 이리하여 많은 자식들을 가졌다는 점에서 노예를 소유한다는 것은 그들에게 큰 이익을 주었다. 이리하여 강력한 사람이 모든 부를 자기의 수중에 집중했으며, 국토 전체는 노예로 충만하게 되었다. 이탈리아사람은 이와는 반대로 빈곤·조세·병역으로 시달리어 그 수가 점점 더 감소하고 있었다. 평화의 시기에도 그들은 아무런 활동도 할 수 없게 되어 있었다. 왜냐하면 부자들이 모든 토지를 가지고 있었으며 자유민 대신 노예를 경작에 사용하고 있었기 때문이다."(아피안, 『로마사』. 제1부, 제7장) 이 구절은 리키니우스법전 이전 시대에 관한 것이다. 로마 평민의 몰락을 그렇게도 심하게 촉진한 병역은 칼 대제〔또는 샤를마뉴(742~814년)〕가 독일의 자유농민을 급속히 봉건적 예속농과 농노로 전환시킨 주요한 수단이기도 했다.

고 해서 인구가 감소했다는 결론을 내리는 것은 정당하지 않다…만약 작은 농민들을 타인을 위해 노동하지 않으면 안 될 사람으로 전환시킴으로써 더 많은 양의 노동이 생긴다면, 그야말로 이것은 국민"(위의 '전환된' 작은 농민은 물론 국민에 속하지 않는다)"이 원하는 이익일 것이다…그들의 결합된 노동이 한 개의 농장에서 사용된다면 더 많은 생산물을 얻게 될 것이며, 그리하여 매뉴팩처를 위한 잉여생산물이 생길 것이고, 또 그렇게 됨으로써 우리 국민의 금광의 하나인 매뉴팩처가 곡물생산량에 비례해 증가하게 될 것이다."[24]

'신성한 소유권'에 대한 가장 파렴치한 침해와, 인간에 대한 가장 난폭한 폭행도, 자본주의적 생산양식의 토대를 쌓기 위해 필요하다면, 그것들을 경제학자들은 스토아학파적인 태연자약한 심경으로 바라보고 있는데, 이 표본을 우리는 이든[정치적으로 토리적 경향을 지니며 '박애주의자'다]에게서 본다. 15세기의 마지막 1/3로부터 18세기 말에 이르기까지 국민에 대한 폭력적 수탈에 따라 발생한 일련의 허다한 약탈행위, 잔인한 행동, 국민의 고난도 그로 하여금 다음과 같은 '편안한' 결론을 내리게 했을 따름이다.

"경작지와 목장 사이에는 적당한 비율이 설정되지 않으면 안 되었다. 14세기의 전체 기간과 15세기의 대부분에 걸쳐 농경지 2, 3에이커 심지어는 4에이커에 대해 목장 1에이커였다. 16세기 중엽에는 이 비율

---

24) 아버스노트, 『식량의 현재 가격과 농장의 규모 사이의 관계 연구』: 124~129. 논의는 위와 비슷하지만 경향은 반대인 다른 저자도 있다. "노동자들은 그들의 오두막집에서 쫓겨 나와 일터를 찾기 위해 도시로 내몰린다. 그러나 여기에서 더 많은 잉여가 나오며, 그리하여 자본이 증가한다."(실리, 『국민의 재앙』, 1843, 부록: 14)

이 변동되어 경작지 2에이커에 목장 2에이커, 뒤에는 경작지 1에이커
에 목장 2에이커, 드디어 경작지 1에이커에 목장 3에이커라는 적당한
비율에 도달했다."

19세기에는 농업노동자와 공유지 사이의 관련에 대한 기억조차 사라
졌다. 최근의 일은 고사하고, 1801년과 1831년 사이에 지주들로 구성된
의회가 농촌 주민에게서 약탈해 지주들에게 나누어준 3,511,770에이커
의 공유지에 대해 농촌주민이 언제 한 푼의 배상이라도 받은 일이 있는
가?

끝으로, 농촌주민으로부터 토지를 빼앗은 최후의 대규모 수탈과정은
이른바 '사유지 청소'[즉 사유지로부터 인간을 청소하여 내쫓는 것]이었
다. 위에서 본 모든 잉글랜드식 수탈방법 중에서 '청소'가 그 절정을 이
룬다. 앞 장에서 이미 근대의 상태를 본 바와 같이, 청소될 독립적 농민
이 더 이상 없을 때는 토지로부터 오두막집의 '청소'가 실시되기 때문에,
농업노동자들은 그들이 경작하는 토지에서는 자기가 거주할 수 있는 장
소를 발견할 수 없게 된다. 그런데 진정한 '사유지 청소'가 실제로 무엇
을 의미하는가는 근대적 낭만주의 문학의 성지인 스코틀랜드의 고지the
Highlands에서만 알 수 있다. 거기에서 이 과정의 특징은 그것이 체계적인
성격을 가지고 있으며, 단번에 수행되는 규모가 매우 크며(아일랜드에서
는 지주들이 몇 개의 촌락을 일시에 '청소'해 버렸지만, 스코틀랜드 고지
에서는 독일의 공국公國만한 크기의 지면이 일시에 청소된다), 그리고 또
수탈되는 토지의 소유형태가 특수하다는 점이다.

스코틀랜드 고지의 켈트사람들Celts은 씨족들clans로 조직되어 있으며,
각 씨족은 그들이 정착하는 토지의 소유자였다. 씨족의 대표자인 수장
또는 '대인大人'은 이 토지의 명목상 소유자에 불과한데, 이것은 영국여
왕이 국토 전체의 명목상 소유자인 것과 마찬가지다. 잉글랜드 정부가

이 '대인들' 사이의 내전과 대인들이 스코틀랜드 저지 평야를 끊임없이 침입하는 것을 진압하는 데 성공했을 때, 씨족의 수장들은 그들의 종래의 약탈업을 포기하지 않고 다만 그 형태를 바꾸었을 뿐이다. 수장들은 자기의 권위로 토지에 대한 그들의 명목상 소유권을 사적 소유권으로 전환시켰으며, 씨족원들의 반항에 봉착하자 공공연한 폭력으로 씨족 구성원들을 토지에서 추방하기로 결심했다. 뉴먼은 다음과 같이 말하고 있다.

"영국 왕도 마찬가지 이유로 그의 신하와 백성을 바다 속으로 몰아넣을 권리를 요구할 수 있을 것이다."[25]

스코틀랜드에서 왕위 참칭자Pretender의 최후반란〔1745~1746년〕직후에 개시된 이 혁명의 초기단계에 대해서는 J. 스튜어트와[26] J. 앤더슨[27]의 저서에서 찾아볼 수 있다. 18세기에는 게일사람들Gaels〔스코틀랜드 고지인들〕은 토지에서 축출되었을 뿐 아니라 국외로 이주하는 것마저 금지되었는데, 그것은 그들을 글래스고나 기타의 공장도시로 몰아넣기 위한 것이었다.[28] 19세기에 사용된 방법의 한 예로서[29] 여기에서는 서덜랜드

---

25) 뉴먼, 『정치경제학 강의』: 132.

26) 스튜어트는 다음과 같이 말하고 있다. "이 토지의 지대"(이 지대라는 경제적 범주에 그는 씨족 수장에게 납부하는 부하들의 공납을 잘못 포함시키고 있다)"는 토지 규모에 비하면 매우 적다. 그러나 그 지대를 한 농장이 부양하는 인원 수와 비교한다면, 아마도 스코틀랜드 고지의 한 조각의 토지는 풍요한 지방의 동일한 지대의 토지보다 10배나 더 많은 사람을 부양한다는 것을 알게 될 것이다."(스튜어트, 『정치경제학 원리 연구』: 104)

27) 앤더슨, 『국민적 근로정신의 고무책에 관한 고찰』, 1777년.

28) 폭력적으로 수탈당한 사람들의 일부는 1860년 거짓 약속으로 캐나다로 수출되었다. 또 일부는 산이나 부근 섬에 도주했다. 그들은 경찰의 추격을 받아 격투 끝에 빠져 달아났다.

공작부인이 실시한 '청소'를 드는 것으로 충분할 것이다. 경제학에 조예가 깊은 이 인물은 씨족의 수장이 되자 곧 경제적 근본치료책으로 서덜랜드 주 전체[종전의 비슷한 과정으로 말미암아 그 주민수가 이미 15,000명으로 감소되어 있었다]를 목양지로 전환할 것을 결심했다. 1814년부터 1820년까지 이 15,000명의 주민, 약 3,000세대의 가족은 체계적으로 축출되고 소탕되었다. 그들의 모든 촌락은 파괴되고 소각되었으며 모든 경지는 목장으로 전환되었다. 영국 병사들이 이것을 집행하기 위해 파견되었으며 주민들과 싸움까지 벌이게 되었다. 자기의 오두막집에서 떠나기를 거부한 노파는 불길 속에서 타 죽었다. 이와 같은 방법으로 이 귀부인은 아득한 옛날부터 씨족의 소유였던 794,000에이커의 토지를 자기 것으로 만들었다. 그는 추방된 주민에게 한 가족당 2에이커씩 약

---

29) A. 스미스의 저서에 대한 주석에서 뷰캐넌은 1814년에 다음과 같이 썼다. "이 고지에서는 낡은 소유제도가 날마다 폭력적으로 변혁되고 있다…지주는 세습적 차지인"(이 범주 역시 여기에서는 잘못 사용되고 있다)"을 고려하지 않고 토지를 최고액을 지불하는 사람에게 제공한다. 만약 이 사람이 개량가라면 그는 곧 새로운 경작체계를 도입한다. 종전에 소농민들로 덮여 있던 토지에서는, 거기에서 나오는 생산량에 비례해 주민이 살고 있었다. 그러나 개량된 경작과 증가된 지대라는 새로운 체계 아래에서는 가장 적은 비용으로 가장 많은 생산물을 얻으려고 노력하게 되며, 이 목적을 위해 불필요한 인원들이 제거된다. 이에 따라 토지가 유지할 수 있는 규모로 주민이 감축되는 것이 아니라 토지가 고용할 수 있는 규모로 주민이 감축된다…추방된 사람들은 인접 도시에서 생활방도를 찾는다.…"(『A. 스미스의 『국부론』…에 관한 고찰』. 제4권: 144) "스코틀랜드의 귀족들은 마치 잡초를 뽑아버리듯이 농민 가족을 수탈했으며, 또한 [인디언이 복수심에 가득 차 야수의 소굴을 짓부수듯이] 그들의 주민과 촌락을 짓부수었다…인간이 양 가죽이나 양 다리 고기나 심지어는 그보다 값없는 것들과 교환된다…몽골인이 중국 북부지방에 침입했을 때, 그들은 회의에서 주민을 모두 죽이고 그들의 토지를 목장으로 만들자고 제안했는데, 그것과 무엇이 다른가? 스코틀랜드 고지의 많은 지주들은 이와 같은 제안을 자기 나라에서 자기 동포에 대해 실시했다."(엔소, 『각국의 인구에 관한 연구』: 251~216)

6,000에이커의 토지를 해변에 배당했다. 이 6,000에이커의 토지는 종전에는 황무지였으며 소유자에게 아무런 수입도 가져다주지 못했던 땅이다. 이 공작부인은 자기의 고귀한 심정에서 [수세기 동안 자기의 가문을 위해 피를 흘린] 씨족민들에게 에이커당 평균 2실링 6펜스의 지대로 소작을 주었다. 씨족민들로부터 약탈한 전체 토지를 그는 29개의 대규모 차지목양지로 분할했는데, 그 각 목양지에는 불과 한 가족이, 대개는 잉글랜드에서 이주해 온 농장관리인이 거주했을 뿐이다. 1821년에는 벌써 15,000명의 게일사람들이 131,000마리의 양으로 교체되었다. 주민 중 해변에 추방된 사람들은 어업으로 생활하려고 했다. 그들은 반은 육상에서, 반은 수상에서 생활했는데, 그러나 육상과 해상을 합하더라도 그들 생활비의 절반밖에 보장되지 않았다.[30)]

그러나 선량한 게일사람들은 씨족의 '대인'에 대한 낭만적이고 산악인다운 숭배 때문에 한층 더 가혹한 시련을 겪지 않으면 안 되었다. 물고기 냄새가 대인들의 코를 찌르자, 그들은 거기에 돈벌이가 있는 것을 알아차리고 그 해변을 런던의 큰 생선장수들에게 임대했다. 게일사람들은 다시금 추방되었다.[31)]

---

30) 서덜랜드의 현재 공작부인이 미국 합중국의 흑인노예에 대한 자기의 동정을 표시하기 위해『톰 아저씨의 오두막집』의 저자 비쳐 스토 부인을 런던에서 호화롭게 환대했을 때 [남북전쟁 당시에 모든 '고귀한' 영국인들의 심장은 노예소유자들을 동정했다는 것을 이 공작부인은 물론 다른 모든 귀족들도 철저히 잊고 있었다], 나는『뉴욕 트리뷴』에서 서덜랜드의 노예들에 대해 서술했다. (나의 이 논문의 일부를 캐리는 자기 저서『노예무역』, 필라델피아 1853: 202~203에 인용하고 있다.) 나의 논문은 스코틀랜드의 한 신문에 전재되어 이 신문과 서덜랜드의 아첨꾼 사이에 격렬한 논쟁을 일으켰다.

31) 이 생선거래에 관한 재미있는 이야기가 어콰트의「스코틀랜드의 고지」(The Portfolio. Diplomatic Review. London, No. 15. October 1, 1844)에 있다. 시니어는 앞에서 인용한 사후의 저서에서 "서덜랜드셔의 조치를 역사가 시작된 이래 가장 인정 많은 청소의 하나로" 특징짓고 있다. (『아일랜드에 관한 일

그러나 결국 목양지의 일부가 이번에는 사슴사냥터로 재전환되었다. 잘 아는 바와 같이 잉글랜드에는 참다운 삼림은 없다. 귀족들의 수렵장에 있는 사슴은 체질로 보아 가축이나 다름없으며, 런던시의회 의원들처럼 살쪄 있다. 그러므로 스코틀랜드는 '고귀한 정열'의 마지막 위안처다. 1848년에 서머즈는 이렇게 쓰고 있다.

"스코틀랜드 고지에서는 새로운 삼림이 버섯처럼 생겨나고 있다. 게이크의 이쪽에는 글렌페시의 새 삼림이 있으며 저쪽에는 아드베리키의 새 삼림이 있다. 거기에는 또한 최근에 창설된 광대한 황무지인 블랙 마운트가 있다. 동쪽에서 서쪽으로, 애버딘 부근에서 오반의 암초에 이르기까지 지금 길게 뻗친 삼림지대가 있으며, 고지의 다른 지방에는 로흐 아케이그, 글렝개리, 글렌모리스턴 따위의 새로운 삼림이 있다. 소경영 농민들의 공동체인 골짜기에 양이 도입되고, 게일사람들은 더 척박한 토지로 몰려났다. 지금에 와서는 사슴이 양을 몰아내기 시작하고 게일사람들을 더욱 척박한 토지, 한층 더 비참한 궁핍으로 몰아넣고 있다. 사슴 수렵림[32]과 주민은 공존할 수 없다. 어느 한 쪽이 반드시 자리를 내놓지 않으면 안 된다. 만약 앞으로 1/4세기 동안 수렵장이 그 수와 규모에서 과거 1/4세기 동안에 성장한 정도로 성장한다면, 게일사람은 한 사람도 자기 고향땅에 남아 있지 못할 것이다…고지의 지주들 사이의 이런 운동은 일부의 지주에게는 야망…수렵스포츠 따위 때문이지만, 더 실질적인 지주에게는 오직 이득에 착안해 사슴거래를 하는 것이다. 왜냐하면 수렵장으로 된 고지는 많은 경

기·대화·평론』: 282)

32) 스코틀랜드의 '사슴 수렵림'에는 단 한 포기의 나무도 없다. 벌거벗은 산에서 양을 몰아내고 그 대신 사슴을 몰아넣고 이것을 '사슴 수렵림'이라고 부른다. 그러므로 여기에 조림이나 삼림경영이 있을 턱이 없다.

우 목양지로 임대하는 것보다 더 유리한 것이 사실이기 때문이다…수렵지를 구하는 사람들은 돈주머니가 허용하는 대로 값을 낸다…스코틀랜드의 고지가 겪은 고통은 잉글랜드가 노르만 왕들 [1066~1154년] 의 정책에 의해 당한 고통에 못지않게 혹독한 것이었다. 사슴은 더욱 자유로운 놀이터를 얻었는데 사람들은 점점 더 협소한 지역으로 몰려갔다…주민의 자유는 하나씩 빼앗겼다…그리고 또 억압은 나날이 증대되어 간다…주민의 청소와 축출은 [아메리카나 오스트레일리아의 황야에서 농업상 하나의 필연성으로서 수목과 수풀을 뽑아 없애는 것과 마찬가지로] 확고한 원칙으로서 지주들에 의해 수행되는데, 이 업무는 조용히 사무적으로 수행되고 있다."33)

---

33) 서머즈, 『스코틀랜드 고지에서 온 편지, 또는 1847년의 기근』: 12~28의 이곳저곳. 이 편지는 처음 『더 타임즈』지에 게재되었다. 영국의 경제학자들은 물론 1847년의 게일사람들의 기근을 그들의 과잉인구로 설명했다. 어쨌든 과잉인구가 그들의 식료품 공급을 '압박'했다는 것이다. '사유지 청소'[독일에서 말하는 '농민축출']는 독일에서는 30년 전쟁 뒤에 특히 성행했으며, 1790년에도 작센에서 농민폭동을 유발했다. 그것은 주로 동부 독일에서 성행했다. 프러시아의 대부분 지방에서는 프리드리히 2세[재위 1740~1786] 가 비로소 농민에게 소유권을 보증했다. 실레지아의 정복 뒤 그는 지주들을 강요해 오두막집, 곳간 따위를 재건하게 했으며, 농민에게 가축과 도구들을 공급하게 했다. 그는 자기의 군대를 위해 병사가 필요했으며 자기의 국고를 위해 납세의무자가 필요했던 것이다. 그것은 그렇다 치고, 프리드리히의 재정문란과 전제주의·관료주의·봉건주의의 혼합정부 밑에서 농민들이 얼마나 유쾌한 생활을 했는가는 그의 열렬한 찬미자인 H.미라보의 다음과 같은 구절에서 엿볼 수 있다. "아마flax는 북부 독일농민의 주요한 부의 원천의 하나다. 그러나 불행하게도 그것은 인류를 위해 빈곤을 방지하는 수단일 따름이지 행복의 원천은 아니다. 농민은 직접세·부역·각종 의무로 말미암아 파멸당하며, 자기가 구입하는 모든 물건에 대해 간접세를 지불하지 않으면 안 된다…그리고 그의 파멸을 완성시키는 것은, 그가 자기의 생산물을 자기가 원하는 장소나 원하는 값으로 팔 수도 없다는 점이다. 그는 자기가 필요한 물건을 더 싸게 제공하는 상인으로부터 살 수도 없다. 이 모든 사정으로 말미암아 점차 그는 파멸

무자비한 폭력 아래에서 수행된 교회재산의 약탈, 국유지의 사기적 양

당하며, 아마방적업에 종사하지 않는다면 그는 직접세조차 물 수 없을 것이다. 방적업은 그의 처자와 남녀 하인들 및 그 자신에게 유용한 작업을 주며, 그에게 보조수입을 제공한다. 그러나 이 보조수입에도 불구하고 그의 생활은 얼마나 비참한가! 여름에는 항상 경작과 수확을 위해 죄수처럼 일한다. 밤 9시에 자고 새벽 2시에 일어난다. 겨울에는 좀 더 휴식해 체력을 회복해야 한다. 그러나 수확물 중 세금을 물기 위해 판매하지 않으면 안 되는 부분을 빼놓고 나면 그에게는 식량과 종자용 곡물도 부족하게 된다. 그러므로 그는 이 부족을 메우기 위해 방적하지 않으면 안 된다…그나마 최대의 힘을 다해야 한다. 그러므로 겨울에는 농민은 12시나 1시에 자고 새벽 5시나 6시에 일어나든가 또는 밤 9시에 자고 새벽 2시에 일어나며, 일요일을 제외하고 평생 매일 그러하다. 이와 같은 짧은 수면과 과도한 노동으로 사람은 상하며, 그리하여 농촌에서는 남자나 여자나 도시에서보다 훨씬 더 일찍 늙는다."(미라보, 앞의 책. 제3권: 212 이하)

1866년 3월, 위에서 인용한 로버트 서머즈의 저서가 발간된 지 18년 뒤 리바이Levi가 공예협회에서 목양지를 수렵장으로 만든 데 관해 연설했는데, 거기에서 그는 스코틀랜드 고지의 황폐화 진전을 설명하고 있다. (「식량공급에서 본 사슴사냥터와 고지농업」 *Journal of the Society of Arts*. March 23, 1866) 특히 그는 이렇게 말한다. "인구 감소와 토지의 목양지로 전환은 지출 없이 수입을 얻는 가장 편리한 수단이었다…목양지가 사슴 수렵림으로 교체되는 것이 고지에서 흔히 볼 수 있는 일반적 현상이었다. 일찍이 양에게 자리를 내주기 위해 인간이 축출된 것처럼, 야수들과 산새들에게 자리를 내주기 위해 양이 축출되고 있다…포파셔의 댈후지 백작령에서 존 오그르츠에 이르기까지 한 번도 삼림지를 떠나지 않고 걸어갈 수 있다…대부분의 삼림에서는 여우·살쾡이·너구리·족제비·산토끼 등이 살고 있다. 최근에는 집토끼·다람쥐·쥐도 들어왔다. 매우 비옥하고 광활한 목장으로서 스코틀랜드 통계에 나타나던 방대한 토지가 이제 와서는 모든 경작과 개량에서 배제되어 전적으로 소수인의 수렵오락—그나마 이것은 1년 중 짧은 기간밖에 계속되지 않는다—을 위해 바쳐지고 있다."

1866년 6월 2일의 런던 『이코노미스트』는 이렇게 쓰고 있다. "스코틀랜드의 한 신문은 지난 주에 다른 보도들과 함께 특히 이렇게 전하고 있다. '서덜랜드셔의 가장 훌륭한 목양지의 하나에 대해 현재의 임대계약이 만료되면 1년에 £1,200의 지대를 제공하겠다는 신청이 최근에 들어왔는데, 그 목장은

도, 공유지의 횡령, 봉건적·씨족적 소유의 약탈과 그것의 근대적 사적 소유로 전환—이것들은 모두 시초축적의 목가적 방법이었다. 이것들은 자본주의적 농업을 위한 무대를 마련했으며, 토지를 자본에 결합시켰으며, 도시의 산업을 위해 그것에 필요한 무일푼의 자유로운 프롤레타리아트를 공급하게 되었다.

사슴 수렵림으로 전환될 예정이다.' 여기에서 우리는 한때 노르만 정복왕이…뉴 포리스트를 조성하기 위해 36개의 촌락을 파괴할 당시와 마찬가지로…봉건주의의 근대적 본능을 본다…스코틀랜드의 가장 비옥한 여러 개의 지역을 포괄하는 200만 에이커의 토지가 황폐해질 대로 황폐해졌다. 글렌 틸트의 야생초는 퍼스 주의 가장 영양분 있는 풀로 여겨지고 있었다. 벤 올더의 사슴 수렵림은 베이드노크의 넓은 지방에서도 가장 좋은 풀밭이었다. 블랙마운트 수렵림의 일부는 검은 면양을 위한 스코트랜드에서 가장 우수한 목장이었다. 수렵 스포츠를 위해 황폐화된 토지의 크기에 관해서는 그것이 퍼스 주 전체보다도 훨씬 넓은 면적을 차지한다는 사실로부터 상상할 수 있을 것이다. 이와 같은 폭력적 황폐화에 의해 이 나라가 얼마나 많은 생산원천을 잃었는가는 벤 올더의 수렵림이 15,000마리의 양을 기를 수 있었다는 것과, 그리고 그것이 스코틀랜드의 전체 수렵구의 1/30에 불과하다는 사실에서 평가할 수 있을 것이다…수렵지는 모두 전혀 비생산적이며…북해의 바다 속에 잠겨버린 것과 마찬가지다…입법의 강력한 개입으로 이런 인공적인 황무지화 또는 사막화는 응당 없애도록 해야 할 것이다."

제28장

15세기 말 이후 토지를 빼앗긴 사람들에 대해 잔인한 법률을 제정. 임금을 인하하는 법령들

봉건적 가신집단들의 해체와 폭력적 토지수탈에 의해 추방된 사람들, 이 무일푼의 자유로운 프롤레타리아트는, 그들이 세상에 나타난 것과 동일하게 빠른 속도로 신흥 매뉴팩처에 흡수될 수는 도저히 없었다. 또한 그들의 관습으로 된 생활궤도에서 갑자기 내몰린 사람들이 그만큼 갑자기 새로운 환경의 규율에 순응할 수도 없었다. 그들은 대규모로 거지·도둑·부랑자가 되었는데, 그 중 일부는 자기의 성향으로 그렇게 되었지만 대부분의 경우 별다른 도리가 없었기 때문에 그렇게 된 것이었다. 따라서 15세기 말과 16세기 전체 기간을 통해 서유럽의 모든 나라에서 부랑자에 대한 잔인한 입법이 실시되었다. 오늘날 노동자계급의 선조들은 먼저 그들이 부랑자와 극빈자로 부득이 전락한 죄 때문에 징벌을 받은 것이다. 입법은 그들을 '자발적인' 범죄자로 취급했으며, 이미 존재하지도 않는 종래의 조건 아래에서 계속 노동하느냐 안 하느냐가 그들의 의지에 달렸다고 보았다.

잉글랜드에서 이런 입법은 헨리 7세의 통치기에 시작되었다.

헨리 8세, 1530년: 늙고 노동능력 없는 거지는 거지면허를 받는다. 이

와는 반대로 건장한 부랑자는 태형과 감금을 당한다. 그들은 달구지 뒤
에 결박되어 몸에서 피가 흐르도록 매를 맞고 그 다음에 그들의 출생지
또는 그들이 최근 3년간 거주한 곳으로 돌아가 '노동에 종사하겠다.'는
맹세를 한다. 얼마나 잔인한 이율배반인가! 헨리 8세 제27년의 법령은
이 법령을 반복했는데, 거기에 새로 더 보충해 한층 더 가혹하게 만들었
다. 부랑죄로 두 번 체포되면 다시 태형에 처하고 귀를 절반 자르며, 세
번 체포되면 그는 중죄인으로 또 공동체의 적으로 사형에 처해진다.

에드워드 6세: 그의 통치 제1년인 1547년에 제정된 법령에 따르면, 노
동하는 것을 거절하는 사람은 그를 게으름뱅이라고 고발하는 사람의 노
예가 된다. 주인은 빵과 물, 멀건 죽과 자기가 적당하다고 생각하는 고기
부스러기로 자기의 노예를 부양해야 한다. 주인은 채찍과 쇠사슬로 노예
가 아무리 싫어하는 일이라도 시킬 수 있는 권리를 가진다. 만약 노예가
도주해 2주일이 되면 그는 종신노예의 선고를 받고, 그의 이마나 뺨에
S자의 낙인을 찍으며, 만약 그가 세 번 도주하면 반역자로 사형에 처한
다. 주인은 노예를 모든 동산이나 가축과 마찬가지로 팔아넘기거나 유산
으로 물려주고 노예로 임대할 수 있다. 만약 노예들이 무엇이든 주인을
반대하기만 하면 그들은 역시 사형을 당한다. 치안판사는 주인의 신고가
있으면 도주한 노예를 수사하지 않으면 안 된다. 만약 부랑자가 3일간
일없이 돌아다닌 것이 판명되면 그는 출생지로 끌려와 불에 달군 쇠로
가슴에 V자의 낙인이 찍히며, 또 거기에서 쇠사슬에 매여 도로작업이나
기타 작업에 사용된다. 자기의 출생지를 속인 부랑자는 처벌로 그곳의
주민 또는 단체의 종신노예로 되며 S자의 낙인이 찍힌다. 누구나 부랑자
의 자녀를 그로부터 빼앗아 도제로 남자는 24세, 여자는 20세까지 사용
할 권리가 있다. 만약 그들이 도주하면 위의 나이가 될 때까지 그들은
장인의 노예가 되어야 하며, 장인은 그들을 마음대로 쇠사슬에 붙들어
매거나 채찍으로 때릴 수 있다. 모든 장인들은 자기 노예의 목·팔·다

리에 쇠고리를 채워 쉽게 식별하며 자기의 것임을 더욱 확실하게 할 수 있다.[1] 이 법령의 마지막 부분의 규정에 따르면, 빈민들은 그들에게 음식물을 주고 일을 제공하려는 지역이나 개인에게서 일해야 한다. 이런 종류의 교구 노예는 19세기 중엽에도 '떠돌이roundsmen'라는 이름으로 여전히 잉글랜드에 있었다.

엘리자베스 여왕, 1572년: 14세 이상의 면허 없는 거지들은, 만약 2년간 그들을 사용하려는 사람이 없는 경우에는, 혹독한 매를 맞고 왼편 귀에 낙인이 찍힌다. 재범인 경우, 그들이 18세 이상이고 또 2년간 그들을 사용하려는 사람이 없을 때에는 사형에 처하지만, 세 번째인 경우에는 용서 없이 반역자로 사형에 처한다. 엘리자베스 통치 제18년 [1576년] 의 법령 제13장과 1597년의 법령에도 이와 유사한 규정이 있다.[2]

---

1) 『상공업에 관한 평론』(런던 1770년)의 저자 [커닝엄] 는 이렇게 지적하고 있다. "에드워드 6세의 통치기 [1547~1553년] 에 영국인은 참으로 더할 수 없는 열성을 가지고 매뉴팩처를 장려하며 또 빈민들을 일시키는 데 힘쓴 것 같다. 이것은 모든 부랑자에게 낙인을 찍어야 한다고 규정한 주목할 만한 법령을 보면 알 수 있다."(5쪽)

2) 모어는 자기 저서 『유토피아』에서 이렇게 말하고 있다. "이리하여 욕심꾸러기며 만족할 줄 모르는 자기 고향의 진짜 고질인 대식가는 수천 에이커의 토지를 자기 수중에 넣어 나무 울타리나 담을 둘러치기 때문에, 농민들은 쫓겨난다. 또는 폭력과 사기로 그들의 재산을 뺏거나, 옳지 않은 방법으로 그들의 모든 것을 팔지 않을 수 없게 한다. 무슨 짓을 해서라도 농민들을 쫓아낸다. 즉 남자도, 여자도, 남편도, 마누라도, 아버지 없는 자식도 홀어미도, 젖먹이가 달린 불쌍한 어미도, 그리고 재산은 적고 식구 수는 많은 [왜냐하면 농사일은 많은 일손을 필요로 했기 때문이다] 모든 세대가 낯익고 정든 고향을 등지고 정처 없이 떠나간다. 그들의 가구는 큰 가치는 없는 것이지만 그래도 통틀어 팔면 다른 때라면 얼마간 도움이 될 수도 있었을 것이다. 그러나 갑자기 집 밖으로 쫓겨나기 때문에 그들은 헐값으로 그것들을 팔아버리지 않을 수 없다. 그리고 마지막 한 푼을 써버릴 때까지 방황한 끝에는 도둑질을 하고 그리하여 법률에 의해 [정당하게 라고 말할지 모르지만!] 교수형을 당하든가, 그렇지 않으면 구걸을 하러 나서든가 하는 수밖에 그 무슨 다른 도리가 있겠는가? 구걸을 하러

제임스 1세: 방랑하면서 구걸하는 사람은 부랑자와 불량배로 선포된다. 경범죄 재판소의 치안판사는 그들을 공개적 태형에 처하며, 초범인 경우에는 6개월, 재범인 경우에는 2년간 감금시킬 권한을 가진다. 옥중에 있는 동안 그들은 치안판사가 적당하다고 생각하는 때마다 또 정당하다고 생각하는 회수만큼 매를 맞는다…선도할 수 없는 위험한 불량배는 왼편 어깨에 R자의 낙인이 찍히고, 강제노동에 처해지며, 걸식죄로 또다시 체포되면 용서없이 사형을 받는다. 이 법규들은 18세기 초에 이르기까지 유효했는데, 앤Anne 여왕 제12년[1714년] 의 법령 제23장에 의해 비로소 폐지되었다.

비슷한 법령은 프랑스에도 있었는데, 거기에서는 17세기 중엽 파리에 이른바 부랑자 왕국이 세워졌다. 루이 16세 초기에도[1777년 7월 13일의 칙령], 16세부터 60세에 이르는 건강한 사람으로 생활수단과 일정한 직업이 없는 사람은 갤리선을 젓는 형벌에 처해졌다. 이와 비슷한 예로는 네덜란드에 적용되는 칼 5세의 법령(1537년 10월), 네덜란드의 주와 도

나선다고 해도 그들은 일하지 않는다는 이유로 부랑자로 투옥된다. 그들이 아무리 일을 하려고 간청해도 그들에게 일을 시켜 주는 사람이 없는데도.” 토마스 모어가 말하는 불가피하게 도둑으로 된 이 가난한 부랑자들 중에서 “72,000명의 크고 작은 도둑들이 헨리 8세의 통치기에 사형 당했다.”(해리슨, 『잉글랜드의 묘사』: 193) 엘리자베스 시대에 “부랑자들은 줄을 지어 처형되었다. 그 당시에는 300명 내지 400명이 교수대에 오르지 않는 해는 거의 없었다.”(스트라이프, 『엘리자베스 여왕의 행복한 통치시기의 종교개혁과 국교확립 및 기타 성공회 안 각종 사건들의 연대기』. 2판. 1725년. 제2권) 스트라이프의 말에 따르면, 서머싯셔에서는 오직 1년 동안 40명이 사형을 당했고, 35명이 낙인을 찍혔으며, 37명이 태형을 받았고, 183명의 ‘구제할 수 없는 부랑자’들은 석방되었다. 그런데도 이와 같이 많은 수의 죄수들도 “치안판사의 태만과 주민의 어리석은 동정으로 말미암아 처벌받아야 할 실제 범죄자 수의 1/5도 되지 않으며,” 잉글랜드의 다른 주들의 형편은 서머싯셔보다 나을 것이 없으며 많은 주들은 그보다 더 나쁘기까지 했다는 것이다.

시들의 제1칙령[1614년 3월 10일자], 1649년 6월 25일자 연합주의 포고 따위가 있다.

이와 같이 처음에는 폭력적으로 토지를 수탈당하고 추방되어 부랑자로 된 농촌주민들은 그 다음에는 무시무시한 법령들에 의해 채찍과 낙인과 고문을 받으면서 임금노동 제도에 필요한 규율을 얻게 된 것이다.

한쪽 끝에는 노동조건들이 자본으로 나타나며, 다른 쪽 끝에는 자기자신의 노동력 이외에는 아무것도 팔 것이 없는 사람들이 나타난다는 것만으로는 불충분하다. 또한 그들이 자발적으로 자신을 팔지 않을 수 없게 되는 것만으로도 불충분하다. 자본주의적 생산이 진전됨에 따라 교육·전통·관습에 의해 자본주의적 생산양식의 요구들을 자명한 자연법칙으로 인정하는 노동자계급이 발전한다. 자본주의적 생산과정의 조직은, 일단 완전히 발전하면, 모든 저항을 타파한다. 상대적 과잉인구의 끊임없는 창출은 노동에 대한 수요공급의 법칙을, 따라서 또 임금을, 자본의 증식욕구에 적합한 한계 안에 유지하며, 경제적 관계의 말이 없는 강제는 노동자에 대한 자본가의 지배를 확고히 한다. 직접적인 경제외적 폭력도 물론 여전히 사용되지만 그것은 다만 예외적이다. 보통의 사정에서는 노동자를 '생산의 자연법칙'에 내맡겨 둘 수 있다. 즉 생산조건들 자체에 의해 생기며 그것들에 의해 영구히 보장되고 있는 자본에 대한 노동자의 종속에 내맡겨 둘 수 있다. 그러나 자본주의적 생산의 역사적 생성기에는 사정이 달랐다. 신흥 부르주아지는 임금을 '규제'하기 위해, 임금을 이윤획득에 적합한 범위 안으로 억압하기 위해, 또 노동일을 연장하기 위해, 그리고 노동자 자신을 정상적인 정도로 자본에 종속시키기 위해, 국가권력을 필요로 하며 또한 그것을 이용한다. 이것이 이른바 시초축적의 하나의 본질적 측면이다.

14세기 후반기에 생긴 임금노동자 계급은 당시에도 그리고 그 다음 백년에도 주민의 매우 작은 부분을 이루고 있었으며, 그들의 지위는 농촌의

자립적 농민경영과 도시의 길드 [동업조합] 조직에 의해 강력히 보호되고
있었다. 농촌에서나 도시에서나 고용주와 노동자는 사회적으로 크게 구
별되지 않았다. 자본에 대한 노동의 종속은 다만 형식적인 것에 불과했
다. 즉 생산방식 자체는 아직 진정한 자본주의적 성격을 띠고 있지 않았
다. 자본 중 가변자본 요소가 불변자본 요소에 비해 큰 우위를 차지하고
있었다. 이 때문에 임금노동에 대한 수요는 자본의 축적과 함께 급속히
증가했는데, 임금노동의 공급은 완만하게 뒤따라가는 데 불과했다. 국민
총생산의 많은 부분이 뒤에는 자본의 축적재원으로 되었지만, 그 당시에
는 아직 노동자의 소비재원으로 들어갔다.

　임금노동에 관한 입법은 처음부터 노동자의 착취를 목적으로 했으며,
자체의 발전과정에서도 언제나 변함없이 노동자계급에 적대적이었는
데,3) 이 입법은 잉글랜드에서는 에드워드 3세의 통치기인 1349년에 제
정된 노동자법령이 그 시초다. 프랑스에서 이에 대응하는 것은 쟝John 왕
의 명의로 발포된 1350년의 칙령이다. 잉글랜드의 입법과 프랑스의 입법
은 나란히 나가고 있으며 내용도 동일하다. 이런 노동법이 노동일의 강
제적 연장을 그 목적으로 하고 있는 경우에는, 나는 그것에 대해 다시
언급하지 않겠는데, 그것은 이미 앞에서(제10장 제5절) 상세하게 고찰했
기 때문이다.

　노동자법령은 하원의 절실한 요청에 의해 제정되었다. 한 토리당원은
소박하게도 이렇게 말하고 있다.

　　"이전에는 빈민들 [노동자들] 이 높은 임금을 요구해 산업과 부에 위
　협을 주었다. 지금에 와서는 그들의 임금이 너무나 낮아 역시 산업과

---

3) "의회가 고용주와 노동자 사이의 의견 차이를 조정하려고 시도할 때, 의회의
　상담역은 언제나 고용주다."고 스미스는 말한다. [『국부론』(상): 185] "법의 정
　신은 소유다."고 랭게는 말한다.

부에 위협을 주고 있는데, 이것은 이전과는 사정이 다르며 또 아마도 이전보다 더 위험할 것이다."4)

법령에 의해 도시와 농촌에 대해서도 성과급 노동과 일급 노동에 대해서도 임금률wage-rate이 확정되었다. 농촌노동자는 1년 기간으로, 도시노동자는 '공개시장'에서 고용되어야 한다. 법률로 정한 임금보다 많이 지불하는 것은 금고형으로 금지되었는데, 더 높은 임금을 받는 것은 그것을 지불하는 것보다 더 엄한 처벌을 받는다(예컨대 엘리자베스의 도제법 제18조와 제19조에는 법률로 정한 것 이상의 임금을 지불하는 사람은 10일간의 금고에 처하게 되어 있는데, 그것을 받는 사람은 21일간의 금고에 처하게 되어 있다). 1360년의 법령은 이 형벌을 한층 더 엄하게 했으며, 심지어 육체적 처벌을 통해 법정 임금률로 노동을 착취할 권한까지 고용주에게 주었다. 석공과 목공이 서로 연합해 맺은 모든 결사·계약·서약 등은 무효로 선포되었다. 노동자들의 단결은 14세기로부터 [단결금지법이 폐지된] 1825년에 이르기까지 무거운 죄로 취급되었다. 1349년의 노동자법령과 그 뒤에 제정된 모든 법령의 정신은 국가가 임금의 최고한도는 제정하지만 결코 그 최저한도는 제정하지 않는다는 점에서 명백히 나타나고 있다.

잘 아는 바와 같이, 16세기에 노동자의 형편은 대단히 악화되었다. 화폐임금은 인상되었으나, 화폐의 교환가치 감소와 이에 대응하는 상품가격의 등귀에 비례해 인상되지는 않았다. 따라서 실질임금은 하락했다. 그런데도 임금인하를 위한 법령들은, '아무도 고용하려고 하지 않는' 사람들의 귀 자르기와 그들에 대한 낙인과 함께 존속했다. 엘리자베스 통

---

4) 바일즈, 『자유무역의 궤변』: 206. 그는 얄밉게도 이렇게 부언하고 있다. "우리는 항상 고용주를 위해 간섭할 준비를 하고 있었다. 그러면 이제 노동자를 위해 할 수 있는 일은 아무것도 없겠는가?"

치 제5년의 도제법 제3장에 의거해, 치안판사는 임금수준을 확정할 권한
과 더불어 계절과 상품가격에 따라 그것을 변경할 수 있는 권한까지 가
지게 되었다. 제임스 1세는 이런 노동규제들을 직조공, 방적공과 기타
모든 노동자 범주에까지 확대했으며,[5] 조지 2세〔재위 1727~1760년〕는
노동자의 단결을 금지하는 법령들을 전체 매뉴팩처로 확대했다. 진정한
매뉴팩처시기에 자본주의적 생산방식은 충분히 강화되었기 때문에 임금
에 대한 법적 규제를 실시하는 것은 불필요하고 또 불가능하게 되었지
만, 그런데도 지배계급은 만일의 경우를 생각해 옛날 무기창고의 이 무
기를 유지하려 했다. 조지 1세의 통치 제7년의 법령은 아직도 런던과 그
부근의 직인 재봉공에 대해 국장國葬의 경우를 제외하고는 2실링 $7\frac{1}{2}$ 펜스
이상의 일급을 지불하는 것을 금지했다. 또 조지 3세의 통치 제13년의
법령 제68조도 견직공에 대한 임금규제를 치안판사에게 위임했다. 1796

---

5) 제임스 1세 통치 제2년의 법령 제6장의 한 조항에 의거해, 일부 직조업주들은
　치안판사의 자격으로 자기 자신의 작업장의 공적 임금률을 제정했다. 독일에
　서는 특히 30년 전쟁 이후에 임금을 억제하기 위한 법령들이 자주 공포되었다.
　"인구가 희박한 지역에서 하인과 노동자의 부족은 지주들의 큰 두통거리로 되
　었다. 모든 촌락민은 독신 남녀에게 방을 빌려주는 것이 금지되었으며, 이런
　숙박인들은 모두 관청에 신고해야 하며, 그들이 하인이 되려 하지 않는 경우에
　는, 비록 그들이 농민을 위해 하루 품삯을 받고 파종을 하거나 또는 곡물의 매
　매를 하는 등 어떤 다른 일에 종사하고 있는 경우에도, 투옥되어야 했다. (『실
　레지아사람에 대한 황제의 특권과 칙령』. 제1장, 제125조) 가혹한 조건들을 받
　아들이지 않으며, 또 법률에서 제정한 임금에 만족하지 않는 사납고 불손한 무
　뢰한들에 대한 격심한 불평이 한 세기 동안 군주들의 법령 속에 반복되었다.
　개별 지주들은 나라에서 제정한 임금보다 더 지불하는 것이 금지되었다. 그렇
　지만 전쟁 뒤의 노동조건은 그 백년 뒤의 그것보다 더 좋은 경우가 많았다.
　1652년에 실레지아에서는 하인들에게 매주 두 차례 고기를 주었는데, 지금 세
　기에 같은 실레지아에서 1년에 세 차례만 그들에게 고기를 주는 지방이 있다.
　임금도 전쟁 뒤가 그 뒤의 몇 세기 동안보다 높았다."(프라이타크, 『독일 국민
　생활의 새 풍경』: 35~36)

년에도 임금에 관한 치안판사의 명령이 농업노동자가 아닌 노동자에게도 적용될 것인가 아닌가를 결정하기 위해 고등법원의 두 가지 판결이 필요했다. 또 1799년에도 의회는 스코틀랜드 광부의 임금은 엘리자베스 법령과 1661년과 1671년의 스코틀랜드 두 법령에 의해 규제된다는 것을 확인했다. 이 동안에 사정이 얼마나 심하게 변했는가는 영국 하원에서 일어난 전대미문의 한 사건에 의해 증명되었다. 절대로 초과해서는 안 되는 임금의 최고한도에 관한 법령만을 400년 이상이나 만들어온 이 하원에서 위트브레드는 1796년에 농업노동자에 대한 법정 최저임금을 제안했다. 피트는 이에 반대했지만 "빈민의 형편은 참혹하다."는 것은 인정했다. 끝으로, 1813년에 임금규제에 관한 법령들이 폐지되었다. 자본가가 자기의 사적 입법에 의해 자기 공장을 규제하기 시작했으며, 또 농촌노동자의 임금을 구빈세로 불가결한 최저한도까지 보충해 주게 되자, 그런 법령들은 필요 없게 된 것이다. 그러나 [해고 예고나 퇴직 예고 등을 포함하는] 고용주와 노동자 사이의 계약에 관한 노동법령의 조항들[계약을 위반한 고용주에 대해서는 민사소송만을 허용하고, 계약을 위반한 노동자에 대해서는 형사소송을 허용하는 것 등]은 오늘날도 완전히 효력을 가지고 있다. 〚1875년의 '고용주와 노동자에 관한 법령'에서 폐기된다. 〛 노동자의 단결을 금지하는 가혹한 법령들은 1825년 프롤레타리아트의 태도가 위협적인 것으로 되자 폐지되었다. 그러나 그것들은 부분적으로만 폐지되었을 뿐이다. 옛날 법령들의 일부 잔재들은 1859년에야 비로소 사라졌다. 끝으로, 1871년 6월 29일의 의회법령은 노동조합trade union을 법적으로 승인함으로써, 위와 같은 계급입법의 최후의 흔적을 제거하는 척했다. 그러나 같은 날짜의 다른 의회법령(폭력·협박·방해에 관한 형법 개정법령)은 사실상 이전 상태를 새로운 형태로 복구했다. 이와 같은 의회의 속임수에 의해 파업이나 공장폐쇄의 경우 노동자들이 취할 수 있는 모든 수단에 대해서는 일반법이 적용되지 않고 특별형법이 적용되었으며, 이 특별형법을 어떻게 해석하는가는 치안판사인 공장주들에게 전적으로 달려 있었다. 그보다 2년 전에는 동일한 하원과 동일한 글래드스턴은 일상의 존경할 만한 방식으로 노동자계급에 대한 모든 특별형법을 폐지하는 법률안을 제출했다. 그러나 이 법률안은 제2독회를 넘기지도 않고 오랫동안 내버려두었다가 마침내 '대大 자유당the great Liberal Party'이 토리당과 연합함으로써 용기를 얻어 자기를 집권시켜준 바로 그 프롤레타리아트를 결정적으로 배반했던 것이다. '대 자유당'은 이와 같은 배반만으로는 부족해, 언제나 지배계급에게 아부하는 영국 재판관들로 하여금 이미 낡은 '음모' 단속법을 부활시켜 그것을 노동자의 결사에 적용하게 했다. 영국 의회는 대중의 압력에 못 이겨 오직 어쩔 수 없이 파업과 노동조합을 금지하는 법령들을 단념하게는 되었지만, 이것은 의회 자체가 500년 동안이나 파렴치한 이기주의로 [노동자를 반대하는] 자본가들의 상설조합常設組合 a permanent trade union of the capitalists의 지위를 고수한 뒤에 나타난 일이다.

프랑스 부르주아지는 혁명〖1789년의 프랑스 혁명〗의 폭풍이 불고 있는 바로 그 기간에, 노동자들이 겨우 방금 쟁취한 결사의 권리를 그들로부터 다시 탈취하려고 했다. 1791년 6월 14일의 포고를 통해, 부르주아지는 노동자의 모든 단결을 '자유와 인권선언에 대한 위반'이며, 500리브르의 벌금과 1년간의 시민권 박탈로 처벌한다고 선언했다.[6] 자본과 노동

---

6) 이 포고의 제1조는 다음과 같다. "동일한 신분과 동일한 직업을 가진 시민들 사이의 어떤 종류의 단결도 금지하는 것이 프랑스 헌법의 기초의 하나이므로, 어떤 구실 또는 어떤 형태로도 이를 부활시키는 것은 금지된다." 제4조에는 이렇게 쓰여 있다. "만약 동일한 직업, 기능 또는 공예에 종사하는 시민들이 공동으로 자기의 직업적 활동을 거부하기 위해, 또는 일정한 대가 이하로는 자기의 직업적 활동이나 노동을 제공하지 않기 위해, 서로 협의하거나 협약한다면, 이런 협의와 협약은…헌법 위반으로서, 또 자유와 인권선언에 대한 위반으로서 선포된다." 즉 옛날 노동자법령에서와 같이 무거운 죄가 된다. (『파리혁

사이의 투쟁을 국가의 공권력으로 자본에 유리한 범위 안으로 제한하는 이 법령은 여러 차례의 혁명과 왕조 교체를 겪고도 존속했다. 공포정치 〖1793년 6월~1794년 6월까지 자코뱅의 독재〗조차도 이것에는 손을 대지 않았다. 이 법령은 아주 최근에 이르러서야 비로소 형법에서 삭제되었다. 이 부르주아적 쿠데타〖1791년 6월 14일의 포고〗의 구실보다 더 특징적인 것은 아무것도 없다. 이 법령에 관한 특별위원회의 보고자 르 샤프리에 Le Chapelier는 다음과 같이 말했다. "임금이 현재보다 인상되어 그 임금을 받는 사람이 생활필수품의 결핍으로 말미암은 절대적 예속[거의 노예상태]에서 해방되는 것은 바랄만한 것이지만," 노동자들에게 자기들의 이익에 관해 협의하거나 공동행동을 취함으로써 '절대적 예속[거의 노예상태]'을 완화하는 것을 허용해서는 안 된다. 왜냐하면 그들은 그렇게 함으로써 '그들의 이전의 장인인 현재의 기업가의 자유'(노동자를 노예상태로 유지하는 자유!)를 침해하기 때문이며, 또 이전 길드 장인의 독재를 반대하는 단결은—무엇이라고 말하는가 맞추어 보라!—프랑스 헌법에 의해 폐지된 길드의 재건이기 때문이다!7) 라고.

명』. 파리 1791. 제3권: 523)

7) 뷔세와 루-라베르뉴, 『프랑스 혁명의 의회사』.제10권: 193~195 이곳저곳.

제29장
자본주의적 차지농업가의 탄생

우리는 무일푼의 자유로운 프롤레타리아 계급의 폭력적 창출, 그들을 임금노동자로 전환시킨 잔인한 규율, 그리고 [노동에 대한 착취도를 강화하면서 자본의 축적을 증진시키기 위해 경찰력을 동원한] 국가의 추악한 조치 등을 고발했는데, 이제 문제로 되는 것은 자본가는 시초에 어디로부터 나왔는가 하는 의문이다. 왜냐하면 농촌 주민의 수탈은 직접적으로는 오직 대토지소유자 계급을 만들어 내었을 뿐이기 때문이다. 그러나 차지농업가의 탄생에 관해서는 우리가 정확하게 지적할 수 있다. 왜냐하면 그것은 여러 세기 동안 끌어온 완만한 과정이었기 때문이다. 농노는 자유로운 작은 토지소유자와 마찬가지로 매우 상이한 토지소유관계 아래에서 토지를 가지고 있었고, 따라서 또한 매우 상이한 경제적 조건 아래에서 해방되었다. 잉글랜드에서는 차지농업가의 최초 형태는 그 자신이 농노였던 베일리프였다. 그의 지위는 고대 로마의 빌리쿠스villicus와 비슷했으나 다만 활동범위가 그보다 좁았다. 14세기 후반에 베일리프는 지주로부터 종자·가축·농기구를 공급받는 차지농업가farmer에 의해 교체되었다. 차지농업가의 처지는 소농peasant의 처지와 그렇게 다를 것이 없었다. 차지농업가는 다만 더 많은 임금노동을 착취했을 따름이다. 그는 얼마 안 가서 분익농分益農share-cropper인 메테예métayer로 되었다. 그는 농업에 필요한 자본의 일부를 스스로 투하했으며, 지주는 다른 부분을 투하했다. 두 사람은 계약에 규정된 비율로 총생산물을 분배했다. 이 형태는 잉글랜드에서는 급속히 사라지고, 진정한 차지농업가─그는 임금노동자를 고용함으로써 자기 자신의 자본을 증식시키며, 잉여생산물의 일부를 화폐 또는 현물로 지주에게 지대로 지불한다─에 자리를 양보한다. 15세기를 통해 독립적 소농과, 임금노동에 종사하면서 자작하는 농업노동자들이 자기들의 노동에 의해 부를 얻고 있는 한에서는, 차지농업가의 형편과 그의 생산분야는 마찬가지로 평범했다. 15세기의 마지막 1/3에서 시작해 16세기의 거의 전체 기간(마지막 십년을 제외하고)에 걸쳐 계속된 농업혁명은, 농촌주민의 대다수를 빈곤하게 만든 것과 동일한 속도로, 차지농업가를 부유하게 만들었다.[1]

공유지 등을 횡령함으로써 차지농업가는 거의 아무런 비용도 들이지 않고 자기의 가축 수를 현저하게 증가시킬 수 있었으며, 가축은 자기의 토지에 쓸 풍부한 비료를 제공했다. 16세기에는 결정적으로 중요한 하나의 계기가 첨가되었다. 당시의 차지계약은 장기계약으로 체결되어 가끔 99년에 걸치는 것도 있었다. 귀금속의 가치, 따라서 화폐의 가치가 계속 하락한 것은 차지농업가에게 매우 유리한 것이었다. 위에서 말한 모든 기타의 사정을 무시하더라도, 화폐 가치하락은 〔실질〕임금을 저하시켰다. 임금액의 일부가 이제 차지농업가의 이윤에 첨가되었다. 곡물·양모·육류, 한 마디로 말해 모든 농산물 가격의 계속적인 등귀에 의해 차지농업가는 가만히 앉아 자기의 화폐자본을 증가시켰으며, 반면에 그가

---

1) 해리슨은 『잉글랜드의 묘사』에서, "차지농업가는 이전에는 £4의 지대를 지불하는 것도 곤란했는데, 이제 와서는 £40, 50, 100를 지불하고 있으며, 그리고도…차지기간이 끝난 뒤 그들의 수중에 6~7년분의 지대가 남아 있지 않으면 사업이 잘 안 된 것으로 생각하고 있다."고 말한다.

지불해야 하는 지대는 감소했다. 왜냐하면 지대는 종전의 화폐가치로 계약되었기 때문이다.[2] 이리하여 그는 자기의 임금노동자와 지주를 동시에 희생시켜 치부했다. 그러므로 영국에서는 16세기 말에 당시로서는 부유한 '자본주의적 차지농업가capitalist farmer'계급이 형성되었다는 것은 조금도 이상한 일이 아니다.[3]

---

2) 16세기에 화폐의 가치하락이 사회의 상이한 계급들에게 준 영향에 관해서는 W. S.의 저서 『현재 우리나라 각계 각층의 일반적 불평에 관한 간단한 고찰』 (런던 1581년)을 보라. 이 저서는 문답식으로 되어 있기 때문에 셰익스피어가 쓴 것으로 오랫동안 오인되어 왔으며, 1715년에 와서도 이 책은 같은 이름으로 다시 출판되었다. 이 저서의 저자는 스태퍼드William Stafford다. 한 단락에서 기사knight는 다음과 같이 이치를 따지고 있다. "기사 : 나의 이웃인 농부·상인·모자 제조업자, 그리고 기타 수공업자들이여, 그대들은 형편이 매우 좋아질 것이다. 왜냐하면 모든 물건이 이전보다 비싸지면 그대들은 그대들이 다시 파는 상품이나 노력의 가격을 그만큼 올리기 때문이다. 그러나 우리는 가격을 올려 팔아 우리가 살 때에 입은 손실을 보충할 수 있는 그런 물건을 하나도 가지고 있지 않다." 또 다른 곳에서 기사는 박사에게 묻는다 : "당신은 누구를 염두에 두고 계신가를 알려 주시오. 먼저 첫째로 당신의 생각으로는 이 경우 손해를 보지 않는 것은 누구인가를? 박사 : 나의 생각으로는 매매에 의해 생활하는 모든 사람들이다. 왜냐하면 그들은 비싸게 사더라도 그만큼 비싸게 팔기 때문이다. 기사 : 그리고 당신의 말과 같이 이득을 보는 두 번째 사람은 누구입니까? 박사 : 그것은 물론 자기가 경작하는 토지에 대해 종전과 같은 지대를 지불하는 모든 임차인 또는 차지농업가들이다. 왜냐하면 그들은 종전의 가격으로 지불하고 새로운 가격으로 팔기 때문에, 즉 땅 빌리는 것에 대해서는 매우 값싸게 지불하고 거기에서 나오는 모든 물건은 비싸게 팔기 때문이다. 기사 : 그러면 그때 이득을 보는 것보다 손해를 더 많이 보는 사람은 누구입니까? 박사 : 그것은 모든 귀족들, 젠틀맨들〔귀족은 아니지만 상류층의 사람들〕, 기타 고정된 지대 또는 고정된 봉급으로 생활하거나 또는 자기 자신이 토지를 경작하지 않든가 또는 상업에 종사하지 않는 모든 사람들이다."

3) 프랑스에서는 중세 초기에 봉건영주에게 바치는 공납의 관리자·징수자였던 레지수르가 얼마 안 가서 옴 다페르(사업가)로 되었는데, 후자는 강탈과 기만 등에 의해 일약 자본가가 되었다. 이 레지수르는 그 자신이 때로는 귀족이었다.

예컨대, "이 계산서는 브장쏭 근처 장원의 기사knight이며 성주인 쟈크 드 토레스가 1359년 12월 25일부터 1360년 12월 28일까지 위의 성주령城主領에 납부하는 지대에 대해 부르고뉴 후작과 백작을 위해 디종에서 회계를 보고 있는 영주에게 제출한 것이다."(몽테유, 『각종 사서史書의 원고에 관해』: 234~235) 이미 여기에서도 사회생활의 모든 분야에서 얼마나 큰 몫이 중개인middleman 수중에 들어가는가를 볼 수 있다. 예컨대 경제의 영역에서는 금융업자·증권투기업자·도매상·소매상이 기업의 단물을 빨아먹으며, 소송에서는 변호사가 당사자의 피를 빨고, 정치에서는 대의원들이 유권자들보다 더욱 중요하며, 대신大臣들이 군주보다 더욱 중요하다. 또한 종교에서는 하느님이 그의 '중보자 mediator'[예수]에 의해 배후로 밀려나며, 예수는 또 목사들에 의해 밀려나는데, 목사들은 또한 '선량한 목자'[예수]와 그의 양떼 사이의 불가결한 중개인이다. 프랑스에서도 영국에서처럼 대규모의 봉건영지들은 무수한 소규모 경지로 분할되었지만, 농촌주민에게는 비할 수 없으리만큼 더욱 불리한 조건 아래에서였다. 14세기에 차지농장이 출현했다. 그 수는 계속 증가해 100,000개를 훨씬 초과했다. 그들은 생산물의 1/12 내지 1/5을 지대로 화폐 또는 현물로 지불했다. 차지농장들은 그 면적의 가치와 크기에 따라 봉토封土fiefs, 소봉토 등으로 불렸는데, 그 중 다수는 몇 에이커에 불과했다. 이 차지농장주들은 모두 그 땅의 주민들에 대해 이러저러한 등급의 재판권을 가지고 있었는데 거기에는 4등급이 있었다. 이런 작은 폭군들 밑에서 농촌주민이 받은 압박은 쉽게 이해할 수 있을 것이다. 몽테유는 말하기를, 현재는 4,000개의 재판소(치안재판소를 포함)가 있을 뿐인데, 당시에는 160,000개의 재판소가 있었다고 한다.

제30장

공업에 대한 농업혁명의 영향. 산업자본을 위한 국내시장의 형성

일시적으로 멈추긴 했지만 끊임없이 반복된 농촌주민의 수탈과 추방은, 우리가 본 바와 같이, 전적으로 길드 밖에 있어 길드의 속박을 받지 않는 다수의 프롤레타리아를 도시공업에 공급했는데, 이와 같은 유리한 사정을 애덤 앤더슨(제임스 앤더슨과 혼동하지 말 것)은 자기의 『상업사』에서 신의 직접적 간섭이라고 표현했다. 시초축적의 이 요소에 대해 우리는 잠시 좀 더 고찰할 필요가 있다. 조프로아 생틸레르가 한 곳에서 우주물질의 응축을, 다른 곳에서 그것의 희박에 의해 설명했던 것과 같은 방식으로,[1] 독립적인 자영농민의 희박은 공업프롤레타리아트의 응축과 직접적으로 대응했다. 그러나 이것만이 그 결과의 전부는 아니다. 토지는 그 경작자 수의 감소에도 불구하고 이전과 다름없는 양의 생산물 또는 이전보다 더 많은 양의 생산물을 생산했다. 왜냐하면 토지소유관계의 혁명이 경작방법의 개량, 협업의 확대, 생산수단의 집적 등을 수반했기 때문이며, 또한 농업의 임금노동자들이 더 높은 노동 강도를 강요당

---

1) 그의 저서 『자연철학의 종합적 · 역사적 · 생리학적 개념』(1838)을 보라.

했을 뿐 아니라[4] 그들이 자기 자신을 위해 노동하는 생산분야가 점점 더 축소되었기 때문이다. 이와 같이 농촌 주민의 일부가 '풀려남set free'과 동시에 그들의 이전의 생존수단도 또한 풀려난다. 이 생존수단은 이제 가변자본의 물질적 요소로 전환한다. 오갈 데 없이 쫓겨난 농민은 이 생존수단의 가치를 임금의 형태로 [자기의 새로운 주인인] 산업자본가에게서 벌지 않으면 안 된다. 국내의 농업에 의존하고 있던 공업원료도 생활수단과 동일한 사정이었는데, 그것은 불변자본의 한 요소로 전환되었다.

예컨대 프리드리히 2세 시대에 모두가 아마방적에 종사하고 있었던 베스트팔렌의 농민 중 일부는 폭력적으로 토지를 수탈당하고 토지로부터 추방되며, 나머지 부분은 대규모 차지농업가의 일용 노동자가 된다고 가정하자. 동시에 큰 아마 방적업체와 직조업체가 생겨 '풀려난 사람들'이 거기에서 임금노동을 한다고 가정하자. 아마는 보기에는 이전과 똑같다. 아마 한 가닥의 섬유는 변하지 않았지만 이제는 그 아마 속에 새로운 사회적 영혼이 깃들어 있다. 이제 아마는 매뉴팩처 소유주의 불변자본의 일부를 이룬다. 이전에는 아마는 [자기가 재배해 가족과 함께 조금씩 방적하던] 무수한 작은 생산자들 사이에 분배되었는데, 이제 아마는 [자기를 위해 타인으로 하여금 방적하게 하며 직조하게 하는] 한 사람의 자본가 수중에 집중되어 있다. 아마방적에 지출된 추가적 노동은 이전에는 무수한 농민 가족들의 추가적 소득으로, 또는 프리드리히 2세 시대에는 프러시아 왕을 위한 조세로 실현되었는데, 이제는 그것은 소수 자본가의 이윤으로 실현된다. 이전에 농촌 일대에 흩어져 있던 방추와 직기는 지금은 노동자와 원료와 함께 소수의 큰 작업장에 집합하고 있다. 또 방추와 직기와 원료는 이전에는 방적공과 직조공의 독립적 생존을 보장하는 수단이었는데, 이제는 방적공과 직조공을 지휘하며[5] 그들로부터 지불받

---

4) 이 점을 J. 스튜어트는 강조하고 있다.

지않는 노동을 짜내기 위한 수단으로 전환된다. 대규모 매뉴팩처나 대규모 농장의 외관을 보아서는, 그것들이 수많은 소규모 생산센터들을 하나로 합병한 것이며 또 수많은 독립적 소생산자들의 수탈에 의해 형성된 것이라는 것을 알 수가 없다. 그러나 편견이 없는 관찰자는 이 외모에 속지 않는다. '혁명의 사자' H. 미라보의 시대에는 대규모 매뉴팩처들은, 오늘날 우리가 합병된 농지라고 부르는 것과 마찬가지로, 합병된 매뉴팩처 또는 합병된 작업장이라고 불렀다. 미라보는 이렇게 말한다.

"사람들은 수백 명의 사람이 한 명의 지배인 밑에서 노동하며 보통 합병된 매뉴팩처라고 부르는 대규모 매뉴팩처에 대해서만 주목하고 있다. 수많은 노동자들이 분산되어 각각 자기 자신의 타산에 의해 노동하고 있는 작업장들은 거들떠볼 가치도 없는 것으로 여겨지고 있다. 그것들은 전혀 무시되고 있다. 이것은 큰 잘못이다. 왜냐하면 그것들만이 국민적 부의 참으로 중요한 구성부분을 이루기 때문이다…합병된 공장은 한두 명의 기업가를 놀랄 만큼 부유하게 하지만, 노동자들은 보수가 좋든 나쁘든 날품팔이 노동자에 지나지 않으며 사업의 성공을 같이 나눌 수는 결코 없다. 이와는 반대로, 분산된 공장에서는 아무도 부유하게 되지는 않지만 많은 노동자들이 행복하게 산다…근면하고 검소한 노동자의 수가 증가할 것이다. 왜냐하면 그들은 현명한 생활방식[즉 근면]이 자기들의 처지를 본질적으로 개선하는 수단이라고 인정하며, 얼마 안 되는 임금인상[이것은 결코 장래를 위해 중요한 것일 수 없으며 기껏해야 사람들로 하여금 하루살이 살림을 좀 낫게 해

---

5) 자본가는 이렇게 말한다. "내가 너희들을 지휘하는 노력의 대가로 너희들이 아직도 가지고 있는 얼마 안 되는 것을 나에게 양도한다는 조건 아래에서, 너희들이 나에게 봉사할 수 있는 영예를 가질 것을 나는 허락할 것이다."(루소, 『정치경제학에 관한 연구』: 70)

줄 뿐이다]을 획득하기 위한 수단이라고는 인정하지 않기 때문이다…
대체로 소규모 농업과 결합되어 있는 분산적 개별적 매뉴팩처만이 자
유로운 매뉴팩처다."6)

농촌주민 일부의 수탈과 추방은 산업자본을 위해 노동자와 그들의 생
활수단 및 그들의 노동재료를 풀려나게 했을 뿐 아니라, 또한 국내시장
을 창조했다.

사실상 소농을 임금노동자로 전환시키며 그들의 생활수단과 노동수단
을 자본의 물질적 요소로 전환시킨 사건들은 동시에 자본을 위한 국내시
장을 만들어내었다. 종전에 농민가족은 생활수단과 원료를 자신이 생산
했으며 그리고 그 대부분을 자신이 소비했다. 그런데 이제는 이 원료와
생활수단이 상품으로 되었고, 큰 차지농업가는 매뉴팩처에서 자기의 상
품들을 파는 시장을 발견했다. 실, 아마포, 거칠게 만든 모직물 따위, 즉
각 농민가족이 자기의 수중에 있는 원료로 자기들의 소비를 위해 방적하
고 직조하던 물건들이 이제는 매뉴팩처의 제품으로 전환되고, 그 제품의
판로는 다름 아닌 농촌지방이다. 종래에는 자신의 타산에 의해 노동하는
다수의 소생산자들이 다수의 분산된 고객들을 찾아다녔으나, 이제는 이
고객들이 산업자본에 의해 공급되는 하나의 큰 시장으로 모여든다.7) 이

---

6) H. 미라보, 『프로이센 왕국에 대해』, 제3권: 20~109 이곳저곳. 미라보가 분
산된 작업장을 '합병된' 작업장보다 더욱 경제적이며 생산적이라고 여기고, 또
한 후자를 정부의 적극적인 비호를 받고 있는 단순히 인공적인 온실 식물로
보고 있는 것은 당시 유럽대륙의 대부분 매뉴팩처의 상태로부터 설명할 수 있
다.

7) "한 노동자의 가족이 다른 일을 하는 틈틈에 그들 자신의 노력으로 남모르게
자기들의 일 년치의 의복으로 만든 20파운드의 양모는 아무런 주목도 끌지 못
한다. 그러나 이 양모를 시장에 가지고 가서 공장으로 보내고, 다음에는 공장
주의 제품을 중개인에게로 또 그 다음에는 상인에게로 보내면, 많은 상업활동

리하여 농촌 부업의 파괴, 매뉴팩처와 농업의 분리과정이 이전의 자립적 농민들의 수탈, 생산수단에서 그들의 격리와 나란히 진행된다. 그리고 농촌의 가내공업을 파괴하는 것만으로도 한 나라의 국내시장은 자본주의적 생산방식에 필요한 규모와 안정성을 가질 수 있게 된다. 그러나 진정한 매뉴팩처 시기는 아직도 이 변혁을 근본적으로 그리고 완전히 수행하지는 못한다. 우리가 알고 있는 바와 같이, 매뉴팩처는 도시의 수공업과 농촌의 가내부업을 광범한 배경으로 삼으면서 국민생산을 매우 부분적으로만 장악할 따름이다. 매뉴팩처는 이런 부업과 수공업을 한 형태, 일정한 공업부문, 일정한 지점에서 파괴하면서도 동일한 것들을 다른 형태, 다른 공업부문, 다른 지점에서 소생시킨다. 왜냐하면 매뉴팩처는 원료의 가공을 위해 어느 정도까지 그런 것들을 필요로 하기 때문이다. 그러므로 매뉴팩처는, 토지 경작을 부업으로 하고 공업노동[이것의 생산물은 직접 또는 상인의 손을 거쳐 매뉴팩처에 판매된다]을 본업으로 하는 새로운 소농민 계급을 탄생시킨다. 이 사실은 잉글랜드 역사 연구가를 제일 먼저 혼란에 빠지게 하는 이유의 하나—비록 가장 중요한 이유는 아니더라도—다. 그것도 그럴 것이, 이 연구가는 한편으로는 15세기 마지막 1/3로부터 농촌에서 자본주의적 농업이 성장하고 농민층의 몰락이 더욱더 심해진다는 계속되는 불평—이따금 중단되기는 하지만—을 들어왔으며, 다른 한편으로는 이 농민층이 비록 그 수는 감소되고 그 형편들은 점점 더 악화되고 있지만[8] 여하튼 계속 존재하고 있는 것을 보기 때문이

이 나타나게 되며 또 이 상업활동에 사용되는 명목자본은 이 양모가치의 20배나 될 것이다…이리하여 농촌의 노동계급은 비참한 공장인구, 기생적 상인계급, 가공적인 상업적·화폐적·금융적 제도를 유지하기 위해 착취를 당한다."(어콰트, 『상용어』: 120).

8) 크롬웰 시대[1653~1658년]는 예외다. 공화정이 존속하던 때는 잉글랜드 인민대중의 모든 층은 튜더왕조[1485~1603년] 아래의 몰락 상태에서 빠져나올 수 있었다.

다. 그 주요 원인은, 잉글랜드에서는 시대의 변천에 따라 때로는 곡물재
배가 때로는 목축업이 우세하게 되며, 이와 같은 시대변천에 따라 농민
경영의 범위가 변동한다는 데 있다. 대규모 공업만이 기계의 형태로 자
본주의적 농업에 확고한 토대를 제공하고, 농촌주민의 압도적 대다수를
근본적으로 수탈하며, 농촌 가내공업의 기본인 방적업과 직조업을 파괴
함으로써 농업과 농촌가내공업 사이의 분리를 완성한다.9) 따라서 또 대
규모 공업만이 산업자본을 위해 전체 국내시장을 비로소 정복한다.10)

---

9) 터케트는 기계의 도입과 함께 현대적 양모공업이, 진정한 매뉴팩처로부터 그
리고 농촌[또는 가내]공업의 파괴로부터 발생했다는 것을 알고 있다. (『노동인
구의 과거ㆍ현재 상태의 역사』. 제1권: 139~144) "쟁기와 멍에는 신이 발명한
것이며 영웅들이 사용한 것이었다. 그런데 직기, 방추, 실패distaff의 유래는 그
만큼 고귀하지는 못한가? 실패와 쟁기를, 방추와 멍에를 서로 분리하면, 공장
과 구빈원, 신용과 공황, 두 개의 적대적 국민[농업국민과 상업국민]을 가지게
된다."(어콰트, 같은 책: 122) 그런데 여기에 캐리가 나타나서, 잉글랜드는 다
른 모든 나라를 순수농업국으로 전환시키고 자신은 그 농업국의 공장으로 되
려 한다고 잉글랜드를 비난하는데, 그것은 확실히 부당한 것은 아니다. 그는
이렇게 주장한다. 터키가 이 분리 때문에 파멸했는데, 왜냐하면 거기에서는
"토지소유자와 농민이 쟁기와 직기, 써레와 망치 사이의 자연적 동맹의 형성을
통해 자기들을 강화하려는 것을 잉글랜드가 결코 허용하지 않았기 때문이다."
(캐리, 『노예무역』: 125) 캐리의 의견에 따르면, 터키에서 잉글랜드의 이익을
위해 자유무역을 선전한 어콰트 자신도 터키를 파멸시킨 주모자의 한 사람이
다. 그러나 웃기는 일은, 캐리—그는 대단한 러시아 추종자다—는 농업과 가
내공업 사이의 분리과정을 촉진시키는 바로 그 보호무역제도에 의거해 이 분
리과정을 방지하려고 하고 있다는 사실이다.

10) J. S. 밀, 로저스, G. 스미스, 포세트 따위와 같은 박애주의적 영국 경제학자
들과, 존 브라이트 일파와 같은 자유주의적 공장주들은, 마치 하느님이 카인에
게 그의 동생 아벨의 행방을 물은 것처럼, 잉글랜드 토지귀족에게 이렇게 묻는
다. 수 천명의 자유토지보유자들은 어디로 갔는가? 또 그대들은 도대체 어디
서 왔는가? 그대들은 그 자유토지보유자들의 파멸에서 온 것이 아닌가? 라고.
왜 당신들은 더 나아가서, 독립적 직조업자ㆍ방적업자ㆍ수공업자들은 어디로
갔는가는 묻지 않는가?

제31장

산업자본가의 탄생

산업[1] 자본가의 탄생은 차지농업가의 탄생처럼 그렇게 점차적인 방식으로 진행된 것은 아니다. 의심할 바 없이 길드의 장인들과 그보다 더 많은 자립적 소규모 수공업자들 또는 임금노동자들까지도 작은 자본가로 전환하고, 그리고 임금노동의 착취를 더욱 확대해 자본의 축적을 강화함으로써 본격적인 자본가로 전환했다. 중세 도시의 유년기에는 도주한 농노 중 누가 주인으로 되고 누가 하인으로 되는가 하는 문제는 대개 그들 중 누가 먼저 도주했는가에 따라 결정되었는데, 자본주의적 유년기에도 흔히 그랬다. 그러나 이런 방법에 의한 달팽이 걸음같은 완만한 진보는 15세기 말의 대발견들이 창조한 새로운 세계시장의 상업적 요구에 결코 대응하지 못했다. 그런데 중세는 두 개의 독특한 자본형태를 물려주었다. 즉 아주 다양한 경제적 사회구성체에서 성숙되어 자본주의적 생산양식의 시대 이전에도 어쨌든 자본으로 기능하고 있었던 고리대자본과 상인자본이 바로 그것이다.

---

1) 여기에서 '산업'은 '농업'과 구별되고 있다. '범주적' 의미에서는 차지농업가는 제조업자와 마찬가지로 산업자본가다.

"현재 사회의 모든 부는 먼저 자본가의 수중으로 들어간다…그는 지주에게 지대를, 노동자에게 임금을, 조세와 십일조의 징수자에게는 그들의 요구액을 지불하며, 그리고 연간 노동생산물의 대부분을, 아니 그 최대부분이고 끊임없이 증가하는 부분을 자기 자신을 위해 남겨둔다. 자본가는 이제 사회 모든 부의 최초의 소유자라고 볼 수 있다. 비록 이 소유권을 그에게 부여한 어떤 법률도 없지만…소유 상의 이런 변화는 자본에 대해 이자를 받는 것에 의해 비로소 생긴 것이다…그리고 유럽 전체의 입법자들이 고리대금업을 법률로 방지하려 했다는 것은 적지 않게 주목할 만한 일이다…나라의 전체 부에 대한 자본가의 권력은 소유권의 완전한 혁명인데, 이와 같은 혁명은 어떤 법령 또는 어떤 일련의 법령에 의해 수행되었는가?"[2]

이 저자는 혁명은 법률에 의해 일어나는 것이 결코 아니라고 스스로 대답했어야 할 것이다.

농촌의 봉건제도와 도시의 길드제도는 고리대금업과 상업에 의해 조성된 화폐자본이 산업자본으로 전환하는 것을 방해했다.[3] 이런 속박들은 봉건적 가신단의 해체와 농촌 주민의 수탈·추방과 함께 제거되었다. 새로운 매뉴팩처는 해안의 항구 또는 [옛날 도시와 길드의 통제 밖에 있는] 농촌지역들에 건설되었다. 이 때문에 잉글랜드에서는 이런 새로운 공업배양지들을 반대하는 자치도시自治都市 corporate towns의 치열한 투쟁이 일어났다.

---

2) 『자연적 소유권과 인위적 소유권의 대비』: 98~99. 이 익명 저서의 저자는 호지스킨이다.

3) 1794년까지도 리즈의 작은 직조업자들은 상인이 공장주가 되는 것을 금지하는 법령의 제정을 청원하기 위해 대표단을 의회에 파견했다. (애이킨, 『맨체스터 주변 30~40마일 지역에 대한 묘사』)

아메리카에서 금은의 발견, 원주민의 섬멸·노예화·광산에 생매장, 동인도의 정복과 약탈의 개시, 아프리카가 상업적 흑인 수렵장으로 전환 따위가 자본주의적 생산의 시대를 알리는 새벽의 특징이었다. 이런 목가적인 과정들은 시초축적의 주요한 계기들이다. 그 뒤를 이어 일어난 것은 지구를 무대로 하는 유럽 국민들의 무역전쟁이었다. 이 전쟁은 스페인에 대한 네덜란드의 반항으로 개시되었고, 잉글랜드의 자코뱅 반대 전쟁에서 거대한 규모에 달했으며, 현재 아직도 중국에 대한 아편전쟁 따위로 계속되고 있다.

시초축적의 상이한 요소들은 대체적인 연대기에 따라 특히 스페인·포르투갈·네덜란드·프랑스·잉글랜드에 분배된다. 잉글랜드에서는 이 상이한 요소들이 17세기 말에 식민제도·국채제도·근대적 조세제도·보호무역제도를 포함하면서 체계적으로 통합되었다. 이런 방법들은 부분적으로는 잔인한 폭력에 의존하는 것인데, 예컨대 식민제도가 그러하다. 그러나 이 모든 방법들은 봉건적 생산양식을 자본주의적 생산양식으로 전환하는 과정을 온실 속에서처럼 촉진해 그 과도기를 단축시키기 위해, 사회의 집중되고 조직된 힘인 국가권력을 이용한다. 힘은 낡은 사회가 새로운 사회를 잉태하고 있을 때는 언제나 그 조산사midwife가 된다. 힘 자체가 하나의 경제적 능력이다.

기독교를 자기의 전공으로 삼고 있는 하위트는 기독교적 식민제도에 관해 이렇게 말하고 있다.

"이른바 기독교 인종이 정복할 수 있었던 세계의 도처에서 또 모든 주민들에 가한 야만 행위와 잔인한 행위는 어떤 역사적 시기에도 그 유례가 없으며, 또 아무리 난폭하고 몽매하며 무정하고 파렴치한 인종도 그것을 따라갈 수 없을 것이다."[4]

17세기 최고의 자본주의국이었던 네덜란드의 식민지 경영사는 '배신·매수·학살·비열의 유례없는 광경'을 보여준다.5) 네덜란드사람이 자바 섬에서 사용할 노예를 얻기 위해 셀레베스 섬에서 실시한 인간 약탈제도처럼 특징적인 것은 없다. 이 목적을 위해 특별한 인간도둑이 훈련되었다. 도둑·통역·판매인은 이 거래의 주된 담당자였으며, 토착 군주가 주된 판매인이었다. 훔쳐온 젊은이들은 노예선박으로 운반될 수 있을 만큼 성장할 때까지 셀레베스 섬의 비밀감옥에 숨겼다. 한 공식보고서에는 다음과 같이 쓰여 있다.

"예컨대 마카싸르라는 이 도시는 비밀감옥으로 가득차 있다. 그 중 어떤 것은 다른 것보다 더 무서운데, 거기에는 가족으로부터 강제로 분리되어 쇠사슬에 얽매인, 탐욕과 포악의 희생자인 가엾은 인간들로 가득차 있다."

말라카를 손에 넣기 위해 네덜란드사람들은 포르투갈 총독을 매수했다. 1641년 총독은 네덜란드사람들이 시내에 들어오는 것을 허가했다. 그들은 곧 총독의 집으로 달려가서 그를 학살했는데, 그것은 약속한 매수금액 £21,875의 지불을 '절제'하기 위해서였다. 그들의 발이 닿는 곳은 어디나 황폐해지고 인구는 감소했다. 자바 섬의 한 지방인 바뉴완기는 1750년에는 주민의 수가 80,000명 이상이었는데, 1811년에는 8,000명에 불과했다. 이것이 바로 평화로운 상업인 것이다!

---

4) 하위트, 『식민과 기독교』: 9. 노예의 취급에 관해서는 콩트의 『입법론』(3판. 브뤼셀 1837)에 좋은 자료가 있다. 부르주아가 자기 식으로 아무 거리낌 없이 세계를 개조할 수 있는 경우, 자기 자신과 노동자를 어떤 것으로 만들 것인가를 알기 위해서는 이런 자료를 상세하게 연구하지 않으면 안 된다.

5) 전前 자바 부총독 라플즈, 『자바사』(런던 1817). 제2권: 190~191.

잘 아는 바와 같이, 영국의 동인도회사는 인도의 정치적 지배 이외에
차 무역과 중국 무역 전반, 그리고 유럽을 왕래하는 화물수송의 배타적
독점권을 가지고 있었다. 그런데 인도 연안상업, 섬들 사이의 상업, 그리
고 인도 내륙상업은 이 회사의 고급직원들이 독점하고 있었다. 소금·아
편·후추·기타 상품에 대한 독점은 부의 한없이 큰 원천이었다. 회사
직원들이 가격을 설정하고 불행한 인도사람들을 마음대로 약탈했다. 총
독도 이런 사적 거래에 참가했다. 그의 총애를 받은 사람들은 연금술보
다 더 교묘하게 무無로부터 금을 만들어낼 수 있게끔 계약을 체결할 수
있었다. 거액의 재산이 우후죽순처럼 하룻밤 사이에 자라났으며, 시초축
적은 한 푼의 투자도 없이 진행되었다. 워렌 헤이스팅즈의 재판은 이와
같은 실례들로 가득 차 있다. 그 중 한 예를 들어 보자. 설리반이라는
사람은 아편 생산지에서 아주 멀리 떨어진 인도의 한 지방에 공무로 떠
나려고 하던 순간에 아편 납품계약을 얻었다. 설리반은 그 계약을
£40,000로 빈이라는 사람에게 팔았으며, 빈은 또한 그것을 같은 날에
£60,000로 다시 팔았다. 이 계약을 마지막으로 구매해 수행한 사람은
그렇게 하고도 막대한 이득을 얻었다고 말했다. 의회에 제출된 한 문서
에 따르면, 이 회사와 그 직원들은 1757년부터 1766년까지 인도인들로부
터 £6백만의 선물을 받았다. 1769년부터 1770년까지 영국사람들은 쌀
을 전부 사재기하고 그것을 엄청난 높은 가격이 아니면 다시 팔지 않음
으로써 인위적으로 기근을 만들어내었다.[6]

원주민 취급이 가장 횡포하게 자행된 곳은, 물론 서인도와 같이 전적
으로 수출무역을 위해 설립된 플랜테이션 농장에서, 그리고 멕시코·동
인도와 같이 약탈의 대상으로 내맡겨진 부유하고 인구가 조밀한 나라들

---

6) 1866년에는 오리사 주에서만 100만 명 이상의 인도사람이 굶어 죽었다. 그런
   데도 이 굶어 죽어가는 사람들에게 높은 가격으로 생활수단을 판매함으로써
   인도의 국고를 채우려고 노력한 것이다.

에서였다. 그러나 진정한 식민지들에서도 시초축적의 기독교적 성격은 나타나지 않을 수 없었다. 신교의 엄격한 주창자들인 [미국] 뉴잉글랜드의 청교도들은 1703년에 그들 의회의 결의에 따라 인디언의 머리 가죽 1장이나 포로 1명에 대해 £40의 상금을 걸었고, 1722년에는 머리 가죽 1장에 상금이 £100로 되었으며, 1744년에 매사추세츠만 지역이 어떤 종족을 반란자라고 선언한 뒤 다음과 같은 가격을 붙였다. 즉 12세 이상 남자의 머리 가죽은 새 통화 £100, 남자 포로는 £105, 여자나 아동 포로는 £55, 여자나 아동의 머리 가죽은 £50다. 수십 년 뒤 [미국독립전쟁 시기에] 식민제도는 그 사이 본국 [영국] 에 반기를 들게 된 경건한 청교도의 자손들에게 복수했는데, 영국사람의 매수와 사주 아래 그 자손들은 인디언의 도끼에 찍혀 죽었다. 영국 의회는 경찰견bloodhound과 머리 가죽 벗기기를 '신과 자연이 자기들에게 부여한 수단'이라고 선언했다.

식민제도는 무역과 항해를 급격히 육성시켰다. '독점회사'(루터) [제1권 제11장 주6 참조] 는 자본집적의 강력한 지렛대였다. 식민지는 싹트는 매뉴팩처에 판매시장을 보장해 주었으며, 이 시장의 독점은 축적을 더 한층 강화했다. 유럽 밖에서 직접적 약탈, 토착민의 노예화, 살인 강도로 획득한 재물은 본국으로 흘러 들어와 거기에서 자본으로 전환되었다. 식민제도를 제일 먼저 발전시킨 네덜란드는 1648년에 이미 상업적 위력의 절정에 달했다.

"이 나라 [네덜란드] 는 동인도 무역과, 유럽의 동남부와 서북부 사이의 교역을 거의 독차지하고 있었다. 이 나라의 어업, 항해, 매뉴팩처는 다른 모든 나라를 능가하고 있었다. 아마도 이 공화국의 자본은 나머지 유럽의 모든 자본보다 더 많았을 것이다."

이 글을 쓴 귈리히는 다음과 같이 부언할 것을 잊어버리고 있다. 즉 네덜란드 인민은 1648년까지 유럽의 다른 모든 인민들을 합한 것보다 더 과도한 노동을 하고 있었으며, 더 빈곤했으며, 더 참혹한 억압을 당하고 있었다고.

오늘날에는 산업적 패권이 상업적 패권을 가져온다. 이와는 반대로, 진정한 매뉴팩처 시기에는 상업적 패권이 산업상의 우세를 보장해 주었다. 이 때문에 식민제도가 그 당시에는 주요한 구실을 한 것이다. 식민제도는 '낯설은 신'인데, 이 신은 유럽의 옛 신들과 나란히 제단에 앉아 있다가 어느 날 그 신들을 모두 한꺼번에 때려 엎어버리고 치부가 인류 궁극의 유일한 목적이라고 선언했던 것이다.

중세에 이미 제노바와 베네치아에서 그 기원을 보게 되는 공공신용제도 즉 국채제도는 매뉴팩처시기에 유럽 전체에 전파되었다. 식민제도는 이에 따르는 해상무역, 무역전쟁과 더불어 국채제도를 성장시킨 온실이었다. 그리하여 국채제도는 먼저 네덜란드에서 확립되었다. 전제국가이든 입헌국가이든 공화제국가이든, 국가를 매각하는 국채는 자본주의 시대를 특징짓는다. 이른바 국부 중 현실적으로 근대적 인민 전체가 소유하게 되는 유일한 부분은 바로 국채다.[7] 그렇기 때문에 인민이 국채를 많이 가지면 가질수록 그 인민은 부유하게 된다는 근대적 학설이 나온 것이다. 공공신용은 자본이 굳게 믿는 신념이 된다. 그리하여 국채의 성립과 함께 결코 용서할 수 없는 큰 죄가 되는 것은 성령에 대한 모독이 아니라 국채에 대한 불신이다.

공채는 시초축적의 가장 강력한 지렛대의 하나가 된다. 마치 마술 지팡이로 치는 것처럼, 공채는 비생산적 화폐에 창조의 힘을 부여하고 그것을 자본으로 전환시키는데, 이때 이 화폐는 산업에 투하할 때나 심지

---

7) 코베트가 지적하고 있는 바와 같이, 영국에서 모든 공공기관은 'royal'(왕의 것)이라는 명칭을 가지고 있으나, 그 대신 그들의 부채는 모두 'national'(국민의) 부채다.

어는 고리대금업에 투하할 때에도 반드시 수반하는 위험과 번잡을 겪을 필요가 전혀 없다. 국가의 채권자들은 현실적으로는 아무것도 내어주지 않는다. 왜냐하면 그들이 대부한 금액은 쉽게 양도할 수 있는 공채증서로 전환되며, 이것은 현금과 마찬가지로 그들의 수중에서 기능하기 때문이다. 더욱이 이렇게 창조된 놀고먹는 금리생활자 계급, 정부와 국민 사이의 중개인 노릇을 하는 금융업자들, 또한 온갖 국채의 상당한 부분을 하늘에서 떨어진 자본으로 이용하는 징세청부인·상인·사적 공장주들의 일확천금의 부는 제외하더라도, 국채는 주식회사, 온갖 종류의 유가증권거래·투기업, 한마디로 말해 증권투기와 근대적 은행지배를 발생시켰다.

'국립'이라는 칭호로 장식한 대은행들은, 그 출생 첫날부터 정부를 원조하여 받은 특권 때문에 정부에 화폐를 대부할 수 있는 위치에 있는 사적 투기업자들의 연합에 불과했다. 그러므로 이런 은행들의 자산이 계속 증가하는 것은 국채 누적의 가장 확실한 척도가 되는데, 이와 같은 은행들의 전면적 발전은 1694년 잉글랜드 은행Bank of England〔이하 BOE로 약칭〕의 창립으로부터 시작된다. BOE는 자기의 화폐〔자기자본〕를 8%로 정부에 대부하는 것으로 활동을 개시했는데, 이와 동시에 이 은행은 화폐를 주조할 수 있는 권한을 의회로부터 받음으로써 자기의 자본을 은행권bank-note의 형태로 다시 한번 국민에게 대부했다. BOE는 이 은행권을 가지고 어음을 할인하고, 상품담보로 대부하며, 귀금속을 사 들일 수 있었다. 얼마 안 가서 이 은행 자체가 만들어낸 신용화폐〔BOE 은행권〕는 유통수단으로 기능하게 되었으며, BOE는 이 은행권으로 국가에 대부했고 국가를 대신해 공채이자를 지불했다. 이 은행은 한손으로는 주고 다른 손으로는 그보다 훨씬 더 많이 도로 받았을 뿐 아니라, 도로 받으면서도 은행은 자기가 빌려준 최후의 한 푼에 이르기까지 국민에 대한 영원한 채권자로 남아 있었다. 이 은행은 점차 영국의 퇴장 귀금속의 없어서는 안 될 보관창고로 되었으며, 전체 상업신용의 무게 중심이 되었다.
〚잉글랜드에서는 마녀에 대한 화형을 그만두자마자 은행권 위조자의 교수형이 시작
되었다.〛 이와 같은 은행귀족 · 금융업자 · 금리생활자 · 중개인 · 주식투기
업자 · 증권거래업자들의 일당이 갑자기 나타난 것이 당시의 사람들에게
어떤 영향을 미쳤는가에 대해서는 당시의 저술들, 예컨대 볼링브로크의
저술이 보여주고 있다.8)

국채와 더불어 국제신용제도가 생겼는데, 이것은 이러저러한 국민의
시초축적의 은폐된 원천의 하나였다. 예컨대 베네치아의 추악한 강탈제
도의 각종 악행들〚샤일록이 보여주는 바와 같은〛은 몰락하고 있던 베네치
아로부터 거액의 화폐를 빌린 네덜란드에게는 풍부한 자본의 비밀원천의
하나이었다. 이런 관계는 네덜란드와 잉글랜드 사이에서도 볼 수 있다.
이미 18세기 초에는 네덜란드의 매뉴팩처는 잉글랜드의 매뉴팩처보다
훨씬 뒤떨어졌으며, 네덜란드는 월등한 상공업국이 아니게 되었다. 그러
므로 1701~1776년에 네덜란드의 주요한 사업의 하나가 된 것은 방대한
자본의 대부업무, 특히 자기의 강력한 경쟁국인 잉글랜드에 대한 대부업
무였다. 동일한 일이 현재 잉글랜드와 미국 사이에도 일어나고 있다. 오
늘날 미국에 나타나고 있는 출처불명의 많은 자본은 어제 잉글랜드에서
자본으로 전환한 아동들의 피다.

국채는 국가세입에 근거하고 있으며 세입으로 해마다 이자 지불 등을
충당해야 하기 때문에, 근대적 조세제도는 국채제도의 필수적인 보완물
이었다. 국채는 정부의 임시지출을 납세자가 당장 그 부담을 느끼지 않
는 방법으로 조달할 수 있게 하지만, 결과적으로는 세금을 인상하지 않
을 수 없게 한다. 다른 한편으로 차례차례로 계약된 국채의 누적이 일으

---

8) "만약 오늘날 타타르사람들이 유럽에 쳐들어온다면, 우리들 속에서 금융업자
   가 가지고 있는 의의를 그들에게 이해시키기는 매우 곤란할 것이다."(몽테스키
   외,『법의 정신』(1769). 4판: 33)

키는 세금 증가로 말미암아 정부는 새로운 임시지출을 할 때마다 끊임없이 새로운 국채를 발행하지 않을 수 없다. 그리하여 가장 필수적인 생활수단에 대한 과세(따라서 이것의 가격등귀)를 그 축으로 하는 근대적 조세제도는 그 자체 안에 조세의 자동적인 점진적 증대의 싹을 품고 있다. 과중한 과세란 우연한 것이 아니라 오히려 과세의 원칙이다. 그러므로 근대적 재정이 제일 먼저 시작된 네덜란드에서 위대한 애국자 드 위트는 자기의『네덜란드 국가의 정치적 격언』(1669) 중에서, 조세제도는 임금노동자들을 순종·절욕·근면하게 하며 과도한 노동을 하게 하는 가장 좋은 제도라고 찬양했다. 그러나 여기에서 우리의 관심사로 되는 것은, 근대적 재정이 임금노동자의 상태에 준 파괴적 영향보다는 오히려 이 제도가 농민·수공업자 등 하층 중간계급의 모든 구성원을 폭력적으로 수탈한다는 점이다. 이 점에 관해서는 부르주아 경제학자들 사이에서도 의견의 차이가 없다. 이 제도의 수탈적 효과는 이 제도와 불가분의 관계를 맺는 보호무역제도에 의해 더욱 강화되었다.

공채와 이에 대응하는 재정제도가 부의 자본화와 대중의 수탈에서 이룩한 거대한 임무로 말미암아, 코베트나 더블데이와 같은 저술가들은 부당하게도 근대 인민 빈곤의 주요원인을 여기에서 찾게 되었다.

보호무역제도는 제조업자들을 만들어 내기 위한, 독립적 노동자를 수탈하기 위한, 인민의 생산수단과 생활수단을 자본화하기 위한, 그리고 낡은 생산방식이 근대적 생산방식으로 이행하는 것을 폭력적으로 단축시키기 위한, 인위적 수단이었다. 유럽 국가들은 이 발명의 특허를 얻고자 앞을 다투었으며, 잉여가치 추구자들에게 봉사하기 위해 간접적으로는 보호관세를 통해 그리고 직접적으로는 수출장려금을 통해 자국 인민을 약탈했다. 그뿐 아니라 유럽 국가들은 주변 종속국의 모든 산업을 폭력적으로 전멸시켰는데, 예컨대 잉글랜드는 아일랜드의 양모 매뉴팩처를 전멸시켰다. 유럽대륙에서는 이 과정은 콜베르J. B. Colbert ┃ 1619~1683: 루이 14세의 재정담당관으로 중상주의정책을 실시 』의 선례에 따라 더욱더 단순화되었다. 여기에서는 산업의 시초자본의 일부는 직접 국고에서 흘러나왔다. H. 미라보는 이렇게 외친다.

"7년 전쟁 [1756–1763년] 이전에 작센의 공업이 번영한 원인을 무엇 때문에 그렇게 먼 곳에서 찾으려 하는가? 군주가 빌린 1억 8,000만의 국채에 눈을 돌리기만 하면 그만인데!"9)

식민제도·국채·무거운 세금·보호무역제도·무역전쟁 따위는 진정한 매뉴팩처 시기에는 새싹에 불과했지만 대규모 공업의 유년기에는 거대하게 번창한다. 대규모 공업의 탄생은 헤롯왕이 한 바와 같은 대대적인 아동살해를 통해 축복을 받는다. 영국 해군과 같이, 공장들도 강제징집으로 신병을 보충한다. 이든은 15세기의 마지막 1/3로부터 시작해 그의 시대인 18세기 말에 이르기까지 농촌 주민으로부터 토지를 수탈한 것의 참혹성에 대해서는 매우 냉담했으며, 또한 자본주의적 농업과 '경작지와 목장 사이의 올바른 비율'을 확립하는 데 '필수적'이었던 토지수탈 과정은 큰 만족감을 가지고 경축했으나, 그는 매뉴팩처적 생산들을 공장제 생산으로 전환시키며 자본과 노동력 사이에 올바른 비율을 설정하기 위해 아동을 훔치고 노예화해야 할 필요성에 대해서는 위와 같은 부르주아 경제학적 통찰력을 보여주지 않는다. 그는 이렇게 말한다.

"경영 성과를 올리기 위해 빈민 아동들을 오두막집과 구빈원에서 훔쳐내어 교대제에 의해 야간의 대부분을 혹사시키며 휴식도 없이 일시키는 공업, 그뿐 아니라 나이와 성향이 서로 다른 수많은 남녀를 한

---

9) H. 미라보, 『프로이센 왕국에 대해』. 제6권: 101.

곳에 몰아넣음으로써 방탕과 음란에 감염되지 않을 수 없게 하는 공업, 바로 이와 같은 공업이 개인적·국민적 행복을 총체적으로 증가시킬 수 있겠는가 하는 문제는 아마도 국민의 관심사가 될 만하다."10)

필든은 이렇게 말한다.

"더비셔, 노팅엄셔, 특히 랭커셔에서는 최근에 발명한 기계가, 물레바퀴를 돌릴 수 있는 하천가의 큰 공장들에서 사용되었다. 도시에서 멀리 떨어져 있는 이곳에서는 수천 명의 일손이 갑자기 필요하게 되었다. 그런데 그 당시까지 인구가 희박했으며 또 토지가 척박했던 랭커셔에서는 무엇보다도 사람 손이 요구되었다. 아동들의 민첩한 작은 손가락이 특히 필요했다. 즉시로 런던·버밍엄·기타의 교구 구빈원에서 도제(!)를 모집하는 관습이 생겼고, 7세에서 13~14세까지 의지할 곳 없는 수천 명의 아동들이 북부로 수송되었다. 고용주"(즉 아동도둑)"가 자기의 도제를 입히고 먹이고 공장 가까이 '도제수용소'에 묵게 하는 것이 상례로 되었다. 그들의 노동을 감독하기 위해 감시인이 배치되었다. 이 감시인의 급료는 아동들로부터 짜낸 생산량에 비례했기 때문에, 아동들을 될수록 더 많이 노동시키는 것이 그들에게 이익이 되었다. 그 결과 자연히 학대가 심했다…많은 공장지대들 특히 랭커셔에서, 공장주의 손아귀에 맡겨진 이런 천진하고 고독한 아동들은 천인공노할 학대를 당했다. 그들은 과도한 노동에 죽도록 시달렸고…채찍으로 맞았으며 쇠사슬에 얽매였고 매우 교활한 학대로 고통을 받았다…굶어 피골이 서로 붙은 그들은 채찍으로 노동을 강요당하는 경우가 많았다…그들은 때로는 자살하는 데까지 이르렀다…대중의 눈에서 멀리

---

10) 이든, 『빈민의 형편』: 421.

떨어진 더비셔·노팅엄셔·랭커셔의 아름답고 낭만적인 산골짜기는
고문과 살인의 음산한 장소로 변했다. 공장주들의 이윤은 막대한 것이
었다. 그러나 이것은 그들의 탐욕에 불을 질렀을 뿐이다. 그들은 '야간
노동'을 실시하기 시작했다. 즉 그들은 한 조의 직공들을 주간노동으
로 피로에 쓰러지게 한 다음에는 야간노동을 위해 다른 조의 직공들을
준비했다. 주간 조는 야간 조가 방금 빠져나간 침대로 기어 들어갔으
며, 또 이와 반대로 야간 조는 주간조가 빠져나간 침대로 기어 들어갔
다. 침대가 식을 사이가 없다고 랭커셔 사람들은 전하고 있다."[11]

매뉴팩처시기에 자본주의적 생산방식이 발전함에 따라 유럽의 사회여
론은 수치와 양심이라는 최후의 흔적마저 잃어버렸다. 여러 나라들에서

11) 필든, 『공장제도의 저주』: 5~6. 공장제도 초기의 파렴치한 행위에 관해서는
애이킨, 앞의 책: 219와 기즈번, 『영국 중류·상류계급 사람들의 의무에 관
한 연구』(1795), 제2권을 보라. 증기기관이 공장을 폭포가 있는 농촌에서 도
시 중심지로 이전시켰으므로, '절욕'을 좋아하는 이윤추구자들은 이제 아동
재료를 자기의 주위에서 손쉽게 구할 수 있게 되어 구빈원에서 노예를 강제로
공급받을 필요가 없게 되었다. 로버트 필('말솜씨 좋은 장관'의 대표자)이
1815년 아동보호법안을 의회에 제출했을 때, 프란시스 호너(지금위원회地金委
員會 the Bullion Committee의 뛰어난 인물이며 리카도의 친우)는 하원에서 다
음과 같이 말했다. "어떤 파산자의 소유물과 함께 공장아동들의 한 조—만일
이와 같은 표현을 사용할 수 있다면—를 재산의 일부로 광고하고 경매에 붙
였다는 것은 다 아는 사실이다. 그보다 2년 전에 잔인한 사건이 고등법원 법
정에 제출되었다. 한 무리의 아동들에 관한 사건이었다. 그들은 런던의 한 교
구에서 어느 공장주에게 도제로 인도되었는데, 이 공장주는 그들을 다시 다
른 공장주에게 양도했다. 수 명의 자선가가 그들을 발견했을 때는 그들은 절
대적 굶주림상태에 있었다. 그보다 더 얄미운 다른 사건을 의회 조사위원회
의 위원인 나는 알게 되었다…즉 수년 전에 런던의 한 교구와 랭커셔의 한
공장주 사이에 계약이 체결되었는데, 이에 따르면 그 공장주는 건전한 아동
20명에 바보 한 명씩을 끼워 받게 되어 있었다."(1815년 6월 6일자 호너의
연설)

어떤 치욕스러운 짓이라도 일단 그것이 자본축적의 수단으로 되기만 한다면 그것을 파렴치하게 자랑하곤 했다. 예컨대 속물인 A. 앤더슨의 소박한 상업연대기를 읽어 보라. 거기에는 종래 잉글랜드가 흑인무역을 아프리카와 영령英領 서인도 사이에서만 했는데, 이제는 아프리카와 스페인령 아메리카 사이에서 해도 좋다는 특권을 유트레히트 평화조약을 체결할 때 아시엔토 협약에 의해 스페인으로부터 강탈한 사실을 잉글랜드 정책의 승리라고 떠들어대고 있다. 잉글랜드는 1743년에 이르기까지 매년 4,800명의 흑인을 스페인령 아메리카에 공급할 권리를 얻었다. 이것은 동시에 잉글랜드의 노예 밀수무역을 숨기려는 공식적 시도였다. 리버풀은 노예무역을 통해 크게 성장했기 때문이다. 노예무역은 이 도시의 시초축적의 방법이었다. 그리고 오늘에 이르기까지 리버풀의 '명성'은 여전히 노예무역의 성공에 있으며, 이 노예무역은, 애이킨의 저서에 따르면, "리버풀의 상업을 특징짓고 그 상업을 현재의 번영상태로까지 끌고 온 용감한 모험정신에 부합했으며, 또한 노예무역은 해군과 선원에게 큰 고용기회를 창조했고, 영국 공산품에 큰 수요를 창출했다." 리버풀에서 노예무역에 사용된 선박의 수는 1730년 15척, 1751년 53척, 1760년 74척, 1770년 96척, 1792년 132척이었다.

면공업은 잉글랜드에 아동 노예제도를 도입했고, 미국에서는 종래의 대체로 가부장제적 노예제도를 상업적 착취제도로 전환시키는 데 자극을 주었다. 사실상 유럽의 임금노동자라는 은폐된 노예제도는 신대륙의 노골적인 노예제도를 자기의 발판으로 삼아야만 자기의 죄악이 돋보이지 않게 될 형편이었다.[12]

자본주의적 생산양식의 '영원한 자연법칙'이 자유롭게 작용하도록 하

---

[12] 1790년 자유민에 대한 노예의 비율은 영령 서인도에서는 1명 대 10명, 프랑스령 서인도에서는 1명 대 14명, 네덜란드령 서인도에서는 1명 대 23명이었다. (브룸, 『유럽 열강의 식민정책 연구』. 제2권: 74)

고, 노동자와 노동수단 사이의 분리를 완성하며, 한쪽 끝에서는 사회의
생산수단과 생활수단을 자본으로 전환시키며, 다른 쪽 끝에서는 인민대
중을 임금노동자로, 즉 자유로운 '노동빈민'[이것은 근대사의 인위적인
산물이다13)]으로 전환시키기 위해서는, "위에서 말한 모든 수고가 필요
했다." 만약 화폐가, 오지에가 말하는 바와 같이, "한쪽 볼에 핏자국을
띠고 이 세상에 나온다."14)고 하면, 자본은 머리에서 발끝까지 모든 털
구멍에서 피와 오물을 흘리면서 이 세상에 나온다고 말해야 할 것이
다.15)

---

13) '노동빈민'이라는 표현은 임금노동자 계급이 주목을 끌만큼 된 순간부터 잉글
랜드 법률에 나타나고 있다. 이 '노동빈민'은 한편으로 '나태한 빈민'인 거지
등과 대비해 사용되며, 다른 한편으로 아직 털을 다 뽑혀버린 닭이 아니고
자기 자신의 노동수단을 소유하는 노동자들과 대비해 사용되고 있다. 이 '노
동빈민'이란 표현은 법률에서 경제학으로 옮겨져 컬페퍼, 차일드 등으로부터
A. 스미스와 이든에 이르기까지 이것을 사용하고 있다. 따라서 우리는, 이
'노동빈민'이라는 표현을 '저주받아야 할 정치적 유행어'라고 말한 '저주받아
야 할 정치적 위선가'인 버크의 성실성을 짐작하고도 남는다. 버크는 미국 독
립전쟁 초기에는 북아메리카 식민지에 고용되어 영국 과두정치를 반대하는
자유주의자의 임무를 한 것과 마찬가지로, 이번에는 영국 과두정부에 고용되
어 프랑스혁명을 반대하는 낭만주의자의 구실을 한 아첨꾼이며 철두철미하게
속류 부르주아였다. 그는 이렇게 말한다. "상업의 법칙은 자연의 법칙이며 따
라서 신의 법칙이다."(버크, 『곡물부족에 관한 의견과 상세한 논의』: 31~32)
신과 자연의 법칙에 충실한 그가 항상 자기 자신을 가장 유리한 시장에 팔았
다는 것은 조금도 이상한 일이 아니다! 터커(목사며 토리당원이지만, 다른 점
에서는 존경받을 인간이었고 유능한 경제학자였다)의 저술에서, 자유주의자
였던 당시의 버크에 관한 매우 적절한 성격 묘사를 찾아볼 수 있다. 현재 수
치스러운 도덕적 무원칙이 횡행하고 있으며, '상업의 법칙'에 대한 가장 경건
한 신앙이 굳어지고 있다는 점을 고려할 때, 버크와 같은 사람들[버크가 그
후계자들과 다른 점은 단 한 가지 재치뿐이다]에 대해 몇 번이고 오명을 씌우
는 것은 우리의 의무.
14) 오지에, 『공공신용』: 265.

15) "『쿼터리 리뷰어』에 따르면, 자본은 소란과 분쟁을 피하는 겁쟁이다. 이것은
옳지만 결코 완전히 옳지는 않다. 자연이 진공을 싫어하듯이, 자본은 이윤이
없거나 이윤이 매우 적은 것을 싫어한다. 상당한 이윤만 있다면 자본은 과감
해진다. 10%의 이윤이 보장되면 자본은 장소를 가리지 않고 투자한다. 20%
라면 자본은 활기를 띠며, 50%라면 대담무쌍해지고, 100%라면 인간의 법을
모두 유린할 준비가 되어 있으며, 300%라면 단두대의 위험을 무릅쓰고라도
범하지 않을 범죄가 없다. 만약 소란과 분쟁이 이윤을 가져다준다면 자본은
그 어느 것이라도 모두 고무·사주할 것이다. 위에 말한 것의 증거는 밀수와
노예무역이다."(더닝, 『노동조합과 파업』: 35~36)

제32장
자본주의적 축적의 역사적 경향

자본의 시초축적, 즉 자본의 역사적 발생은 결국 무엇인가? 그것이 노예와 농노를 임금노동자로 직접 전환시키는 것, 즉 단순한 형태변화가 아닌 이상, 그것은 오직 직접적 생산자의 수탈expropriation[즉 자기 자신의 노동에 토대를 두는 사적 소유를 해체하는 것]을 의미할 따름이다. 사회적·집단적 소유의 대립물인 사적 소유는 오직 노동수단과 노동의 외부 조건들이 개인에게 속하는 곳에서만 존재한다.* 그러나 이 개인이 노동자인가 노동자가 아닌가에 따라 사적 소유의 성격이 달라지는데, 얼핏 보아도 눈에 띄는 이 사적 소유의 다양한 종류는 이 두 극단[노동자의 사적 소유와 비노동자의 사적 소유] 사이에 있는 중간 상태들을 반영할 따름이다.

생산수단에 대한 노동자의 사적 소유는 소경영small-scale industry의 기초이며, 소경영은 사회적 생산의 발전과 노동자 자신의 자유로운 개성의 발전에 필요한 조건이다.** 소경영 생산방식이 노예제, 농노제 및 기타의

---

* '사회적·집단적 소유'는 불어판에서는 '집단적 소유'(마르크스, 1977: 556)로 수정되었다.

** 이 문장은 불어판에는 다음과 같이 되어 있다: 노동자가 생산적 활동의 수단을 사적으로 소유한다는 것은 농업 또는 공업에서 소경영의 필연적 귀결이지만,

예속관계 아래에서도 존재하는 것은 사실이다. 그러나 그것이 번영하여 자기의 모든 정력을 발휘하고 자기의 적절한 전형적 형태를 취하는 것은, 오직 노동자가 자기 자신이 사용하는 노동조건의 자유로운 사적 소유자인 경우, 즉 농민이라면 자기가 경작하는 토지를, 수공업자라면 자기가 능숙하게 다루는 도구를 소유하는 경우뿐이다. 소경영 생산방식은 토지의 분할과 기타 생산수단의 분산을 전제한다. 이 생산방식은 생산수단의 집중을 허용하지 않기 때문에, 각 생산과정 안의 협업과 분업, 자연력에 대한 사회적 통제와 규제, 사회적 생산력의 자유로운 발전도 불가능하게 한다. 따라서 이 생산방식은 생산과 사회가 자연발생적인 좁은 범위 안에서 운동할 때에만 적합하다. 이 생산방식을 영구화하려는 것은, 페케르가 옳게 지적하고 있듯이, '만인의 범인화를 명령'하려는 것이나 다름없다. 일정한 발전수준에 도달하면 이 생산방식은 자기 자신을 파괴하는 물질적 수단을 만들어 낸다. 이 순간부터 사회의 태내에서는 이 생산방식을 속박으로 느끼는 새로운 세력과 새로운 정열이 태동하기 시작한다. 이 생산방식은 철폐되지 않을 수 없으며 또 철폐된다. 그것의 철폐, 즉 개별적이고 분산적인 생산수단이 사회적으로 집중된 생산수단으로 전환되는 것, 따라서 다수인의 영세한 소유가 소수인의 거대한 소유로 전환되는 것, 광범한 인민대중으로부터 토지와 생활수단 및 노동도구를 수탈하는 것, 이 처참하고 가혹한 인민대중의 수탈이 자본의 역사의 전주곡을 이룬다. 여기에는 일련의 폭력적 방법이 포함되어 있는데, 우리는 그 가운데서 자본의 시초축적의 방법으로 획기적인 것만을 위에서 고찰했다. 직접적 생산자에 대한 수탈은 가장 무자비한 만행에 의해, 그리고 가장 비열하고 가장 추악하며 가장 야비하고 가장 얄미운 정열의 충동 아래 수행되었다. 자신의 노동으로 획득한 사적 소유, 말하자면 고

이 소경영은 사회적 생산의 못자리이고 노동자의 손의 숙련, 공부의 재능, 자유로운 개성을 연마하는 학교다.

립된 독립적으로 노동하는 개인과, 자기의 노동을 위한 조건들 사이의 융합에 토대를 두는 사적 소유는, 타인들의 형식상으로는 자유로운 노동, 즉 임금노동의 착취에 토대를 두는 자본주의적 사적 소유에 의해 축출된다.[1)

이 전환과정이 낡은 사회를 머리끝에서 발끝까지 충분히 분해시키자마자, 또 노동자가 프롤레타리아로 전환되고 그의 노동조건이 자본으로 전환되자마자, 그리고 또 자본주의적 생산방식이 자기 발로 서게 되자마자, 노동이 더욱더 사회적 성격을 띠게 되는 것, 토지와 기타 생산수단이 더욱더 사회적으로 이용되는 생산수단, 즉 공동의 생산수단으로 전환되는 것, 그리고 사적 소유자를 더욱더 수탈하는 것은 새로운 형태를 취하게 된다. 이제 수탈의 대상은 자기 자신을 위해 일하는 노동자가 아니라 다수의 노동자를 착취하는 자본가다. 이 수탈은 자본주의적 생산 자체의 내재적 법칙의 작용을 통해, 자본의 집중을 통해 수행된다. 항상 하나의 자본가가 많은 자본가를 파멸시킨다. 이 집중[즉 소수 자본가가 다수 자본가를 수탈하는 것]과 나란히, 노동과정의 협업적 형태, 과학의 의식적인 기술적 적용, 토지의 계획적 이용, 노동수단이 공동으로만 사용할 수 있는 형태로 전환되는 것, 모든 생산수단이 [결합된 사회적 성격을 띠는] 노동의 생산수단으로 사용됨으로써 절약되는 것, 각국 국민들이 세계시장의 그물 속에 편입되는 자본주의 체제의 국제적 성격 따위가 점점 더 대규모로 발전한다. 이 전환과정의 모든 이익을 가로채고 독점하는 대자본가의 수는 끊임없이 줄어들지만, 빈곤·억압·예속·타락·착취는 더욱더 증대하며, 이와 동시에 자본주의적 생산과정의 메커니즘 그 자체에 의해 그 수가 항상 증가하며 훈련되고 통일되며 조직되는 계급인 노동자

---

1) "우리는 사회의 측면에서 볼 때 완전히 새로운 상황에 처해 있다…우리는 온갖 종류의 소유를 온갖 종류의 노동으로부터 분리시키려 하고 있다."(시스몽디, 『신정치경제학 원리』, 제2권: 434)

계급의 반항도 더불어 성장한다. 자본의 독점은 [이 독점과 더불어 또 이 독점 밑에서 번창해 온] 생산방식을 속박하게 된다. 생산수단의 집중과 노동의 사회적 성격은 마침내 생산수단과 노동의 자본주의적 겉껍질과 양립할 수 없는 지점에 도달한다. 자본주의적 겉껍질은 갈라져 망가진다. 자본주의적 사적 소유의 조종knell이 울린다. 수탈자가 수탈당한다 [소수의 대자본가가 소유를 빼앗긴다.]

자본주의적 생산방식으로부터 생기는 자본주의적 취득방식은 자본주의적 사적 소유를 낳는다. 이 자본주의적 사적 소유는 자기 자신의 노동에 입각한 개인적 사적 소유individual private property의 첫 번째 부정이다. 그러나 자본주의적 생산은 자연과정의 필연성을 가지고 자기 자신의 부정을 낳는다. 이것은 부정의 부정이다. 이 부정의 부정은 생산자에게 사적 소유를 재건하는 것이 아니라, 자본주의 시대의 성과—협업, 그리고 토지를 포함한 모든 생산수단의 공동점유—를 바탕으로 개인적 소유 [개인들이 연합한 사회의 소유]를 재건한다.

개인들의 자기 노동에 토대를 둔 분산된 사적 소유를 자본주의적 사적 소유로 전환하는 것은, 이미 실제로 사회적 성격을 띠는 생산에* 바탕을 두고 있는 자본주의적 사적 소유를 사회적 소유로 전환하는 것보다 비교할 수 없을 정도로 더 오래 걸리며 힘들고 어려운 과정인 것은 당연하다. 전자에서는 소수의 횡령자가 인민대중을 수탈하지만, 후자에서는 인민대중이 소수의 횡령자를 수탈하기 때문이다.2)

---

2) "부르주아지가 싫든 좋든 촉진하지 않을 수 없는 산업의 진보는, 경쟁에 의한 노동자들의 고립화 대신 결사에 의한 그들의 혁명적 단결을 가져온다. 이리하여 대공업이 발전함에 따라 부르주아지가 생산물을 생산하여 취득하는 토대 그 자체가 부르주아지의 발밑에서 무너진다. 다시 말해 부르주아지는 무엇보다도 먼저 자기 자신의 무덤을 파는 사람을 만들어낸다. 부르주아지의 멸망과 프롤레타리아트의 승리는 어느 것도 피할 수 없다…
오늘날 부르주아지와 대립하고 있는 모든 계급 중 오직 프롤레타리아트만이 참

으로 혁명적 계급이다. 다른 모든 계급은 대공업의 발전과 더불어 몰락하며 멸망하지만, 프롤레타리아트는 대공업의 가장 고유한 산물이다. 하층 중간계급들, 즉 소규모 공장주·소상인·수공업자·농민은 모두 중간계급으로 살아남기 위해 부르주아지와 투쟁한다…그들은 반동적reactionary이다. 왜냐하면 그들은 역사의 바퀴를 뒤로 돌리려 하기 때문이다.”(마르크스와 엥겔스, 『공산당선언』〔CW 6: 496, 494〕)

* ‘사회적 성격을 띠는 생산’은 불어판에서는 ‘집단적 생산방식’(마르크스, 1977: 557)으로 수정되었다.

제33장
근대적 식민이론[1]

    정치경제학은 원칙상 전혀 다른 두 종류의 사적 소유를 혼동하고 있는데, 그 중 하나는 생산자 자신의 노동에 기반을 두는 것이며, 다른 하나는 타인노동의 착취에 기반을 두는 것이다. 후자는 전자의 직접적 대립물일 뿐 아니라 전자의 무덤 위에서만 성장한다는 것을 정치경제학은 망각하고 있다. 정치경제학의 고향인 서부 유럽에서는 시초축적 과정은 대체로 완성되었다. 자본주의체제는 국민의 생산 전체를 직접 정복했거나, 또는 그 경제적 관계가 아직 덜 발전한 곳에서는 [낡은 생산양식에 속하지만, 자본주의체제와 더불어 아직도 존속하면서 몰락하고 있는] 사회층들을 적어도 간접적으로 통제하고 있다. 정치경제학자는 현실이 자기의 이데올로기에 적합하지 않으면 않을수록, 더욱더 열심히 더욱더 그럴싸한 감언이설로 前전자본주의 세계의 법률관념과 소유관념을 이 완성된 자본의 세계에 적용하고 있다. 그런데 식민지들에서는 사정이 다른데, 자본주의체제는 도처에서 [자기 자신이 노동조건의 소유자이고, 자기의 노

---

1) 여기에서는 진정한 식민지, 즉 자유로운 이주민이 머물러 사는 처녀지를 취급한다. 미국은 경제적으로 말하면 여전히 유럽의 식민지다. 그 외에 노예제도의 철폐로 사정이 아주 달라진 종래의 재배식민지(플랜테이션)도 여기에 속한다.

동으로 자본가를 살찌우는 것이 아니라 자기 자신이 치부하는] 생산자가
제기하는 방해에 부닥친다. 이 두 개의 정반대되는 경제체제 사이의 모
순은 두 인간집단들 사이의 실제적인 투쟁으로 나타난다. 자본가가 본국
의 권력을 배경으로 삼고 있는 곳에서는, 그는 독립적 생산자의 개인노
동에 기반을 두는 생산방식과 취득방식을 폭력적으로 제거하려고 노력한
다. 사리사욕—이것 때문에 자본에 아부하는 정치경제학자는 본국에서
는 자본주의적 생산방식이 이론적으로는 그것의 정반대와 동일하다고 거
짓 선언하게 된다—이 식민지에서는 정치경제학자로 하여금 두 생산방
식 사이의 대립을 '있는 그대로 실토하게' 하고 있으며 그 대립을 소리
높이 선언하게 한다. 즉 정치경제학자는 노동의 사회적 생산성의 발전,
협업, 분업, 기계의 대규모 사용 등은 노동자들을 수탈하여 그들의 생산
수단을 자본으로 전환시키지 않고서는 불가능하다는 것을 증명한다. 그
리고 이른바 국부를 증진시키기 위해 그는 국민을 빈곤하게 만드는 인위
적 수단을 탐색한다. 식민지에서는 그의 변호론적 갑옷은 썩은 불쏘시개처
럼 허물어지고 있다.

　식민지에 관해 무슨 새로운 것을 발견한 것은 아니지만, 식민지 안에서
본국의 자본주의적 관계에 관한 진리를 발견한 것은 웨이크필드의 위대
한 공적이다.[2] 보호무역제도가 원래[3] 본국에서 인위적으로 자본가를 육
성하는 것을 목적으로 했다면, 웨이크필드의 식민이론[잉글랜드는 한동
안 이 식민이론을 의회 법률을 통해 실시하려고 했다]은 식민지에서 임
금노동자를 육성하는 것을 목적으로 한다. 그래서 그는 이것을 '조직적

---

2) 근대적 식민의 본질에 관한 웨이크필드의 약간의 통찰력은 그보다 먼저 중농
　주의자인 V. 미라보 [혁명가 H. 미라보의 아버지] 와 또 그보다도 훨씬 이전에
　영국의 경제학자들에 의해 예견되었던 것이다.
3) 보호무역제도는 뒤에 이르러 국제적인 경쟁적 투쟁에서 일시적으로 필요한 것
　으로 된다. 그러나 그 동기는 무엇이든 그 결과는 여전히 동일하다.

식민'이라고 부른다.

먼저 웨이크필드가 식민지에서 발견한 것은, 어느 한 사람이 화폐·생활수단·기계·기타 생산수단을 소유하더라도, 만약 그 필수적 보완물인 임금노동자[즉 자기 자신을 자유의사로 판매하지 않을 수 없는 다른 사람]가 없다면, 그는 아직 자본가로 될 수 없다는 사실이다. 그는 자본은 물건이 아니라 [물건들을 매개로 형성된] 사람들 사이의 사회적 관계라는 것을 발견했다.4) 그는 미스터 필이 총액 £50,000의 생활수단과 생산수단을 잉글랜드에서 서부 오스트레일리아의 스완 강 지역으로 가지고 갔다는 것을 개탄하고 있다. 미스터 필은 선견지명이 있어 그밖에 노동계급의 남녀 성인과 아동들 3,000명을 데리고 갔다. 그러나 목적지에 도착하자 "미스터 필에게는 그의 잠자리를 돌보아 준다든가 강물을 길어다 줄 하인이 한 사람도 없었다."5) 불행한 미스터 필은 모든 것을 준비했지만 잉글랜드의 생산관계를 스완 강으로 수출하는 것만은 준비하지 못했던 것이다!

웨이크필드의 다음과 같은 발견들을 이해하기 위해서는 두 개의 예비적 언급이 필요하다. 우리가 알고 있는 바와 같이, 만약 생산수단과 생활수단이 직접적 생산자의 소유인 경우, 그것들은 자본이 아니다. 그것들은 노동자의 착취수단이자 지배수단으로 봉사하는 조건 아래에서만 자본으로 된다. 그러나 생산수단과 생활수단의 자본주의적 영혼[성격]은 정치경제학자의 머릿속에서 그것들의 물질적 실체와 너무나 긴밀히 결합되

---

4) "흑인은 흑인이다. 일정한 관계 아래에서만 그는 노예로 된다. 면방적 기계는 면화로 실을 뽑는 기계다. 일정한 관계 아래에서만 그것은 자본으로 된다. 이런 관계 밖에서는 그것은 자본이 아니다. 그것은 마치 금이 그 자체로서는 화폐가 아니며, 또 사탕이 사탕가격이 아닌 것과 마찬가지다…자본은 사회적 생산관계이다. 그것은 역사적 생산관계이다."(마르크스, 『임금노동과 자본』[CW 9: 211, 212])

5) 웨이크필드, 『잉글랜드와 미국』제2권: 33.

어 있기 때문에, 그는 그것들을 어떤 사정 아래에서도 [심지어는 자본과
는 정반대물인 경우에도] 자본이라고 부른다. 웨이크필드에게도 그러하
다. 더욱이 생산수단이 다수의 상호 독립적인 자영노동자들의 개인소유
로 분할되어 있는 것을 자본의 균등한 분할이라고 부르고 있다. 정치경
제학자는 [전적으로 화폐적인 관계에까지도 봉건적인 법적 딱지를 붙이
곤 하는] 봉건적 법학자와 비슷하다. 웨이크필드는 이렇게 말한다.

"만약 자본이 모든 사회구성원들 사이에 균등하게 분배된다면…어
느 누구도 자기 자신의 손으로 이용할 수 있는 것보다 더 많은 자본을
축적하려는 동기를 가지지 않을 것이다. 이것은 토지소유에 대한 열망
이 임금노동자 계급의 존재를 가로막고 있는 아메리카의 새로운 식민
지들에서 어느 정도 그러하다."[6]

따라서 노동자가 자기 자신을 위해 축적할 수 있는 동안은 — 그가 생
산수단의 소유자로 남아 있는 동안은 그렇게 할 수 있다 — 자본주의적
축적과 자본주의적 생산양식은 있을 수 없다. 이것에 필요불가결한 임금
노동자 계급이 없기 때문이다. 그러면 옛날의 유럽에서는 노동자로부터
노동조건의 수탈, 따라서 자본과 임금노동이 어떻게 생겨났는가? 웨이크
필드에 따르면, 그것은 매우 독특한 사회계약에 의해서다. "인류는…자
본의 축적"(이것은 물론 아담의 시대로부터 인류 존재의 궁극적이고 유
일한 목적이라고 생각되고 있었다)"을 촉진하는 간단한 방법을 고안해
내었다. 인류는 스스로를 자본의 소유자와 노동의 소유자로 분할했다…
이 분할은 자유의사에 의거한 합의와 제휴의 결과였다."[7] 간단히 말해

---

6) 같은 책: 17.
7) 같은 책. 제1권: 18.

대다수 사람들이 '자본축적'의 영광을 위해 스스로 수탈당한 것이다. 이제 사람들은 다음과 같이 생각할 것이다. 이 광신적인 자기희생의 본능은 특히 식민지에서 만발할 것인데, 그 이유는 그 사회계약을 꿈에서 현실로 옮겨놓을 수 있는 인간과 조건들은 오직 식민지에만 존재하기 때문이라고. 그렇다면 도대체 자연발생적 식민에 대립하는 '조직적 식민'이 왜 필요하단 말인가? 하나의 이유는 다음과 같다.

"아메리카 연방의 북부 주들에서는 임금노동자층이 주민의 1/10이나 되는지 의심스럽다…잉글랜드에서는…국민의 대부분이 임금노동자다."[8]

사실상 자본의 영광을 위해 노동인류가 자기를 수탈하는 [스스로 거지가 되는] 본능은 존재하지 않으므로, 노예제도는 웨이크필드에 따르더라도 식민지 부의 유일한 자연적 토대다. 그의 조직적 식민이론은, 그가 상대해야 하는 것은 노예가 아니라 자유민이기 때문에 생긴 응급책에 불과하다.

"산 도밍고의 최초 스페인 이주민들은 스페인에서 노동자를 한 사람도 데리고 오지 못했다. 노동자가 없이는"(즉 노예제도가 없이는)"자본은 소멸했거나 또는 각 개인이 자기 자신의 손으로 사용할 수 있을 정도의 적은 규모로 축소되었을 것이다. 이것은 영국사람들이 건설한 최후의 식민지(스완 강 식민지)에서 실제로 일어난 일인데, 거기에서는 종자·가축·도구 따위의 거액의 자본이 그것을 사용할 노동자의 부족 때문에 소멸했으며, 또한 어떤 이주자도 자기 자신의 손으로 사

---

8) 같은 책: 42~44.

용할 수 있는 규모를 초과하는 자본을 유지할 수 없었다."9)

우리가 이미 본 바와 같이, 인민대중으로부터 토지를 빼앗은 것은 자본주의적 생산양식의 토대를 이룬다. 이와는 반대로, 자유식민지의 본질은, 대량의 토지가 아직 공공의 소유이며, 따라서 이주자마다 그 일부를 자기의 사적 소유와 자기의 개인적 생산수단으로 전환시킬 수 있으며, 그러고도 뒤에 오는 이주자들이 자기와 동일하게 행동하는 것을 방해하지 않는다는 데 있다.10) 여기에 식민지 번영의 비밀이 있는 동시에 또한 식민지의 암적 고민거리[즉 자본의 정착에 대한 식민지들의 반항]의 비밀이 있는 것이다.

"토지가 대단히 값싸고, 모든 사람이 자유로우며, 또한 각자가 자기의 희망대로 자기 자신을 위해 한 조각의 토지를 쉽게 얻을 수 있는 곳에서는, 노동은 대단히 비쌀 뿐 아니라[생산물 중에서 노동자가 받는 몫으로 보아], 어떤 대가로도 결합노동[집단적 노동]을 얻기는 힘들다."11)

식민지에서는 노동조건과 이것의 근원인 토지로부터 노동자가 아직 분리되어 있지 않거나, 또는 다만 드물게만, 또는 너무나 제한된 범위에서만 분리되어 있다. 따라서 여기에서는 아직 공업과 농업의 분리도 없으며, 농촌 가내공업도 사라지지 않고 있다. 그러면 이곳에서는 자본을 위한 국내시장이 어디로부터 생기는가?

---

9) 같은 책. 제2권: 5.
10) "토지가 식민의 요소로 되기 위해서는 미개간지이어야 할 뿐 아니라 사적 소유로 전환될 수 있는 공공의 소유이어야 한다."(같은 책: 125)
11) 같은 책. 제1권: 247.

"노예와, 특정사업을 위해 자본과 노동을 결합하는 노예사용자를 제외하고는, 미국 주민 중 농업만을 전업으로 하는 계층은 없다. 토지를 스스로 경작하는 자유 미국인들은 동시에 다른 많은 일에 종사하고 있다. 그들은 자기들에게 필요한 가구와 도구의 일부를 대개 자기 손으로 만든다. 흔히 자기 집을 자기 손으로 지으며, 자기 자신의 생산물을 대단히 먼 시장에까지 가지고 간다. 그들은 방적공인 동시에 직조공이기도 하며, 자기 손으로 자가소비용 비누·양초·신발·의복을 만든다. 미국에서는 토지경작이 흔히 대장장이·제분업자·소매상인의 부업이 되어 있다."12)

이와 같은 괴물들 사이에서 자본가의 '절욕의 분야'가 어디에 남아 있겠는가?

자본주의적 생산의 큰 장점은, 그것이 임금노동자를 임금노동자로 끊임없이 재생산할 뿐 아니라, 자본축적에 비례해 임금노동자의 상대적 과잉인구를 항상 생산한다는 점에 있다. 이리하여 노동의 수요공급의 법칙은 적당한 궤도에서 유지되어, 임금의 변동은 자본주의적 착취에 적합한 범위 안에 제한되고, 또한 자본가에 대한 노동자의 사회적 종속[필요불가결하다]이 보장된다. 이 종속관계는 절대적 종속관계인데, 이것을 본국에 있는 정치경제학자는 구매자와 판매자 사이, 그리고 대등하고 독립적인 상품소유자들[즉 자본이라는 상품의 소유자와 노동력이라는 상품의 소유자] 사이의 자유로운 계약관계인 것처럼 교묘하게 기만하고 있다. 그러나 식민지에서는 이 아름다운 환상이 깨어진다. 여기에서는 많은 노동자가 이미 성인으로 식민지에 들어오기 때문에 인구의 절대적 증가는 본국보다 훨씬 빠르지만, 노동시장은 항상 공급부족이다. 노동의 수요공

---

12) 같은 책: 21~22.

급 법칙은 완전히 무너진다. 한편으로 옛날 세계 [식민모국 등] 는 착취와 '절욕'을 열망하는 자본을 식민지에 끊임없이 투입하는데, 다른 한편으로 임금노동자로서 임금노동자를 규칙적으로 재생산하는 것은 [부분적으로는 극복할 수 없는] 전혀 어찌할 수 없는 장애에 부닥친다. 하물며 자본의 축적에 대비한 과잉 임금노동자의 생산이란 꿈에도 생각할 수 없다. 오늘의 임금노동자도 내일에는 독립적인 농민 또는 수공업자가 된다. 그는 노동시장에서 사라지지만 결코 구빈원으로 가는 것은 아니다. 자본을 위해서가 아니라 자기 자신을 위해 노동하며, 자본가를 살찌우는 것이 아니라 자기 자신이 치부하는 독립적 생산자로, 임금노동자가 끊임없이 전환하는 것은 이번에는 노동시장의 상황에 매우 해로운 반작용을 미친다. 문제는 임금노동자의 착취도가 어울리지 않을 만큼 낮다는 데만 있는 것이 아니라, 이 임금노동자는 금욕적인 자본가에 대한 종속관계 그리고 그에 대한 종속감정까지도 잃어버린다는 점이다. 우리의 웨이크필드가 그렇게도 솔직하게, 그렇게도 웅변으로, 그렇게도 감동적으로 묘사하고 있는 모든 폐단이 식민지에 있다.

그는 임금노동자의 공급이 연속적이지도 규칙적이지도 충분하지도 않다고 개탄한다.

"노동의 공급은 언제나 적을 뿐 아니라 확실하지도 않다."13) "노동자와 자본가 사이에 분할해야 할 생산물은 비록 크다고 하더라도, 노동자가 너무나 큰 몫을 차지하므로 곧 자본가로 된다…보기 드물 만큼 장수하는 경우에조차 많은 부를 축적할 수 있는 사람은 매우 드물다."14)

---

13) 같은 책. 제2권: 116.
14) 같은 책. 제2권: 131.

노동자들은 자기들의 노동의 더욱 많은 부분의 지불을 자본가가 절제하는 것을 절대로 용서하지 않는다. 비록 자본가가 아주 치밀해 자본과 더불어 자기 자신의 임금노동자를 유럽으로부터 수입해 온다고 하더라도 아무 소용이 없다.

"그들은 곧 임금노동자이기를 그만두고 독립적 농민이 되거나, 또는 노동시장에서 임금노동자를 구하려고 자기들의 이전 고용주와 경쟁하게 된다."15)

얼마나 몸서리칠 일인가! 이 훌륭한 자본가는 자기 자신의 귀중한 화폐로 바로 자기 자신의 경쟁자를 유럽에서 수입해 온 셈이다! 그러니 만사는 다 틀렸다! 식민지에서는 임금노동자의 종속관계와 종속감정이 없다고 웨이크필드가 개탄하는 것도 이상한 일이 아니다.

그의 제자 메리베일은 다음과 같이 말한다.

임금이 높기 때문에 식민지들에서는 "더 값싸고 더 공손한 노동에 대한 갈망[즉 노동자 자신이 자본가에게 조건을 강요하는 것이 아니라 자본가가 조건을 강요할 수 있는 그런 계급에 대한 갈망]이 존재한다…옛날 문명국들에서는 노동자는 비록 자유롭기는 하지만 자연법칙에 따라 자본가에게 종속되어 있는데, 식민지들에서는 이 종속관계를 인위적 수단에 의해 만들어내지 않으면 안 된다."16)

---

15) 같은 책. 제2권: 5.

16) 메리베일, 『식민과 식민지에 관한 강의』 제2권: 235~314의 이곳저곳. 온건한 자유무역주의적 속류경제학자 몰리나리조차 다음과 같이 말한다. "강제노동이 동등한 양의 자유노동으로 바뀌지 않은 채 노예제도가 폐지된 식민지들에서, 우리가 일상적으로 보는 것과는 반대의 일이 일어났다. 단순한 노동자

그러면 웨이크필드의 의견으로는 식민지의 이와 같은 폐단의 결과는 무엇인가? 그것은 생산자와 국부가 '갈라흩어지는 것(분산)이 일으키는 야만화 경향'[17]이다. 무수한 자영 소유자들 사이로 생산수단을 분산시키는 것은 자본의 집중을 파괴함과 동시에 결합노동의 모든 토대를 파괴한다. 여러 해에 걸쳐 고정자본이 지출되어야 하는 장기적 사업은 모두 수행하기 어렵다. 유럽에서는 자본은 잠시도 망설이지 않는다. 왜냐하면 거기에서는 노동자계급은 자본의 살아있는 부속물로 되어 있으며, 항상 과잉상태로 존재하고, 자본에 봉사할 준비가 항상 되어 있기 때문이다. 그런데 식민지에서는 그렇지 않다! 웨이크필드는 매우 비통한 한 가지 비화를 이야기하고 있다. 그는 캐나다와 뉴욕 주의 일부 자본가들과 대화했는데, 거기에서는 설상가상으로 이민의 유입이 자주 정체되며, 이에 따라 놀랍게도 '과잉' 노동자가 밑바닥에 가라앉기도 했다. 이 통속극에

들이 오히려 산업기업가들을 착취하고 있으며, 생산물 중 자기들에게 속할 정당한 몫을 훨씬 초과하는 임금을 요구하고 있다. 농장주들은 임금 증대를 보상할 만한 사탕 가격을 받을 수 없었기 때문에, 그 부족액을 처음에는 자기들의 이윤에서, 다음에는 자기들의 자본에서 메우지 않으면 안 되었다. 많은 농장주들은 이리하여 몰락했으며, 기타 농장주들은 불가피한 몰락을 면하려고 기업을 폐쇄했다…의심할 바 없이 수 세대의 인간 파멸보다는 축적된 자본의 파멸이 더 나을 것이다."(얼마나 관대한 몰리나리인가!)"그러나 쌍방이 다 파멸하지 않는다면 더욱 좋지 않겠는가?"(몰리나리, 『경제학연구』: 51~72) 몰리나리여, 몰리나리여! 만약 유럽에서는 '기업가'가 노동자의 '정당한 몫'을 잘라먹고, 서인도에서는 노동자가 기업가의 '정당한 몫'을 잘라먹을 수 있다면, 도대체 십계명이나 모세와 예언자들‖가장 중요한 계율들‖이나 수요공급의 법칙은 어떻게 되겠는가? 그리고 당신이 인정하는 바와 같이, 유럽의 자본가가 매일 지불하지 않는 '정당한 몫'이란 무엇인가? 자본가를 '착취'할 정도로 노동자들이 '고지식한'식민지들에서, 몰리나리는 다른 모든 곳에서는 자동적으로 작용하는 수요공급의 법칙을 경찰력을 동원해 올바로‖자본가에게 유리하게‖작용시키려고 속을 매우 태우고 있다.

17) 웨이크필드, 앞의 책. 제2권: 52.

등장하는 한 인물은 탄식하며 다음과 같이 말한다.

"우리의 자본은 장기간 걸려야 완성할 수 있는 사업을 위한 것이었다. 그러나 곧 우리를 떠나갈 [예컨대 서부로 이동해갈] 노동자들을 데리고 이와 같은 사업에 착수할 수는 없었다. 이런 이동하려는 사람들의 노동을 붙잡아 둘 수 있다는 확신이 있었다면, 우리는 즐겨 즉석에서, 그것도 높은 가격으로, 그들을 고용했을 것이다. 그뿐 아니라 그들이 떠나가리라는 것이 분명한 경우에도, 우리가 필요할 때 언제나 이주민의 새로운 공급이 확실했다면, 우리는 그들을 고용했을 것이다."18)

웨이크필드는 '결합'노동을 사용하는 영국의 자본주의적 농업과 미국의 분산적 농민경영을 비교한 뒤에 자기도 모르게 안 보여야 할 것을 들춰 보였다. 그는 미국의 인민대중을 넉넉하고 독립적이며 모험적이고 비교적 교양 있는 것으로 묘사하고 있지만, 반면에

"영국 농업노동자들은 가련하며 거지다…북아메리카와 일부의 새로운 식민지들을 제외하고, 농업에 종사하는 자유노동의 임금이 노동자의 필요불가결한 생존수단을 훨씬 초과하는 나라가 또 어디 있겠는가?…의심할 바 없이, 영국의 경작용 말horse은 귀중한 재산이므로 영국의 농업노동자보다 훨씬 더 좋은 대우를 받고 있다."19)

그러나 걱정할 것은 없다. 국부는 원래 그 본질상 인민의 빈곤과 동일한 것이니까.

---

18) 같은 책: 191~192.
19) 같은 책. 제1권: 47, 246.

그러면 식민지의 반反 자본주의적 암은 어떻게 치료할 것인가? 만약 모든 토지를 한꺼번에 공공의 소유에서 사적 소유로 전환시킨다면, 그것으로 재앙의 근원은 파괴되겠지만 이와 함께 식민지도 또한 파괴될 것이다. 그런데 다음과 같은 일석이조의 묘책이 있다. 정부로 하여금 처녀지에 수요공급의 법칙과는 상관없는 인위적 가격—이주민이 토지를 구입할 수 있을 만큼 돈을 벌기 위해서는 비교적 장기간 임금노동을 하지 않을 수 없게 하는 가격—을 붙이게 해야 한다.[20] 또한 정부는 임금노동자에게 매우 높은 가격으로 토지를 판매함으로써 형성되는 기금[신성한 수요공급의 법칙을 짓밟아 버리고 노동자의 임금에서 짜내는 이 화폐기금]을 사용해 유럽에서 식민지로 빈민들을 끌어들임으로써 자본가를 위해 임금노동시장을 포화상태로 유지해야 한다. 이와 같은 조건 아래에서는 "가능한 최선의 세계에서는 만사가 최선의 상태에 있게 된다." 이것이야말로 '조직적 식민'의 큰 비밀이다. 웨이크필드는 의기양양하게 외친다.

이 계획에 따르면, "노동의 공급은 연속적이고 규칙적일 수밖에 없다. 왜냐하면 첫째로 어떤 노동자도 일정한 기간 노동해 돈을 벌 때까지는 토지를 구입할 수 없으므로, 모든 이주노동자들이 임금을 얻으려고 결합해 노동함으로써 그들의 고용주에게 더 많은 노동자를 고용할

---

20) "자기의 팔 힘 이외에는 아무것도 가지지 않은 사람이 일자리를 발견해 수입을 얻는 것은, 토지와 자본을 타인이 점유한 결과라고 당신들은 말한다 … 그러나 그 반대가 진실이다. 자기의 팔 힘 이외에는 아무것도 가지지 않은 사람이 존재하게 되는 것은 오직 토지를 개인적으로 점유한 결과다 … 당신들이 사람을 진공 속에 집어넣는다면 호흡에 필요한 공기를 그로부터 빼앗게 된다. 당신들이 토지를 수탈하는 경우에도 꼭 마찬가지의 짓을 하는 셈이다 … 왜냐하면 당신들의 요구에 복종하지 않으면 살 수 없게끔 그를 부의 영역 밖에 놓기 때문이다."(콜랭, 『정치경제학. 혁명과 이른바 사회주의적 유토피아의 원천』 제3권: 267~271 이곳저곳)

수 있는 자본을 생산해 줄 것이기 때문이며, 둘째로 임금노동을 그만
두고 토지소유자로 되는 노동자는 누구나 토지를 구입함으로써 식민
지에 새로운 노동을 끌어들이기 위한 기금을 제공할 것이기 때문이
다."[21]

국가가 결정하는 토지가격은 물론 '충분히 높은' 가격이어야 한다. 토
지가격은 '노동자가 자기를 대신할 다른 사람들이 나타날 때까지 독립적
농민으로 되는 것을 막을 수 있을 만큼'[22] 높지 않으면 안 된다.

이 '충분히 높은 토지가격'이란 노동자가 임금노동시장에서 농촌으로
은퇴하는 허가를 받기 위해 자본가에게 지불하는 몸값을 완곡하게 바꾸어
말한 것에 불과하다. 노동자는 먼저 자본가로 하여금 더 많은 노동자를 착
취할 수 있도록 '자본'을 그에게 창조해 주어야 하며, 다음에는 자기의
비용으로 자기의 '대리자'를 노동시장에 내놓아야 한다. 이 대리자를 정
부는 노동자의 부담으로 자기 이전 주인인 자본가를 위해 바다 건너에서
수송해 오는 것이다.

웨이크필드가 특히 식민지에 적용하기 위해 제시한 '시초축적'의 이
방법을 영국 정부가 여러 해 동안 실시했다는 것은 매우 특징적이다. 이
것의 실패가 필Robert Peel 은행법의 실패 ‖ 1844년의 은행법은 1847년, 1857년,
1866년의 공황으로 일시 정지되었다 ‖ 만큼 수치스러운 것이었다는 것은 더 말
할 것도 없다. 이민의 흐름이 영국 식민지들로부터 미국에 쏠렸기 때문
이다. 그 사이 유럽에서 자본주의적 생산의 발달은 정부 개입의 증가를
수반하면서 웨이크필드의 처방을 불필요하게 만들었다. 한편으로 해마다
미국으로 몰려가는 대규모의 끊임없는 인간 흐름은 미국 동부에 정체적

---

21) 웨이크필드, 앞의 책. 제2권: 192.
22) 같은 책: 45.

침전물 [과잉인구] 을 남길 정도였다. 왜냐하면 유럽에서 온 이민 파도는, 미국 서부로 가는 이민 파도가 사람들을 서부로 옮기는 것보다 더 빠르게 미국 동부의 노동시장에 사람들을 투입했기 때문이다. 다른 한편으로 미국의 남북전쟁 [1861~1865년] 은 방대한 국채, 무거운 세금, 비열하기 짝이 없는 금융귀족의 창출, 철도·광산 등의 개발을 목적으로 하는 투기회사들에 대한 방대한 공유지 증여 따위를 일으켰다. 간단히 말해, 그 전쟁은 자본의 매우 급속한 집중을 가져왔다. 이리하여 대공화국 미국은 이제 이주노동자들의 희망의 땅이 아니게 되었다. 미국에서는 임금의 저하와 임금노동자의 종속은 아직도 유럽의 정상적인 수준에 도달하기에는 멀었지만 자본주의적 생산은 급속히 발전하고 있다. 영국 정부가 파렴치하게도 귀족과 자본가들에게 식민지 미개간지를 마구 팔아버린 사실[웨이크필드까지도 큰 소리로 비난하고 있다]은, 특히 오스트레일리아에서는23) 금 채굴 때문에 외부인들이 크게 유입했다는 사실과, 또한 수입된 영국 상품과의 경쟁이 가장 소규모의 수공업자에게도 영향을 미치고 있다는 사실과 결합되어, 충분한 '상대적 과잉 노동인구'를 낳았다. 그리하여 거의 모든 우편기선마다 오스트레일리아의 노동시장이 '공급과잉'이라는 홍보를 전달하고 있으며, 또 몇몇 지역에서는 매춘이 헤이마켓 [런던 웨스트엔드의 번화가] 에서와 같이 성행하고 있다.

여기에서 우리가 문제로 삼는 것은 식민지의 상태가 아니다. 우리의 관심사는 오직 구세계의 정치경제학이 신세계에서 발견해 소리높이 선언한 다음과 같은 비밀이다. 즉 자본주의적 생산방식과 축적방식, 또 자본

---

23) 오스트레일리아 [1850년부터 제한적인 자치권을 얻었다] 가 자기 자신의 입법자로 되자, 이주민에게 유리한 법령들을 제정하기 시작한 것은 당연하지만, 영국 정부가 이미 실시한 토지의 투매가 장애물로 등장하고 있다. "1862년의 새로운 토지법의 제일 주요한 목적은 대중의 이민을 더욱 쉽게 하는 데 있다."(공유지 장관 더피, 『빅토리아의 토지법』, 런던 1862)

주의적 사적 소유는 개인 자신의 노동에 토대를 두는 사적 소유의 철폐, 다시 말해 노동자로부터 노동조건을 빼앗는 것을 기본조건으로 삼고 있다는 점이다.

▌옮긴이 약력

김 수 행 (1942~2015)

> 서울대학교 경제학 학사 · 석사
> 런던대학교 경제학 석사 · 박사
> 서울대학교 교수 · 명예교수
> 성공회대학교 석좌교수

> 『자본론』 I, II, III 완역 출판. 비봉출판사
> 『국부론』(상 · 하). 비봉출판사
> 『청소년을 위한 국부론』. 두리미디어
> 『청소년을 위한 자본론』. 두리미디어
> 『알기 쉬운 정치경제학』. 서울대학교출판문화원
> 『『자본론』의 현대적 해석』. 서울대학교출판문화원
> 『세계대공황: 자본주의의 종말과 새로운 사회의 사이』. 돌베개
> 『마르크스가 예측한 미래사회: 자유로운 개인들의 연합』. 한울
> 『자본론 공부』. 돌베개

자 본 론 제 I 권 자본의 생산과정(하)

1989년 3월 10일 초 판   발행
1991년 11월 5일 제1개역판   발행
2001년 11월 15일 제2개역판   발행
2024년 9월 25일 2015년 개역판 10쇄 발행

옮긴이 | 김수행
펴낸이 | 박기봉
펴낸곳 | 비봉출판사

주 소 | 서울 금천구 가산디지털2로 98, 2-808(가산동, IT캐슬)
전 화 | (02)2082-7444
팩 스 | (02)2082-7449
E-mail | bbongbooks@hanmail.net
등록번호 | 2007-43 (1980년 5월 23일)
ISBN | 978-89-376-0433-1 94320
        978-89-376-0431-7 (전6권)

값 23,000원